林毅夫　付才辉◎主编

世界经济结构转型升级报告
新结构经济学之路

北京大学出版社

图书在版编目(CIP)数据

世界经济结构转型升级报告:新结构经济学之路/林毅夫,付才辉主编.—北京:北京大学出版社,2018.9
(新结构经济学丛书)
ISBN 978-7-301-29871-8

Ⅰ.①世… Ⅱ.①林…②付… Ⅲ.①世界经济—经济结构—研究 Ⅳ.①F113.1

中国版本图书馆 CIP 数据核字(2018)第 204117 号

书　　　名	世界经济结构转型升级报告：新结构经济学之路 SHIJIE JINGJI JIEGOU ZHUANXING SHENGJI BAOGAO： XIN JIEGOU JINGJIXUE ZHI LU
著作责任者	林毅夫　付才辉　主编
责任编辑	郝小楠
标准书号	ISBN 978-7-301-29871-8
出版发行	北京大学出版社
地　　　址	北京市海淀区成府路 205 号　100871
网　　　址	http://www.pup.cn
电子信箱	em@pup.cn　QQ:552063295
新浪微博	@北京大学出版社　@北京大学出版社经管图书
电　　　话	邮购部 010-62752015　发行部 010-62750672　编辑部 010-62752926
印　刷　者	北京大学印刷厂
经　销　者	新华书店
	787 毫米×1092 毫米　16 开本　31.5 印张　559 千字 2018 年 9 月第 1 版　2018 年 9 月第 1 次印刷
印　　　数	0001—3000 册
定　　　价	98.00 元

未经许可，不得以任何方式复制或抄袭本书之部分或全部内容。
版权所有，侵权必究
举报电话：010-62752024　电子信箱：fd@pup.pku.edu.cn
图书如有印装质量问题，请与出版部联系，电话：010-62756370

企者不立,跨者不行。

——《道德经》

老子(约公元前571—前471),名耳,字聃,春秋思想家

过犹不及。

——《论语·先进》

欲速则不达。

——《论语·子路》

己欲立而立人,己欲达而达人。

——《论语·雍也》

孔子(公元前551—前479),名丘,字仲尼,春秋思想家

不积跬步,无以至千里;不积小流,无以成江海。

骐骥一跃,不能十步;驽马十驾,功在不舍。

——《荀子·劝学篇》

荀子(约公元前313—前238),名况,字卿,战国思想家

遵循比较优势的发展方法对于贫穷国家的经济发展而言看起来或许是缓慢而令人沮丧的,但事实上,这种办法却是积累资本、提升要素禀赋结构和产业结构,推动经济包容性可持续发展的最快方法;并且,按此办法还能发挥后发优势,从更为发达的国家引进技术和产业,而取得比发达国家更为快速的产业结构升级和经济发展。

——《新结构经济学》

序　言

现在的世界真是变化得太快了！三年前我们着手编写本报告时，世界依然笼罩在全球金融危机的阴影之下。2009年时任世界银行首席经济学家的林毅夫在金融危机伊始提出的全球基础设施投资计划在当时反应冷淡。然而，时至今日，以基础设施互联互通建设为抓手的"一带一路"倡议已经得到半个地球的响应。事实上，我们当初撰写报告时所预想的一些趋势都已经发生了，到今天截稿之时，回头看当初所引用的最新数据都略显陈旧了。颇有时不我待之感！在当今风云变幻的全球化时代，世界需要了解中国，中国更需要了解世界，然而更需要了解的是中国与世界的关系。北京大学新结构经济学研究院的这本旗舰型智库报告首次应用新结构经济学的思想、理论、思路、视角以及实践来观察世界经济结构变迁以及中国在其中的力量、方案与机会。2018年恰逢中国改革开放40周年，我们既可以在世界经济结构变迁的背景下审视自身，又可以用中国的结构变迁审视世界。

本报告共10章，主要内容依次在全球经验层面上延续了《新结构经济学》《繁荣的求索》《从西潮到东风》《超越发展援助》等新结构经济学系列著作的核心内容。第1章概述了世界经济格局从发达国家主导更替为发展中国家主导的千年变局，并重申了《新结构经济学》作为取代战后旧结构主义与新自由主义的第三波发展思潮的发展理论与发展思路。第2章通过对战后半个多世纪将近两百个经济体的增长核算，确认了《新结构经济学》认为经济结构转型升级是发展的中心议题的基本观点。第3章应用《新结构经济学》关于经济结构转型升级的基本原理——"禀赋结构驱动产业结构升级"追踪测算了近半个世纪以来近两百个经济体的经济结构转型升级轨迹，并归纳了前沿发达经济体、发展中经济体以及陷入低收入陷阱和中等收入陷阱的经济体的结构变迁轨迹特征。第4章应用《新结构经济学》对战后13个实现连续25年超过7%经济增长的发展典范进行分析，复原了其经济结构转型升级的历程。第5章和第6章以战后这13个发展典范的经济结构转型升级轨迹而非发达经济体作为标杆，测评了世界各个经济体结构转型升级的达标程度及其效果。第2到第6章不仅录制了一部从新结构经济学视角观察世界各个经济体进行"繁荣的求索"的纪录片,还告诉人们"疑今者察之古,不知来者视之往"。第7章和第8章则延续了《从西潮到东风》与《超越发展援助》中提出的以"发展比较优势产业"和"消除发展瓶颈的基础设施建设"作为世界发展的双轮驱动倡议以及对中国作为发展"领头龙"模式的远见,对世界经济结构变迁过程中各个经济体的制造业就业缺口与基础设施建设缺口进行了量化估算。第9章详细展示了中国经济的体量与特征,分析了中国通过"一带一路"加"一洲"战略将如何填补世界发展的产业缺口和基础设施缺口,这对世界和中国都将产生"前无古人,后无来者"的革命性影响。第10章则提供了一套如何快速抓住世界经济结构转型升级中的发展机遇的操作指南。

本报告为那些学习和研究新结构经济学的学界人士提供了一幅跌宕起伏的世界经济结构变迁画卷。本报告也为那些迫切需要了解世界经济结构变迁的规律和形势,了解世界每个经济体结构变迁的特征与问题,把握中国参与全球化的机遇与挑战的各级政府、企业、金融机构、媒体以及社会各界人士提供了新结构经济学视角的分析。本报告也可以作为世界经济相关课程的教辅读物供广大师生参考。为了给读者提供更多翔实的信息,本报告所引用的资料非常广泛,感谢这些资料的提供者和作者,尤其感谢世界银行、联合国工业发展组织、中国商务部的数据,以及"一带一路"相关的大数据报告。特别感谢文一教授的倾力支持和鼓励,他将本报告追踪各个经济体结构变迁轨迹的方法称为"付-林图"。本报告直接转引了大量文一教授关于中国工业革命的相关研究成果。也要感谢北京大学新结构经济学研究院的同事以及聂卓与张晗雨两位杰出的学生助研为编著本报告所提供的帮助。北京大学出版社的林君秀和郝小楠也为本报告的编辑付出了诸多汗水,一并表示感谢。

编 者

2018 年 1 月 1 日

于北京大学

目录

第1章 剧变的年代 ·· 001
  1.1 版图在更替 ·· 002
  1.2 理论在变更 ·· 013
  1.3 思路在更新 ·· 042

第2章 经济结构转型升级对经济发展的至关重要性 ······················· 046
  2.1 未能实现持续的经济结构转型升级是经济发展的顽疾 ············· 046
  2.2 如何核算经济结构转型升级对经济增长的贡献 ······················· 051
  2.3 经济结构转型升级对经济增长贡献的核算结果 ······················· 056
  2.4 前沿发达经济体的经济增长核算结果 ······································ 060
  2.5 前沿内部的发展中经济体的经济增长核算结果 ······················· 060

第3章 追踪经济结构转型升级的轨迹 ··· 066
  3.1 产业结构转型升级随禀赋结构拾阶而上的次序特征 ··············· 066
  3.2 经济结构转型升级的"禀赋—产业—时间"测算空间 ············· 075
  3.3 禀赋结构升级与产业结构升级的指标 ······································ 078
  3.4 数据来源与数据描述 ·· 079
  3.5 测算结果 ·· 083

第 4 章 寻找经济结构转型升级路径的典范 103

4.1 战后经济发展的典范 104
4.2 发展典范的特征事实 107
4.3 发展典范特征事实的新结构经济学诠释 116
4.4 发展典范的经济结构转型升级路径拟合及其特征 122
4.5 寻找经济结构转型升级新结构经济学之路的最佳历史实践标杆 186

第 5 章 监测经济结构转型升级的轨迹 196

5.1 经济结构转型升级路径对最佳实践标杆的达标情况:非农产业 196
5.2 经济结构转型升级路径对最佳实践标杆的达标情况:工业 199
5.3 经济结构转型升级路径对最佳实践标杆的达标情况:服务业 201
5.4 世界经济结构转型升级达标指数平均值的变化所反映的世界发展思潮的更替 202

第 6 章 评价世界经济结构转型升级新结构经济学之路的绩效 205

6.1 经济结构转型升级达标程度绩效评估的似不相关方程组 206
6.2 全球样本的评估结果 206
6.3 评估结果的稳健性:经济结构转型升级达标程度绩效评估的非线性方程组 209
6.4 遵循比较优势进行持续的经济结构转型升级是经济发展成功的保证 210
6.5 违背比较优势的经济结构转型升级是导致发展陷阱的根源 212
6.6 违背比较优势的发展战略将错失世界经济结构转型升级带来的发展机遇 224

第 7 章 估算世界经济结构转型升级中的发展机遇:全球制造业大迁徙 227

7.1 估算方法:制造业结构随禀赋结构变化而变化的一般规律 227
7.2 测算数据:联合国工业与发展组织制造业数据 229
7.3 基线拟合:制造业就业结构变迁的曲线 232
7.4 估算结果:全球制造业就业缺口与剩余的情况 237
7.5 全球制造业差序格局与南南合作的产业基础以及中国的地位 249

第8章 消除世界经济结构转型升级的瓶颈：全球基础设施投资计划 …… 276

8.1 经济结构转型升级的基础设施瓶颈 …… 276

8.2 中国经济结构转型升级的历程以及政府在其中的基础设施建设经验 …… 277

8.3 世界基础设施建设状况与基础设施缺口评估 …… 293

8.4 发达经济体的基础设施投资：改造升级 …… 320

8.5 发展中国家的基础设施投资：大兴土木 …… 324

8.6 大规模全球基础设施投资计划："新马歇尔计划" …… 327

第9章 释放巨能：将中国与世界的经济结构转型升级进行匹配 …… 333

9.1 中国在世界经济结构转型升级中的南北方位 …… 333

9.2 中国在世界经济结构转型升级中的力量 …… 344

9.3 新时期中国融入世界构建开放型经济新体制促进经济结构转型升级的战略体系 …… 361

9.4 中国与发达国家经济结构转型升级的匹配 …… 380

9.5 中国与发展中国家经济结构转型升级的匹配 …… 418

9.6 中国如何填充世界经济结构转型升级的基础设施缺口与产业缺口："一带一路"倡议 …… 443

第10章 GIFF：快速抓住世界经济结构转型升级中的发展机遇的方法 …… 480

10.1 基本政策主张：以"有效市场"和"有为政府"为前提的比较优势发展战略 …… 481

10.2 新结构经济学实操指南：促进经济结构转型升级的因势利导方法 …… 487

第 1 章　剧变的年代

1975 年 11 月,为共同研究世界经济形势、协调各国政策及重振西方经济,法、美、德、日、英、意六国领导人在法国巴黎郊外的朗布依埃举行了首次最高级经济会议。1976 年 6 月,六国领导人在波多黎各首府圣胡安举行第二次会议,加拿大应邀与会,形成七国集团。会议每年一次轮流在各成员国召开,G7 峰会宣告诞生。G7 集团给人的第一印象是"富人"俱乐部。当年七国集团的国内生产总值(GDP)占全球 GDP 的比重高达 63.49%。以 G7 为首的西方发达国家主宰了全球的经济版图和治理规则以及发展思想。

中国有一句古老的谚语"三十年河东,三十年河西",用来形容世事盛衰兴替,感叹世事变化无常。在 G7 峰会诞生的 40 年后,2016 年 9 月在中国杭州召开了 G20 峰会(见图 1.1)。中国国家主席习近平在 G20 峰会上就全球的发展思想、发展动力以及治理规则发出了新的倡议:第一,创新发展方式。各国要创新发展理念、政策、方式,重视基础设施建设对经济的拉动效应,将互联互通作为核心议题,中国支持二十国集团成立全球基础设施中心,支持世界银行成立全球基础设施基金,并将通过建设丝绸之路经济带、21 世纪海上丝绸之路、亚洲基础设施投资银行、丝路基金等途径,为全球基础设施投资做出贡献。第二,建设开放型世界经济。各国要维护多边贸易体制,构建互利共赢的全球价值链,培育全球大市场,反对贸易和投资保护主义,推动多哈回合谈判。第三,完善全球经济治理。各国要致力于建设公平公正、包容有序的国际金融体系,提高新兴市场国家和发展中国家的代表性及发言权,确保各国在国际经济合作中权利平等、机会平等、规则平等。

图 1.1　2016 年 G20 峰会会标

2015 年 3 月 28 日,中国发布了《推动共建丝绸之路经济带和 21 世纪海上丝绸之路的愿景与行动》(以下简称《愿景与行动》),正式启动了具有划时代意义的"一带一路"倡议。《愿景与行动》指出,共建"一带一路"致力于亚欧非大陆及附近海洋的互联互通,建立和加强沿线各国互联互通伙伴关系,构建全方位、多层次、复合型的互联互通网络,实现沿线各国多元、自主、平衡、可持续的发展。"一带一路"的互联互通项目将推动沿线各国发展战略的对接与耦合,发掘区域内市场的潜力,促进投资和消费,创造需求和就业,增进沿线各国人民的人文交流与文明互鉴,让各国人民相逢相知、互信互敬,共享和谐、安宁、富裕的生活。当前,中国经济和世界经济高度关联。中国将一以贯之地坚持对外开放的基本国策,构建全方位开放新格局,深度融入世界经济体系。推进"一带一路"建设既是中国扩大和深化对外开放的需要,也是加强和亚欧非及世界各国互利合作的需要,中国愿意在力所能及的范围内承担更多的责任义务,为人类的和平发展做出更大的贡献。2017 年 5 月在北京举办的"一带一路"国际合作高峰论坛标志着这一影响全球的合作倡议向纵深方向推进。

在 2016 年即将结束之际,中国外交部部长王毅在接受《人民日报》记者专访时指出:"当今世界正面临开放与保守、合作与封闭、变革与守旧的重要抉择。在此形势下,我们在以习近平同志为核心的党中央坚强领导下,攻坚克难、开拓进取,在全球治理变局中引领方向,在国际形势乱象中把握大局,在激烈复杂博弈中维护利益,在世界经济转型中助力发展,开创了中国特色大国外交全面推进的新局面。中国正在以更为成熟、稳健的步伐,走近世界舞台中央,成为乱局中的稳定器、变局中的正能量。"历史就这样在逐步改写,世界经济格局将会出现千年未有之大变局。

1.1 版图在更替

据世界银行发布的统计报告,2015 年全球 GDP 总量达 74 万亿美元。虽然美国依然雄踞世界第一的经济霸主地位,其经济总量占世界的比重高达 24.32%,但是整个世界经济结构的格局在不断更替。1972 年,日本超过德国成为世界第二大经济体,并一直延续至 2007 年。从 2008 年开始,中国取代日本成为全球第二大经济体。2015 年,中国 GDP 总量占全球的比重为 14.84%;排名第三、第四的国家是日本、德国,占比分别为 5.91%、4.54%。如图 1.2 所示,从各大洲的排名看,当前亚洲正开始处于领先地位,占全球 GDP 的 33.84%。亚洲的重心又在东亚,中国、日本和韩国的 GDP 之和几乎与美国一样多,

"东亚奇迹"当之无愧,绝非"纸老虎"。① 排名第二、第三的区域是北美和欧洲,GDP分别占比27.95%、21.37%。前三大洲的GDP占据全球约83%的份额。受困于中等收入陷阱和贫困陷阱之中,南美洲和非洲当前依然未能在全球经济中占据更大比重。南美洲四大经济体,巴西、阿根廷、委内瑞拉和哥伦比亚的GDP之和只占全球GDP的4%,而非洲三大国家,南非、埃及和尼日利亚的GDP之和只占1.5%。超过100个太小而无法单独显示的经济体被集中在一起,成为"世界其他地区",其GDP正好是美中之间的差距。在中国强劲的带领下,新兴经济体、第三世界经济体以及亚非拉经济体的经济体量日益在加速改写过去一直由欧美发达经济体主导的世界经济版图。

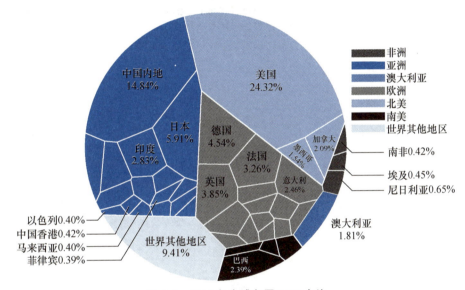

图1.2　2015年全球各国GDP占比

资料来源:世界银行报告,howmuch.net。

1.1.1　新兴经济体的崛起:新兴经济体对老牌工业强国经济总量的超越

全球经济格局的第一个重大变化是新兴经济体的崛起。如图1.3所示,中国、俄罗斯、印度、巴西四个金砖国家加上墨西哥、印度尼西亚和土耳其七个新兴经济体(N7)在2013年按照购买力平价计算的经济总量已经超过G7集团的七个老牌工业强国。尽管这些新兴经济体依然处于中等收入阶段,但其强劲的增长势头已然意味着已经更变的全球经济版图不会再逆转(见图1.4)。

---

① 诺贝尔经济学奖得主保罗·克鲁格曼(Paul Krugman)于1994年在国际上甚有影响的《外交》杂志上的文章指出,东亚的经济增长完全可以用要素投入的增加来解释,全要素生产率没有贡献,因此只是不堪一击的"纸老虎"。

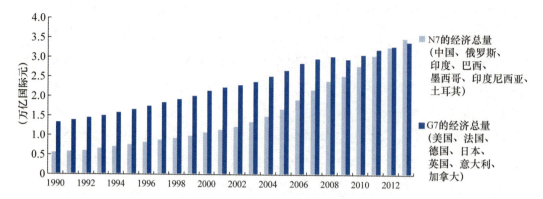

图 1.3 新兴经济体的崛起：N7 新兴经济体与 G7 老牌工业强国的经济总量比较
注：图中数据是按购买力平价（PPP）衡量的国民总收入（GNI）（现价国际元），下同。
资料来源：世界银行。

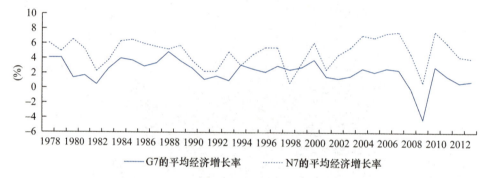

图 1.4 新兴经济体的崛起：N7 新兴经济体与 G7 老牌工业强国的经济增长率比较
资料来源：世界银行。

1.1.2 第三世界的崛起：中低收入经济体对高收入经济体经济总量的追赶

全球经济格局的第二个重大变化是第三世界的崛起。尽管在工业革命之后，发达经济体与低收入经济体之间出现了长期的大分化[①]，但是在新千年之后，中低收入经济体整体上开启了快速增长之路，如图 1.5 所示。第二次世界大战之后，广大发展中国家受到错误的结构主义发展思潮的引导，采取了错误的赶超战略，导致系统性的经济体制扭曲，陷入了低收入陷阱。受到"华盛顿共识"错误的改革思潮的影响，大多数发展中经济体也未能成功地摆脱由早期结构主义发展思潮遗留的扭曲，大多数经济体跌入了中等收入陷阱。战后，韩国以及中国台湾等极少数未按照主流发展经济学发展的经济体大获成功，

---

① Lant Pritchett, "Divergence, Big Time", *Journal of Economic Perspectives*, 11(3), 1997, pp. 3—17.

从低收入经济体进入高收入经济体行列。中国大陆、越南等极少数未按照"华盛顿共识"进行改革的经济体也大获成功,通过快速的经济增长走出了贫困陷阱。得益于新千年对第一波结构主义发展思潮和第二波新自由主义发展思潮的反思,广大发展中经济体逐步调整发展战略,渐进开启了动态经济增长之路。相信未来广大低收入经济体在吸取了经验教训之后,在正确的发展战略指引下,会逐步实现对高收入经济体的追赶(见图1.6)。

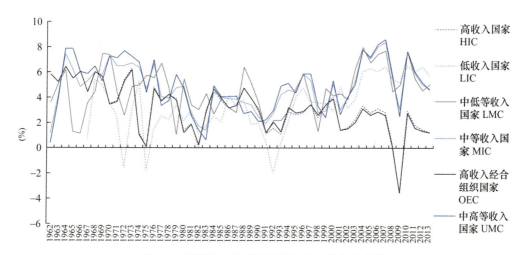

图 1.5 不同收入组别经济体的经济增长率比较
资料来源:世界银行。

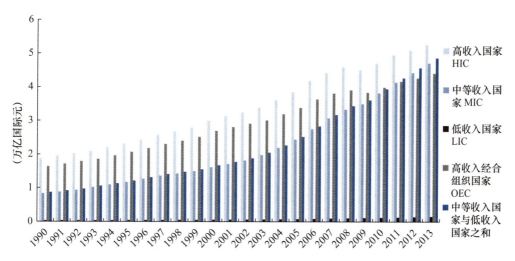

图 1.6 第三世界的崛起:高收入国家、中等收入国家与低收入国家的经济总量比较
资料来源:世界银行。

1.1.3 亚非拉的崛起:亚非拉对欧美经济总量的超越

全球经济格局的第三个重大变化是亚非拉的崛起。在未来的世界经济格局中,地缘经济与政治的作用会日益减弱。尽管如此,在前述几个格局的变迁之下,世界经济的地区板块也逐步悄然变动。在东亚奇迹的带动下,东亚和太平洋地区的经济总量急速飙升。拉美、中东和北非以及撒哈拉以南的非洲地区也得益于新世纪之后的快速增长。欧洲和北美在新世纪之后由于增长疲软,经济总量相对下滑(见图1.7、图1.8)。世界经济的地域板块变动对于中国推行诸如"一带一路"之类带有明显地缘色彩的全球化倡议有着重要的影响。"一带一路"倡议覆盖了东南亚、南亚、北非和中东等非欧美发达地区,对于全球地缘经济板块有非常重要的影响。

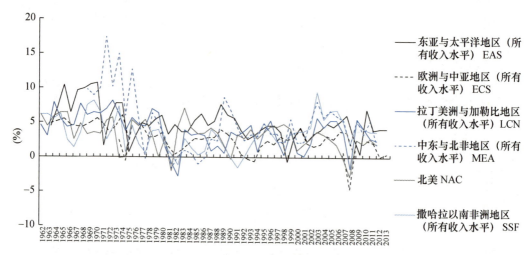

图 1.7　世界各个区域的经济增长率
资料来源:世界银行。

1.1.4 中国的崛起:中国对老牌工业强国经济总量的超越

全球经济格局的第四个重大变化便是中国的经济总量按照购买力平价计算已经逐步赶超G7富人俱乐部的成员国,如图1.9所示。虽然按照汇率计算,中国是仅次于美国的全球第二大经济体,但是按照国际货币基金组织(IMF)最新的数据,中国按照购买力平价计算的经济总量在2014年已经超过美国。即便是按照汇率计算,中国在2030年前后超过美国成为全球最大经济体也已经是没有争议的趋势。如图1.10所示,中国30多个省份过去30多年的经济增长速度远远超过全球其他180多个经济体,各个省份的经

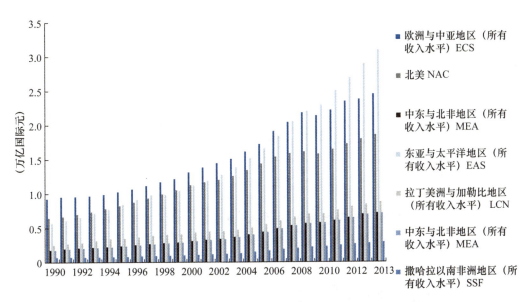

图 1.8 亚非拉的崛起：全球主要经济板块的经济总量比较

资料来源：世界银行。

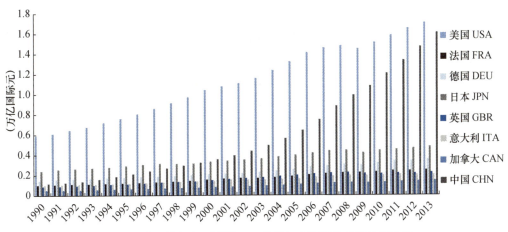

图 1.9 中国的崛起：中国与 G7 老牌工业强国的经济总量比较

资料来源：世界银行。

济体量已经与世界上一些较大经济体的体量不相上下（见图 1.11）。中国在改革开放之后的超高速发展是前面三个全球重大经济格局变化的基本动力。

1.1.5 中国带给世界经济结构转型升级的机遇与方法

1. 中国是推动世界经济结构转型升级的中流砥柱

如图 1.12 所示，与中国在经济体量上挑战美国经济霸主地位的趋势极不相同，中国

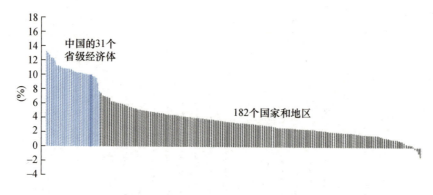

图 1.10　1980—2010 年中国各个省份与一些经济体经济平均增长率比较
资料来源：世界银行和历年《中国统计年鉴》。

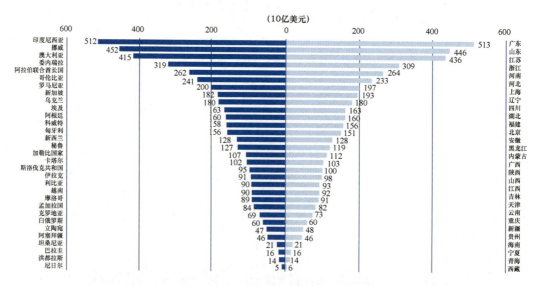

图 1.11　中国的崛起：2008 年中国部分省份与一些经济体经济体量比较
资料来源：世界银行和中国国家统计局。

的经济发展水平还难以望其项背。2015 年中国的人均 GDP 在统计的 232 个国家中居于第 81 位，低于欧美发达经济体，但又高于印度和非洲等诸多发展中经济体。正是中国这种发展阶段位居中等、经济体量庞大、快速发展的大国特征，让中国成为推动世界经济结构转型升级的中流砥柱。对于老牌的发达国家来讲，中国将成为其高质量产品与服务以及高端产业投资与技术转移的全球最为重要的市场；对于发展中经济体来讲，中国将成为其初级产品以及劳动力密集型产业转移承接与产能合作最为重要的市场。因此，这种形势是令人欣喜的，不论是发达国家还是发展中国家，中国经济由于处于中等收入水平阶段,与二者形成的都是比较优势互补,合作共赢的机会大于竞争。在全球经济息息相关的今天,中国经济的发展态势将直接影响到全球经济发展的走势。

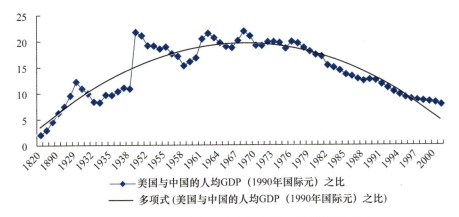

图 1.12　近二百年来中国的发展水平与世界前沿的距离
资料来源:根据 Maddison 所著的 *Historical Statistics of the World Economy:1-2008 AD* 计算。

2. 中国工业革命的方法值得全世界发展中国家学习

让中国拥有改变世界经济格局的高速经济增长动力的正是其成功的工业化。然而,1979 年改革开放刚开始时,中国的人均 GDP 按当时的市场汇率计算仅为 182 美元,低于撒哈拉以南非洲国家平均数的三分之一。但是,中国在改革开放之后一代人的时间内几乎取得了西方国家几百年的工业成就,差不多已经探索出了发展中国家成功工业化的"秘密"。在短短一代人的时间里,中国创造的社会生产力比它过去五千年中所创造的总和还要多,从一个贫穷落后的农业国一举变成了全球最大和最具活力的制造业中心(见图 1.13)。中国目前的工业产能,一年里可以生产 500 亿件 T 恤衫(世界人口的 7 倍)、100 亿双鞋、8 亿吨粗钢(美国的 8 倍)、24 亿吨水泥以及 4 万亿吨煤炭(占全球的一半)。中国还是全球最大的汽车、高速列车、轮船、机床、手机、计算机、机器人、空调、冰箱、洗衣机、家具、化肥、粮食、鱼、肉、蛋、棉花、铜、铝和电视节目的制造商,建设了全球最多的桥梁、隧道和高速公路,出版了全球最多的书籍、杂志,同时还不断培养着全球规模最大的大学生群体。中国在 2011—2013 年三年内消费的作为最基础的工业和建筑材料的水泥达 65 亿吨,超过美国整个 20 世纪使用量的 50%。另外,中国还是世界上首屈一指的工业专利申请国。2014 年,仅中国一国的工业专利申请数量就超过了美国和日本两国之和(见图 1.14)。[①] 与改革开放之前的赶超战略不同,改革开放之后遵循比较优势循序渐进

---

① 文一,《伟大的中国工业革命:"发展政治经济学"一般原理批判纲要》,清华大学出版社,2016 年。

的工业化看似缓慢而实际速度却惊人，这种经验值得许多尚未成功开启工业化的发展中经济体学习。除此之外，中国经济发展阶段与诸多发展中经济体类似，中国的发展经验以及基于中国发展经验的理论较之发达国家的经验与基于发达国家经验的理论更适合于广大发展中经济体。①

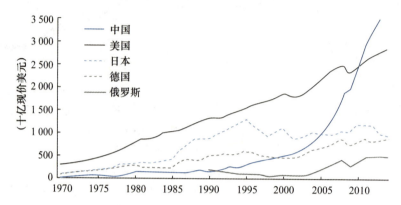

图1.13　1970—2014年全球五大工业国制造业产值比较
资料来源：UNSD National Account.

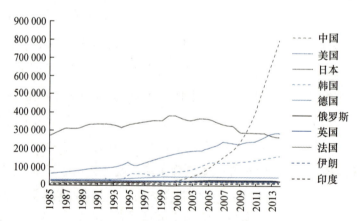

图1.14　1985—2014年全球十大专利申请国专利申请数
资料来源：World Intellectual Property Organization.

---

① 可进一步参考国际知名学术出版商Taylor & Francis于2017年3月在其官方网站报道的林毅夫发表在 *Area Development and Policy* 上的文章"The Rise of China and Its Implications for Economics and Other Developing Countries"。

第 1 章
剧变的年代

【专栏 1.1】

中国的全球化是维护世界和平的中坚力量

中国一向坚持走和平发展之路,奉行独立自主的和平外交政策。维护世界和平,促进共同发展,是中国外交政策的宗旨。独立自主是中国外交的基本立场。维护中国的主权、安全和发展利益,促进世界的和平与发展是中国外交的基本目标。中华人民共和国第一任总理周恩来提出的和平共处五项原则——互相尊重主权和领土完整、互不侵犯、互不干涉内政、平等互利、和平共处,是中国外交政策的基本准则。中国坚持互利共赢的对外开放战略,既有利于通过争取和平的国际环境来发展自己,又有利于通过自身的发展促进和平。中国关于"一带一路"建设的国家"十三五"规划中就明确提出,要秉持亲诚惠容,坚持共商共建共享原则,完善双边和多边合作机制,以企业为主体,实行市场化运作,推进同有关国家和地区多领域互利共赢的务实合作,打造陆海内外联动、东西双向开放的全面开放新格局;推进基础设施互联互通和国际大通道建设,共同建设国际经济合作走廊。加强能源资源合作,提高就地加工转化率。共建境外产业集聚区,推动建立当地产业体系,广泛开展教育、科技、文化、旅游、卫生、环保等领域合作,造福当地民众。

2013 年 3 月中国国家主席习近平访问非洲期间提出中国正在全球外交中树立正确的义利观,同年 10 月在中华人民共和国成立以来的首次周边外交工作座谈会上习近平主席也强调:"要找到利益的共同点和交汇点,坚持正确义利观,有原则、讲情谊、讲道义,多向发展中国家提供力所能及的帮助。"2014 年 7 月,习近平主席在韩国国立首尔大学演讲时强调坚持正确义利观的内涵与意义:"当前,经济全球化、区域一体化快速发展,不同国家和地区结成了你中有我、我中有你、一荣俱荣、一损俱损的关系。这就决定了我们在处理国际关系时必须摒弃过时的零和思维,不能只追求你少我多、损人利己,更不能搞你输我赢、一家通吃。只有义利兼顾才能义利兼得,只有义利平衡才能义利共赢。"中国外交部部长王毅表示,正确义利观承继了中国外交的优良传统,体现了中国特色社会主义国家的理念,是新时期中国外交的一面旗帜。因此,中国的全球化也是世界和平的中坚力量。

中国不光是这样说的,也是这样做的。中国没有向其他国家派一兵一卒来为经济全球化保驾护航,而是坚持公平互利的市场化原则与正确的义利观。这与西方工业化强国在崛起过程中靠战争与殖民的武力手段有天壤之别。例如,第二次世界大战后美国的军事存在几乎遍及全球,它在世界各地建立的军事基地曾达 5 000 多个(其中近半数在海外)。虽然冷战结束后,由于美国军事战略的调整以及驻在国人民的反对,美国军事基地的数量大大减少,但是目前美国的海外军事基地依然多达 374 个,分布在 140 多个国家和地区,驻军 30 万人。美国的海外军事基地有一大部分类似于殖民地性质。因为美国对这些军事基地拥有完整主权甚至享有领空领海的权利。

与美国以武力作为后盾强行在他国推行"美式价值观和民主制度"导致世界和平局势恶化有所不同,中国尊重他国通过共谋发展的友好协商方式推进世界和平局势已经取得了积极成效。众所周知,中东地区是世界和平局势最为动荡和复杂的地区。2016 年 1 月 21 日,在于开罗阿盟总部发表的题为《共同开创中阿关系美好未来》的演讲中,习近平主席颇有深意地引用了"自己的指甲才知道哪里痒"这句阿拉伯谚语,借此引出对于中东这片充满动乱和纷争地区的"中式药方"。对于解决地区热点难题,习近平提出"三个关键"——化解分歧,关键是要加强对话;破解难题,关键是要加快发展;道路选择,关键是要符合国情。习近平在演讲中宣布,中国将会向中东提供 550 亿美元的贷款和投资,除了 150 亿美元的中东工业化专项贷款,还包括将与卡塔尔和阿联酋建立的 200 亿美元共同投资基金,其他部分将会以 100 亿美元商业贷款和 100 亿美元优惠贷款的形式提供给其他中东国家。在习近平主席 2016 年 1 月访问沙特期间,中国和沙特签署了 14 项协议和谅解备忘录,以增进在贸易、卫星导航技术、可再生能源和石油等领域的合作、研究、投资和开发。2016 年 1 月 21 日,习近平与埃及总统塞西结束会见之后,宣布双方签署了包括电力、交通、住房等 15 个项目的合作,总投资额达到 150 亿美元。塞西将此称为中埃双方提升合作的"最好例证"。习近平说,在埃及着力打造的苏伊士运河走廊经济带,已有 32 家中国公司参与建设,一期工程共投入 4 亿美元的投资。下一阶段,将有约 100 家中国公司参与,追加投资 25 亿美元。中国的投资对于正在经历经济寒冬的埃及来说,无疑是雪中送炭。埃及金字塔中心研究员艾哈迈德·坎德尔就此评论道:"'一带一路'倡议的好处在于,可以通过投资创造就业,降低失业率,对于经历'阿拉伯之春'伤痛的中东国家来说非常重要,尤其是一些非产油国。"中东是大国折戟沉沙的地方。"阿拉伯之春"后的中东乱局证明了美国"大中东民主计划"的失败,美国正悄然撤出这片充满未知凶险的地区。总部位于德黑兰的区域战略研究中心研究员艾哈迈德·埃里巴对中国的主张评论道:"这些主张体现了中国试图以经济这种更为柔软的手段,潜移默化整合中东事务,这样不但可以避免政治问题的敏感性,相比于其他强国动辄武力介入的选择,更容易被中东国家所接受……中国在本地区的优势在于,从未有过殖民的'黑历史',与该地区国家关系一贯良好,是一个可以信赖的域外国家……中国通过经济发展和平衡外交寻求和平和稳定的努力,可能会为地区矛盾提供新的解决方案。"①

2016年1月,中国政府正式公布了首份对阿拉伯国家政策文件《中国对阿拉伯国家政策文件》,指出中国与阿拉伯国家同属发展中国家,双方国土面积之和占世界陆地面积的六分之一,人口之和占世界总人口的近四分之一,经济总量占世界经济总量的八分之一。中阿双方虽然资源禀赋各异,发展水平不一,但都处于各自发展的重要阶段,都肩负着实现民族振兴、国家富强的共同使命。双方需要更加紧密地团结与协作,在探索发展道路上交流借鉴,在追求共同发展上加强合作,在促进地区安全上携手努力,在构建新型国际关系上呼应配合,维护中阿主权、独立、领土完整,促进稳定,发展经济,改善民生,增进中阿人民福祉。中方愿本着互利共赢原则开展中阿务实合作,特别是在共建"一带一路"的过程中,对接双方的发展战略,发挥双方的优势和潜能,推进国际产能合作,扩大双方在基础设施建设、贸易投资便利化以及核能、航天卫星、新能源、农业、金融等领域的合作,实现共同进步和发展,让合作成果更多惠及双方人民。中国愿同阿拉伯国家合作,共同推进开放互惠、互利共赢的新型合作机制。中方将根据阿拉伯国家的需求,继续通过双多边渠道提供力所能及的援助,帮助阿拉伯国家改善民生,提高自主发展能力。

2017年3月25日,法赫迪·阿力什在阿拉伯语的《伊拉夫报》上发表题为"中国从美国手中接棒世界领导者?"的文章指出:"对于阿拉伯而言,我们更关心在美国从中东——这个充满复杂政治问题的地区——撤出后,中国能否取代美国在中东发挥更加积极的作用。我们发现,与美国不同的是,中国对中东地区的涉入是平静而和平的,不像美国那样充满了'喧嚣'。中国奉行中立政策,不挑事,不制造对立,鼓励通过对话和协商解决分歧。同时中国也在伊拉克等被战争损毁的国家,默默开展基础设施的援建工作,这也让国际社会和阿拉伯世界对中国的政治智慧感到信任与佩服。"

1.2 理论在变更

中国的成功不容易:它不仅无法依赖正确的经济学理论做指导(因为这样的理论并不存在),而且还有很多错误的经济学理论来误导②,只能以"解放思想、实事求是、与时俱

---

① 以上资料转引自:韩静仪、秋池,"习近平首访中东:为'中东陷阱'开出'中式药方'",《凤凰周刊》,2016年1月25日。

② 文一,《伟大的中国工业革命:"发展政治经济学"一般原理批判纲要》,清华大学出版社,2016年。

进、求真务实"的科学、务实的精神,摸索着前进。中国1978年开始的经济改革并不是中国近代史上第一次雄心勃勃地尝试启动工业化。在这之前,中国进行了多次工业化尝试,包括第二次鸦片战争后在大城市办工业的洋务运动,辛亥革命后新共和政府通过全面模仿美国的政治制度推动工业化进程,以及中华人民共和国成立后模仿苏联的计划经济建设。所有这些工业化尝试的一个共同特点就是政府忽略了花大力气去推动乡村原始工业化和乡村市场经济建设。这些自上而下的工业化尝试纷纷遇到困境,原因在于它们都忽视了农村原始工业化这个过程。

作为一个农村人口占总人口90%以上的农业大国,成功的经济发展需要自下而上地培育市场需求和企业组织,逐渐把农村剩余劳动力引入制造业,按次序进行产业升级。中华人民共和国成立后,中国选择了与苏联类似的工业化道路,利用农村浅薄的积累来优先发展重工业。自"一五"计划起,中国在苏联的帮助下,建立起了许多的城市型工业中心,生产资本密集型产品和重工业产品,例如汽车、钢铁、机床和大型精密仪器等。为了提高钢铁产量,"大跃进"时期,在"以钢为纲,全面跃进"的口号下,全国人民开展了空前规模的大众炼钢运动,以支援重工业建设。这种优先发展重工业的政策一直持续到"文革"结束,导致了轻工业与重工业的比率不断下降。1952—1978年,无论是中国轻工业与重工业的增加值之比,还是这两个产业之间的劳动力比率与资本比率都呈现了明显的下降趋势,尤其在第一个五年计划期间下降最快。虽然工业增加值在"大跃进"失败以后经过1961—1964年的短暂调整有所恢复,但是从劳动力和资本构成来看这种重工业化的趋势一直在继续。其中,轻—重工业增加值之比由最初的1.4降到了1978年的0.6,劳动力比率从接近2.5降到了0.5,固定资产比由0.5降到了0.18。中国这种重工业优先的大推进发展战略是低效率的和难以为继的。

首先,重工业属于资金技术密集型,初始投资巨大,只有依靠规模化大生产才能够自负盈亏,而重工业规模化大生产需要规模化大市场和零部件规模化生产以及相应的交通运输网络,并保障原材料源源不断的供应,才能积累和增长。在20世纪50年代,中国工业刚刚起步,国民经济各行业对钢铁、机床、汽车等重工业品的需求十分有限。不仅这些重化工业的中间产品和零件无法在国内得到大规模的生产,而且原材料无法保障,最终产品的产出水平也往往低于其潜在产能的30%—50%。这种企业若要盈利或者哪怕仅仅覆盖投资和固定运营成本,市场规模要相当大才行,至少要达到潜在产能的70%—80%。而且上下游产业链需要相对完善并能够推向国际市场。中国当时占全国人口90%的"一无所有"的农民和广袤的"一穷二白"的黄土地不可能提供这种大市场和购买力以及相应的产业链。由于与发达国家的巨大差距和政治原因,当时面临的国际环境也不可能在国外找到这种大市场和购买力。其次,计划经济时期中国资本积累有限,大力发展钢铁、汽车、机械制造等资本密集型行业,不符合中国的要素禀赋结构与比较优势。政府为支持重工业建设采取的价格扭曲体制,造成资源严重错配,大大降低了经济效率。一方面,政府对农产品课以重税,并压低农产品与原材料的价格,间接补贴重工业企业。另一方面,政府给予重工业企业垄断地位,甚至使用行政手段直接向大型重工业企业配给资源。这导致农业、轻工业部门投入严重不足,发展滞后,国民经济比例严重失衡。①中国计划经济后来遇到的发展障碍表明,战后第一波旧结构主义提出的在落后国家采用资本密集型生产方式的大推进发展模式,无法在落后农业国家成功引爆工业革命。关键是,采取类似发展方式的一些市场经济国家同样陷入困境。例如,在进口替代政策下过早进入重工业化阶段的拉美国家长期陷入了中等收入陷阱。相反,自1978年起,中国不仅吸收了市场经济元素,鼓励竞争和优胜劣汰,而且同时采取了从农村到城市、从轻工业到重工业的循序渐进的市场发育和产业升级顺序,从而成功引爆一场工业革命。因此,在具备一定市场竞争要素的前提下,正确的、按市场规模大小和发育速度展开的工业化顺序,由产业链低端向高端逐步拓展的产业升级步骤,加上与以开拓全球市场为目的的出口导向的发展战略配合,是工业化成功的关键,也是一条符合中国自身禀赋比较优势的结构变迁道路。②

1.2.1 从西潮到东风

1. 战后第一波发展思潮:旧结构主义

Rosenstein-Rodan 的开创性研究激发了战后第一波被称为结构主义的发展经济学思潮。他们强调由于结构刚性的存在,市场有着难以克服的缺陷而无法自发实现产业结构的现代化变迁,在加速经济发展方面政府是一个强有力的手段;贸易条件的恶化以及无力竞争的幼稚产业,更重要的是避免被发达国家剥削,唯一途径就是采取进口替代战略和保护主义手段发展与发达国家相抗衡的制造业。伴随着强烈的国家主义情绪,第二次世界大战后的许多亚非拉国家采纳了结构主义的发展思潮:以进口替代优先发展违反

---

① 王丽莉、文一,"中国能跨越中等收入陷阱吗?——基于工业化路径的跨国比较",《经济评论》2017年第3期。更详细论述参见:林毅夫、蔡昉、李周,《中国的奇迹:发展战略与经济改革》,上海三联书店,1994年;林毅夫,《解读中国经济》,北京大学出版社,2012年。

② 林毅夫,《新结构经济学:反思经济发展与政策的理论框架》,北京大学出版社,2012年;文一,《伟大的中国工业革命:"发展政治经济学"一般原理批判纲要》,清华大学出版社,2016年。

比较优势的资本、技术密集型重工业；企业缺乏自生能力，依靠政府的动员来投资，依靠保护、补贴来生存，这样导致了资源错配和寻租、腐败等一系列问题。这种结构主义模式以斯大林模式为代表，拉丁美洲国家、南亚国家都受到了影响。结构主义建议发展中国家优先发展资本密集、技术先进的大型重工业，而这些国家当时的条件是资本相当短缺，以农业经济为主。因此，在资本短缺的农业经济的基础之上建立现代化的产业当然是违背比较优势的。在这种状况下，优先发展的企业没有自生能力，投资靠政府动员，继续生产经营靠政府的保护补贴。这些保护补贴制造了许多扭曲，产生了很多租金，导致了资源错配、寻租、腐败等一系列的问题。计划经济时代的中国和其他发展中国家的失败就是因为遵循了这一发展思路。

2. 战后第二波发展思潮："华盛顿共识"

随着结构主义发展思潮与政府主导的经济发展战略在许多国家的惨败，以及"理性预期"对凯恩斯主义的革命，结构主义发展观的理论基础遭到了驳斥，第二波被称为新自由主义发展观的发展经济学思潮在许多多边机构的胁迫下强加给了许多面临债务危机的发展中国家(史称"华盛顿共识")。新自由主义强调了系统性的政府干预产生的扭曲是制约发展的顽疾，需要进行私有化、市场化以及去管制化的激进改革，一步到位地消除对市场的干预，追求前沿发达国家的技术效率。但"华盛顿共识"很快就被认为是"位于华盛顿的一些国际金融机构施加于那些不幸国家，并使这些国家走向危机和痛苦的一套新自由主义政策"。20世纪80年代以后，绝大多数发展中国家按照新自由主义的"华盛顿共识"进行改革和转型。这些转型中国家一般都有许多在结构主义政策时期建立起来的缺乏自生能力的企业，"华盛顿共识"忽视了这种原来存在的扭曲的内生性，按照"休克疗法"把这些保护补贴一下子都取消掉，导致大量破产、失业和社会政治不稳定。同时，"华盛顿共识"强调政府失灵，主张由市场来解决一切问题，反对政府发挥因势利导的作用，帮助企业克服产业升级、技术创新伴随的外部性和协调相应软硬基础设施完善必然存在的市场失灵问题。因此，"华盛顿共识"推行的结果，使发展中国家经济的绩效比六七十年代按照结构主义发展时的绩效还要低。绝大多数转型国家因为遵循了这一转型思潮而失败。经济学家 Easterly 因此将推行"华盛顿共识"改革的八九十年代称为发展中国家"失去的二十年"。[1] 诺贝尔经济学奖得主斯蒂格利茨在"后华盛顿共识"中就指出，"华盛顿共识"错把工具当目标，低估了政府在发展中的作用。

---

[1] William Easterly, "The Lost Decades: Developing Countries' Stagnation in Spite of Policy Reform 1980—1998", *Journal of Economic Growth*, 2001, 6, pp. 135—157.

【专栏1.2】

为什么要反思来自西方主流的发展理论

在全球长期经济发展中,跨国收入差距的历史呈现出"大分流"模式。据 Pritchett 估计,从 1870 年至 1990 年,最富裕的国家和最贫穷的国家之间生活标准的差距比例增长了 5 倍以上。[①] 根据 Maddison 的估计,从 1950 年至 1998 年,最富裕的收敛群体和最贫穷的收敛群体之间的人均收入差距比例增长了 1.75 倍[②],而按照 Mayer-Foulkes 的估计,这个比例增长了 2.6 倍[③]。从第二次世界大战以后到 2008 年,全世界有两百多个发展中经济体,只有中国台湾地区和韩国两个经济体从低收入进入到中等收入再进一步发展成为高收入经济体;只有 13 个经济体从中等收入经济体发展成为高收入经济体,其中只有日本和亚洲"四小龙"不是原本和发达经济体差距就不大的西欧周边经济体;28 个经济体人均收入和美国的差距缩小了 10 个百分点或更多,其中,不少是石油等资源输出国家;另外,有 18 个经济体人均收入和美国的差距不仅没有缩小,反而扩大了 10 个百分点以上。上述数据说明第二次世界大战以来,绝大多数发展中经济体仍深陷低收入或中等收入陷阱。[④] 如图 1.15 所示,整体上看,战后旧结构主义发展思潮引导下的 30 年(1950—1980 年)与新自由主义引导下的 30 年(1980—2010 年),世界上大多数经济体的发展水平并未有多么显著的改善。

面对如此糟糕的发展绩效,经济学家 Easterly 以散文家的口吻写道:"50 年前,第二次世界大战刚刚结束,经济学家们就开始了热切的寻宝之旅,我们希望可以找到灵丹妙药,让热带雨林国家也能像欧洲和北美的富国一样富有。穷国人民的苦难和富国人民的享乐形成鲜明的反差,这激励我们一定要完成任务。如果能够成功,这将是人类思想史上的一大辉煌。同过去的寻宝者一样,经济学家试图找到一个法宝能让穷国变富。许多次,我们都认为已经找到了灵丹妙药,从外国援助到直接投资,从扶持教育到控制人口,从根据改革状况提供贷款到根据改革状况减免贷款,遗憾的是,一切都没有收到预期效果。那些接受我们药方的穷国没有取得意料中的进步。在我们最花力气的地区——非洲撒哈拉,经济根本没有增长;拉丁美洲和中东一度有增长,但 20 世纪 80 年代和 90 年代

[①] L. Pritchett, "Divergence, Big Time", *Journal of Economics Perspectives*, 1997, 11, pp. 3—17.
[②] A. Maddison, *The World Economy: A Millennial Perspective*, Paris, OECD, 2001.
[③] D. Mayer-Foulkes, "Global Divergence", Documento de Trabajo del CIDE, SDTE, 2002.
[④] Pierre-Richard Agenor, Otaviano Canuto, and Michael Jelenic, "Avoiding Middle-income Growth Traps", *Economic Premise*, 2012, No. 98.

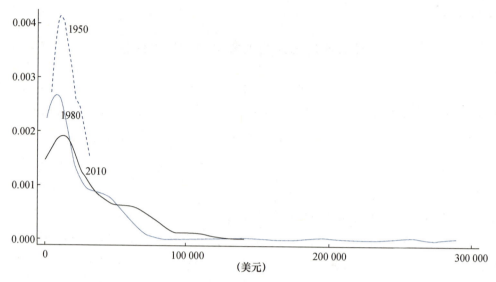

图 1.15　1950 年、1980 年、2010 年世界各个经济体劳均收入分布
资料来源：PWT 8.0.

重新陷入贫困的陷阱；南亚是另一个备受经济学家们关注的地区，无规律的经济增长使那里集聚了大量的贫困人口；最近，东亚，我们曾为之欢欣鼓舞的经济新星，也陷入了增长泥潭（一些国家但并非全部国家正在复苏）。除了热带雨林贫困国家，我们还试图将一些做法应用于前社会主义国家，但结果也非常令人沮丧。就像很多宣称找到仙丹的无稽之谈一样。"[①]

如林毅夫所回忆的："发展中国家的发展实践让我感觉到迫切需要对现有的主流经济学理论进行反思。第一次世界大战后民族主义风起云涌，第二次世界大战以后发展中国家纷纷摆脱了西方列强的殖民地半殖民地枷锁，取得了政治独立，在第一代革命家的领导下开始进行工业化和现代化的建设。在 20 世纪五六十年代，主流理论思潮建议发展中国家迎头赶上，建立起当时发达国家所拥有的那种资本密集型的先进现代化大产业。这种思潮的逻辑似乎令人信服：除非劳动生产率达到发达国家的水平，否则没有哪个国家能够达到和发达国家同样的收入水平，发展现代化的资本密集型大产业被认为是任何发展中国家要达到和发达国家同一劳动生产率水平所必需的前提条件。在当时，市场失灵被认为是发展中国家未能建立起这些先进的大产业的原因。因此，主流的经济学理论，也就是后来被称为结构主义的第一版发展经济学理论，建议政府克服市场失灵，以

[①] 威廉·伊斯特利，《在增长的迷雾中求索——经济学家在欠发达国家的探险与失败》，中信出版社，2005 年，第 1—2 页。

进口替代战略的方式,通过直接动员和配置资源来发展这些资本密集型的大产业。推行该战略的国家通常会出现一个短时期的投资拉动的快速增长,但之后,经济便会出现停滞并危机不断。少数几个实现奇迹式发展的东亚经济体则是采取出口导向战略,从发展传统小规模的劳动力密集型产业起步,根据当时的主流理论,这种战略是错误的。构建或学习理论是为了认识世界、改造世界。不容讳言的事实是,现代的主流理论基本上都是由生活在发达国家的学者根据他们所观察到的发达国家的现象和经验构建的。但是,从1987年回国后的切身体验以及对西方主流理论演进史的学习,让我认识到发达国家其实并不存在一本'放诸四海而皆准,百世以俟圣人而不惑'的真经。为什么呢?一个显而易见的理由是,理论的适用性取决于前提条件的相似性,发展中国家由于条件和发达国家有差异,即使在发达国家适用的理论在发展中国家也不见得适用。更何况发达国家盛行的理论就像时尚一样,不断被新的理论所扬弃,也就是说,发达国家的理论即使在发达国家也不见得总是适用。倘若发展中国家的政府、企业或个人根据发达国家盛行的理论来作决策,经常会有'淮南为橘,淮北为枳'的遗憾。这个认识让我幡然醒悟,为何第二次世界大战以后的两百多个发展中国家为了追赶发达国家,也和我国一样都做了许许多多艰苦卓绝的努力,但是尚未有根据发达国家的主流理论制定政策而取得经济发展成功的例子,少数几个成功的发展中经济体的政策在推行时从当时的主流理论来看则是错误的。"①(见图1.16)

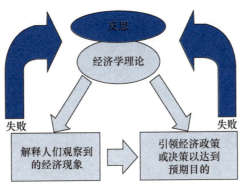

图1.16 我们为什么要反思

除了对这样的发展实践的反思,新结构经济学的萌芽也基于对转型实践的反思。据林毅夫回忆:"回国后我发现,我国政府从计划经济向市场经济转型过程中推行的各项政

---

① 林毅夫,《新结构经济学:反思经济发展与政策的理论框架(增订版)》序言,北京大学出版社,2014年。该书第二章"增长报告与新结构经济学"解释了战后13个发展典范的特征事实。

策,基本上都违背了我在芝加哥大学博士课程中学到的一个运行良好的市场经济应该有的基本原则。20世纪八九十年代西方经济学界的主流是新自由主义,认为有效的经济体系必须建立在私有产权的基础上,由市场决定价格,配置资源,政府的作用则仅限于保护产权、推行法治、维护社会秩序。当时经济学界的共识是,计划经济不如市场经济,计划经济向市场经济的转型应该执行根据新自由主义所形成的'华盛顿共识',以'休克疗法'的方式一步到位地推行私有化、市场化、自由化,消除经济中政府各种不当干预所形成的扭曲。当时还有一个共识,渐进的、双轨制的转型不仅会导致资源错误配置,而且还会滋生腐败、恶化收入分配,是比计划经济还要糟糕的制度。我国推行的却是这种被学界认为是最糟糕的转型方式。我是应该像众多国内外经济学家那样,以现有的主流理论为依据,把转型中出现的诸多问题都归咎于中国政府过度干预,未能彻底地推行私有化、市场化、自由化,一次性地消除所有的扭曲,还是应该放弃现有的主流理论,以开放的心态把中国政府当作一个以实现稳定和发展为目标而面临各种现实约束条件的理性决策者,构建新的理论体系来分析中国在转型过程中取得的成绩和出现的问题?我选择了后者。1994年,我和蔡昉、李周合作出版了《中国的奇迹:发展战略与经济改革》一书,通过该书的分析,我理解到,中国转型前政府对市场的各种干预、扭曲旨在保护那些违背比较优势的重工业优先发展部门中缺乏自生能力的企业。渐进、双轨的改革一方面为先前优先发展部门中的国有企业提供了转型期的保护和补贴;另一方面放开准入并因势利导民营和外资企业进入符合比较优势的劳动力密集型部门。这种方式使得中国经济在转型期同时实现了稳定和快速增长,但是因为扭曲的继续存在从而会伴随着收入分配恶化和腐败,所以,这本书的分析建议中国应该放弃赶超战略,改为实行比较优势战略,并在转型过程中创造条件解决传统部门中企业自生能力的问题,消除双轨制遗留下来的扭曲,以建立完善的市场经济体系。"[①]

《中国的奇迹:发展战略与经济改革》一书也预测到,如果像"华盛顿共识"主张的那样试图通过私有化、市场化和自由化一次性地消除所有的扭曲,势必导致先前优先发展的部门中缺乏自生能力的企业的破产,引起大规模失业和社会、政治不稳定。出于对这种严重后果的担忧或是对那些仍然被认为是因国防安全与民族自豪感需要而必须存在的"先进产业"的考虑,政府可能不得不在推行了"休克疗法"、取消了先前"明"的扭曲所给予的保护补贴后,再度引入各种"暗"的扭曲和干预以保护已经私有化了的企业。私有

[①] 林毅夫,《新结构经济学:反思经济发展与政策的理论框架(增订版)》序言,北京大学出版社,2014年。

企业对这种隐性保护补贴寻租的积极性会比国有时更高,代价会更为高昂,腐败和收入分配恶化的程度也会较之双轨、渐进的改革更为严重。20世纪八九十年代发生在社会主义和非社会主义国家的转型结果与《中国的奇迹:发展战略与经济改革》一书的预言一致。不管采取何种转型方式,收入分配恶化和腐败的情形都将存在。总的来讲,在推行"休克疗法"的国家会更加严重。少数几个在转型期实现了稳定和快速发展的经济体,在20世纪70年代末80年代初开始转型的中国、越南和老挝,以及70年代初就开始转型的印度洋中的非洲小岛国毛里求斯,都采取从主流经济学理论来看最糟糕的渐进双轨式转型。那些遵循主流经济学理论主张的"休克疗法"的国家却经历了"失去的二十年":在20世纪八九十年代的年均增长率还不如六七十年代,且危机频仍。① 图1.17反映了一些不同转型方式的代表性经济体鲜明的绩效反差。

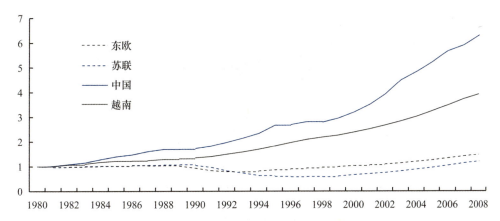

图 1.17　渐进式转型与"休克疗法"转型绩效比较(1980年人均GDP为1,以1990年国际元计价)
资料来源:根据Maddison所著的 *Historical Statistics of the World Economy:1-2008AD* 计算。

中国走的是双轨制道路,事实证明取得了成功。成功的原因是:一方面继续给予原来优先发展部门中缺乏自生能力的企业暂时性的保护补贴,以维持稳定;另一方面放开原来受抑制部门的准入,并发挥因势利导的作用以取得经济的快速增长。对原来抑制的符合比较优势的劳动力密集型的产业部门开放,允许三资企业、民营经济进入。但是,这也付出了一定的代价,即双轨制保留了不少扭曲,保护原来没有自生能力的企业。这些扭曲主要体现在:金融结构的扭曲(金融行业的大银行,只能给大企业和富人提供服务)、资源税费的扭曲(主要体现为资源价格非常低)和服务业(如电信、交通部门)的垄断导致

---

① 20世纪90年代初期苏联和东欧国家的转型却出现了经济急速下滑以及社会发展的普遍恶化。欧洲开发银行和世界银行2006年在对包括东欧、东南欧、波罗的海国家、独联体国家和蒙古在内的29个国家29 000人进行的调查中发现,只有30%的人认为自己的生活水平好于1989年。

分配不均,收入向富人和大企业倾斜;富人和大企业消费倾向低,导致消费和储蓄不均衡;储蓄和投资比重高,国内的消费比重低,导致国际贸易的不均衡。这种情况就造成收入分配向大企业和富人集中,收入分配差距越来越大。富人和大企业的消费倾向都比较低,财富向这两个方向集中就会造成储蓄占经济的比重越来越高,消费占经济的比重越来越低,或者是投资占经济的比重越来越高,消费占经济的比重越来越低。如果投资比较多,国内消费能力又比较低,其间的缺口就成为出口,这也是造成目前我国贸易问题的主要原因。现在经济中存在的很多问题都是因为双轨制的改革不到位造成的。

总之,正是由于西方主流的发展与转型理论同战后发展与转型经验形成的强烈反差,尤其是中华人民共和国成立之后赶超战略同改革开放之后渐进式转轨为比较优势战略形成的强烈反差,构成了新结构经济学的萌芽和形成的发展与转型经验背景。①

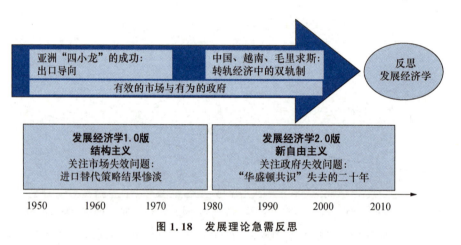

图 1.18 发展理论急需反思

---

① 林毅夫在《中国的奇迹:发展战略与经济改革》出版 20 周年的序言中回忆到,中国的改革开放没有照搬西方主流理论倡导的"休克疗法",推行"私有化、市场化、自由化",而是按照"解放思想、实事求是、与时俱进、求真务实"的科学发展观,根据中国的国情,以渐进的方式,不断深化改革,逐步建立起完善的社会主义市场经济体系。但是,长期以来国内外不少人把中国社会、经济中存在的一切问题都归结于没有按照西方主流理论来进行改革所致,对中国的道路和制度存疑。然而,20 世纪 80 年代以来,按照西方主流理论进行转型的苏联、东欧和亚非拉的其他发展中国家普遍出现经济崩溃、停滞、危机不断,少数在转型中取得经济稳定和快速发展的国家推行的却都是渐进的改革。并且,出现在中国转型期的收入分配不均、腐败等广受人们诟病的问题在推行"休克疗法"的国家也普遍存在,甚至更为严重。根据西方主流的理论来进行转型和发展的国家不成功,而少数成功国家的转型和发展的道路却违背了西方主流的理论。如此巨大的实践反差,给了新结构经济学巨大的理论创新机会。社会科学的理论来自对社会经济现象的总结,总结于发达国家社会经济现象的理论并非"放诸四海而皆准,百世以俟圣人而不惑"的真理。理论的适用性决定于条件的相似性,即使在发达国家适用的理论,拿到发展中国家来也常有"淮南为橘,淮北为枳"的缺憾。如果未能认识到发达国家主流理论在发展中国家运用必然存在的局限性,照搬这些理论于发展中国家实践的结果经常会事与愿违,以此为参照系来观察社会的结果则经常会使发展中国家的知识分子变为社会批评家而难以提出建设性的意见。只有总结我国自己和其他发展中国家成败经验的理论创新,才能真正揭示我国过去的道路为何能够在转型期维持经济的稳定和快速发展以及问题的根源、解决的路径和所需的制度保证(林毅夫,《中国的奇迹:发展战略与经济改革》序言,上海三联书店,2014 年)。

【专栏 1.3】

"华盛顿共识"的最新反思:斯德哥尔摩陈述①

2016年9月16—17日,包括四位前世界银行首席经济学家在内的十三名经济学家,于瑞典斯德哥尔摩举行了为期两天的会议,讨论当今经济政策制定者面临的挑战。本次会议由瑞典国际发展署和世界银行主办,会议参加者包括 Sabina Alkire(牛津),PranabBardhan(伯克利),Kaushik Basu(纽约),Haroon Bhorat(开普敦),Francois Bourguignon(巴黎),Ashwini Deshpande(德里),Ravi Kanbur(伊萨卡),林毅夫(北京),Kalle Moene(奥斯陆),Jean-Philippe Platteau(纳摩尔),Jaime Saavedra(利马),Joseph Stiglitz(纽约)和 Finn Tarp(赫尔辛基和哥本哈根)。会议结束时,与会者决定发布他们达成的共识,即下述的"斯德哥尔摩陈述"。"斯德哥尔摩陈述"被视为"华盛顿共识"关于政策制定原则的替代版。②

发展的挑战

当今世界正处于动荡的时代,在全球化的浪潮下,希望与危机并存。前所未有的技术进步促进了生活质量的提高,但也带来了劳动力被替代和青年失业的危险。贸易与跨国投资的扩张推动了经济增长,使得一些低收入国家迈入中等收入国家行列,这些国家中的许多群体并未从中获益。即使在发达经济体中也是如此,全球化对不少群体产生了不利影响。此外,那些陷于冲突和战争困境的国家,生活质量在降低。国内不断加剧的不平等威胁着整个社会的凝聚力和经济进步,环境恶化和气候变化威胁着我们的地球,并亟待全球性的一致举措来应对迫在眉睫的危机。至于快速的城市化进程,它通过集聚效应使生产力得到提高,但也可能加剧城市贫民窟、贫困和冲突的问题。

当然,上述一切问题都不能抹杀世界在收入增长、改善卫生和加强教育方面取得的巨大进步。我们庆贺这些成就,并且展望政策制定者面临的无可置疑的挑战。成功应对

---

① "斯德哥尔摩陈述:关于当代世界政策制定原则的共识",http://www.sida.se/stockholmstatement。

② 林毅夫教授作为"斯德哥尔摩陈述"的起草人之一,在2016年第二届新结构经济学冬令营上介绍了"斯德哥尔摩陈述"为何被视为"华盛顿共识"关于政策制定原则的替代版的背景:这次会议的主要目的是对现代国际上盛行的"华盛顿共识"进行反思。"华盛顿共识"认为一个国家只要财政取得平衡,通货膨胀得到控制,政府维持社会稳定,市场就能够解决包括收入分配、环境以及产业升级等一切问题。但是,事实并非如此。例如"华盛顿共识"中的一条原则强调政府的财政预算必须平衡,政府财政预算的平衡从长期来看是应该的,因为政府的赤字最后总是要有人买单。但是"华盛顿共识"主张每一期的预算都必须平衡则不合适,因为经济的发展有周期波动,如果在经济下滑时政府财政也需要平衡,可能会造成这个国家的经济难以复苏。所以,这个政策主张从长期来看是对的,但是短期来看就不完全恰当。另外,"华盛顿共识"所关注的范围也太局限,比如忽视了环境、收入分配等问题。但是现在发现这些问题对一个国家、一个社会的发展都至关重要。因此,需要对"华盛顿共识"不太正确之处进行修正,对其不完全的地方给予补充,以此来形成一个新的、可供每个国家在政策制定时参考的原则,这也正是这次会议的目的。

这些挑战在于利用好全球化的发展力量,以导向一条充满希望而非危机四伏的道路。这也就需要在政策设计中对发展目标有一个清晰的认识,并以史为鉴,从过去的成功及错误中吸取经验,从过去相当长一段时间积累下来的经济理论、统计分析中学习。现在一些较为传统的经济学建议显然已经无效。政策制定者不能依照简单的政策指南,例如维持财政收支平衡、用货币政策来控制通货膨胀、保持宏观经济的稳定,于是就依赖市场来解决其他一切挑战。以为这样就能促进经济增长并惠及穷人的看法实际上是不成立的。当前世界的一些困扰恰恰是过去太过于坚持上述建议的结果。

这份陈述并不是一张政策制定的蓝图,而是一系列的原则,我们希望这些原则有助于制定国家政策、促进全球对话以及设计多边政策。在当下这个日新月异的全球化世界,这些原则将愈发重要。

1. GDP 增长本身并不是目的

我们认为,固然需要有促进 GDP 增长的政策,但 GDP 本身不该作为目的,而应作为一种手段,以创造资源来实现一系列社会目标,包括改善卫生、教育、就业、安全以及消费。个人福利是多维的,这也就意味着政策应旨在改善社会所珍视的方方面面,而不仅仅是提高收入。例如,应当向所有学龄前儿童提供更好的营养,确保每个人都有基本的医疗保障,并认识到这些其实都在可企及的范畴之内。如果正确的政策无法到位,GDP 增长可能以福利损失为代价,包括当地环境以及全球气候恶化。同样值得注意的是,GDP 增长本身并不能消除对弱势群体不公正的行为规范及歧视性做法,这通常需要采取有意的干预措施。

我们认识到,应当承认并不存在一个普遍适用于所有经济体的"药方"。文化、社会以及历史背景千差万别,这也就带来了不同社会的不同追求,并决定了何种政策是有效、何种政策是无效。过去,存在一种源自一些高收入国家,而试图为所有国家制定统一的政策规范的倾向。固然有些政策原则我们都应该遵守,但同时必须为多样性和因时因地的决策留出一定的空间。

2. 发展必须具有包容性

我们认为,政策应确保发展在社会及经济层面上具有包容性,任何人群都不会因为性别、种族或其他社会标识而被忽视。我们应当关注福利遭受严重损害的许多维度,尤其是那些福利正遭受多方面伤害的个人。然而,我们对最受剥夺者的关注仍然不够。并且,贫富之间以及主要社会群体间的差距同样值得关注。近几十年来,收入和财富的不平等程度加剧;包括卫生、教育在内的基本服务的获取机会都存在着可见的、在道德上不可辩护的严重不平等。这不仅破坏了社会凝聚力,更让精英团体有机会通过政策制定来进一步加剧这种不平等。高度不平等反过来又会剥夺穷人的发言权,进而弱化民主。为女性及历史上受歧视的群体赋权的重要性不言而喻,而且这也同时为经济效率提供了坚实的基础。当出现政治动荡和社会冲突时,发展不再可能。发展政策若无法做到包容,则可能滋生社会冲突。总之,只有发展具有包容性才是在社会及经济层面上可持续的发展。

3. 环境可持续性是必需,而非一道选项

尽管在目标和执行上因每个国家及区域的条件而不尽相同,但我们认为,发展政策制定必须将环境可持续性作为一个核心目标。在环境质量退化的地方,收入增长将会是福利及进步的虚假指标。此外,对资源的争夺以及因环境而引起的人口迁移将危及安全并引发冲突,进而抑制发展。从全球层面来看,气候变化对地球的生存构成长期的威胁,在短期至中期则会危及许多国家的生计、农业及生态环境。首先需要采取缓解措施,并且应当在全球层面上实施;适应性政策则需要在国家及地方层面上采取积极的干预与支持。显然,自由市场是解决不了这些问题的,国家的监管干预乃至多国的政策协调不可或缺。

4. 应当平衡市场、政府与社会团体的作用

对于我们所要达到的目标及世界各地所面临的全球性挑战,一项发展政策需要建立在市场、政府及社会团体作用的明智平衡之上。要认识到,市场本身是一种社会制度,需要存在有效的监管体系,市场才能实现资源有效配置的功能。此外,即便在一些领域市场能带来效率,但正如我们所知道的,饥荒可以存在于一个有效的自由市场,市场本身不会有实现包容和公平的自发倾向。在过去的四分之一世纪里,向着不受约束的自由市场发展的趋势,导致了当前世界面临的金融危机,使得不平等达到了难以维持以及发展到了不可持续的程度。

然而,认识到了市场作用的局限性,我们同样要求政府的运行本身必须有效。一个国家在许多方面可以超越市场:不同层面的政府可以发挥许多重要的作用,公民社会的许多组织形式包括合作社、协会、非政府组织等也可以发挥重要作用。如果一项事务由市场或社会团体来运作更好,那么政府就不应该掺和进去。通常,各个制度发挥的作用具有互补性。在某些情况下,最贫困者的福利能通过社区团体获得极大的提升。尽管我们知道有些地方社会机构被一些不良势力所控制,但各级公民社会组织对促进和维持社会凝聚力起到了重要作用。

在此我们重申,在制定规则并建立监管体系方面政府是不可或缺的,也只有基于此,市场和社会组织才能蓬勃发展。一套好的规则体系能带来更强的社会凝聚力和信任度,从而减轻不平等程度、促进增长并在各个方面提升福利水平。此外,在那些市场无法有效发挥作用的领域,尤其是金融、卫生和环境方面,以及基于包容性要求而需要干预的问题,例如女性赋权、保护弱势群体及解决过度的收入不平等,政府需要发挥责无旁贷的作用。在制定产业政策及有效的农业、服务业政策上,政府同样需要发挥作用。最后,政府必须防止因为不平等的加重导致自身被挟持,从而进一步加剧社会、政治及经济层面不平等程度的恶性循环。

5. 提供宏观经济的稳定

许多传统政策建议集中于维持宏观经济稳定的必要性。一个更稳定的经济体能实现更高速的增长,并进一步提升福利。达到宏观经济稳定需要政策管理,使整个经济保持在平稳发展的根基上,并关注当前政策的长期影响,尤其是保证财政与外部金融的可持续性。各国应当在高增长时期储备财政资源,以便应对不时之需。尽管就长期而言财政纪律是重要的,这一点传统经济学强调的并没有错,然而结果是政策制定者往往对预算平衡有着拜物教式的崇拜。

我们必须认识到,在债务受到审慎管理且货币化带来的通货膨胀结果得到控制的情况下,财政刺激和公共投资经常对摆脱经济停滞的陷阱至关重要。公共投资对基础设施建设以及绿色技术非常重要,这些项目通常只在长期才能获得收益,因而很难吸引私人投资。此外,宏观审慎措施可以作为货币政策的补充,以遏制泡沫的发展、缓解可能带来不稳定的资本流动并防止过度的对外负债。

6. 关注全球技术和不平等带来的影响

随着近年来的技术进步,政策制定领域出现了一项特殊的挑战。技术进步连接了全球劳动市场,使得发展中国家的劳动者无须流动就得以在当地为全球市场和消费者工作。这固然为劳动者提供了新的机遇,但同时也加剧了国内的不平等程度。高收入国家倾向于将此看作一个劳动力竞争的问题,即发达国家与发展中国家的劳动者存在利益冲突。然而,遗憾的是这忽视了一个更现实的问题,即劳动与资本的竞争问题。在自动化、机器人技术的兴起以及劳动力市场的全球化进程中,替代劳动者收入的是公司和机器所有者的更高额利润。这些后果是我们必须解决的问题,而非将此转化为全球劳动力间的角力问题。

由此,我们提出三项必要的应对政策。首先,在技术进步的同时,必须加大提升技能和技术互补的人力资本投资,从而使劳动收入得以随着技术进步而提高。其次,必须创造新的政策工具来进行国内的收入转移。工资占GDP比重的下降,不应当被看作技术进步不可避免的结果,政府必须建立税收及利益分配制度来打破这种趋势,并制定一系列的法规,例如强制执行的竞争法则以及提升工人在社会和公司中话语权的劳动法。最后,这种趋势使得多国间的政策制定尤为必要。多边机构有责任鼓励各国政策的协调,并且倡导不仅考虑高收入工业化国家而且包括新兴经济体利益的政策,后者在国际决策中经常被剥夺话语权。

7. 社会规范与思维模式至关重要

在传统经济学看来,社会规范和思维模式对于我们的经济生活无关紧要。然而越来越多的研究表明,事实并非如此。我们的价值观和文化不仅本身具有意义,还影响着经济如何运行。一个人与人之间相互信任的社会的经济表现会比一个人与人之间缺乏信任的社会要好;例如,对同一组选项,当它们以不同次序或不同的默认选项呈现给人们时,其最终选择的结果会因此而有差异。各国政府需要开始利用这些新的知识和措施从而更有效地推行政策。事实上,私营公司长久以来经常利用对人类心理学和社会偏好的了解,来提升他们自身的利益和利润。在致力于提升公共利益时,如果政府希望有效地提供教育和卫生服务,公平地征税,加深对社会规范的理解也应当纳入政策制定之中。社会规范和思维模式在遏制腐败方面也能发挥重要作用。腐败问题在各国存在重要的特定情境差异,因为社会规范和思维模式正是一个社会历史和经验的产物。

8. 全球政策和国际社会的责任

全球化的力量越来越制约着各国政府的发展政策选择,这些力量给各国带来限制和机会,并且,它们本身取决于其他国家的行动。

高收入国家的货币政策会影响流向发展中国家的资本。正如2008年金融危机所充分表明的,富国的金融管制政策虽然首先影响富国自身,但最终还会对新兴经济体及发展中国家产生深远影响。对避税天堂采取的政策与管制,会影响所有国家尤其是低收入国家的政府为包容和可持续发展政策筹集资金的能力。一国的贸易政策会影响其他国家的出口预期。高收入国家的移民政策则会影响低收入国家公民改善其自身生活,并通过汇款和知识转移来帮助其祖国发展的可能性。如上种种,在当下这个全球化的世界,任何一个国家的行为都会对其他国家产生连带影响。也正因如此,所有国家都有责任把这个世界上最困苦的人们考虑在内,提升他们的发展机遇。

跨国协议与制度对解决我们当下迫在眉睫的问题至关重要。然而,这些协议与制度却也是最难以建立并维持的。尽管巴黎气候变化协定有了一个好的开头,全世界都在等着所有国家对排放问题采取措施所做的承诺的落实,以及高收入国家给低收入国家采取适应气候变暖和减排措施提供帮助的承诺的落实。近年来,我们见证了来自传统渠道的发展援助的下降,许多新建的双边和多边发展机构的出现,然而几十年前向国际社会承诺的达到国内生产总值0.7%的官方发展援助的目标越来越难以实现。国际社会有责任确保这些援助用于发展中国家及发展中国家内部受到边缘化的群体,确保发展中国家在国际机构的治理结构中得到更好的代表,而这也会反过来保证国际协定及公约能充分考虑到发展中国家的诉求。

展望

在应对发展带来的挑战中,如果各国采取平衡市场、政府和社会的务实政策,并且国际社会共同努力减轻全球化带来的约束并抓住新的机遇,那么当下的技术进步,将切实转化为包括最底层在内的所有人福利的提升。我们可以实现一个繁荣共享的世界,过去的错误和成功给我们提供了一套各国乃至全球层面的政策制定应当遵循的原则。现在是系统性地应用这些原则以制定经济发展政策的时候了!

3. 战后第三波发展思潮:新结构经济学[1]

由"斯德哥尔摩陈述"的起草人之一林毅夫倡导的新结构经济学是战后继结构主义、新自由主义之后第三波发展思潮的杰出代表。新结构经济学的雏形是林毅夫、蔡昉和李周于1994年出版的《中国的奇迹:发展战略与经济改革》一书。对于该书的写作背景,林毅夫回忆道:"在二次世界大战后,东亚是世界上最为贫穷的地区,人多、自然资源少,曾被认为是世界上最不具发展希望的地区。然而日本在战后迅速恢复,到了上世纪60年代成为第一个非白种人的高收入经济体。接着亚洲'四小龙'——中国台湾、中国香港、韩国、新加坡——到了上世纪70年代也成为充满活力的新兴工业化经济体。在这些事实面前,世界银行作为世界上最为重要的多边发展机构,自上世纪90年代初起每隔4年对东亚经济进行一次主题研究,概括其独特的发展经验与教训,揭示既定时期的问题与挑战。这个系列研究中的第一个报告发表于1993年,题为《东亚奇迹:经济增长与公共政策》,首次系统研究了东亚8个经济发展表现卓尔不群经济体的成功原因。这8个经济体除日本和亚洲'四小龙'外还包括印度尼西亚、马来西亚和泰国。虽然从1978年年

---

[1] 对于前两波发展思潮存在的问题的评论可参见:杰拉尔德·迈耶,"老一代发展经济学家和新一代发展经济学家",载于杰拉尔德·迈耶、约瑟夫·斯蒂格利茨主编,《发展经济学前沿:未来展望》,中国财政经济出版社,2004年。

底开始的改革开放到1993年,中国已经取得了15年年均9.7%的高速增长,在一个底子薄、人口超10亿又处于转型期的国家取得这样的成绩在人类经济史上前所未有,但是《东亚奇迹》有意无意地忽略了中国经济增长的故事,作为中国的经济学者,我们义不容辞地以'中国的奇迹'为题,分析了中国转型期经济增长奇迹背后的道理,预测了这个奇迹是否有可能持续,探讨了如何深化改革才可以将之继续保持下去。"[①]

《中国的奇迹:发展战略与经济改革》一书系统阐述了中华人民共和国成立以后我国重工业赶超战略与当时中国人多资本少的禀赋特征之间的政府干预矛盾,揭示了扭曲价格的宏观经济政策、资源计划配置与剥夺微观主体自主权"三位一体"的计划经济体制的内生形成机制,用比较优势战略对东亚奇迹进行了重新解释,分析了改革开放之后发展战略转轨为比较优势战略与当时劳动力相对资本富裕的禀赋特征之间的相容,总结了发展战略渐进式转型的经验。可以说,《中国的奇迹》这本书基本上构建了关于发展与转型以及政府作用的新结构经济学基本理论框架。基于全球经验的新结构经济学雏形是根据林毅夫教授2007年英国剑桥大学的马歇尔讲座出版的《经济发展与转型:思潮、战略与自生能力》一书,该书以《中国的奇迹》的理论框架为基础,将基于中国经验提炼的理论推广到全球历史背景下,以发展战略遵循还是违背比较优势为出发点提出了发展与转型一系列可验证的假说,如发展战略对经济增长、经济波动、收入分配、制度扭曲等的影响,并用第二次世界大战以来发展中国家的经验数据对各个假说做了经验检验,绝大部分实证结果符合理论预期。新结构经济学的一般理论成型之作产生于2009年6月林毅夫教授于其出任世界银行高级副行长兼首席经济学家一周年的一个内部研讨会上,以他1994年出版的《中国的奇迹》和2007年出版的《经济发展与转型》两本书的理论框架为基础,反思了自第二次世界大战以后发展经济学成为一门学科以来的理论进展和发展中国家发展与转型的成败经验,指出第一版的"结构主义"发展经济学重视政府的作用而忽视市场的作用和第二版的"新自由主义"发展经济学重视市场而忽视政府作用的偏颇,提出以"新结构经济学"作为发展经济学的第三版,强调经济发展是一个产业、技术、基础设施、制度结构不断变迁的过程,在这个过程中既要有"有效的市场"也要有"有为的政府"。2011年3月,林毅夫应邀到耶鲁大学做著名的库茨涅茨年度讲座,以"新结构经济学:反思发展问题的一个理论框架"为题阐述了新结构经济学理论的基本框架和主要观点,演讲全文发表于2011年出版的《世界银行研究观察》第26卷第2期,向经济学界正式宣告

---

① 林毅夫,《中国的奇迹:发展战略与经济改革(增订版)》序言,格致出版社,2014年。

了新结构经济学的诞生。2012年林毅夫教授在世行的工作结束前将新结构经济学的有关论文结集为《新结构经济学:反思经济发展与政策的理论框架》一书,系统论述了新结构经济学的基本理论分析框架、所依赖的经验特征事实、政府在结构变迁动态机制中的因势利导作用及其应用案例等新结构经济学的核心内容。基于在世界银行的工作经验以及广大发展中国家的观察,林毅夫教授又出版了《繁荣的求索:发展中经济如何崛起》、《超越发展援助:在一个多极世界中重构发展合作新理念》、《战胜命运:跨越贫困陷阱,创造经济奇迹》等书,对新结构经济学的理论和应用进行了深入浅出的阐述。林毅夫等著述的《新结构经济学文集》、《新结构经济学新在何处》等则系统探讨了新结构经济学各个子领域的相关研究。

正如新制度经济学的命名者威廉姆森所言,契约多样性可谓"资本主义经济制度研究无数谜团的起源"。并且,相对于新古典经济学的"选择的科学"(the Sciences of Choice),威廉姆森也将新制度经济学称为"缔约的科学"(the Sciences of Contract)。同样,在新结构经济学看来,结构多样性可谓发展中经济体经济发展与转型以及政府作用研究无数谜团的起源。顺理成章,在我们看来,新结构经济学可以被称为"结构的科学"(the Sciences of Structure),而不仅仅局限于发展经济学一隅,更不限于关于发展战略的比较优势学说,有着极其重要的理论范式突破。

新结构经济学的理论出发点遵循了经济学之父亚当·斯密在《国民财富的性质和原因的研究》一书中所倡导的研究方法,也就是从现代经济增长的本质及其决定因素入手,即人均收入水平提高的不断加速,而这主要取决于技术不断创新和产业不断升级所推动的劳动生产率的不断提高。[①] 随着生产结构(产业结构与技术结构)的升级,对应的金融结构、人力资本结构、区域结构(包括城市化)、开放结构(国际金融与国际贸易)、周期结构、制度结构、人口资源环境结构以及相应的降低交易费用的软硬基础设施结构等结构安排也需要随之升级。任何经济体的经济结构变迁都是一个连续的动态过程,每一发展阶段都是这条连续谱上的一点。尽管人类社会经济发展的本质相同,但是处于不同发展阶段的国家,由于禀赋结构不同,相应也会有不同的生产结构及其对应的其他经济结构安排。例如,处于初级发展阶段的国家,其要素禀赋结构一般会呈现出劳动力或自然资

---

① 经济快速增长的现象是在18世纪以后才出现的。根据经济史学家麦迪森的研究,18世纪以前西欧国家人均收入的年平均增长率只有0.05%,人均收入需要1400年的时间才能翻一番。18世纪以后到19世纪中叶,其人均收入年平均增长率提高到1%,人均收入翻一番所需要的时间缩短到70年。从19世纪中叶到现在,人均收入年平均增长率为2%,人均收入翻一番的时间降至35年。上述增长加速的现象是18世纪中叶开始的工业革命的结果。

源相对丰裕，同时资本相对稀缺的特点，因而生产也多集中于劳动力或资源密集型产业（主要有维持生存的农业、畜牧业、渔业和采矿业），采用传统的、成熟的技术，生产"成熟的"和"绿色的"产品。除了矿业和种植业，这些生产活动很少有规模经济。这些国家的企业规模一般而言相对较小，市场交换往往也不正规，通常仅限于在当地市场上跟熟人进行交易。这种生产和交易对硬件和软件基础设施的要求不高，只需要相对来说比较简单、初级的基础设施就可以了。与之相反，位于发展阶段谱系另一端的高收入国家，则呈现出一幅完全不同的禀赋结构图景。这些国家相对丰裕的要素不是劳动力，也不是自然资源，而是资本，因而在资本密集型产业中具有比较优势，这些产业具有规模经济的特征。各种硬件（电力、通信、道路、港口等）和软件（法律法规体系、文化价值系统等）基础设施也必须与全国性乃至全球性的市场活动相适应，这种情形下的市场交易是远距离、大容量、高价值的。人类社会的经济发展就是这些经济结构不断变迁的过程。因此，处于全球结构变迁前沿的发达经济体的结构安排实际上只是全球整个连续谱的一个经验特例。

现有的主流理论大都来自发达国家经验的总结，而从工业革命以后发达国家的技术和产业都处于世界的最前沿，对于它们来说，技术创新和产业升级都只能自己发明，而发展中国家的产业和技术大多处于世界的前沿之内，它们的技术创新和产业升级可以有后发优势。并且，发达国家和发展中国家可以动员的资源、面对的各种要素价格、风险因素和软硬件基础设施的瓶颈限制也不一样，适用于发达国家的产业结构和技术结构以及基础设施结构也不一样，不同的产业结构和技术结构由于其特性不同，适宜的金融结构、人力资本结构、区域结构（包括城市化）、开放结构（包括国际金融与国际贸易）、周期结构、制度结构、人口资源环境结构等各种结构安排也不相同。所以，适宜于前沿发达经济体的经济结构安排不见得适用于发展中国家。忽视了这些环环相扣的结构性差异，是从第二次世界大战以后按西方主流理论来制定发展政策的国家没有一个成功，而极少数成功国家的发展政策从西方主流理论来看也是错误的原因。如结构主义与"华盛顿共识"，都因忽视了经济体的禀赋结构、生产结构以及对应的其他结构安排环环相扣的内生差异性而失败。所以说，单单基于处于人类社会整个连续谱结构变迁前沿的发达经济体的结构安排这一经验特例的西方主流理论，对于处在整个连续谱结构变迁不同阶段的广大发展中经济体而言却是理论陷阱。一个国家陷入低收入陷阱或中等收入陷阱是由于其结构未能有动态的变迁。按照新结构经济学的基本主张，遵循一国每一时点的要素禀赋结构所决定的比较优势来选择技术、发展产业是升级该国的要素禀赋结构,进而升级产业结构、促进收入增长、消除贫困的最好办法。发展中国家的适宜性目标不一定非得是最前沿发达经济体的经济结构,以后者为标杆甚至会适得其反。既然结构变迁是一个连续的动态过程,每一阶段都是这条连续谱上的一点,基于整个连续谱结构变迁前沿的发达经济体这一特例的西方主流理论不具有普遍性,那么新结构经济学就试图构建一门具有普遍意义的结构科学,来理解人们在结构变迁过程中观察到的、关于持续增长的各种特征事实背后的因果关系。因此,可以说基于经济结构前沿的发达经济体经验(如卡尔多特征事实)的主流理论其实只是基于整个世界经济结构变迁谱系经验特征的新结构经济学的理论退化特例。换言之,新结构经济学在理论上更为高阶。[①]

1.2.2 新结构经济学的理论体系简介[②]

新结构经济学理论与西方主流经济学理论的本质差别在于,后者没有结构(更准确地说是以发达国家的结构为其暗含的唯一结构),而前者则倡导以新古典的现代经济学方法来研究经济发展过程中经济结构(包括技术、产业、硬的基础设施、软的制度环境等)及其变迁的决定因素,主张在每一时点的经济结构内生决定于该时点给定的要素禀赋结构。因此,新结构经济学实际上是使没有结构的现代主流经济学理论成为其理论体系的一个退化特例。用现代经济学的术语和模型来表述这种差别之一就是:西方主流经济学理论(新古典经济学)是以给定不变的生产函数求解最优资源配置,在这种模型中发展中国家和发达国家只有量的差异而没有质的区别;新结构经济学则全部颠覆过来——以给定的禀赋结构求解最优的生产函数及其动态变化,在这种模型中发达国家和发展中国家既有量的差异也有质的区别。[③] 这种范式的转变实际上是根源于林毅夫教授与主流发展思想的根本不同:西方主流理论是以最发达国家或地区作为参照,看发展中国家或地区和发达国家相比缺什么或有什么做得不好,以此来改造发展中国家;而新结构经济学则完全颠覆过来了,从发展中国家或地区自身有什么(禀赋条件)出发,在此基础上把现在

[①] 可进一步参考:林毅夫、付才辉、王勇,《新结构经济学新在何处》,北京大学出版社,2016年。
[②] 对于新结构经济学的学科全貌可参见:林毅夫、付才辉,《新结构经济学导论》,北京大学新结构经济学研究中心讲义,2016/2017。
[③] 付才辉,"最优生产函数理论——从新古典经济学向新结构经济学的范式转控",《经济评论》,2018年第1期。

能够做好的（比较优势）做大做强，逐步实现发展。①

林毅夫教授这种思想与理论范式的革新也深受马克思历史唯物主义方法论和马克思主义政治经济学基本原理的影响，正如他在感谢硕士论文导师张友仁教授时所言："他教导了我马克思主义政治经济学，尤其是历史唯物主义所揭示的经济基础决定上层建筑，上层建筑反作用于经济基础的道理。新结构经济学从一个经济体每一时点的要素禀赋出发来探讨决定其生产力水平和生产方式的技术和产业的内生选择，并进而探讨适应于产业和技术的软硬基础设施的思路是源于马克思主义经济基础决定上层建筑的历史唯物主义。"②不过，新结构经济学应用国际通用的现代科学研究方法继承和发扬了马克思主义政治经济学。实际上，新结构经济学为基于中国以及世界的发展实践经验以及国际通行的现代科学方法复兴马克思主义政治经济学的理论内核提供了新的范式突破口。

经过近三十年来林毅夫教授及其弟子以及学界追随者的不断开拓，新结构经济学理论体系日趋完善。由于将结构及其变迁引入现代经济学并用现代经济学的科学方法复兴马克思主义政治经济学的理论内核，新结构经济学的理论体系非常庞大，涵盖了经济发展过程中经济结构及其变迁现象的方方面面，新结构经济学的中心思想可以概括为围绕发展与转型以及市场和政府在其中作用的基本原理。

在发展问题上，新结构经济学的切入点是现代经济发展、收入不断提升的本质，即决

---

① 与新结构经济学的结构范式不同，发展经济学乃至一般性的经济学领域目前主要的范式还是非结构性的，即可以称之为"新结构理论范式"。在刚刚步入21世纪的时候，世界银行组织了几代发展经济学先驱们对发展的思想进行了回顾与反思，其中阿德尔曼在"发展理论中的误区及其对政策的含义"一文中深刻地指出："没有哪个经济学领域像经济发展那样在其主要范式上经历了那么多意外的变化。发展经济学的曲折经历对发展政策产生了深刻的影响。特别是，主要的发展范式决定了与政府在经济中的理想作用、政府干预的程度、干预的形式和方向以及政府—市场互动的实质等问题有关的政策处方"（载于杰拉尔德·迈耶、约瑟夫·斯蒂格利茨，《发展经济学前沿：未来展望》，中国财政经济出版社，2004年，第73页）。"发展经济学的主要范式之所以存在很多突然的变化，其根本原因一直就在于人们总是想为不发达找出一个单一的原因（从根本上说，这是错误的），并由此找到一种单一的解决办法，即发展理论。根据'简单，否则就是愚蠢'的原则，一种特殊的论证方式被创造出来了，而且这种方式基本上不曾变化，即不发达是由于要素X的制约；解决了X，发展就是必然的结果。但是随着时间的推移，由于从过去的失败和成功中吸取的历史经验和教训不同，以及对上面所列的范式变化的其他根源所做出的反应也不同，因此对什么是要素X，答案是大不同的……人们关于最佳形式的国家—市场互动关系和一些主要的政策杠杆建议也是如此。寻找发展的唯一法宝从根本上说是错误的，因为它的基础是一种简单的机械主义发展观和体制观。但是在过去半个世纪中，人们像炼金术士寻找点金石一样寻找要素X，这种现象一直左右着经济发展中的理论和实证研究……X等于有形资本（1940—1970年）、X等于企业家精神（1958—1965年）、X等于不正确的相对价格（1970—1980年）、X等于国际贸易（1980—）、X等于强有力的政府（1980—1996年）、X等于人力资本（1988—）、X等于无效政府（1997—）"（同上书，第74—82页）。实际上，这种X理论如今依然主导着关于发展的前沿学术文献和主流教材。例如，对于如何解释为什么有的国家富裕有的国家贫穷这一基本的问题，一些标准化的X要素就至少包括物质资本、人力资本、技术与效率等直接要素，政策、法律规则、腐败、制度、文化、地理、气候、运气乃至一些最新前沿文献强调的种族和遗传基因等间接要素甚至具有贫困本身等宿命性的因素。例如，关于基因与发展的所谓的最新前沿研究：这与林毅夫和孟加出版的《战胜命运：跨越贫困陷阱，创造经济奇迹》（北京大学出版社，2017年）一书的思想迥然不同。

② 林毅夫，"我在经济学研究道路上的上下求索"，北京大学新结构经济学研究中心网站，2016年。

定劳动生产率水平的技术不断创新、产业不断升级，以及决定交易费用的硬的基础设施和软的制度环境不断完善的结构变迁的过程。由于不同发展程度的国家经济结构内生决定于该国家的要素禀赋结构，一个国家实现快速包容可持续发展的最优方式是按照该国每一时点给定的要素禀赋结构所决定的比较优势来选择所要发展的产业和所要采用的技术。由此，在具有合适的软硬基础设施的条件下，该国将会有最低的要素生产成本和交易成本、最大的竞争力，创造出最大的经济剩余，投资会有最大的回报，积累的积极性会最高，资本禀赋增加和要素禀赋结构提升，产业结构和技术升级的速度也会最快。一个发展中国家按此路径来发展，在技术变迁、产业升级和软硬基础设施的完善上也可以享有后发优势，取得比发达国家更快的经济增长，实现向发达国家收入水平的收敛。企业在经济发展过程中会自发按照要素禀赋结构所决定的比较优势来选择产业和技术的前提是要素相对价格必须反映要素的相对稀缺性，这样的相对价格只能存在于充分竞争的市场，因此，按照比较优势发展经济以存在充分竞争的市场为制度前提。由于经济发展不是静态的资源最优配置，而是一个技术不断创新、产业不断升级以及硬的基础设施和软的制度环境不断完善的结构变迁过程，在这个过程中必须对技术创新和产业升级的先行者给予外部性的补偿，协调相应的软硬基础设施的完善，这些工作仅能由政府来做，因此，也必须有一个"有为的政府"，经济结构才能顺利按照要素禀赋结构和比较优势的变化变动。所以，"有效的市场"和"有为的政府"是经济快速可持续发展的两个最重要的制度前提。

在转型或改革问题上，新结构经济学的切入点是企业自生能力，即企业所在行业是否符合要素禀赋结构所决定的比较优势。由于对一个国家在某一时点上的产业和技术结构内生决定于该时点的要素禀赋结构缺乏认识，在第二次世界大战以后，许多发展中国家摆脱了殖民地、半殖民地身份，出于快速追赶发达国家的主观良好愿望，试图在资本短缺的要素禀赋结构条件下去发展和发达国家相同的资本密集型现代化大产业。第二次世界大战后发展经济学的第一波思潮——结构主义，为这种发展战略提供了理论支撑。但是政府想优先发展的这种产业违反要素禀赋结构所决定的比较优势，企业在开放竞争的市场中缺乏自生能力，政府必须靠对各种要素价格的扭曲和对市场的干预，给予这些企业保护补贴才能把这种"先进"的产业建立起来，结果导致资源错误配置和寻租。虽然先进的产业建立起来了，但是经济发展的绩效低下，和发达国家的差距继续扩大。

由于对政府的各种扭曲和干预是内生决定于保护补贴赶超产业中不具备自生能力的企业的需要缺乏认识，发展经济学的第二波思潮——新自由主义，倡导以"华盛顿共识"的"私有化、市场化、自由化",用"休克疗法"的方式一次性地把各种保护补贴取消掉,来进行从政府主导的经济向市场经济转型。在20世纪八九十年代,绝大多数社会主义国家和非社会主义发展中国家,遵循"华盛顿共识"的建议,用"休克疗法"来进行转型,结果不是新自由主义所预期的经济稍微下滑后快速的"J"曲线复苏,而是"L"曲线的经济崩溃、停滞、危机不断,出现了所谓的"失去的二十年"。然而,中国和少数几个国家采用的被主流理论认为是最糟的渐进的双轨制改革,其实是一个务实的、比较好的转型策略。这种转型方式一方面给予旧的违反比较优势产业中缺乏自生能力的企业必要的转型期保护补贴,另一方面放开对原来受到抑制的产业的准入,并在软硬基础设施普遍不好、政府可用资源有限的条件下,以工业园、加工出口区等方式局部改善基础设施和营商环境以因势利导符合比较优势产业的发展,这种方式在转型过程中能够同时取得稳定和快速发展的绩效。快速的发展则能够不断积累资本,使许多原来违反比较优势的产业逐渐变得符合比较优势,企业由不具有自生能力变得具有自生能力,旧体制下遗留下来的保护补贴也就从"雪中送炭"变为"锦上添花",能够取消掉也应取消掉以完成从计划经济向市场经济的过渡。

上述旨在揭示发展与转型以及市场和政府在其中作用的新结构经济学基本原理事实上已经重构了发展经济学与转型经济学,并以此为突破口更一般地、系统地运用现代经济学的方法将结构全面引入了缺乏结构的主流理论体系之中,使其成为新结构经济学的退化特例。因此,新结构经济学理论方法和视角的创新可以自成体系地将结构及其分析逻辑引入各个传统的经济学子领域,构建起诸如新结构增长经济学、新结构产业经济学、新结构创新理论、新结构金融学、新结构劳动经济学、新结构区域经济学、新结构国际经济学、新结构货币和财政理论(宏观经济学)、新结构制度经济学、新结构人口资源环境经济学等子学科领域,这些领域便构成了整个新结构经济学完整的学科体系。[①] 图1.19直观地描述了新结构经济学整个学科的内在逻辑以及架构体系。现实中的经济结构现象丰富多彩,相对应地,新结构经济学的理论体系也博大精深。本报告只涉及图1.19中最下面"禀赋结构与生产结构"这一组最基本的结构关系,形象地讲,就是马克思历史唯物主义所言的"经济基础决定上层建筑"。在后续的其他系列研究报告中,我们会陆续推出关于其他"上层建筑"中所涉及的经济结构变迁的新结构经济学研究报告,例如金融结构变迁报告、教育结构变迁报告、城市化报告、环境报告等,敬请关注。

---

① 相关内容可以参考:付才辉,"构建我国自主创新的新结构经济学学科:综述、架构与展望",《制度经济学研究》,2015年第4期,第1—80页。

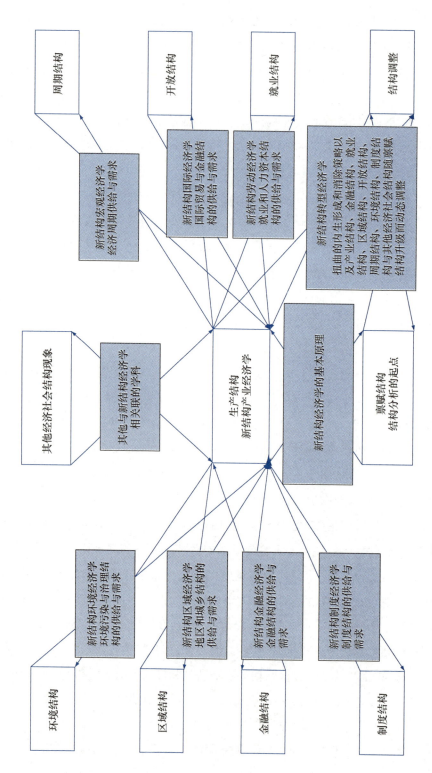

图 1.19 新结构经济学学科构架的内在逻辑体系:结构的科学

1.2.3 经济结构转型升级的新结构经济学分析框架概述①

分析经济发展的起点是经济的禀赋特征。一个经济的禀赋特征在任何给定的时间是给定的,但会随着时间的推移而变化。遵循古典经济学的传统经济学家一般认为一国的禀赋仅由土地(或自然资源)、劳动力和资本(包括物质和人力资本)构成。这些实际上是要素禀赋,是经济中的企业在生产中使用的。应该指出的是,新结构经济学强调资本劳动比的动态变化。这是因为,在实事求是地讨论一国的经济发展时,土地都是外生给定的,而自然资源的存量是固定的,发现也是随机的,例如矿产资源。理论上说,也应将基础设施作为一个经济的禀赋的一部分。基础设施包括硬件(有形的)基础设施和软件(无形的)基础设施。硬件基础设施的例子包括高速公路、港口、机场、电信系统、电网和其他公共设施等。软件基础设施包括制度、条例、社会、资本价值体系以及其他社会和经济安排等。基础设施影响每个企业的交易成本和投资的边际收益。

经济发展要求在现有产业中不断引入新的、更好的技术。低收入国家的绝大多数人都以农业为生。农业技术的改进对于增加农民收入和减贫是必不可少的。然而,经济发展也要求经济不断地从现有产业向新的、资本密集度更高的产业扩展,从而实现产业多样化和产业升级。如果没有这样的结构变迁,人均收入持续增加的余地就很小。

在产业升级过程中,发展中国家具有后发优势,资本密集度从小到大的所有产业都可供选择。然而,要实现向资本更密集产业的升级,发展中国家首先需要升级其要素禀赋结构,而这就要求资本积累速度高于劳动力增长速度。当一个国家在经济发展过程中顺着产业阶梯拾级而上时,由于资本设备的不可分性,该国生产的规模效应也在扩大。该国企业的规模更大,需要更大的市场,这些都反过来要求基础设施(比如电力、交通、金融以及其他软件基础设施)的相应变化。产业升级和产业多样化的过程也增加了企业所面临的风险。企业离世界科技前沿越近,就越难从发达国家引进成熟技术,也就越需要自主研发新技术和新产品,从而面对的风险就越大。根据风险的来源,一个企业独有的风险可以分为三类:技术创新风险、产品创新风险和管理才能风险。在发展的初级阶段,企业倾向于使用成熟的技术为成熟的市场生产成熟的产品。此时企业面临的主要风险来自企业所有者和管理者的管理才能。当发展到了更高水平,企业往往需要发明新技术以向新市场生产新产品。此时,除管理才能风险以外,企业还会面临技术和市场成熟的

---

① 这一部分的内容主要引自 Justin Yifu Lin, "New Structural Economics: A Framework for Rethinking Development", *World Bank Research Observer*, 2011, 26(2), pp.193—221;更详细的内容可参见:林毅夫,《新结构经济学:反思经济发展与政策的理论框架》,北京大学出版社,2012年,第1、2、3章。

风险。因此，虽然技术创新、产能风险以及产品创新和管理才能都影响到企业的总体风险，但三者之间的相对重要性却因产业和发展阶段的不同而大不相同。随着企业规模、市场范围和风险性质的变化，以及产业结构的升级，经济对基础设施（包括硬件和软件）的要求也在发生变化。倘若基础设施无法同时改善，各个产业的升级过程都将面临莱本斯坦讨论过的 X 无效率问题。在任何给定时点，一个经济体的产业结构内生决定于该时点上劳动力、资本和自然资源的相对丰裕程度，因此，随着资本的积累或人口的增长，经济的要素禀赋结构也会发生变化，使其产业结构偏离原来发展阶段下的最优产业结构。

当企业所选择的产业和技术都与经济体要素禀赋所决定的比较优势相符时，经济将会最有竞争力。随着这些充满竞争力的企业和产业不断成长，它们将占有更大的国内、国际市场份额，同时也将最大限度地创造经济剩余（表现为工资和利润）。而且，由于产业结构在那个要素禀赋结构下是最优的，因此如果把这些经济剩余重新投资的话，其回报也将最大。随着时间的推移，经济将不断积累实物和人力资本，不断提升自身的要素禀赋结构和产业结构，并且使得本国企业在资本和技术更为密集的产品中越来越有竞争力。

企业关注的是利润。要想使企业自发进入和选择符合要素禀赋结构的产业和技术，该经济的价格体系就必须反映要素的相对稀缺性，而只有竞争性的市场才能做到这一点。因此，无论在哪一个发展水平上，市场都应被作为基础性的资源配置机制。这种遵循比较优势的发展方法对于贫穷国家的经济发展而言看起来或许是缓慢而令人沮丧的。但事实上，这种办法却是积累资本和提升要素禀赋结构的最快方法；并且，只要能得到更为发达的国家已经开发出来且依然存在于这些国家的技术，并进入这类产业，其产业结构升级速度还可加快。在每一个发展水平上，发展中国家的企业都可以选择适合该阶段要素禀赋结构的技术（并进入相关产业），而不用自己重新研发。

随着发展中国家沿产业和技术阶梯拾级而上，其他许多变化都随之而至；企业所采用的技术越来越复杂，资本需求增加，生产和市场规模也有了变化。远距离市场交易越来越多。因而，为了给新升级的产业中的企业降低交易成本，使其达到生产可能性边界，一个灵活、平稳的产业和技术升级过程就需要教育、金融、法律和硬件基础设施方面同时做出相应的改进。显而易见，单个企业无法有效地内部化所有这些变革成本，而多个企业之间为了应对这种挑战进行的自发协调往往也不可能实现。基础设施的改善需要集体行动，至少需要基础设施服务的提供者与工业企业二者之间协调行动。这样，就把政府拉了进来，政府要么自己进行这些基础设施的改善，要么就需要积极协调各方的行动。当一个经济体的禀赋结构发生变化之后，其潜在比较优势也会发生变化，那么哪些新产业符合这一新的比较优势呢？这就出现了信息不足的问题。要想进行产业升级，就要求有一些先驱企业去尝试解决这一问题。这些先驱成功企业不管成功还是失败,它们的经验教训都会带来有价值的信息外部性。因此,除了在改善硬件和软件基础设施中发挥积极作用,发展中国家的政府,跟发达国家的政府一样,还需要对先驱企业产生的信息外部性进行补偿。

【专栏1.4】

新结构经济学对主流理论的实践驳斥:在最不发达非洲的应用案例

从第二次世界大战后开始,在发展经济学1.0版本(结构主义)和发展经济学2.0版本(新自由主义)发展思潮和发展政策的指导下,广大发展中经济体发展止步不前,迷失了数十年。出于黔驴技穷的无奈与人道主义的考虑,西方发达国家与世界各发展机构越来越多地把发展议题转向以教育和健康为重点项目的援助。国际援助的有效性也越来越令人失望[①],使得人们开始对发展项目和方案的效果进行更严格的评价。这就产生了发展研究的一条新思路,由麻省理工学院贫困研究室[②]的经济学家们领衔推动,其目的是通过随机化控制试验以基于科学证据的政策来减贫。该趋势可以被称为"发展经济学2.5"版本。然而,作为发展经济学3.0版本的新结构经济学,与简单的国际援助不同,主张通过研究"授之以渔"而非"授之以鱼"的造血方法帮助发展中经济体脱贫致富。

在全球产业周期变化背景下,每个不同发展水平的经济体都可以识别其面临的全球产业窗口机遇期,通过工业园区的局部渐进式改革消除瓶颈,承接符合禀赋结构决定的潜在比较优势的产业转移,充分利用后发优势迅速登上持续的经济发展之路。以中国为例,在1979年向市场经济转型时,营商环境差,基础设施落后,投资环境糟糕。按照"华盛顿共识"的建议,应该没有地区或事业偏好,一步到位地改善全国的基础设施、市场环境等,而不能优先支持特定部门和地区。相反,中国政府动员其有限的资源和实施能力建立了经济特区和工业园区。在特区和园区内部,基础设施瓶颈得以缓解,营商环境也变得富有竞争力。虽然在转型初期有低成本的劳动力,但是中国缺乏利用这个优势生产具有合格质量的劳动力密集型出口产品的知识。为了克服这些困难,中国各个地区的各级政府四处寻求外国投资者,鼓励他们在经济特区和工业园区内投资。采取这种办法,中国迅速建立起了劳动力密集型的轻工业,成为"世界工厂"。在局部地区取得的成功为政府改善其他地方的基础设施和消除扭曲提供了资源和条件。这不仅是中国,而且也是东亚其他经济体发展成功的奥秘。

---

① 参见:林毅夫、王燕,《超越发展援助:在一个多极世界中重构发展合作新理念》,北京大学出版社,2016年。
② http://www.povertyactionlab.org/

华坚鞋厂在埃塞俄比亚的快速成功生动地表明前述奥秘在其他发展中国家照样管用。根据林毅夫在世界银行领导开展的《非洲的轻工业》研究,埃塞俄比亚制鞋业的工资率只有中国同行业的十分之一到八分之一,将近越南同行业的一半;埃塞俄比亚的劳动生产率则大约为中国的70%,与越南大体相当。由于劳动成本大约只有中国总成本的四分之一,埃塞俄比亚在制鞋业上应该很有竞争力。但是,2010年,中国的制鞋工人有1900万,越南有120万,而埃塞俄比亚只有区区8000人。2011年3月,埃塞俄比亚已故总理梅莱斯·泽纳维在林毅夫的建议下,于同年8月来到深圳邀请中国的制鞋厂商去埃塞俄比亚投资。华坚公司的管理层应邀于2011年10月访问了亚的斯亚贝巴后,决定投资,2012年1月便在亚的斯亚贝巴附近的东方工业园开设了鞋厂。最初只有550个埃塞尔比亚工人,2012年12月迅速扩充到1800人,使埃塞俄比亚的鞋业出口翻番,2013年12月达到3500人,2016年达到6500人。2012年之前,埃塞俄比亚和绝大多数非洲国家都很难在轻工业中吸引到出口导向型的外国直接投资。华坚鞋厂立竿见影的成功改变了外国投资者对埃塞俄比亚作为一个面向全球市场出口的潜在轻工业基地的印象。在世界银行的资金支持下,埃塞俄比亚政府在亚的斯亚贝巴新建了一个名叫博莱拉明(Bole Lamin)的工业园区。2013年仅仅用了3个月便有8栋建筑拔地而起、14栋在建。这些建筑租赁给出口导向型厂商,目前已有22家工厂入驻。按照世界银行的营商指数排名,埃塞俄比亚从2012年的125位跌到了2013年的127位,尽管如此,上述非凡的成功故事还是发生了。

包括撒哈拉以南非洲在内的发展中国家无须坐等所有的发展条件都具备了才行动。如果政府能够采取前述务实的发展方法,那么,随着中国的发展,工资增长,比较优势变化,来自中国潜在的8500万的劳动力密集加工出口制造业工作机会将使几乎所有低收入国家实现如中国和其他东亚国家在过去数十年那样的动态增长。中国也正在和埃及、埃塞俄比亚、毛里求斯、尼日利亚与赞比亚建立经贸合作区。中国逐渐失去比较优势的巨大的劳动力密集型产业是广大低收入经济体新一轮国际发展的窗口机遇期,而中国发展经验却是把握住发展机遇的方法。

【专栏1.5】

新结构经济学对主流理论的实践驳斥:在转型经济波兰的应用案例[①]

根植于中国土壤、脱胎于中国改革开放实践的新结构经济学,自从在非洲埃塞俄比

---

① 本专栏根据观察者网的报道(2017年2月19日)"林毅夫的新结构经济学为何成波兰发展计划指导理论"整理,作者苏堤。

亚、卢旺达等发展中国家应用,取得明显成果之后,今朝在世行标准里的高收入国家,尤其是东欧剧变后转型最成功的国家波兰的应用,显得不同寻常。波兰的经济现状其实并不乐观,根据国际货币基金组织的统计,波兰在 2011 年迈过高收入国家的门槛,人均 GDP 达到 13 769 美元以后,人均 GDP 一直在 13 000 美元左右徘徊。从世界银行的数据看,2008 年成为波兰经济的分水岭。尽管在全球金融危机中,波兰避免了衰退,但此后,波兰经济增长乏力,有些年份甚至出现了负增长,一直面临着高失业率的困境。2003 年,波兰失业率一度高达 20%,2004 年后失业率开始有所下降,但至今仍在 10% 附近徘徊。因为与德国和美国的人均收入差距,有大量的波兰人去西欧国家寻找工作。这种情形跟 20 世纪 80 年代爱尔兰的情形非常像。爱尔兰在 20 世纪初一直到 80 年代中,人均 GDP 也大约只有美国的一半。那时在西欧国家当中属于收入水平最低的,有大量的爱尔兰人到欧洲、美国去找工作。因此在 80 年代之前,爱尔兰人被称作西欧的乞丐。现在波兰的情形就是这种状况。2015 年 10 月,波兰法律与公正党赢得大选,并重新组阁新政府。新政府力图振兴波兰经济,缩小跟德国和美国的收入差距。欧洲深处债务危机泥潭,波兰执政者希望向东看,寻找波兰复兴的机会。2015 年,波兰 GDP 总量 4 770.66 亿美元,中国为 11 万亿美元;波兰人均 GDP 为 12 555 美元,超出中国 2015 年 8 029 美元的人均 GDP 水平。按照世行标准,已经跌出高收入国家门槛。波兰的人均 GDP 只有德国的三分之一、美国的四分之一,还处在追赶的过程中,经济发展、人均收入水平的提高是产业不断升级、人均劳动生产力水平不断提高的结果。新结构经济学的五种产业划分,对波兰的产业政策和发展计划有参考借鉴的价值(参见本报告的第 10 章)。

2016 年 2 月 16 日,波兰副总理莫拉维茨基代表政府推出被称为"莫氏计划"的"波兰长期发展规划",自那以后波兰媒体多次以"莫拉维茨基和林毅夫"为标题发表评论文章。"莫氏计划"是法律与公正党领导的新一届政府为落实竞选时的承诺而制订的波兰未来经济发展目标及其实现路径的总体方案,反映了新一届政府将积极有为地推动经济发展,扶持具有比较优势的产业,采取适当政策,提升波兰产业竞争优势的"经济哲学"。在发表于 2016 年 2 月 16 日的一篇题为"莫式计划——政府在经济中能做什么:林毅夫与莫拉维茨基"的文章中,作者引用了 2015 年 12 月在《共和国》报上,曾任波兰经济协会会长和货币政策委员会委员的克拉科夫经济大学教授 Andrzej Wojtyna 于其所写的评论文章中,对莫拉维茨基副总理的提问:在西方主流经济发展理论以及新结构经济学理论中,他到底更支持哪种理论?几周后,莫拉维茨基在接受《波兰时代》的采访时,明确表示支持林毅夫教授的理论。莫拉维茨基称,林毅夫教授的新结构经济学将成为波兰财政部和发展部政策制定的理论基础。2016 年 3 月 17 日以"林毅夫的提示"为标题的文章中,记者报道莫拉维茨基副总理在公开演讲中多次提到他的观点和新结构经济学接近,这篇文章还对新结构经济学"经济增长与因势利导"的产业政策制定六步法做了详细的介绍。

波兰政府实施的"莫氏计划"在宏观层面上支持"有为政府"的主动性和选择性推动经济增长,通过对产业政策的制定促进经济发展,与此同时,放松政府扶持领域的准入条件,利用市场机制鼓励创新。波兰发展计划还提到,政府在制定和实施产业政策时,应首先关注要素禀赋结构与本国相似且人均GDP比本国高出一倍的其他经济体,并甄别出其在过去20年间生产的各种商业产品和服务。此外,应设立专门的政府机构,分析哪些因素导致从事上述产业的国内企业难以提升产品质量,又有哪些障碍导致其他企业难以进入上述产业。鉴于波兰与"技术先进国家"之间的差距巨大,在进行经济结构调整与产业转型升级时应该从具有比较优势的一小部分产业入手,然后再循序渐进地扩大开来。

1.3 思路在更新

1.3.1 主流发展思潮视角下的发展指南

1. 主流发展思潮的代表:以发达国家作为标杆

归结起来,发展经济学的前两波思潮都是以发达国家为参照系,来看发展中国家缺什么(如第一波结构主义思潮所强调的现代资本、技术密集产业),或发展中国家做得不好的地方(如第二波新自由主义思潮所强调的治理,即"华盛顿共识"所推动的私有化、市场化、自由化),并以此作为改造发展中国家的依据。旧结构主义忽视发展中国家禀赋特征所决定的比较优势的重要影响,低估了市场在结构变迁中的力量,高估了政府在结构变迁中的作用;新自由主义没有意识到,发展中国家的系统性扭曲,内生于违背比较优势的发展战略,低估了政府在结构变迁中的力量,高估了市场在结构变迁中的作用。这两波发展思潮均未能有效地指导绝大多数发展中国家成功地实现转型升级;少数成功地实现转型升级的经济体,也都未遵循这两波主流发展思潮。

2. 主流发展指南的代表:《全球竞争力报告》概览

当今风靡全球的达沃斯世界经济论坛的《全球竞争力报告》(*The Global Competitiveness Report*)便是"发展要素/结果导向"思想的经典之作,其以最发达的经济体作为参照,通过12个标杆从各个方面来评价各个经济体(见图1.20),来看发展中国家缺什么,或发展中国家做得不好的地方,其评价结果便是将发展阶段分为三个阶段两次转型。[①] 新近版本的《全球

[①] 经济增长论文通常都是先提出一个理论,紧接着是实证部分。实证部分将证明,当其他变量不变时,刻画该理论强调的现象的变量与增长相关。论文一般还会接着证明,即便当解释变量出现变动时,理论强调的变量也具有显著性,即理论的稳健性。那么,究竟哪些变量应被纳入到回归分析中呢?可惜现有的经济增长理论还没有精确到足以指出增长切决定因素,几乎没有什么变量是特别稳健的,甚至时常出现"王婆卖瓜"乃至相互矛盾的估值。

竞争力报告》由西方甚至全球最经典的经济学教科书之一《经济增长》①（*Economic Growth*）的作者之一萨拉伊马丁（Sala-i-Martin）作为世界经济论坛前首席经济学家领衔 X 理论范式下跨国回归的思路设计。②

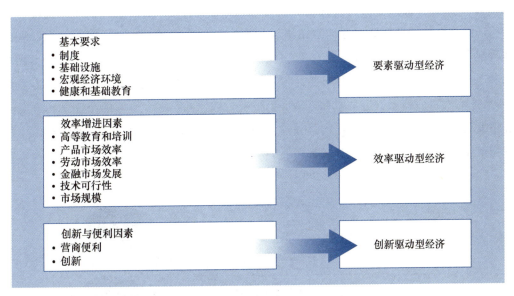

图 1.20　以发达国家作为参照系：要素/结果导向

资料来源：《全球竞争力报告 2011—2012》，第 9 页。

1.3.2　新结构经济学视角下的发展指南

1. 新结构经济学的发展思想：从每个国家自身出发

与前两波发展思潮不同，新结构经济学主张应该从发展中国家现在有什么（即其要素禀赋）出发，规划在此基础上能做好什么（即其比较优势），把现在能做好的做大做强，以此实现逐步赶上甚至超越发达国家的目标。与以发达国家作为标杆分析发展与转型的要素及结果的研究范式不同，突出发展与转型方法和过程的新结构经济学的研究范式更加实事求是地分析发展中国家经济现象的成因，提出求真务实的对策，而非"一刀切"。

2. 新结构经济学的发展指南：新结构经济学之路的独特之处

与主流发展思潮指南下的《全球竞争力报告》不同，新结构经济学视角下的本研究报

---

① 另一作者是新古典宏观经济学大家罗伯特·巴罗。
② 萨拉伊马丁等利用古典估计的贝叶斯平均（BACE）方法对含有 67 个变量集合的跨国横截面回归基准估值（可参见巴罗和萨拉伊马丁的教科书《经济增长》）。这恰恰是前述阿德尔曼讽刺的发展经济学 X 理论范式在理论与实证研究中的体现（参见第 1.2.2.5 节的脚注对 X 理论的描述）。

告则以"发展方法/过程导向"追踪了各个经济体结构转型升级的路径。从每个经济体在每个时点的自身禀赋特征出发,从事符合此时由禀赋结构决定的比较优势的生产活动,生产活动产生的剩余便最多,最有利于禀赋结构的提升;当禀赋结构升级之后,比较优势发生变化,再从事更高级的符合变化了的比较优势的活动;如此循序渐进、小步快跑地顺利实现经济结构转型升级。这种遵循比较优势的发展方法对于贫穷国家的经济发展而言看起来或许是缓慢而令人沮丧的,但事实上,这种办法却是积累资本、提升要素禀赋结构和产业结构,推动经济包容性可持续发展的最快方法;并且,按此办法还能发挥后发优势,从更为发达的国家引进技术和产业,而取得比发达国家更为快速的产业结构升级和经济发展。图1.21概括了新结构经济学的核心思路:任意阶段的最优生产结构内生于其禀赋结构,在转型升级的过程中都需要"有效市场"和"有为政府"。

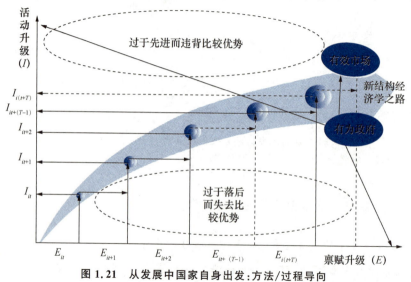

图1.21 从发展中国家自身出发:方法/过程导向

对比可以发现,发展要素只是发展方法选择的对象,发展结果只是发展过程的结局。如图1.22所示,以韩国、中国、孟加拉国为例,按照主流X理论范式,2011—2012年度从最发达国家的标准来看,在142个样本经济体中,韩国综合排名24位,中国排名26位,孟加拉国排名104位。按此做法,韩国在第二次世界大战之后的状况可能与今天的孟加拉国相差无几,但是韩国是从低收入经济体迈入高收入经济体的仅有的两个经济体之一(另一个是中国台湾)。因此,问题的关键不在于评价每个经济体发展的绩效如何,而在于如何取得绩效。按照新结构经济学范式,韩国之所以取得了如此成功的发展,孟加拉国却数十年都未走出低收入陷阱,原因在于前者在经济结构转型升级过程中吻合了新结构经济学的发展方法,而后者却远离了新结构经济学之路。中国的发展轨迹介于二者之间,改革开放之前远离了新结构经济学之路,而之后大致遵循了新结构经济学的方法。

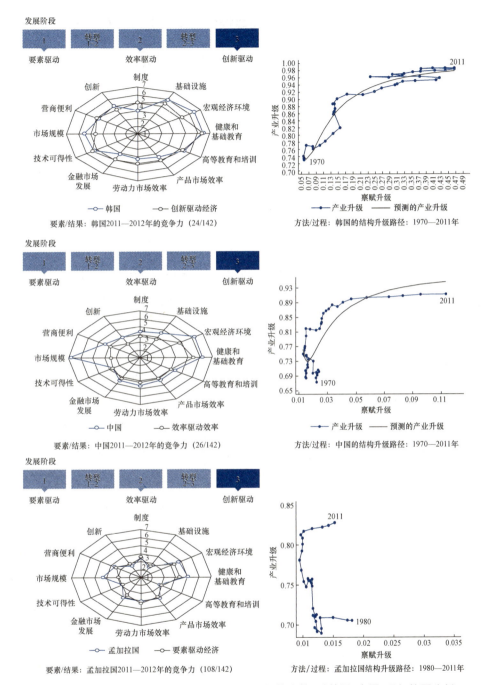

图 1.22 发展要素/结果与发展方法/过程之间的比较：以韩国、中国、孟加拉国为例

注：右边结构升级路径的横轴是以实际人均 GDP 度量的禀赋结构，纵轴是以非农产值占 GDP 的比重度量的生产结构。

资料来源：左边的竞争力排名资料来自瑞士达沃斯世界经济论坛的《全球竞争力报告 2011—2012》，右边的升级路径来自本研究报告。

第 2 章　经济结构转型升级对经济发展的至关重要性

2.1　未能实现持续的经济结构转型升级是经济发展的顽疾[①]

诺贝尔经济学奖得主西蒙·库兹涅茨(Simon Kuznets)试图通过一系列标准化事实来理解和描述长期的转型过程(但他并不关注从中总结出一套发展理论)。库兹涅茨的实证研究概括了现代经济增长的四个主要特征:经济体的部门构成的变化,非农产业比重提高,农业比重下降;部门构成的变化体现在就业构成的变化上;人口从乡村向城市迁移;非农产业的资本—劳动比提高。根据这些观察,库兹涅茨得出结论:"不但在经济领域,还涉及社会制度和观念,都需要某些结构变迁,离开它们的话,现代经济增长不可能实现。"[②]后世将经济发展过程中的经济结构转型升级现象称为库茨涅茨特征事实。例如,在三次产业层面上经济结构转型升级的基本特征事实可以概括为:随着收入水平的提高,农业占比不断下降、工业占比不断提高然后逐步下降、服务业占比不断提高。图2.1记录了当今一些发达经济体过去两百年来的三次产业结构转型升级。

图2.2到图2.4记录了近半个多世纪以来全球所处不同发展阶段的国家所经历的三次产业结构变迁情况,图2.5和图2.6则记录了对应的收入水平。基本的库兹涅茨特征事实也一样:低收入国家在很多基本方面是非常相似的,都有大量的人口住在乡村,从事农业生产,很多农业活动都是自给自足式生产;发展的起点就是资源从乡村地区的农业活动中转移出来。收入较高的国家,居住在乡村地区的人口比例更低,农业产值所占的比重更低,从事农业生产的人口比例也更低。领先国家和已经赶上它们的国家都经历

[①] 从库兹涅茨开始,克拉克、钱纳里、罗斯托、格申克龙、赤松要等关注结构变迁特征事实的早期发展经济学家们就记录了经济结构变迁的一些重要特征事实,可进一步参考《从西潮到东风》第9章的介绍。
[②] 库兹涅茨关于结构转型升级是现代经济增长的本质特征的观点得到了钱纳里的附和,他把经济发展定义为"持续增长所必需的一整套相互关联的结构变化"。阿布拉莫维茨也赞同说:"产出和就业的部门结构变化既是生产率提高的必要条件,又是其副产品。"

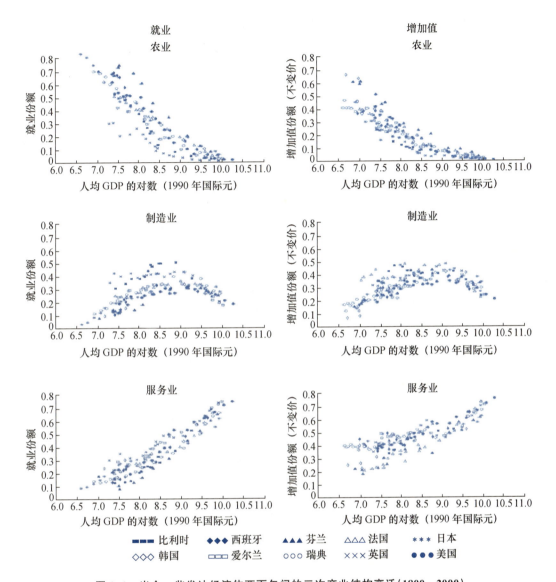

图 2.1 当今一些发达经济体两百年间的三次产业结构变迁（1800—2000）

资料来源：Berthold Herrendorf，Richard Rogerson，Akos Valentinyi，"Growth and Structural Transformation"，NBER Working Paper 18996，2013.

了就业结构以及三次产业附加值结构的巨大变化。相反，低收入国家未能发生类似的结构变迁。因此，以工业化为核心的经济结构转型升级被视为经济增长最主要的推动力之一，尤其是在早期发展阶段。工业化的本质特征包括，制造业和全部第二产业在国民收入中所占的份额提高（商业周期中或许会出现例外）；从事制造业工作的人口比重提高；与此有关的人均收入的增加。很少有国家能在没有工业化的情况下取得经济发展的成功,仅有少数自然资源或土地极其丰富的国家例外。如图 2.7 所示,1993—2007 年的制造业附加值增长率与人均 GDP 变化存在很强的正相关关系,在撒哈拉以南的非洲国家这一相关关系表现得比世界其他国家更为显著。

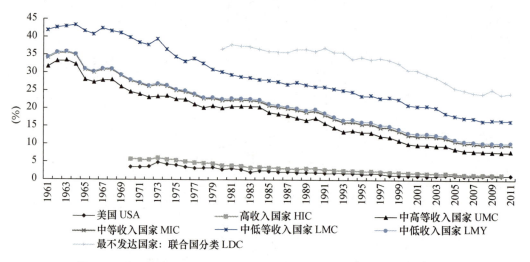

图 2.2　不同发展阶段国家的农业增加值占 GDP 比重的趋势(1961—2011)
资料来源:世界银行。

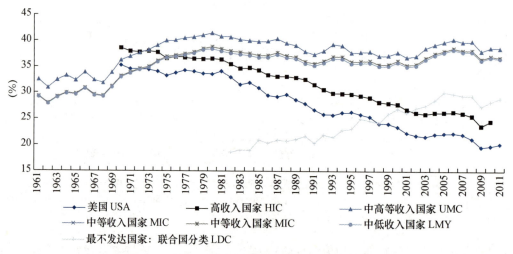

图 2.3　不同发展阶段国家的工业增加值占 GDP 比重的趋势(1961—2011)
资料来源:世界银行。

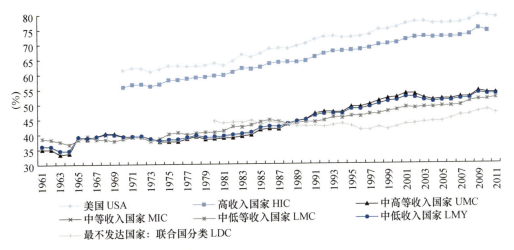

图 2.4 不同发展阶段国家的服务业增加值占 GDP 比重的趋势(1961—2011)
资料来源:世界银行。

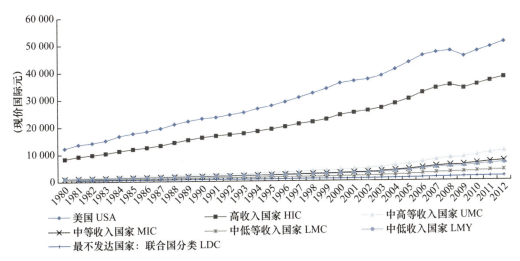

图 2.5 不同发展阶段国家的人均国民总收入(GNI,PPP)(1980—2012)
资料来源:世界银行。

然而,尽管经济发展的实质是一个经济结构转型升级的过程,在许多发展中国家,尤其是拉丁美洲和非洲国家,发展战略没能带来持续的经济结构转型升级并带来经济增长。非洲国家是今天面临的主要发展挑战,它们显示出许多结构变迁受到局限的迹象,这可以解释它们自独立以来为什么发展持续低迷。1965 年,农业在撒哈拉以南非洲国家的 GDP 中占 22% 的份额,服务业为 47%,工业为 31%(其中制造业为 17.5%)。到 2005 年,农业在这些国家 GDP 中的份额降至 15%,服务业为 52%,工业仅为 33%(其中制造业不足 15%)。在撒哈拉以南的非洲国家,通常伴随着经济发展出现的农业劳动力比例

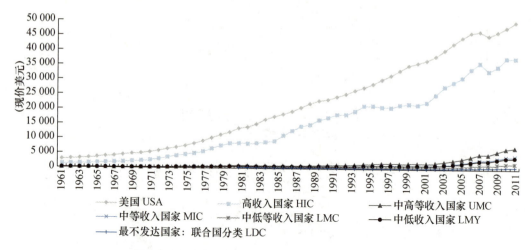

图 2.6 不同发展阶段国家的人均 GDP(1961—2012)
资料来源：世界银行。

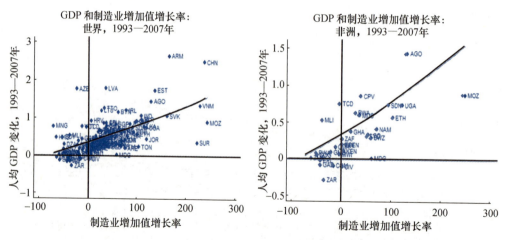

图 2.7 工业化成为增长的动力——制造业与收入增长的关系(1993—2007)
资料来源：世界银行。

下降并未发生。该地区的经济在1960年以农业为主,农业劳动力占全部劳动力的85%。这个比例虽然在过去40年持续下降,但目前仍然很高,2009年为63%,比其他国家在1960年的平均水平还略高一点。由于人口增长率很高,这样小的比例下降意味着农村的人口密度反而有大幅增加,人均的耕地面积非常吃紧。在一个封闭经济中,从事农业的劳动力比重下降时,只有农业的劳动生产率提高速度足够快,才能支撑不断增多的城市人口。在一个开放经济中,食品可以进口,但农业生产率依然是农业人口家庭收入和总体生活质量的决定性因素,而且是资本品进口所需要的外汇的重要来源。然而没有什么

第 2 章
经济结构转型升级对经济发展的至关重要性

证据显示,非洲国家农业劳动力的少量转移主要是农业劳动生产率提高的结果。1960—2000 年,撒哈拉以南非洲国家的单位员工农业附加值仅实现了 0.5% 的年均增长,不足其他发展中国家一般水平的三分之一。很自然,许多非洲国家的制造业发展非常落后,1993—2007 年,在 31 个国家中有 21 个的工业化水平出现下降。撒哈拉以南非洲国家的经济多元化也受到限制,这反映在它们受到危机影响的脆弱性和年均增长率的波动性上面,其指标均大大高于其他发展中国家。许多非洲小国的经济主要依靠出口,但集中在价格波动剧烈的少数初级大宗商品上面,很多时候,随着矿产资源的开发扩大,出口的集中度进一步加强。因此,在亚洲各国已成功向高技术、高附加值产品转型的时候,非洲国家依然是大宗商品和低技术产品的出口国。非洲国家在产业结构升级和多元化方面的失败,尤其堪忧。与其他发展中地区不同,撒哈拉以南非洲国家在高收入国家的去工业化进程中获益很少。在创新和技术变革的推动下,日本、欧盟和美国的经济结构转向服务业占据主导地位,它们在这个过程中逐步退出了工业领域。全球化进程,加上对竞争力和利润的追求,导致许多企业把劳动力密集型制造业搬迁到中低收入国家,这反映在近年来外国直接投资的流向变化中。但是除南非以外的撒哈拉以南非洲国家仅获得了其中很少一部分投资。

总之,处于不同发展阶段的国家,禀赋结构存在巨大差异,高收入经济体的禀赋结构表现出资本相对劳动更加丰裕的特征,而低收入经济体的禀赋结构表现出劳动相对资本更加丰裕的特征,并且禀赋结构的分布不是只有这两个状态而是处于一个连续谱系。对应地,产业结构在不同的发展阶段也呈现出不同的特征,高收入经济体的产业结构表现出更加技术和资本密集,而低收入经济体的产业结构表现出更加劳动力密集。然而,并不是每个经济体都已经成功实现了这样的经济结构转型升级。

2.2 如何核算经济结构转型升级对经济增长的贡献

几乎每一个增长模型都可以通过增长核算展示其所声称的理论机制的定量贡献,主流理论也可以通过核算的方法展现其重要性。① 同样,这一章节我们也通过核算对比新

---

① 这里不再赘述已有的增长核算方法,巴罗与萨拉伊马丁在其经典教科书《经济增长》(第 10 章)中对标准基本索洛增长核算、增长核算的二元估算、溢出效应规模报酬递增模型的增长核算、多种要素核算、产品种类增加型模型核算、质量阶梯模型核算均有全面的综述。

结构经济学主张的经济结构转型升级对经济增长的贡献。[①]

自20世纪50年代由诺贝尔经济学奖得主罗伯特·索洛开创现代经济增长理论以来,几乎所有的增长核算经验工作都以如下外生不变的新古典总量生产函数作为基准展开:

$$Y(t) = AF(K,L,H) = A(t)K(t)^{\alpha}[L(t) \times H(t)]^{1-\alpha} \quad (2.1)$$

对上式两边取对数便可以将产出或者收入分解为技术水平(TFP)、资本和(包括人力资本在内的)劳动三项:

$$\ln Y(t) = \ln A(t) + \alpha \ln K(t) + (1-\alpha)[\ln L(t) + \ln H(t)] \quad (2.2)$$

然后再对上式关于时间求导,可以将经济增长分解为技术进步、物质资本积累和包括人力资本在内的劳动增长三个渠道:

$$\underbrace{\frac{\dot{Y}(t)}{Y(t)}}_{\substack{\text{总经济}\\\text{增长率}}} = \underbrace{\frac{\dot{A}(t)}{A(t)}}_{\substack{\text{技术的}\\\text{进步率}}} + \alpha \underbrace{\frac{\dot{K}(t)}{K(t)}}_{\substack{\text{物质资本}\\\text{的增长率}}} + (1-\alpha)\Big[\underbrace{\frac{\dot{L}(t)}{L(t)}}_{\substack{\text{初级劳动}\\\text{力增长率}}} + \underbrace{\frac{\dot{H}(t)}{H(t)}}_{\substack{\text{人力资本}\\\text{的增长率}}}\Big] \quad (2.3)$$

保障技术、投资和劳动(知识)的产权等制度安排

其中,物质资本和劳动两个渠道通过不变的资本份额(α)与劳动份额进行加权。包括新制度经济学在内的一些新理论进展也强调了保障技术、投资与劳动等增长渠道背后的诸如产权等制度安排。现有的政策建议也大都集中在这些方面。

按照新古典增长理论,由于投入要素边际产出递减,禀赋积累(资本劳动比)会使得增长率出现递减。我们不妨以不考虑人力资本的最基本的索洛模型为例,以人均或集约形式表示的新古典生产函数(以C-D函数为例)为

$$y(t) = f(k) = A(t)k(t)^{\alpha} \quad (2.4)$$

新古典资本积累方程便为

$$\dot{k}(t) = sf(k(t)) - (n+x+\delta)k(t) \quad (2.5)$$

因此,人均资本的增长率为

$$\gamma_k = \frac{\dot{k}(t)}{k(t)} = s\frac{f(k(t))}{k(t)} - (n+x+\delta) = sA(t)k(t)^{\alpha-1} - (n+x+\delta) \quad (2.6)$$

新古典生产函数的要素边际产出是递减的,即 $\alpha<1$。那么随着禀赋结构的升级,其增长率必然递减,即

[①] 更详细的理论介绍可参考:付才辉,"构建我国自主创新的新结构经济学体系",《制度经济学研究》,2015年第4期;付才辉,"新结构经济学:一场经济学的结构革命",《经济评论》,2017年第3期;付才辉,"最优生产函数论证:从新古典经济学向新结构经济学的范式转换",《经济评论》,2018年第1期。

$$\frac{\partial \gamma_k}{\partial k} = s\frac{f'(k(t))k(t) - f(k(t))}{k(t)^2} = s(\alpha-1)A(t)k(t)^{\alpha-2} < 0 \tag{2.7}$$

这便是新古典增长理论的收敛预测,但是几乎所有的跨国经验分析都有一个基本的结论:不存在绝对收敛,只有在诸如 OECD 等相对同质的高收入国家之间才存在收敛(条件收敛)。

在 20 世纪 80 年代中期,人们发现作为探索长期增长决定因素的理论工具,新古典增长模型还存在理论缺陷,因为其得出经济体最终将收敛到人均增长率为零的稳态而不符合卡尔多特征事实——人均产出持续增长。为克服新古典增长范式中递减的资本收益,外部性增长范式(AK 模型)延伸了资本的概念,典型的做法是加入人力资本元素,然后假定收益递减不适用于这一更宽泛的资本范畴。然而,仅仅依靠额外的人力资本外溢作用支撑起长期增长并不令人信服。AK 模型注定只是向内生增长的过渡。以罗默模型和熊彼特模型为代表的内生增长理论认为,长期来看以产生新思想的形式表现出来的技术进步是经济体得以摆脱收益递减的唯一方式,但是作为技术基石的思想(idea)是非竞争性的——这就彻底突破了新古典模型的范式。与前述 20 世纪 80 年代以后主流理论进阶方向完全不同,新结构经济学并不崇拜内生增长理论的瑰宝——表征技术进步的全要素生产率(TFP),而是牢牢抓住了结构变迁。[①] 最早是诺奖获得者詹姆斯·赫克曼意识到了该理论进阶方向的不同。2001 年,芝加哥大学设立了以 D. 盖尔·约翰逊教授命名的年度讲座,林毅夫做了题为"发展战略、自生能力和经济收敛"的首讲,该讲座是对林毅夫自 1994 年之后近十年来新结构经济学研究的总结。[②] 会后詹姆斯·赫克曼在接受芝加哥大学的校报《芝加哥褐红色报》(*Chicago Maroon*,2001 年 5 月 15 日)采访时称:"根据林毅夫的研究,过去 15 年出现的新发展理论是无用的……包括许多芝加哥大学的教授所做的研究是无用的。"他所说的新发展理论是 20 世纪八九十年代盛行的"内生增长理论"。

按照新结构经济学的基本原理,最优产业结构对于处于不同发展阶段的国家是不同的,因为由其禀赋结构所决定的比较优势各不相同。因此,最优生产结构是内生于禀赋结构的,即表征生产结构的生产函数 $f_{k(t)}(\cdot)$ 是随禀赋结构 $k(t)$ 的变化而变化的。具体而言,以经典的 C-D 生产函数为例,总量生产函数的变化指的就是生产方式要素密度的变化,如从劳动力密集型生产方式向(物质或人力)资本密集型生产方式的转变。禀赋结

[①] 付才辉:"新结构经济学:一场经济学的结构革命",《经济评论》,2017 年第 3 期。
[②] Justin Yifu Lin, "Development Strategy, Viability and Economic Convergence", *Economic Development and Cultural Change*, 2003, 53, pp. 277—308.

构升级驱动生产结构升级的关系,不妨直接假设为 $\frac{\partial \alpha(k)}{\partial k}>0$。[①] 因此,人均资本增长率就变为

$$\gamma_k = \frac{\dot{k}(t)}{k(t)} = s\frac{f_{k(t)}(k(t))}{k(t)} - (n+x+\delta) = sA(t)k(t)^{\alpha(k)-1} - (n+x+\delta) \quad (2.8)$$

将上式变形为

$$\gamma_k = \exp\{\ln sA(t) + (\alpha(k)-1)\ln k(t)\} - (n+x+\delta) \quad (2.9)$$

对该式关于 k 求导可得包含结构变迁效应的收敛

$$\frac{\partial \gamma_k}{\partial k} = \underbrace{s(\alpha(k)-1)A(t)k(t)^{\alpha(k)-2}}_{\text{资本边际产出递减引起的增长率递减}} + \underbrace{sA(t)k(t)^{\alpha(k)-1}\left[\frac{\partial \alpha(k)}{\partial k}\ln k(t)\right]}_{\text{禀赋积累推动的结构变迁引起的增长率递增}} \quad (2.10)$$

由此,我们可以一目了然地看到,如果资本积累推动的结构变迁引起的增长率递增超过了资本边际产出递减引起的增长率递减,那么增长率是不会随资本积累而下滑的,除非后一个结构变迁效应太过疲软。利用前述可变的且也满足新古典生产函数的一些基本性质的总量生产函数进行增长核算可得

$$\gamma_y(t) = \underbrace{x + \alpha(t)\gamma_k(t)}_{\text{传统不变总量生产函数分解的增长}} + \underbrace{(\alpha(t)\ln k(t))\gamma_\alpha(t)}_{\text{结构变迁驱动的增长}} \quad (2.11)$$

这个基于内生于禀赋结构的可变总量生产函数的新结构经济学增长核算公式多了一项——经济结构转型升级驱动的增长。正如库茨涅茨早就意识到的,如果没有结构转型升级,持续的经济增长将不可能实现。目前所有仍然贫困的国家都未能实现结构转型升级,即它们未能实现从农业和传统商品生产向制造业和其他现代经济活动的转变。在目前发展难度最大的撒哈拉以南的非洲,农业仍然占据主导地位,农业劳动力占劳动力总量的63%,其2005年制造业所占的份额反而还低于1965年的。McMillan 和 Rodrik 用现代制造业与整个更大范围的经济部门之间的生产率差距(比如非农业和农业的生产率之比)来识别出结构变迁可以是整体经济增长的重要来源,即便各个部门内部不存在生产率的改进,即式(2.11)中的传统不变总量生产函数分解的增长部分。如图2.8所示,部门之间的生产率差距较大可能意味着结构转型障碍较大,其发展水平较低。因此,部门间的结构转型升级就可以推进经济增长,如图2.9和图2.10所示。McMillan 和 Rodrik 的测算结果显示亚洲与拉丁美洲和非洲的发展中国家增长的差异的大部分可以归

[①] 深入的理论机制可参见:付才辉,《经济结构及其变迁的价格理论》,北京大学新结构经济学研究中心博士后出站报告,2016年;付才辉,"最优生产函数理论:从新古典经济学向新结构经济学的范式转换",《经济评论》,2018年第1期。

因于结构变迁对总体劳动生产率的贡献,如图 2.11 所示。[①] 与 McMillan 和 Rodrik 不同的是,我们采取了可变总量生产函数的方法来捕获一个经济体整个结构转型升级对经济增长的影响。[②]

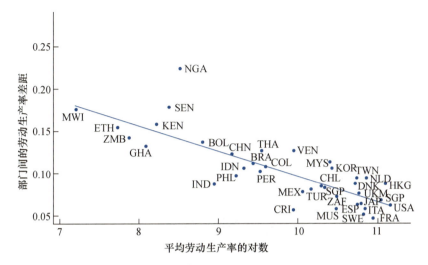

图 2.8　部门间的劳动生产率差距与收入水平(2005)

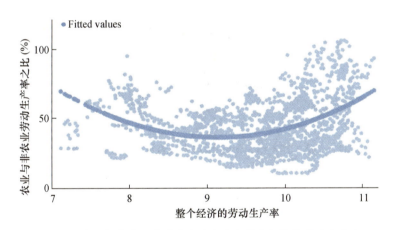

图 2.9　农业与非农业劳动生产率之比与整个经济的劳动生产率

---

① Margaret S. McMillan, Dani Rodrik, "Globalization, Structural Change and Productivity Growth", NBER Working Paper No. 17143, 2011(图 2.9 到图 2.12 来自这篇文献)。

② 更多的理论问题可参见:林毅夫、付才辉,《新结构经济学导论》,北京大学新结构经济学研究中心讲义,2017年;付才辉:"最优生产函数理论:从新古典经济学向新结构经济学的范式转换",《经济评论》,2018 年第 1 期。

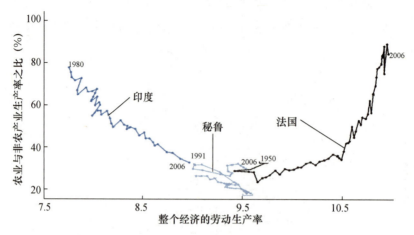

图2.10 农业与非农产业生产率之比与整个经济的劳动生产率：印度、秘鲁和法国的例子

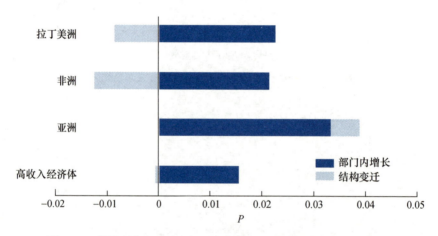

图2.11 劳动生产率增长分解：部门内增长与结构转型（1990—2005）

2.3 经济结构转型升级对经济增长贡献的核算结果

我们利用PWT 8.0的167个经济体1950—2011年收入、资本存量、就业与劳动份额数据对前述可变与不变总量生产函数设定下的新古典索洛模型与新结构经济学进行了核算比较。对比可以发现：新古典索洛标准核算严重高估了技术进步而低估了结构变迁的贡献；相对于可变总量生产函数核算，不变总量生产函数核算的禀赋驱动增长率平均被低估了125.53%，去掉大于0.5或小于−0.5的异常值之后也被低估了65.99%，如表2.1和图2.12所示；技术进步率（TFP）平均被高估了113.14%，去掉大于0.5或小于

−0.5 的异常值之后也被高估了 74.57%,如表 2.2 和图 2.13 所示。图 2.14 和图 2.15 分别展示了新古典经济学和新结构经济学两种视角下经济结构核算结果以及经济增长贡献分解的比较。

表 2.1 可变总量生产函数设定与不变生产函数设定下禀赋驱动增长率核算比较

禀赋驱动增长率比较	观测值	平均值	标准差	最小值	最大值
可变总量生产函数核算的禀赋驱动增长率	5 607	0.027	0.228	−2.187	7.584
不变总量生产函数核算的禀赋驱动增长率	5 614	0.012	0.121	−0.592	7.909
去掉大于 1 或小于 −1 的异常值					
可变总量生产函数核算的禀赋驱动增长率	5 565	0.020	0.150	−0.984	0.995
不变总量生产函数核算的禀赋驱动增长率	5 565	0.010	0.023	−0.592	0.327
去掉大于 0.5 或小于 −0.5 的异常值					
可变总量生产函数核算的禀赋驱动增长率	5 436	0.017	0.110	−0.499	0.499
不变总量生产函数核算的禀赋驱动增长率	5 436	0.010	0.020	−0.272	0.327

表 2.2 可变总量生产函数设定与不变生产函数设定下技术进步率(TFP)核算比较

技术进步率比较	观测值	平均值	标准差	最小值	最大值
可变总量生产函数核算的技术进步率	5 607	−0.002	0.360	−4.511	20.070
不变总量生产函数核算的技术进步率	5 614	0.015	0.283	−0.599	17.936
去掉大于 1 或小于 −1 的异常值					
可变总量生产函数核算的技术进步率	5 570	−0.001	0.155	−0.945	0.942
不变总量生产函数核算的技术进步率	5 570	0.009	0.059	−0.599	0.795
去掉大于 0.5 或小于 −0.5 的异常值					
可变总量生产函数核算的技术进步率	5 437	0.002	0.117	−0.493	0.499
不变总量生产函数核算的技术进步率	5 437	0.009	0.055	−0.500	0.495

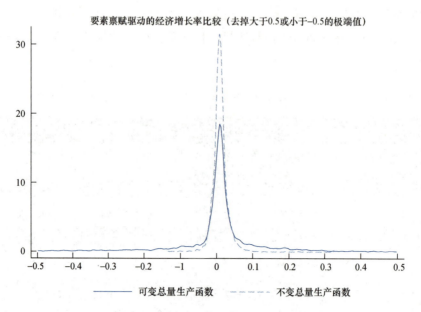

图 2.12　可变总量生产函数设定与不变生产函数设定下禀赋驱动的增长率核密度分布

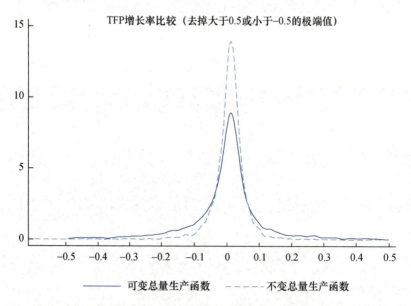

图 2.13　可变总量生产函数设定与不变生产函数设定下技术进步率核密度分布

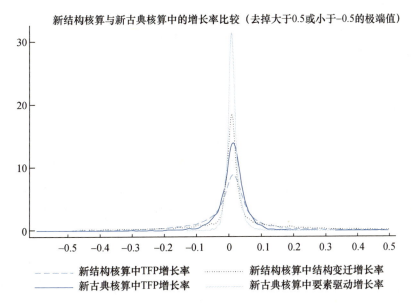

图 2.14　经济增长率核算比较：新结构 VS 新古典

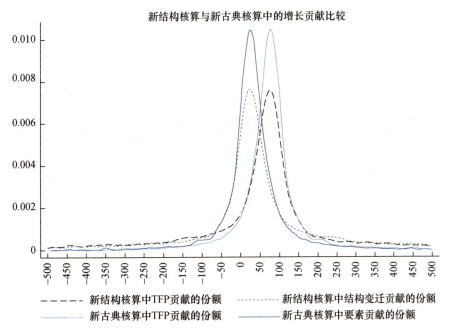

图 2.15　经济增长贡献分解比较：新结构 VS 新古典

2.4 前沿发达经济体的经济增长核算结果

前面的全样本核算比较彰显了经济结构转型升级对经济增长的重要性。新结构经济学也指出了前沿发达经济体和前沿内部发展中经济体在结构变迁特征上的差异,后面的章节在追踪各个经济体的经济结构变迁轨迹的特征时可以再次看到这一点。按照经济史统计学家麦迪森的分类,以澳大利亚、奥地利、比利时、加拿大、丹麦、芬兰、法国、德国、希腊、冰岛、爱尔兰、意大利、日本、荷兰、新西兰、挪威、葡萄牙、西班牙、瑞典、英国和美国这21个西欧及其后裔老牌工业化强国作为经济前沿发达经济体,样本中的其他经济体作为前沿内部经济体。如表2.3和图2.16所示,按照新古典传统的不变总量生产函数设定,前沿经济体平均技术进步率均大于平均要素驱动的增长率,而按照新结构经济学的可变总量生产函数设定,前沿经济体平均技术进步率远低于平均禀赋驱动的增长率。因此,即便是在经济前沿经济体中,结构转型升级对经济增长的贡献也大于技术进步或全要素生产率。与均值相对应,可变总量生产函数设定下的技术进步率与禀赋驱动增长率的标准差均大于不变总量生产函数设定,这从另一个方面也说明了结构变迁是经济波动的主要来源。图2.17和图2.18是美国的例子。

表2.3 21个西欧及其后裔老牌工业化强国(主要是OECD国家)人均收入水平增长率核算

	观测值	平均值	标准差	最小值	最大值
不变总量生产函数核算的禀赋驱动增长率	1 254	0.011224	0.009279	−0.027441	0.057024
不变总量生产函数核算的技术进步率	1 254	0.013254	0.025692	−0.088193	0.296411
可变总量生产函数核算的禀赋驱动增长率	1 254	0.024688	0.134970	−0.743866	2.268931
可变总量生产函数核算的技术进步率	1 254	−0.000210	0.136290	−2.276828	0.784296

2.5 前沿内部的发展中经济体的经济增长核算结果

如表2.4和图2.19所示,不论是按照新古典传统的不变总量生产函数设定还是按照新结构经济学可变总量生产函数设定,前沿内部的发展中经济体平均技术进步率均小于平均要素驱动的增长率。而且,在新结构经济学的可变生产函数设定中,技术进步率平均为负数,经济增长主要由结构变迁驱动。因此,在经济前沿内部经济体中,结构变迁对经济增长的贡献也远远大于技术进步率或全要素生产率。相对而言,前沿内部的发展

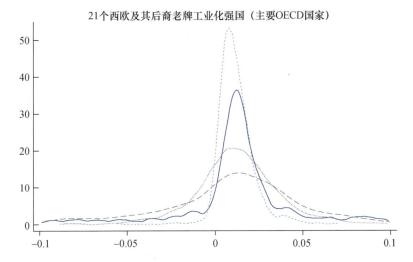

图 2.16　前沿国家增长率核算：可变总量生产函数与不变总量生产函数比较

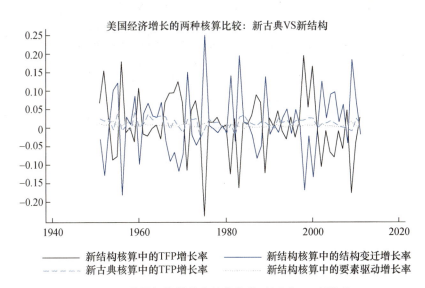

图 2.17　美国经济增长率核算比较：新古典 VS 新结构

中经济体的经济结构变迁对经济增长的贡献远大于前沿发达经济体。同样，与均值相对应，可变总量生产函数设定下的技术进步率与禀赋驱动增长率的标准差均大于不变总量生产函数设定，这也说明了结构变迁是发展中经济体经济波动的主要来源。

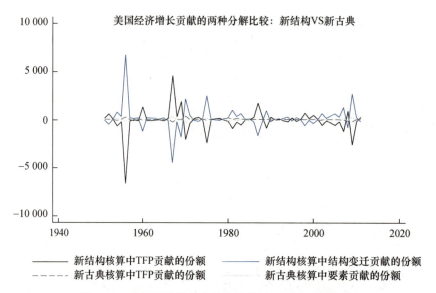

图 2.18　美国经济增长率核算比较：新古典 VS 新结构

表 2.4　前沿内部国家的人均收入水平增长率核算

	观测值	平均值	标准差	最小值	最大值
不变总量生产函数核算的禀赋驱动增长率	4333	0.009699	0.022199	−0.132761	0.326572
不变总量生产函数核算的技术进步率	4333	0.008428	0.061391	−0.598792	0.519716
可变总量生产函数核算的禀赋驱动增长率	4333	0.029217	0.206052	−1.011791	4.521481
可变总量生产函数核算的技术进步率	4333	−0.011091	0.212288	−4.511064	1.147941

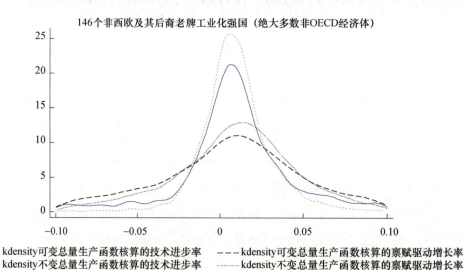

图 2.19　前沿内部国家增长率核算：可变总量生产函数与不变总量生产函数比较

注：该核密度图去掉了小于 −0.1 与大于 0.1 的异常值。

图 2.20 和图 2.21 是中国的例子。华人经济学家朱晓东按照传统的做法视中国的总量生产函数为不变,但他意识到了中国的总量生产函数与发达国家不同,因此取值前述 C-D 生产函数中的 $\alpha=0.7$,而不是 $\alpha=0.25$,核算结果显示 1952—1978 年 TFP 增长率为 -1.07%,对期间平均 2.97 的增长率贡献程度为 -72.03%,1979—2007 年 TFP 增长率为 3.16%,对期间平均 8.12 的增长率的贡献程度为 77.89%。[①] 与之相反,按照新结构经济学可变总量生产函数的核算结果显示,1952—1978 年 TFP 增长率为 0.69%,对期间平均 5.21 的增长率贡献程度为 13.74%,1979—2007 年 TFP 增长率为 -0.0004%,对期间平均 9.97 的增长率的贡献程度为 -0.004%。

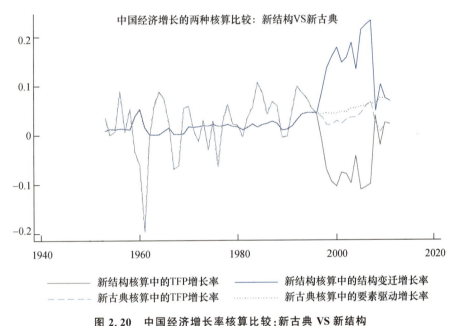

图 2.20 中国经济增长率核算比较:新古典 VS 新结构

【专栏 2.1】

适宜于发展阶段的技术创新结构及其转型升级

与主流内生增长理论所强调的技术进步或技术创新不同,在本报告中我们主要探讨产业结构随禀赋结构的转型升级,因此在本章前面的增长核算中我们也没有进一步分析

[①] Xiaodong Zhu, "Understanding China's Growth: Past, Present, and Future", *Journal of Economic Perspectives*, 2012, Vol. 26, No. 4, pp. 103—124.

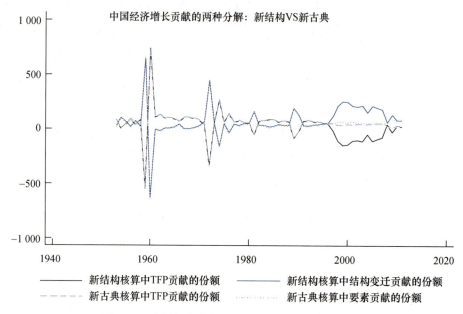

图 2.21　中国经济增长贡献比较：新古典 VS 新结构

技术进步或技术创新的结构。事实上，技术进步或技术创新也有结构。创新包含了发明创新和模仿创新，发明创新直接越过创新之前的最先进技术水平值，而模仿创新始终处于全球技术前沿内部。发明创新所要求的投入大、不确定性高，而且在不同的禀赋结构与生产结构阶段其回报也是不同的。一个处在禀赋结构和产业结构水平较低阶段的经济体，对拓展世界技术前沿的发明创新的需求并不高，导致回报也就较低，同时发明创新对投入的禀赋结构需求较高，而此时禀赋结构供给较低会导致较高的禀赋结构的相对价格，因此此时发明创新的利润并不高，甚至还会亏本。与此相反，在禀赋结构和生产结构较低阶段，对模仿创新的需求比较高导致回报比较高，同时模仿创新对投入的禀赋结构需求较低，在禀赋结构供给较低时禀赋结构的相对价格也就较低，因此此时模仿创新的利润较高而富有吸引力。所以，在禀赋结构与生产结构比较低的阶段，创新应该更多地偏向模仿创新。同理，在禀赋结构和生产结构比较高的阶段，创新应该更多地偏向发明创新。因此，在每一个发展阶段都有一个最优的技术进步或技术创新结构与之相对应，最优的创新结构随发展阶段的提高而不断升级。付才辉、林炜和林毅夫最近的一项跨国实证研究支持上述最优创新结构（以专利结构（发明专利与其他类型专利数量之比）度量创新结构)的理论,如图 2.22 所示。①

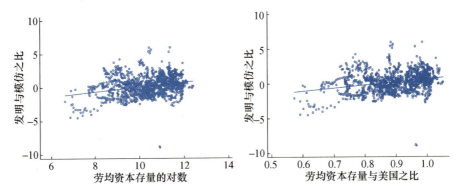

图 2.22　禀赋结构及其前沿距离与创新结构:1980—2011 年全球所有样本观测值散点图

---

① 付才辉、林炜、林毅夫,"*The Optimal Innovation Structure:Theory and Evidence from World and China*",北京大学新结构经济学研究中心工作论文,2015。

第 3 章　追踪经济结构转型升级的轨迹

3.1　产业结构转型升级随禀赋结构拾阶而上的次序特征

按照第 1 章所介绍的经济结构转型升级的新结构经济学分析框架,处于不同发展阶段的国家,由于禀赋结构不同,相应地也会有不同的经济结构。处于不同发展阶段的国家,禀赋结构存在巨大差异,高收入经济体的禀赋结构表现出资本相对劳动更加丰裕的特征,而低收入经济体的禀赋结构表现出劳动相对资本更加丰裕的特征,并且禀赋结构的分布不是只有这两个状态而是处于一个连续谱系。同样,对应的产业结构在不同的发展阶段也呈现出不同的特征,高收入经济体的产业结构表现出更加技术和资本密集,而低收入经济体的产业结构表现出更加劳动力密集。这是一个无法跳跃的连续谱系,经济发展就是这样的持续不断的经济结构转型升级的过程。经济发展要求在现有产业中不断引入新的、更好的技术。低收入国家的绝大多数人都以农业为生。农业技术的改进对于增加农民收入和减贫是必不可少的。然而,经济发展也要求经济不断地从现有产业向新的、资本密集度更高的产业扩展,从而实现产业多样化和产业升级。如果没有这样的结构变迁,人均收入持续增加的余地就很小。对应于这个基本的禀赋结构和产业结构的经济结构转型升级框架,第 2 章也介绍了全球三次产业结构随发展阶段而依次变化的特征。在更加细分的制造业产业层面上经济结构转型升级的基本特征事实也同样如此:随着禀赋水平的提高,技术与资本更加密集的产业占比逐步提高然后不断下降。不论对于全球的细分制造业而言(见图 3.1),还是对于小国来讲(见图 3.2),以及对于一个国家内部而言(见图 3.3),都是如此。

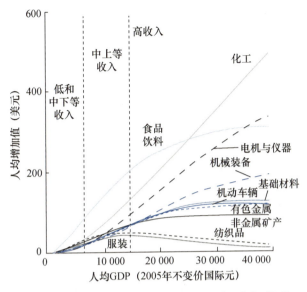

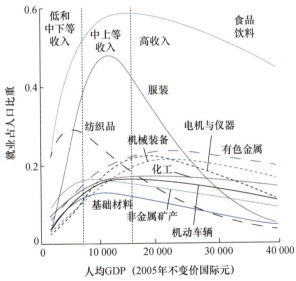

图 3.1 全球制造业细分行业结构变迁的特征事实

注：上图为 74 个经济体的混合数据；下图为 95 个经济体的混合数据。
资料来源：联合国工业发展组织（UNIDO）。①

---

① UNIDO,Industrial Development Report 2013，*Sustaining Employment Growth*：*The Role of Manufacturing and Structural Change*．

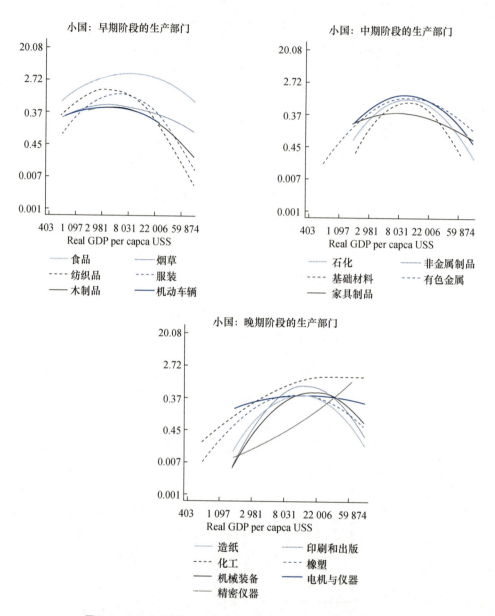

图 3.2　148 个小国 18 个细分制造业在早期、中期和后期的情况

资料来源：根据 N. Haraguchi, G. Rezonja, "Patterns of Manufacturing Development Revisited", UNIDO Working Paper, 2009 测算。

正如中国地方经济发展能手黄奇帆最近在"两会"上所言："产业升级没有捷径可走，现代服务业尤其是生产性服务业，必须依托工业特别是制造业的需求衍生开来，脱离制造业的服务业，永远只能囿于传统服务业的范畴，不可能成为真正的现代服务业。服务

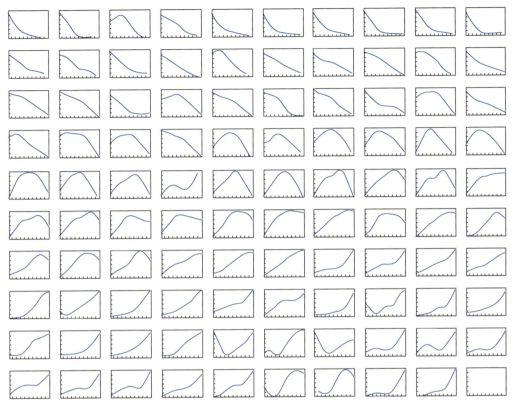

图 3.3 美国细分制造业结构的转型升级特征:按照资本密集度划分的一百个行业从低到高的变迁情况

资料来源:根据 Jiandong Ju, Justin Yifu Lin, Yong Wang, "Endowment Structure, Industrial Dynamics, and Economic Growth", *Journal of Monetary Economics*, 2015, 76, pp.244—263 测算。

业与制造业是相辅相成的,任何脱离实体经济'卡拉 OK'、自弹自唱的行为都不可持续,还会带来巨大伤害。"[①] 纵观整个工业革命以来的历史,除了几个矿产资源生产大国,任何成功国家经济结构的转型次序都需要遵从劳动力密集型产业到资本密集型产业、从轻工业到重工业、从低端制造业到高端制造业再到金融服务业,都需要从农村市场到城市市场、从消费品市场到生产资料市场,从高储蓄到高福利的这样一个循序渐进的经济结构转型升级次序。[②] 各个经济发展阶段都是从低收入农业国向高收入工业国连续演进过程的一个点,而不能把两个阶段——贫穷阶段和富裕阶段,发展中阶段和发达阶段,完全割裂开来。由于各个发展阶段的产业结构的内生性,发展中国家的产业和基础设施升级的目标与高收入国家未必相同。

---

① 庄冠蓉,"黄奇帆:产业升级没有捷径可走",《清华金融评论》,2017 年 3 月 8 日。
② 文一,《伟大的中国工业革命:"发展政治经济学"一般原理批判纲要》,清华大学出版社,2016 年。

因此,将经济发展视为一个连续统的过程,新结构经济学包含了对一国比较优势的理解,这种比较优势受制于要素禀赋结构的不断演化。① 这意味着,与旧结构主义不同的是,新结构经济学强调,某时某地某个具体的发展中国家可供选择的产业结构不一定非得是经济前沿国家最先进、最发达的产业——后果可能适得其反。一个国家的资源要素禀赋结构决定了其比较优势,因此该国的最优产业结构也会因为发展水平的不同而存在差异。不同的产业结构意味着各个产业的资本密度、最优企业规模、产量规模、市场范围、交易复杂程度以及风险性质都存在差异。所以,对于发展中国家而言,要持续实现产业升级和经济增长、在国内外市场上形成竞争力,其最佳途径就是发展适应自身比较优势的产业。一个国家如果能够在自己的发展阶段发掘最大的收入和储蓄潜力,使投资能获得最高可能的回报,产生最大的储蓄动力,则其资本也就能以最快的速度积累。这样,该国的资源禀赋结构就能从劳动力或资源富余向资本富余过渡,其比较优势也会变得相应更趋向于资本密集型。后进国家的产业升级可以发挥后发优势,拥有比领先者发展得更快的潜力。然而,要使得发展战略在每一阶段按照禀赋结构决定的比较优势选择最优产业结构,禀赋结构的相对稀缺程度就必须被反映出来而且被严格遵守。而只有市场价格机制才能够产生相对价格信息和约束机制。与此同时,任何一种产业结构都要求相应的软硬件基础设施来促进其发展。硬件基础设施包括电力、交通和电信系统等,软件基础设施则包括金融体系及其监管、教育体系、法律体系、社会网络、价值观以及经济中的其他无形构造等。最优产业结构决定着一个国家的生产边界,实际产量能否达到这个边界,则取决于基础设施是否完备以及其他的因素。由于基础设施这样的公共品也是禀赋要素,以及产业升级中的协调困难、信息外部性、风险等市场失灵的原因,因此就要求政府在禀赋升级和产业升级中起到因势利导的作用。

总之,就像我们接下来将要揭示的全球近两百个经济体经济结构转型升级轨迹的情况那样,但凡产业发展次序颠倒紊乱者,无一例外惨遭失败。如果在经济结构转型升级过程中缺乏"有效市场"和"有为政府",也无一成功。这就是我们在第一章的图1.21所

---

① 这是新结构经济学与早期结构变迁文献和旧结构主义重要的区别之处。罗斯托著名的增长阶段理论将所有国家都纳入五个增长阶段:传统社会、为发动创造前提条件阶段、发动阶段、向成熟推进阶段、大众消费时代。所有的发展中国家都要经历一个类似的发展水平序列和发展路径。与之不同,新结构经济学认为,从低水平到高水平的经济发展是一个连续过程,并非五个不同水平的机械序列。尽管一国产业结构的变迁反映了该国禀赋结构的变化,但是在禀赋结构类似的国家,产业发展的方式可以是不同的和非线性的。旧结构经济学也将世界划分为"低收入的外围国家"和"高收入的中心国家"两类,也相应地用两分法来描述发展中国家和发达国家之间产业结构的差异。与之相反,新结构经济学则认为发展中国家和发达国家之间产业结构的这种差异反映了处于一整个谱线上的不同发展水平(W.W.罗斯托,《经济增长的阶段:非共产党宣言》,中国社会科学出版社,2001年)。

示的经济结构转型升级的新结构经济学之路中,要标示"有效市场"和"有为政府",也就是经济结构变迁的发展战略动态路径的两个方向盘的原因。

【专栏 3.1】

历史上那些颠倒产业发展次序的惨痛教训[①]

在 20 世纪五六十年代,发展中国家的领导人制定了雄心勃勃的政策目标,为什么却导致了失败的发展战略设计?要回答这个问题,我们需要回到长期宏观经济分析的起点——对资源禀赋结构的主要特征进行回顾。通常来说,发展中国家拥有相对丰富的自然资源和非熟练劳动力,但人力资本和物质资本匮乏。在开放的竞争市场中,只有劳动力密集型或资源密集型产业才拥有比较优势。相反,对于资本丰富但劳动力相对稀缺的发达国家,资本密集型产业最有竞争力。只有承认这条基本事实,才能给制定有效的发展战略奠定坚实的基础。可是,第二次世界大战后大多数发展中国家领导人采用的发展模式却借鉴了五六十年代发展经济学的主流思想——结构主义,鼓励发展中国家兴办与高收入工业化国家一样的先进产业。这一思路通常显得非常冠冕堂皇,领导人拥有促进国家发展的远大理想,希望本国尽快加入国际技术前沿的竞争。但这是一个致命的错误。结构主义模式就是我们所说的违背比较优势的发展战略,因为它是在资本非常稀缺的时候,仍建议各国发展资本密集型的重工业。该战略意味着,与其他顺应比较优势而发展类似产业的国家相比,发展中国家的生产成本过高。这些生产成本过高的企业难以在开放的竞争市场中生产,因此,需要政府通过补贴和税收激励等措施提供大量保护。此类战略的例子包括:印度尼西亚在 60 年代兴办造船业,当时的人均 GDP 水平仅为主要竞争国的 10%;刚果民主共和国(当时称扎伊尔)在 70 年代试图发展汽车产业,该国的人均 GDP 仅为产业领先国家的 5%(见表 3.1)。这些国家的战略的共同之处在于,它们希望发展的产业,是人均收入远高于自己的国家擅长的产业。由于生产这些产品不具备成本优势,它们难以在市场上有效竞争。为推行此类不符合比较优势的发展战略,这些国家的政府给大量亏损企业提供保护,减少其投资和运营成本,包括授予市场垄断权、压低利率水平、高估本国货币价值,以及控制原材料价格等。干预导致资金、外汇和原材料的普

[①] 可进一步参考林毅夫所著的《中国的奇迹:发展战略与经济改革》与《发展与转型:思潮、战略与自生能力》对中国和世界各个经济体赶超战略的详细论述。

遍短缺。结果，政府还不得不通过行政渠道给这些企业直接提供资源，包括社会主义国家实行的全国计划，以及其他发展中国家实行的信贷配额和投资、产业准入许可等。为便于实施，许多国家还依赖国有企业来发展目标产业。

表 3.1 历史上那些不切实际的赶超战略

计划发展的产业	时间	后进国家	当时的主要生产国	后进国家的实际人均 GDP	领先国家的实际人均 GDP	后进国家人均 GDP 占领先国家的百分比（%）
汽车	20 世纪 50 年代	中国	美国	577	10 897	5
汽车	20 世纪 70 年代	刚果民主共和国	美国	761	16 284	5
汽车	20 世纪 50 年代	印度	美国	676	10 897	6
汽车	20 世纪 50 年代	土耳其	美国	2 093	10 897	19
汽车	20 世纪 70 年代	赞比亚	美国	1 041	16 284	6
钢铁、化工	20 世纪 50 年代	埃及	美国	885	10 897	8
造船	20 世纪 60 年代	印度尼西亚	荷兰	983	9 798	10
卡车	20 世纪 60 年代	塞内加尔	美国	1 511	13 419	11

资料来源：根据 Maddison 的数据测算。

【专栏 3.2】

历史上那些遵循产业发展次序的成功经验[①]

与专栏 3.1 所述的颠倒产业发展次序而追赶失败的历史例子截然相反，19 世纪西欧工业化的传播、第二次世界大战后经济的快速追赶以及 20 世纪 80 年代至 90 年代的东亚经济奇迹表明，凭借自身的比较优势去更好地利用后发优势是发展中国家开启和维持动态增长路径并最终实现多样化和工业化的最佳途径。工业革命始于 18 世纪的英国，但是之后的约 50 年内，工业革命并没有传播到其他的国家。其原因主要是英国政府禁止输出机械、制造技术和熟练工人。最终，工业革命在 19 世纪才逐渐传播到西欧的其他国家。欧洲大陆最早的工业生产中心是煤、铁、纺织品、玻璃和其他装备的生产均很繁荣的比利时。到 1830 年，法国公司雇用了许多熟练的英国工人帮助建立纺织业，铁路也开始

---

① 该专栏主要转引自：Vandana Chandra、林毅夫、王燕，"领头龙现象：低收入国家赶超式发展的新机遇"，《劳动经济研究》，2013 年第 1 期；林毅夫，《从西潮到东风》，中信出版社，2012 年，第 9 章。

在西欧地区出现。而德国当时由于缺乏集权的中央政府，是工业发展的后来者。虽然英国人1804年就发明了第一台蒸汽机车，但是直到19世纪30年代，其他欧洲国家才开始修建铁路。比如德国于1835年制成第一台机车，但其铁路建设由于缺乏中央集权政府而被一再拖延。1840年后德国的煤炭和钢铁产量大幅上升，到了19世纪50年代，德国开始修建铁路网。在1871年德国实现政治统一后，其新修建的铁路里程超过了英国，同时在生铁和其他行业也进入了一个快速的追赶通道。相对于英国，美国的工业化由于当时缺乏商业投资所需的基本要素禀赋——劳动力和资本，而被推迟了。但当其在19世纪20年代终于开始进行工业化时，其增长速度是爆炸性的。欧洲的政治革命使大量移民将劳动力和资本带入美国。1826年，美国开始出现机车；1837年，美国第一条铁路建成；1850年，美国的铁路总里程超过了英国，达到9 021英里；到1890年，铁路在美国西部地区的迅速扩张使其总里程达到129 774英里，这一距离比整个欧洲大陆的铁路总和还要长。随后，美国迅速进行了工业化和结构转型，农业人口的比重从1800年的85%下降到1860年的50%。德国经济学家Gerschenkron观察到，快速工业化可以从不同层次的"经济落后"开始。事实上，越是经济落后的国家，那些特殊的制度性因素（如政府和银行）在向新兴产业增加资本时起到的作用越大。然而，以Gerschenkron为代表的旧结构主义发展思想存在不足，即没有强调一个后进经济体如果想拥有竞争力，必须发掘与它的比较优势相吻合的产业，或者说必须符合比较优势战略。工业化的确可以从低水平的经济发展期起步，但是如果发展水平太低，那些过于先进的产业不符合该经济体的比较优势，或者说这些产业是违背比较优势战略的，那么发展这些产业则需要大量的国家保护和政府补贴。通过政府的支持，先进产业的确有可能建立起来，但如果该产业是违背比较优势的，它将既没有自生能力也没有比较优势。

工业革命的历史经验提供了如下几点启示：第一，像英国这样处于技术前沿的国家可以发挥"领头雁"的作用，而后来者具有后发优势，并在某些条件下能够赶超甚至取代"领头雁"的位置；第二，资本积累是经济发展取得成功的必要条件但不是充分条件，政治稳定、贸易开放和劳动力流动也是一个国家获取新技术和发展新产业的重要因素；第三，政府在发展的过程中必须起到促进作用，德国、日本和美国的发展就是很好的例证。如果德国1871年没有实现中央集权，贯穿全国的铁路或者工业革命就无从谈起。更为重要的是，要选择正确的目标国家进行追赶。一些欧洲国家之所以能够比较快地赶上英国，是因为它们的发展阶段离"领头雁"差得并不太远（见表3.2）。根据Maddison的估计，法国、德国和美国在1870年的人均GDP大约是英国的60%至75%。在明治维新时期,日本的人均收入约是其目标国普鲁士(即后来的德国)的40%,这个目标是切合实际的。而在当时无论是英国还是美国,其发展阶段都大大超前于日本,选择那些国家作为追赶对象明显不切实际。尽管当时很多国家试图进行赶超,但日本最终成为亚洲第一个工业化国家,其成功的原因就在于选择了正确的赶超目标。

历史经验告诉我们,追赶型产业政策失败,通常是因为该国试图以人均收入5倍于本国或更高的国家的产业为学习样本。而成功的追赶国家的产业政策,基本都以其他要素禀赋结构类似、人均收入稍高国家的产业为学习样本(见表3.2):

- 16和17世纪,英国以荷兰的产业为样本;当时英国的人均GDP是荷兰的70%。
- 19世纪末,德国、法国、美国以英国的产业为样本;当时这些国家的人均收入是英国的60%—75%。
- 明治维新时期,日本以普鲁士的产业为样本;当时日本的人均GDP是普鲁士的40%左右。20世纪60年代,日本以美国的产业为样本,当时日本的人均GDP是美国的40%左右。
- 20世纪60—80年代,亚洲"四小龙"以日本的产业为样本,它们的人均收入是日本的30%左右。
- 20世纪70年代,毛里求斯以中国香港的纺织和服装业为样本,其人均收入大概是中国香港的50%左右。
- 20世纪80年代,爱尔兰以美国的信息、电子、化工、医药产业为样本,其人均收入大约是美国的45%。
- 20世纪90年代,哥斯达黎加以中国台湾的存储器封装和测试产业为样本,其人均GDP是中国台湾的40%,而中国台湾是该行业的主要生产地区。

表3.2 战前和战后时代的赶超(人均GDP以1900年国际元计价)

	欧陆国家以英国为目标		明治维新时日本以德国为目标			第二次世界大战后日本以美国为目标		
	1870年	相当于英国的比例(%)	1890年	1900年	相当于德国的比例(%)	1950年	1960年	相当于美国的比例(%)
法国	1 876	59	2 376	2 876		5 186	7 398	
德国	1 839	58	2 428	2 985	100	3 881	7 705	
英国	3 190	100	4 009	4 492		6 939	8 645	
美国	2 445	77	3 392	4 091		9 561	11 328	100
日本	737		1 012	1 180	40	1 921	3 986	35

(续表)

	20世纪60年代到80年代亚洲"四小龙"以日本为目标			中国内地以亚洲"四小龙"为目标			2000年后后来者以中国为目标		
	1960年	1970年	相当于日本的比例(%)	1980年	1990年	相当于韩国的比例(%)	2000年	2008年	相当于中国的比例(%)
英国	8 645	10 767		12 931	16 430		20 353	23 742	
美国	11 328	15 030		18 577	23 201		28 467	31 178	
日本	3 986	9 714	100	13 428	18 789		20 738	22 816	
韩国	1 226	2 167	25	4 114	8 704	100	14 375	19 614	
中国	662	778		1 061	1 871	23	3 421	6 725	100
印度	753	868		938	1 309		1 892	2 975	44
越南	799	735		757	1 025		1 809	2 970	44

资料来源：Vandana Chandra、林毅夫、王燕，"领头龙现象：低收入国家赶超式发展的新机遇"，《劳动经济研究》，2013年第1期。

3.2 经济结构转型升级的"禀赋—产业—时间"测算空间

按照前述产业发展的次序特征以及新结构经济学的基本原理，禀赋结构升级和产业结构升级是结构变迁的两条核心维度。并且，经济结构变迁是一个连续的动态过程，每一阶段都是这条连续谱上的一点。因此，在经济结构变迁连续空间中，一个经济体的经济结构转型升级轨迹或者发展战略路径可概括为：首先，在任意时点，给定的禀赋结构确定了其比较优势，进而决定了最优的产业结构；其次，按照比较优势进行的产业升级将使经济剩余最大，进而禀赋结构升级最快；最后，禀赋结构升级之后，最优的产业结构也须升级；经济的发展就是如此往复的循序渐进过程。[①] 因此，我们想重申的是"比较优势遵循型方法在本质上是动态的……这意味着一个国家的经济发展也该务实地利用现有的、嵌入在一国的比较优势领域中的机会，当那些领域的比较优势被充分利用后，同时也要认识到产业升级的潜力"[②]。这就是经济结构变迁的新结构经济学最核心的部分：包含了对一国比较优势的理解，这种比较优势受制于要素禀赋结构的不断演化。因此，图1.21中的经济结构变迁的轨迹或者发展战略路径 $I_{it} = f(E_{it})$ 可描述如下[③]：

$$\cdots \to \underbrace{E_{it} \to I_{it}}_{t\text{期的发展战略}} \to \underbrace{E_{it+1} \to I_{it+1}}_{t+1\text{期的发展战略}} \to \cdots \to \underbrace{E_{it+T} \to I_{it+T}}_{t+T\text{期的发展战略}} \to \cdots \quad (3.1)$$

---

① 在此报告中，经济结构转型升级路径与发展战略路径可以互换使用。
② 林毅夫，《新结构经济学：反思经济发展与政策的理论框架》，北京大学出版社，2012年，第129页。
③ 在本研究报告中发展战略的路径等同于经济结构变迁的轨迹，下同。

在式(3.1)刻画的经济结构转型升级路径中,如果每一阶段都采取遵循比较优势的发展战略 $I_{it}^{\text{CAC}} = f^{\text{CAC}}(E_{it})$,则其经济结构转型升级路径为

$$\cdots \to \underbrace{E_{it}^{\text{CAC}} \to I_{it}^{\text{CAC}}}_{t\text{期的发展战略}} \to \underbrace{E_{it+1}^{\text{CAC}} \to I_{it+1}^{\text{CAC}}}_{t+1\text{期的发展战略}} \to \cdots \to \underbrace{E_{it+T}^{\text{CAC}} \to I_{it+T}^{\text{CAC}}}_{t+T\text{期的发展战略}} \to \cdots \quad (3.2)$$

反之,如果每一阶段都采取违背比较优势的发展战略 $I_{it}^{\text{CAD}} = f^{\text{CAD}}(E_{it})$,则其经济结构转型升级路径为

$$\cdots \to \underbrace{E_{it}^{\text{CAD}} \to I_{it}^{\text{CAD}}}_{t\text{期的发展战略}} \to \underbrace{E_{it+1}^{\text{CAD}} \to I_{it+1}^{\text{CAD}}}_{t+1\text{期的发展战略}} \to \cdots \to \underbrace{E_{it+T}^{\text{CAD}} \to I_{it+T}^{\text{CAD}}}_{t+T\text{期的发展战略}} \to \cdots \quad (3.3)$$

当然,实际的发展战略路径一般介于二者之间。因此,我们可以以遵循比较优势的发展战略路径(新结构经济学之路,即 $I_{it}^{\text{CAC}} = f^{\text{CAC}}(E_{it})$)作为标杆来判断其偏离程度

$$\text{Deviation}_{it} = I_{it} - I_{it}^{\text{NSE}} = f(E_{it}) - f^{\text{NSE}}(E_{it}) \quad (3.4)$$

如果 $\text{Deviation}_{it} > 0$,则说明在禀赋条件 E_{it} 下选择的产业结构 I_{it} 过于先进而违背了比较优势;如果 $\text{Deviation}_{it} < 0$,则说明在禀赋条件 E_{it} 下选择的产业结构 I_{it} 过于落后而失去了比较优势。如图1.21轨迹上下的区域所示。

为了定量刻画经济结构变迁的轨迹或发展战略路径的特性,我们需要继续定义几个相关的概念。首先,我们定义发展战略路径的斜率

$$\beta_{I_{it}E_{it}} = \frac{\partial I_{it}}{\partial E_{it}} = \frac{\partial f(E_{it})}{\partial E_{it}} = f'(E_{it}) \quad (3.5)$$

式(3.5)的含义是,在某一个时刻给定的禀赋条件 E_{it} 下,如果禀赋结构升级一单位,那么发展战略路径斜率指的就是产业结构升级的程度。

其次,我们定义发展战略路径的弹性

$$\eta_{I_{it}E_{it}} = \frac{\partial I_{it}}{\partial E_{it}} \frac{E_{it}}{I_{it}} = \frac{E_{it} \times f'(E_{it})}{I_{it}} = \frac{E_{it} \times f'(E_{it})}{f(E_{it})} \quad (3.6)$$

式(3.6)的含义是,在某一个时刻给定的禀赋条件 E_{it} 下,如果禀赋结构升级1%,那么发展战略路径弹性指的就是产业结构升级的百分比。

发展战略路径的斜率定量刻画了经济结构变迁或发展战略步伐的大小,弹性定量刻画了经济结构变迁或者发展战略的敏感性。我们可以用这两个定量工具来测度新结构经济学主张的结构变迁的两个核心概念:"比较优势"和"后发优势"。

新结构经济学最重要也最饱受争议的是发展战略的比较优势分析方法。对于这一点,剑桥大学的张夏准评论道:"实际上,我与毅夫的分歧主要在于,对比较优势何种程度的偏离在我们看来才是明智的。毅夫认为,攀登阶梯时对梯级的跳跃应非常小(以他的话来说,是'比较优势遵循型'的),但我相信跳跃可以而且有时不得不大一些(以他的话

说,是'比较优势违背型'的)。"[1] 要争论和检验对比较优势是否应该偏离,我们首先得测度经济结构变迁轨迹偏离比较优势的程度。经济结构变迁的发展战略路径斜率就是测度"攀登阶梯时对梯级的跳跃级数",经济结构变迁的发展战略路径弹性就是测度"攀登阶梯时跳跃的灵敏性"。如果发展战略路径的斜率过大,则说明在攀登产业阶梯时跳跃的级数过多;如果发展战略路径的弹性过大,则说明在攀登产业阶梯时跳跃的频度过大;此时二者均反映出可能违背了比较优势。

后发优势可以用 $\frac{\partial \beta_{I_{it}E_{it}}}{\partial E_{it}}<0$ 与 $\frac{\partial \eta_{I_{it}E_{it}}}{\partial I_{it}}<0$ 两个性质来刻画:发展战略路径的斜率和弹性会随着禀赋升级和产业升级而降低。如果处于经济结构变迁的前沿,斜率和弹性可能接近于零,表现出发展战略路径随机游走的性质,说明经济发展的后发优势逐渐消失。如果离经济结构变迁前沿越远,斜率和弹性越大,那就意味着经济发展的后发优势越大。

在新结构经济学中,禀赋结构除了土地(或自然资源)、劳动力和资本(包括物质和人力资本),还包括(软硬件)基础设施。作为一个概括性的单一指标,我们记 y_{it} 为经济体(i)在某时刻(t)的禀赋水平(一般而言,可用人均国民收入或人均国内生产总值来综合性地概括)。我们以禀赋水平向世界前沿水平接近的程度来刻画禀赋结构升级程度,即

$$E_{it} = 1 - \mathrm{DE}_{it} = 1 - \left(1 - \frac{y_{it}}{y_{\mathrm{USA},t}}\right) = \frac{y_{it}}{y_{\mathrm{USA},t}} \tag{3.7}$$

其中,$\mathrm{DE}_{it} = \left(1 - \frac{y_{it}}{y_{\mathrm{USA},t}}\right)$ 为经济体 i 在时刻 t 与世界前沿的禀赋距离,$y_{\mathrm{USA},t}$ 为时刻 t 的世界前沿禀赋水平(一般而言,在第二次世界大战后可以美国作为世界前沿标杆)。

需要注意的是,新结构经济学强调了禀赋结构升级(即发展水平)是一个连续谱,即 $E_{it} \in [0,1] \cup [1,\infty)$。如前一部分所言,处于初级发展阶段的国家($E_{it}^{\mathrm{LDC}} \in [0,E_L]$),其要素禀赋结构一般会呈现出劳动力或自然资源相对丰富,同时资本相对稀缺的特点,也只有简单、初级的基础设施。位于发展阶段谱线另一端的高收入国家($E_{it}^{\mathrm{DC}} \in [E_H,1] \cup [1,\infty)$),则呈现出一幅完全不同的禀赋结构图景。这些国家相对丰裕的要素不是劳动力,也不是自然资源,而是资本;各种硬件(电力、通信、道路、港口等)和软件(法律法规体系、文化价值系统等)基础设施也与全国性乃至全球性的市场活动相适应。当然,许多经济体大部分时候处于两端之间,即 $E_{it}^{\mathrm{MDC}} \in [E_L,E_H]$。

在新结构经济学中,产业结构升级的核心内容是产业升级和产业多样性以及新技术

---

[1] 林毅夫,《新结构经济学:反思经济发展与政策的理论框架》,北京大学出版社,2012年,第131页。

的引入。作为一个概括性的单一指标,我们记 I_{it} 为经济体 i 在时刻 t 的产业结构水平。同样,我们以产业结构水平向世界前沿水平接近的程度来刻画产业结构升级程度,即

$$I_{it} = 1 - \mathrm{DI}_{it} = 1 - \left(1 - \frac{s_{it}}{s_{\mathrm{USA},t}}\right) = \frac{s_{it}}{s_{\mathrm{USA},t}} \tag{3.8}$$

其中,$\mathrm{DI}_{it} = \left(1 - \frac{s_{it}}{s_{\mathrm{USA},t}}\right)$ 为经济体 i 在时刻 t 与世界前沿的产业距离,$s_{\mathrm{USA},t}$ 为时刻 t 的世界前沿产业结构水平(一般而言,在第二次世界大战后可以美国作为世界前沿标杆)。

同样,需要注意的是,新结构经济学强调了产业结构升级也是一个连续谱,即 $I_{it} \in [0,1] \cup [1,\infty)$。如前一部分所言,处于初级发展阶段的国家($I_{it}^{\mathrm{LDC}} \in [0, I_L]$),生产也多集中于劳动力或资源密集型产业(如农业、畜牧业、渔业和采矿业),采用传统的、成熟的技术,生产"成熟的"产品。除了矿业和种植业,这些生产活动很少有规模经济。这些国家的企业规模一般而言相对较小,市场交换往往也不正规,通常仅限于在当地市场上跟熟人进行交易。位于发展阶段谱线另一端的高收入国家($I_{it}^{\mathrm{DC}} \in [I_H, 1] \cup [1, \infty)$),则呈现出一幅完全不同的产业结构图景,具有资本密集与规模经济的特征,市场交易是远距离、大容量、高价值的。当然,许多经济体大部分时候处于两端之间,即 $I_{it}^{\mathrm{MDC}} \in [I_L, I_H]$。

联立式(3.7)与式(3.8),我们可构建一个由禀赋升级和产业升级构成的二维连续空间

$$D_{it} = (E_{it}, I_{it}) = \left(\frac{y_{it}}{y_{\mathrm{USA},t}}, \frac{s_{it}}{s_{\mathrm{USA},t}}\right) \tag{3.9}$$

同样,需要注意的是,经济结构转型升级空间 $D_{it} = (E_{it}, I_{it})$ 的连续性反映了新结构经济学的要点之一:"禀赋结构会随着发展阶段的不同而不同,产业结构也会随着发展阶段的不同而不同;经济发展阶段并非仅有'穷'与'富'(或'发展中'与'工业化')这种两分的情况,而是从一条低收入水平的农业经济一直到高收入的后工业化经济的连续谱,经济发展的每一个水平都是这条连续谱上的一个点。"①

3.3 禀赋结构升级与产业结构升级的指标

为了追踪结构变迁的发展战略路径 $D_{it} = (E_{it}, I_{it})$,我们必须测度禀赋结构升级和产业结构升级。如前所述,在新结构经济学中,禀赋结构除了土地(或自然资源)、劳动力和

---

① 林毅夫,《新结构经济学:反思经济发展与政策的理论框架》,北京大学出版社,2012年,第12页。

资本(包括物质和人力资本),还包括(软硬件)基础设施。作为一个概括性指标,可用人均国民收入或人均国内生产总值概括其发展水平或禀赋水平。[①] 如图3.4所示,不同发展阶段的禀赋条件差距巨大。以购买力平价计算,美国2012年的人均国民总收入已超过50 000国际元,而最不发达国家的人均国民总收入却只有大约1500国际元,二者相差30余倍。如果以现价美元计算,二者的差距会更大。根据式(3.8),我们用一个经济体 i 在时刻 t 的人均国内生产总值 y_{it} 与美国(USA)在时刻 t 的人均国内生产总值 $y_{\text{USA},t}$ 之比测度其禀赋升级程度:

$$E_{it} = 1 - \text{DE}_{it} = 1 - \left(1 - \frac{y_{it}}{y_{\text{USA},t}}\right) = \frac{y_{it}}{y_{\text{USA},t}}$$

除了这个概括性的指标,在后续的更高级版本中,我们将从自然资源、物质资本、人力资本与基础设施等分项指标测度禀赋结构升级。

在新结构经济学中,产业结构升级的核心内容是产业升级与产业多样性,以及新技术的引入。秉承传统发展经济学的库兹涅茨事实,产业结构变迁具体可指经济体 i 在时刻 t 的非农业化(非农产业占比,即克拉克定律)、工业化(制造业占比)以及服务化(后工业化,即第三产业占比)。如第2章的图2.1到图2.4所刻画的。鉴于大多数发展中国家的大多数人依然靠传统农业维持生计,以传统农业为主的农村部门和以非农产业为主的城市部门并存的城乡二元经济依然是发展中国家的基本特征,非农化首先需要成为产业结构升级的测度指标。根据式(3.9),我们用一个经济体 i 在时刻 t 的非农产业产值占比与美国(USA)在时刻 t 的非农产业产值占比 $s_{\text{USA},t}$ 之比测度其产业升级程度:

$$I_{it} = 1 - \text{DI}_{it} = 1 - \left(1 - \frac{s_{it}}{s_{\text{USA},t}}\right) = \frac{s_{it}}{s_{\text{USA},t}}$$

除了非农化这个最重要的产业结构升级指标,本研究报告也同时测度研究工业(包含制造业)、服务业的结构转型升级路径,囊括了三次产业。同时,我们专门在第7章测算制造业结构变迁带来的就业机会。

3.4 数据来源与数据描述

除了特别说明,本研究报告测算世界各个经济体结构变迁的发展战略路径的主要数

[①] 林毅夫,《新结构经济学:反思经济发展与政策的理论框架》,北京大学出版社,2012年,第275页。

据均来自世界银行"世界发展指标"数据库,第7章的制造业数据来自联合国工业发展组织。[①]

诚如剑桥大学的张夏准所言:"以购买力平价(PPP)计算的数据往往会夸大一个较贫穷国家的收入,购买力平价(PPP)数据在我们对衡量生活水平感兴趣时是可取的,但如果我们对国际贸易中的比较优势感兴趣,当前的美元数据,而不是购买力平价数据,将是更加适合使用的数据。"[②]因此,在测算禀赋升级时我们先用了各个经济体现价美元的人均国内生产总值,由于我们以美国作为世界前沿的标杆,其产业结构数据分布是1970—2011年,加之存在数据缺失情况,这个版本中的最终样本也就为世界180个经济体1970—2011年的非平衡面板数据。

表3.3是非农产业结构变迁的描述性统计,从中可以看到时间序列数据的缺失情况。禀赋升级数据在42年中平均缺失了约6年,产业升级数据平均缺失了约10年,因此样本使用5 786对观测值追踪到的结构变迁的发展战略路径轨迹平均大约是32年。在该样本中禀赋结构升级程度最大的观测值是2.3958(卢森堡(LUX)2008年的观测值),最小的观测值是0.0024(利比里亚(LBR)1995年的观测值),均值为0.2211,标准差为0.3209。标准差超过了均值,确实表明世界各个经济体禀赋条件差异巨大。任何不考虑现实禀赋差异的"一刀切"(one-size-fits-all)做法都很突兀。由图3.4禀赋结构升级的核密度分布可以看到,世界大部分经济体在1970—2011年内的大部分时期的禀赋水平都分布在0.2以内,换言之,不到美国禀赋水平的五分之一。因此,大部分经济体在大部分时期内依然是发展中国家,处于前沿的发达经济体的时期毕竟是少数。有意思的是,该密度图是右侧长尾分布,这意味着在禀赋结构上向上赶超的经济体也不在少数。在该样本中产业结构升级程度最大的观测值是1.0478(科威特(KWT)1973年的观测值),最小的观测值是0.0613(喀麦隆(CMR)1981年的观测值),均值是0.8375,标准差是0.1554。相对而言,非农化刻画的产业结构分布差异没有禀赋结构分布差异那么大,但也相互迥异。由图3.5产业结构升级的核密度分布可以看到,世界大部分经济体在1970—2011年内的大部分时期的产业结构水平都分布在1之内,换言之都低于美国的产业结构水平,处于前沿内部。有意思的是,该密度图是左侧长尾分布,这意味着在前沿内部的产业结构上向上赶超是可能的,但在前沿外部赶超却很难。

---

① 本报告的写作准备开始于2014年,因此报告主体部分的最新数据以2013年可得数据为准。
② 林毅夫,《新结构经济学:反思经济发展与政策的理论框架》,北京大学出版社,2012年,第125页。

表 3.3 非农产业结构变迁样本的描述性统计

变量		均值	标准差	最小值	最大值	观测值
禀赋升级 (Endowment Upgrading)	总体	0.2211498	0.3209216	0.002400	2.395800	$N=6454$
	组间		0.2882640	0.006025	1.421917	$n=180$
	组内		0.1066362	−0.497266	1.573690	$T\text{-bar}=35.8556$
产业升级 (Industry Upgrading)	总体	0.8374886	0.1553846	0.061300	1.047800	$N=5786$
	组间		0.1420027	0.389042	1.021624	$n=180$
	组内		0.0594580	0.391733	1.295620	$T\text{-bar}=32.1444$

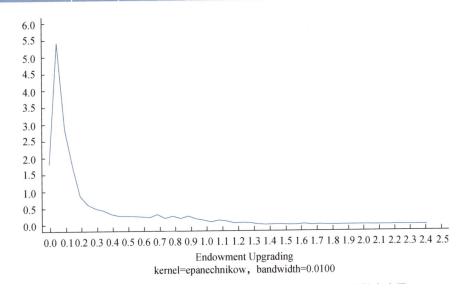

图 3.4 世界 180 个经济体 1970—2011 年禀赋结构升级的核密度图

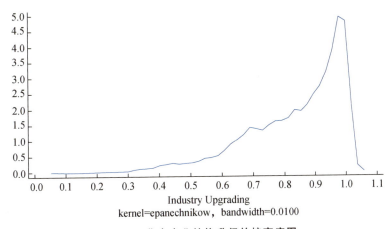

图 3.5 非农产业结构升级的核密度图

表 3.4 是工业结构变迁的描述性统计。从时间序列数据缺失的情况来看，工业升级数据平均大约缺失了 10 年，因此样本使用 5 795 对观测值追踪到的结构变迁的发展战略

路径轨迹平均也是32年。在该样本中工业结构升级程度最大的观测值是4.4494（赤道几内亚（GNQ）2005年的观测值），最小的观测值是0.0764（利比里亚（LBR）1996年的观测值），均值为1.1962，标准差为0.5445。相对非农化刻画的产业结构分布差异而言，工业化描述的产业结构分布差异要更大一些。由图3.6可以看到，世界大部分经济体在1970—2011年间的多数时期内，其工业结构水平都分布在1以外，也就是说，都高于美国的工业结构水平，表明存在比较普遍的工业赶超现象。同时，该密度图是右侧长尾分布的，说明少数国家出现了较为严重的工业赶超现象。当然，这也反映了美国的后工业化升级，导致不少经济体相对美国的工业化过高。

表3.4 工业结构变迁样本的描述性统计

变量	观测值	均值	标准差	最小值	最大值
工业升级	5 795	1.1961950	0.5444716	0.076407	4.449423

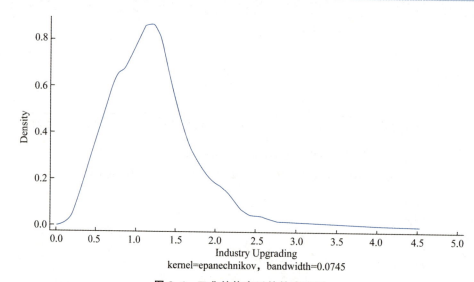

图3.6 工业结构变迁的核密度图

表3.5是服务业结构变迁的描述性统计。服务业结构升级数据平均大约缺失了11.5年，因此样本使用5 486对观测值追踪到的服务业结构变迁发展战略路径轨迹平均是30.5年。在该样本中，服务业结构升级程度最大的观测值是1.2797（巴哈马（BHS）1984年的观测值），最小的观测值是0.0123（乌兹别克斯坦（UZB）1985年的观测值），均值为0.7231，标准差为0.1999。就其刻画的服务业结构分布差异而言，与非农化差异接近而比工业化差异小得多。由图3.7可以看到，大部分经济体在1970—2011年间的多数时期内，其服务业结构水平都分布在1以内，也就是说，都低于美国的服务业结构水平，处于前沿内部。总体而言，服务业结构的赶超程度不如工业结构。

表 3.5 服务业结构变迁样本的描述性统计

变量	观测值	均值	标准差	最小值	最大值
服务业升级	5 486	0.7231294	0.1998984	0.012300	1.279702

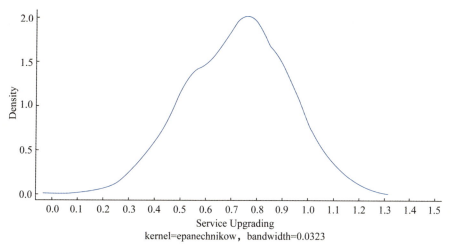

图 3.7 服务业结构变迁的核密度图

3.5 测算结果

3.5.1 全球概貌

根据对世界 180 个经济体 1970—2011 年的经济结构变迁轨迹或发展战略路径的测算结果,我们可以追踪出每一个经济体的经济结构变迁的发展战略轨迹。如后文图 3.11 所示的一些经济体的非农产业结构变迁轨迹的示例,犹如天上的星座一样,这 180 个经济体的经济结构变迁的发展战略路径没有两个是完全相同的。经济结构变迁发展战略路径的多样性正是新结构经济学所要解释的核心问题。

图 3.8 是所有非农产业结构变迁样本观测值的混合散点图,用以反映全球整体的经济结构变迁的发展战略路径分布概貌。我们不妨由全球样本对经济结构变迁的发展战略路径做对数拟合($R^2=0.64$)

$$I_{it} = f^W(E_{it}) = 1.0483 + 0.0832 \times \ln(E_{it}) \tag{3.10}$$

其斜率和弹性分别为 $\dfrac{\partial I_{it}}{\partial E_{it}} = \dfrac{0.0832}{E_{it}}$,$\dfrac{\partial I_{it}}{\partial E_{it}} \dfrac{E_{it}}{I_{it}} = \dfrac{0.0832}{I_{it}}$。可以看到,世界样本拟合的非农产业经济结构变迁的发展战略路径的斜率和弹性均为正而且随禀赋升级和产业升级而

递减。尽管我们不能判断这两个具体的数值是否最优地遵循了比较优势,但是我们可以看到斜率和弹性随着结构升级而递减的趋势蕴含了后发优势和发展战略动态调整。

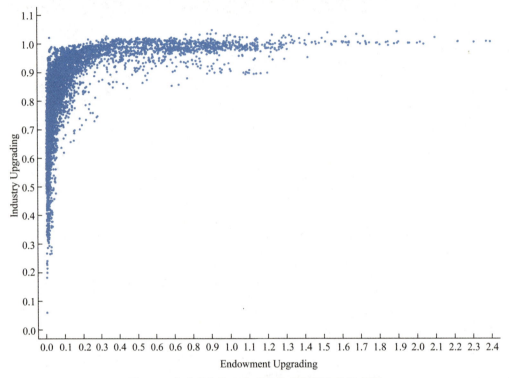

图3.8　全球所有非农产业结构变迁样本的散点图

图3.9是所有工业结构变迁样本观测值的混合散点图,反映了全球整体工业结构变迁的发展战略路径分布。考虑到在工业化进程持续一段时间后会逐渐出现去工业化的情况,不妨由全球样本对工业结构变迁的发展路径做二次函数拟合($R^2=0.037$)[①]:

$$I_{it} = f^W(E_{it}) = 1.1017 + 0.7856E_{it} - 0.5122E_{it}^2 \tag{3.11}$$

拐点为$E=0.7669$,顶点为$I=2.0061$,其斜率为$\frac{\partial I_{it}}{\partial E_{it}}=0.7856-1.0244E_{it}$(弹性表达式过于复杂因而不在此列出)。在工业化阶段($E<0.7669$),世界样本拟合的工业结构变迁发展战略路径的斜率为正,且随禀赋升级而递减。工业化也显示出后发优势和发展战略动态调整。

图3.10是所有服务业结构变迁样本观测值的混合散点图。同非农产业结构变迁发展战略路径拟合一样,我们采用对数拟合($R^2=0.274$):

---

① 需要说明的是,由于许多低收入国家工业发展存在严重的赶超现象,以及步入禀赋结构和工业结构前沿的国家其工业结构变迁发展战略路径显示出不确定性,因而模型的拟合优度不高。

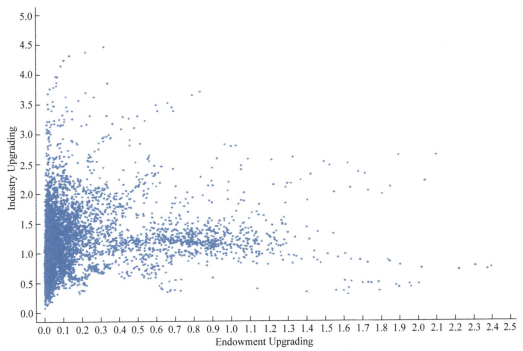

图 3.9　全球所有工业结构变迁样本的散点图

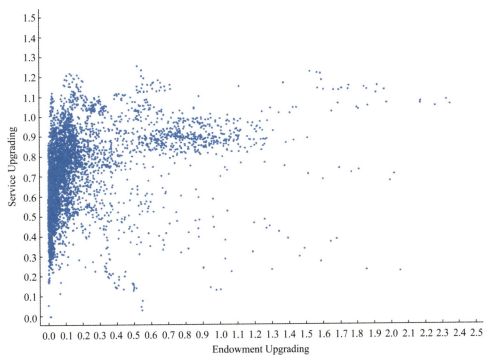

图 3.10　全球所有服务业结构变迁样本的散点图

$$I_{it} = f^W(E_{it}) = 0.9159 + 0.0725 \times \ln(E_{it}) \tag{3.12}$$

其斜率和弹性分别为 $\dfrac{\partial I_{it}}{\partial E_{it}} = \dfrac{0.0725}{E_{it}}$，$\dfrac{\partial I_{it}}{\partial E_{it}} \dfrac{E_{it}}{I_{it}} = \dfrac{0.0725}{I_{it}}$。可以看到，世界样本拟合的服务业结构变迁的发展战略路径的斜率和弹性均为正，且随着禀赋升级和服务业升级而递减。这一结果再次表现出后发优势和发展战略动态调整的特征。

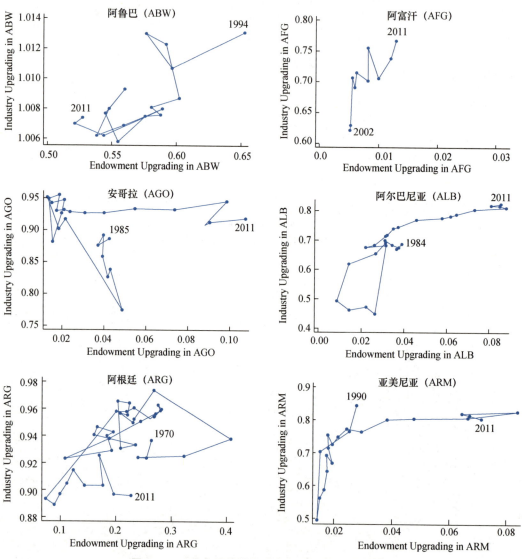

图 3.11 一些经济体的非农产业结构变迁轨迹示例

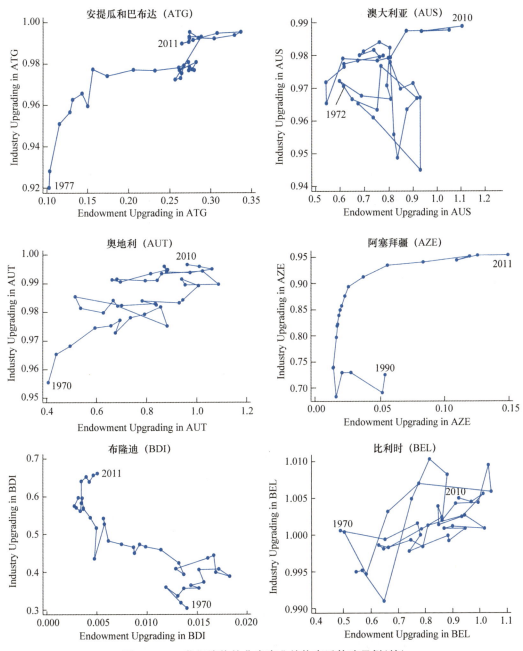

图 3.11 一些经济体的非农产业结构变迁轨迹示例（续）

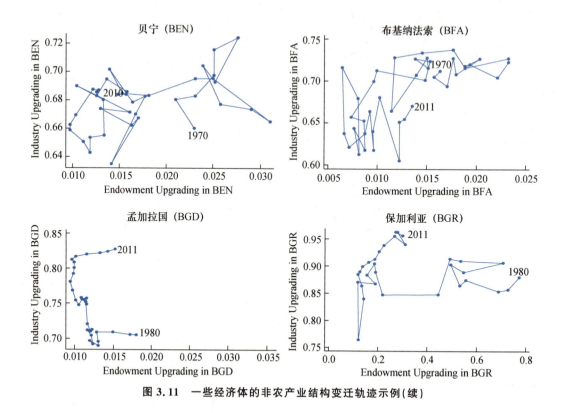

图 3.11 一些经济体的非农产业结构变迁轨迹示例(续)

3.5.2 经济结构变迁前沿的特征:不确定性

进一步,我们来看看经济结构变迁前沿的经济结构变迁发展战略路径特征。根据全球样本的经济结构变迁发展战略路径的对数拟合式(3.10),当经济结构处于前沿时,$D_{it} = \{(E_{it}, I_{it}) | E_{it} \geq 1, I_{it} \geq 1\}$,经济结构变迁发展战略路径的斜率 $\frac{\partial I_{it}}{\partial E_{it}} = \frac{0.0832}{E_{it}} \leq$ 0.0832,发展战略路径的弹性 $\frac{\partial I_{it}}{\partial E_{it}} \frac{E_{it}}{I_{it}} = \frac{0.0832}{I_{it}} \leq 0.0832$。二者均非常低,接近于 0,这就反映出了经济结构前沿的发展战略路径的随机特征,如图 3.12 和图 3.13 所示。这就是新结构经济学判断的,处于经济前沿国家的产业升级的机会是不可预期的,产业下一步的发展方向一般具有不确定性,除了需要政府进行基础研究领域的支持,还需要依赖于企业家的自我探索。

图 3.14 和 3.15 分别是处于工业结构前沿和禀赋结构前沿的工业结构变迁发展战略路径。需要说明的是,由于许多低收入国家的工业结构发展存在较为严重的赶超现象,因而图 3.15 更能反映处于经济结构前沿的经济体工业结构变迁的路径。可以看到,

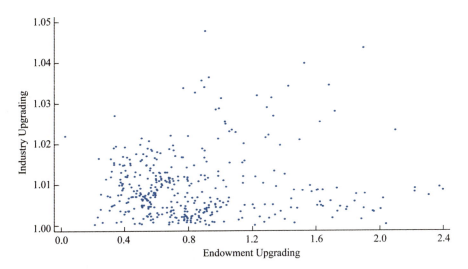

图 3.12　非农产业结构前沿（Industry Upgrading＞1）的非农产业结构
变迁发展战略路径散点图

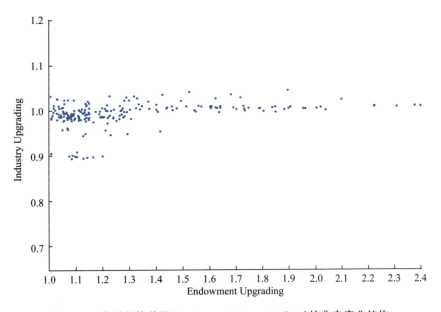

图 3.13　禀赋结构前沿（Endowment Upgrading＞1）的非农产业结构
变迁发展战略路径散点图

当经济结构处于前沿时，工业结构变迁发展战略路径显示出强烈的随机游走特征。

类似于非农产业结构变迁，我们根据全球样本的服务业结构变迁发展战略路径的对数拟合式（3.12）可以发现，当服务业结构处于前沿外部时，$D_{it} = \{(E_{it}, I_{it}) | E_{it} \geqslant 1, I_{it} \geqslant$

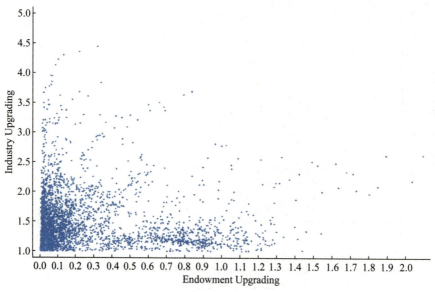

图 3.14　工业结构前沿(Industry Upgrading＞1)的工业结构变迁发展战略路径散点图

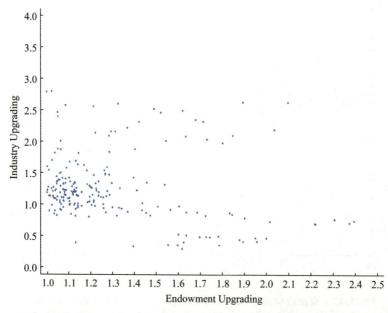

图 3.15　禀赋结构前沿(Endowment Upgrading＞1)的工业结构变迁发展战略路径散点图

1}，服务业结构变迁发展战略路径的斜率 $\dfrac{\partial I_{it}}{\partial E_{it}}=\dfrac{0.0725}{E_{it}}\leqslant 0.0725$，发展战略路径的弹性 $\dfrac{\partial I_{it}}{\partial E_{it}}\dfrac{E_{it}}{I_{it}}=\dfrac{0.0725}{I_{it}}\leqslant 0.0725$，二者均接近于 0，反映出服务业结构前沿变迁路径同样具备随机特征，如图 3.16 和图 3.17 所示。

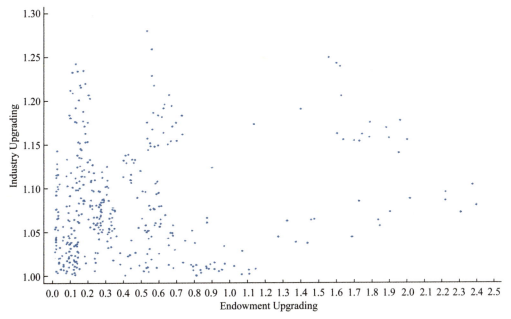

图 3.16 服务业结构前沿(Service Upgrading＞1)的服务业结构变迁发展战略路径散点图

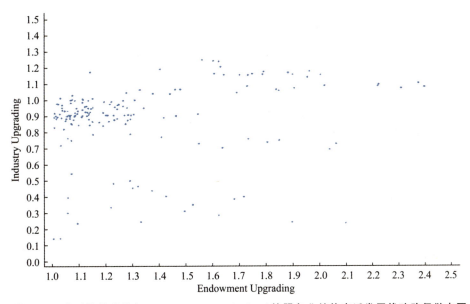

图 3.17 禀赋结构前沿(Endowment Upgrading＞1)的服务业结构变迁发展战略路径散点图

3.5.3 结构变迁内部的特征:后发优势

进一步,我们来看看经济结构前沿内部的发展战略路径特征。根据全球样本的发展战略路径的对数拟合式(3.11),当经济结构处于前沿内部时,$D_{it} = \{(E_{it}, I_{it}) | E_{it} < 1, I_{it}$

$<1\}$,发展战略路径的斜率 $\frac{\partial I_{it}}{\partial E_{it}}=\frac{0.0832}{E_{it}}>0.0832$,发展战略路径的弹性 $\frac{\partial I_{it}}{\partial E_{it}}\frac{E_{it}}{I_{it}}=\frac{0.0832}{I_{it}}>$ 0.0832。可见越远离经济结构前沿,发展战略路径的斜率和弹性就越大,这就反映出了经济结构内部的后发优势特征,如图 3.18 和图 3.19 所示。这就是新结构经济学判断的,处于经济前沿内部国家的产业升级的机会是可预期的,产业下一步的发展方向往往是明确的。

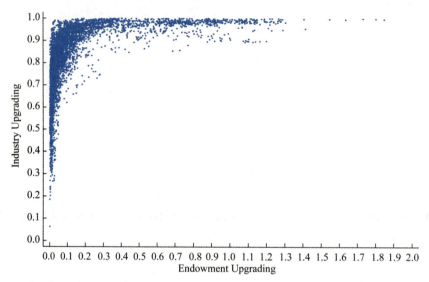

图 3.18　产业结构前沿内部(Industry Upgrading<1)的发展战略路径散点图

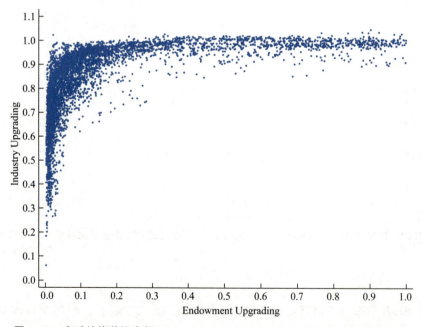

图 3.19　禀赋结构前沿内部(Endowment Upgrading<1)的发展战略路径散点图

从工业结构前沿内部来看,在工业化阶段($E<0.7669$),发展战略路径的斜率 $\dfrac{\partial I_{it}}{\partial E_{it}} = 0.7856 - 1.0244 E_{it} > 0$。可见越远离工业结构前沿,发展战略路径的斜率就越大,如图 3.20 和图 3.21 所示。这同样反映出了工业结构前沿内部的后发优势特征。

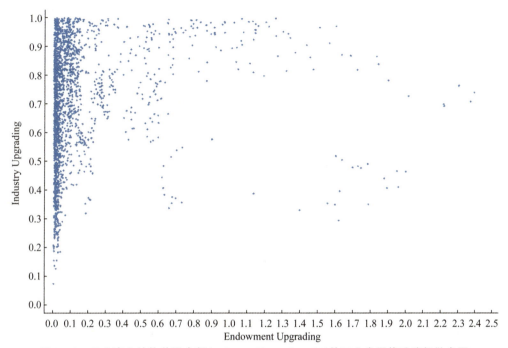

图 3.20　工业产业结构前沿内部(Industry Upgrading<1)的工业发展战略路径散点图

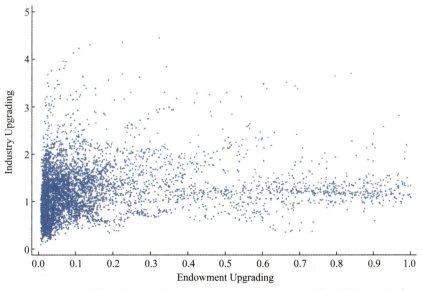

图 3.21　禀赋结构前沿内部(Endowment Upgrading<1)的工业发展战略路径散点图

从服务业结构变迁来看,当服务业结构处于前沿内部时,$D_{it}=\{(E_{it},I_{it})|E_{it}<1,I_{it}<1\}$,发展战略路径的斜率 $\frac{\partial I_{it}}{\partial E_{it}}=\frac{0.0725}{E_{it}}>0.0725$,发展战略路径的弹性 $\frac{\partial I_{it}}{\partial E_{it}}\frac{E_{it}}{I_{it}}=\frac{0.0725}{I_{it}}>0.0725$。可见越远离服务业结构前沿,发展战略路径的斜率和弹性就越大,如图 3.22 和图 3.23 所示。这表明服务业结构内部同样存在后发优势特征。

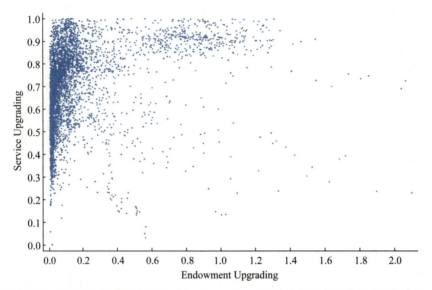

图 3.22　服务业结构前沿内部(Service Upgrading<1)的服务业发展战略路径散点图

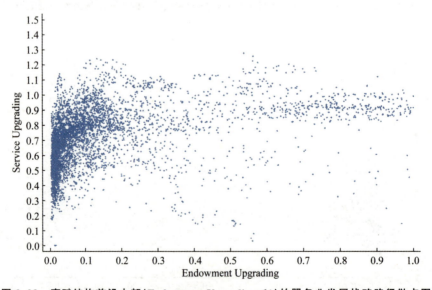

图 3.23　禀赋结构前沿内部(Endowment Upgrading<1)的服务业发展战略路径散点图

3.5.4 落后经济体的特征:机会与障碍

落后经济体虽然均远离经济结构的前沿,但是其依然充满了发展机会和巨大的潜力。如果我们以 $D_{it}=\{(E_{it},I_{it})|E_{it}<0.2,I_{it}<0.7\}$ 为落后经济体的结构变迁区域,那么根据全球样本的发展战略路径的对数拟合式(3.11),落后经济体的发展战略路径的斜率 $\frac{\partial I_{it}}{\partial E_{it}}=\frac{0.0832}{E_{it}}>0.416$,发展战略路径的弹性 $\frac{\partial I_{it}}{\partial E_{it}}\frac{E_{it}}{I_{it}}=\frac{0.0832}{I_{it}}>0.119$。可以看到,其发展战略路径的斜率和弹性均远大于经济前沿国家,如图 3.24 和图 3.25 所示。只要采取合理的发展战略,落后国家便可以充分利用其面临的发展机会和拥有的巨大潜力。这也是新结构经济学以乐观积极的态度看待落后经济体发展的依据所在。

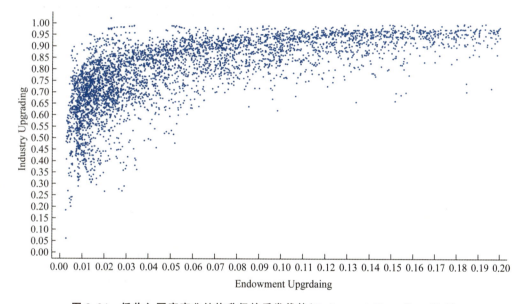

图 3.24 低收入国家产业结构升级的后发优势(Endowment Upgrading<0.2)

同对非农产业结构变迁的分析保持一致,我们以 $D_{it}=\{(E_{it},I_{it})|E_{it}<0.2,I_{it}<0.7\}$ 为落后经济体的工业结构变迁区域。根据全球样本的工业发展战略路径二次函数拟合式(3.11),落后经济体工业发展战略路径的斜率为 $\frac{\partial I_{it}}{\partial E_{it}}=0.7856-1.0244E_{it}>0.5807$。可以看到,其发展战略路径的斜率同样远大于工业发展前沿国家,如图 3.26 和图 3.27 所示。

仍以 $D_{it}=\{(E_{it},I_{it})|E_{it}<0.2,I_{it}<0.7\}$ 为落后经济体的结构变迁区域,那么根据全球样本的服务业发展战略路径的对数拟合式(3.12),落后经济体的服务业发展战略路径

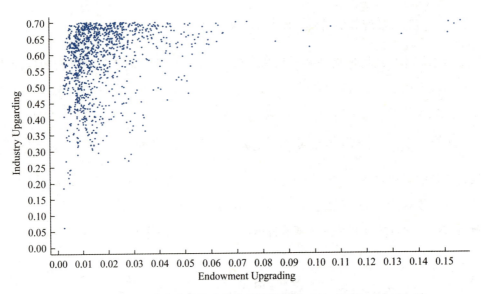

图 3.25 低收入国家产业结构升级的后发优势（Industry Upgrading＜0.7）

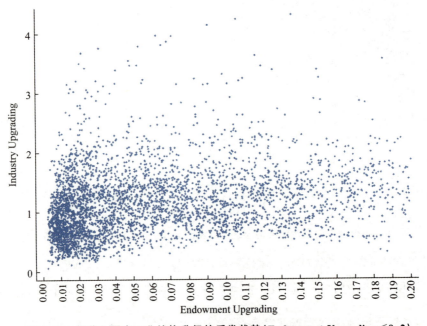

图 3.26 低收入国家工业结构升级的后发优势（Endowment Upgrading＜0.2）

的斜率 $\frac{\partial I_{it}}{\partial E_{it}} = \frac{0.0725}{E_{it}} > 0.3625$，发展战略路径的弹性 $\frac{\partial I_{it}}{\partial E_{it}} \frac{E_{it}}{I_{it}} = \frac{0.0725}{I_{it}} > 0.1036$。可以看到，其发展战略路径的斜率和弹性同样远大于经济前沿国家，如图3.28 和图 3.29 所示。

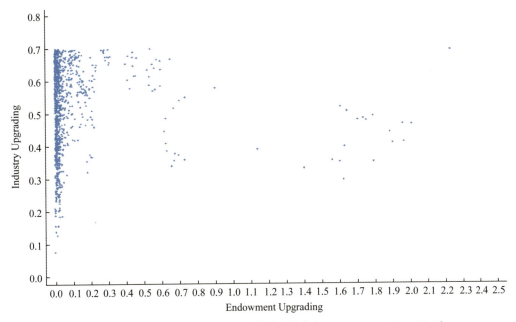

图 3.27 低收入国家工业结构升级的后发优势(Industry Upgrading<0.7)

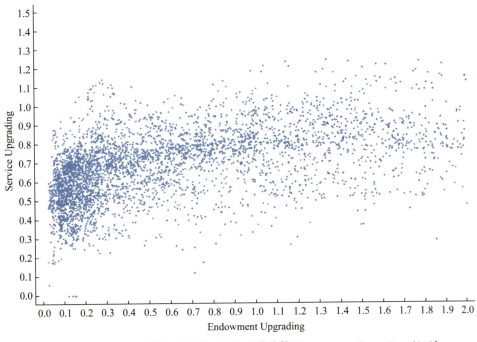

图 3.28 低收入国家服务业结构升级的后发优势(Endowment Upgrading<0.2)

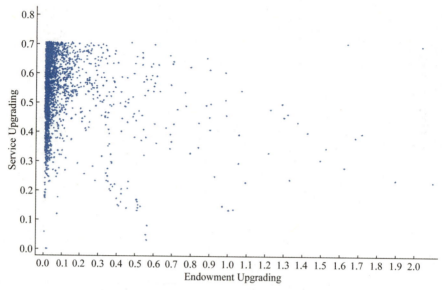

图 3.29　低收入国家服务业结构升级的后发优势(Service Upgrading<0.7)

3.5.5　中等收入陷阱的特征：一团糨糊

按照世界银行的标准，如果人均收入在1 006 到3 975 美元之间，则是中等偏下收入国家；如果人均收入在3 976 到12 275 美元之间，则是中等偏上收入国家。令人惊奇的是，许多经济体长期处于中等偏上收入国家这一阶段，无法迈入高收入经济体的行列。例如阿根廷在1900年曾经是世界第六大经济体以及收入最高的国家之一。1950 年的委内瑞拉玻利瓦尔共和国也曾经是拉丁美洲人均收入排名最高的国家。然而，如今阿根廷和委内瑞拉的人均收入一直徘徊在中等收入国家行列，如图 3.30 所示。鉴于此，2006年，世界银行《东亚经济发展报告》首先提出"中等收入陷阱"(Middle Income Trap)的概念。这些陷入中等收入陷阱的经济体尽管已经脱贫，在社会发展方面也有不错的表现，例如成人识字率、婴儿死亡率、平均寿命相对于低收入国家都有大幅提升，但是相对于富裕国家而言，其人力和物质资本、技术水平和制度复杂性依然较低。除了少数行业，这些国家多数并没有为促进其产业升级以达到国际技术前沿，并与发达国家进行正面竞争而进行结构改革。与此同时，快速发展中积聚的问题集中爆发，造成贫富分化加剧、产业升级艰难、城市化进程受阻、社会矛盾凸显等。

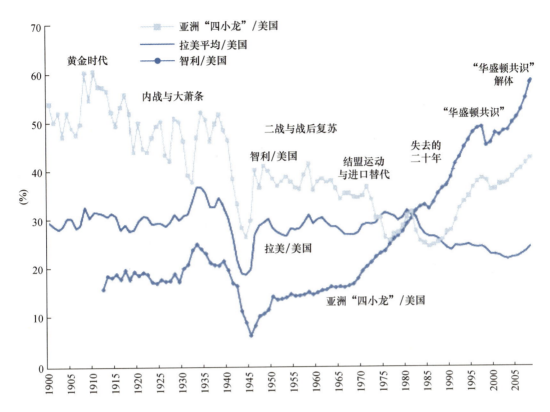

图 3.30　拉美陷阱与东亚奇迹的比较

注：拉美是阿根廷、巴西、智利、哥伦比亚、墨西哥、秘鲁、乌拉圭和委内瑞拉的加权平均值。

资料来源：根据 Maddison 所著的 *Historical Statistics of the World Economy：1-2008 AD* 和世界银行的数据计算。

图 3.31 到图 3.33 显示了一些陷入中等收入陷阱的国家的结构变迁路径。

相对于成功跨域中等收入陷阱的经济体，如韩国而言，这些典型的陷入中等收入陷阱的经济体的发展战略路径紊乱，并未成功实现持续的结构变迁。其中最为直接的表现是未能成功应对低成本国家和高收入创新国家的夹击。背后的原因则是未能进入前沿国家失去比较优势的产业进行转型升级。我们将在第 6 章评估经济结构转型升级的绩效时进一步分析陷入中等收入陷阱经济体的经济结构转型升级路径存在的问题。

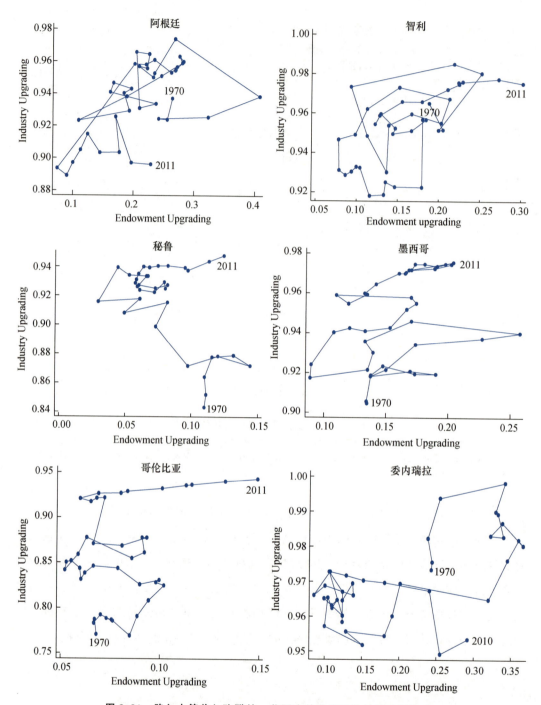

图3.31 陷入中等收入陷阱的一些国家的非农产业结构变迁轨迹

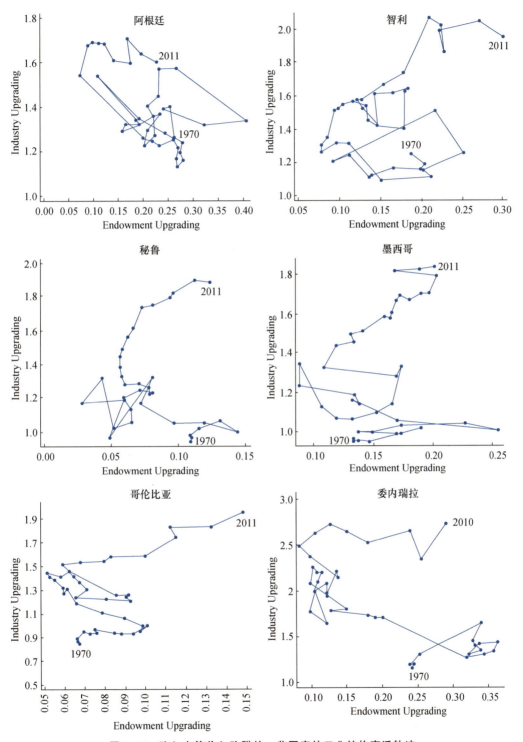

图 3.32 陷入中等收入陷阱的一些国家的工业结构变迁轨迹

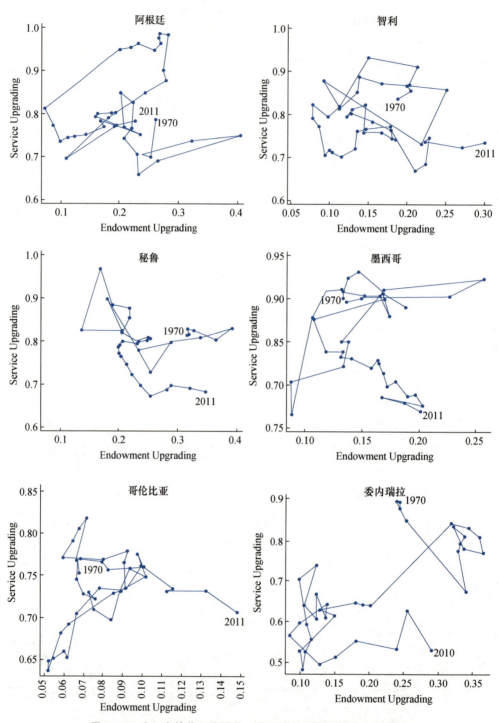

图 3.33 陷入中等收入陷阱的一些国家的服务业结构变迁轨迹

第 4 章　寻找经济结构转型升级路径的典范[①]

在一份关于 20 世纪 90 年代教训的具有里程碑意义的报告中,世界银行强调了经济增长的复杂性,并认识到它不是用简单的公式就能解决的。其中指出:许多发展中国家在 20 世纪 90 年代进行的改革重点过于局限在对资源的有效利用,而不是能力扩张和增长上。虽然它们致力于更好地利用现有能力,以建立长期持续增长的基础,但它们没有提供足够的激励来扩张这种能力。由此我们可以得到的结论是"不存在唯一的通用法则。……(我们)需要从公式中摆脱出来,寻求难以捉摸的'最佳实践'"[②]。

在此背景下,增长与发展委员会于 2006 年 4 月召集了 22 位来自商界和政策制定领域的领导者,他们大多来自发展中国家,由诺贝尔经济学奖获得者迈克尔·斯宾塞(Michael Spence)和世界银行副行长丹尼·利浦译格(Danny Leipziger)担任主席。在两年多的时间里,该委员会试图"汇集支持经济持续快速增长和减少贫困的政策和战略的最佳理解"。成立该委员会的目的是,对关于经济增长的现有理论和实证知识进行总结、评估和反思,希望得到一些政策建议,并避免陷入纯粹的理论探讨之中。该委员会认为具体原因如下:(1)他们感觉到减少贫困不能与经济增长相分离,而这一纽带在许多发展战略当中是缺失的;(2)越来越多的证据表明,人们对于快速持续的经济增长背后的经济和社会力量的理解远不如人们一般认为的那么多——对于给予发展中国家的经济建议来说,现有的知识不足以支持人们对它们的信心;(3)他们认识到过去二十年高度相关的增长经验包括成功和不成功的积累为人们提供了独特的学习源泉;(4)越来越多的人意识到,除了中国和印度以及其他快速增长的东亚经济体,发展中国家需要显著提高经济增长速度,以使其收入水平赶上工业化国家,并使得全世界的财富和机会分布更加平衡。增长与发展委员会于 2008 年发布了对"最佳实践"的研究成果《增长报告:持续增长和包容性

[①] 关于本章的理论背景可以参阅:林毅夫,《新结构经济学:反思经济发展与政策的理论框架》,北京大学出版社,2012 年。

[②] World Bank, *Economic Growth in the 1990s: Learning from a Decade of Reform*, Washington, D. C., 2005.

发展战略》[①],归纳了第二次世界大战后能够以超过7%的增长率持续增长25年以上的13个高增长经济体的特征,试图为政策制定者提供一个设计发展战略的框架。

追随增长与发展委员会的步伐,我们将其选定的发展典范作为样本,用新结构经济学的基本原理分析其典型特征事实背后的逻辑,并拟合其经济结构变迁的路径,提炼一条发展典范的最佳实践经济结构变迁轨迹或发展战略路径的标杆。

4.1 战后经济发展的典范

被增长与发展委员会视为发展典范的13个经济体是:博茨瓦纳、巴西、中国内地、中国香港、印度尼西亚、日本、韩国、马来西亚、马耳他、阿曼、新加坡、中国台湾和泰国。如表4.1和图4.1到图4.3所示。[②] 以如此高的增长率,一个经济体差不多每十年就可以翻一番。中国香港、日本、韩国、马耳他、新加坡和中国台湾这六个经济体就持续增长并进入到高收入行列。日本和新加坡成功实现了对世界前沿(美国)的赶超。其中如中国内

表 4.1 13 个持续高增长的经济体

经济体	高增长年份**	高增长起始年份以及2005年的人均GDP[***]	
博茨瓦纳	1960—2005	210	3 800
巴西	1950—1980	960	4 000
中国内地	1961—2005	105	1 400
中国香港*	1960—1997	3 100	29 900
印度尼西亚	1966—1997	200	900
日本*	1950—1983	3 500	39 600
韩国*	1960—2001	1 100	13 200
马来西亚	1967—1997	790	4 400
马耳他	1963—1994	1 100	9 600
阿曼	1960—1999	950	9 000
新加坡*	1967—2002	2 200	25 400
中国台湾*	1965—2002	1 500	16 400
泰国	1960—1997	330	2 400

注:* 已经达到工业化国家水平的经济体;** GDP每年增长率达到或超过7%的时期;*** 以2000年美元不变价格计算。

资料来源:世界银行。

---

① Growth Commission, *The Growth Report: Strategies for Sustained Growth and Inclusive Development*, Washington, D. C., 2008.

② 由于世界银行发展指标中数据缺失的原因,本报告指数编制中没有中国台湾,只纳入了其他12个发展典范样本。

第4章
寻找经济结构转型升级路径的典范

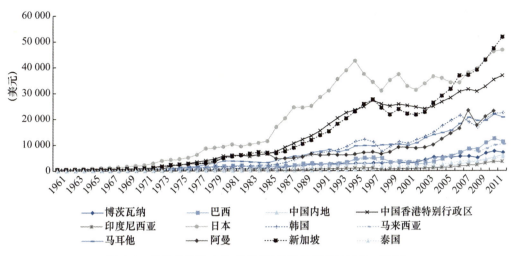

图4.1 发展典范的人均GDP(现价美元)变迁(1961—2012)
注:图形未显示阿曼1974年的意外增长率(2.265755)。
资料来源:世界银行。

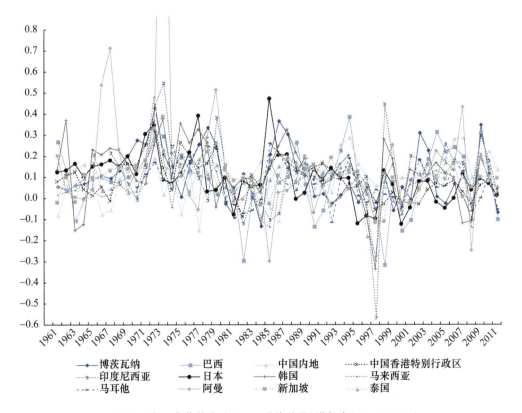

图4.2 发展典范的人均GDP(现价美元)增长率(1961—2012)
注:图形未显示阿曼1974年的意外增长率(2.265755)。
资料来源:世界银行。

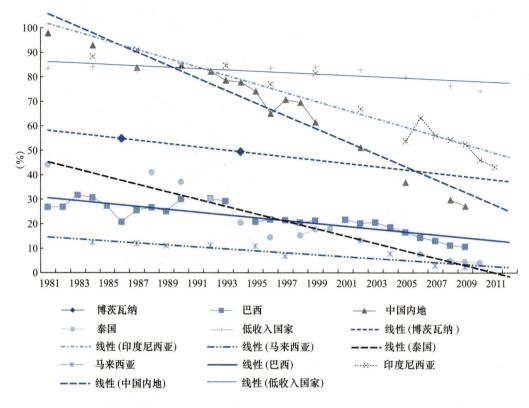

图4.3 发展典范的贫困人口(按每天1.25美元衡量(PPP))占总人口的百分比

地、印度尼西亚等人均收入水平最低的经济体也都进入中等收入行列。相对于低收入经济体的平均情况而言,这些发展典范在反贫困表现上也极为成功。中国这个世界上人口最多的国家在20世纪80年代之前几乎所有的人(1981年贫困人口为97%)都处于贫困境地,但今天三分之二的人都已经脱贫(2009年贫困人口为27%)。尽管1979年爆发的第二次石油危机使巴西的高速经济增长戛然而止,时至今日仍未恢复元气,掉入了"中等收入陷阱",但依然不失为一个从低收入国家成功迈入中等收入国家行列的典范。

这13个发展典范之间差异显著。其中亚洲经济体占据了名单的大部分,但其他发展中地区(非洲、拉丁美洲、中东)也都有各自的代表。有的经济体(如博茨瓦纳、巴西、印度尼西亚、马来西亚、阿曼和泰国)自然资源丰富,而有的经济体则资源匮乏。其中既包括人口在10亿以上的国家(中国),也包括人口不足50万的国家(马耳他)。这13个发展典范样本的差异性很好地蕴含了发展规律的一般性。这些发展典范的成功经验告诉人们,快速的可持续经济增长是有可能的——毕竟已经有13个经济体成功地实现了这一目标。但它们同时也表明,经济快速持续增长并非唾手可得——毕竟还只有13个经济体做到了这一点。的确,有人将这些案例视为"经济奇迹",因而无法解释也不能复制。增长与发展委员会认为并非如此:"我们不妨看看一些局外人是如何看待这个问题的。增长理论的代表人物、增长与发展委员会工作小组成员 Paul Romer 提醒我们:当年日本经济以这种速度增长时,评论家们也曾认为那只不过是战后复苏所催生的一个特殊案例;当亚洲'四小龙'(中国香港、中国台湾、新加坡和韩国)追赶上来的时候,怀疑者们将其成功的原因归结为'船小好掉头';而当中国内地超越它们的时候,人们又把这解释为'船大好扬帆'。"因此,我们也追随增长与发展委员会的步伐,通过对这些发展典范的特征归纳,寻找发展中经济体经济发展的"最佳实践"。

4.2 发展典范的特征事实[①]

这 13 个经济体虽然各有其特点,但我们不能就此断定其中没有一些共性的东西,更不能认为它们的增长之路不适用于其他经济体因而毫无可取之处。上述经济体自身就摒弃了这种态度。决策者们认真学习其他榜样,范例研究产生了深刻的影响,示范效应发挥了极其重要的作用。据说,当年邓小平第一次访问新加坡以及到联合国出席会议参观纽约时,所受到的震撼就十分强烈。仔细观察这 13 个案例,《增长报告》归纳出了五个明显的共同之处或特征事实(见图 4.4):(1)充分利用了国际经济;(2)保持了宏观经济的稳定;(3)积聚了很高的储蓄率和投资率;(4)允许由市场来配置资源;(5)拥有敢作敢为、值得信赖和精明强干的政府(Growth Commission,2008,p.19)。

4.2.1 对外开放

关于第一个特征事实,发展典范中的这些经济体在快速增长时期都充分利用了世界经济,如图 4.5、图 4.6 和图 4.7 所示。不论是货物与服务的进口还是出口占 GDP 的比重都比较大,尤其是新加坡、中国香港,而且贸易开放度都在不断扩大。除了贸易,在大

[①] 通过归纳特征事实提取规律是从经验到理论的必经之路。例如,基于英美 20 世纪的情况,卡尔多归纳了(平衡)增长理论赖以生存的著名的卡尔多特征事实:劳动生产率的持续提高;人均资本的持续提高;资本回报率几乎恒定;劳动和资本报酬份额几乎恒定;人均产出增长率在各国差异较大。在新的时代背景下,Jones 和 Romer 重新归纳了新卡尔多特征事实:通过全球化和城市化,市场化的程度提高;增长速度加快,从接近于零增长到相对较快的增长率;人均 GDP 增速随着与技术前沿的接近而降低;收入和全要素生产率的差距较大;工人人均人力资本的增加;相对工资的长期稳定。库兹涅茨也归纳了著名的库兹涅茨特征事实:现代经济增长的特征是,产业结构的快速转型,包括从农业到工业,再到服务业的转型,这一过程涉及城市化、从家庭作坊向雇佣关系的转变,以及正规教育日益增加的作用。库兹涅茨特征事实所强调的结构变迁一直都是传统发展经济学的主题,也是新近非平衡增长理论的分析对象。这里增长与发展委员会对战后发展典范特征事实的归纳也就成为第三波发展思潮的事实基础。

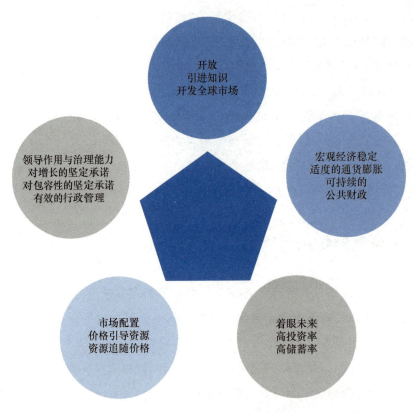

图 4.4 发展典范的基本特征事实

资料来源：Growth Commission, The Growth Report: Strategies for Sustained Growth and Inclusive Development, Washington, D. C., 2008.

多数年份，发展典范的外国直接投资都是净流入，而且占 GDP 的百分比也不小。对外开放的好处至少可以体现在两个方面：首先，它们从世界其他地方引进创意、技术和专业技能。其次，它们开拓了全球的需求，为其产品提供了几乎无穷大的市场。总之，所有成功的经济体"都进口世界其他地方之所知，出口世界其他地方之所需"。而不成功的国家则与之背道而驰。这一点给我们的启发是清楚的：为了实现持续的动态高速增长，发展中国家必须依靠其比较优势（也就是说，出口世界其他地方之所需，并为保持经济竞争力，按照禀赋结构的改变一步步升级其产业结构），利用后发优势的潜力（在产业升级过程中从世界其他地区引进创意、技术和专业技能）。

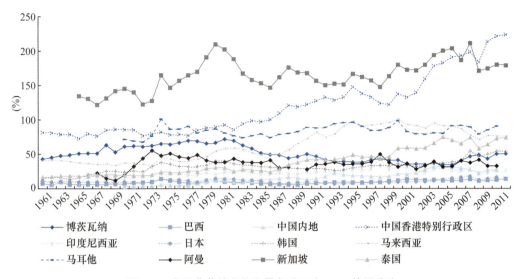

图 4.5 发展典范的货物和服务进口占 GDP 的百分比

资料来源：世界银行。

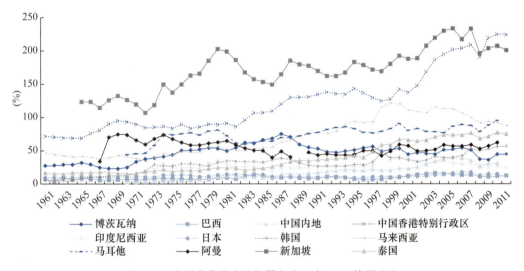

图 4.6 发展典范的货物和服务出口占 GDP 的百分比

资料来源：世界银行。

4.2.2 宏观稳定

发展典范经济体的第二个特征事实是它们维持了稳定的宏观经济环境。在它们最成功的时期，所有 13 个经济体都避免了可能损害私人部门投资的财政政策和货币政策的不可预知性。宏观经济动荡和变幻莫测会损害私人部门投资，从而殃及经济增长。在 13 个高速

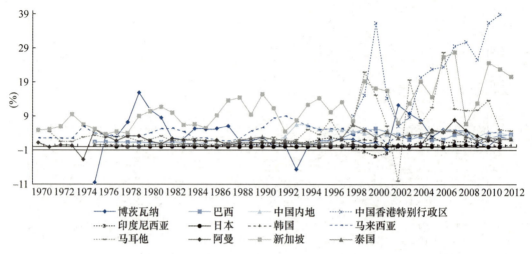

图 4.7　发展典范的外国直接投资净流入占 GDP 的百分比（BoP/GDP，现价美元）
资料来源：世界银行。

增长经济体最成功的时期，它们都在动荡面前化险为夷。尽管经济增长在一些地方有时伴随着温和的通货膨胀，例如 20 世纪 70 年代的韩国，90 年代中期的中国内地，也有一些经济体有预算赤字或是较高的债务占 GDP 的比例，但这些公共债务仍在政府的掌握之中，因为它们经济增长的速度至少超过公共债务增长的速度，如图 4.8、图 4.9 和图 4.10 所示。

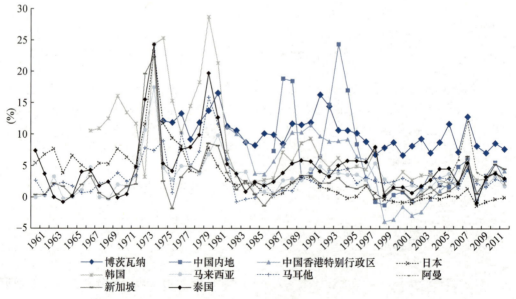

图 4.8　发展典范按消费者价格指数衡量的通货膨胀（年通胀率）
资料来源：世界银行。

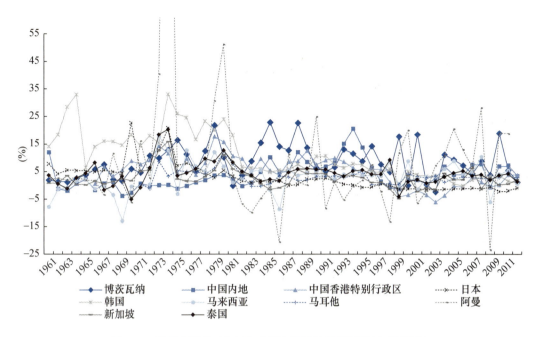

图4.9 发展典范按 GDP 平减指数衡量的通货膨胀(年通胀率)

注:图形未显示阿曼1974年的值(200.99)。

资料来源:世界银行。

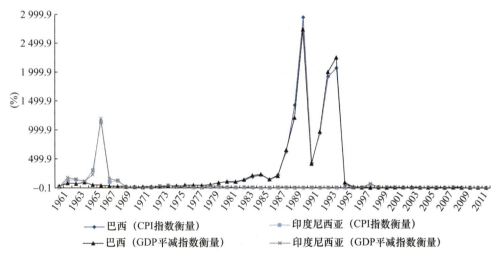

图4.10 两个经济体的几个意外时期:巴西和印度尼西亚

资料来源:世界银行。

4.2.3 禀赋积累

发展典范经济体的第三个特征事实是它们愿意放弃当期消费而追求未来更高水平的收入。高储蓄率和高投资率相匹配,如图4.11和图4.12所示。一些国家,例如新加坡和马来西亚,采取了强制储蓄计划,使得一些研究者强调政府有意的储蓄政策是这些国家高储蓄和投资率的主要原因。[1] 事实上,主要的原因或许是这些国家能够生产大量的经济剩余,并产生足够高的投资回报率,从而为储蓄提供了强有力的激励。[2] 在20世纪70年代,东南亚和拉丁美洲的储蓄率很接近,但20年之后东南亚的储蓄率比拉丁美洲高20个百分点。

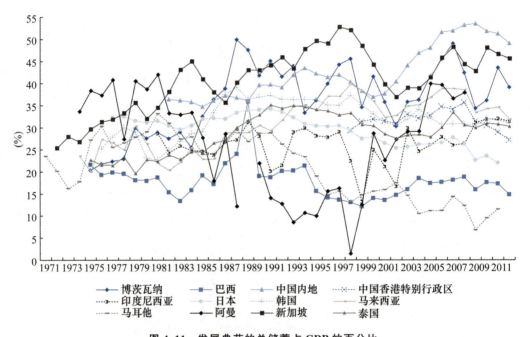

图 4.11　发展典范的总储蓄占 GDP 的百分比

资料来源:世界银行。

4.2.4 有效市场

报告提到,20世纪曾经有很多企图替代市场体系的实验。最终,这些实验都失败了,都未能帮助发展中国家实现持续增长。尽管成功的国家在产权体系的强度和保护力度

---

[1] P. Montiel and L. Serven, "Real Exchange Rates, Saving, and Growth: Is There a Link?" Background Paper, Commission on Growth and Development, Washington D. C., 2008.

[2] 付才辉,"最优生产函数理论:从新古典经济学向新结构社会学的格式转换",《经济评论》,2018年第1期。

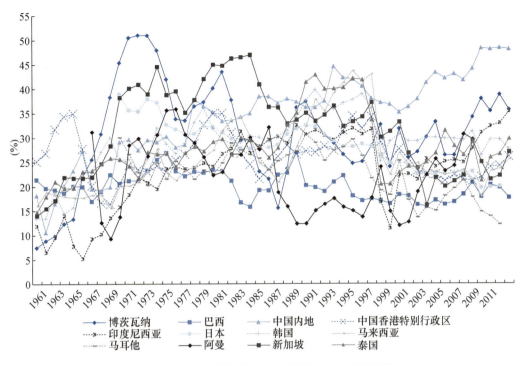

图 4.12 发展典范的资本形成总额占 GDP 的百分比
资料来源：世界银行。

方面可能存在差异，但它们无一例外地都采纳了运转良好的市场机制。市场机制提供了适当的价格信号、透明的决策制定过程和良好的激励。在资本和劳动在不同部门、不同产业之间重新配置的过程中，这些国家的政府也没有抵制市场机制的运转。以图 4.13 为例，在发展典范的经济体中，在经济增长的快速时期私人部门的国内信贷占 GDP 的比重较高而且不断攀升。因此，可以看出其要素市场化程度是在不断提高的。

4.2.5　有为政府

《增长报告》指出的第五个特征事实是，成功需要有一个敢作敢为、值得信赖、精明强干的政府。高增长经济体的繁荣无一不是立足于坚实的政治基础之上的。它们的决策者深知经济增长不能靠侥幸，而是必须通过国家（地区）的领导力量有意识地制定一个宏伟的目标。增长与发展委员会委员、新加坡国务资政吴作栋在最近的一次演讲中介绍说，在过去四十年里，该国始终把促进经济增长作为国家政治的一项组织原则。为保持经济增长的动力，政府和其他机构一直在进行着各种探索。新加坡的做法是否与众不同？实际上，大多数政治领导人都标榜自己对经济发展负有义不容辞的责任。然而一旦落实到行动上，许多政府往往都会为了维护政治上的太平而不愿看到经济发生裂变——

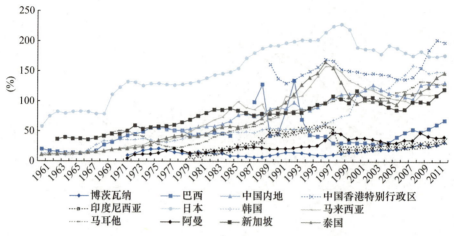

图 4.13　私人部门的国内信贷占 GDP 的百分比

资料来源：世界银行。

这种裂变正是经济增长所必需的。有的政府为了它们自身的利益推行一些哗众取宠的改革，而一旦经济增长不能如期而至，它们绝不会另辟蹊径重新探索，而是干脆宣称大功告成，鸣金收兵。与之相反，快速增长经济体的决策者们深知，成功的发展需要数十年的不懈努力，需要在当前与未来之间做出正确取舍。一个低收入经济体即使以 7%—10% 这样的高速度增长，要跃居较高收入经济体行列也必须花上数十年的功夫。而这种跨越几十年的过程，仅能发生于稳定和运转良好的投资环境当中。它需要适当的政治领导体制和有效的、奉行实用主义甚至有时奉行激进主义的政府。如图 4.14 到图 4.16 罗列了一

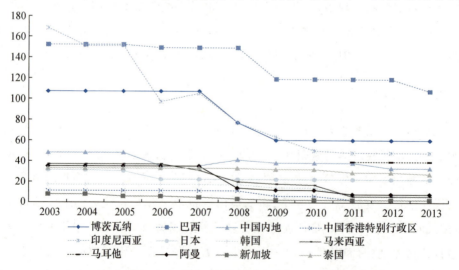

图 4.14　发展典范创办企业所需时间（天）的改进（软件基础实施）

资料来源：世界银行。

些反映政府行为的基础设施建设情况与政府财政收支比重。增长委员会报告也同时列出了政策制定者在制定发展战略时应该避免的一系列"坏主意"。这些"坏主意"至少包括：对能源的补贴；依靠行政部门解决失业问题；通过减少基础设施投资支出降低财政赤字；对国内企业提供无限制保护；利用价格管制来治理通货膨胀；长期禁止出口；抵制城市化，通过基础设施的变化衡量教育的发展；忽视环境问题，将其视为"付不起的奢侈品"；对银行系统采取管制；允许本币过度升值。

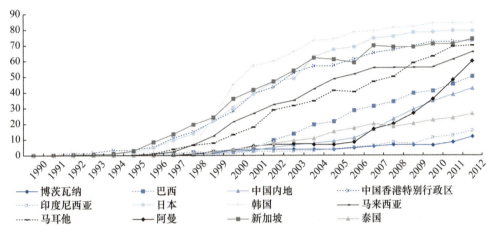

图 4.15　发展典范的互联网用户（每 100 人）（硬件基础实施）

资料来源：世界银行。

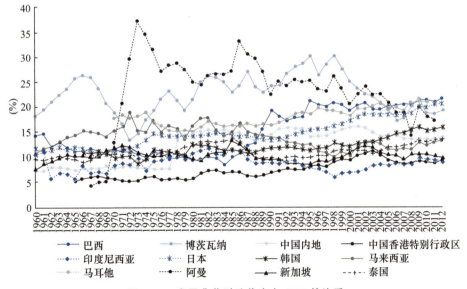

图 4.16　发展典范财政收支占 GDP 的比重

资料来源：世界银行。

4.3 发展典范特征事实的新结构经济学诠释

以上五个方面便是增长与发展委员会报告给出的五个特征事实：(1) 通过对外开放利用世界经济；(2) 维持宏观经济稳定；(3) 保持高储蓄率和投资率；(4) 运用市场机制配置资源；(5) 拥有坚定的、可信赖的和有能力的政府。围绕这五个特征事实，出现了一些外生性和内生性问题。新结构经济学为理解这些问题提供了一个分析框架。前三个特征事实是一个国家在发展的每个阶段按照由要素禀赋结构决定的比较优势发展经济时的合理结果。第四个特征事实，即市场机制，是一个国家按照比较优势发展经济的前提条件。最后一个特征事实，即一个坚定的、可信赖的和有能力的政府，是遵循比较优势发展经济的合理预测，同时也是必然结果。

首先，如果一个国家在发展战略中遵循自身的比较优势，那么它的经济就会是对外开放的，生产那些与现有禀赋结构相一致的产品和服务并出口至国际市场，进口那些不符合自身比较优势的产品和服务。这个经济体的贸易依存度内生于自身的比较优势，并将会大于其他任何情况下的贸易依存度。这个经济体将达到最有竞争力的状态，它的禀赋结构和产业结构将以可能的最快速度升级。在产业升级过程中，这个国家能够通过向发达国家借鉴技术和产业，充分挖掘自身的后发优势，并实现比发达国家更高的经济增长率，因为它的创新成本将小于那些已经处于全球技术前沿的国家。因而，这个经济体将能实现与高收入国家的收敛。从这个角度而言，通过对外开放利用世界市场（特征事实1）是按照由一个国家的禀赋结构决定的比较优势来推动产业升级的增长战略的结果。对外开放这一特征事实给我们的启示是清楚的：(1) 依靠比较优势（即出口世界其他地方之所需，并为保持经济竞争力，按照禀赋结构的改变一步步升级其产业结构）；(2) 利用后发优势的潜力（在产业升级过程中从世界其他地区引进创意、技术和专业技能）。

宏观经济稳定（特征事实2）也是一个国家在发展战略中遵循比较优势的结果。如果一个国家能做到这一点，它的经济将会有竞争力，它的产业也能够在开放和竞争的市场中存活下来。它的产业升级将主要依赖于自身的资本积累过程。政府将会有健康的财政状况，原因如下：第一，它将从有力的经济增长中获益；第二，政府将没有必要补贴那些没有自生能力的企业；第三，经济将会创造更多的就业机会，失业较少。同时，这个国家将较少出现由于产业缺乏竞争力、货币错配或者财政危机而导致的内源性危机。由于该经济体的对外竞争力较强，经济增长对资本流入的依赖度不高，该国的对外收支状况也可能更好。因此,在全球性危机对该国经济产生外来冲击时,政府在采取反周期政策方面也将处于一个有利的地位。

发展与比较优势一致的产业的另外一个逻辑结果是高储蓄率和高投资率(特征事实3)。这样的一种发展战略使得发展中经济体达到最强的竞争力并生产出可能的最大经济剩余(利润)。这为经济获得了最高的储蓄水平。有竞争力的产业同时也意味着高投资回报,这反过来又为储蓄和投资提供了额外的激励。此外,成功的公共投资能够提高一个经济的增长潜力,减少私人部门的交易成本,提高私人投资的回报率,并在未来产生足够的税收收入以清偿初始的投资成本。

采取市场机制来配置资源(特征事实 4)是经济在发展当中遵循比较优势的必要条件。大多数企业是为追求利润而生的。如果相对价格能够反映禀赋结构中各种要素的相对稀缺性,企业在技术和产业选择上就会遵循经济的比较优势。而这个条件仅能在竞争性市场经济中成立。所以,在发展的每一个阶段,竞争性市场都是一个经济体资源配置的最优机制。

建立一个坚定的、可信赖的和有能力的政府(特征事实 5),即创造一个具有因势利导作用的政府,也是经济发展过程中采取遵循比较优势战略的一个条件。一个发展中国家的产业结构要想不断升级,政府就得发挥因势利导作用,改善软件和硬件基础设施建设,克服信息、协调和外部性等问题。因此,一个坚定的、可信赖的和有能力的政府是可持续增长的前提条件。然而,有能力的政府也可以看成是这一发展战略的一个结果:如果政府的目标是促进与国家比较优势一致的发展过程,那么,它对于经济的干预将更容易实施且更加成功,而这将增强政府的公信力。因此,一个坚定的、可信赖的和有能力的政府也被看作一个国家遵循其比较优势发展经济的结果。

总之,发展典范的这五个特征事实蕴含了新结构经济学的基本逻辑:发展中国家要根据自身的禀赋结构所决定的比较优势来选择最优的产业结构——这样其禀赋结构升级和产业结构升级才可能最快;然而,要使得发展战略在每一阶段按照禀赋结构决定的比较优势选择最优产业结构,有效市场产生的相对价格信息和激励约束机制是战略路径不发生严重偏离的保证;由于基础设施这样的公共品也是禀赋要素,以及产业升级中的协调、信息、外部性、风险等原因,就要求政府在禀赋升级和产业升级中起到因势利导的作用。概言之,在禀赋结构升级和产业结构升级的二维结构变迁空间中,比较优势是发展战略路径的基准航道,有效市场和有为政府是发展战略路径的方向盘。如图 4.17 和图 4.18 所示,发展典范的产业结构和禀赋结构均实现了持续的转型升级。

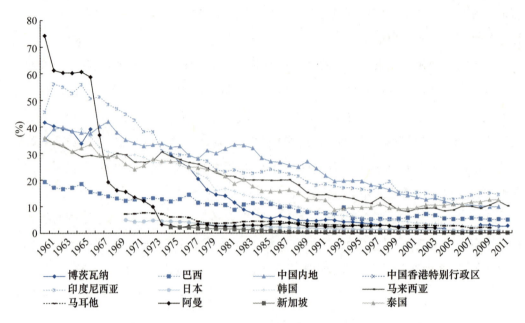

图 4.17 发展典范的产业结构升级(农业产值占 GDP 比重)(1961—2012)
资料来源:世界银行。

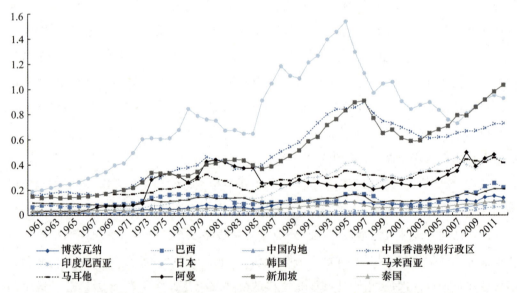

图 4.18 发展典范的禀赋结构升级(人均 GDP 占美国人均 GDP 的比重(现价美元))(1961—2012)
资料来源:世界银行。

第 4 章
寻找经济结构转型升级路径的典范

【专栏 4.1】

世界银行不断对发展经济学进行反思的标志性研究报告①

世界银行(见图 4.19),原名国际复兴开发银行(the International Bank for Reconstruction and Development),是为发展中国家资本项目提供贷款的国际金融机构。1945 年 12 月 27 日,世界银行在布雷顿森林会议后正式宣告成立;1946 年 6 月 25 日,世界银行开始运行,1947 年 5 月 9 日,它批准了第一笔贷款,向法国贷款 2.5 亿美元。1947 年 11 月,成为联合国的专门机构,负责长期贷款。世界银行的最初目标是帮助欧洲国家和日本在第二次世界大战后的重建,此外辅助非洲、亚洲和拉丁美洲国家的经济发展。一开始,世界银行的贷款主要集中于大规模的基础建设,如高速公路、飞机场和发电厂等。日本和西欧国家"毕业"(达到一定的人均收入水平)后,世界银行便完全集中于发展中国家。从 20 世纪 90 年代初开始,世界银行也开始向东欧国家和原苏联国家贷款。1980 年,中国恢复世界银行的成员国地位,次年接受了其第一笔贷款。

图 4.19 世界银行徽标

世界银行的官方目标为消除贫困,根据其有关协定规定(修订并于 1989 年 2 月 16 日生效),其所有决定都必须旨在推动外商直接投资和国际贸易,以及为资本投资提供便

---

① 世界银行既是发展思潮的引领者又是反思者,可参见杰拉尔德·迈耶和约瑟夫·斯蒂格利茨主编的《发展经济学前沿:未来展望》所记录的第一、二代发展经济学先驱们的反思,以及尤素夫(Yusuf)主编的 *Development Economics Through the Decades: A Critical Look at 30 Years of the World Development Report*。新结构经济学视角下对"华盛顿共识"的反思可进一步参考:Justin Yifu Lin, "The Washington Consensus Revisited: A New Structural Economics Perspective", *Journal of Economic Policy Reform*, 2015, 18(2), pp. 96—113.

利。世界银行由两个机构组成：国际复兴开发银行(IBRD)与国际开发协会(IDA)。世界银行与世界银行集团并不一样,后者包括世界银行、国际金融公司(IFC)、多边投资担保机构(MIGA)以及国际投资争端解决中心(ICSID)。按照《国际复兴开发银行协定》的规定,世界银行的主要工作任务包括:(1)通过对生产事业的投资,协助成员国经济的复兴与建设,鼓励不发达国家对资源的开发。(2)通过担保或参加私人贷款及其他私人投资的方式,促进私人对外投资。当成员国不能在合理条件下获得私人资本时,可运用该行自有资本或筹集的资金来补充私人投资的不足。(3)鼓励国际投资,协助成员国提高生产能力,促进成员国国际贸易的平衡发展和国际收支状况的改善。(4)在提供贷款保证时,应与其他方面的国际贷款配合。世界银行为全世界设定了到2030年要实现的两大目标:终结极度贫困,将日均生活费低于1.25美元的人口比例降低到3%以下。促进共享繁荣,促进每个国家底层40%人口的收入增长。然而,如果将中国排除在外,全球贫困人口不但没有减少反而增加的残酷现实与世界银行的宗旨背道而驰。其根源在于世界银行从成立之初就奉行从旧结构主义到"华盛顿共识"等当时主流学界的理论。面对不佳的现实,世界银行既是前两版发展经济学的主要倡导者,也在实践过程中不断对发展经济学进行反思(参见专栏1.1和专栏1.2)。世界银行根据发展中经济体的成败教训反思发展经济学的标志性研究报告主要有如下三部:《东亚奇迹》《第一个十年的经济增长》《增长报告》(见图4.20)。

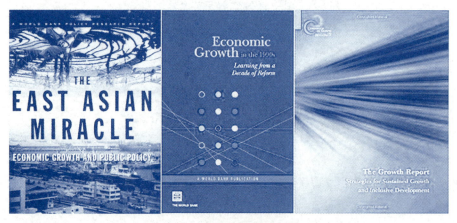

图 4.20　世行反思主流发展理论的三本标志性报告：
《东亚奇迹》《第一个十年的经济增长》《增长报告》

第二次世界大战以后,许多发展中国家纷纷摆脱了殖民地的束缚,走向政治独立,寻求自己的经济发展。由于人口数量多,耕地和自然资源的数量相对贫乏,东亚地区的发

第4章
寻找经济结构转型升级路径的典范

展前景并没有被普遍看好。当时,一些人预言资源丰富的非洲会有良好的发展前景。然而,40年之后,以亚洲"四小龙"为代表的东亚地区不仅克服了资源贫乏对经济增长的制约,而且通过经济起飞改善了人民生活,实现了社会进步。东亚经济发展所取得的骄人成就被誉为"东亚奇迹",吸引着人们去探询它背后的故事。世界银行在1991—1993年间,组织有关专家对日本、韩国、新加坡、中国香港、中国台湾、印度尼西亚、马来西亚、泰国等八个东亚国家和地区的经济发展进行了全面总结,在此基础上出版了《东亚奇迹:经济增长和公共政策》的报告。在这份报告中,世界银行认为,东亚经济异乎寻常的高速增长,不仅来自资金和人力资源的高速积累,而且还得益于市场化改革和有效的政策干预。"东亚奇迹"中三分之二归功于投资水平提高和人力资本积累等要素投入,三分之一归功于劳动生产率的改善。与其他发展中国家相比,东亚经济能够更好地配置物质和人力资源,并把它们用于高产出的投资领域和掌握先进技术。从这个意义上讲,东亚经济获得成功没有任何"奇迹"而言。但是,东亚经济之所以能够更好地配置物质和人力资源,在于它们实施了一系列共同的有利于市场经济发展的政策,并在保证宏观经济稳定的前提下,充分开发其丰富的人力资源。"东亚奇迹"的实质是不仅有经济的高速增长,而且实现了收入分配的均等化。总之,这份研究报告破除了旧结构主义对市场作用的漠视以及"华盛顿共识"对政府作用的漠视,归纳出"东亚奇迹"受益于出口导向且支持市场经济的政府。其后的2003年世界银行发布的研究报告《第一个十年的经济增长》则声称世上没有万能药。2006年世界银行又别开生面地邀请了19位实践经验丰富的(经济)领导人和两位诺贝尔奖得主组成增长与发展委员会,集思广益,最终得到了《增长报告》这本里程碑式的研究报告。[①] 这些领导人主要来自发展中国家,总结了战后发展典范的实践经验,总结出发展典范的五个特征事实:开放;宏观稳定;高储蓄率、高投资率和有效市场;政府

---

① 增长与发展委员会成员包括:Montek Singh Ahluwalia,印度计划委员会副主席;Edmar Bacha,Casa Das Garças,巴西银行经济政策研究所所长、高级顾问,巴西财政部实施"黑奥计划"的前任高级顾问,巴西国家经济社会发展银行(BNDES)前任行长;Boediono,印度尼西亚银行行长,前经济统筹部部长,Gajah Mada 大学经济学教授;John Browne 勋爵,瑞通公司总裁,英国石油公司前任首席执行官;Kemal Derviş,联合国开发计划署署长,前土耳其经济部部长;Alejandro Foxley,智利外交部部长,前财政部部长;Goh Chok Tong,新加坡国务资政兼金融管理局主席、前总理;Han Duck-soo,韩国前国务总理、前副总理、前财政部部长,Danuta Hübner,欧洲委员会地区政策专员,前联合国欧洲经济委员会副秘书长和执行秘书,曾在波兰政府任职,欧洲事务委员会主席,欧洲统一部部长和外国事务部副部长,波兰共和国总统办公厅主任,贸易与产业部副部长;Carin Jämtin,瑞典前外援大臣;Pedro-Pablo Kuczynski,秘鲁前总理和前经济财政部部长;Danny Leipziger,世界银行经济管理与扶贫部副主任,委员会副主席;Trevor Manuel,南非财政部部长;Mahmoud Mohieldin,埃及投资部部长;Ngozi N. Okonjo-Iweala,世界银行常务副行长,尼日利亚前财政与外国事务部部长;Robert Rubin,花旗集团执行委员会董事长,美国前财政大臣;Robert Solow,诺贝尔奖经济学奖得主,麻省理工学院荣誉教授;Michael Spence,诺贝尔奖经济学奖得主,斯坦福大学荣誉教授,委员会主席;K. Dwight Venner 爵士,圣基茨和尼维斯东加勒比中央银行行长;Ernesto Zedillo,墨西哥前总统;耶鲁大学全球化研究中心主任;周小川,前中国人民银行行长。

有决心,有信用,有能力。这本报告只归纳总结了特征事实,即药材,并没有给出如何使用药材的药方。而新结构经济学则对发展典范的特征事实做了理论升华。

4.4 发展典范的经济结构转型升级路径拟合及其特征

4.4.1 中国的经济结构转型升级路径拟合及其特征①

中国位于亚洲东部、太平洋西岸。陆地同14国接壤,与6国隔海相望。陆地面积约960万平方公里,大陆海岸线1.8万多千米。地势西高东低,地貌复杂多样,山地、高原和丘陵约占陆地面积的67%,盆地和平原约占陆地面积的33%。气候差异明显,从南到北跨越热带、亚热带、暖温带、中温带、寒温带气候带。人口主体为汉族,占全国总人口的91.51%,其余8.49%为55个少数民族。2014年全国人口总数为13.68亿。官方语言为汉语。在55个少数民族中,除回、满两个民族通用汉语外,其他53个少数民族都使用本民族的语言;有文字的民族有21个,共使用27种文字。1949年中华人民共和国成立后实行计划经济,在1978年开始改革开放,并于2001年加入世界贸易组织。三十多年来年均增长率接近10%,是世界上经济增长最快的国家之一。2015年,中国人均GDP达到8280美元,已经步入中等收入国家行列。目前,中国是世界第二大经济体(仅次于美国)、第一大工业国和第一大贸易国。

如前几章内容反复提及的,中国在取得今天的成绩之前经历了曲折坎坷的探索。中国改革开放之前的工业化路径严重违背比较优势。中国1978年开始的经济改革并不是中国近代史上第一次雄心勃勃地尝试启动工业化。在这之前,中国进行了多次工业化尝试,包括第二次鸦片战争后在大城市兴办工业的洋务运动,辛亥革命后新共和政府通过全面模仿美国的政治制度推动工业化进程,以及中华人民共和国成立后模仿苏联的计划经济建设。这些自上而下的工业化尝试纷纷遇到困境,原因在于都忽视了农村原始工业化这个过程。作为一个农村人口占总人口90%以上的农业大国,成功的经济发展需要自下而上地培育市场需求和企业组织,逐渐把农村剩余劳动力引入制造业,按次序进行产业升级。中华人民共和国成立后,中国选择了与苏联类似的工业化道路,利用农村浅薄的积累来优先发展重工业。自"一五"计划起,中国在苏联的帮助下,建立起了许多的城

---

① 这里对中国工业化路径阶段的归纳转引自:王丽莉、文一,"中国能跨越中等收入陷阱吗?——基于工业化路径的跨国比较",《经济评论》,2017年第3期。更详细的论述参见:林毅夫、蔡昉、李周,《中国的奇迹:发展战略与经济改革》,上海三联书店,1994年;林毅夫,《解读中国经济》,北京大学出版社,2012年。

市型工业中心,生产资本密集型产品和重工业产品,例如汽车、钢铁、机床和大型精密仪器等。为了提高钢铁产量,"大跃进"时期,在"以钢为纲,全面跃进"的口号下,全国人民开展空前规模的大众炼钢运动,以支援重工业建设。这种优先发展重工业的政策一直持续到"文革"结束,导致了轻工业与重工业的比率不断下降。1952—1978 年,无论是中国轻工业与重工业的增加值之比,还是这两个产业之间的劳动力比率与资本比率都呈现明显的下降趋势,尤其在第一个五年计划期间下降最快。虽然工业增加值在"大跃进"失败以后经过 1961—1964 年的短暂调整有所恢复,但是从劳动力和资本构成来看,这种重工业化的趋势一直在继续。其中,轻—重工业增加值之比由最初的 1.4 降到了 1978 年的 0.6,劳动力比率从接近 2.5 降到了 0.5,固定资产比由 0.5 降到了 0.18。中国这种重工业优先的大推进发展战略是低效率的和难以为继的。首先,重工业属于资金技术密集型,初始投资巨大,只有依靠规模化大生产才能够自负盈亏,而重工业规模化大生产需要规模化大市场和零部件规模化生产以及相应的交通运输网络,并保障原材料源源不断的供应,才能积累和增长。在 20 世纪 50 年代,中国工业刚刚起步,国民经济各行业对钢铁、机床、汽车等重工业品的需求十分有限。不仅这些重化工业的中间产品和零件无法在国内得到大规模的生产,而且原材料无法保障,最终产品的产出水平也往往低于其潜在产能的 30%—50%。这种企业若要盈利或者哪怕仅仅覆盖投资和固定运营成本,市场规模都要相当大才行,至少要达到潜在产能的 70%—80%,而且上下游产业链需要相对完善并能够推向国际市场。中国当时占全国人口 90% 的"一无所有"的农民和广袤的"一穷二白"的黄土地不可能提供这种大市场和购买力以及相应的产业链。由于与发达国家的巨大差距和政治原因,当时面临的国际环境也不可能在国外找到这种大市场和购买力。其次,计划经济时期中国资本积累有限,大力发展钢铁、汽车、机械制造等资本密集型行业,不符合中国的要素禀赋与比较优势。政府为支持重工业建设采取的价格扭曲体制,造成资源严重错配,大大降低了经济效率。一方面,政府对农产品课以重税,并压低农产品与原材料的价格,间接补贴重工业企业。另一方面,政府给予重工业企业垄断地位,甚至使用行政手段直接向大型重工业企业配给资源。这导致农业、轻工业部门投入严重不足,发展滞后,国民经济比例严重失衡。中国计划经济后来遇到的发展障碍表明,战后第一波旧结构主义提出的在落后国家采用资本密集型生产方式的大推进发展模式,无法在落后农业国家成功引爆工业革命。关键是,采取类似发展方式的一些市场经济国家同样陷入困境。例如,在进口替代政策下过早进入重工业化阶段的拉美国家长期陷入了中等收入陷阱。相反,自 1978 年起,中国不仅吸收了市场经济元素,鼓励竞争和优胜劣汰,关键是同时采取了从农村到城市、从轻工业到重工业的循序渐进的市场发育和产业升级顺序,从而成功引爆了一场工业革命。因此,在具备一定市场竞争要素的前提下,正确的、按市场规模大小和发育速度展开的工业化顺序,由产业链低端向高端逐步拓展的产业升级步骤,加上与以开拓全球市场为目的的出口导向的发展战略配合,是工业化成功的关键,也是一条符合中国自身禀赋比较优势结构变迁的道路。

中国改革开放之后的工业化路径逐步转变到比较优势的轨道上来,大致经历了如下几个阶段:

乡村原始工业爆发阶段(1978—1988)。1978年改革开放后,乡镇企业在中国异军突起。一方面,农民为解决温饱问题,愿意寻找新的出路。另一方面,在中央政府的要求下,地方政府希望找到方法快速发展地方经济。以农村集体土地所有制为基础,村镇政府能够将土地、资金与农村剩余劳动力汇集起来,组建乡镇企业,进行小规模的小商品生产,但是以远距离贸易(而不是自给自足)为目的。毛泽东时期建立的农村合作社经验、社队企业模式、土地集体所有制、供销合作社、扫盲运动、地方社会治安和农村基础设施(原始公路、运河、机耕道、灌溉系统)也大大降低了乡村原始工业化的制度成本,乡镇企业如雨后春笋般在广大农村出现,并快速增长。在1978—1988年的十年间,农村工业总产值从515亿元增加到7020亿元,增长超过13.5倍;农村工业的就业从2800万人发展到9500万人,增长超过3倍;农民总收入从87亿元提高到963亿元,增长12倍;乡镇企业总资本存量从230亿元增加到2100亿元,增长超过9倍。这种爆发式增长为后来在全国城乡采纳劳动力密集型规模化大生产创造了市场基础,使得农民工进城、解决工人吃住和依赖远距离销售的大工厂体制变得有利可图。20世纪90年代,乡镇企业继续以爆炸式速度增长。1992年,乡镇企业部门已经吸收了从农业部门转移出来的约1.03亿劳动力,占乡村劳动力总数的24.2%。其中,农村工业吸收的劳动力占整个农村非农产业吸收劳动力总数的61.4%。从全国情况来看,在农村剩余劳动力的转移总量中,大约只有12%的劳动力转移到各类城镇部门,而约88%的劳动力在农村工业、商业和服务部门实现就业转移。① 到了2000年,乡镇企业职工超过1.28亿人(不包括去城里打工的农民工),占到了中国农村总劳动力的30%。农村工业总产值达到11.6万亿,是1988年的16.5倍、1978年的225倍。从1978年到2000年,扣除通胀因素后的乡村工业实际总产值年均增速为21%,至少增长了66倍,乡镇工业产值占全国工业总产值的比重呈直线

---

① 陈吉元、胡必亮,"中国的三元经济结构与农业剩余劳动力转移",《经济研究》,1994年第4期。

上升。从 1978 年到 1997 年,乡镇工业总产值占全国工业总产值的比重由 10% 增长到接近 60%。这一上升趋势直到 90 年代末才开始在现代轻工业和重工业的崛起中停止,让位于现代轻工业和重工业。乡村工业以食品、纺织、制鞋等劳动力密集型的小型企业为主。以乡村纺织业的增长为例,1985—1989 年乡村纺织企业平均每年增加 1 741 个,职工人数平均每年增加 33.06 万人,按 1980 年不变价格计算的工业总产值年均递增 31.98%,固定资产原值年均递增 40%,产品销售收入年均递增 32.36%。其中,整个 20 世纪 80 年代江苏乡村两级的纺织工业产值年均增长 29.25%,其主要产品产量,棉纱提高了 7.84 倍,棉布提高了 3.22 倍,针棉织品提高了 5.23 倍,丝织品提高了 10.35 倍。文一指出这种根基于农村的原始工业化是农业国引发工业革命必不可少的步骤。[①] 因为以规模化生产为特征的工业革命,需要一个深入和大型的市场及营销网络来使得进一步的劳动分工和大型工业组织有利可图,并通过农产品专业化提高农村生产力,使得每个农村家庭中都有部分劳动力可以自由流动。因此,在开始阶段,通过乡镇企业组织农民利用空闲时间"就地"生产低附加值的原始制造品和小商品,一方面可以提高草根群体的收入和购买力,从而培育市场,另一方面可以在不破坏粮食安全的前提下,吸引大量农村剩余劳动力投入到以分工协作为特征的工业生产中。乡村原始工业化不仅可以帮助农民跳出马尔萨斯陷阱,还可以积累人力资本,培育企业家,发展商业分销网络,以及产生地方政府收入用于本地基础设施建设,从而为第一次工业革命的启动创造条件。事实上所有欧洲老牌资本主义国家和北美地区都是在地理大发现以后通过农村原始工业化引爆自己的第一次工业革命的,但是却依赖海外殖民而且花了几百年时间(15—18 世纪)。

劳动力密集型规模化轻工业繁荣阶段(1988—1998)。经过乡村原始工业化头十年的爆发式增长,国内外市场迅速扩大,供应与分销网络逐步建立起来,市场竞争也日趋激烈。因此,依赖流动农业人口的规模化大企业变得有利可图。在 20 世纪 80 年代末,中国开启了以规模化方式生产轻工业产品为特征的第一次工业革命,基于劳动分工原理的劳动力密集型大企业在靠近运河与港口的沿海中小城市快速兴起(与英国 1750—1840 年间的第一次工业革命相同)。由于轻工业资本密集度较低,乡村原始工业化时期积累的资本能够满足轻工业规模化生产的需求。从 1988 年到 1998 年,纺织、服装、食品和家具等规模化轻工业部门高速增长,轻工业增加值由 2 413 亿元增长到 11 753 亿元,增长接近 5 倍;轻工业资本存量由 3 661 亿元增长到 12 898 亿元,增长超过 3.5 倍。改革开放后

---

① 文一,《伟大的中国工业革命——"发展政治经济学"一般原理批判纲要》,清华大学出版社,2016 年。

的头二十年因此成为我国轻工业发展的黄金时期。由《中国工业经济年鉴》的数据统计发现,这一时期轻工业与重工业的工业增加值、固定资产原值、资本与劳动投入的比值均呈现急速上升的趋势,彻底扭转了改革开放前三十年的下降趋势。这个趋势直到完成以劳动力密集型轻工业为主导的第一次工业革命时期(即 20 世纪 90 年代中后期)才结束,中国才又重新进入重工业起飞阶段。从 1978 年到 1998 年,中国轻工业增加值增长了 14 倍,年均增长率约为 14%。经过价格调整后,年均增长率约为 11%。1978 年轻工业劳动力人数为 1828 万人,1998 年增长到 4017 万人,增长约 2.2 倍。与 80 年代相比,90 年代轻工业行业的工业增加值比重大多上升,其中食品制造、服装业、电子工业等增长明显。而除交通设备制造业外,重工业行业的工业增加值比重大多下降,其中化学工业、石油加工业与黑色金属加工业的下降最为明显。在这一时期,作为第一次工业革命旗舰产业的纺织工业的增长最为突出。1978—1988 年纺织工业(乡及以上)企业单位数由 1.21 万个增长到 2.73 万个,工业净产值由 148 亿元增长到 407 亿元。从乡镇小规模纺织企业,到大规模纺织工厂,纺织工业的生产能力迅速扩张。到 1997 年纺织业的工业增加值达到 1117 亿元,与 1978 年相比,增长超过 7.5 倍。从 1978 年到 1998 年,纱的产量由 232 万吨增长到 542 万吨,布的产量由 110 亿米增长到 241 亿米。化学纤维产量在 1988 年后增速大大提高。1988 年,化学纤维年产量是 130 万吨,1998 年增长到 510 万吨。此外,作为我国重要出口品,纺织纱线、布及其制品在 1984 年的出口额为 35 亿美元,1998 年增长到 128 亿美元。这些巨大变化都为中国加入 WTO 做好了充分准备。1995 年,中国加入 WTO 的 6—7 年前,中国就已经超过美国成为世界最大的纺织服装品生产国和出口国,并且从此一直占据这个主导地位。相反,由于很多发展中国家没有做好这样的准备(即通过启动乡村原始工业化来引爆轻工业的第一次工业革命,然后再加入 WTO),因而在加入 WTO 之后没有任何起色,远远没有实现中国式的经济腾飞。

重型基础设施建设和重化工业起飞阶段(1998—)。轻工业部门的急剧膨胀终于为重工业的发展提供了条件和机会,因为它真正创造了重化工业产品所需要的市场和资金积累。随着轻工业生产规模的扩大,工业企业对原材料、中间产品、机器以及分销网络的需求日益膨胀,能源、动力、交通运输在 1990 年中期成为巨大的发展瓶颈。但是有了在前一阶段积累的巨大资金和市场,对能源、动力与交通运输(工业"三位一体")的产业升级便变得有利可图,从而在政府基础设施发展战略主导下开启了中国的第二次工业革命,开始进入重工业化阶段。根据《中国工业经济年鉴》数据,自 90 年代中期开始,轻工业发展相对于重工业达到顶峰。在 1999—2011 年间,中国轻工业与重工业的工业总产值、工业增加值、固定资产原值、资本与劳动投入的比值开始呈下降趋势,说明重工业开始起飞。而这次起飞与50—70年代计划经济时期的起飞有本质的不同:第一次起飞因为缺乏市场基础,一直处于亏本经营。而第二次起飞则靠巨大的市场和国内储蓄托起,因而是盈利和可持续的。经过第一次(轻)工业革命,日益扩大的轻工业品贸易,对更大规模、更高效的交通运输方式产生了巨大的需求。自20世纪90年代起,中国通过高速公路建设、铁路提速与高铁建设,日益完善了全国交通网络。中国航班里程、公路里程、铁路里程等在90年代末增速大大提高。"八五"期间中国建成通车的高速公路年平均为324公里,"九五"前三年达到年均1372公里。到1998年年底,我国高速公路通车里程跃居世界第八位,在建高速公路项目总里程12 600公里。1996年年底,中国铁路运营里程达到了6.49万公里,中国横贯东西、沟通南北、干支结合的具有相当规模的铁路运输网络已经形成并逐步趋于完善。1997年到2007年,中国共进行了六次铁路大提速,一批时速超过200公里的旅客列车投入运营。而且货运列车时速也超过了120公里,时速比90年代初提高了3倍。2008年8月,中国开通运营第一条时速超过300公里的高速铁路——京津城际铁路,到2015年年底,中国高速铁路营业里程达1.9万公里。中国已经拥有全世界最大规模以及最高运营速度的高速铁路网。工业生产与远距离运输离不开能源的支持。家庭收入提高以后城市发展对能源的需求也急剧上升。1978年,中国能源生产总量为6.3亿吨标准煤,1998年能源生产总量大约翻一番,达到13亿吨标准煤。但自90年代末起,中国能源生产开始加速增长,达到一个新的拐点,标志着重化工业的崛起。到2015年,中国能源生产总量达到36.2亿吨标准煤,是1998年能源产量的2.8倍、1978年的5.8倍。煤炭是中国的主要能源。进入新世纪后,电力、冶金、化学和建材等主要耗煤行业均保持较快的发展速度,拉动煤炭需求强劲增长,煤炭价格持续攀升。从2002年开始,中国煤炭行业进入了一个史无前例的繁荣阶段,经历了"黄金十年"。中国原煤产量由2002年的11.4亿吨增长到2012年的26.7亿吨,年均增长8.9%。此外,自新世纪起,水电、核电、风电这些清洁能源加速增长,在中国能源生产中的比重越来越大。2004年,中国水电装机容量突破1亿千瓦,超过美国成为世界水电第一大国。2010年,中国水电装机容量超过2亿千瓦。

自20世纪90年代末起,在能源、动力与运输的工业"三位一体"建设高潮的支持下,中国规模化重工业生产开始迅猛发展,引爆了以规模化方式生产基本生产工具和原材料(包括中间品和耐用消费品)为特征的第二次工业革命。1998—2011年,重工业增加值由11 943亿元增长到173 686亿元,增长了14.5倍,年均增长率为22.8%;重工业资本存量由31 099亿元增长到106 883亿元,增长了3.4倍;重工业劳动力人数由5 639万人增长到7 406万人。与1997年的工业结构相比,2007年重工业行业的工业增加值比重大多上升,钢铁行业和交通、电气、电子与通信设备制造业的增长尤其显著。而多数轻工业行业的增加值与总产值比重下降,特别是食品工业与纺织业。1995年中国汽车年产量约为145万辆,2012年汽车年产量增长到1 927万辆,平均每年增长16.4%。汽车行业的快速增长来自市场规模的扩大和重工业基础的增强。数据显示,中国民用汽车拥有量在20世纪90年代末开始加速上升。1995年中国民用汽车拥有量约为1 000万辆,到2012年,民用汽车拥有量超过1亿辆。同时,中国汽车出口量不断扩大。1995年,中国汽车出口仅仅1.7万辆,2012年汽车出口增长到101.5万辆。从1978年至今,中国轻工业与重工业重要经济指标的比值呈现出重新工业化的特点,即对1978年以前的工业化道路纠偏,首先发展轻工业,然后再用轻工业积累的市场、技术和资金条件发展重工业。这种建立在以"市场需求为导向"基础上的,从轻工业到重工业、从生活消费品到生产资料、从劳动力密集型产品到资本密集型产品的升级过程符合工业化的内在逻辑。首先,能源—动力—运输的工业"三位一体"或其他重工业产品本身并不主要是最终消费品,而是工业中间投入品或工业生产的"工具"和"桥梁"。因此,没有对轻工产品的大规模最终需求和远距离运输的驱动,重工业不可能靠自己盈利。[1] 其次,在发展的初始阶段,资本积累不充足,无法支持资本密集型产品的大规模生产。相反,劳动力密集的轻工业产品则与本国的要素禀赋与比较优势相符。[2]

尽管存在各种不足,但中国这个世界上最大的发展中国家数十年的高速增长和脱贫成就堪称发展典范中的典范。尽管中国在1978年的改革开放之前也曾步履蹒跚,但其后的发展战略路径稳步推进。图4.21是1970—2011年中国内地的非农业结构转型升级的发展战略路径。对数拟合($R^2=0.57$)的发展战略路径曲线为 $I_{CHN,t}=1.189+0.1078\times\ln(E_{CHN,t})$,斜率和弹性分别为 $\frac{\partial I_{CHN,t}}{\partial E_{CHN,t}}=\frac{0.1078}{E_{CHN,t}}$, $\frac{\partial I_{CHN,t}}{\partial E_{CHN,t}}\frac{E_{CHN,t}}{I_{CHN,t}}=\frac{0.1078}{I_{CHN,t}}$。相对于世界整体而言,中国内地产业升级的步伐和弹性要大。因此,温和的渐进式升级似乎是中国式风格。图4.22是1970—2011年中国内地的工业发展战略路径,二次函数拟合($R^2=0.66$)的发展战略路径曲线为 $I_{CHN,t}=1.03309+34.58407\times E_{CHN,t}-203.8463\times E_{CHN,t}^2$,顶点和拐点分别为 $I=2.49995$ 和 $E=0.08483$。即便是相较于非洲的博茨瓦纳而

---

[1] 文一,《伟大的中国工业革命——"发展政治经济学"一般原理批判纲要》,清华大学出版社,2016年。
[2] 林毅夫、蔡昉、李周,《中国的奇迹:发展战略与经济改革》,上海三联书店,1994年。

言,中国内地工业升级的拐点也出现得较早,而工业占比的顶点也偏高,说明中国内地的工业发展似乎比较激进。

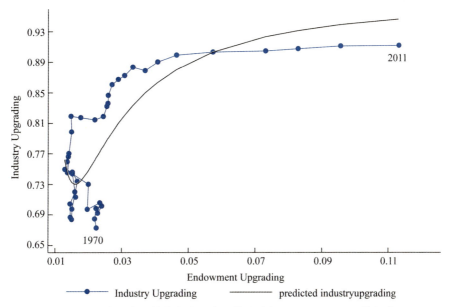

图 4.21 中国内地的非农产业发展战略路径(1970—2011)及其拟合

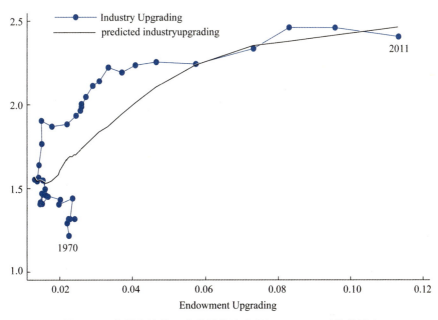

图 4.22 中国内地的工业发展战略路径(1970—2011)及其拟合

图 4.23 是中国内地 1970—2011 年的服务业发展战略路径。对数拟合($R^2=0.48$)

的发展战略路径为 $I_{CHN,t}=0.77782+0.08837\times\ln(E_{CHN,t})$，斜率和弹性分别为 $\frac{\partial I_{CHN,t}}{\partial E_{CHN,t}}=\frac{0.8837}{E_{CHN,t}}$，$\frac{\partial I_{CHN,t}}{\partial E_{CHN,t}}\frac{E_{CHN,t}}{I_{CHN,t}}=\frac{0.08837}{I_{CHN,t}}$。相对于世界样本而言，中国内地服务业升级路径的斜率和弹性要略大一点。

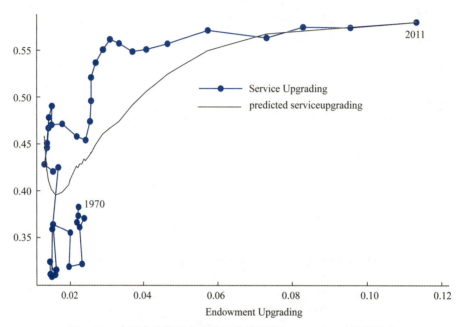

图 4.23　中国内地的服务业发展战略路径（1970—2011）及其拟合

4.4.2　中国香港的经济结构转型升级路径拟合及其特征

香港地处中国华南地区，北接广东省深圳市，西接珠江，与澳门和内地隔珠江口相望，其余两面与南海邻接。全境由香港岛、九龙半岛、新界三大区域组成，管辖陆地总面积 1 104.32 平方公里。属亚热带气候，全年气温较高，年平均温度为 22.8℃。截至 2014 年年末，香港总人口约 726.4 万，人口密度居全世界第三。1842—1997 年间，香港为英国殖民地；第二次世界大战后的香港经济和社会迅速发展，东西方文化在此交汇，成为亚洲"四小龙"之一。1997 年 7 月 1 日，中国正式恢复对香港行使主权，成为中国的特别行政区之一。香港素以优良治安、自由经济和健全的法律制度等闻名于世，素有"东方之珠"、"美食天堂"和"购物天堂"等美誉，也是全球最富裕、经济最发达和生活水准最高的地区之一。香港是继纽约、伦敦后的世界第三大金融中心（三者齐称为"纽伦港"），在世界享有极高的声誉，也是国际和亚太地区重要的航运枢纽和最具竞争力的城市之一。

诸如西谚所云"罗马不是一天建成的",香港也是近百年来不断通过经济结构转型升级才取得今天的成就。香港由于地理原因没有农业基础,最初主要依赖于转口贸易作为原始工业化阶段。如表 4.2 所示,从 20 世纪 50 年代开始到 21 世纪初香港的对外贸易依存度一直在 124%到 252%之间,但是其贸易结构却历经了重要的转型变化。香港的经济结构转型升级依次经历了从"转口型"经济转向以轻纺工业为主的加工出口型经济,再由出口加工型劳动力密集型产业转型升级到技术和资金密集型制造业,最后才过渡到现代金融业,成为全球金融中心。香港在 20 世纪五六十年代完成了从转口贸易向出口加工型贸易的转型升级。1950 年,香港对外贸易依存度为 238.2%,但本港商品出口比重只有 11%。到了本阶段末的 1966 年,对外贸易依存度略有下降,为 124.1%,但本港产品出口比重上升到 75.8%,绝对额为 57.3 亿港币,是 1950 年的 14 倍。这一时期的主要产业包括成衣和制鞋业,办公室、会计及计算器材制造业、收音机、电视机及通信设备与器材制造业、家庭电器用具及电子玩具制造业等劳动力密集型制造业。1952—1966 年制造业就业人数年均增长速度高达 10.5%,该时期末的 1966 年就业人数达到 346 990 人。1952—1960 年年均名义经济增长速度为 8.9%,1961—1966 年年均增长速度为 10.9%。该时期是增长最快的时期之一,1966 年人均 GDP 达到中下等国家(地区)低位收入水平,在亚洲紧随日本之后,位于第二位。香港在 20 世纪七八十年代完成了从出口加工劳动力密集型产业向技术和资金密集型制造业的转型升级。这一时期的主要产业包括计算机存储系统、电子计算器、集成电路、半导体元件等电子产品。如表 4.3 所示,香港的制造业发展到 1971 年时增加值达到 59 亿港币,然后一路高歌猛进,在 1993 年时达到 934 亿港币的峰值。香港在 20 世纪 90 年代开始逐步从制造业向现代金融服务业转型升级。这一过程中,先是从制造业向物流和酒店餐饮业等服务业转型,然后才向现代金融服务业转型升级。1988 年,香港的批发零售和酒店餐饮业的增加值首次超过制造业,达到 1 101 亿港币,到 1993 年现代金融业达到 2 200 亿港币,是制造业的两倍多。至此,香港完成了现代经济转型。

表 4.2 香港转口贸易占总出口额比例　　　　　　　单位:亿港币

	1950 年	1955 年	1960 年	1966 年	1970 年	1975 年	1980 年	1985 年
进出口总额	75.03	62.53	98.01	176.60	328.45	633.04	2 098.93	4 665.272
对外贸易依存度(%)	238.2	169.7	166.3	124.1	142.7	128.5	148.0	171.8
出口总额	37.16	25.34	39.38	75.63	152.38	298.33	982.42	2 351.52
本港出口额	4.09	7.30	28.67	57.30	123.43	228.52	681.70	1 298.00
本港出口比重(%)	11.0	28.8	72.8	75.8	81.0	76.6	69.4	55.2

(续表)

	1988年	1990年	1993年	1995年	1998年	2000年	2002年
进出口总额	9 918.70	12 824.10	21 188.50	26 854.10	27 767.41	32 306.51	31 799.36
对外贸易依存度(%)	218.0	220.1	236.1	249.3	219.2	250.80	252.4
出口总额	4 930.69	6 398.74	10 462.5	13 441.3	13 476.59	15 726.89	15 605.17
本港出口额	2 174.43	2 258.76	2 228.51	2 311.90	1 884.54	1 808.59	14 295.90
本港出口比重(%)	44.1	35.3	21.3	17.2	14.0	11.5	9.4

资料来源：滕光进等，"香港产业结构演变与城市竞争力发展研究"，《中国软科学》，2003年第12期。

表4.3　1961—2000年香港选定行业增加值结构变化情况　　单位：亿港币

行业名称	1961年	1971年	1975年	1985年	1988年	1993年	1998年	2000年
制造业		59.13	99.54	562.29	900.95	933.62	726.01	716.55
所占比例(%)	23.6	28.1	26.9	22.0	20.4	11.1	6.0	5.8
批发零售进出口酒店餐饮业		37.55	76.63	581.07	1 100.62	2 288.03	3 016.93	3 246.22
所占比例(%)	21.9	19.5	20.7	22.8	25.0	27.1	25.0	26.4
运输业、仓储及通讯业		14.58	26.57	207.49	401.97	800.45	1 114.09	1 257.24
所占比例(%)	9.6	6.8	7.2	8.1	9.1	9.5	9.2	10.2
金融保险地产及商业服务		28.55	62.83	412.00	837.73	2 199.76	2 963.52	2 910.62
所占比例(%)	17.4	17.5	17.0	16.1	19.0	26.1	24.6	23.7
社区及个人服务业		34.40	69.18	425.22	610.19	1 304.82	2 331.69	2524.35
所占比例(%)	15.3	18.9	18.7	16.6	13.8	15.5	19.3	20.5
本地生产总值			369.74	2 554.12	4 408.50	8 443.22	12 053.49	12 288.97

资料来源：滕光进等，"香港产业结构演变与城市竞争力发展研究"，《中国软科学》，2003年第12期。

图4.24是发展典范中的中国香港2000—2011年间的非农产业转型升级的发展战略路径。[①] 由于在此期间香港的禀赋结构水平接近世界前沿而产业结构水平已超过世界前沿，如前所述已经完成了现代经济结构的转型升级，因此其发展战略路径有非常强烈的随机游走特征。例如，对数拟合的曲线为 $I_{HKG,t}=1.0111+3E\_04\times\ln(E_{HKG,t})$，斜率和弹性都近乎为0，而且拟合优度 $R^2=0.0003$ 也近乎为0。图4.25和图4.26分别是中国香港2000—2011年间工业和服务业的发展战略路径。前者的对数拟合($R^2=0.12$)和后者的二次函数拟合($R^2=0.09$)曲线分别为 $I_{HKG,t}=7.065-20.005\times E_{HKG,t}+15.024\times E_{HKG,t}^2$ 和 $I_{HKG,t}=1.14-0.102\times\ln(E_{HKG,t})$。二者的拟合优度均很低，具有非常强烈的随机游走特征。

[①] 世界银行WDI数据没有中国香港更长历史时期的数据，故不能追踪历史上其转型升级的轨迹。

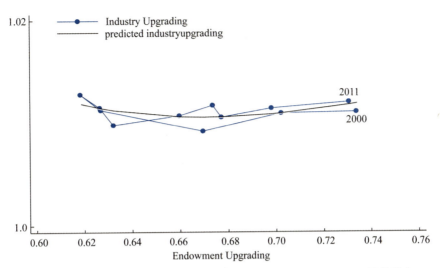

图 4.24　中国香港的非农产业转型升级发展战略路径(2000—2011)及其拟合

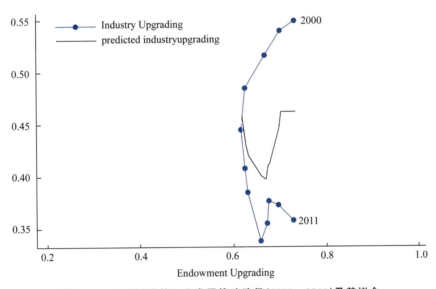

图 4.25　中国香港的工业发展战略路径(2000—2011)及其拟合

4.4.3　中国台湾的经济结构转型升级路径特征[①]

中国台湾是目前仅有的两个从低收入农业经济持续转型升级到工业化高收入经济体的发展典范。按照 Maddison 的估计,台湾在 1950 年的实际人均所得为 916 美元,只

---

① 鉴于世界银行 WDI 数据库中没有中国台湾的数据,因此我们在本报告的指数编制中没有纳入中国台湾,这里对中国台湾经济结构转型升级特征的梳理资料转引自:王丽莉、文一,"中国能跨越中等收入陷阱吗?——基于工业化路径的跨国比较",《经济评论》,2017 年第 3 期。

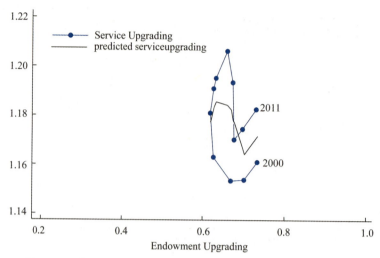

图 4.26 中国香港的服务业发展战略路径(2000—2011)及其拟合

有世界平均值的43%,不到当时美国水平的一成,仍是相对贫穷落后的经济体。而在半个多世纪之后的2008年,台湾人均所得增长了22.8倍,达到20 926美元,为世界平均值的2.75倍。依据Maddison的估计来计算全球所有国家在1950—2008年间人均所得的成长倍数,并依此来排序(排除人口不及百万的小国和地区),韩国的23倍与中国台湾的22.8倍几乎不相上下,并列榜首(而排第三的中国大陆则是15倍),可称是战后后进经济体中成绩最优异的两个经济体。

中国台湾较早地经历了乡村工业化阶段。在日据时期,特别是第一次世界大战之后,为满足日本市场的需求,台湾的制糖业、樟脑业等农副产品加工业得到发展。从1920年到1937年,台湾食品加工厂数由1 462家增长到5 386家,其职工人数由2.8万人增长到4.9万人。制糖业是食品加工业的主干,1914年砂糖产值占食品加工业产值的79%,1929年为83%。这一时期的加工厂一般为雇佣人数在30人以下的小型手工工场。因为农村地区靠近原材料与廉价劳动力,工厂大多分布在农村地区。1930年,台湾制造业就业在农村地区的比重为62.6%,采矿业就业在农村地区的比重达到84.8%。然而,根据台湾学者瞿宛文的研究,第二次世界大战结束时台湾经济仍是一个以出口米糖为主的典型殖民经济,现代工业是由日本人主导的工业飞地。而米糖所高度依赖的日本市场在战后消失,战后四年间虽得有大陆市场为之替代,但又因国民党当局退居台湾后两岸隔绝而再度失去市场。在1945—1949年间,战争的破坏、国民党当局接收上的缺失与解放战争的影响,造成台湾经济的动荡与混乱。在国民党当局于1949年迁台前后,台湾经济更为困难,百万人口的流入带来物资供给的压力,外汇与物资极度缺乏,财政赤字庞大而物价上涨压力犹存,稳定经济成为严肃的挑战。从1949年起,台湾当局施行多项重要政策,包括农村土地改革及设立经建机构总管物资及经济事务等,并以刚从大陆运台的黄金储备作为后盾发行了新台币,降低通胀压力。随后配合美国因朝鲜战争重启的援助计划,台湾当局戒慎恐惧地实行了较合宜的经济与产业政策,数年内稳定了经济,恢复了生产,并开启了战后快速的工业化。而正是工业化使得台湾很快脱离了对米糖的依赖,两者在台湾出口所占比例由1952年的74%降至1970年的3.2%。①

从20世纪50年代起,台湾的乡村工业繁荣发展。1962年,台湾农村家庭的非农收入份额为25%。到1975年,非农收入份额增长到43%。从1956年到1966年,台湾农村劳动力从事农业生产的份额由73%下降到54%,农村劳动力制造业就业的份额由略低于7%增长到10%。1970年,至少从事30天非农劳动的台湾农村劳动力超过120万人,其中的26.5%从事工业和矿业,11.7%从事商业,5.8%从事家庭手工业。不在农场工作的台湾农村劳动力达到53.4万人,其中超过40%从事工业和矿业。在1956—1966年的十年间,台湾制造业职工人数总共增长了27.5万人,其中的46%被农村制造业吸收,农村制造业就业的年均增长率为7.2%,远远高于城市地区。从1956年到1966年,采矿业、制造业、建筑业、商业与交通通信业,都呈现出从城市向农村转移的趋势。其中,农村制造业就业占全部制造业就业的比重由37.2%增长到41.3%。到1971年,台湾农村制造业职工人数占全部制造业职工人数的比重达到50%,农村制造业增加值占全部制造业增加值的比重达到48%。与城镇工业企业相比,农村工业企业规模更小。例如,1971年,台湾农村制造业企业平均雇用15个工人,而城市企业平均雇用50个工人。此外,农村工业企业大多生产食品、纺织、家具等劳动力密集型产品,可以充分利用农村剩余劳动力,其增长速度快于城市地区。例如,1956—1966年,台湾农村纺织服装业就业的年均增长率为8.6%,而城市纺织服装业就业的年均增长率约为5%。台湾的乡村原始工业化,以远距离贸易为目的,利用农村剩余劳动力"就地"生产。这有利于提高农民收入,发酵市场,培育企业家精神,以及发展供应链和商业分销网络,是台湾成功开启工业化必不可少的阶段。

台湾的产业升级也遵循了从轻工业到重工业,从劳动力密集型工业到资本密集型工业的循序渐进的路径。与韩国的工业化类似,20世纪50年代初到70年代中期,台湾轻

---

① 瞿宛文,《台湾战后经济发展的源起:后进发展的为何与如何》,联经出版社,2016年。

工业蓬勃发展。自20世纪70年代末起,台湾进入重化工业化阶段。1953—1960年,台湾的农副产品加工业、纺织、玻璃、造纸、皮革等消费品工业得到迅速发展。在此期间,台湾工业生产年均增长11.7%,工业生产比例由19.7%上升到26.9%,而轻工业增加值占全部工业增加值的比重在70%以上(见表4.4)。在20世纪50年代末期,内需趋于饱和,台湾当局利用工资低廉的比较优势,借助国际市场对轻工业品需求旺盛的有利时机,积极推行出口导向的经济战略,继续发展劳动力密集型消费品出口。除传统轻工业品外,电子工业也开始发展。从1961年到1973年,台湾工业生产年均增长率为16.4%,出口贸易由1.64亿美元增长到44.83亿美元,工业制品在出口贸易额中的比重由32.3%增长到84.6%。在台湾工业化初期,与农业关系密切的制糖、菠萝罐头等食品加工业增长最快。从1952年到1959年,食品工业就业占全部工业就业的比重保持在20%以上,是这一时期最大的工业部门。从1952年到1969年,食品工业增加值在全部工业中的比重最大。纺织服装业因其充分利用劳动分工与剩余劳动力的特性,在工业化过程中发挥着重要作用。1947年,台湾纺织服装业就业占全部制造业就业的比重仅为5.46%。到1952年,纺织服装业的就业比重增长到20.73%。1960年,纺织服装业的就业比重达到25.02%,超过食品工业,成为最大的工业部门。从1970年到1984年,纺织服装业增加值占全部制造业增加值的比重最大,平均在15%以上。1952年,台湾纺织服装业的出口额占全部出口额的比重仅为0.71%。到1970年,纺织服装业的出口比重增长到31.71%。1960—1970年的十年间,纺织服装业的平均出口比重为20.29%。由于消费品工业生产规模扩大,对原材料、零部件、能源与机器设备的需求急剧增长。到20世纪70年代中期,台湾积累了资金和技术实力,居民储蓄与外汇收入都有了较大增长,已具备了发展资本密集型工业的条件。台湾当局适时推动中上游工业发展,逐步建立和发展了钢铁、机器制造、交通设备制造、石油化工等重化工业。1974—1981年,台湾工业生产年均增长14.1%,重工业的增长速度大大超过轻工业。如表4.4所示,1960年,台湾重工业增加值在全部工业增加值中的份额只有26.6%,1980年增长到42.6%,1996年达到50.8%。从就业结构来看,1975—2000年,台湾重工业就业比重由32.5%增长到45.8%;其中,金属及金属制品、机械设备与交通设备制造业的就业比重由16.3%增长到29.7%。1981年,机械、钢铁、化学品和石油炼制品在出口总额中达到32.3%。

表 4.4　台湾制造业的增加值结构　　　　　　　　　　　　单位：%

行业名称	1953年	1960年	1980年	1990年	1996年
轻工业	78.6	73.4	57.4	52.6	49.2
传统轻工业					
食品、饮料制造业与烟草加工业	33.1	31.7	13.1	10.7	9.0
纺织服装业，皮革制品业与制鞋业	23.9	16.4	17.4	12.6	9.1
木材加工业，家具制造业，造纸业与印刷业	13.3	13.7	8.0	7.0	4.7
非金属矿物制品业	4.1	8.0	4.9	4.6	3.9
高技术轻工业					
电子工业，精密仪器制造业	1.1	2.1	14.1	17.8	22.5
重工业	21.4	26.6	42.6	47.4	50.8
石油与化学工业	15.4	13.3	22.2	21.6	23.4
金属及金属制品，机械制造业与交通设备制造业	6.0	13.3	20.3	25.8	27.3

资料来源：王丽莉、文一，"中国能跨越中等收入陷阱吗？——基于工业化路径的跨国比较"，《经济评论》，2017年第3期。

4.4.4　韩国的经济结构转型升级路径拟合及其特征

韩国位于东亚朝鲜半岛南部，三面环海，西临黄海，与胶东半岛隔海相望，东南是朝鲜海峡，东边是日本海，北面隔着三八线非军事区与朝鲜相邻。总面积约10万平方公里，占朝鲜半岛总面积的45%，首都为首尔。北部属温带季风气候，南部属亚热带气候，海洋性特征显著，平均温度为6℃至16℃，年平均降水量1500毫米左右。主体民族为朝鲜族，通用韩语（朝鲜语），2014年总人口约5041.85万。韩国是世界上人口密度最大的国家之一，人口出生率和生育率均居世界低位，同时人口老龄化问题严重，是OECD国家中青壮年劳动力人口下降最快的国家。自20世纪60年代以来，韩国政府实行了"出口导向型"开发经济战略，缔造了举世瞩目的"汉江奇迹"。韩国制造业与科技产业发达，除高速互联网服务闻名世界外，内存、液晶显示器及等离子显示屏等平面显示装置和移动电话都在世界市场中具领导地位。韩国拥有完善的市场经济制度，是20国集团和OECD成员之一，也是亚太经合组织（APEC）和东亚峰会的创始国。

韩国与中国台湾是全世界仅有的从低收入的农业经济转型升级到中等收入的工业经济再转型升级到高收入的现代经济的两个经济体。韩国采用了现实主义的方法进行产业升级，并且把战略调整为进入那些与自己潜在比较优势一致的产业。20世纪60年代韩国发展并出口的是服装、胶合板、假发等劳动力密集型产品。当资本逐渐积累，禀赋结构因为经济发展而改变时，韩国便向汽车等资本更为密集的产业升级。但是在升级初期，国内的生产主要集中在进口部件的装配上，这是劳动力密集型的生产，同时也是与当时韩国的比较优势相一致的。类似地，电子业起初主要生产家用电器，如电视、洗衣机、电冰箱等，之后才转向存储芯片的生产，这是信息产业中技术最简单的区段。韩国的技术提升是迅速的，其提升的速度同潜在比较优势变化的速度是一致的。这种变化也反映了有力的经济增长所带来的物质资本和人力资本的迅速积累，而增长之所以出现，是因为该国的主要产业部门时刻与该国现有的比较优势保持一致。

与中国的工业化路径类似，韩国工业化也遵循了从轻工业到重工业、从劳动力密集型工业到资本密集型工业、从生活消费品到生产资料的渐进的产业升级。20世纪50年代初到70年代中期，是韩国轻工业繁荣发展的阶段。自70年代末起，韩国开始进入重化工业化阶段。自50年代起，韩国优先发展投资少、技术设备简单、资金回收快的劳动力密集型工业，如食品加工业、纺织服装业、皮革制品业、制鞋业等。到50年代末，由于发达国家劳动力密集型制造业外移，国际市场对轻工业品需求旺盛。韩国政府抓住时机，积极推行出口导向型政策，利用其廉价劳动力优势，发展劳动力密集型产品出口。在国内外市场巨大需求的驱动下，韩国轻工业迅速发展壮大。表4.5展示了韩国制造业的增加值结构。1953—1960年，韩国轻工业增加值占全部制造业增加值的比重在80%以上，食品、饮料制造业与烟草加工业增加值占全部制造业增加值的比重在30%以上。1953—1973年的20年间，纺织服装业、皮革制品业与制鞋业的增加值占全部制造业增加值的比重都在30%以上。再看韩国制造业的就业结构，1961—1970年，韩国轻工业劳动力占全部制造业劳动力的比重在74%以上。从60年代到80年代的20年间，纺织服装业、皮革制品业与制鞋业的劳动力份额都在30%以上，是这一时期韩国最主要的生产与出口部门。1970—1980年，纺织与皮革制品的增加值由1344亿韩元增长到19765亿韩元，不考虑价格变化，年均增长率达到30.8%；纺织与皮革制品的总产值由5217亿韩元增长到101454亿韩元，年均增长率为34.7%。1962—1980年，纺织品的出口额由221.6万美元增长到219755.8万美元，年均增长率为46.7%；服装出口额由111.8万美元增长到294685万美元，年均增长率为54.9%。一个部门的规模化生产会创造对其他部门产品的大规模需求，从而引起其他部门的规模化生产，最后导致整个经济的机械化。随着韩国轻工业生产规模的扩大，工业企业对原材料、中间产品、机器设备与交通运输网络产生了巨大需求。到70年代末，韩国已经积累了足够的资金和技术实力，因而具备了发展资本密集型重工业的条件。在韩国政府的支持下，金属及金属制品、机器制造业、交通设备制造业以及石化工业快速增长。在1980—1990年的十年间，韩国工业增加值由

85 188 亿韩元增长到 486 409 亿韩元,不考虑价格变化,年均增长率为 19%;其中,交通设备制造业的增加值由 4 506 亿韩元增长到 58 845 亿韩元,年均增长率为 29.3%;金属及金属制品业的增加值由 8 816 亿韩元增长到 69 935 亿韩元,年均增长率为 23%。如表 4.5 所示,1973—1990 年,重工业增加值占全部制造业的比重由 27.6% 增长到 47.9%;其中,金属及金属制品、机器与交通运输设备制造业增加值占全部制造业的比重由 14.5% 增长到 33.6%。1970 年,重工业劳动力占全部制造业的比重为 25.7%,1990 年增长到 40.8%,2006 年达到 50.8%。在出口结构上,20 世纪 60 年代初,食品加工业是韩国最主要的出口品,1961 年其出口份额为 36%。随后,纺织品出口快速增长,很快超越了食品工业。1962—1968 年,纺织品、服装与鞋包出口额在总出口额中的比重由 6.3% 上升到 40.7%。一直到 1980 年,纺织品、服装与鞋包的份额一直在 35% 以上,是这一时期韩国最主要的出口品。70 年代末,韩国建立了钢铁和造船产业,90 年代这些产品便晋升为韩国十大主要出口产品。韩国的半导体、计算机和汽车产业在 80 年代后期快速成长,90 年代便成为韩国十大主要出口产品。1975 年,韩国重工业品(不含石油及石油产品、电子电气)的出口份额为 13.1%,1980 年增长到 24.3%,2000 年达到 41.6%。可见,韩国的主要出口产品也经历了从劳动力密集型和轻工业产品到资本密集型和技术密集型产品的转变。

表 4.5 韩国制造业的增加值结构   单位:%

行业名称	1953 年	1960 年	1973 年	1980 年	1990 年	2014 年
轻工业	87.4	83.5	72.4	60.0	52.1	44.6
轻工业,除食品、饮料制造业与烟草加工业	47.0	50.1	54.7	46.7	42.2	38.6
传统轻工业						
食品、饮料制造业与烟草加工业	39.1	31.7	14.6	10.7	7.2	4.5
纺织服装业,皮革制品业与制鞋业	33.3	35.9	32.4	23.2	13.4	5.1
木材加工业,家具制造业,造纸业与印刷业	11.6	11.0	8.8	4.8	5.0	2.8
非金属矿物制品业	1.5	2.4	5.1	6.4	6.5	2.7
高技术轻工业						
电子工业,精密仪器制造业	0.6	0.8	8.4	12.3	17.4	28.0
重工业	12.6	16.5	27.6	40.0	47.9	55.4
石油与化学工业	5.4	7.1	13.1	19.9	14.3	15.6
金属及金属制品、机械制造业与交通设备制造业	7.2	9.4	14.5	20.2	33.6	39.7

资料来源:王丽莉、文一,"中国能跨越中等收入陷阱吗?——基于工业化路径的跨国比较",《经济评论》,2017 年第 3 期。

如果说中国是实现脱贫的典范中的典范,日本是实现赶超的典范中的典范,那么韩国一定是所有典范中的典范。直到 1970 年,韩国还是一个名副其实的穷国,其人均 GDP 不足美国的 6%,但 40 年之后就将近美国的一半。1965 年的韩国不完全算是一个农业国,但其农业产值占 GDP 的比重也高达 40%,可是到 2012 年这个比重只有微不足道的 2.7%,完全实现了工业化。图 4.27 是韩国 1970—2011 年的非农产业转型升级发展战略路径。对数拟合($R^2=0.922$)的非农产业结构转型升级的发展战略路径曲线为 $I_{\text{KOR},t}=1.098+0.1217\times\ln(E_{\text{KOR},t})$,斜率和弹性分别为 $\dfrac{\partial I_{\text{KOR},t}}{\partial E_{\text{KOR},t}}=\dfrac{0.1217}{E_{\text{KOR},t}}$,$\dfrac{\partial I_{\text{KOR},t}}{\partial E_{\text{KOR},t}}\dfrac{E_{\text{KOR},t}}{I_{\text{KOR},t}}=\dfrac{0.1217}{I_{\text{KOR},t}}$。相比于世界整体情况,以及发展典范样本中的其他国家和地区而言,韩国的发展战略路径非常稳健(拟合优度超过 0.9),斜率和弹性都居中。因此,韩国的发展战略尤其应该引起重视。图 4.28 是 1970—2011 年间韩国的工业发展战略路径,二次函数拟合($R^2=0.9245$)发展战略路径曲线为

$$I_{\text{KOR},t}=0.46942+6.2074\times E_{\text{KOR},t}-7.13983\times E_{\text{KOR},t}^2$$

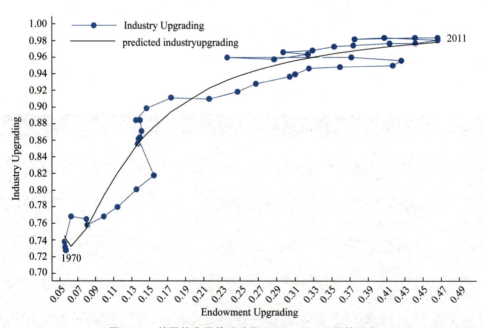

图 4.27 韩国的发展战略路径(1970—2011)及其拟合

顶点和拐点分别为 $I=1.8186$ 和 $E=0.4347$。相较于世界样本,韩国工业升级发展战略路径的拐点出现得较晚而顶点略低,同样显示出稳健的特征。图 4.29 是韩国 1970—2011 年间的服务业发展战略路径。对数拟合($R^2=0.004$)

$$I_{\text{KOR},t} = 0.76867 - 0.00147 \times \ln(E_{\text{KOR},t})$$

斜率和弹性分别为 $\dfrac{\partial I_{\text{KOR},t}}{\partial E_{\text{KOR},t}} = \dfrac{0.00147}{E_{\text{KOR},t}}$ 和 $\dfrac{\partial I_{\text{KOR},t}}{\partial E_{\text{KOR},t}} \dfrac{E_{\text{KOR},t}}{I_{\text{KOR},t}} = \dfrac{0.00147}{I_{\text{KOR},t}}$，二者都很小，表明经济结构升级似乎主要依靠的是工业而非服务业。

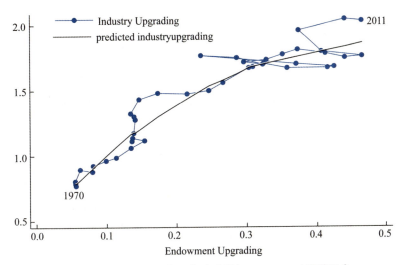

图 4.28　韩国的工业发展战略路径(1970—2011)及其拟合

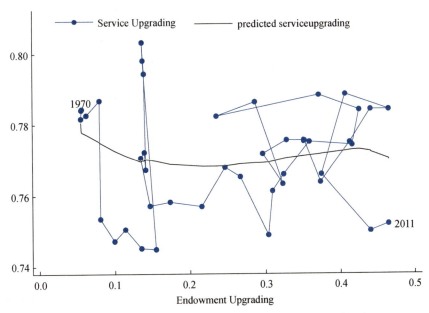

图 4.29　韩国的服务业发展战略路径(1970—2011)及其拟合

4.4.5 新加坡的经济结构转型升级路径拟合及其特征[①]

新加坡是东南亚的一个岛国,北隔柔佛海峡与马来西亚为邻,南隔新加坡海峡与印度尼西亚相望,毗邻马六甲海峡南口。土地面积达 719.1 平方公里,海岸线总长 200 余公里。国土除新加坡岛之外,还包括周围数岛。新加坡地处热带,平均温度在 23℃至 34℃之间,年均降雨量在 2 400 毫米左右。新加坡人口主要划分为四大族群:华人(汉族)占了人口的 74.2%,还有马来族(13.3%)、印度裔(9.1%)和欧亚裔/混血(3.4%)等族群。新加坡属外贸驱动型经济,以电子、石油化工、金融、航运、服务业为主,高度依赖美、日、欧和周边市场,外贸总额是 GDP 的四倍。经济长期高速增长,1960—1984 年间 GDP 年均增长 9%。新加坡的工业主要包括制造业和建筑业,2012 年产值为 1 085.5 亿新元,占 GDP 的 25.1%。制造业产品主要包括电子、化学与化工、生物医药、精密机械、交通设备、石油产品、炼油等产品。迄今新加坡已经成为东南亚最大的修造船基地之一,以及世界第三大炼油中心。在服务业方面,批发与零售业、商务服务业、交通与通信业、金融服务业是新加坡服务业的四大重头行业。根据 2014 年的全球金融中心指数(GFCI)排名报告,新加坡是继纽约、伦敦、香港之后的第四大国际金融中心,同时也是亚洲重要的服务和航运中心之一。2012 年产值为 2 780.7 亿新元,占 GDP 的 64.3%。新加坡以稳定的政局和廉洁高效的政府著称,是全球最国际化的国家之一。此外,新加坡是东盟成员国之一,也是世界贸易组织、英联邦以及亚洲太平洋经济合作组织成员经济体之一。

然而,回首历史,新加坡也曾历尽艰辛。新加坡没有农村,独立以后也是靠手动作坊起家,甚至在 20 世纪 60 年代还主要靠生产和出口假发从事原始积累。在政府的产业政策指导下,新加坡逐步从手工作坊产业升级为劳动力密集型规模化轻工业,再到重工业和金融业。1819—1959 年,新加坡经历了 140 年英国的殖民统治。第二次世界大战之后,英国在亚洲的势力开始衰退,美国的势力开始扩张。经过多次谈判,1957 年英国政府同意新加坡成为自治邦;1959 年 5 月,李光耀于 1954 年发起成立的人民行动党参加在新宪制下举行的第一次自治邦议会大选,赢得了 51 个议席中的 43 席而获得执政权;6 月,时年 35 岁的李光耀宣誓就任新加坡自治邦总理,人民行动党开始执政。在此之前,英国人并没有在新加坡建立一套完整的经济体系,只是利用新加坡具有多年的自由港的历史地位,把其当作英国在远东的货物集散中心,转口贸易作为单一的经济形式占据新加坡

[①] 本小节主要根据杨建伟所著的《新加坡的经济转型之路》(创意圈出版社 2015 年出版),一书整理而成。

经济的主导地位。当时,新加坡的日子很难过。因为没有制造业提供就业机会,老百姓找不到工作,失业率高达14%,因此,突破单一的转口贸易的经济结构,努力创造就业机会就成为新生政府面临的首要问题。李光耀说:"我们从1959年第一次执政开始,便一直扛着失业问题的包袱——那么多的年轻人在寻找工作,却没有工作可以应付他们的需求。""经过几年的努力,我的内阁同僚们都知道,要生存的唯一办法是推行工业化。新加坡的转口贸易已经到达顶限,往后会进一步式微。印尼仍然跟我们对抗,马来西亚决议避开新加坡。我们想方设法,愿意尝试任何切实可行的点子,只要能制造就业机会,我们不必负债过日子就行。一位饮料制造商向我建议推动旅游业。这种行业属于劳动力密集型,需要厨师、女佣、侍应生、洗衣工人、干洗工人、导游、司机和制造纪念品的手工艺人,最理想的是发展这个行业所需的资金很少……令我感到欣慰的是,这个行业倒制造了不少的就业机会,给许多空空如也的口袋带来一些收入。它固然使失业人数减少,却无法彻底解决问题。""为此,我们集中精力,设法招商到这里设立工厂。尽管新加坡只有200万人口,国内市场很小,我们却保护本地装配的汽车、冰箱、冷气机、收音机、电视机和录音机,希望日后这些产品当中有部分会在本地制造。我们鼓励本国商家开设小型工厂,制造植物油、化妆品、蚊香、发膏、金银纸,甚至是樟脑丸!我们也吸引了香港和台湾的投资者,到这里来开设玩具厂、纺织厂和制衣厂。"

伴随着新加坡从轻工业到重工业的产业升级过程,电子工业成为支柱产业,而且本身也经历了从生产消费型产品到投资型产品,从劳动力密集型产品到资本、技术密集型产品的转变。新加坡电子工业的成长可以分为三个阶段。在第一阶段,1960—1980年,新加坡利用廉价劳动力优势,生产简单的消费类电子产品,如电视机、收音机等。在这一时期,电子工业是劳动力密集型的,因此电子工业就业快速增长。电子工业职工人数的年均增长率在20世纪60年代为24.6%,在70年代为20.3%。到1980年,电子工业职工人数超过7万人,占制造业就业人数的四分之一以上。随着新加坡劳动力成本的上涨,自1980年起,电子工业开始向资本、技术密集型转变。在第二阶段,1980—1990年,电子工业的就业增长率下降到5.5%。到80年代末,电子工业职工人数增长到12.3万,占制造业总劳动力人数的35%。在第三阶段,1990—1999年,电子工业的就业出现负增长,但工业增加值的年增长率仍高达11.2%。这一时期,电子工业以资本、技术密集型为主,劳动生产率年均增长13.1%,高于其他制造业部门。1996年,新加坡成为世界第三大电子产品出口国。1999年,新加坡电子工业的增加值接近GDP的10%,超过制造业增加值的44%,电子产品出口占总出口的60%以上,电子工业私人部门的R&D投资占全国私人部门R&D投资的55%。从产品结构来看,在第一阶段,新加坡吸引了飞利浦、松下等外商投资,依靠廉价劳动力,从事音频视频设备的加工装配。自第二阶段起,新加坡主要生产计算机及其外围设备,其增加值在1980—1990年的年均增长率接近40%。新加坡成为磁性硬盘驱动器、喷墨打印机、光盘与多媒体声卡等资本、技术密集型电子产品的最大生产国。其中,20世纪80年代末到90年代中期,新加坡生产了全世界超过一半的磁性硬盘驱动器。此外,在70年代,新加坡主要从事劳动力密集型的半导体装配与测试业务。自90年代中期起,在政府支持下,新加坡发展资本密集型的半导体晶片制造。因此,半导体行业的劳动生产率在第三阶段大大提高。显然,新加坡的电子工业经历了从劳动力密集型到资本、技术密集型的升级过程。作为支柱产业,电子工业带动上下游产业链发展,推动新加坡快速实现工业化与经济增长。

1998年,世界性的电子工业需求下降,加上新加坡劳动力成本过高的因素,许多跨国公司关闭或转移了新加坡的工厂,著名的裕廊工业园一夜之间冒出了许多空置的厂房。生产磁盘驱动器的巨型跨国公司希捷科技一下子就往中国搬迁了两家工厂,一家去到东莞,一家去到无锡,使得新加坡从原来占据世界磁盘驱动器总产量的73%跌到50%。面对变化了的外部环境,面对新兴工业国低劳动力成本的竞争,新加坡开始思考和着手调整经济结构和产业结构:减少对低端电子业的依赖,吸引和增加高端电子产业和产品;不断瞄准世界新兴产业,通过引入新兴产业和本地培育,使产业结构不断调整升级;引进和发展生命科学和环境保护产业,打破新加坡的制造业在电子、精密机械、炼油、石化、造船等领域的局限;充分发挥新加坡洁净的空气和一流的生态环境的优势,引进生命科学、环境保护产业,并下大力气推动和促进其发展;发展和扩大水务产业,把新加坡打造成全球污水处理技术和产业的中心,把新加坡水资源的劣势转变为优势;发展教育产业,建立区域教育中心;继续用高薪政策吸引人才,希望把各界精英都吸收到政府中担任高级领导人,或者成为医生、律师、会计师、大学教授、企业家、银行家等各界有能力并且诚实和品德优秀的杰出人物。

2002年,新加坡开始了新一轮的经济大转型,以求新、求变、实用主义的治国理念,使新加坡继续保持全球领先的竞争力:全方位检讨发展策略;引进和发展生命科学和环境保护产业;打破刻板形象:兴建两个赌场,首次举办F1夜间赛事;成功申办2010年世界首届青年奥运会;成功运作主权财富基金;与主要经济强国签订自由贸易协定。与此同时,新加坡以本国为圆心,以7小时的飞行距离为半径,制定了"7小时经济圈"的发展战略;在成功实现"总部经济"的战略之外,在该经济圈内继续巩固和打造若干区域中心,即世界贸易中心、海港转运中心、航空中心、会议中心、教育中心、医疗保健中心、国际医药中心、金融理财中心。7 小时的飞行半径覆盖了东南亚各国以及香港、台北、北京、上海、东京、首尔、新德里、孟买、柏斯、墨尔本、悉尼等重要城市。

新加坡也因为最先提出了具有创意的"双边自由贸易协定"概念,获得 WTO 的高度赞赏和各国的积极响应。到目前为止,新加坡已经和美国、中国、日本、韩国、欧盟等十多个国家和地区签订了自由贸易协定。超前的经济政策,灵活的应对谋略,高效的行政手段,广泛的世界联系,为新加坡继续成为全球竞争力领先的经济体奠定了坚实的基础。

与日本一样,新加坡是为数不多的能够赶超世界前沿的国家。同样在 1970 年时新加坡的人均 GDP 不足美国的五分之一,但今天却与美国旗鼓相当。与香港一样,新加坡是一个自然资源匮乏的港口城市,其农业产值占比低下不足为奇。图 4.30 是新加坡 1975—2011 年间非农业转型升级的发展路径。对数拟合($R^2=0.15$)的发展战略路径曲线为 $I_{\text{SGP},t}=1.0123-0.003\times\ln(E_{\text{SGP},t})$,斜率和弹性分别为 $\dfrac{\partial I_{\text{SGP},t}}{\partial E_{\text{SGP},t}}=\dfrac{-0.003}{E_{\text{SGP},t}}$,$\dfrac{\partial I_{\text{SGP},t}}{\partial E_{\text{SGP},t}}\dfrac{E_{\text{SGP},t}}{I_{\text{SGP},t}}=\dfrac{-0.003}{I_{\text{SGP},t}}$。发展战略路径依然表现出随机游走特征。图 4.31 是新加坡 1975—2011 年间工业发展战略路径。二次函数拟合($R^2=0.80$)的发展战略路径曲线为

$$I_{\text{SGP},t}=0.10926+3.55292\times E_{\text{SGP},t}-2.37489\times E_{\text{SGP},t}^2$$

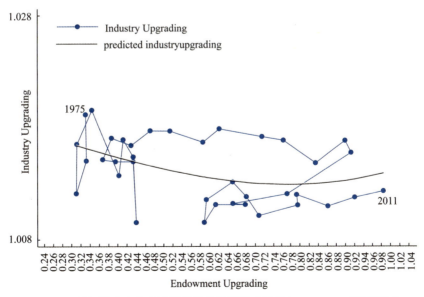

图 4.30 新加坡非农产业转型升级的发展战略路径(1975—2011)及其拟合

其顶点和拐点分别为 $I=1.438$ 和 $E=0.748$。即便与韩国相比,新加坡的顶点也较低,而拐点则较大,表明新加坡的工业升级发展战略路径比韩国要更为稳健。图 4.32 是新加坡 1975—2011 年间服务业发展战略路径。对数拟合($R^2=0.61$)的发展战略路径曲线为

$$I_{\mathrm{SGP},t} = 0.87225 - 0.11517 \times \ln(E_{\mathrm{SGP},t})$$

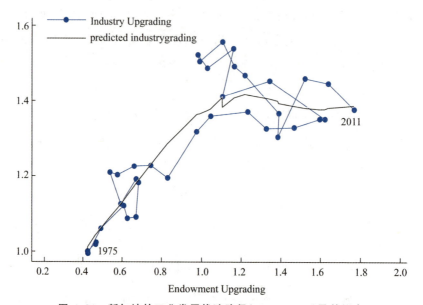

图 4.31 新加坡的工业发展战略路径(1975—2011)及其拟合

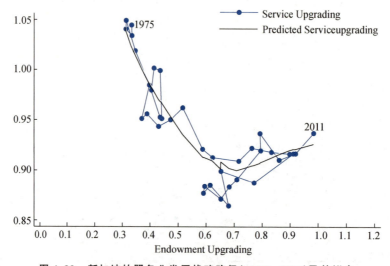

图 4.32 新加坡的服务业发展战略路径(1975—2011)及其拟合

其斜率和弹性分别为 $\dfrac{\partial I_{\mathrm{SGP},t}}{\partial E_{\mathrm{SGP},t}} = \dfrac{-0.11517}{E_{\mathrm{SGP},t}}$ 和 $\dfrac{\partial I_{\mathrm{SGP},t}}{\partial E_{\mathrm{SGP},t}} \dfrac{E_{\mathrm{SGP},t}}{I_{\mathrm{SGP},t}} = \dfrac{-0.11517}{I_{\mathrm{SGP},t}}$。在这里我们再一

次看到,服务业在工业升级过程中进行了调整。

4.4.6 日本的经济结构转型升级路径拟合及其特征[①]

日本位于亚洲东部、太平洋西北部。领土由北海道、本州、四国、九州四大岛及7 200多个小岛组成,总面积37.8万平方公里。日本东部和南部为太平洋,西临日本海、东海,北接鄂霍次克海,隔海分别和朝鲜、韩国、中国、俄罗斯、菲律宾等国相望。日本以温带和亚热带季风气候为主,夏季炎热多雨,冬季寒冷干燥,四季分明。全国横跨纬度达25°,南北气温差异十分显著。主体民族为和族,通用日语,总人口约1.26亿。第二次世界大战日本投降后,美国派军队占领日本。1947年,日本颁布新宪法,由天皇制国家变为以天皇为国家象征的议会内阁制国家。战后奉行"重经济、轻军备"路线,于20世纪60年代末一跃成为远东第一大经济强国。目前是仅次于美国、中国的世界第三大经济体。日本资源匮乏并极端依赖进口,发达的制造业是国民经济的主要支柱。科研、航天、制造业、教育水平居世界前列。此外,以动漫、游戏产业为首的文化产业和发达的旅游业也是其重要象征。日本在环境保护、资源利用等许多方面堪称典范,其国民普遍拥有良好的教育、较高的生活水平和国民素质。

日本的乡村工业化阶段酝酿了两个多世纪。在日本江户时代(1603—1868),国内政治环境稳定,农产品贸易和乡村手工制造业得到全面发展。明治时代早期(1868—1890),在政府主导下,日本基本完成以世界贸易为目的的乡村原始工业化。自18世纪早期起,由于农村地区靠近原材料、能源(水力)与来自农民家庭的廉价劳动力,日本的商业和制造业由城镇向农村转移。从18世纪到19世纪上半叶,日本35个城镇(castle town)的人口平均减少了18%。相反,在这些城镇附近的农村地区,人口明显增长。制造业、贸易与运输业等非农劳动是日本农村家庭重要的收入来源。日本1843年对长州两省的调查显示,农民净收入的55%来自非农劳动。日本乡村制造业大多生产清酒、植物油、糖、丝绸、布、纸等生活消费品,企业一般规模很小,但乡村工业总产值是巨大的。在江户时代末期,城镇人口的衣食消费大多来自农村。例如,在1859年东京的丝绸产品有90%是农村生产的。商业与制造业在日本农村地区的发展,大大提高了广大农民的购买力与对工业制成品的需求。例如,从1875年到1895年,日本国内对布的需求增长了

[①] 本小节关于日本的经济结构转型升级历史主要根据:王丽莉、文一,"中国能跨越中等收入陷阱吗?——基于工业化路径的跨国比较",《经济评论》,2017年第3期。

三倍,而农村地区的需求增长高于全国平均水平。① 此外,乡村工业与商业的发展,能够培育农村劳动力的商业精神与工业技能,为日本开启工业化准备了充足的劳动力大军。随着日本乡村工业的发展,劳动分工日益加强。到 18 世纪末,生产一般被分为几项独立的操作,由不同的家庭完成。日本的富农阶层是乡村工业的"企业家"或"中介人",与英国 17 世纪的商人阶层扮演着相同的角色。他们充分了解市场的需求、当地产品的特征,以及劳动力的质量。这些富农为农民提供原材料和生产工具,雇用农民"就地"生产,然后把制成品分销到全国和世界各地。这种"包工制"(putting-out system)在 18、19 世纪的日本乡村非常普遍。日本很多乡镇在"包工制"下,生产小批量、差异化的棉纺织品,供应国内外市场。例如,入间是日本一个典型的农村纺织品生产地,从 19 世纪初开始生产棉纺织品,到 19 世纪 90 年代末发展为日本最大的棉纺织品生产区之一。在此期间,当地的商人和批发商建立的分销网络发挥了重要的作用。

直到明治维新时期,日本在 19 世纪 50 年代的收入水平仅为同时期西方国家的三分之一,但是仅用了 50 年的时间,日本就在 1904 年率先成为亚洲第一个工业国家。在 1854 年开放贸易后,日本政府实施了鼓励向西方世界学习先进技术和制度的政策,派遣包括半数日本内阁部长在内的高水平代表团在两年的时间内前往美国和欧洲学习。在 1858 年签订《安政条约》后,日本虽然丧失了控制关税的自由,但是日本政府却为现代化的基础设施建设提供了便利,并鼓励日本产业在实践中摸索。1870 年东京和横滨之间的电报服务开通;1872 年,日本历史上第一条铁路——横滨和新桥线开通;截至 1900 年,日本的铁路里程达到 3 875 英里。日本政府自 19 世纪后期开始通过进口现代机械和聘请成千上万的外国管理专家来积极引进国外的技术。在明治时期(1868—1912),日本最主要的出口产品是丝、纱、茶叶和水产品等与本国比较优势相一致的产品。随着日本棉花产业的发展,对于棉花的进口逐年下降,并最终在 1890 年开始大量出口棉花、纱、布匹至邻近的亚洲国家。

第二次世界大战之后日本迅速从战争中恢复,从 20 世纪 50 年代中期的以农业和轻工业为主,开始逐步过渡到 70 年代末以重化工业为主,完成经济结构的现代化转型升级。1957 年,日本第一产业创造的 GDP 为 87 062 亿日元,占 GDP 的 16%。到 1972 年,日本第一产业创造的 GDP 为 97 639 亿日元,只占 GDP 的 5%。在此期间,日本第一产业占比的下降实实在在地刻画了其农业的现代化转型升级。因此,日本 1972 年的第一产

---

① Y. HaYami, *Toward the Rural-based Development of Commerce and Industry: Selected Experiences from East Asia World Bank*, 1998.

业 GDP 比 1957 年的绝对值增加了 10 557 亿日元,增长了 12.1%。1960—1975 年,动力耕耘机和农用拖拉机从 51.4 万台增加到 392.1 万台,增长了 7.6 倍;动力喷雾机从 23.2 万台增加到 131.01 万台,增长了 5.6 倍;农用汽车,包括三轮汽车从 10.3 万辆增加到 110.6 万辆,增长了 11 倍。农机拥有量的成倍增长使农业生产的机械化作业程度大大提高。1967 年,水稻的机耕面积达 96%,机械收割面积达 80%,机械脱粒面积达 98%。到 20 世纪 70 年代推广了小苗带土插秧机,解决了机械插秧问题,实现了农业生产的全面机械化。除农业机械化以外,日本在品种改良、栽培技术、农药和肥料的合理使用以及水利灌溉等各方面都达到了世界先进水平。受益于日本农业机械化程度的提高,1960—1984 年农村人口从 3 441 万减少到 2 049 万,从总人口比重的 36.8% 下降到 17%。农业就业人口从 1 454.2 万减少到 565.7 万,从总就业人数的 22.3% 下降到 9.8%。1957 年,日本第二产业的 GDP 为 127 758 亿日元,1972 年第二产业创造的 GDP 为 717 329 亿日元,相对量增长了近 4.6 倍,第二产业比重从 1957 年的 23.5% 提高到 1972 年的 36.4%,增加了 12.9 个百分点。日本在 1970 年完成了从劳动力密集型轻工业向资本密集型重化工业的转型升级,重工业的比重超过轻工业的比重,分别为 50.6% 和 49.4%。作为轻工业主导产业的食品和纺织行业分别从 1957 年占 GDP 的 31.6%、10.5% 下降到 1972 年的 14.1%、4.7%,分别下降了 17.5 和 5.8 个百分点。然而以资本密集型为主的重化工业的比重则不断攀升。机电行业从 1957 年占 GDP 的 11.0% 提高到 1972 年的 22.7%,增长了 11.7 个百分点,取代食品工业成为制造业中规模最大的部门。钢铁、电力、造船等产业的规模迅速扩大,石油、石化、家电、汽车等新兴产业相继诞生和发展,重化工业出现爆炸式增长态势。1955 年到 1970 年,钢铁产量增长了 10 倍,铝增长了 13 倍,石油制品增长了 19 倍,水泥增长了 5.4 倍,发电量增长了 4.3 倍,电视机增长了 100 倍,小汽车增长了 159 倍。这使得日本成为名副其实的世界工业强国:造船长期位居首位,化纤、商业车(卡车、公共汽车)长期位居第二位,水泥 1962 年跃居第二位,钢铁 1964 年跃居第二位,电力 1966 年跃居第二位,石油制品 1966 年跃居第二位,合成橡胶 1966 年跃居第二位,小汽车 1968 年跃居第三位,1971 年超过德国上升到第二位,水泥、塑料、彩电的产量在 20 世纪 70 年代跃居首位,计算机安装台数仅次于美国居世界第二位。与前述中国目前的工业化实力一样,70 年代之后日本强大的工业化实力使得其超过德国成为仅次于美国的世界第二大经济体。

在 70 年代完成工业化之后,1970 年日本的人均 GDP 约为美国的 40%,堪称战后中等收入国家跨越中等收入陷阱的发展典范。由于样本数据只覆盖了 1970—2011 年的数据,因此难以全面刻画日本两百年来的工业化历程,尽管如此,也依然能够看出日本后工业化时代的经济结构转型升级路径特征。图 4.33 是 1970—2011 年间日本非农产业结构变迁的发展战略路径。对数拟合($R^2=0.49$)的发展战略路径曲线为

$$I_{JPN,t} = 0.9989 + 0.0086 \times \ln(E_{JPN,t})$$

斜率和弹性分别为$\frac{\partial I_{JPN,t}}{\partial E_{JPN,t}}=\frac{0.0086}{E_{JPN,t}}$,$\frac{\partial I_{JPN,t}}{\partial E_{JPN,t}}\frac{E_{JPN,t}}{I_{JPN,t}}=\frac{0.0086}{I_{JPN,t}}$。图 4.34 是 1970—2011 年间日本工业发展战略路径,二次函数拟合($R^2=0.299$)的发展战略路径曲线为

$$I_{JPN,t} = 1.1091 + 0.32114 \times E_{JPN,t} - 0.088 \times E_{JPN,t}^2$$

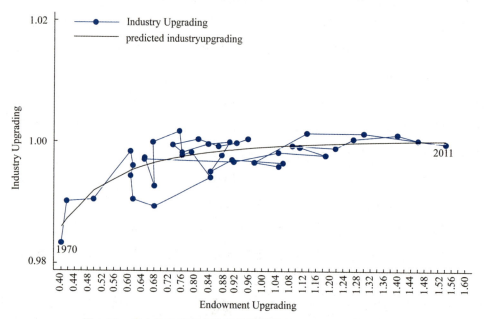

图 4.33　日本的非农产业发展战略路径(1970—2011)及其拟合

图 4.35 是 1994—2011 年间日本服务业的发展战略路径。对数拟合($R^2=0.27$)的发展战略路径曲线为

$$I_{JPN,t} = 0.9092 - 0.0256 \times \ln(E_{JPN,t})$$

斜率和弹性分别为$\frac{\partial I_{JPN,t}}{\partial E_{JPN,t}}=\frac{0.0256}{E_{JPN,t}}$和$\frac{\partial I_{JPN,t}}{\partial E_{JPN,t}}\frac{E_{JPN,t}}{I_{JPN,t}}=\frac{0.0256}{I_{JPN,t}}$。同中国香港一样,日本经济结构变迁的发展战略路径在 20 世纪 80 年代步入经济前沿之后就表现出强烈的随机游走特征。不过与中国香港有所不同的是,日本尽管通过战后成功的工业化实现了现代经济结构转型升级,但是在 1970 年日本的人均收入只有美国的 40%左右,产业结构升级依然有充足的后发优势,因此如图 4.33 所示的日本非农产业结构转型升级依然在 70 年代

之后不断向世界前沿靠近,在1995年成功超过美国迈入世界前沿。

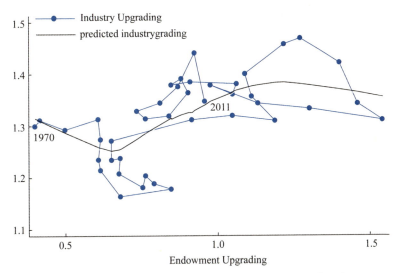

图 4.34　日本的工业发展战略路径(1970—2011)及其拟合

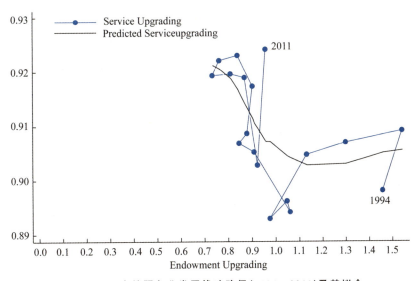

图 4.35　日本的服务业发展战略路径(1994—2011)及其拟合

4.4.7　印度尼西亚的经济结构转型升级路径拟合及其特征[①]

印度尼西亚是东南亚国家,首都为雅加达。全国由17 000多个岛屿组成,是马来群

---

① 关于印度尼西亚历史上的经济结构转型升级资料主要参考了:日本海外贸易振兴会雅加达贸易中心,"印度尼西亚的工业化进展和对外贸易结构的变化",《海外市场》(日本),1978年2月号。

岛的一部分,也是全世界最大的群岛国家,别称"千岛之国"。印度尼西亚与巴布亚新几内亚、东帝汶和马来西亚等国家相接,与泰国、新加坡、菲律宾、澳大利亚等国隔海相望,其疆域横跨亚洲及大洋洲。气候为典型的热带雨林气候,年平均温度25℃—27℃,无四季分别,年降水量1 600—2 200毫米。印度尼西亚资源丰富,矿产主要有石油、天然气、煤、锡、铝矾土、镍、铜和金、银等。印度尼西亚的石油、天然气和锡的储量在世界上占有重要地位,煤炭也是重要的出口品,已探明矿产储量为:石油500亿桶,天然气73万亿立方米,煤360亿吨。地热资源丰富,森林面积1.45亿公顷,约占国土总面积的74%。生物资源丰富。据不完全统计,印度尼西亚约有40 000多种植物,同时渔业资源也十分丰富。2013年印度尼西亚总人口达2.48亿,是世界第四人口大国。有100多个民族,其中爪哇族47%,巽他族14%,马都拉族7%,华人3%—4%,此外还有米南卡保人、巴厘人等100多个民族的居民,共占23%。民族语言200多种,通用印尼语。印度尼西亚是一个总统制共和国。人民协商会议为国家最高权力机关,由人民代表会议(即国会)和地方代表理事会共同组成。从1999年10月至今,人协对宪法进行了三次修改,主要包括规定总统和副总统只能连选连任一次、每任五年,减少总统权力、强化议会职能等。印度尼西亚是东南亚国家联盟创立国之一,也是东南亚最大经济体及20国集团成员国。

　　经历了350年的荷兰殖民统治后,印度尼西亚于第二次世界大战后宣告独立。独立后的印度尼西亚与当时的中国一样采取错误的发展战略走上计划经济体制,独立后20年,即到1965年,印度尼西亚的经济结构和荷兰殖民统治时期没有多大差别,依然以传统农业为主。如表4.6所示,1965年印度尼西亚的农业占GDP的比重高达59%,工业不足8%。在此之后一直到亚洲金融危机之前,都是印度尼西亚的发展黄金时期。按照增长与发展委员会的时期划定,1966—1997年是印度尼西亚超高速经济增长时期。印度尼西亚在20世纪70年代,轻纺工业得到快速发展,并奠定了工业化的基础。在1975年食品和纤维纺织就占工业的68%,其中包括制饼、调味品、饲料、饮料等在内的食品工业占到了工业的47%,纤维纺织有关的工业占21%。其后印度尼西亚继续在雅加达等国内五个地方设立了出口加工区,为投资于"外资法案"和"国内投资法案"所规定的开发项目的企业提供优惠待遇以资鼓励,出台了金融税收以及在海上运输方面的大量措施支持出口加工贸易。当然,时至今日印度尼西亚依然处在工业化的进程中,2013年其工业占GDP的比重为46.04%。

第4章 寻找经济结构转型升级路径的典范

表 4.6 印度尼西亚 1965—1975 年的产业结构

	1965 年		1970 年		1975 年	
	产值(十亿盾)	比重(%)	产值(十亿盾)	比重(%)	产值(十亿盾)	比重(%)
农林渔业	13 928.70	58.75	1 575.00	47.15	4 045.00	33.18
矿业	528.80	2.23	172.60	5.17	2 483.00	20.37
工业	1 796.50	7.58	311.80	9.33	1 072.00	8.79
电气、煤气、下水道	5.40	0.02	15.00	0.45	60.00	0.49
建筑	437.20	1.84	100.30	3.00	550.00	4.51
运输、通信	518.70	2.19	95.80	2.87	521.00	4.27
商业、金融等	6 440.70	27.16	1 069.70	32.03	3 459.00	28.38
国内生产总值	23 710.00	100.00	3 340.20	100.00	12 190.00	100.00

资料来源:日本海外贸易振兴会雅加达贸易中心,"印度尼西亚的工业化进展和对外贸易结构的变化",《海外市场》(日本),1978 年 2 月号。

印度尼西亚虽然时下依然是发展典范样本中最穷的一个国家,2011 年人均国内生产总值大约只有美国的 7%,但是其产业结构升级极具典范性:1970 年农业产值占国内生产总值的比重高达 45%,但到 2011 年这个比重不足 15%,从一个典型的农业国家转变为了非农业国。与中国一样,印度尼西亚作为一个贫穷的人口大国取得这样的发展绩效实属不易,堪称贫穷农业国发展的榜样。图 4.36 是印度尼西亚 1970—2011 年的经济结构转型升级发展战略路径。对数拟合 ($R^2=0.209$) 的发展战略路径曲线为

$$I_{IDN,t} = 1.1405 + 0.0991 \times \ln(E_{IDN,t})$$

斜率和弹性分别为 $\dfrac{\partial I_{IDN,t}}{\partial E_{IDN,t}} = \dfrac{0.0991}{E_{IDN,t}}$,$\dfrac{\partial I_{IDN,t}}{\partial E_{IDN,t}} \dfrac{E_{IDN,t}}{I_{IDN,t}} = \dfrac{0.0991}{I_{IDN,t}}$。印度尼西亚发展战略路径的斜率和弹性略微低于中国,但稍稍高于世界整体情况。可以直观地看到,相对而言 20 世纪 70 年代的经济结构转型升级较顺畅。图 4.37 是印度尼西亚 1970—2011 年间的工业发展战略路径。二次函数拟合 ($R^2=0.19$) 曲线为

$$I_{IDN,t} = 1.28677 - 0.7338 \times E_{IDN,t} + 249.6744 \times E_{IDN,t}^2$$

可以直观地看到,70 年代以及 21 世纪初期印度尼西亚工业化较为顺畅。图 4.38 是印度尼西亚 1970—2011 年的服务业发展战略路径,对数拟合 ($R^2=0.07$) 的发展战略路径曲线为

$$I_{IDN,t} = 0.44497 - 0.03134 \times \ln(E_{IDN,t})$$

斜率和弹性分别为 $\dfrac{\partial I_{IDN,t}}{\partial E_{IDN,t}} = \dfrac{0.03134}{E_{IDN,t}}$,$\dfrac{\partial I_{IDN,t}}{\partial E_{IDN,t}} \dfrac{E_{IDN,t}}{I_{IDN,t}} = \dfrac{0.03134}{I_{IDN,t}}$。

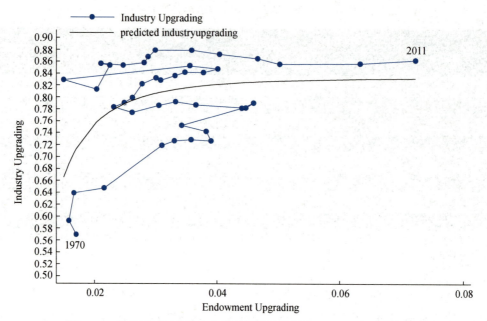

图 4.36　印度尼西亚的非农产业发展战略路径(1970—2011)及其拟合

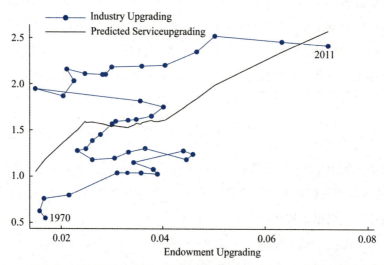

图 4.37　印度尼西亚的工业发展战略路径(1970—2011)及其拟合

4.4.8　马来西亚的经济结构转型升级路径拟合及其特征[①]

马来西亚位于东南亚,首都为吉隆坡,联邦政府则位于布城。国土被南中国海分为

---

① 本节关于马来西亚经济结构转型升级的数据资料主要参考了马来西亚财政部历年的《马来西亚经济报告书》。

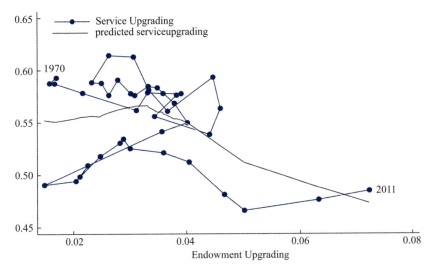

图 4.38　印度尼西亚的服务业发展战略路径(1970—2011)及其拟合

两个部分:西马来西亚,位于马来半岛,北接泰国,南部隔着柔佛海峡,以新柔长堤和第二通道连接新加坡;东马来西亚,位于加里曼丹岛的北部,南接印度尼西亚。马来西亚属于热带雨林气候和热带季风气候,平均温度在 26℃—30℃之间,全年雨量充沛。截至 2015 年,马来西亚总人口 3 064 万,其中马来人 55%,华人 24%,印度人 7.3%,其他种族 0.7%。马来语为国语,通用英语,华语使用较广泛。伊斯兰教为国教,其他宗教有佛教、印度教和基督教等。国家元首是国王,政府首脑是总理。马来西亚是东南亚国家联盟的创始国之一,亚洲太平洋经济合作组织、英联邦和伊斯兰会议组织的成员国。20 世纪 70 年代前,马来西亚经济以农业为主,依赖初级产品出口。70 年代以来不断调整产业结构,大力推行出口导向型经济,电子业、制造业、建筑业和服务业发展迅速。1987 年起,经济连续 10 年保持 8%以上的高速增长,为亚洲"四小虎"国家之一。1998 年受亚洲金融危机冲击,经济出现负增长。通过稳定汇率、重组银行企业债务、扩大内需和出口等政策,经济基本恢复并保持中速增长。制造业是马来西亚最大的生产部门,2010 年制造业总产值约为 2 641.7 亿美元,增加值为 539.1 亿美元,占 GDP 的比重达 22.5%。马来西亚制造业以食品制造、电子电器业、木制品业、炼油业、橡胶产品业和非金属矿产品业为主。此外,旅游业和知识经济服务也发展迅速。增长与发展委员会认定的马来西亚黄金增长时期是 1967—1997 年的 30 年。1996 年 8 月 2 日发行的德国《商报》称"马来西亚近期的经济读起来像一部成功的小说"。

马来西亚近现代的工业化也始于第二次世界大战之后。马来西亚在 1958 年刚刚独立之后的第二年便发布了《先驱工业法令》,为工业提供税收优惠,适度采取关税壁垒和一些领域的进口数量限额来保护国内的"幼稚工业",初期的进口替代工业主要集中于满足国内市场的日用消费品工业。马来西亚的制造业占GDP的份额由1957年的11%上升到1968年的13%,制造业就业人数占总就业人数的比重由6%上升到9%。然而,随着这些日用工业受限于国内市场,1968年之后马来西亚开始将进口替代战略转变为出口导向型战略。1968年马来西亚政府发布了《奖励投资法案》,规定凡有助于发展出口工业、促进出口以及符合马来西亚经济发展需要的工业企业均可申请"新兴工业企业"的资格,获批后可享受2—8年的免税期,劳动力使用税减免,投资设厂地点优惠,以及减免出口税和所得税扣除等优惠政策。其后直到1986年马来西亚对《奖励投资法案》修订了七次,从各个方面大力促进出口工业的发展。1971年4月,马来西亚政府颁布了《自由贸易区法令》,由政府进行投资建立工业区,政府出资修建工业区所必需的基础设施,如公路、通信、电力设施等;制定优惠的进驻政策,鼓励外资企业入驻工业区;被用于复出口的物品进口时免征关税,所得税也给予一定程度的减免;新增投资可享受更多的优惠;凡有80%以上产品出口的工业企业可以在自由贸易区设立"保税工厂";凡生产出口品所需原材料部件的进口可免除关税。自1972年第一个自由贸易区在槟州南部的巴亚利巴(Byana Lepas)建成后,又陆续开辟了17个出口加工区,并在沙巴的拉布安岛设立了自由贸易港。马来西亚在20世纪六七十年代主要发展劳动力密集型出口产业。这一点直观体现在1969年马来西亚政府制定的"新工业发展战略"中,规划规定了其后工业化战略方向:(1)为了扩大就业机会着重发展劳动集约型工业;(2)设立投资委员会,负责促进工业化的进展;(3)政府介入工业化进程;(4)促进西马东海岸地区和东马的工业化;(5)各州政府对工业化进行协作;(6)加强对青少年的工业技术训练;等等。马来西亚的第二个五年计划(1971—1975年)也明确提出了出口导向的工业化方针,为面向出口工业企业的建立和发展制定了优惠政策,尤其是鼓励资金流向劳动力密集型面向出口的工业企业,并制定了一系列相应的税收、引资政策。在80年代马来西亚依然延续了轻工业优先发展的战略。1986年马来西亚政府制定了工业发展十年规划《马来西亚的中长期工业基本计划的概要(1986—1995年)》,即"大蓝图",重点发展十二个工业部门,如橡胶产品、棕油产品、木材产品、有色金属产品、电子电器、纺织产品等。

马来西亚在60至80年代的劳动力密集型出口产业发展战略极为成功,1970—1980年出口总额占国内生产总值的平均比重为44.5%,到1980年制造业产品出口已达63.19亿马元,占当年出口总额的22.4%。在出口的工业制成品中,电子电器的出口占第一位,1986年占工业制成品出口总额的53.5%,当时马来西亚已成为世界第三大半导体元件和空调机出口国;纺织品(包括服装和鞋类)是马工业制成品的第二大出口产品,1986年出口达16.44亿马元,居世界第十位,占工业制成品出口的11%。1970—1975年,制造业的增长率为11.6%,制造业在国内生产总值中的比重由1970年的13.4%上升到1980年的18.6%。1981—1985年,制造业年均增长率达5.2%,1986—1990年年均增长率达13.63%,1987年制造业在国内生产总值中的比重占22.5%,首次超过农业的比重21.9%,成功脱离农业经济成为一个工业经济国家。在成功实现了经济结构转型升级之后,其经济增长自然优异。1976—1979年马来西亚国内生产总值年平均增长率分别为11.6%、7.8%、6.7%、9.3%;整个20世纪80年代马来西亚国内生产总值年平均增长率高达8.4%。

马来西亚第二次经济结构转型始于90年代初期,开始推动劳动力密集型产业向资本和技术密集型产业转型升级。1991年2月28日,马哈蒂尔总理发表《马来西亚迈向前路》的工作报告,提出了要在2020年把马来西亚建成一个"充分发达的国家",《2020年宏愿(1991—2020年)》随之成为马来西亚的工业发展战略。1991年6月,马来西亚政府公布了《1991—2000年的国家发展战略》与《第二个长期发展计划》,指出了90年代发展战略方案的八项重要战略目标分别是:促进主要经济部门之间的均衡发展,实现能够提高它们之间的互补性的最佳均衡发展;在不损害社会改组目标的前提下,培养工业发展所需要的生产效率高的工人与技术人员,发展科学与技术,提高具有战略意义的高科技与知识集约型技术的竞争能力,形成近代产业社会建设所必需的科技文化;为保持长期的持续的发展,必须注意到环境保护与生态平衡;等等。1996年5月,政府制订并公布了"第七个五年计划",特别鼓励发展技术和资本密集型产业,提高出口产品附加值,促进出口工业向技术和资本集约型发展。在亚洲金融风暴之前,1990—1996年马来西亚同期制造业年平均增长率高达14%,制造业在国内生产总值中的比重由1990年的27%上升到1996年的34.5%。然而,由于劳动力成本上涨太快,致使马来西亚劳动力密集型出口产业迅速失去比较优势(参见第7章表7.3亚洲雁行模式测算的马来西亚劳动力密集型产业向中国和越南的转移),在亚洲金融风暴前夕,资本和技术密集型替代产业尚未培育起来,因而在金融风暴中遭受重创,1967—1996年间的增长奇迹一去不返。根据相关数据,1997年马来西亚整体工资水平已达到劳动生产率的两倍,这对主要依赖于劳动力密集型出口产业的马来西亚的打击是致命的。1988年制成品出口总额中63%来自电器、电子和纺织工业,仅电子工业一项就占制成品出口总额的50%。马来西亚制造业出口额占出口总额的百分比由1992年的27%上升到1993年的30.1%,1995年制造业产品出口在出口总额中所占比重更是上升到79.6%;1996年工业制成品在出口总额中所占比重进一步提高81%。当然,亚洲金融风暴并未中断马来西亚经济结构转型升级的继续推进。最为重要的举措便是,马来西亚政府在亚洲金融风暴之后继续通过多媒体超级走廊推动经济转型。马来西亚数码经济机构(MDEC)于1996年成立,至今共吸引投资2 830亿马元,成功打造3 881家具有多媒体超级走廊地位的资讯公司。过去20年马来西亚拥有多媒体超级走廊地位公司的总营业额达3 170亿马元,出口额达1 040亿马元。资讯工艺、多媒体创意、全球商业服务等三个领域可申请多媒体超级走廊地位,获批后可享有许多优惠政策,包括外国投资者可控股、10年免税、聘请外国专业人才、资金可自由进出、无网络审查、享有MDEC的一站式服务等。每年平均有800家公司提出申请,250家可获批。

2011年马来西亚的人均收入水平依然只有美国的五分之一多一点,马来西亚和后面要介绍的泰国虽然谈不上耀眼的发展明星,但是在$\{E\in(0.08,0.2),I\in(0.7,0.9)\}$结构变迁发展区域上是模范,能在较高非农产业结构水平上继续升级产业结构,并能在较短时间内成功脱贫迈入中等收入国家行列。这两个国家也有着非常相似的发展战略路径。图4.39是马来西亚1970—2011年的非农产业发展战略路径,对数拟合($R^2=0.22$)的发展战略路径曲线为

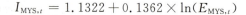

$$I_{\text{MYS},t} = 1.1322 + 0.1362 \times \ln(E_{\text{MYS},t})$$

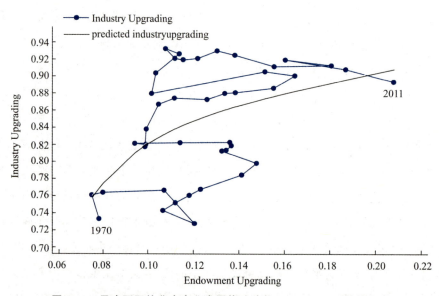

图4.39 马来西亚的非农产业发展战略路径(1970—2011)及其拟合

斜率和弹性分别为 $\dfrac{\partial I_{\text{MYS},t}}{\partial E_{\text{MYS},t}} = \dfrac{0.1362}{E_{\text{MYS},t}}$,$\dfrac{\partial I_{\text{MYS},t}}{\partial E_{\text{MYS},t}} \dfrac{E_{\text{MYS},t}}{I_{\text{MYS},t}} = \dfrac{0.1362}{I_{\text{MYS},t}}$。图4.40是马来西亚1970—2011年间的工业发展战略路径。二次函数拟合($R^2=0.23$)的发展战略路径曲

线为

$$I_{\text{MYS},t} = 0.09166 + 15.7657 \times E_{\text{MYS},t} - 29.47962 \times E_{\text{MYS},t}^2$$

其顶点和拐点分别为 $I=2.1995$ 和 $E=0.2674$，二者均介于中国和韩国之间。图 4.41 是马来西亚 1970—2011 年的服务业发展战略路径。对数拟合（$R^2=0.1319$）的发展战略路径曲线为

$$I_{\text{MYS},t} = 0.47948 - 0.06319 \times \ln(E_{\text{MYS},t})$$

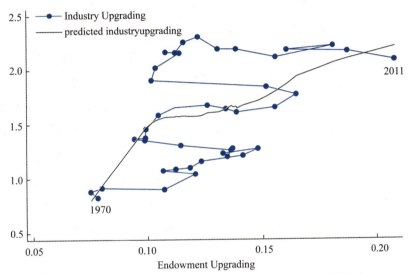

图 4.40　马来西亚的工业发展战略路径（1970—2011）及其拟合

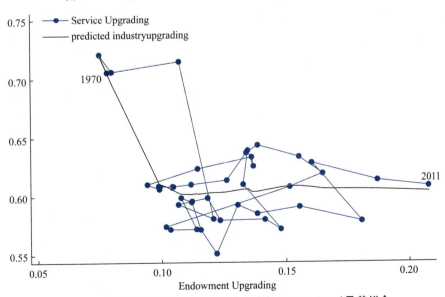

图 4.41　马来西亚的服务业发展战略路径（1970—2011）及其拟合

其斜率和弹性分别为 $\dfrac{\partial I_{\text{MYS},t}}{\partial E_{\text{MYS},t}} = \dfrac{0.06319}{E_{\text{MYS},t}}$ 和 $\dfrac{\partial I_{\text{MYS},t}}{\partial E_{\text{MYS},t}} \dfrac{E_{\text{MYS},t}}{I_{\text{MYS},t}} = \dfrac{0.06319}{I_{\text{MYS},t}}$。

4.4.9 泰国的经济结构转型升级路径拟合及其特征[①]

泰国是一个位于东南亚的君主立宪制国家,位于中南半岛中部,其西部与北部和缅甸、安达曼海接壤,东北是老挝,东南是柬埔寨,南边狭长的半岛与马来西亚相连。国境内大部分为低缓的山地和高原。属于热带季风气候,年均气温24℃—30℃,平均年降水量约1000毫米。2014年3月,泰国总人口6450万。全国共有30多个民族,其中泰族为主要民族,占人口总数的40%,其余为佬族、华族、马来族、高棉族以及一些山地民族。泰语为国语。90%以上的民众信仰佛教,马来族信奉伊斯兰教,还有少数民众信仰基督教、天主教、印度教和锡克教。泰国是东南亚国家联盟成员国和创始国之一,同时也是亚太经济合作组织、亚欧会议和世界贸易组织成员。在20世纪90年代经济发展较快,跻身亚洲"四小虎"之一。泰国是世界新兴工业国家和世界新兴市场经济体之一,制造业、农业和旅游业是泰国经济的主要部门。电子工业等制造业发展迅速,产业结构变化明显;汽车业是支柱产业,是东南亚汽车制造中心和东盟最大的汽车市场。泰国是亚洲唯一的粮食净出口国、世界五大农产品出口国之一。此外,泰国还是世界最闻名的旅游胜地之一。

与绝大多数发展中经济体一样,战后的泰国也采取了进口替代的工业化战略,想以此实现农业国家的工业化。泰国在1947年的经济活动人口中农业占比高达84.8%,严重依赖于单一的稻米种植。1954年泰国出台了《鼓励工业发展法案》,1960年又出台了《鼓励工业投资法案》,通过一系列投资优惠政策吸引资本发展进口替代工业。就像新结构经济学所判断的那样,违背比较优势的进口替代战略在短期内能够通过投资拉动经济增长,但由于结构扭曲而无法长期持续发展。泰国在1951—1954年的国内生产总值就增长了13.6%。在进口替代发展战略期间,泰国制造业的比重由1951年的10%提高到1969年的15%,其中食品饮料等轻工业和石油冶炼、化工制品、机械制造在60年代都得到长足发展,但是由于违背比较优势的产业结构扭曲使得泰国在1947—1969年间制造业占全部劳动力的比重仅仅提高了1.8%。由于制造业无法吸纳大量农业剩余劳动力,这些劳动力就只能涌入第三产业,尤其是旅游业,60年代泰国第三产业就业上涨了33.8%。然而,缺乏制造业基础的第三产业对提高劳动生产率并没有多大帮助。

[①] 关于泰国产业结构变迁历史的简要介绍可参考:吴文科,"泰国产业结构简析",《亚太经济》,1993年第5期。

第 4 章
寻找经济结构转型升级路径的典范

从 20 世纪 70 年代开始,泰国开始将进口替代战略调整为出口导向型发展战略。泰国政府在《第三个国家经济社会发展计划(1972—1976 年)》中明确提出出口导向工业化发展战略,强调加强发展出口贸易,尤其是发展面向出口工业和促进农产品多样化以及利用国内资源促进工业制成品国产化。与马来西亚等国促进出口产业的产业政策类似,1972 年泰国也出台了《1972 投资奖励法案》,规定凡是生产出口产品所需要的原材料进口就可以免除进口税,转口贸易商品也可以享受免除进口税的待遇,以及工业产品出口可以免除出口税和减免所得税。这种符合比较优势的劳动力密集型出口导向发展战略取得了成功。1973—1990 年,泰国外贸出口平均增长 18.7%,纺织品、集成电路与珠宝合计占总出口的比重从 1979 年的 13.4% 提高到 1990 年的 23.9%,超过传统农业的出口总值,占制造业出口的 32%。同期,塑料制品增长了 23.6 倍,家具增长了近 30 倍,人造花增长了近 14 倍,鱼罐头增长了 41 倍。在 1972—1990 年间,泰国的第二产业比重从 23.5% 提高到 32.8%,制造业部门在 1985 年首度超过农业成为最大的产业部门,农业比重从 30.4% 下降到 14.4%,1972—1985 年间,第二产业就业人口增加了 239 万,从而实现了从农业经济向工业经济的转变。自然而然的结果便是,1972—1990 年,泰国年均经济增长达到 7.8%,第二产业增长率达到 9.8%。

虽然泰国也在 90 年代初期就开始布局传统劳动力密集型产业的转型升级,着手发展计算机零部件、电器、集成电路、汽车及其零部件。但是,由于劳动力密集型产业失去比较优势的速度太快,而新兴的资本和技术密集型接替产业升级的速度跟不上,与马来西亚类似,泰国也遭受了亚洲金融风暴的严重打击,1997 年泰国工业增长率仅 4%。然而,亚洲金融风暴也同样没有阻止泰国的产业转型升级。在短短的 7 年中,泰国的汽车出口从 1996 年的 1.402 万辆飙升至 2003 年的 23.5022 万辆,增加了 16.7 倍之多。1998—2003 年,泰国汽车出口呈跳跃式增长,其平均出口量达到汽车生产总量的 35.7%。2013 年泰国电子产品出口中计算机产品占比达 55.6%。

图 4.42 是泰国 1970—2011 年的非农产业发展战略路径,对数拟合($R^2=0.48$)的发展战略路径曲线为

$$I_{\text{THA},t} = 1.2401 + 0.1354 \times \ln(E_{\text{THA},t})$$

斜率和弹性分别为 $\frac{\partial I_{\text{THA},t}}{\partial E_{\text{THA},t}}=\frac{0.1354}{E_{\text{THA},t}}$,$\frac{\partial I_{\text{THA},t}}{\partial E_{\text{THA},t}}\frac{E_{\text{THA},t}}{I_{\text{THA},t}}=\frac{0.1354}{I_{\text{THA},t}}$。马来西亚和泰国发展战略路径的斜率和弹性比较接近韩国和中国,但较之非洲典范博茨瓦纳要温和,较之印度尼西亚要激进。图 4.43 是泰国 1970—2011 年间的工业发展战略路径。二次函数拟合($R^2=0.55$)的发展战略路径曲线为

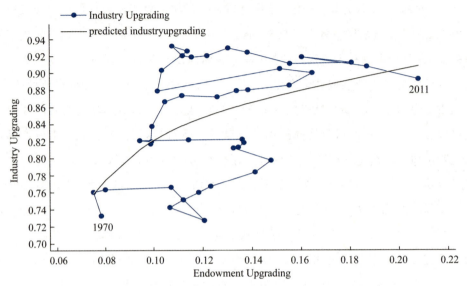

图 4.42 泰国的非农产业发展战略路径(1970—2011)及其拟合

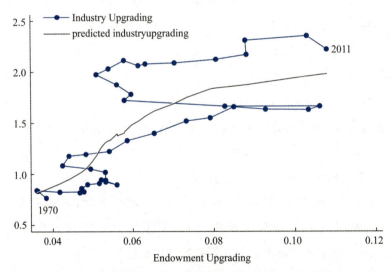

图 4.43 泰国的工业发展战略路径(1970—2011)及其拟合

$$I_{\text{THA},t} = -1.48689 + 73.52329 \times E_{\text{THA},t} - 390.1515 \times E_{\text{THA},t}^2$$

其顶点和拐点分别为 $I=1.9769$ 和 $E=0.0942$,顶点与世界样本相比要略低一些,拐点则远小于世界样本而与中国接近,说明泰国的工业升级还是较快的。图 4.44 是泰国 1970—2011 年间的服务业发展战略路径。对数拟合($R^2=0.45$)的发展战略路径曲线为

$$I_{\text{THA},t} = 0.22888 - 0.16501 \times \ln(E_{\text{THA},t})$$

其斜率和弹性分别为 $\dfrac{\partial I_{\text{THA},t}}{\partial E_{\text{THA},t}} = \dfrac{0.16501}{E_{\text{THA},t}}$ 和 $\dfrac{\partial I_{\text{THA},t}}{\partial E_{\text{THA},t}} \dfrac{E_{\text{THA},t}}{I_{\text{THA},t}} = \dfrac{0.16501}{I_{\text{THA},t}}$。这与泰国早期由于

进口替代战略导致制造业所无法吸收的大量农业剩余劳动力涌入第三产业尤其是旅游业,使得其产业结构虚高的历史是一致的。随着泰国劳动力密集型制造业的发展,这些劳动力再流入制造业,使得服务业下滑,进行正常调整。

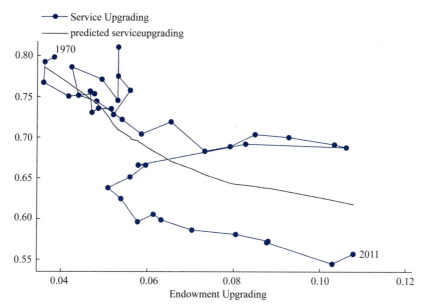

图 4.44　泰国的服务业发展战略路径(1970—2011)及其拟合

4.4.10　阿曼的经济结构转型升级路径拟合及其特征[①]

阿曼位于阿拉伯半岛东南部,地处波斯湾通往印度洋的要道,西北接阿拉伯联合酋长国,西连沙特阿拉伯,西南邻也门共和国。东北与东南濒临阿曼湾和阿拉伯海。海岸线长 1 700 公里,国土面积 30.95 万平方公里,境内大部分是海拔 200—500 米的高原。除东北部山地外,均属热带沙漠气候。全年分两季,5 月至 10 月为热季,气温高达 40℃以上;11 月至翌年 4 月为凉季,气温约为 24℃。年平均降水量 130 毫米。2014 年,阿曼全国人口总数为 395.7 万,其中本国人口 221.3 万,外籍常住人口 174.4 万。本国人口绝大多数是阿拉伯人,外来定居人口中印度人、伊朗人、巴基斯坦人等居多。阿曼是君主制国家,无宪法和议会,禁止一切政党活动,由苏丹颁布法律、法令和批准缔结国际条约与协定。

阿曼石油资源丰富,现已探明石油储量近 7.2 亿吨,天然气储量 33.4 万亿立方英

---

① 关于目前阿曼经济多元化转型升级的资料主要参考 *The Report*:*Oman 2017*。

尺。煤储量约3600万吨,金矿储量约1182万吨,铜储量约2000万吨,铬100万吨,还有银及优质石灰石等。水产资源也非常丰富。但是,其最初依然是一个传统的农业经济。1970年,阿曼的人均国内生产总值只有美国的7%左右,20世纪80年代旋即成为中等收入国家。尽管阿曼是资源富足型国家,但是其结构变迁并未陷入"资源诅咒"。当然,阿曼在70年代的快速增长确实得益于其石油资源开发。60年代开始开采石油,目前仍以石油开采为主,油气田主要分布在西北部和南部的戈壁、沙漠地区。石油、天然气产业是阿曼的支柱产业,油气收入占国家财政收入的75%,占国内生产总值的41%。阿曼经济结构高度单一,有约40%以上的人口从事农、牧、渔业。① 阿曼目前正在加速推进经济结构多元化转型升级。渔业历来是阿曼经济的重要组成部分,并被列为该国经济多元化改革中的五个驱动经济未来增长的关键行业之一。根据阿曼政府的规划,渔业产量将逐步提高20万吨,至2020年达到年产48万吨的水平,并新创造2万个就业岗位。目前在建的主要渔业项目包括位于杜库姆经济特区内的一个渔港和毗邻的渔业产业集群项目。矿业是另一个重点发展行业,其对阿曼GDP的贡献度为0.5%,未来增长空间巨大。目前,阿曼政府已出台了新的矿业法,以吸引更多外国和本地投资者进军该领域,开发当地的金、铜和稀土等矿产。此外,正在杜库姆经济特区内兴建的矿产品加工等设施也将进一步助力该行业的发展,提高矿业的整体收益水平。

新近发布的 The Report: Oman 2017 认为,实现经济多元化是阿曼政府的长期目标,但从中短期来看,虽然国际油价复苏前景仍不乐观,但油气出口收入仍在阿曼的国民经济中发挥着至关重要的作用。在2011—2014年间,油气出口收入年均占到政府总收入的84%。为此,阿曼在近年继续着力扩大油气产能,目前年产原油量接近4亿桶。维持甚至增加产能的重要性不仅体现在国家收入方面,更在于油气勘探和开采活动是支撑阿曼国民经济活动(包括石化、冶金、海水淡化等)的基石,对于阿曼政府正在推行的多元化改革意义重大,为制造业等行业的发展提供了助力。例如,总耗资64亿美元的Liwa塑料化工一体化项目将成为阿曼制造业的旗舰项目,这一规划中的项目已收到了来自多家国际金融机构的融资支持,待2020年建成投产后,将成为该国首个聚乙烯生产厂,创造1.3万个就业岗位,并进一步支持其他使用聚乙烯为原材料的下游行业的发展。同时,阿曼看好东部非洲的经济快速增长前景,希望充分发掘自身地理位置优势和与该地区的历史传统关系,着力发展运输物流业,将该国油气领域上下游产品销往东非地区国家。阿

---

① 全国可耕地101 350公顷,已耕地61 500公顷,主要种植椰枣、柠檬、香蕉等水果和蔬菜。粮食作物以小麦、大麦、高粱为主,不能自给。

曼出口信用保险机构(Export Credit Guarantee Agency, ECGA)总经理助理 Imaadal-Harthy 表示:"得益于地理距离上的优势,阿曼正在东部非洲快速增长的经济体中寻找合作机会,并尤为关注埃塞俄比亚。"阿曼运输物流业最重要的发展项目就是中东部港口城市杜库姆的经济特区,其中包括了八个重要组成部分:杜库姆新港、工业区、住宅区、渔业码头、旅游中心、物流中心、中央商务区、教育培训区。杜库姆经济特区管委会(Special Economic Zone Authority Duqm, SEZAD)负责管理和规范区内的经济活动和项目发展。此外,占地 95 平方公里的 al-Batinah South 物流园区将是该国的另一个物流旗舰项目,致力于打造一个包含多式联运、轻工、商贸服务、仓储物流的地区枢纽。

阿曼旅游部希望至 2020 年将旅游业对 GDP 的贡献率提高至 5%,并至 2024 年累计创造 10 万个就业机会。根据世界旅游及旅行理事会(World Travel & Tourism Council, WTTC)发布的《2016 年旅游及旅行的经济影响》报告,阿曼旅游业直接产生的收入在 2015 年达到 18 亿美元(占 GDP 的 2.5%),至 2026 年可增加到 35 亿美元(占 GDP 的 3.4%)。如算上间接产生的收入,则该国旅游业在 2015 年营收额达到 41 亿美元(占 GDP 的 5.7%),至 2026 年可达到 79 亿美元(占 GDP 的 7.7%)。在就业方面,WTTC 预测,旅游业目前直接创造 5.3 万个工作岗位,至 2026 年可累计创造 8.1 万个岗位。阿曼政府十分看中旅游业这一劳动力密集型行业在创造就业机会中的积极作用,目前有 39 个旅游项目正在建设实施,将为旅游业的未来增长奠定良好的基础。

尽管阿曼过去的经济结构转型路径也许对于大多数经济体而言不具有太多的可比性,但其是典型的资源型经济体,对于资源型经济体转型升级有一定的意义。图 4.45 是阿曼 1970—2004 年的非农产业发展战略路径,对数拟合($R^2=0.84$)的发展战略路径曲线为

$$I_{\text{OMN},t} = 1.0741 + 0.0622 \times \ln(E_{\text{OMN},t})$$

斜率和弹性分别为 $\frac{\partial I_{\text{OMN},t}}{\partial E_{\text{OMN},t}}=\frac{0.0622}{E_{\text{OMN},t}}$ 和 $\frac{\partial I_{\text{OMN},t}}{\partial E_{\text{OMN},t}}\frac{E_{\text{OMN},t}}{I_{\text{OMN},t}}=\frac{0.0622}{I_{\text{OMN},t}}$。图 4.46 是阿曼 1970—2004 年的工业发展战略路径。二次函数拟合($R^2=0.026$)的发展战略路径曲线为

$$I_{\text{OMN},t} = 2.3041 - 1.29735 \times E_{\text{OMN},t} + 1.74186 \times E_{\text{OMN},t}^2$$

图 4.47 是阿曼 1970—2004 年间的服务业发展战略路径。对数拟合($R^2=0.23$)的发展战略路径曲线为

$$I_{\text{OMN},t} = 0.78892 + 0.17395 \times \ln(E_{\text{OMN},t})$$

斜率和弹性分别为 $\frac{\partial I_{\text{OMN},t}}{\partial E_{\text{OMN},t}}=\frac{0.17395}{E_{\text{OMN},t}}$ 和 $\frac{\partial I_{\text{OMN},t}}{\partial E_{\text{OMN},t}}\frac{E_{\text{OMN},t}}{I_{\text{OMN},t}}=\frac{0.17395}{I_{\text{OMN},t}}$。可以看到,虽然阿曼

的收入水平大幅提高,但是其经济结构转型升级的路径还是相对于其他发展典范要紊乱得多。这在一定程度上表明阿曼的经济结构转型升级依然存在很多问题。

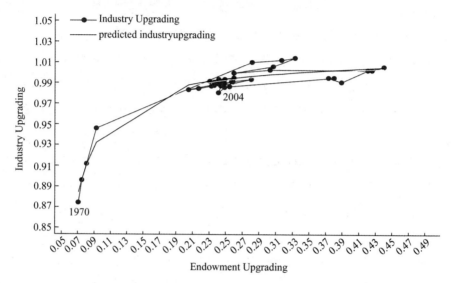

图 4.45 阿曼的非农产业发展战略路径(1970—2004)及其拟合

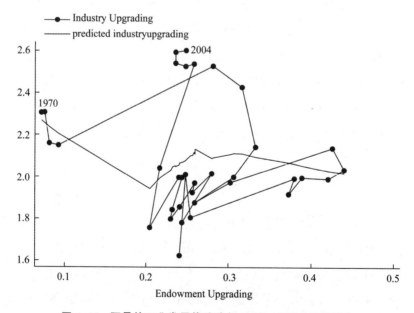

图 4.46 阿曼的工业发展战略路径(1970—2004)及其拟合

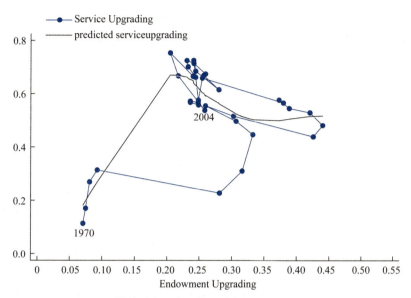

图 4.47 阿曼的服务业发展战略路径(1970—2004)及其拟合

4.4.11 马耳他的经济结构转型升级路径拟合及其特征[①]

马耳他位于南欧,毗邻意大利,位于意大利西西里岛以南 90 公里、突尼斯以东 284 公里、利比亚以北 333 公里。总面积 316 平方公里,相当于 18 个中国澳门的大小。马耳他属亚热带地中海式气候,冬季多雨,夏季高温干燥。全年平均气温 21.3℃,最高气温 40℃,最低气温 5℃。年平均降水量 560 毫米。马耳他自然资源缺乏,除生产建筑用石灰岩外,无矿产资源,石油、天然气更是完全依赖进口。全国总人口 42.15 万,马耳他人占其中的 95% 以上,其余为阿拉伯人、意大利人、英国人等。天主教为马耳他的国教,信奉人数占 98%,少数人信奉基督教新教和东正教。官方语言为马耳他语和英语,同时意大利语也非常流行。马耳他实行共和国制,2003 年加入欧盟,2008 年加入欧元区。

如果说阿曼是典型的资源丰裕型经济体,其经济结构转型升级经验与问题对资源丰裕型经济体的转型升级有借鉴意义的话,那么马耳他则是典型的资源匮乏型"微型经济"的代表,其经济结构转型升级对这些微型经济体有借鉴意义。按照联合国贸易和发展会议、世界银行、英联邦秘书处等国际机构的常规标准,一般都选择以人口 100 万—150 万作为微型经济体的门槛。[②] 如果把标准定为 100 万的话,2011 年世界范围内微型经济体

[①] 马耳他等微型经济体的产业多元化发展介绍可参考:曾忠禄,"微型经济产业多元化可行性研究",《港澳研究》,2015 年第 4 期。

[②] T. Crowards, "Defining the Category of 'Small' States", *Journal of International Development*, 2002, 14(2), pp.143—179.

有 79 个。① 因此,研究马耳他的经济结构转型升级从经济体数量上讲也颇具代表性。微型经济体面临的最重要的经济结构转型升级问题莫过于产业多元化。理由很简单,因为微型经济体体量小,产业相对单一,而如果一个经济体依赖于单一产业,则面临很大的风险。然而,尽管如此,如表 4.7 所示的一些微型经济体依然获得了成功。在表 4.7 的微型经济体中,马耳他的人均收入水平 2011 年为 1.92 万美元,而澳门、冰岛和卢森堡的人均收入水平则远远高于马耳他,分别为 3.95 万美元、4.16 万美元和 10.54 万美元。增长与发展委员会在《增长报告》中认定的马耳他黄金增长期为 1963—1994 年,不过可以看到马耳他与遭受亚洲金融风暴的其他东亚发展典范不同,其在黄金增长期之后也取得了持续的发展,2010 年成为国际货币基金组织列出的 33 个发达国家之一。而且,马耳他依然有充足的发展潜力。2011 年,马耳他的人均收入水平只有冰岛的 46%、中国澳门的 48%、卢森堡的 39%。因此,从成功的先例来讲,全球 79 个人口低于 100 万的微型经济体不会陷入人们所担心的"产业结构单一"陷阱。正如林毅夫在《新结构经济学》一书中批评迈克尔·波特的竞争理论时所指出的:"波特使'竞争优势'这一名词流行起来。基于他的论述,如果一个国家的产业符合如下四个条件,这个国家将在全球经济中获得竞争优势:(1)这些产业在生产中,密集地使用该国丰富的、相对便宜的要素;(2)其产品拥有广大的国内市场;(3)每个产业形成一个产业集群;(4)每个产业的国内市场是竞争的市场。其中,第一个条件实际上意味着这些产业应符合由该国要素禀赋所决定的比较优势;而第三和第四两个条件仅当产业与该国要素禀赋相符时才会成立。因此,上述四个条件可以归结为两个相互独立的条件:比较优势与国内市场大小。而在这两个独立条件之中,比较优势又是最为关键的,因为如果一个产业符合该国的比较优势,该产业的产品就可以以全球为市场。这也是这个世界上很多最富有的国家都很小的原因。"②

表 4.7 2011 年一些代表性的高收入微型经济体

国家/地区	人口数量(万人)	人均 GDP(万美元)
中国澳门	55.68	3.95
卢森堡	50.21	10.54
马耳他	41.7608	1.92
冰岛	31.8452	4.16

资料来源:https://www.cia.gov/library/publications/the-world-factbook/index.html。

---

① https://www.cia.gov/library/publications/the-world-factbook/index.html。
② 林毅夫,《新结构经济学:反思经济发展与政策的理论框架》,北京大学出版社,2012 年,第 19 页脚注 5。

表4.8是2009年澳门、卢森堡、冰岛和马耳他按行业统计的就业人口构成,就业人口主要集中在服务业,分别占总就业人口的84%、77%、75%和74%。这四个经济体的第一产业和第二产业的就业人口分别占总就业人口的16%、23%、25%和27%。澳门就业人口最高的产业是包括博彩产业的"团体、社会及个人的其他服务"产业,该部门的就业人口占澳门总就业人口的23.7%(其中博彩业占19.8%,其他"团体、社会及个人的其他服务"占3.9%)。卢森堡就业人口最集中的行业是"不动产业务、租赁及向企业提供的服务",该部门的就业人口占其总就业人口的17.2%。冰岛就业人口最集中的行业是"医疗卫生及社会福利",该部门的就业人口占总就业人口的16.0%。马耳他就业人口最集中的行业是"批发及零售业;物品维修",该部门的就业人口占总就业人口的比重为15.5%。除了众所周知的澳门博彩业一枝独秀之外①,这些微型经济体整体的产业多元化程度还是相对较高的(见表4.9和表4.10)。澳门回归以后的2000年,特区政府的第一个《施政报告》就提出了经济多元化的问题。2001年的《施政报告》把离岸服务作为发

---

① 澳门向有"赌埠"之称,博彩业在澳门历史悠久。澳门起初也是禁赌的,但后来澳葡当局为解贸易急剧衰落、收入拮据之窘,实行公开招商设赌,向赌场征收"赌饷",以开赌抽饷来增加收入。19世纪60年代中期,澳葡当局主要依靠赌饷和鸦片烟税,使得每年的财政收入增加到20多万元,并有约4万元的结余上交葡萄牙国库。1847年,澳门政府颁布法令,宣告赌博业合法化,揭开了赌业合法化的序幕,但当时并没有专营的赌场。20世纪30年代以后,澳门的博彩业改由政府与娱乐公司签订合约,实行专利经营。经营者必须向政府缴纳赌饷——博彩税,依约经营。1937年,高可宁、傅德荫合组的泰兴娱乐公司,开始实行赌博专营制度,此后澳门赌业发展初具规模。但泰兴公司经营不善,加上高、傅的继承人又不热衷赌业,澳门政府于是在50年代重新制定赌业管理办法,并公开竞标赌业管理权。1961年2月,葡萄牙海外部根据澳门当局的建议,批准在澳门正式开设博彩旅游业。1962年,由香港何鸿燊、叶汉合组的何氏澳门旅游娱乐公司竞标成功,获得赌业管理权。此后三十多年,澳门的博彩业一直由何氏澳门旅游娱乐公司实行高度垄断经营。1997年7月,该公司与澳葡政府再次签订新修订的博彩专营合约,已把合约延期至2001年。2001年,澳门开放博彩业,澳娱属下的子公司澳门博彩股份有限公司投得其中一个博彩业牌照,澳门博彩股份2004年全年纯利达342亿元。澳门博彩业仍属专利经营性质,由政府开设。由于澳门以博彩旅游为主要经济支柱的现状是历史形成的,博彩业在澳门已有相当的基础,因此在今后相当长的历史时期内还将是澳门税收的重要来源。澳门基本法第118条规定:"澳门特别行政区根据本地整体利益自行制定旅游娱乐业的政策。"这就是说,澳门回归祖国之后博彩业依然保持原来的业态,但市场变大了之后又得到迅速发展。2000年特区政府博彩税收入达56.5亿澳门元;2001年特区政府收入博彩税达到60亿澳门元,仅次于1997年的61.5亿澳门元,居历史第二位。且在2000年突破入境游客900万人之后又有一个跃进,2001年接待游客数突破1000万人次,创下了史无前例的新高纪录。2002年更高达1153万人次,不仅为旅游博彩业带来可观的收益,而且促进了相关产业的同步增长。它直接促进了酒店、餐饮、交通、金饰珠宝、古玩典当、娱乐服务、手信业的增长,甚至还吸纳了部分因制造业北移和建造业委顿而失业的工人,减少了因此而产生的震荡。更为可喜的是它还为沉寂多年的房地市市场注入了活力。2013年澳门的总就业人口为36.1万,其中博彩业为8.3万,占总就业人口的比重高达23%。而2003年,澳门赌权开放的第二年,澳门博彩业就业人口才占总就业人口的7.5%。2001年澳门的税收只有39.1%来自赌场博彩税,2013年该比重达到了76.3%。总之,澳门博彩业的成功发展得益于诸多因素,包括历史传统和超微型的自由港经济特征以及当地政府的有益扶持。澳门经济财政司长谭伯源表示,对于未来澳门博彩业的发展,政府的态度是,任何经济范畴内需要关注的行业都会重视。博彩业的施政大方向是适度规模、规范管理、健康发展,推动博彩业朝规范化、专业化、国际化和可持续方向发展,实现扶助和"反哺"其他行业。管理博彩业方面,推行负责任博彩,会从多个方向考虑,包括:预防政策,注重宣传教育工作,要求营运商推行负责任博彩;治疗病态赌徒政策,设立中央辅导热线,统筹协调(五个)或将来设立的辅导中心;宣传教育公关政策,利用社区团体力量,做好负责任博彩的宣传推广,设立负责任博彩的网站,向有需要的人士提供更多的沟通渠道。在不同施政范畴合作上,提供意见和合作。(以上内容根据相关资料整理而成)。

展的重点,并提出了通过博彩业带动酒店业、饮食业及会议展览业等。2003年的《施政报告》中"经济财政领域施政方针政策"提出了"有选择地发展新兴产业"、"推动本澳产业向适度多元化方向发展"的目标。该报告中提到的重点扶持产业包括离岸服务业、信息科技产业、会展业、创意产业、转口贸易和物流业。2004年提出的多元化的重点是离岸业务、医药产业、环保中介产业、航空物流业和会展业。从2003年起,澳门特区政府就开始对会展业、物流业、中医药产业加大投入。尽管如此,澳门的产业多元化效果并没有达到预期的设想,澳门博彩业占GDP的百分比从2000年的25.9%上升到2013年的46.1%。除博彩业外,其他行业占GDP的比重都非常小,尤其是能够通过出口(货物出口和服务出口)给澳门带来收益的行业更是如此。这可能意味着,澳门的博彩业已经成为其根深蒂固的具有比较优势的产业,而其他产业的选择则因远离了这种产业基础而难以壮大。

表4.8 2009年澳门、卢森堡、冰岛和马耳他按行业统计就业人口构成   单位:%

行业	澳门	卢森堡	冰岛	马耳他
农、林、牧、狩猎、捕鱼及采矿业	0.3	1.5	5.2	2.0
制造业	5.4	9.9	11.9	15.1
电力、气体及水的生产及分配	0.3	0.5	0.9	2.2
建筑业	10.3	10.9	7.0	7.2
批发及零售业;物品维修	13.1	12.9	12.6	15.5
住宿、餐厅、酒楼及同类场所	13.8	4.6	4.6	8.2
运输、贮藏及通信	5.3	8.2	7.1	8.4
金融业务	2.4	11.7	4.7	3.7
不动产业务、租赁及向企业提供的服务	8.1	17.2	9.8	7.5
公共行政、防卫及强制性社会保障	6.4	5.1	5.5	9.0
教育	3.9	4.5	12.1	8.4
医疗卫生及社会福利	2.3	7.9	16.0	1.1
团体、社会及个人的其他服务	23.7	3.7	2.7	4.8
雇用佣人的家庭	4.9	1.5	—	0.1
国际组织及其他领土以外的机构	0.0	0.0	0.0	0.2
合计	100.0	100.0	100.0	100.0

资料来源:转引自曾忠禄和张冬梅,"产业多元化:微型经济体国际比较",《经济地理》,2012年第9期。

表 4.9 澳门与卢森堡、冰岛、马耳他各行业就业人口构成的熵指数和赫芬达尔指数比较

年份	澳门		卢森堡		冰岛		马耳他	
	熵指数	HHI	熵指数	HHI	熵指数	HHI	熵指数	HHI
2000	2.334	0.112	2.413	0.102	2.417	0.099	2.392	0.110
2005	2.328	0.112	2.405	0.101	2.416	0.099	2.417	0.103
2006	2.314	0.114	2.410	0.101	2.429	0.096	2.420	0.102
2007	2.288	0.122	2.405	0.102	2.432	0.096	2.428	0.100
2008	2.272	0.127	2.396	0.103	2.433	0.101	2.446	0.097
2009	2.292	0.124	2.400	0.103	2.403	0.101	2.442	0.097

资料来源:转引自曾忠禄和张冬梅,"产业多元化:微型经济体国际比较",《经济地理》,2012年第9期。

表 4.10 澳门与卢森堡、冰岛、马耳他 GDP 产业构成的熵指数和赫芬达尔指数比较

年份	澳门		卢森堡		冰岛		马耳他	
	熵指数	HHI	熵指数	HHI	熵指数	HHI	熵指数	HHI
2007	2.184	0.167	2.520	0.094	2.556	0.083	2.394	0.105
2008	2.183	0.166	2.476	0.101	2.553	0.082	2.377	0.108
2009	2.171	0.177	2.491	0.098	2.558	0.083	2.404	0.104

资料来源:转引自曾忠禄和张冬梅,"产业多元化:微型经济体国际比较",《经济地理》,2012年第9期。

与澳门一样,马耳他的博彩业在政府的有意培育下也较为发达。马耳他很早就开始对远程赌博的基础设施进行大量投资。目前在远程游戏/博彩方面处于世界领先位置。自2001年彩票和其他博彩法生效以来,获得营业执照的公司从12家增至近250家。而网上博彩牌照的数量2012年达到了425家。这些公司直接雇用的员工超过5 000人,为他们服务的其他行业雇员达3 000多人。马耳他与网上博彩相关的行业包括电信运营商、数据中心运营商、律师、审计师、银行和支付机构。IT行业有超过200家公司在经营,这为马耳他的远程博彩行业的游戏开发提供了良好的技术环境、经验丰富的专业技术人员(尤其是分析和挖掘资料的专业人员)。世界网络博彩运营商有10%在马耳他落户,其中包括世界著名的网上博彩公司Betfair和Betsson。马耳他的网上博彩公司经营的博彩包括赌场博彩和技巧博彩、在线彩票、彩池和差点设赌、P2P和扑克网络等,2011年博彩总收入达到马耳他GDP的7.82%。如果加上博彩业的支持产业,则整个行业对马耳他

GDP 的贡献达到了 10%。① 马耳他旅游业也较发达,每年大约有 130 万游客,是国民的 3 倍多,旅游收入大约占其 GDP 的 25%。2012 年金融业对马耳他经济直接和间接贡献超过 10 亿欧元,占 GDP 的比重达 12%,雇用的员工超过 1 万人。马耳他作为地中海的经贸中心,其金融行业的资本流入占马耳他外商直接投资的 60% 左右。然而,与中国澳门不同的是,马耳他的产业多元化则相对成功得多,有比较坚实的制造业基础,其船舶修理、飞机维修、建筑、食品饮料、药品制造、信息技术服务等产业优势突出。如图 4.48 所示,2012 年马耳他的制造业占 GDP 的比重达 16%,通信与科技占 GDP 的 12%。马耳他正日益成为地中海地区优秀的制造业中心。马耳他制造业企业数目有 4 000 多个,雇用员工 2 万多人,占马耳他总劳动力的 15%,制造业的出口额高达 21.8 亿欧元(同期中国澳门为 12.5 亿欧元)。马耳他自然资源匮缺,其制造业的发展主要依赖其劳动力。近年来,随着劳动力成本的升高,马耳他的制造业主要集中在高价值的资本与知识密集的高端制造业,包括半导体、制药、医疗设备、化工、塑料产品、电子机械设备等。马耳他制造业的很多公司都有很高的国际知名度,是高技术生产的市场领袖,如迈梭电子(Methode Electronics)、特瑞堡公司(Trelleborg)、Abertax Quality 公司等。如今马耳他的制造业劳动生产率很高,员工人均创造的价值达 3.2 万欧元,其中制药业更高达 7.4 万欧元。② 2009 年,在欧盟国家中,马耳他的中等科技和高科技产品出口位居第一,来自海外的许可和专利收入位居第二,在知识密集的行业的就业人口比重居第七位。③ 马耳他制造业最重要的行业是电子产业,2006 年至 2008 年间,马耳他电子产业的销售超过 9 亿欧元,占制造业总销售额的 41%。第二大制造业是制药业。目前马耳他的医药企业和相关的化工企业有 81 家,其中药物制剂企业 10 家。2012 年,制药业出口价值为 3.2 亿美元,占当年 GDP 的 4%,占制造业产值比重的 10%;雇用的员工超过 1 000 人,占制造业员工总数的 7%。制药业每年仅出口到欧洲的产品已超过 1.5 亿欧元(约合 2.05 亿美元)。④ 2013 年,工业产值占马耳他 GDP 的 23%,其主要产品包括电子产品、机械设备、精密仪器、服装、食品饮料、化工产品等。约有 2.2 万人在制造业部门工作,其中约 3 000 人服务于电子部门。另外,马耳他的船运与空运业较发达,运输大约占马耳他 GDP 的 19%。马

---

① Malta E-gaming Review 2013—2014, http://tax-news.com/features/Malta_EGaming_Review_201314_571155
② Malta Council for Science and Technology, National Research Strategy for Manufacturing in Malta, 2012, http://www.manufacturingresearch.eu/documents/Research
③ Malta Council for Science and Technology, 2012, http://mcst.gov.mt/
④ http://www.pharma.focusreports.net

耳他的海运业涵盖很广,其服务包括燃料仓库、维修、船只处理、转运及其他一些货物服务等。马耳他的空运服务业引入了大量的资金与鼓励机制,发展飞机维修保养业,致力于成为飞机保养、维修及翻新的领导者。马耳他于 2006 年通过了《商业游艇法》,从那时起马耳他就成为全球超级游艇最大的注册地之一。据 2012 年的统计,马耳他船舶登记数量位居欧洲之首、世界第七。在全球经济论坛《2014—2015 年全球竞争力报告》中,马耳他在全球最有竞争力的 144 个国家中,排名 47 位。2015 年,国际评级机构惠誉及穆迪将马耳他的国家评级评定为 A 级,这意味着该国经济稳定、安全系数高。

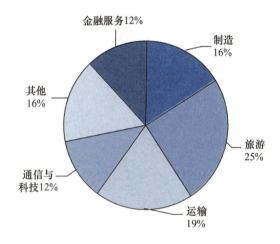

图 4.48　2012 年马耳他的产业结构

资料来源:Deloitte, Malta, Essentials for Excellence, 2013。

因此,就算是针对全球 70 余个人口不足百万的微型经济体而言,只要发展符合自身比较优势的产业并持续不断地推进经济结构转型升级,其在全球的竞争力依然不亚于其他人口大国。图 4.49 是马耳他 1970—2010 年的非农产业发展战略路径,对数拟合($R^2=0.67$)的发展战略路径曲线为

$$I_{\text{MLT},t} = 1.0167 + 0.0263 \times \ln(E_{\text{MLT},t})$$

斜率和弹性分别为 $\dfrac{\partial I_{\text{MLT},t}}{\partial E_{\text{MLT},t}} = \dfrac{0.0263}{E_{\text{MLT},t}}$,$\dfrac{\partial I_{\text{MLT},t}}{\partial E_{\text{MLT},t}} \dfrac{E_{\text{MLT},t}}{I_{\text{MLT},t}} = \dfrac{0.0263}{I_{\text{MLT},t}}$。与其他样本略微不同的是,马耳他的起点较高,是典型的中等收入国家实现向上升级的发展典范。图 4.50 是马耳他 1970—2010 年间的工业发展战略路径。二次函数拟合($R^2=0.54$)的发展战略路径曲线为

$$I_{\text{MLT},t} = 0.3715 + 11.30484 \times E_{\text{MLT},t} - 19.08714 \times E_{\text{MLT},t}^2$$

顶点和拐点分别为 $I=2.045$ 和 $E=0.296$，在发展典范当中与韩国较为接近，体现出稳健的工业升级风格。可以看到尤其是在 20 世纪七八十年代，马耳他的工业取得了持续的升级，奠定了其地中海制造业中心的地位。图 4.51 是马耳他 1970—2010 年间的服务业发展战略路径。对数拟合（$R^2=0.3237$）的发展战略路径曲线为

$$I_{\mathrm{MLT},t} = 0.91154 + 0.2241 \times \ln(E_{\mathrm{MLT},t})$$

斜率和弹性分别为 $\dfrac{\partial I_{\mathrm{MLT},t}}{\partial E_{\mathrm{MLT},t}} = \dfrac{0.2241}{E_{\mathrm{MLT},t}}$ 和 $\dfrac{\partial I_{\mathrm{MLT},t}}{\partial E_{\mathrm{MLT},t}} \dfrac{E_{\mathrm{MLT},t}}{I_{\mathrm{MLT},t}} = \dfrac{0.2241}{I_{\mathrm{MLT},t}}$。与世界样本相比，近年来马耳他服务业升级发展战略路径的斜率和弹性都要大得多，表明其服务业升级较为迅速，这主要是前面所介绍的在 21 世纪初之后马耳他政府大力发展远程游戏博彩业与旅游业以及物流业之故。

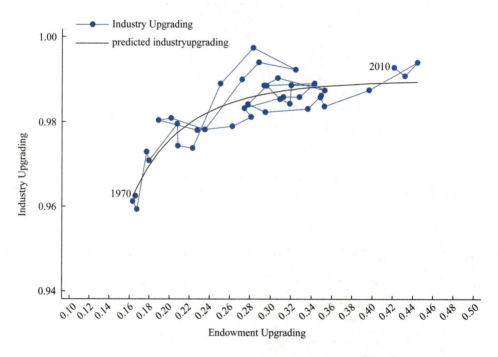

图 4.49　马耳他的非农产业发展战略路径（1970—2010）及其拟合

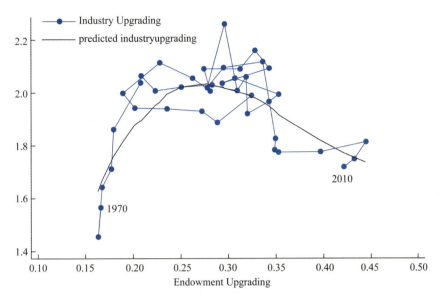

图 4.50　马耳他的工业发展战略路径(1970—2010)及其拟合

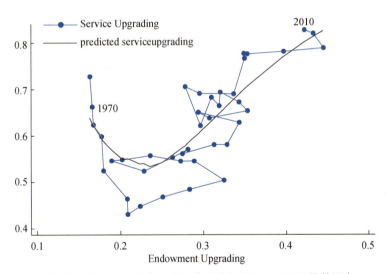

图 4.51　马耳他的服务业发展战略路径(1970—2010)及其拟合

4.4.12　博茨瓦纳的经济结构转型升级路径拟合及其特征[①]

博茨瓦纳共和国位于非洲南部内陆。该国地处南非高原中部的卡拉哈迪盆地,平均海拔约 1 000 米,国土面积 581 730 平方公里。东接津巴布韦,西连纳米比亚,北邻赞比亚,南接南非。大部分地区属热带干旱草原气候,西部为沙漠,属热带沙漠气候。年均气

---

① 关于博茨瓦纳的一些历史资料可参考:徐人龙,《列国志——博茨瓦纳》,社会科学文献出版社,2000 年。

温 21℃。年均降水量 400 毫米。博茨瓦纳实行总统内阁制，官方语言为英语，通用语言为茨瓦纳语和英语。2011 年博茨瓦纳的人口为 203.8 万，茨瓦纳族（或称塞茨瓦纳族）是博茨瓦纳的主要民族，占总人口的 79%；卡兰哈族占总人口的 11%；巴茨瓦纳族占总人口的 3%；另外，喀拉哈迪族和白人占 7%。多数居民信奉基督新教和天主教，农村地区部分居民信奉传统宗教。目前博茨瓦纳是非洲经济发展较快、经济状况较好的国家之一。世界经济论坛在《全球竞争力报告》中将博茨瓦纳列为非洲两个最有竞争力的国家之一。

然而，从 1966 年独立到 20 世纪 70 年代初，博茨瓦纳是当时世界上 25 个最贫穷的国家之一。国家经济发展以农牧业，特别是原始粗放的农耕和放牧为主，80% 的人口依靠农牧业为生，工业几乎是空白，仅有一座牛屠宰厂，交通运输只有一条产权属于罗得西亚的过境铁路和 6 公里的沥青公路，全国五分之一人口靠国际救济粮生活。1968 年建立国家经济咨询会议并出台了《过渡时期社会和经济发展计划》，恢复农牧业生产。1970 年又成立财政和发展规划部，制订了发展农牧业的计划。经过数年的努力，博茨瓦纳的农牧业产量都显著提高。谷物产量独立前平均每年不足 2 万吨，而独立后的头 10 年平均每年为 6 万吨，最高年份达 12 万吨；养牛头数 1966 年为 90 万头，1972 年已增至 200 万头。博茨瓦纳农业的发展为后续的经济发展奠定了一定的基础。

20 世纪 70 年代中期至 80 年代末，博茨瓦纳的经济发展重心转向采矿业。博茨瓦纳的矿产尤其是钻石资源丰富。在此期间，博茨瓦纳政府实行了一套矿业政策：矿产权归国家所有；在政府的参与和监督下，主要由外国公司提供大部分资金、技术和管理经验及产品销售渠道；在勘探方面，发放探矿执照，限定勘探地区和完成期限；在收益方面，既保证国家从矿业发展中获得最佳利益，又要给予私人公司公平合理的利益；政府在矿业公司所占股份，视不同矿产的利润大小而定（如铜和煤矿分别为 15% 和 25%，而钻石为 50%）；政府代表参加董事会的决策和管理，实行监督。在 1971—1983 年的 13 年间，博茨瓦纳就与南非的德比尔斯公司、南非英美公司等跨国公司合资兴办了开采钻石、铜、煤等矿的公司。从 70 年代起，采矿业逐渐取代农牧业成为国民经济的支柱产业。1972 年时矿产业收入已占 GDP 的 11%，占政府收入的 5%，占出口收入的 44%；而 1989 年对应的比重分别增至 51%、59%、89%。这段时期是博茨瓦纳的黄金增长期，1970—1980 年 GDP 年均增长率为 14.5%，1980—1990 年为 10.3%。

由于长期依赖采矿尤其是钻石行业，博茨瓦纳在 20 世纪 80 年代末和 90 年代初也开始积极谋划产业多元化转型升级。博茨瓦纳政府在《第七个国家发展计划（1991—1997

年)》中确定积极改变依靠钻石等矿产资源的状况,调整单一的经济结构,实行经济多元化,在保持矿业稳定发展的基础上,优先发展制造业、金融业、服务业和旅游业等,鼓励发展劳动力密集型产业。此后的第八(1997—2003 年)、第九(2003—2009 年)和第十(2009—2016 年)个国家发展计划也延续了产业多元化发展战略。博茨瓦纳在此期间产业多元化的方向是发展轻工业,传统轻工业以畜产品加工为主,其次是饮料、金属加工和纺织等。由于博茨瓦纳的畜牧业以养牛为主,产值约占农牧业总产值的 80%,有大量牛肉、皮革出口,后续博茨瓦纳发展成为非洲最大的畜产品加工中心之一,有现代化的大型屠宰厂和肉类加工厂,年屠宰能力为 40 万—50 万头牛。近年来,汽车装配业发展很快,一度成为第二大创汇行业。在此期间,博茨瓦纳产业多元化取得了一定的成效,采矿业在博茨瓦纳国内生产总值中所占比重从 1984 年的 51% 降至 2000 年的 33% 左右。虽然远不及 20 世纪七八十年代超过两位数的经济增长,但博茨瓦纳在此期间的国民经济还是保持了稳步增长,国内生产总值在 1990—2000 年间年均增长率为 4.9%,2000—2004 年间年均增长率为 5.5%。得益于持续的经济增长,博茨瓦纳人均国内生产总值在 2000 年达到 3 647 美元,已经成为中等收入国家。这个成绩在经济发展长期陷入低收入陷阱的非洲是成功的典范。

然而,博茨瓦纳的经济结构转型升级远未完成,依然任重道远。博茨瓦纳年轻人失业率依然很高,据博茨瓦纳官方消息,2011 年 12 月发布的 2009/2010 博茨瓦纳核心福利指数(贫困)调查结果显示,博茨瓦纳失业人口与总劳力的比例达到 17.8%,比 2005/2006 调查结果的 17.5% 略有上升。15—19 岁人群失业率最高,为 41.4%,20—24 岁人群为 34%。对于下一步的发展,按照新结构经济学的建议,博茨瓦纳可以继续发展劳动力密集型产业,进一步充实其产业多元化,吸纳劳动力,推进产业结构继续升级,进而获得持续的包容性经济增长。

发展典范中的博茨瓦纳,这个非洲的"虚拟变量",不仅被增长与发展委员会重视,也引起了众多经济学家的注意。[①] 20 世纪 70 年代中期博茨瓦纳的人均 GDP 不足美国的 6%,农业产值占 GDP 比重将近 30%;但到 21 世纪初其人均 GDP 就接近美国的五分

[①] 在 2009 年罗德里克主编的增长的国别分析《探索经济繁荣——对经济增长的描述性分析》一书中,阿西莫格鲁、约翰逊和罗宾逊从其著名的制度的历史计量分析视角专门为博茨瓦纳发展了一章长篇大论。他们认为,在博茨瓦纳的案例中,部落制度鼓励了人们广泛参与政治并限制了当权者的行为;殖民主义者直到殖民活动的晚期才对博茨瓦纳产生兴趣,因此英国殖民活动对博茨瓦纳的部落制度所产生的冲击相对有限;农村利益集团的相对强大使博茨瓦纳的地区比较优势和当权者的经济利益出现了部分交叠;最后(但并非最不重要)的一点在于博茨瓦纳独立后的执政者所展现出的明智且富有远见的领导才能。

之一,非农产值占 GDP 的比重高达 97%。图 4.52 是博茨瓦纳 1975—2011 年的非农产业结构变迁路径及其拟合图。对数拟合($R^2=0.51$)的非农产业结构变迁路径轨迹为

$$I_{\mathrm{BWA},t} = 1.3433 + 0.1686 \times \ln(E_{\mathrm{BWA},t})$$

其斜率和弹性分别为 $\dfrac{\partial I_{\mathrm{BWA},t}}{\partial E_{\mathrm{BWA},t}} = \dfrac{0.1686}{E_{\mathrm{BWA},t}}$,$\dfrac{\partial I_{\mathrm{BWA},t}}{\partial E_{\mathrm{BWA},t}} \dfrac{E_{\mathrm{BEA},t}}{I_{\mathrm{BWA},t}} = \dfrac{0.1686}{I_{\mathrm{BWA},t}}$。相对于世界整体的拟合情况而言,博茨瓦纳非农产业升级的步伐和弹性很大。图 4.53 是博茨瓦纳 1975—2011 年的工业产业结构变迁路径轨迹及其拟合图。我们采用二次函数拟合($R^2=0.47$),拟合的工业产业结构变迁路径或战略路径曲线为

$$I_{\mathrm{BWA},t} = -0.16504 + 36.7716 \times E_{\mathrm{BWA},t} - 144.551 \times E_{\mathrm{BWA},t}^2$$

顶点为 $I=2.1735$,拐点为 $E=0.12719$。与世界样本相比,博茨瓦纳工业升级拐点出现得较早,顶点值相近。图 4.54 是博茨瓦纳 1975—2011 年的服务业结构变迁轨迹及其拟合图。我们采用对数拟合($R^2=0.18$),拟合的服务业发展战略路径为

$$I_{\mathrm{BWA},t} = 0.91473 + 0.13005 \times \ln(E_{\mathrm{BWA},t})$$

其斜率和弹性分别为 $\dfrac{\partial I_{\mathrm{BWA},t}}{\partial E_{\mathrm{BWA},t}} = \dfrac{0.13005}{E_{\mathrm{BWA},t}}$,$\dfrac{\partial I_{\mathrm{BWA},t}}{\partial E_{\mathrm{BWA},t}} \dfrac{E_{\mathrm{BEA},t}}{I_{\mathrm{BWA},t}} = \dfrac{0.13005}{I_{\mathrm{BWA},t}}$。

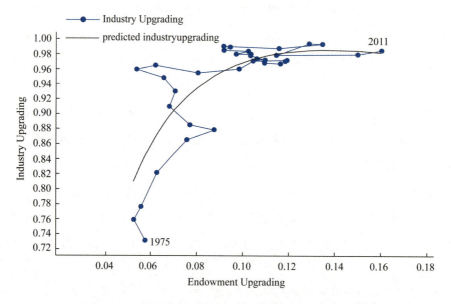

图 4.52 博茨瓦纳的非农产业发展战略路径(1975—2011)及其拟合

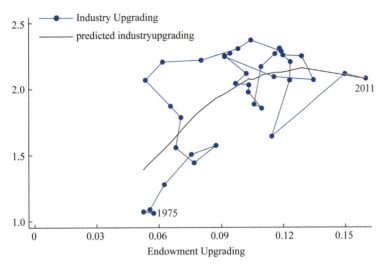

图 4.53　博茨瓦纳的工业发展战略路径(1975—2011)及其拟合

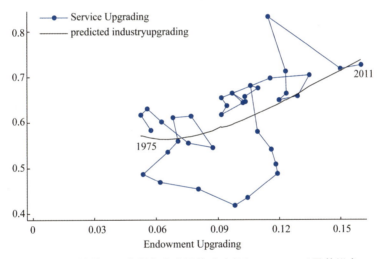

图 4.54　博茨瓦纳的服务业发展战略路径(1975—2011)及其拟合

对于阿曼和博茨瓦纳这样的资源丰裕型经济体的转型升级,我们有必要再进一步从新结构经济学的角度予以分析和给出政策建议。① 过去我们经常认为,人多资源少是发展的不利条件。可是从各国的实践经验来看,人少资源多的国家经济反而常常发展不起来,遭遇各种社会经济问题,出现了所谓的"资源诅咒"。为什么会出现这种现象?有几个方面的原因。第一,资源是埋在地底下的,埋在地底下的资源到底有多少、财富有多大

---

① 林毅夫,"从'资源诅咒'到'资源祝福':新结构经济学的视角",北京大学新结构经济学研究中心讲稿,2017年。

并不是一眼就能看清楚的。如果资源由私营企业来开发,需要政府的批准,私营企业为了多获利,容易利用信息不对称,贿赂政府官员,以很低的价格取得资源开发的权利,因此,资源特别容易跟腐败联系在一起,导致收入分配不均,败坏社会风气,形成社会矛盾冲突,在这种状况下,经济当然也不容易发展得好。第二,资源的价格波动非常大。因为资源的供给弹性小,需求多的时候价格一年可以涨好几倍,但是需求少的时候资源的价格会跌得非常厉害。当它价格高的时候,政府的财政收入多,很容易造成政府大手大脚花钱,有的在福利的开支上特别多,有的在各种建设上到处铺摊子。等到价格下来想把福利支出减少会非常困难,赤字会急剧增加;同样,建设铺得太大,到资源价格下跌时,到处是半拉子工程,浪费巨大。第三,资源是会枯竭的。资源枯竭以后资源所在城市、地区或国家如何继续发展?要是没有新的经济增长点,整个经济可能就会出现衰败的情形。第四,资源丰富的经济容易上马没有比较优势、赶超型的先进产业。一个发展中国家在经济发展过程当中经常会有快速追赶发达国家的良好愿望,比如 20 世纪 50 年代中国的"十年超英,十五年赶美"。要赶上发达国家,就需要有和发达国家一样先进的产业,这种产业看起来很先进,可是它违反了这个国家的比较优势,即使在政府的支持下能把它建立起来,这个产业中的企业在开放竞争的市场中没有自生能力,要让它们继续经营下去则需要靠政府不断保护补贴。当然有这样的产业令人骄傲,但是它的经营效率低,靠保护补贴生存,对收入水平的提高、人民生活福利的改善反而成为负担。而且,补贴容易造成寻租、腐败,以及政府被利益集团绑架的问题。资源越丰富的国家和地区,对这种产业投资的冲动、涉及的面、支撑的力度会越大,持续的时间会越长,这是资源成为经济发展的"诅咒"的第四个原因。

如何克服"资源诅咒"?主流经济学对上述问题目前的治理思路如下:针对资源容易产生腐败,就强调公开、透明,强调监管来防止腐败的出现。国际上有个组织,叫作资源开采透明国际组织,世界银行也在推动这项工作,很多非洲的资源丰富国家,国内也有一些这样的非政府组织,在倡导公开、透明、监督,以此来减少腐败的可能性。针对资源价格波动大,则强调要未雨绸缪,当资源价格高的时候,收入多,只能用一小部分,绝大部分要储蓄下来,当资源价格低的时候,因为有储蓄,就可以用储蓄来承担福利支出或政府一些必要的公共支出。针对资源会枯竭,在资源收益高的时候,要把大部分收入储蓄起来,变成金融资产,投资于国内、国际的股票市场或者政府债券,这些资产会有永续的收入,资源枯竭的时候可以靠这些永续收入来支持开支。解决资源价格波动和枯竭的问题,主流经济学还建议要多样化,增加非资源产业在经济中的比重,这样东方不亮西方亮,可以减小资源价格波动对经济的冲击,并且,可以随资源存量的减少,逐渐转向非资源产业。但应该发展什么样的产业,主流经济学讨论得不多,并且从过去的发展经验来看还经常会出现资源丰富的国家在发展非资源型产业时,容易热衷于发展一些赶超型的先进产业,而最终导致经济发展的不可持续,绩效比非资源型经济差的"资源诅咒"现象。怎样防止这种情形的出现则是新结构经济可以做出贡献的地方。

如何把资源从经济发展的"诅咒"变为经济发展的有利条件？除主流经济学所主张的资源开发上的透明、公开、监管,资源收益使用上的未雨绸缪,以及非资源产业的发展外,新结构经济学首先主张,发展的非资源型产业必须符合该经济体要素禀赋结构所决定的比较优势,这样才会有最低的要素生产成本;其次,新结构经济学主张在竞争的市场中,以有为的政府动用资源收益中的一部分来消除限制具有比较优势的非资源型产业发展的软硬基础设施的瓶颈,以降低交易费用,使符合比较优势的产业能够迅速变成具有竞争优势的产业。至于如何选择具有比较优势的非资源型产业,以及如何针对不同的产业发挥有为政府因势利导的作用,则可以根据新结构经济学中增长甄别与因势利导的框架来进行(第10章将详细讨论)。能这样做的话,资源型的城市、地区和国家可用来完善软硬基础设施的资源会比资源短缺的城市、地区和国家更多,力度更大,经济发展转型的速度可以更快。这样资源就会从经济发展的"诅咒"变为经济发展的"祝福"。

4.4.13 巴西的经济结构转型升级路径拟合及其特征

巴西位于南美洲东南部,东临南大西洋,北邻法属圭亚那、苏里南、圭亚那、委内瑞拉和哥伦比亚,西界秘鲁、玻利维亚,南接巴拉圭、阿根廷和乌拉圭。海岸线长约7 400公里。领土面积851.49万平方公里,在世界上排行第五。巴西的地形主要分为两大部分,一部分是海拔500米以上的巴西高原,分布在巴西的中部和南部,另一部分是海拔200米以下的平原,主要分布在北部和西部的亚马逊河流域。巴西大部分地区处于热带,北部为热带雨林气候,中部为热带草原气候,南部部分地区为亚热带季风性湿润气候。亚马逊平原年平均气温25℃—28℃,南部地区年平均气温16℃—19℃。巴西总人口为2.01亿,其中白种人占53.74%,黑白混血种人占38.45%,黑种人占6.21%,黄种人和印第安人等占1.6%。国会由参众两院组成,为国家最高权力机构。巴西拥有丰富的自然资源和完整的工业基础,国内生产总值位居南美洲第一,为世界第七大经济体。

巴西在1979年爆发的第二次石油危机之后经济的高速增长戛然而止,因此增长与发展委员会在《增长报告》中只将巴西在1950—1980年间的发展视为典范。虽然这段时间单纯从经济增长角度看巴西确实取得了较高的增长,但是巴西在20世纪70年代之后的经济结构转型升级却存在一定的问题,为其之后陷入中等收入陷阱埋下了隐患。巴西在1822年从葡萄牙独立之后,经过长期的发展,在战后已经具备较好的发展基础。1950年巴西的工业比重就高达23.5%,其后的1950—1970年是巴西工业化迅速的20年,1960年工业比重增加到30.3%,1970年工业比重增加到35.4%。然而从20世纪70年代起,巴西工业化止步不前,1980年其工业比重衰退到34.1%,至今依然徘徊不前,如图4.55和图4.56所示。巴西工业化在80年代前后反差如此之大的根源在于巴西在70年代之后由于过早进入重工业化,这种违背比较优势的经济结构转型升级发展战略严重受挫,经过40年之久的挣扎,包括各种政治制度改革,巴西仍然是一个中等收入国家。

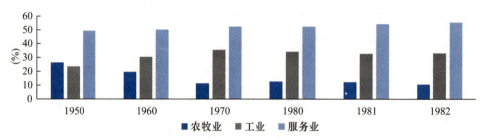

图 4.55　战后 30 年巴西的产业结构变迁情况

资料来源:1983 年的《巴西统计年鉴》。

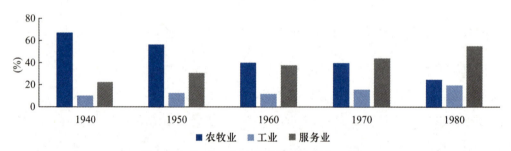

图 4.56　战后 30 年巴西的就业结构变迁情况

资料来源:1983 年的《巴西统计年鉴》。

回顾巴西经济结构变迁的历史,这个事实一目了然。战后的50年代巴西也采取了进口替代的工业化战略,但是其后的20年虽然有很强的重工业倾向,但是重工业的比重没有超过轻工业,到1970年轻工业的增加值占制造业增加值的比重为52%。70年代之后巴西在轻工业根基不牢时就发动了重工业赶超战略,优先发展冶金、机械、运输工具及石化产品。此后,重工业增加值在整个制造业增加值中的份额逐渐超过轻工业。重工业比重1974年为52.89%,1978年为54.9%,1979年为54%。图4.57与图4.58展示了巴西在1963年、1975年与1980年的制造业结构与57个国家制造业分行业的增加值与就业份额平均值的比较。在收入仍然偏低的情况下,巴西的食品、饮料制造业与烟草加工业,以及纺织服装业、制鞋业与皮革制品业这些劳动力密集型工业的增加值(以及劳动力就业)份额明显低于世界平均水平,而化学工业与石油工业,以及金属与金属制品、机器制造、电子与交通设备制造业这些资本密集型工业的增加值(以及劳动力就业)份额明显高于世界平均水平。也就是说,巴西未能充分发展劳动力密集型轻工业,而是过早进入重工业化阶段。这种顺序颠倒的发展路径,使得巴西的重型制造业缺乏大市场需求的驱动与符合禀赋结构的比较优势。例如,1965年,消费品工业设备利用率为65%,资本品工业设备利用率为53%。替代进口工业化的实行也造成了机器、设备与原材料进口的增加,以致国际收支恶化。例如,为了发展飞机制造业,1969年组建了巴西航空工业公司,引进国外先进技术,能独立生产十余种型号的飞机,成为世界重要的轻型飞机生产国。但是这些违背比较优势产业中的企业大都没有自生能力。连续的亏损和债务负担迫使巴西进行经济改革。但与中国的改革不同,巴西在"华盛顿共识"指导下的经济改革期间,政府退出经济领域,放弃产业政策,出现"过早去工业化"现象,经济增长更加乏力,因此被困在中等收入陷阱中。巴西在短短几十年间的成败经历值得所有经济体引以为鉴。

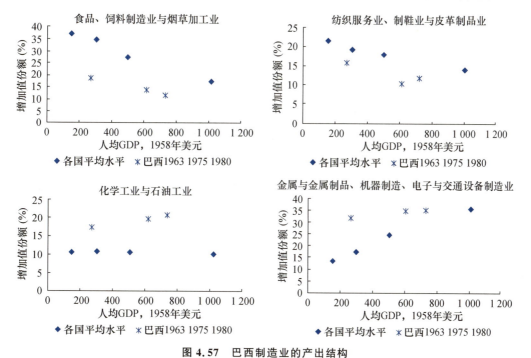

图 4.57　巴西制造业的产出结构

资料来源:王丽莉、文一,"中国能跨越中等收入陷阱吗?——基于工业化路径的跨国比较",《经济评论》,2017年第3期。

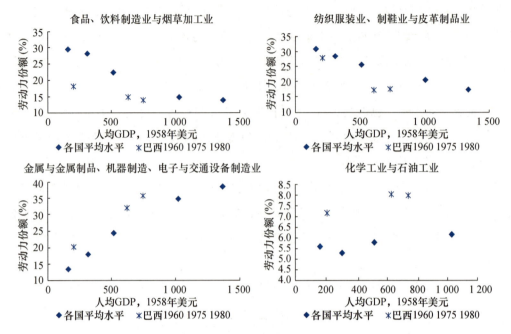

图 4.58　巴西制造业的产出结构

资料来源：王丽莉、文一，"中国能跨越中等收入陷阱吗？——基于工业化路径的跨国比较"，《经济评论》，2017 年第 3 期。

上述巴西的历史事实也直观地体现在图 4.59 到图 4.61 的巴西经济结构转型升级轨迹图中。这个样本没有巴西在 20 世纪五六十年代的数据，但从 70 年代起可以看到巴西经济结构转型升级比较凌乱的步伐，这与前面第 3 章所刻画的其他陷入中等收入陷阱的拉美经济体的结构转型升级轨迹如出一辙。图 4.59 是巴西 1970—2012 年非农产业发展战略路径，对数拟合（$R^2=0.06$）的发展战略路径曲线为

$$I_{\text{BRA},t} = 0.9694 + 0.0182 \times \ln(E_{\text{BRA},t})$$

斜率和弹性分别为 $\dfrac{\partial I_{\text{BRA},t}}{\partial E_{\text{BRA},t}} = \dfrac{0.0182}{E_{\text{BRA},t}}$，$\dfrac{\partial I_{\text{BRA},t}}{\partial E_{\text{BRA},t}} \dfrac{E_{\text{BRA},t}}{I_{\text{BRA},t}} = \dfrac{0.0182}{I_{\text{BRA},t}}$。相对于世界整体的拟合情况而言，巴西产业升级的步伐和弹性很小。图 4.60 是巴西 1970—2011 年工业发展战略路径，二次函数拟合（$R^2=0.05$）的发展战略曲线为

$$I_{\text{BRA},t} = 1.68477 - 4.29718 \times E_{\text{BRA},t} + 11.9823 \times E_{\text{BRA},t}^2$$

顶点和拐点分别为 $I=1.2995$ 和 $E=0.17933$。相对于世界样本而言，巴西的工业升级拐点出现得较早，顶点值较低，表明巴西在工业升级的过程中过早去工业化。图 4.61 是巴西 1970—2011 年的服务业发展路径，对数拟合（$R^2=0.06$）的服务业发展战略路径曲线为

$$I_{\text{BRA},t} = 0.93313 + 0.07072 \times \ln(E_{\text{BRA},t})$$

斜率和弹性分别为 $\dfrac{\partial I_{\text{BRA},t}}{\partial E_{\text{BRA},t}} = \dfrac{0.07072}{E_{\text{BRA},t}}$ 和 $\dfrac{\partial I_{\text{BRA},t}}{\partial E_{\text{BRA},t}} \dfrac{E_{\text{BRA},t}}{I_{\text{BRA},t}} = \dfrac{0.07072}{I_{\text{BRA},t}}$。

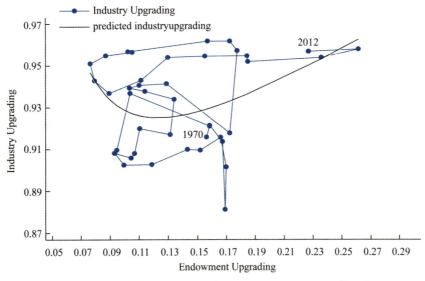

图 4.59　巴西的非农产业发展战略路径(1970—2012)及其拟合

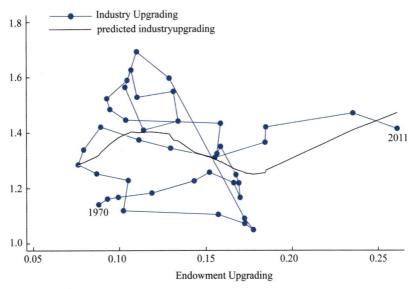

图 4.60　巴西的工业发展战略路径(1970—2011)及其拟合

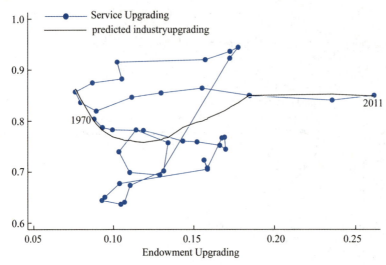

图 4.61 巴西的服务业发展战略路径(1970—2011)及其拟合

4.5 寻找经济结构转型升级新结构经济学之路的最佳历史实践标杆①

虽然增长与发展委员会认定的这 13 个经济体(由于缺乏统一的数据未纳入中国台湾)并非完美无缺,都存在各种各样的问题,比如博茨瓦纳目前依然高度依赖于采矿业以及巴西后来跌入了中等收入陷阱,其他经济体也不一定服气,但是有一点会让所有的争议都哑口无言——有谁还能够以 7% 的高速增长率持续增长 25 年之久?! 虽然经济增长不是目的,但却是实现发展最为重要的基础。如图 4.62 所示,持续的高速经济增长是由穷致富最快的途径。而且,上述 12 个战后发展样本有着广泛的代表性,博茨瓦纳和阿曼是资源富足型小国的发展典范,中国内地和印度尼西亚是劳动力富足型大国的发展典范,中国香港与新加坡是资源匮乏型港口城市的发展典范,日本和韩国是资源匮乏但劳

---

① 标杆管理(benchmarking)起源于 20 世纪 70 年代末 80 年代初美国学习日本的运动中,首开标杆管理先河的是施乐公司。1976 年以后,一直保持着世界复印机市场实际垄断地位的施乐遇到了来自国内外特别是日本竞争者的全方位挑战,如佳能、NEC 等公司以施乐的成本价销售产品且能够获利,产品开发周期、开发人员分别比施乐短或少 50%,施乐的市场份额从 82% 直线下降到 35%。面对着竞争威胁,施乐公司最先发起向日本企业学习的运动,开展了广泛、深入的标杆管理。施乐公司使用了"竞争标杆方法"这一概念和方法,这个方法是指,从生产成本、周期时间、营销成本、零售价格等领域中,找出一些明确的衡量标准或项目,然后将施乐公司在这些项目中的表现,与佳能等主要的竞争对手进行比较,找出了其中的差距,弄清了这些公司的运作机理,全面调整了经营战略、战术,改进了业务流程,很快收到了成效,把失去的市场份额重新夺了回来。在提高交付订货的工作水平和处理低值货品浪费大的问题上,同样应用标杆管理方法,以交付速度比施乐快 3 倍的比恩公司为标杆,并选择 14 家经营同类产品的公司逐一考察,找出了问题的症结并采取措施,使仓储成本下降了 10%,年节省低值品费用数千万美元。

动力富足型国家的发展典范,泰国和马来西亚是资源和劳动力均富足的中等规模国家的发展典范,马耳他则是微型经济的发展典范。除了样本中的中国,巴西也是"金砖国家"(还包括没有纳入样本的印度、俄罗斯、南非,"金砖国家"代表了全球最大的新兴经济体)。新结构经济学基于增长与发展委员会所概括的这些发展典范特征事实提供了一个逻辑自洽的新结构经济学诠释。接下来,我们把各个典范的经济结构转型升级的发展战略路径融合为一个样本,拟合一条新结构经济学主张的最佳实践发展战略路径标杆——这个标杆并不是以最发达国家为标准的。

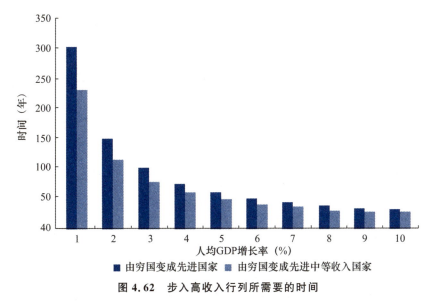

图 4.62 步入高收入行列所需要的时间

在评价发展中国家结构变迁的发展战略时,标杆的选取是非常重要的!主流的发展经济学以发达国家为参照系,来看发展中国家缺什么(如结构主义所强调的现代资本、技术密集产业),或发展中国家做得不好的地方(如"华盛顿共识"所推动的私有化、市场化、自由化),并以此作为改造发展中国家的依据。与其不同,新结构经济学主张应该看发展中国家现在有什么(即其要素禀赋),以及以此为基础能做好什么(即其比较优势),发展政策的目标是把现在能做好的做大做强,以此来实现逐步赶上和超越发达国家的目标。因此,我们以战后这 12 个发展典范的发展战略路径作为标杆,而不是选取发达国家的战略路径作为标杆,来评价世界各个经济体的结构变迁的发展战略路径。

4.5.1 经济结构转型升级路径的最佳实践标杆:非农产业

表 4.11 是发展典范的非农产业结构变迁的样本的描述性统计,样本中禀赋水平从 0.0129 到 1.542、非农产业升级水平从 0.57 到 1.02,非常广泛地覆盖了发展过程的各个

阶段,有非常强的代表性。图 4.63 和图 4.64 是其分布的核密度图,图 4.65 是发展典范样本的散点图,图 4.66 是不同形式的拟合曲线。一般而言,按照第 2、第 3 章所归纳的产业结构变迁一般规律特征而言,非农产业是一直随禀赋结构升级而不断攀升的。可以看到,线性拟合和指数拟合效果相对较低,R^2 均不足 0.4;对数、乘幂、多项式等拟合效果较好,R^2 均接近 0.7。可能正如阿德尔曼所言,发展过程绝对是高度非线性化的。[①] 出于计算简便的考虑,同前面一样,我们不妨采取对数拟合:

$$I_{it} = f^B(E_{it}) = 1.0444 + 0.0681 \times \ln(E_{it})$$

斜率和弹性分别为 $\frac{\partial I_{it}}{\partial E_{it}} = \frac{0.0681}{E_{it}}$,$\frac{\partial I_{it}}{\partial E_{it}}\frac{E_{it}}{I_{it}} = \frac{0.0681}{I_{it}}$。有趣的是,相对于世界整个样本而言,增长与发展委员会认定的发展典范样本的发展战略路径的斜率和弹性要温和,大约只有世界样本的 81.9%。当禀赋结构升级 1 单位时,发展典范的非农产业结构升级(0.0681/E)个单位;当禀赋结构升级 1%时,发展典范的非农产业结构升级(0.0681/I)%。这似乎表明发展典范结构变迁的步伐相当稳健,并不激进。相对于这些发展典范的"循序渐进"的经济结构转型升级路径而言,其他发展中经济体反而"欲速则不达"。如前对国别经济结构转型升级路径的特征归纳所分析的,韩国就采用了现实主义的方法进行产业升级,并且把战略调整为进入那些与自己潜在比较优势一致的产业。20 世纪 60 年代,韩国发展并出口的是服装、胶合板、假发等劳动力密集型产品。当资本逐渐积累,禀赋结构因为经济发展而改变时,韩国便向汽车等资本更为密集的产业升级。但是在升级初期,国内的生产主要集中在进口部件的装配上,这是劳动力密集型的生产,同时也是与当时韩国的比较优势相一致的。类似地,电子业起初主要生产家用电器,如电视、洗衣机、电冰箱等,之后才转向存储芯片的生产,这是信息产业中技术最简单的区段。韩国的技术提升是迅速的,其提升的速度同潜在比较优势变化的速度是一致的。这种变化也反映了有力的经济增长所带来的物质资本和人力资本的迅速积累,而增长之所以出现,是因为该国的主要产业部门时刻与该国现有的比较优势保持一致。[②]

表 4.11 发展典范样本的禀赋升级与非农产业结构变迁样本的描述性统计

变量	观测值	均值	标准差	最小值	最大值
禀赋升级	453	0.2614599	0.2869224	0.0128605	1.542937
产业升级	453	0.9125275	0.0952463	0.5707982	1.019472

---

① 阿德尔曼,"发展理论中的误区及其对政策的含义",载《发展经济学前沿:未来展望》,中国财经出版社,2003 年。
② 林毅夫,《新结构经济学:反思发展理论与政策的理论框架》,北京大学出版社,2012 年,第 73—74 页。

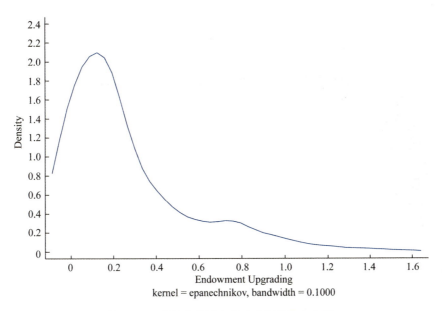

图 4.63 发展典范样本禀赋升级的核密度图

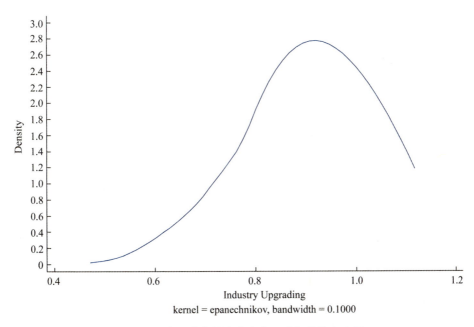

图 4.64 发展典范样本非农产业升级的核密度图

4.5.2 经济结构转型升级路径的最佳实践标杆:工业

与前面的方法类似,我们仍然通过对 12 个发展典范样本的产业结构升级之路来拟合工业的最佳实践发展战略路径标杆。表 4.12 是发展典范样本工业升级路径的描述性

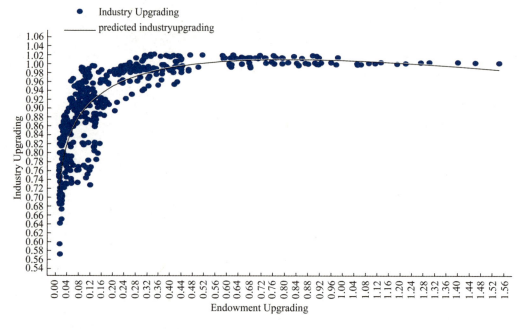

图 4.65　12 个发展典范的混合样本的非农产业发展战略路径(1970—2011)

统计。同样,工业化升级水平从 0.339 到 2.09,覆盖了整个发展阶段的广泛情况。图 4.67 是工业化升级分布的核密度图,图 4.68 是禀赋结构水平和工业化升级的散点图。图 4.69 是发展典范样本不同形式的拟合曲线。需要特别说明的是,按照第 2、第 3 章所概括的产业结构变迁一般规律,随着一个经济体的禀赋结构不断升级,其工业占比会形成先升高后下降的倒 U 形曲线,然后在进入禀赋结构前沿后表现出随机游走的状态,因此我们在拟合时采取二次式拟合,并且在拟合时剔除了 $E>1$ 的观测值。可以看到,线性拟合、乘幂、对数和指数拟合效果较差,而多项式拟合效果较好,R^2 接近 0.2。然而,相对于非农产业结构转型升级路径的拟合优度高达 0.7 而言还是非常低,这在很大程度上反映了由于数据缺少的原因未能够覆盖日本、韩国等发展典范早期的工业化路径。二项式拟合的结果为

$$I_{it}^{\mathrm{NSE}} = f^B(E_{it}) = 1.549537 + 0.9067063 \times E_{it} - 1.653191 \times E_{it}^2$$

由于倒 U 形的路径特征,其斜率和弹性可能不是最重要的特征,我们采用顶点和拐点来刻画其路径特征比较合适。该拟合的工业化转型升级路径顶点为 $I=1.67386$,拐点为 $E=0.27423$。相对于全球样本的拐点($E=0.7669$)和顶点($I=2.0061$)而言,发展典范的顶点要低得多,但拐点要早得多。这意味着其他发展中经济体虽然采取了快速的工业化

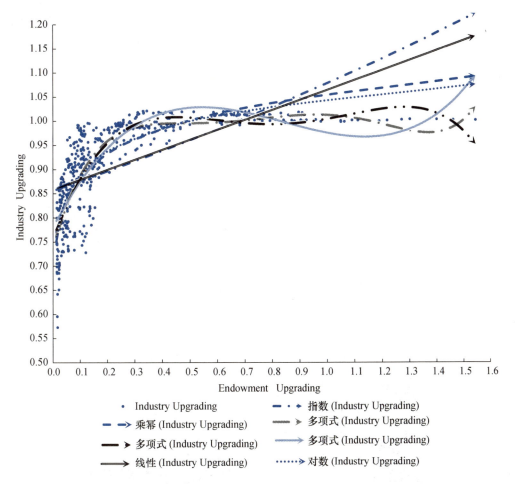

图 4.66 对 12 个发展典范的非农产业发展战略路径(1970—2011)的拟合

赶超,但是很晚才能实现工业化。同样再一次表明,发展典范采取循序渐进的工业化则成功了,而工业化赶超则欲速而不达。

表 4.12 发展典范样本工业升级路径的描述性统计

变量	观测值	均值	标准差	最小值	最大值
禀赋升级	456	0.26024	0.28631	0.01290	1.54290
产业升级	456	1.57317	0.47144	0.33921	2.60951

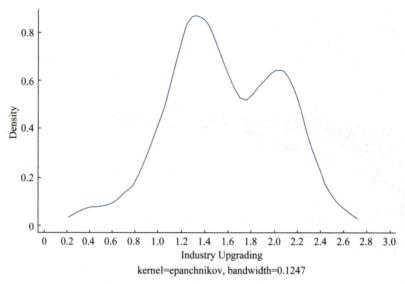

图 4.67　发展典范样本工业升级的核密度图

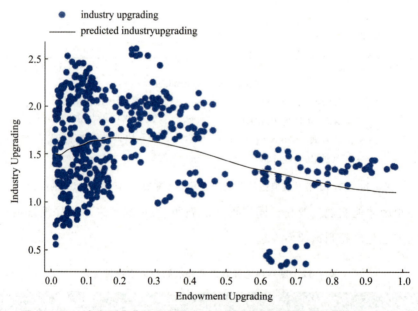

图 4.68　12 个发展典范的混合样本工业发展战略路径(1970—2011，$E<1$)

4.5.3　经济结构转型升级路径的最佳实践标杆：服务业

同样,按照第 2、第 3 章所概括的产业结构变迁的一般特征,随着禀赋结构的不断升级,服务业占比也不断上升。我们也通过 12 个发展样本的服务业升级路径来拟合出一条最佳实践发展战略路径标杆。表 4.13 是发展典范样本服务业升级路径的描述性统

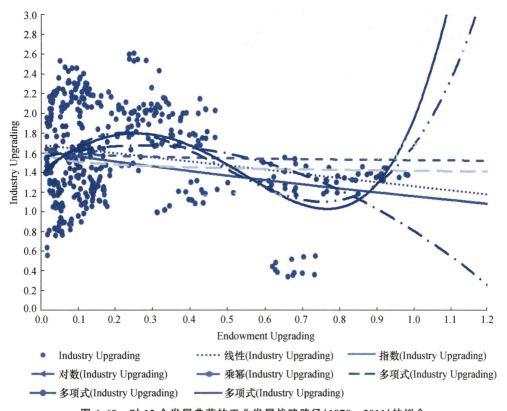

图 4.69 对 12 个发展典范的工业发展战略路径(1970—2011)的拟合

计。服务业升级水平从 0.118 到 1.207,覆盖了发展阶段的广泛情况。图 4.70 和图 4.71 分别是服务业升级水平分布的核密度图与禀赋结构升级水平的散点图。图 4.72 是发展典范样本不同形式的禀赋结构升级与服务业升级拟合曲线。可以看到,线性拟合、乘幂和指数拟合效果较差,而对数和多项式拟合效果较好,对数拟合的 R^2 均接近 0.42,对数拟合结果为

$$I_{it}^{\text{NSE}} = f^B(E_{it}) = 0.8971969 + 0.1060032 \times \ln(E_{it})$$

其斜率和弹性分别为 $\dfrac{\partial I_{it}}{\partial E_{it}} = \dfrac{0.106}{E_{it}}, \dfrac{\partial I_{it}}{\partial E_{it}} \dfrac{E_{it}}{I_{it}} = \dfrac{0.106}{I_{it}}$。因此,当禀赋结构升级 1 单位时,发展典范的服务业比重上升(0.106/E)个单位;当禀赋结构升级 1%时,发展典范的产业结构升级(0.106/I)%。相对于全球样本而言,发展典范的服务业转型升级的斜率和弹性要大,这可能反映出一个基本的事实:没有工业的支撑,服务业只是空中楼阁。正如前面对发展典范的国别经济结构转型升级梳理所归纳的基本事实,发展典范正是因为完成了工业化,有了坚实的工业化基础才能支撑起服务业的繁荣。

表 4.13　发展典范样本的服务业升级的描述性统计

变量	观测值	均值	标准差	最小值	最大值
禀赋升级	432	0.229524	0.253808	0.012900	1.542900
产业升级	432	0.681903	0.180437	0.117765	1.206560

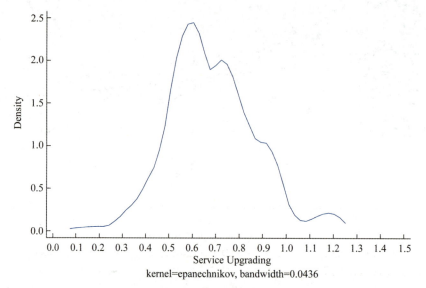

图 4.70　12 个发展典范样本服务业升级的核密度图

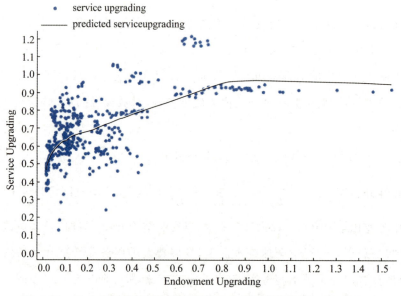

图 4.71　12 个发展典范的混合样本服务业发展战略路径(1970—2011)

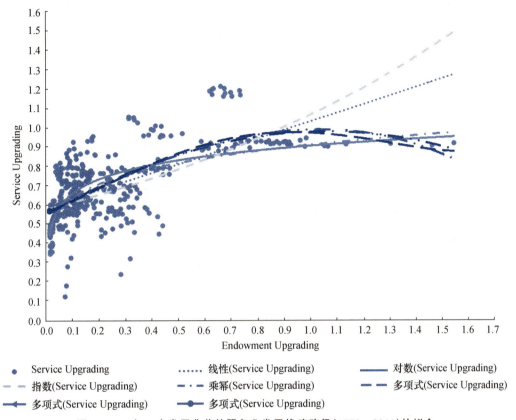

图 4.72 对 12 个发展典范的服务业发展战略路径(1970—2011)的拟合

第 5 章　监测经济结构转型升级的轨迹

在第 4 章中,与主流发展经济学的视角不同,我们并没有选取发达国家先进的产业结构作为标杆,而是根据战后发展典范结构变迁的最佳发展实践作为发展战略路径的标杆。这个标杆的选取反映了新结构经济学的主张:看发展中国家现在有什么(即其要素禀赋),以及以此积累资本,提升要素禀赋结构、比较优势、产业政策水平,来实现逐步赶上和超越发达国家的目标。这一部分我们将以此标杆为准绳,监测世界各个经济体(包括各个时期的前沿经济体)经济结构转型升级的发展战略路径的达标情况。达标情况包括各个时期对标杆的偏离程度与达标程度,前者是绝对值,可以监测在每一期发展战略的选择情况;后者是相对值,可以监测在不同时期发展战略的动态调整情况。

5.1　经济结构转型升级路径对最佳实践标杆的达标情况:非农产业

5.1.1　非农产业结构转型升级偏离标杆程度的全球样本分布

回顾第 3 章的式(3.4)

$$\text{Deviation}_{it} = I_{it} - I_{it}^{\text{NSE}} = f(E_{it}) - f^{\text{NSE}}(E_{it})$$

其中的 $f^{\text{NSE}}(E_{it})$ 是图 1.21 中的结构变迁的新结构经济学之路——其实也就是第 4 章我们所要寻找的发展战略最佳实践标杆。式(3.4)计算的就是一个时刻具体的发展战略对最佳实践标杆(新结构经济学之路)的偏离程度:

如果 $\text{Deviation}_{it} > 0$,那么表明非农产业结构过于先进,如图 1.21 中最优轨迹的上面部分;

如果 $\text{Deviation}_{it} < 0$,那么表明非农产业结构过于落后,如图 1.21 中最优轨迹的下面部分。

第 5 章
监测经济结构转型升级的轨迹

与前一章一样,我们选取便于计算而且拟合效度较好的发展典范的对数拟合标杆

$$I_{it}^{NSE} = f^B(E_{it}) = 1.0444 + 0.0681 \times \ln(E_{it})$$

图 5.1 是全球样本的非农产业升级的发展战略对拟合标杆的偏离程度 $\text{Deviation}_{it} = f(E_{it}) - f^{NSE}(E_{it})$ 分布的核密度图,大致接近于一个均值略低于零的正态分布,不过表现出明显的左部长尾。这表明,整体上看,相对于最佳实践发展战略而言,大部分非农产业升级发展战略的观测值集中在标杆附近并未过度偏离;选择过于先进的产业结构的发展战略向上偏离程度分布和选择过于落后的产业结构的发展战略向下偏离程度分布比较接近,但前者略低于后者,如图 5.2 所示。中国从 1970 年非农产业结构向下偏离,到 1980 年非常接近非农产业结构的最优结构转型升级轨迹,然后又逐步出现向上的偏离;非洲不论在哪个时候经济体都严重地向下或向上偏离了最优非农产业转型升级轨迹;拉美则大体上与中国相反,先向上偏离然后逐步向下偏离;印度大体上长期向下偏离。

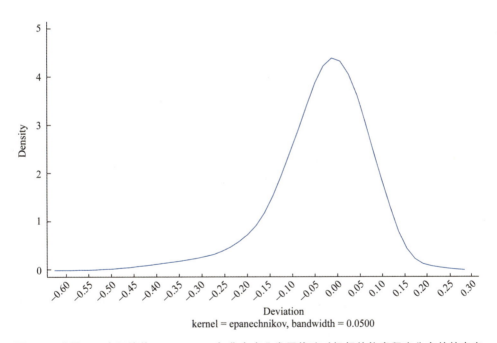

图 5.1 世界 180 个经济体 1970—2011 年非农产业发展战略对标杆的偏离程度分布的核密度

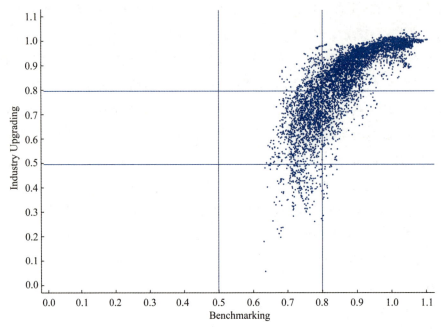

图 5.2　世界 180 个经济体 1970—2011 年的非农产业升级路径与对应标杆的散点图

5.1.2　非农产业结构转型升级达标程度的全球样本分布

前一小节测算了世界各个经济体非农产业升级的发展战略对标杆的偏离程度,这是一个绝对值。如前所示,不同发展阶段偏离标杆的绝对程度差别很大,尤其是诸多处于发展初级阶段的经济体,其赶超程度带来的偏离程度会很大,这种绝对偏离程度难以进行横向或纵向比较。接下来我们定义一个在各个阶段都相对可比的经济结构转型升级路径发展战略达标程度指标(%):

$$\Im = \left(1 - \frac{\text{Deviation}_{it}}{f^{\text{NSE}}(E_{it})}\right) = \left(1 - \frac{f(E_{it}) - f^{\text{NSE}}(E_{it})}{f^{\text{NSE}}(E_{it})}\right) \times 100 \quad (5.1)$$

发展战略对标杆的偏离程度与发展战略的达标程度这两个指标的区别不仅仅是绝对值与相对值的差别,还有着不同的应用功能。应用偏离度指标我们可以直接看到产业结构选择过于先进的程度(偏离度大于零)或过于落后的程度(偏离度小于零)。这一点我们在本章最后一节再讨论。

同样,与前面一致,我们选取便于计算且拟合效度较高的非农产业升级路径发展典范的对数拟合标杆来监测各个经济体非农产业结构转型升级路径达标程度:

$$I_{it}^{\text{NSE}} = f^B(E_{it}) = 1.0444 + 0.0681 \times \ln(E_{it})$$

按此可以测算全球 180 个经济体 1970—2011 年非农产业结构转型升级路径达标程度指

数数据。从中可以看出,中国的非农产业结构转型升级达标程度在逐步提高,1970年达标指数为85.49%,1980年达标指数提高到94.35%,1990年达标指数高达98.97%,其后的达标指数都在90%以上,这一时期也是中国经济结构转型升级最快与经济增长最快的时期。非洲有部分经济体的非农产业结构转型升级达标程度与中国一样在不断提高,如毛里求斯1976年的达标指数为89.32%,其后一直保持在93%—99%的高得分值上,但是不少非洲经济体的达标指数却在恶化,例如津巴布韦在1970年的达标指数高达99.43%,其后一路下滑,2011年只有87.41%。

5.2 经济结构转型升级路径对最佳实践标杆的达标情况:工业

5.2.1 工业结构转型升级偏离标杆程度的全球样本分布

同样采用式(3.4)来监测每个经济体的工业化转型升级对最佳实践标杆(新结构经济学之路)的偏离程度:

$$\text{Deviation}_{it} = I_{it} - I_{it}^{\text{NSE}} = f(E_{it}) - f^{\text{NSE}}(E_{it})$$

如果$\text{Deviation}_{it} > 0$,那么表明工业化过于先进,如图1.21中最优轨迹的上面部分;
如果$\text{Deviation}_{it} < 0$,那么表明工业化过于落后,如图1.21中最优轨迹的下面部分。
与前一致,我们采用二次拟合

$$I_{it}^{\text{NSE}} = f^B(E_{it}) = 1.549537 + 0.9067063 \times E_{it} - 1.653191 \times E_{it}^2$$

对发展典范的工业升级之路进行拟合作为工业化的标杆。图5.3是全球样本的工业化发展战略对拟合标杆的偏离程度分布的核密度图,大致接近一个均值在−0.5左右的正态分布,并表现出明显的右侧长尾。图5.4是实际的工业化升级与对应的标杆的散点图,大部分实际值在标杆之下。这说明对于大多数经济体而言,在工业化过程中所面对的问题主要是产业结构中的工业比重过低,工业发展过于落后的问题,全球大部分经济体尚未有效实现工业化;同时,也有少数观测值相对于标杆的偏离程度大于1甚至大于2,表明这些国家存在工业过于赶超的问题。1970—2010年间,绝大多数非洲经济体都长期存在向下偏离的情况,表明其艰难的工业化历程。中国的工业化则变化得非常剧烈,在20世纪70年代存在向下偏离的工业化落后情况,但是到21世纪之后则存在向上偏离,即工业化出现产能过剩的情况。

5.2.2 工业结构转型升级轨迹达标程度的全球样本分布

同前面一样,我们将工业结构转型升级偏离标杆程度的绝对值转化为达标程度指数

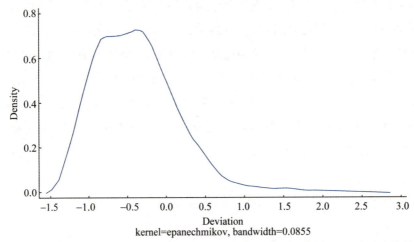

图 5.3　世界 180 个经济体 1970—2011 年的工业发展战略对标杆的偏离程度分布的核密度

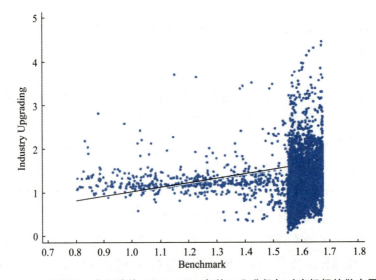

图 5.4　世界 180 个经济体 1970—2011 年的工业升级与对应标杆的散点图

的相对值。按此,可以得到工业化达标程度指数的测算结果。中国的工业化达标程度先是逐步提高,然后下降,1971 年达标指数只有 78.02%,1985 年达标指数提高到 92.89%,在 20 世纪 90 年代都维持在 90% 以上,但是在 2008 年全球金融危机之后达标指数下降到 86.91%。80 年代和 90 年代是中国工业化最为迅速的时期。非洲等经济体工业化达标指数整体上都比较低,难以启动工业化,即便是南非这样有大量白人移民的经济体在实现了一定程度的工业化之后也未能进行持续的工业化,南非 1970 年的工业化达标指数为 73%,其后不断提到 1981 年的 97%,然而在 90 年代至今其工业化达标指数长期低于 80%。拉美的工业化达标指数与其中等收入陷阱相呼应,工业化长期徘徊。

例如,阿根廷在 20 世纪 70 年代工业化达标指数就超过 90%,然而其后的 80 年代和 90 年代工业化达标指数下滑到 70%—80%。这印证了经济学家 Easterly 所说的"失去的二十年"。

5.3 经济结构转型升级路径对最佳实践标杆的达标情况:服务业

5.3.1 服务业结构转型升级轨迹偏离标杆程度的全球样本分布

与非农产业和工业的转型升级检测一样,我们依然用实际的服务业结构转型升级轨迹与拟合的发展典范的服务业转型升级轨迹之间的偏离来监测每个经济体的服务业转型升级轨迹偏离程度:

$$\text{Deviation}_{it} = I_{it} - I_{it}^{\text{NSE}} = f(E_{it}) - f^{\text{NSE}}(E_{it})$$

如果 $\text{Deviation}_{it} > 0$,那么表明服务业升级过于先进,如图 1.21 中最优轨迹的上面部分;

如果 $\text{Deviation}_{it} < 0$,那么表明服务业升级过于落后,如图 1.21 中最优轨迹的下面部分。

与前面一致,我们仍旧选取发展典范的对数拟合标杆进行计算:

$$I_{it}^{\text{NSE}} = f^B(E_{it}) = 0.8971969 + 0.1060032 \times \ln(E_{it})$$

图 5.5 是全球样本的服务业转型升级偏离程度分布的核密度图,大致接近一个均值在 0.15 左右的正态分布,并表现出明显的左侧长尾。这表明,相对于服务业最佳发展战略实践而言,相当一部分服务业发展战略的观测值对标杆有所偏离,且主要是服务业占比过高导致的发展战略结构向上偏离,同时也有少数观测值的服务业发展占比过低导致服务业发展战略向下偏离,如图 5.6 所示的实际服务业升级与标杆的散点图。

5.3.2 服务业结构转型升级轨迹达标程度的全球样本分布

同前面一样,我们将服务业结构转型升级偏离标杆程度的绝对值转化为达标程度指数的相对值。据此,可以得到服务业达标程度指数的测算结果。以中国为例,中国的这个指标在 1990 年、2000 年的指数相对较高,说明服务业结构变迁达标程度较高。

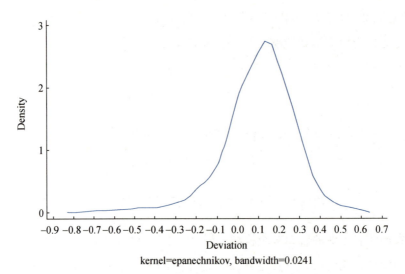

图 5.5　世界 180 个经济体 1970—2011 年的服务业发展战略对标杆的偏离程度分布的核密度

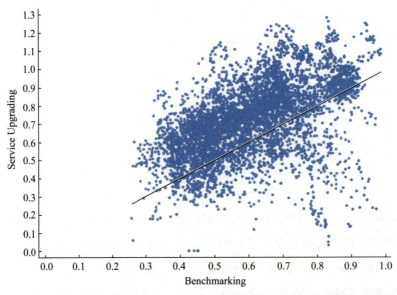

图 5.6　世界 180 个经济体 1970—2011 年的服务业升级与对应标杆的散点图

5.4　世界经济结构转型升级达标指数平均值的变化所反映的世界发展思潮的更替

主流的新古典增长理论有一个标准的收敛预测：初始收入水平越低，其后的经济增长就越快。然而，标准新古典总量生产函数预言的经济体总量层面的收敛在全球各个经济体之间的经验数据上是缺乏的,如图 5.7 所示。这也是建立在标准新古典总量生产函数基础上的新古典增长理论遭受质疑的原因。绝对收敛的缺失便催生了条件收敛的概念,指的是诸如 OECD 国家以及一个经济体内部相对同质的地区之间出现的收敛。在现有文献中,条件收敛的"条件"相当含糊,泛指经济体之间存在异质性而不具有相同的稳态位置。而在新结构经济学中,这里的条件明确指的是产业结构转型升级:如果能够成功地实现持续的产业结构转型升级,那么总体的经济总量增长率就会出现收敛,否则就不会出现收敛。① 这与罗德里克整理的跨国经验证据惊人的一致,如图 5.7 所示。在经济体的整体层面不存在绝对收敛,但在制造业行业层面存在非常稳健的绝对收敛。②

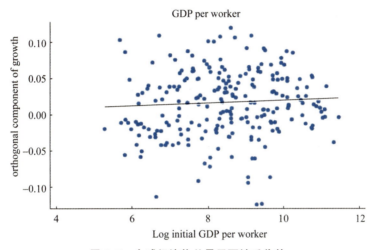

图 5.7　全球经济体总量层面缺乏收敛

按照经济结构转型升级达标指数所代表的新结构经济学之路,只要提高每个经济体转型升级的达标程度就会成功实现经济结构转型升级,促进经济增长收敛。令人欣慰的是,在经历了战后第一波旧结构主义发展思潮失败的教训之后,20 世纪 70 年代和 80 年代世界上诸多发展中国家进行了经济结构调整,将战后那些不切实际的赶超战略所扭曲的经济结构向符合比较优势的结构转型升级之路调整,因此出现了图 5.8 所示的世界经济结构转型升级达标指数的平均值大幅上升。然而,80 年代和 90 年代由于受到第二波新自由主义"华盛顿共识"的误导,诸多发展中经济体未能实现持续的经济结构转型升级,因此又出现了图 5.9 中 80 年代和 90 年代世界经济结构转型升级达标指数的平均值

---

① 林毅夫、付才辉,《新结构经济学导论》,北京大学新结构经济学研究中心,2017 年。
② Dani Rodrik, "Unconditional Convergence in Manufacturing", *Quarterly Journal of Economics*, 2013, 128(1), pp. 165—204.

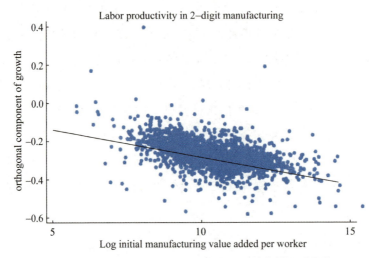

图 5.8　全球制造业 2 位数层面存在更加显著的绝对收敛

徘徊不前,直到如专栏 4.1 所介绍的由于东亚奇迹和中国奇迹以及战后发展典范的成功,迫使包括世界银行在内的发展机构和各国政府不断反思主流的发展思潮的合理性,得益于这种反思和东亚奇迹的示范效应,世界经济结构转型升级达标指数的平均值又不断得到提高。

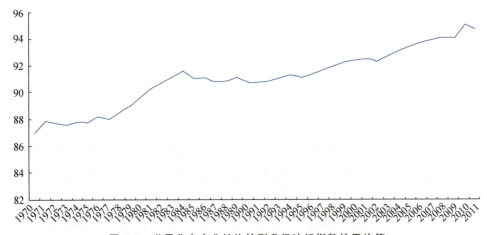

图 5.9　世界非农产业结构转型升级达标指数的平均值

第6章 评价世界经济结构转型升级新结构经济学之路的绩效

经济发展的本质是人均收入的不断增加,其前提则是越来越高的劳动生产率水平。劳动生产率水平的提高有两个途径:一是通过技术创新,提高现有产业中产品的质量和生产效率;二是通过产业升级,将现有劳动力、土地、资本等生产要素配置到附加价值更高的产业,即转型升级(技术进步与产业升级)。如前所述,自从发展经济学诞生之日起,经济发展理论和政策都致力于推动落后经济体的产业结构升级,但是不同发展思潮的思路却极为不同。主流的发展经济学以发达国家为参照系,来看发展中国家缺什么(如第一波发展思潮——结构主义所强调的现代资本、技术密集产业),或发展中国家做得不好的地方(如第二波发展思潮——"华盛顿共识"所推动的私有化、市场化、自由化),并以此作为改造发展中国家的依据。自第二次世界大战后,大多数遵循这些主流发展思潮的经济体都没能成功,几个表现较好的,充其量也只是值得商榷,但是有少数经济体并未按照主流发展思潮发展经济却取得了成功,如前述发展典范。

如果一个理论不能解释该理论所要解释的现象,或是根据该理论所做的选择、决策不能达到预期的目标,就应该进行反思,提出既能够解释现象也能帮助政府、企业和个人进行决策,以达到预期目标的新理论。在这样的背景下,林毅夫提出新结构经济学,其主张应该看发展中国家现在有什么(即其要素禀赋),以及以此为基础能做好什么(即其比较优势),发展政策的目标是把现在能做好的做大做强,以此加速资本积累,提升要素禀赋结构、比较优势、产业结构,来实现逐步赶上和超越发达国家的目标。按照新结构经济学的基本原理,首先,在任意时点,给定的禀赋结构确定了比较优势,进而决定了最优的产业结构;其次,按照比较优势进行的产业升级将使经济剩余最大,进而禀赋结构升级最快;最后,禀赋结构升级之后,最优的产业结构也须升级。因此,我们想重申的是"比较优势遵循型方法在本质上是动态的……这意味着一个国家的经济发展也该务实地利用现有的、嵌入在一国的比较优势领域中的机会,当那些领域的比较优势被充分利用后,同时也要认识到产业升级的潜力"[1]。"遵循比较优势的发展方法对于贫穷国家的经济发展而言看起来或许是缓慢而令人沮丧的。但事实上,这种办法却是积累资本和提升要素禀赋结构的最快方法;并且,只要能得到更为发达的国家已经开发出来且依然存在于这些国家的技术,并进入这类产业,其产业结构升级速度还可加快。"[2]这一部分我们继续在前一部分基础上估计经济结构转型升级的发展战略路径达标程度对经济结构转型升级本身的影响,以便对新结构经济学主张的发展方法有一个初步的定量认识。

6.1 经济结构转型升级达标程度绩效评估的似不相关方程组

我们建立如下的简单方程组(6.1)来简要估计发展战略达标程度对结构变迁的影响。如第 3 章所概括的经济结构转型升级的分析框架,禀赋升级(Endup)和产业升级(Indup)是经济结构转型升级的两个基本维度,因此需要一个如下的方程组来捕获经济结构转型升级的发展战略达标程度($\Im$)对经济结构转型升级本身的影响:

$$\begin{cases} \ln \text{Endup} = \alpha_0 + \alpha_1 \ln \Im + \varepsilon \\ \ln \text{Indup} = \beta_0 + \beta_2 \ln \Im + \nu \end{cases} \quad (6.1)$$

其中,ε 与 ν 是随机干扰项。弹性系数 α_1 与 β_2 分别刻画了发展战略达标程度($\Im$)对禀赋升级和产业升级的影响。由于禀赋升级和产业升级也可能受到其他一些共同随机因素的影响,因此两个随机干扰项可能相关,所以我们采取方程组似不相关(SUR)进行估计。

6.2 全球样本的评估结果

表 6.1 是全球样本的估计结果,禀赋升级与产业升级对经济结构转型升级的发展战略达标程度的弹性大约分别为 5 和 1.4。表 6.2 是在发展早期阶段(人均收入水平低于美国的 20%的阶段)的估计结果,禀赋升级与产业升级对经济结构转型升级的发展战略达标程度的弹性大约分别为 3 和 1.2。这些简单估计结果是非常有弹性的,这意味着经济结构转型升级的新结构经济学之路对成功转型升级的重要性不言自明:越是按照新结构经济学主张的在每个阶段都按照该阶段的禀赋结构所决定的比较优势发展其产业,产业升级速度就越快,反过来促进禀赋升级也就越快,如此积小胜为大胜的转型升级方法

---

[1] 林毅夫,《新结构经济学:反思经济发展与政策的理论框架》,北京大学出版社,2012 年,第 129 页。
[2] 同上书,第 23 页。

是成功的转型升级的根本保证,如图 6.1 和图 6.2 所示。

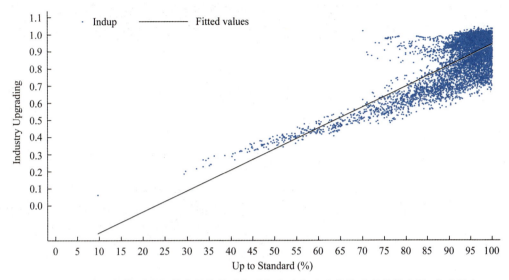

图 6.1　经济结构转型升级的发展战略路径达标程度与产业结构升级的散点图:全球样本

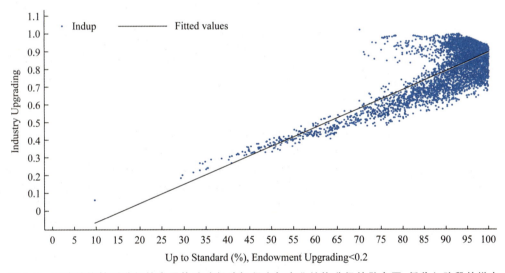

图 6.2　经济结构转型升级的发展战略路径达标程度与产业结构升级的散点图:低收入阶段的样本

表 6.1　经济结构转型升级路径达标程度对经济结构转型升级影响的 SUR 回归结果:全球样本

	(1) ln endup	(2) ln endup	(3) ln endup	(4) ln endup
ln uptst	4.849***	5.147***	4.783***	5.077***
	(36.95)	(39.12)	(36.67)	(38.81)
年份		YES		YES
国别			YES	YES
_cons	−24.39***	13.62***	−23.80***	13.46***
	(−41.21)	(4.46)	(−40.31)	(4.44)
R-sq	0.1920	0.2141	0.2044	0.2256
Chi2	1 364.98	1 564.43	1 475.04	1 672.69
	ln indup	ln indup	ln indup	ln indup
ln uptst	1.396***	1.394***	1.392***	1.389***
	(119.95)	(117.81)	(119.91)	(117.71)
年份		YES		YES
国别			YES	YES
_cons	−6.492***	−6.852***	−6.454***	−6.863***
	(−123.68)	(−24.98)	(−122.79)	(−25.13)
R-sq	0.7147	0.7148	0.7171	0.7172
Chi2	14 388.15	14 394.40	14 558.24	14 566.47
N	5 743	5 743	5 743	5 743

注:括号中是 t 统计量,* $p<0.05$,** $p<0.01$,*** $p<0.001$。

表 6.2　经济结构转型升级路径达标程度对经济结构转型
升级影响的 SUR 回归结果:发展早期阶段的样本

	(1) ln endup	(2) ln endup	(3) ln endup	(4) ln endup
lnuptst	2.782***	3.066***	2.777***	3.060***
	(29.86)	(32.99)	(29.82)	(32.95)
年份		YES		YES
国别			YES	YES
_cons	−15.74***	19.25***	−15.64***	19.23***
	(−37.65)	(7.92)	(−37.33)	(7.92)
R-sq	0.1765	0.2167	0.1781	0.2180
Chi2	891.60	1 150.86	901.44	1 159.95
	lnindup	lnindup	lnindup	lnindup
lnuptst	1.281***	1.268***	1.280***	1.267***
	(104.88)	(101.84)	(104.92)	(101.87)

(续表)

	(1) ln endup	(2) ln endup	(3) ln endup	(4) ln endup
年份		YES		YES
国别			YES	YES
_cons	−6.009***	−7.548***	−5.995***	−7.552***
	(−109.66)	(−23.19)	(−109.18)	(−23.23)
R-sq	0.7256	0.7271	0.7263	0.7278
Chi2	10 998.78	11 082.60	11 038.00	11 124.30
N	4 160	4 160	4 160	4 160

注：括号中是 t 统计量，* $p<0.05$，** $p<0.01$，*** $p<0.001$。

6.3 评估结果的稳健性：经济结构转型升级达标程度绩效评估的非线性方程组

前面的评估方法采纳的是似不相关对数线性方程组估算方法，然而经济结构转型升级的轨迹一般是高度非线性的，下面我们进一步采用非线性方程组（FGNLS）的估算方法来评价评估结果的稳健性。我们设定如下的一个非线性方程组模型来评估经济结构转型升级的发展战略路径达标程度对经济结构转型升级影响的稳健性：

$$\begin{cases} \text{Endup} = \alpha_0 + \alpha_1 \Im^\chi + \varepsilon \\ \text{Indup} = \beta_0 + \beta_1 \Im^\phi + \nu \end{cases} \quad (6.2)$$

其中，ε 与 ν 是随机干扰项，参数 χ 与 ϕ 分别对应于模型(6.1)中的弹性系数 α_1 与 β_1，分别刻画了发展战略达标程度($\Im$)对禀赋升级和产业升级的敏感性响应(弹性)。表 6.3 是全球样本的 FGNLS 估计结果，参数 χ 与 ϕ 的估计值分别为 5.86 和 1.57，比较接近模型(6.1)的弹性系数 α_3 与 β_3 的 SUR 估计值 5 和 1.4。表 6.4 是发展早期阶段的估计结果，对应的估计值为 9 和 1.2。结论整体上是稳健的。

表 6.3 经济结构转型升级的发展战略达标程度对经济结构转型升级影响的 FGNLS 估计：全球样本

	Coef.	Std. Err.	z	P>|z|	[95% Conf. Interval]		R-sq	Obs
α_0	−0.0230546	0.0220778	−1.04	0.296	−0.0663262	0.0202171		
q	0.3648528	0.0211574	17.24	0.000	0.3233850	0.4063206		
χ	5.8643480	0.7509249	7.81	0.000	4.3925620	7.3361330		

(续表)

	Coef.	Std. Err.	z	P>|z|	[95% Conf. Interval]		R-sq	Obs
Endup(Endowment Upgrading)							0.0762	5 743
β_0	0.0528393	0.0328231	1.61	0.107	−0.0114928	0.1171714		
β_1	0.899712	0.0319237	28.18	0.000	0.8371427	0.9622812		
ϕ	1.5721060	0.0841955	18.67	0.000	1.4070860	1.7371260		
Indup(Industry Upgrading)							0.6175	5 743

表 6.4 经济结构转型升级的发展战略达标程度对结构转型升级影响的 FGNLS 估计：发展早期阶段（Endup<0.2）

	Coef.	Std. Err.	z	P>|z|	[95% Conf. Interval]		R-sq	Obs
α_0	0.0184005	0.0022871	8.05	0.000	0.0139178	0.0228832		
α_1	0.0806785	0.0025775	31.30	0.000	0.0756267	0.0857303		
χ	9.0440640	0.6293121	14.37	0.000	7.8106350	10.2774900		
Endup(Endowment Upgrading)							0.1775	4 160
β_0	−0.0432838	0.0456005	−0.95	0.343	−0.1326592	0.0460916		
β_1	0.9424843	0.0445006	21.18	0.000	0.8552647	1.0297040		
ϕ	1.1882120	0.0810324	14.66	0.000	1.0293910	1.3470320		
Indup(Industry Upgrading)							0.6101	4 160

6.4 遵循比较优势进行持续的经济结构转型升级是经济发展成功的保证

总之，不论是第 3 章我们对世界每个经济体的经济结构转型升级的轨迹的测算，还是对陷入中等收入陷阱的拉美经济体以及战后发展典范的经济结构转型升级轨迹的测评，都有一个共同的结论：但凡产业结构变迁在每一个阶段都遵循比较优势，循序渐进拾级而上的经济体大都能够成功实现经济结构转型升级，推动经济发展，而那些产业变迁违背比较优势，打乱产业升级次序的经济体则难以实现持续的经济结构转型升级。当然，经济结构转型升级是一个不断持续的动态过程，过去符合比较优势的产业随着禀赋结构升级之后也会失去比较优势，需要进行产业升级以适应新的禀赋结构的变化。这种经济结构转型升级持续保持比较优势的动态能力是非常关键的，也是非常难的，很少有经济体在每时每刻都按照比较优势进行经济结构转型升级。对于这一点，发展经济学家拉尼斯对东亚奇迹（大都是发展典范中的样本）的总结极具启发性："关键的和具有说服力的一点是决策者持久的可塑性,在过去40年,决策者总能够在每一个可以识别的增长转型的阶段对经济正在变化的需求做出政策的相应改变。由于这个可塑性,整个系统得以避免失去动力并能够在每一个阶段的末尾重新驶入轨道……每个十年有每个十年的挑战,每十年政府都能够做出政策的转变,用库兹涅茨的话来说,这些政策改变是为了适应而不是梗阻私人经济所要求的变化。"①如图6.3和图6.4所示,在20世纪七八十年代中国和韩国的经济结构转型升级的达标程度得到大幅度提高,经济结构转型升级不断向符合比较优势的轨道靠拢。

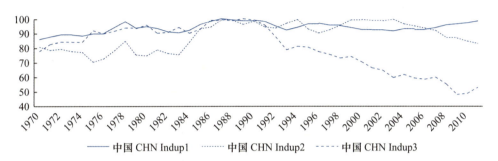

图6.3　中国经济结构转型升级路径的达标程度变化

注:Indup1表示非农产业升级达标指数;Indup2表示工业升级达标指数;Indup3表示服务业升级达标指数。

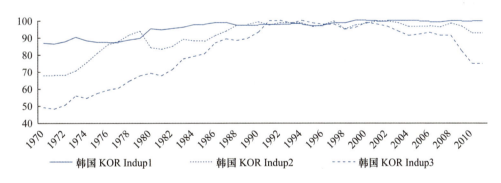

图6.4　韩国经济结构转型升级路径的达标程度变化

注:Indup1表示非农产业升级达标指数;Indup2表示工业升级达标指数;Indup3表示服务业升级达标指数。

---

① Gustav Rains,"Another Look at the East Asian Miracle",*World Bank Economic Review*,1995,9,pp. 509—565.

6.5 违背比较优势的经济结构转型升级是导致发展陷阱的根源[①]

6.5.1 乡村原始工业化缺失与低收入陷阱

大多数非洲国家,尤其是撒哈拉以南非洲国家经济增长缓慢,被困在贫困陷阱中。战后,非洲国家工业水平极端落后,靠出口农产品、矿物等初级产品换取外汇,进口外国工业品来维持经济生产和人民生活。为了摆脱殖民贸易型经济,许多非洲国家采取了"进口补贴"的工业化政策,鼓励以本国生产的商品替代进口商品。然而,许多非洲国家的这一努力被内陆国家高额的交通成本、较小的市场规模、有限的技能和工业技术所限制。由于经济发展不理想,20世纪90年代以来,在"华盛顿共识"的指导下,许多非洲国家进行结构性的政策调整,不断淡化国家在经济发展中所扮演的角色,推行贸易自由主义。在这一政策下,进口商品的关税被削减,更便宜的进口商品涌入国内市场,使现存的本土中小企业受到了进一步冲击。因为无法与外国商品竞争,许多公司被迫关门,国有公司被迫私有化。此外,旧结构主义的"大推进"理论主张在非洲进行大规模公共投资,"一步到位"地提升其生产能力。然而,众多国家与社会机构对非洲的大量援助,并没有产生明显效果。按照产业结构转型升级的阶梯顺序,初级工业化的缺失是陷入低收入陷阱的根源。

撒哈拉以南非洲国家乡村工业的比例明显低于其他地区的国家。联合国食品与农业组织(FAO)的 RIGA 数据库提供了一些发展中国家农村住户劳动参与和收入的微观调查数据。我们可以构建这些国家的乡村工业劳动力份额与乡村工业收入份额进行比较。我们选取第4章中的发展典范越南作为基准,与陷入贫困陷阱的国家进行对比。RIGA 数据库不包含中国数据,但国家统计局提供了中国农村住户就业与收入的数据。为此,我们可以把中国作为另一个参照点。图 6.5 展示了乡村工业劳动力份额的跨国比较。由 RIGA-L 的个体数据,我们可以构建农村制造业劳动力占农村总劳动力的比重。1983—1988 年,中国农村制造业劳动力份额快速上升,由 5.8% 增长到 8.5%;1998—2002 年,越南农村制造业劳动力份额也明显上升。加纳、尼加拉瓜农村制造业劳动力占农村总劳动力的比重比越南低 2% 以上,比同等收入水平的中国低 3% 以上,尼日利亚、

[①] 这一节的总结以及相关数据资料均转引自:王丽莉、文一,"中国能跨越中等收入陷阱吗?——基于工业化路径的跨国比较",《经济评论》,2017 年第 3 期。

塔吉克斯坦农村制造业劳动力占农村总劳动力的比重比越南低3%以上,比同等收入水平的中国低4%以上。由于 RIGA-L 的样本有限,利用 RIGA-H 的家庭数据,构建农村家庭参与制造业劳动的比率。按照 RIGA-H 的定义,如果该家庭有成员参与制造业劳动,或者有制造业收入,则代表该家庭参与了制造业劳动。数据显示,这些被困在贫困陷阱中的国家的农村家庭制造业雇佣劳动参与率明显低于越南。其中,马拉维、加纳、乌干达、尼日尔、尼加拉瓜比同等收入的越南低5%以上,埃塞俄比亚、坦桑尼亚、尼日利亚、肯尼亚等比同等收入的越南低8%左右(见图6.6)。此外,如图6.7所示,这些陷入贫困陷阱国家农村家庭的制造业雇佣劳动收入份额与全部制造业劳动收入份额都明显低于越南,并远远低于中国。20世纪90年代,中国农村制造业收入占农村家庭总收入的份额快速上升,由1990年的10%上升到1997年的21%。在这一期间,越南的农村制造业雇佣劳动也明显增加。在同等人均收入水平下,埃塞俄比亚、尼日利亚、坦桑尼亚、肯尼亚等国农村制造业收入份额比越南低5%以上,比中国低更多。从结构来看,这些非洲国家的农村家庭从事个体劳动的比率要高于雇佣劳动,说明乡村原始工业化不发达。大多数家庭在农闲时从事简单的个体劳动,作为农业生产的补充。2007年埃塞俄比亚四分之三的农村非农企业只有一名劳动力,少于1%的企业雇用3名以上的劳动力。在这些非洲国家,农村企业的资本极少。2005年坦桑尼亚农村企业平均固定资产只有120美元。一半企业有建筑和土地,只有20%的企业有存储设施,不足6%的企业有机器设备。主要运输工具是自行车和牲畜,少于1%的企业有机动车。把个体劳动发展为充分利用劳动

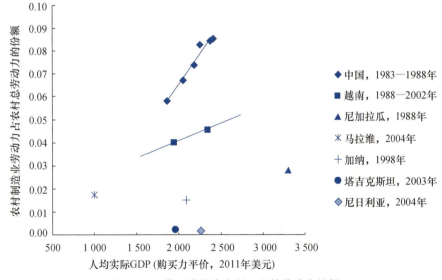

图 6.5　一些亚非国家乡村工业的劳动力份额

分工、具有一定规模的企业,对于逐步开启工业化十分重要。然而,在这些非洲国家,大多非农企业仅在当地社区销售产品,有限的市场规模与落后的交通运输网络限制了这些农村企业的进一步发展。

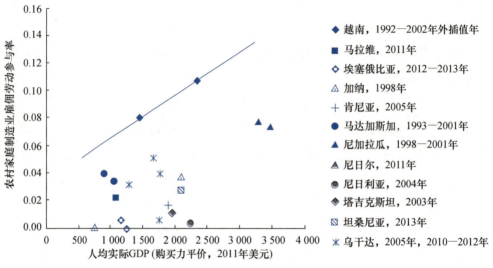

图6.6 各国农村家庭制造业雇佣劳动参与率

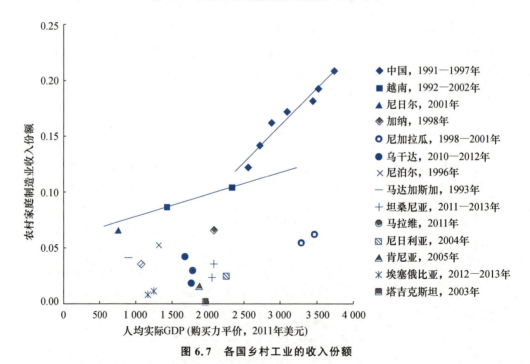

图6.7 各国乡村工业的收入份额

因此我们看到,进口替代政策、"大推进"理论、"华盛顿共识"推崇的自由化,都没能

第 6 章
评价世界经济结构转型升级新结构经济学之路的绩效

帮助非洲国家逃脱贫困陷阱,反而使它们误入迷途、陷入困境。其实西方崛起的历史与中国的增长奇迹表明,自下而上地以乡村原始工业化为起点,以远距离贸易为目的,利用广大农村剩余劳动力,"就地"生产手工和劳动力密集型产品,是发酵市场、培育企业家与劳动者技能、发展商品分销网络、改善基础设施,从而成功开启工业化最有效的途径。长期以来,撒哈拉以南非洲国家或依赖矿产资源发展单一制造业,或试图在进口替代下建立大工业,或尝试推行自由化,或者依靠国外援助进行"大推进"。然而,非洲国家却没能充分调动本国广大的草根阶层,利用廉价劳动力的比较优势,以乡村原始工业化为起点,由下而上地进行原始积累和产业升级,因此无法引爆工业革命。这与私有产权和知识产权保护无关,却与市场和市场规模的缺乏有关,更与"市场创造者"缺失有关。而这个市场创造者不是别人,正是政府。① 图 6.8 到图 6.10 所示的是埃塞俄比亚、尼日利亚、卢旺达三个非洲经济体的例子,其在经济结构转型升级上的达标程度整体上长期都很低。

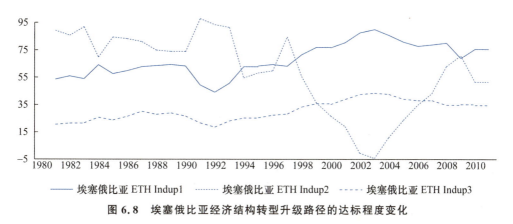

图 6.8 埃塞俄比亚经济结构转型升级路径的达标程度变化

6.5.2 违背"胚胎发育"的产业升级与中等收入陷阱

旧结构主义的代表人物德国经济学家格申克龙通过对德国、俄国等在 19 世纪经济发展的特殊经验进行比较分析,提出在落后国家动用国家银行向资本密集型生产方式跳跃的发展理论。由此衍生出的进口替代政策和"大推进"理论,令许多发展中国家陷入困境。尤其在第二次世界大战以后,一些拉美国家和亚洲国家采取全面进口替代政策,封闭和限制自己产品的世界市场,由国内生产取代消费品尤其是重化工业品进口。虽然日

---

① Yi Wen and George Fortier,"The Visible Hand:The Role of Government in China's Long-Awaited Industrial Revolution"("看得见的手:政府在命运多舛的中国工业革命中所起的作用"),美国联邦储备银行(圣路易斯分行)内部刊物《经济评论》,2016 年第 3 卷第 98 期,第 189—226 页。

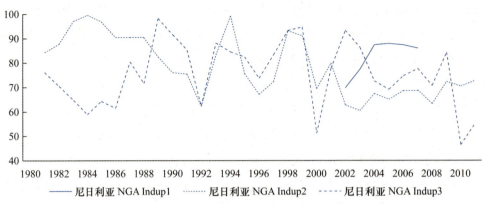

图6.9 尼日利亚经济结构转型升级路径的达标程度变化

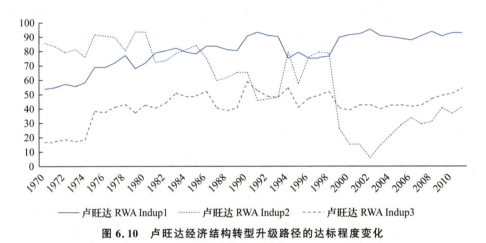

图6.10 卢旺达经济结构转型升级路径的达标程度变化

用消费品的进口替代战略相对合理(因为这类产业投资少、技术设备简单、资本回收快),但也需要依靠国际大市场。而拉美的进口替代战略同时把国际市场封闭了,使得消费品生产的扩张受限于国内市场的规模。相对而言,在20世纪50年代末,韩国、中国台湾等亚洲经济体开始转向出口导向型战略,利用国际市场对廉价生活消费品旺盛的需求发展劳动力密集型轻工业。这一出口导向的进口替代战略不仅大大扩大了上坡市场,同时通过激烈的国际竞争训练了企业组织和管理,刺激了技术更新。同时,大多数拉美国家还采取了对耐用消费品、中间产品、机器设备等资本密集产品的进口替代,而这些产品需要的市场规模更大,资金和技术门槛更高。由此,在劳动力密集型轻工业没有得到充分发展的情况下,拉美国家过早进入到重工业化阶段。

过早开始重工业化不符合经济发展的内在规律。重工业往往需要巨大的固定资产投资,因而只有大规模生产才能降低成本、有利可图。然而,在工业化初期,有限的市场需求与资本积累并不足以支持重工业的规模化生产。首先,重工业品并不是最终消费品,而大多是中间产品或生产工具。只有当消费品生产达到一定规模后,才能产生对重工业品的巨大需求,使其盈利。其次,资本密集型的重工业与一国在工业化初期资本稀缺、劳动力丰富的要素禀赋不符。为了支持重工业的发展,政府可能会利用行政手段将资源分配到大型重工企业,造成资源错配,极大地降低了经济效率。最后,重工业产品比轻工业品更加需要国际大市场的支撑才能够盈利,而这对产品质量和技术竞争能力的要求十分苛刻,这种竞争能力对于连轻工业都没有做好的拉美国家来说是不可能具备的,所以拉美国家的进口替代发展战略必败无疑。

按照前面类似的禀赋水平与产业级别两个维度,王丽莉和文一也对比分析了拉美国家和亚洲"四小龙"的产业升级路径。[①] 数据显示,1963—1969 年韩国出口导向型劳动力密集型制造业的年均就业增长率高达 11.7%。相反,在 20 世纪 60 年代继续实行内向型进口替代战略的拉美国家,就业几乎没有增长,但资本产出比大大提高。1960—1969 年,中国台湾与韩国的平均资本产出比为 1.7,而危地马拉、厄瓜多尔、巴拉圭的资本产出比达到 3,玻利维亚、哥伦比亚、秘鲁的资本产出比达到 3.5。1962—1970 年,韩国制造品总出口额的年均增长率高达 67%,非耐用消费品出口额的年均增长率高达 75.7%。相比之下,在这一进口替代的黄金时期,拉美国家的出口增长远远低于轻工业品出口导向的韩国。其中,表现比较好的墨西哥在 1962—1970 年制造品总出口的年均增长率为 11.8%,但非耐用消费品出口的年均增长率仅为 5.8%。智利是所有拉美国家中表现得最为出色的国家,1962—1971 年制造品出口的年均增长率为 13%,非耐用消费品的年均增长率为 18%,不过这个出色表现与韩国和中国台湾也没法相提并论。

图 6.11 展示了重工业增加值份额的跨国比较。工业分行业增加值资料来源于 CEPII 数据库,人均实际 GDP 数据来自 PWT 9.0。我们以韩国为基准,比较各国的重工业份额。其中,重工业包含金属及金属制品业、机器制造业、交通设备制造业与石油化工业。1970—1990 年,由于有了雄厚的轻工业基础,韩国现价重工业增加值在全部制造业中的份额由 28% 上升到 47.9%。与之相比,在相同收入条件下,不重视轻工业出口的众多拉美与东欧国家的重工业增加值份额,则比相同收入水平的韩国高 5% 以上。其中,巴西(1963 年、1990 年)、厄瓜多尔(1990 年)、玻利维亚(1980 年)、墨西哥(1989 年)、委内瑞拉(1980 年)、阿根廷(1985 年)、保加利亚(1997 年)、波兰(1981 年)、波黑(1991 年)、土

[①] 王丽莉、文一,"中国能跨越中等收入陷阱吗?——基于工业化路径的跨国比较",《经济评论》,2017 年第 3 期。

耳其(1981年)与阿塞拜疆(2001年)的重工业增加值份额比相同收入水平的韩国高10%以上;阿塞拜疆(2005年)、埃及(1991年)、委内瑞拉(1980年)、厄瓜多尔(1994年)、秘鲁(1985年)与玻利维亚(1988年)的重工业增加值份额比相同收入水平的韩国高20%左右。

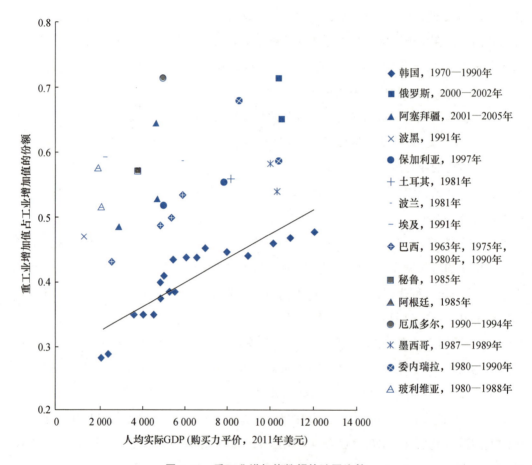

图6.11 重工业增加值份额的跨国比较

资料来源:王丽莉、文一,"中国能跨越中等收入陷阱吗?——基于工业化路径的跨国比较",工作论文,2017年。

与前面对经济结构转型升级绩效评估成果一样,王丽莉和文一也认为中等收入陷阱还可以从产业升级速度与收入增长速度的关系来刻画。[①] 过快的产业升级速度往往欲速则不达,导致收入增长速度放缓甚至绝对下降,这反过来又使得产业升级难以为继,出现

[①] 王丽莉、文一,"中国能跨越中等收入陷阱吗?——基于工业化路径的跨国比较",《经济评论》,2017年第3期。王丽莉和文一的测算数据年份与本报告的主要测算样本数据有细微的差别,但整体上基本一致。对于这里介绍的例子可参考第3章的测算。

倒退,造成一个恶性循环,为社会不稳和政治混乱埋下隐患。对于成功按照循序渐进方式实现产业升级的国家来说,它们的相对收入比(即相对于美国收入的收敛速度)应该是相对产业升级速度的增函数,即随着产业升级(主要是制造业)比率的提高,相对收入也提高,而且可能提高得更快,具有规模递增效应。根据王丽莉和文一的测算,如果相对收入比值超过 0.7,表明成功跨越中等收入陷阱,进入发达国家行列。相反,对于产业升级失败的国家,这个单调上升的函数关系并不存在,相对收入比值停留在 0.5 以下,表明跌入中等收入陷阱,无法向发达国家收敛。

我们可以回顾一下第 4 章所介绍的发展典范中的韩国、中国台湾和中国大陆的产业升级动力学。这三个经济体都在持续动态的产业升级过程中创造了持续的经济增长和追赶。例如,从 1953 年到 2010 年,韩国的相对非农就业份额从 0.4(美国的 40%)上升到 0.98(美国的 98%),代表了产业升级的速度。同时,韩国的相对人均实际收入由 0.1(美国的 10%)上升到 0.72(美国的 72%),说明产业升级带来了收入的持续稳定和急剧的增长。类似地,中国台湾在战后的产业升级过程中也把相对收入从美国的 10%左右提高到了 70%以上,因此经济增长相对于产业升级的曲线呈现往上翘的弧形,而且十分平滑。中国大陆的表现在改革开放以前(1950—1980 年)却与韩国和中国台湾不同,相对收入没有随产业升级的提高而提高,一直停留在 0.05(美国的 5%)的水平,而且产业升级比值也来回摇摆。但是改革开放以后冲破了贫困陷阱,收入比值开始扶摇直上;当非农产业比值从美国的 60%上升到 90%左右时,相对收入也从美国的 6%上升到美国的26%,顺利进入中等收入国家行列。中国大陆在整个 20 世纪 50—80 年代的表现是个例外:产业升级没有带来收入的增长和收敛,因为忽视了乡村原始工业化而直接投入重工业建设。但是在改革开放以后这一现象迅速改观:循序渐进的产业升级直接带来了爆发式的收入增长和向发达国家的收敛,虽然目前还未成为高收入国家。与韩国和中国台湾比较,当它们在横轴取值为 90%左右时(即 70 年代末或 80 年代初),纵轴取值均为 25%左右,与目前的中国大陆十分接近。因此可以预料,未来 20—30 年间如果中国大陆把非农产业相对于美国的比值提高到韩国与中国台湾目前的程度,即从 90%上升到 98%甚至更高(超过 100%是可以的),那么中国大陆的人均相对收入也可以从目前美国的 25%左右提高到美国的 70%左右,因为韩国和中国台湾达到这个水平也用了 30 年。与之相反,阿根廷、巴西、智利、秘鲁、哥伦比亚和委内瑞拉这些拉美国家,不仅没能持续地推进本国的产业升级,而且产业升级也没有带来相应的收入增长和向发达国家的收敛,因而陷入中等收入陷阱,经济发展长期徘徊不前,处于一种杂乱无章的混沌状态。这种拉美式产业升级与国民经济收入函数,是对中等收入陷阱的很好的刻画,如图 6.12 到图 6.16 所示。

图 6.12 阿根廷经济结构转型升级路径的达标程度变化

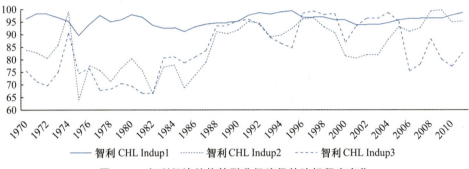

图 6.13 智利经济结构转型升级路径的达标程度变化

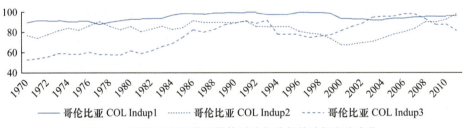

图 6.14 哥伦比亚经济结构转型升级路径的达标程度变化

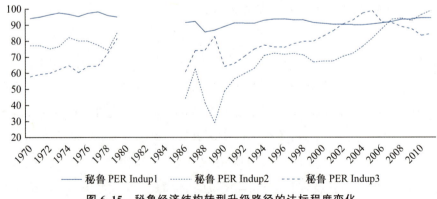

图 6.15 秘鲁经济结构转型升级路径的达标程度变化

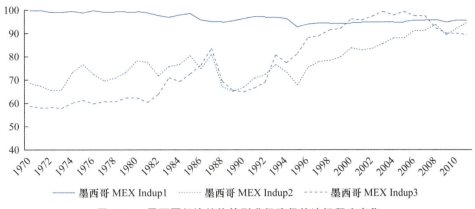

图 6.16　墨西哥经济结构转型升级路径的达标程度变化

阿根廷曾是拉美历史上最富有的国家，19 世纪与美国没有显著差异，即便到了 1950 年，它与美国的人均收入比也在 0.53 左右。但是整个 20 世纪 50 年代和 60 年代没有任何起色，产业升级比率在 87%—90% 之间徘徊，相对收入比率在 45%—55% 之间徘徊。进入 70 年代和 80 年代后，产业升级比率进步到 90%—92% 之间，但是相对收入比率却几乎直线下降，在 2000 年降到只有美国人均收入的 25%，2010 年有所回升，到了 34%。再看我们已经在前面第 4 章中介绍过的巴西——这个拉美地区曾经的发展楷模和明灯。巴西 1950 年的产业升级指数为 0.88，相对收入是美国的 18%，正好处于一个跨越中等收入的门槛。在整个 50 年代到 70 年代末采纳进口替代战略期间，产业升级比较顺利，非农产业指数从不到 0.18 上升到 1980 年的 0.96，相对收入指数从 0.18 上升到 0.28。但是以重工业为主导的进口替代战略难以为继，巴西在 80 年代开始采纳"华盛顿共识"进行改革。结果巴西经济开始倒退和去工业化，产业升级指数从 1980 年的 0.96 降到 2000 年的 0.95，收入指数从 0.28 降回到 0.19 左右，之后由于中国经济的拉动上升到 0.22。目前看来这个经济没有出现摆脱中等收入陷阱的希望。接下来我们看看智利，它在 1950 年的产业升级指数在 0.955—0.96 之间，但在之后的 60 年间一直在 0.96—0.98 之间徘徊，绕了一圈以后在 2010 年回到 0.96。在这个失去的 60 年期间，它的收入指数从 1950 年的 0.37 下降到 1986 年的 0.25，然后通过 90 年代一路上升又回到 2000 年的 0.36，之后也是在中国进口带动下于 2010 年上升到 0.45，但是产业没有获得升级（指数从 0.965 回到 0.96），这是因为它出口中国的主要产品是矿产资源和大豆。接下来的哥伦比亚和秘鲁也展现了类似的产业升级失败模式，产业升级指数到了 0.9 左右就开始出现问题。委内瑞拉是个很奇怪的特例，它从一个产业升级指数很高的高收入国家，退化到低中等收入国家。比如它的产业升级指数在 1968 年高于 0.99，相对收入指数当时是

0.92,远远超过目前的韩国和中国台湾。但是之后几乎直线倒退,在七八十年代尤其明显,产业升级指数在2003年为0.965,收入指数为0.23,从一个极高收入国家退化为一个低中等收入国家。

这些拉美国家的一个共同点,是在产业升级到了美国非农产业的90%左右时开始出现陷阱。它们没能同时推进产业升级和收入增长的原因,在于它们没能充分发展本国的劳动力密集型轻工业,使得重工业难以为继。而产业升级失败以后,通过采纳放弃产业政策的"华盛顿共识",进入"去工业化"阶段,从而陷入中等收入陷阱无法自拔。① 如果我们用非农产业就业份额代替非农产业产值作为产业升级指数,得到的结论是一样的。它不仅再现了拉美国家的中等收入陷阱,以及亚洲"四小龙"是如何顺利突破中等收入陷阱的,而且体现了中国内地在改革开放前的发展模式难以为继,不可持续,但改革开放以后的发展模式却具有超越中等收入陷阱的趋势和能力。

中等收入陷阱还体现在出口结构的演变上。韩国与中国的出口结构呈现出如下共同特点:(1)正确的工业化进程开启后,初级农产品和原料产品的出口份额急剧下降,轻工业制成品的出口份额快速上升。例如,中国1985年初级产品的出口份额高达65%,到2002年下降到10%以下。(2)在韩国与中国工业化的前半段,纺织品、服装与鞋包这些劳动力密集型产品是最主要的出口品。韩国从1966年到1981年,中国从1992年到1999年,轻工业制品(不含食品)的出口份额一直在50%以上。韩国从1967年到1989年的二十多年间,中国从1986年到1997年的十多年间,纺织品、服装与鞋包的出口份额都在30%以上。(3)韩国与中国在工业化的下半段(即完成第一次工业革命后),随着轻工业出口份额的逐渐下降,金属、机械制造、交通设备制造业等资本密集型重工业产品以及高科技电子产品成为最主要的出口品。因此,两国的工业化经历了从轻工业品到重工业品的渐进轮替升级过程,因而具备国际竞争力和经济发展的可持续性。

相反,巴西、阿根廷、秘鲁以及经济改革后的俄罗斯的出口结构显示出两个特点:(1)出口偏向农副产品、石油资源等初级原料产品,工业制成品的出口比例偏低。例如,咖啡、茶、可可、香料及制品一直是巴西的第一大出口品,在1970年以前其出口份额在40%以上;1962—1985年,阿根廷的谷物出口一直在20%—30%左右;而油气资源一直是俄罗斯最主要的出口品,2000年以来其出口份额高达50%—60%。(2)对工业制成品的出口而言,这些国家跳过了劳动力密集型产品扩大出口的阶段,而偏向重工业产品出

---

① Dani Rodrik, "Premature Deindustrialization", *Journal of Economic Growth*, 2016, 21(1), pp.1—33.

口。长期以来,巴西与阿根廷轻工业制品(不含食品)的出口额一直低于20%,俄罗斯甚至低于10%。然而,这些自上而下建立的重工业产品缺乏全球市场、自生能力与比较优势。例如,巴西、阿根廷的重工业产品以出口拉美国家为主,一些拉美国家在安第斯条约下,向受保护的协约国市场销售。因此,这些国家的出口品并不具备国际竞争力。

中国与韩国正是靠着出口大量的手工品和规模化生产的劳动力密集型轻工产品,才能为重工业铺垫市场,才能有资金进口昂贵技术,实现持续的产业升级和向重工业化阶段稳步迈进。这种出口导向式增长形成了一个正向反馈循环:通过出口规模化生产的产品来支持技术引进,继而用进口的先进技术生产更多的出口产品。这种靠参与世界制造业大循环的出口导向的正反馈系统与巴西、阿根廷等拉美国家采纳"华盛顿共识"以后的发展战略形成鲜明对比:市场力量迫使拉美国家依赖农产品和自然资源的出口来支持工业化和技术引进。然而这无法形成良性循环反馈系统。首先,农业资源开采都是土地密集型的,因此即便实现机械化耕作和资源开采,其规模报酬也非常有限。更重要的是,农业和矿业机械化减少了劳动力需求,而第一次工业革命的规模化生产则是提高劳动力需求。因此,尽管这种发展战略——依赖农产品或自然资源如矿石和石油的出口——符合拉美国家的比较优势,却不能带来规模化就业,也不能创造一大批企业家阶层和一个规模化国内市场来支持连续的产业升级和市场创造。如果没有引爆以劳动力密集型产业和全球贸易为特征的第一次工业革命,也就不会出现对能源、动力、运输和通信的基础设施的巨大需求市场和资金积累,从而也就不可能引爆以规模化生产重工业产品为特征的第二次工业革命。结果是,大多数拉美国家虽然成功实现了农业和采矿部门的现代化(机械化),却无法完全实现轻工业和重工业部门的工业化和现代化,或建立具有国际竞争力的工业体系,因而陷入了中等收入陷阱。因此,跨越中等收入陷阱的方式应该是遵循比较优势的持续经济结构转型升级而非"华盛顿共识"。事实上,巴西在20世纪90年代就按照"华盛顿共识"实行了大规模的私有化,如表6.5所示,但是结局适得其反,整个90年代的增长率只有2.7%,相对于其黄金增长时期的两位数而言微不足道。这样的惨痛教训不得不引以为鉴。

表6.5　20世纪90年代(1991—1999)巴西国有企业私有化情况　　单位:百万美元

行业	企业数量	出售价格	转化的债务	合计
钢铁	8	5 562	2 625	8 187
石油化工	27	2 698	1 003	3 701

(续表)

行业	企业数量	出售价格	转化的债务	合计
能源	3	3 907	1 670	5 577
铁路	6	1 697	—	1 697
矿业	2	3 305	3 559	6 864
电信	21	26 970	2 125	29 095
其他	14	2 442	344	2 786
联邦政府范围	81	46 581	11 326	57 907
各州政府范围	26	23 724	5 311	29 035
共计	107	70 305	16 637	86 942

资料来源：Armando Castelar Pinheiro, Fabio Giambiagi, "The Macroeconomic Background and the Institutional Framework of Brazilian Privatization", in *Privatization in Brazil*: *The Case of Public Utilities*, ed. by Armando Castelar Pinherio and Kiichiro Fukasaku, Brazilian Development Bank and OECD Development Center, 1999.

6.6 违背比较优势的发展战略将错失世界经济结构转型升级带来的发展机遇

最后，经济结构转型升级遵循还是违背比较优势也是决定一个经济体能否参与全球化、把握世界经济结构转型升级带来的机遇的根本。理由如前所反复论及的，遵循比较优势能够迅速推进产业结构转型升级，使得资本回报率最大，不但能够为本国的储蓄增加激励，而且还能够吸引海外的投资。联合国贸易和发展会议（UNCTAD）每年都会发布《世界投资报告》，通过外商直接投资（FDI）的流入和流出来反映一个经济体的招商引资能力和资本出海的潜力。如图 6.17 所示，《2016 年世界投资报告》发布的数据显示，2015 年全球 FDI 表现出强烈的复苏态势，总体上涨了 38%，达到 1.762 万亿美元，是 2008 年全球金融危机爆发以来的最高水平，然而整个体量的 55% 流入了发达经济体。[①]其主要原因是，发达经济体的产业结构是资本相对密集型的，因此对资本的需求远超发

[①] 这就是所谓的国际资本流动的卢卡斯之谜：主流理论认为发展中国家资本短缺，资本的回报率高，资本应该从发达国家流向发展中国家，但诺奖得主卢卡斯发现，在现实中资本却从大多数的发展中国家流向发达国家，参见：Robert Lucas, "Why Doesn't Capital Flow from Rich to Poor Countries?", *American Economic Review*, 1990, 80 (2), pp. 92—96.

展中经济体,使得大量资本流向发达经济体。① 然而,我们也看到诸如亚洲新兴经济体,比如亚洲"四小龙"和中国内地,虽然大部分都是发展中经济体,但却是 FDI 流入最大的目的地。究其原因,是这些经济体按照比较优势进行了快速的经济结构转型升级,即便是劳动力密集型产业也可以获得超过发达经济体资本密集型产业的资本回报率而吸引外资。同样,当资本积累到一定程度,这些成功的经济体由于经济结构转型升级,还会迫使本国曾经具有比较优势的产业逐步失去比较优势而转移到海外,随之产生资本出海运营。② 一些前述因发展战略违背比较优势而陷入低收入陷阱的非洲国家和陷入中等收入陷阱的拉美国家则截然相反。图 6.18 和图 6.19 便说明了这一破解卢卡斯之谜的成败经验。下一章我们将以全球制造业就业的变迁和转移为例来估算和分析世界经济结构转型升级中的机遇。

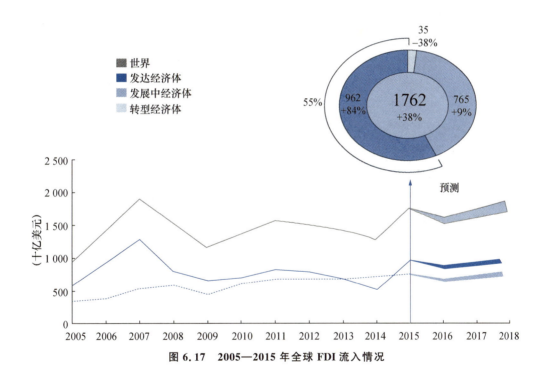

图 6.17 2005—2015 年全球 FDI 流入情况

---

① Keyu Jin, "Industrial Structure and Capital Flows", *American Economic Review*, 2012, 102(5), pp.2111—2146.

② 对此现象新结构经济学的解释是,如果一个发展中国家采取了违反比较优势的战略,不仅有权有势的富人从各种价格扭曲和行政干预中寻租获得的财富缺乏合法性,而且国内投资的资本回报率会低,资本就会外逃到发达国家。反之,如果按照比较优势发展,资本的回报率高,富人以企业家才能从市场竞争中获得的财富有合法性,资本不仅不会外逃,而且还会流入。新结构经济学对卢卡斯谜题的这个解释在经验实证上和现实的经济现象一致。

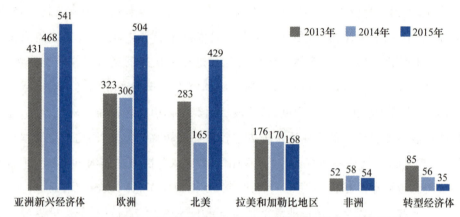

图 6.18　2013—2015 年全球各大洲 FDI 流入情况（单位：十亿美元）

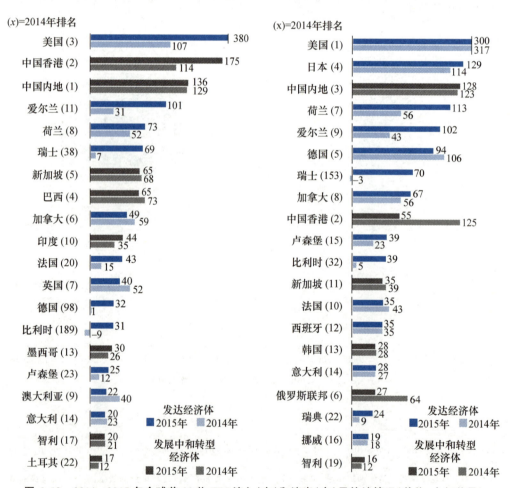

图 6.19　2014—2015 年全球前 20 位 FDI 流入（左）和流出（右）目的地情况（单位：十亿美元）

第 7 章　估算世界经济结构转型升级中的发展机遇：全球制造业大迁徙

从前面几章对三次产业结构变迁轨迹的研究报告中，我们可以清晰地看到经济发展是一个持续的产业和技术升级过程，任何一个国家，无论处于何种发展阶段，如果能积极发展适应自身比较优势（由本国的资源禀赋结构决定）的产业，都可以成功完成这一发展过程。发展中国家取得杰出增长表现的秘诀是利用后发优势，兴办与本国资源禀赋类似的国家曾发展迅速的那些产业。在全球化时代，低收入经济体经济转型的机遇比比皆是。众多新的增长极的出现（走向多极化世界，如第 1 章第 1.1 节的介绍）将给那些最落后的国家带来机遇，使它们迈入快速工业化和结构转型的新时代。本章将以制造业就业为例估算在世界经济结构变迁中的发展机遇。①

7.1　估算方法：制造业结构随禀赋结构变化而变化的一般规律

事实上，与产出的增加值相对应，就业结构也是产业结构变迁的另外一个方面。作为工业的构成，如图 7.1 所示，就全球整个制造业就业结构变迁特征而言，制造业就业结构随禀赋水平的提高而提高然后降低，是典型的倒 U 形或倒 V 形关系。按照新结构经济学的基本理论，制造业就业结构由禀赋结构内生决定；禀赋结构的变化会使得过去符合比较优势的产业失去比较优势，对应产业的就业岗位过剩；并且符合潜在比较优势的产业的需求上升而使得对应的就业岗位出现缺口。因此，根据新结构经济学的理论和特征事实，设定如下的制造业就业结构基线估算方程②

$$\overline{\text{employeesratio}}(\text{gdp}) = \alpha + \beta \times \text{gdp} + \varphi \times \text{gdp}^2 + \gamma X + \varepsilon \tag{7.1}$$

---

① 林毅夫在《从西潮到东风》（第 11 章）以及《超越发展援助》（第 6 章）这两本著作中都对新兴经济体给低收入发展中经济体带来的产业转移机会所创造的就业数量做了初步的判断，本研究报告在此基础上对全球每个经济体的制造业就业结构变迁所出现的缺口和剩余情况做了首次探索性估算。

② 采取不同的估算方程就会有不同的估算基线，这不仅受到变量度量方式，还受到不同控制变量的选择、不同的方程回归方式等问题的影响。本研究报告仅提供最基本的 8 条估算基线，其他可能的基线估算不作报告。

其中,以制造业就业人数占人口的比重和制造业就业人数占劳动力的比重度量制造业就业结构,而不是以制造业就业人数占经济体的就业人数之比来度量制造业就业结构,其原因是人口和劳动力相对于经济体总的就业人数是更加外生的变量①;作为一种综合性概括指标,我们以人均GDP度量禀赋水平(gdp),本报告同时采纳2005年不变价美元和不变价国际元两个口径的人均GDP;控制变量(X)主要选取相对外生的两个对制造业有着重要潜在影响的因素:自然资源(自然资源租金总额占GDP的百分比)和人口密度(每平方公里土地面积人数)。②

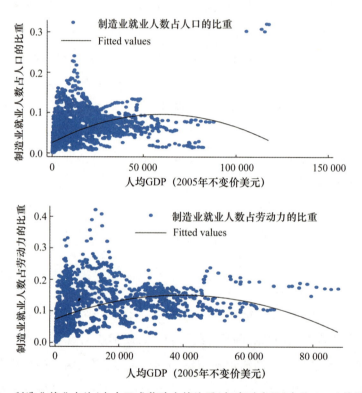

图7.1　制造业就业占比(占人口或劳动力的比重)与禀赋水平(人均GDP)的散点图

---

①　如 UNIDO, Industrial Development Report 2013, "Sustaining Employment Growth: the Role of Manufacturing and Structural Change"。
②　如 N. Haraguchi, G. Rezonja, "Patterns of Manufacturing Development Revisited", UNIDO Working Paper, 2009。

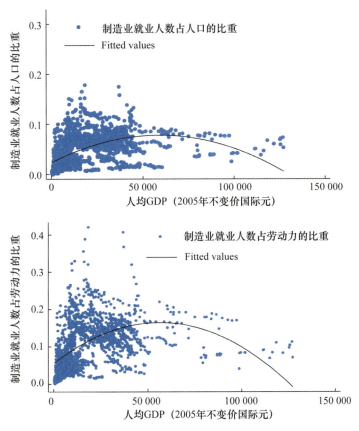

图 7.1 制造业就业占比(占人口或劳动力的比重)与禀赋水平(人均 GDP)的散点图(续)

式(7.1)是按照禀赋结构预测的制造业就业结构基线,那么通过式(7.2)便可以估算出各个经济体制造业就业缺口或过剩值

$$\text{employeesgap}_{i,t} = \widetilde{\text{employees}}(\text{gdp}_{i,t}) - \text{employees}_{i,t} \tag{7.2}$$

其中,$\widetilde{\text{employees}}(\text{gdp}_{i,t})$、$\text{employees}_{i,t}$分别是经济体 i 第 t 年的制造业就业人数按基线的预测值和实际值,二者相减得到的数值 $\text{employeesgap}_{i,t}$ 就是符合禀赋结构比较优势的制造业就业缺口(如果 $\text{employeesgap}_{i,t} \geqslant 0$)或失去禀赋结构比较优势的制造业就业剩余(如果 $\text{employeesgap}_{i,t} \leqslant 0$)。

7.2 测算数据:联合国工业与发展组织制造业数据

除了制造业就业数据来自 UNIDO 2013 年数据,其余变量的数据均来自 WDI 2014 年数据,全球样本为 1963—2010 年的 156 个经济体的非平衡面板数据,表 7.1 是数据的描述性统计。如图7.2所示,从不同阶段不同经济体的角度来看,全球禀赋结构水平的分布差异巨大。在整个样本中,按照2005年不变价美元计算,禀赋结构水平最低的是1995年的利比里亚,人均GDP只有50美元;禀赋结构水平最高的是2008年的列支敦士登,人均GDP高达117 494美元,是1995年利比里亚禀赋结构水平的2 349.88倍。不过,尽管全球整体的禀赋结构水平分布都有所右移,但世界禀赋结构水平差距并没有明显缩小。与此相对应,如图7.3所示,各个经济体之间在不同的阶段也存在巨大的差异,但是不同地区或国家分布的变迁却非常迥异,如图7.4所示。[①] 从整个分布来看,高收入OECD国家制造业就业人数占比从1963年到2010年不断左移,即不断减少,尤其是20世纪90年代以后左移幅度非常大。这一现象与发达国家去工业化的结构变迁密切相关,即制造业在就业中的比重在持续下降而服务业在就业中的比重则持续上升,但正如后面的测算结果所示,发达经济体在目前也面临制造业的去空心化,再工业化的趋势明显。与发达国家去工业化密切相关的东亚太平洋地区的工业化浪潮,其制造业就业人数占比从1963年到2010年不断右移,即不断增加,从发达经济体去工业化过程中获益良多。例如,中国从改革开放之后制造业就业人数占比迅速攀升,在90年代中期迅速到达高峰然后逐步下降,然后再从21世纪初再次攀升到现在的高峰,如后面的测算结果所示,中国再次面临下调的趋势。撒哈拉以南非洲地区和拉丁美洲与加勒比地区尽管制造业就业人数占比近年来有所扩张,但工业化进程非常缓慢。中东和北非、欧洲与中亚非OECD国家、南亚等地区的制造业就业占比在扩张—萎缩—再扩张的波动中没有表现出

表7.1 描述性统计

变量	观测值	均值	标准差	最小值	最大值
人均GDP(不变价美元)	5 966	9 343.141	14 237.60	50	117 494
人均GDP(不变价国际元)	3 026	15 788.38	18 415.48	142	127 236
制造业就业人数占人口的比重	4 316	0.049 4244	0.106 2891	0.000 0346	2.477 744
制造业就业人数占劳动力的比重	1 952	0.112 0234	0.236 5095	0.000 1441	3.792 000
自然资源租金总额占GDP的百分比	5 466	8.153 82	12.406 54	0	89.428 72
每公里土地面积人数	7 349	270.704 8	1 386.822	0.670 9602	21 595.35

注:"制造业就业人数占人口的比重"与"制造业就业人数占劳动力的比重"的某些样本点大于1,本报告的所有图形展示中去掉了大于0.5的少数异常值。

---

① 关于全球制造业结构分布的变迁更详细的记录描述,可参见:UNIDO, Industrial Development Report 2013, "Sustaining Employment Growth: the Role of Manufacturing and Structural Change"。

第 7 章
估算世界经济结构转型升级中的发展机遇:全球制造业大迁徙

强劲的工业化趋势。它们的工业化均未能成功地从发达经济体去工业化过程中受益,但也正面临新一波工业化的绝佳窗口机遇期。

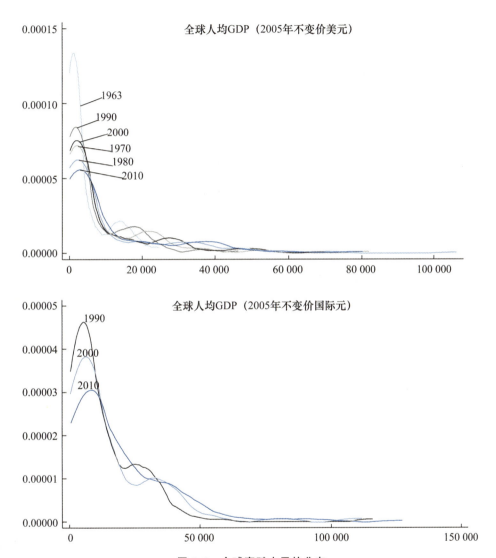

图 7.2 全球禀赋水平的分布

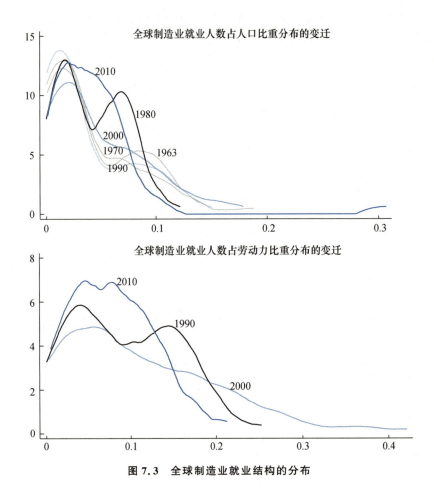

图 7.3 全球制造业就业结构的分布

7.3 基线拟合:制造业就业结构变迁的曲线

表 7.2 是式(7.1)在 8 个口径数据下的回归结果,主要变量都非常显著。图 7.5 是根据该回归结果拟合的禀赋结构水平与制造业就业结构水平的 8 条基线。这些基线提供了一个经济体根据其禀赋结构变化对制造业就业比重的一个大致预测。

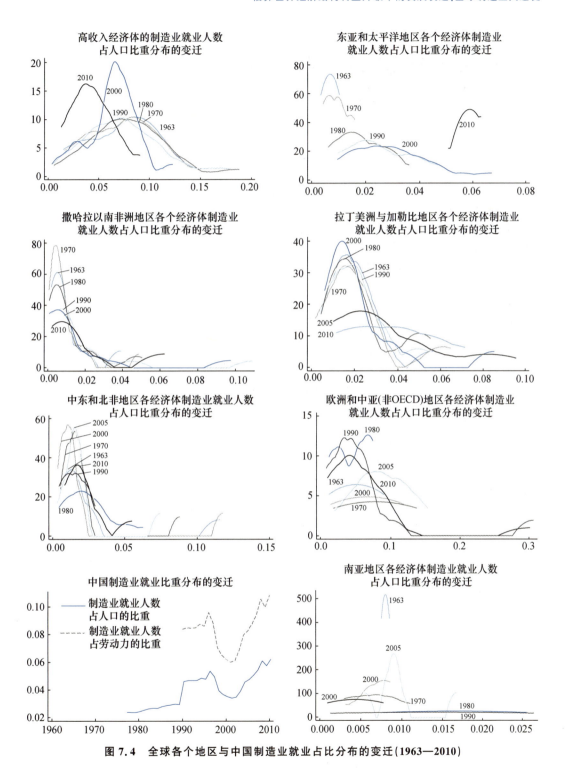

图 7.4 全球各个地区与中国制造业就业占比分布的变迁(1963—2010)

表 7.2 制造业就业比重基线估算:以 2005 年不变价美元计算的人均 GDP 度量禀赋水平

	基线(1-1)	基线(1-2)	基线(2-1)	基线(2-2)
	制造业就业人数占人口的比重	制造业就业人数占人口的比重	制造业就业人数占劳动力的比重	制造业就业人数占劳动力的比重
人均 GDP(2005 年不变价美元)	0.00000242*** (32.32)	0.00000186*** (24.41)	0.00000441*** (19.26)	0.00000373*** (16.12)
人均 GDP 的平方	−2.01e-11*** (−16.13)	−1.26e-11*** (−10.25)	−5.43e-11*** (−12.46)	−4.53e-11*** (−10.26)
自然资源租金总额占 GDP 的百分比		−0.000734*** (−14.35)		−0.00136*** (−11.40)
人口密度(每公里土地面积人数)		0.00000382*** (13.22)		0.00000278*** (4.46)
常数项	0.0236*** (33.77)	0.0300*** (36.40)	0.0624*** (31.79)	0.0746*** (34.27)
Adj R-squared	0.3028	0.3584	0.2267	0.2790
Prob>F	0.0000	0.0000	0.0000	0.0000
观测值	3 919	3 511	1 898	1 878
	基线(3-1)	基线(3-2)	基线(4-1)	基线(4-2)
	制造业就业人数占人口的比重	制造业就业人数占人口的比重	制造业就业人数占劳动力的比重	制造业就业人数占劳动力的比重
人均 GDP(2005 年不变价国际元)	0.00000195*** (26.04)	0.00000167*** (21.75)	0.00000411*** (26.37)	0.00000350*** (22.05)
人均 GDP 的平方	−1.60e-11*** (−18.15)	−1.21e-11*** (−13.26)	−3.52e-11*** (−19.33)	−2.67e-11*** (−14.27)
自然资源租金总额占 GDP 的百分比		−0.000702*** (−11.84)		−0.00154*** (−12.64)
人口密度(每公里土地面积人数)		0.000000465 (1.55)		0.000000808 (1.31)
常数项	0.0187*** (17.18)	0.0254*** (21.41)	0.0447*** (19.86)	0.0595*** (24.40)
Adj R-squared	0.2977	0.3426	0.2932	0.3423
Prob>F	0.0000	0.0000	0.0000	0.0000
观测值	1 899	1 879	1 878	1 858

注:括号中是 t 统计量,* $p<0.05$,** $p<0.01$,*** $p<0.001$。

第7章
估算世界经济结构转型升级中的发展机遇:全球制造业大迁徙

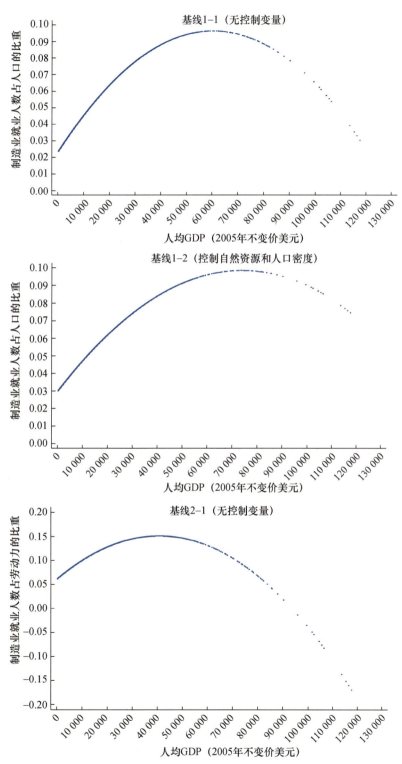

图 7.5　禀赋水平与制造业就业人数比重的基线拟合

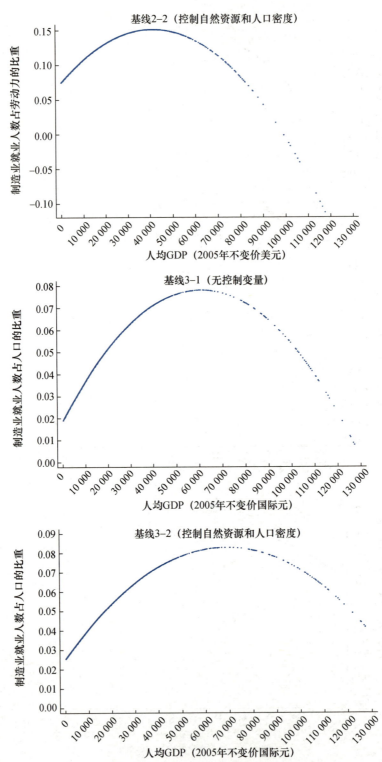

图 7.5 禀赋水平与制造业就业人数比重的基线拟合(续)

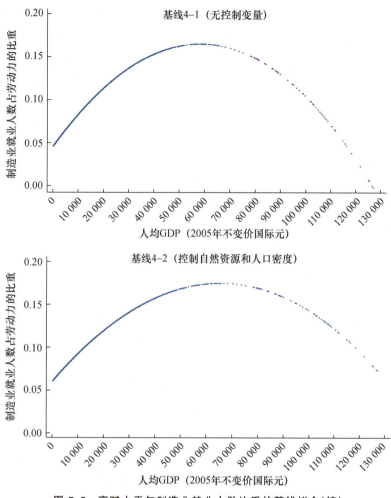

图 7.5 禀赋水平与制造业就业人数比重的基线拟合（续）

7.4 估算结果：全球制造业就业缺口与剩余的情况

据此可得全球 156 个经济体 1963—2010 年按照前述估算方法估算的制造业就业缺口与过剩（负数表示）情况的总量数据。尽管许多经济体的数据缺失非常严重，但还是能够提供非常丰富的信息。每个经济体具体的测算数据可向作者索取，现将各个地区整体层面的特征规律概括如下：

7.4.1 还在继续的亚洲雁行模式：东亚制造业就业剩余量庞大

尽管库兹涅茨和罗斯托等早期的发展经济学家们描绘了结构变迁的一些重要特征

事实，格申克龙也描绘了西欧诸国的追赶过程，但是赤松要对于日本的研究对发展中国家而言可能更有价值，因为日本在起步时的收入水平远远落后于西方国家。赤松要在1932年就发表了一篇具有开创价值的论文，但直到20世纪60年代才被翻译成英文，其中讨论了他首次提出的"雁行模式"在经济发展中的作用，其含义是"大雁组成一个倒V字阵形往前飞"[①]。雁行模式描述了后进国家的工业化发展次序，主要关注三个维度：产业内部、产业之间以及国际之间的劳动分工。产业内部的维度观察的是特定发展中国家的产品变化周期，一开始进口某种产品，然后走向国内生产与进口相结合，最后走向出口。产业之间的维度观察的是特定发展中国家的各种产业的出现和发展顺序，产业种类出现多元化和升级，从消费品走向资本品，从简单产品走向复杂产品。国际劳动分工的视角关注的是某些产业从发达国家向发展中国家转移，发展中国家的经济逐渐与发达国家趋同。与一些已有的研究在产品和行业层面对雁行模式的识别一样[②]，在我们的样本期内（1963—2010年）也能够识别出制造业总量层面的亚洲雁行模式，如图7.6和表7.3所示。按照基线1-1和基线1-2的估算，日本从战后60年代到90年代初期制造业就业一直处于过剩状态，在60年代有将近500余万失去比较优势的过剩制造业就业岗位可以转移出去，到90年代初期这一数字也将近100万左右。因此，亚洲的第一波飞雁便出现在日本与落后日本不太远的韩国、新加坡、马来西亚、中国香港、中国台湾之间，在六七十年代日本失去比较优势的制造业转移到存在符合潜在比较优势的制造业缺口的亚洲"四小龙"，创造了第一波东亚奇迹。随着亚洲"四小龙"等先行者的成功，其收入水平不断提高，资本积累使得禀赋结构不断升级，从而制造业从过去的缺口变成过剩。在八九十年代便产生了从亚洲"四小龙"向中国内地、越南、印度尼西亚等其他亚洲经济体转移潜在失去比较优势但符合后者潜在比较优势的制造业，这便是第二波东亚飞雁模式，创造了第二波东亚奇迹。[③] 随着亚洲飞雁创造的两波经济发展奇迹，目前日本和亚洲"四小龙"等经济体早已进入高收入经济体行列，其在去工业化之后又开始面临再工业化的问题；而中国内地、越南等第二波亚洲飞雁模式中曾经的产业承接经济体由于高速发展，收入水平不断提高，资本不断积累、工资水平不断上涨使得过去承接的符合比较优势的制

---

① Kaname Akamatsu, "A Historical Pattern of Economic Growth in Developing Countries", *The Developing Economics*, 1962, 1, pp.3—25.

② 除了赤松要的研究，日本政策研究大学院，GRIPS为2002年GRIPS发展论坛（GRIPS Development Forum in 2002）准备的一份文件也在具体的服装、高铁、普通电视机、录像机、高清电视机等产品层面上展现了亚洲的雁行模式。在跨国制造业细分行业层面的行业周期也可以视为雁行模式的体现，如 N. Haraguchi, G. Rezonja, "Patterns of Manufacturing Development Revisited", UNIDO Working Paper, 2009. 甚至美国最发达的制造业中细分行业也能够识别出有规律的行业周期，如 Jiandong Ju, Justin Yifu Lin, Yong Wang, "Endowment Structure, industrial dynamics, and economic growth", *Journal of Monetary Economics*, 2015, 76, pp.244—263. 关于雁行模式的一个概括性阐述可参考林毅夫的《从西潮到东风》第9章"结构性变化的机制与收益"。

③ 可参考世界银行《东亚奇迹》和林毅夫等《中国的奇迹》对这些故事的阐述。

造业又失去比较优势,产生了大量过剩制造业就业岗位。当然,由于经济体所处水平不同,以及产业细分的差异,亚洲内部的飞雁模式并未结束。

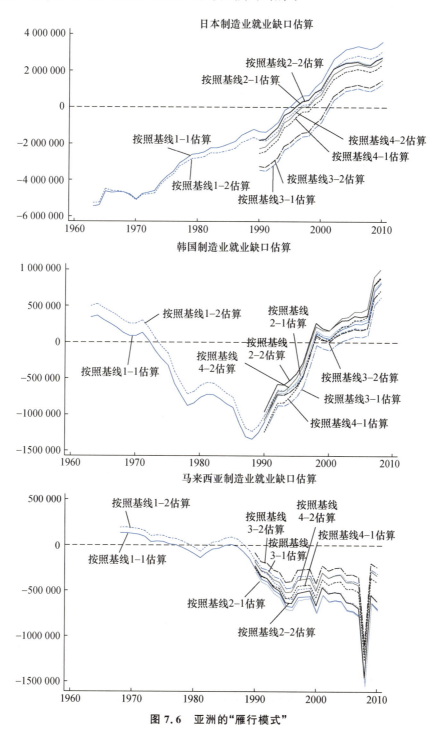

图7.6 亚洲的"雁行模式"

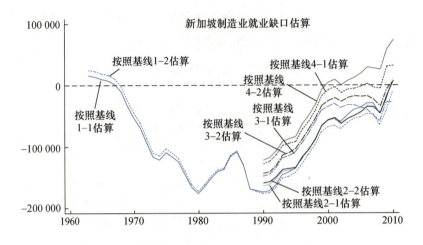

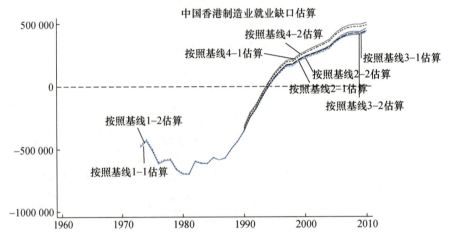

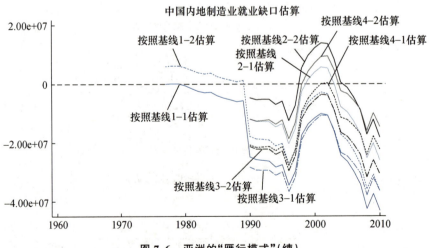

图 7.6 亚洲的"雁行模式"(续)

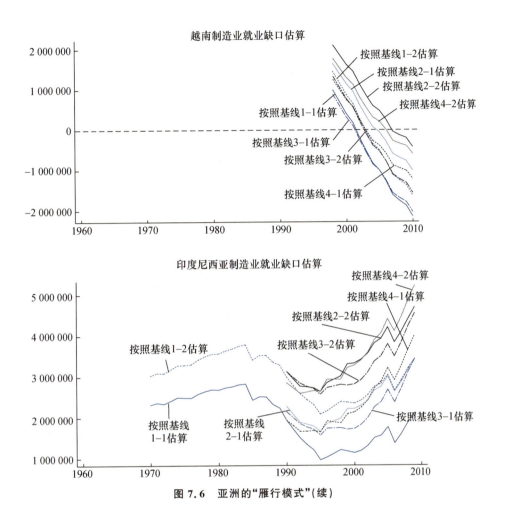

图 7.6 亚洲的"雁行模式"(续)

7.4.2 南亚、中东、拉美以及非洲目前面临工业化制造业缺口较大

与东亚的制造业过剩情况恰好相反,南亚、中东、拉美以及非洲面临的工业化制造业缺口较大。非洲是各个经济体制造业缺口最为密集的地方,而南亚的印度则是制造业缺口最多的国家。如图 7.7 所示,按照不同基线估算,印度制造业就业缺口在 1 500 万之上。巴基斯坦按照 8 条基线估算的平均制造业就业缺口在 300 万之上,阿富汗、尼泊尔也零星有些制造业就业缺口,但体量不大(见图 7.8)。非洲制造业就业缺口的具体情况我们在下一节展开。

世界经济结构转型升级报告：新结构经济学之路

表 7.3　基线 1-1 和基线 1-2 估算下的亚洲的两次"雁行模式"

年份	日本		新加坡			韩国			马来西亚			中国			越南			印度尼西亚	
	基线1-1估算	基线1-2估算	与日本工资比	基线1-1估算	基线1-2估算	与日本工资比	基线1-1估算	基线1-2估算	与日本工资比	基线1-1估算	基线1-2估算	与日本工资比	基线1-1估算	基线1-2估算	与韩国工资比	基线1-1估算	基线1-2估算	基线1-1估算	基线1-2估算
1963	-5448661	-5256248	102	15362	23997	38	340098	496606											
1964	-5394298	-5238448	91	13014	22045	24	363904	523696											
1965	-4624767	-4485957	80	9279	18396	20	303557	466966											
1966	-4698042	-4597510	76	6838	15948	24	255602	421155											
1967	-4667492	-4609852	67	1409	10410	23	200144	368764											
1968	-4681525	-4682683	58	-10832	1785	25	135438	301097											
1969	-4796678	-4847770	56	-33084	-24678	23	86264	257420	37	131630	190569								
1970	-5070976	-5103226	49	-52762	-47643	25	84823	253468	32	132090	192359								
1971	-4762854	-4819287	45	-69170	-63518	22	128907	301236	30	122616	184139								
1972	-4681402	-4729375	40	-94178	-87069	17	19560	193455	26	113804	176604								
1973	-4534441	-4727971	39	-117572	-110277	16	-23787	52624	28	91926	155695								
1974	-4129812	-4247884	39	-123468	-115517	16	-234823	-154200	20	34580	99659	16							
1975	-3802230	-3930624	42	-103830	-103836	19	-231889	-147638	20	40740	105538	10							
1976	-3546874	-3694798	39	-117153	-111072	19	-407884			34714	101865	14							2470581	3010113
1977	-3084540	-3253728	34	-125243	-105539	20	-576139	-407884	19	7635	75308	24						26	2301261	3079852
1978	-3070976	-3235702	32	-161838	-140288	20	-878902	-680368	14	898	69456	21						38	2353707	3285273
1979	-2850330	-3046433	36	-169170	-163396	21	-764579	-767096	17	-26333	43233	18						30	2508595	3401052
1980	-2504063	-2825702	36	-177019	-173212	25	-1300630	-987331	15	10500	13263	16						35	2630163	3480253
1981	-2417871	-2802698	39	-165988	-168303	24	-1250743	-1243753	13	-75702	-25364	19						26	2677123	3545579
1982	-2242929	-2732482	47	-151605	-148303	27	-1250743	-1243731	13	-75702	-25364	19						26	2665531	3551732
1983	-2242225	-2521147	50	-141245	-137738	34	-727518	-588408	22	-14808	-62470	30						30	2719297	3623446
1984	-2105873	-2536295	53	-136613	-136851	47	-757823	-700905	22	-132302	-127097	16						34	2747071	3672507
1985	-1828198	-2463811	58	-110209	-149135	47	-822480	-784854	21	-461115	-456709	14						28	2793039	3736241
1986	-1173136	-0555385	60	-37083	-132241	51	-900630	-605973	23	-30154	74774	11						25	2811672	3722840
1987	38734	-451571	72	-29845	-115022	62	-1306530	-937231	15	-5882	86690	8						26	2418152	3398822
1988	370103	-1273500	79	-70783	-102984	79	-1884317	-1305049	13	-16802	66410	10						24	2504215	3502605
1989	613199	111615	82	103879	-107407	78	-1884317	-1812835	18	-482001	-599976							16	2098108	3514131
1990	642916	145239	79	89732	-98856	47	113403	135106	15	-75702	8411							13	2310920	3343400
1991	1084810	587177	68	-72330	-77417	47	678458	684457	14	-563299	-62470	19	-1800042	1104380				7	2224912	3271538
1992	1300767	887368	68	-56915	-68587	47	43599	26367	14	-743526	-471763	21	-2658852	-1800042				7	1926898	2987067
1993	2031777	1526976	74	-54895	-66172	54	123573	97351	20	-549195	-456960	20	-2657498	-2289766				7	1701569	2774585
1994	2643049	2136953	78	-59626	-71642	64	180974	138430	20	-621140	-527974	20	-3759927	-3234445	9	978507	1440900	7	1486804	2573350
1995	2901416	2391308	76	-49334	-62254	69	213878	165185	19	-607356	-527974	21	-4088936	-412841				9	1299197	2539907
1996	3167166	2653176	73	-40422	-54844	73	251319	191409	19	-677356	-525536	21	-4099110	-456709	8	3390517	864392	6	1491188	2745447
1997	3241891	2726294	76	-37083	-52592	82	213878	176228	19	-714464	-595459	21	-4098986	-459976	5	161696	640487	8	1545331	2812654
1998	3340392	2823402	86	-30229	-46951	95	279064	198012	19	-696681	-696976	18	-4106800	-4108986		-5134585	-510845	9	1755415	3034793
1999	3258652	2740770	93	-29845	-47793	62	702580	608877	21	-775394	-686742	14	-3846600	-4108986	4	-5184429	-350723	6	1359910	2651414
2000	3188620	2671248	88	-51635	-46706	68	720846		21	-1496625	-1448634	14	-3430300	-3590009	4	-8421181	-1124738	5	1593452	2895360
2001	3313994	2800903	82	25798	-55224	87	814317	714716		-1556625	-1448634	14	-3430300	-3590009		-10164334	-1264445	7	1883382	3195777
2002	3586140	3070249	84	9379	-42369					-704963	-615592		-3090800	-3590009		-12872165	-1375857	7	2109733	3434423

注：工资为制造业平均工资（以不变价美元计算），工资比例为百分比。

第 7 章

估算世界经济结构转型升级中的发展机遇：全球制造业大迁徙

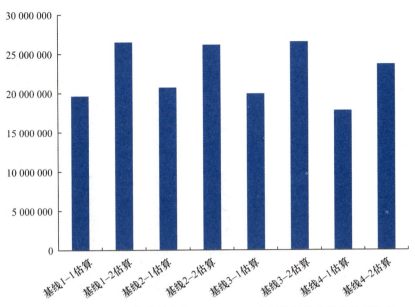

图 7.7　按照 8 条基线估算的印度 2005—2009 年平均制造业就业缺口数量

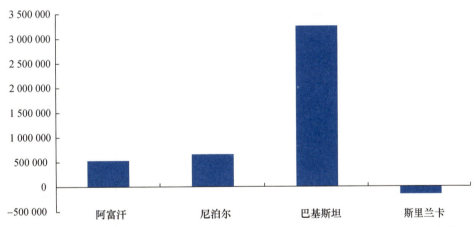

图 7.8　按照 8 条基线估算的南亚一些经济体 2006—2010 年平均制造业就业缺口数量

7.4.3　欧洲和中亚制造业就业缺口不明显甚至也存在过剩

中亚和东欧少部分经济体，如哈萨克斯坦、塔吉克斯坦、阿塞拜疆、土耳其等的制造业只存在数十万就业缺口，相对而言量级比较小（见图 7.9）。而诸如俄罗斯、乌克兰、白俄罗斯、罗马尼亚、保加利亚等东欧经济体由于过去的赶超战略积累了过多的制造业，制造业也面临过剩的情况（见图 7.10）。

243

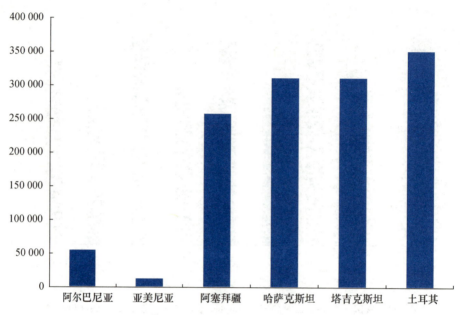

图7.9 按照8条基线估算的欧洲和中亚一些非高收入经济体 2006—2010年平均制造业就业缺口数量

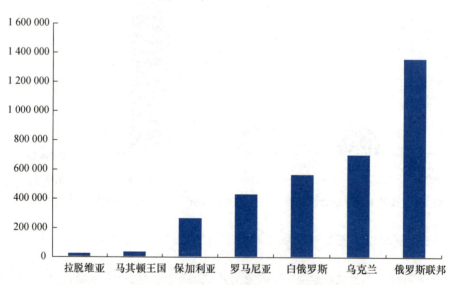

图7.10 按照8条基线估算的欧洲和中亚一些非高收入经济体 2006—2010年平均制造业就业过剩数量

7.4.4 高收入经济体目前面临再工业化制造业缺口较大

绝大多数高收入经济体由于经历了后工业化,制造业就业也面临较大的缺口。除一贯注重制造业基础的德国积累了大量的制造业基础,面临剩余之外,老牌的G7集团成员法、美、日、英、意、加等国无一例外都面临制造业缺口。这也是德国推出工业4.0以及美国大张旗鼓地鼓励制造业回流的原因。然而,除了老牌工业国家面临再工业化,存在制造业就业缺口的基本事实,我们也可以看到图7.11中的另外一个基本的事实:发达国家的制造业年均工资水平非常高。因此,发达经济体的再工业化与发展中经济体工业化产生的制造业缺口的性质完全不同:发达经济体的制造业就业缺口由于产业级别高,所需的劳动力往往是高技能的,而非发展中经济体一般的劳动力。所以,发达经济体再工业化不会导致其大规模的制造业从发展中经济体回流到发达经济体。发达经济体也需要持续的转型升级创造更高级别的制造业提高劳动生产率,才能够为高工资的高技能劳动力创造就业。图7.12总结了全球各个地区制造业就业缺口分布的历史变化情况。

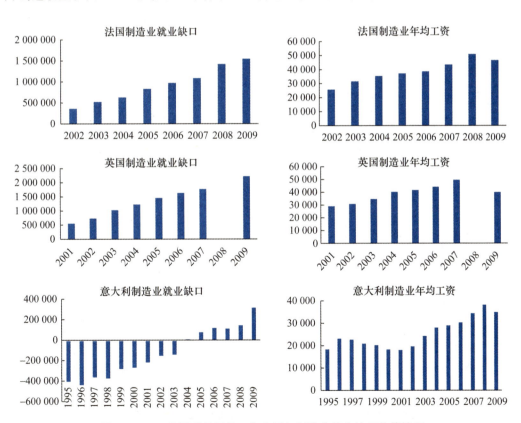

图7.11 G7集团成员国的工资水平与制造业就业缺口估算情况

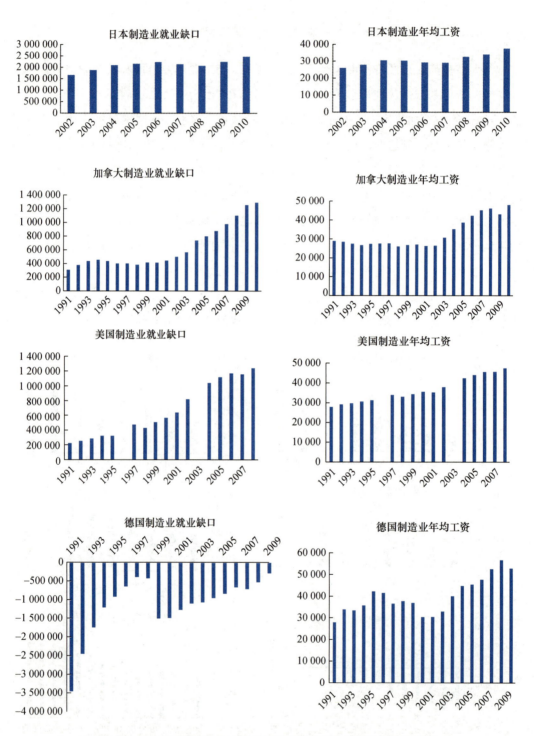

图 7.11 G7 集团成员国的工资水平与制造业就业缺口估算情况（续）

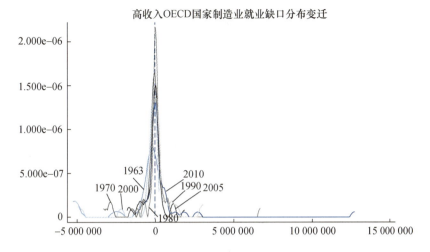

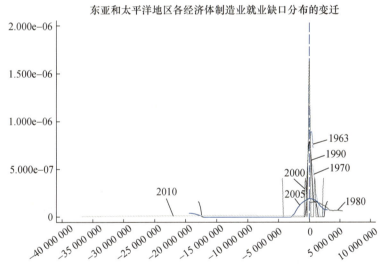

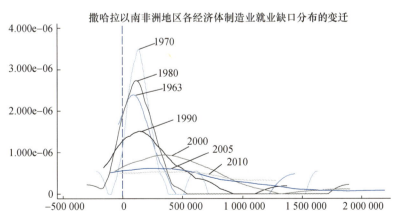

图 7.12　全球各个地区以及美国制造业就业缺口分布变迁(1963—2010)

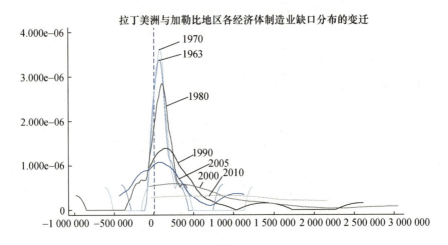

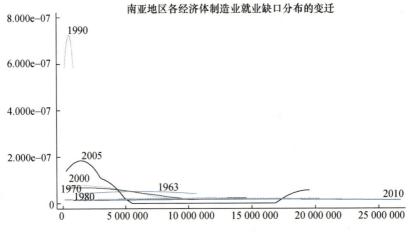

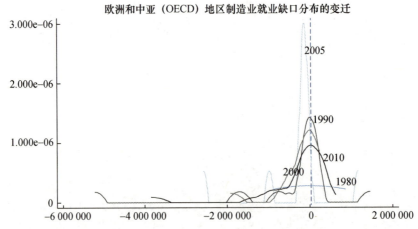

图 7.12　全球各个地区以及美国制造业就业缺口分布变迁(1963—2010)(续)

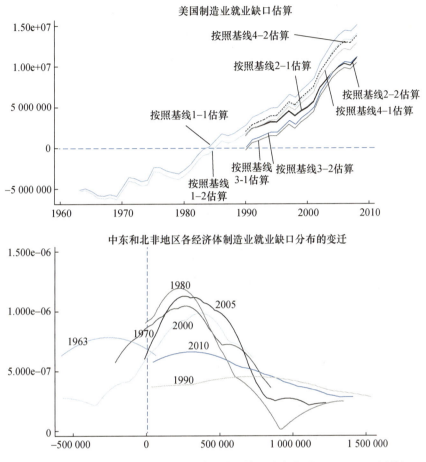

图 7.12　全球各个地区以及美国制造业就业缺口分布变迁(1963—2010)(续)

7.5　全球制造业差序格局与南南合作的产业基础以及中国的地位

7.5.1　全球制造业差序格局[①]

我们前面估算了在全球制造业结构变迁中每个经济体面临的制造业就业缺口和剩余,不论是缺口还是剩余,对于每个经济体而言都是发展机遇:面临缺口的经济体可以从合适的面临剩余的经济体中引进合适的产业;同样,面临剩余的经济体也可以向合适的经济体转移合适的产业。因此,问题的关键就在于每个经济体如何在全球制造业变迁大

---

① "差序格局"一词是中国社会学的奠基人费孝通提出的,旨在描述亲疏远近的人际格局,如同水面上泛开的涟漪一般,由自己延伸开去,一圈一圈,按与自己距离的远近来划分亲疏。

格局中找到合适的位置。根据中国的经验,最重要的是解放思想、实事求是,既正确认识自己,也正确认识别人。所谓正确认识自己,就是客观全面地了解本国的基本国情和条件,包括所处的发展阶段,所具有的自然资源、劳动力、资金等禀赋条件;也要了解过去和现在发展面临的主要问题及其产生的主要原因;等等。所谓正确认识别人,就是对世界上处于不同发展阶段的不同类型的国家做出系统分析,并对本国与这些国家之间的关系,包括可比性、差异性、互补性等,做出客观判断。其中,特别重要的是对本国和其他国家的要素禀赋及其结构和相对价格,或者说对不同国家的相对比较优势及其阶段性特征进行深入细致的研究。这是不同国家之间相互学习和借鉴的基本前提。①

我们用公式(7.3)来测度在全球制造业结构变迁格局中任何一个经济体与其他经济体之间的关系:首先,我们将每个时点上的经济体分为两类,一类是面临制造业就业缺口的经济体(例如 $empgap_i>0$),一类是面临制造业就业剩余的经济体(例如 $empgap_j<0$);其次,一般而言禀赋水平比较高的经济体不会从禀赋水平比较低的经济体引进后者失去比较优势的产业或者后者向前者转移失去比较优势的产业,只会是禀赋水平比较低的经济体从禀赋水平比较高的经济体引进后者失去比较优势的产业或者后者向前者转移失去比较优势的产业;最后,我们就可以通过如图 7.13 所示的夹角来度量这两类经济体之间的亲疏关系:夹角越大,说明两个经济体之间的禀赋水平越接近,产业引进或者产业转移的适合程度也越高;反之,适合程度就越低。图 7.14 就展示了以制造业工资水平差异所刻画的这种禀赋水平差异,其决定了全球制造业的差序格局,如图 7.15 所示。

$$\theta_{ijt} = \arctan \frac{empgap_{it} - empgap_{jt}}{wage_{jt} - wage_{it}} \quad (7.3)$$

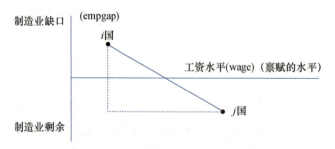

图 7.13 全球制造业差序格局的度量

---

① 林毅夫,"中国经验对新兴经济体的启示",《人民日报》,2016 年 4 月 24 日。

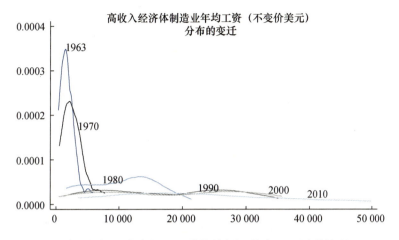

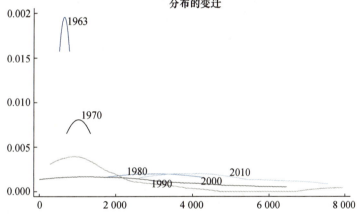

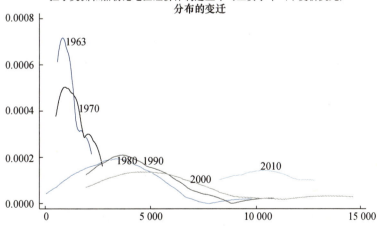

图 7.14　全球各个地区以及代表性国家的制造业年均工资水平（不变价美元）分布的变迁（1963—2010）

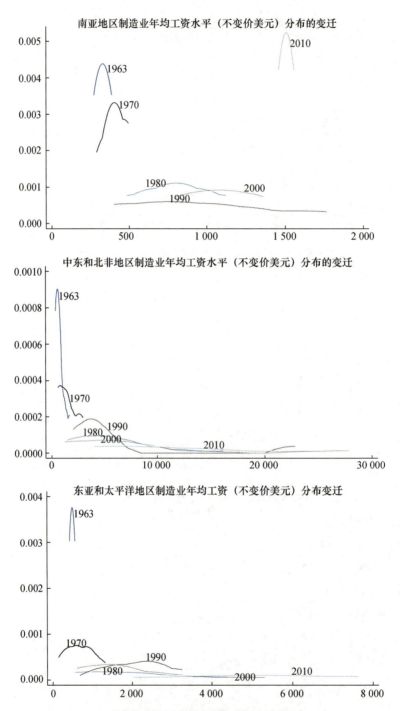

图7.14 全球各个地区以及代表性国家的制造业
年均工资水平(不变价美元)分布的变迁(1963—2010)(续)

第7章
估算世界经济结构转型升级中的发展机遇:全球制造业大迁徙

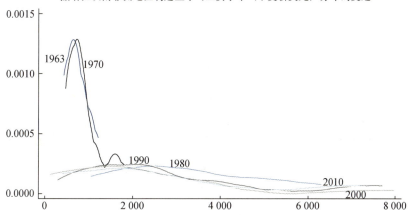

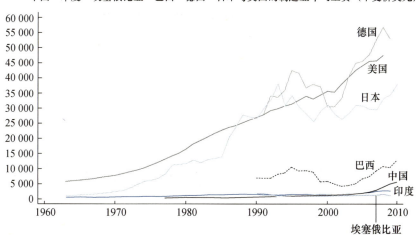

图7.14 全球各个地区以及代表性国家的制造业年均工资水平(不变价美元)分布的变迁(1963—2010)(续)

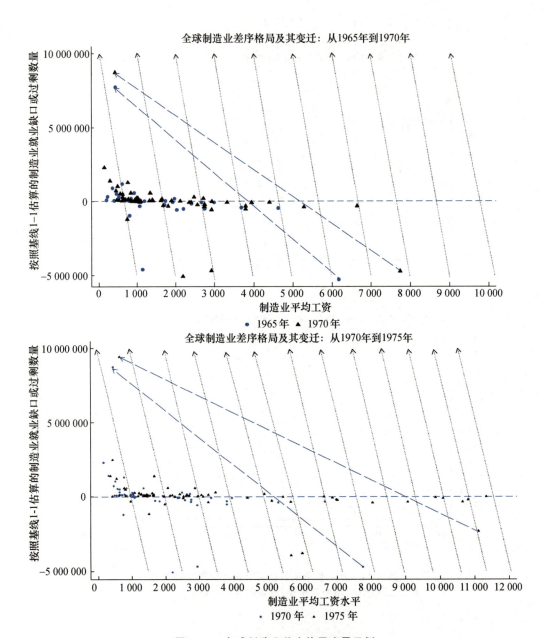

图 7.15 全球制造业差序格局度量示例

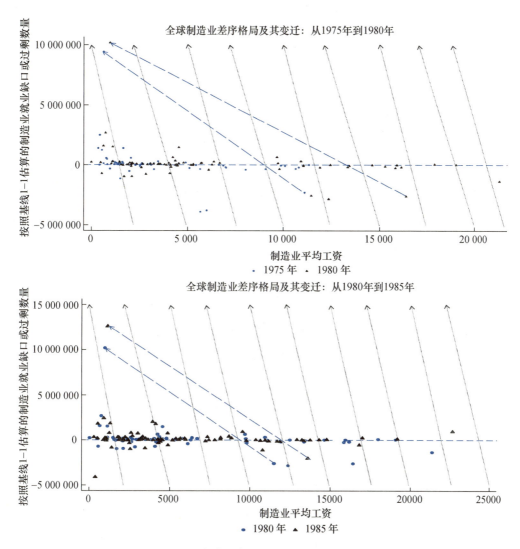

图 7.15　全球制造业差序格局度量示例(续)

7.5.2　南北合作的产业基础：以中美为例

美国前总统奥巴马在发表 2015 年国情咨文时指出："我们深信我们能逆转外包浪潮，在国内创造新的就业机会。"新任美国总统特朗普发表的制造业回流的主张也引起了极大的关注。媒体长篇累牍地报道了美国制造业回流的案例，指出回流原因包括中国工人工资快速增长、美国工人工资增长缓慢、海运运费降低等。波士顿咨询(BCG)发布了一系列研究报告，认为制造业回流是一个很重要的趋势，预计将会有相当大的增长；在其

2012年4月主导的一项网上调查中,发现身家在100亿美元以上的企业中,有37%正在着手或考虑将其产品生产从中国移回美国;2014年4月,波士顿咨询又发布了一份制造业竞争力指数的报告,美国排名第二,仅次于中国,其中该指数关键的四大影响因素包括工资、生产率增速、能源成本和汇率。① 然而,一份来自彼得森国际经济研究所的政策研究报告发现,并没有证据表明美国企业有普遍回流趋势,但确实在全球发生了漂移。如果将外包业务定义为美国跨国公司从中国子公司的进口,2011年美国对中国的外包业务有小幅下降,但2012年又恢复到2010年的水平;同时,美国对泰国、巴西、菲律宾等其他国家的外包业务增加了。2010—2012年,美国对中国的外包业务停滞不前时,对墨西哥的外包业务却增长了17%。证据显示,企业里低技术含量、更常规的工作被外包出去,但高附加值的业务却在美国国内得到进一步的扩张。② 根据美国劳工部的数据,制造业十个最大类别子行业过去十年来就业份额的变化:即便是在严格的制造业定义下,增长最快的行业类别是建筑设计、商业和金融、管理、计算机、销售等,更为传统的制造业岗位就业降幅最大,在制造业总就业中大约占一半的份额——鉴于制造部门整体就业只占美国总就业中8.8%的份额,这意味着传统制造业就业在美国总就业中大概只有4.6%的份额。

  按照我们前面的估算,美国等发达经济体的制造业确实由于再工业化的问题面临较大的就业缺口,但是按照我们前面关于全球制造业差序格局的分析,以及基于图7.16所示的美国的制造业工资水平目前大约是中国的四倍的事实,制造业从发展中经济体回流到美国等发达经济体的说法却是伪命题。正如彼得森国际经济研究所的这份政策研究报告所言:"美国企业回流的倡导,反映了回归传统制造业的愿望,但这却忽视了制成品生产组织的诸多重要变革,同时也忽视了伴随而来的机遇。说到制造业,我们不应该再浮现工人在生产线上装配产品的场景,如今制造业就业的增长,尤其是高工资、高附加值的岗位,更多是集中在如产品设计、分销、供应链管理等领域。事实上,相对外包量小的公司,将业务更多外包出去的美国跨国公司,它们在美国的就业岗位、产出、资本支出、研发支出的增幅更大。因此,美国制造业和服务业目前欣欣向荣,而这并非因为企业的回流,相反,外包是美国企业保持竞争力的一个要素。"③因此,除了贴近市场,即便美国存在

---

① 波士顿咨询(BCG),*The Shifting Economics of Global Manufacturing*。
② Lindsay Oldenski, "Reshoring by US Firms: What Do the Data Say?", *Policy Review*, 2015, No.15—14.
③ 同上。

一些回流的案例,其原因也不会仅仅是为了应对中国劳动力薪酬的上涨,更多的是为了享受美国工人更高的技能等资源禀赋。因此,按照全球制造业差序格局布局全球生产链是南北经济体保持持续竞争力的基础。

事实上也是如此。首先,从中美双方直接投资角度来看,中美的经济互补性非常强。高盛最近的一份研究报告显示,1990—2015年,美国企业在中国投资达22 800亿美元,中国企业在美投资达640亿美元,美国企业在中国投资的金额大约是中国企业在美国投资的3倍以上。从投资的具体方式和行业来看,美国企业在中国的投资主要集中于IT通信行业、化学行业、材料行业。美国企业在中国投资的方式主要有两种:第一是设立工厂(大约为71%),第二是收购(大约为29%),如图7.17所示。过去25年间,有1 300家美国企业在中国设立了工厂,其中有430家企业的投资额超过5 000万美元,有56家企业的投资额超过10亿美元。中国企业在美国的投资则主要集中在能源企业和房地产行业,不过近年来中国对于美国科技行业的投资也愈发增多,如图7.18所示。过去25年间,中国企业进行了1 200笔交易,其中85%是发生在过去5年间。与美国不同,中国企业在美国大概90%的投资都用于收购。

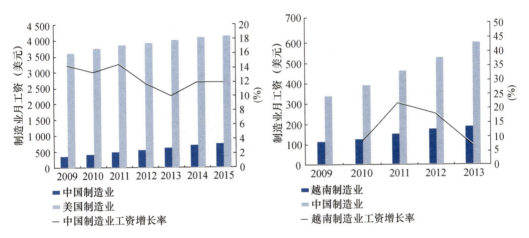

图7.16 中国与美国(左)以及中国与越南(右)的制造业月工资水平及其增幅比较
资料来源:国际劳工组织;高盛GIR。

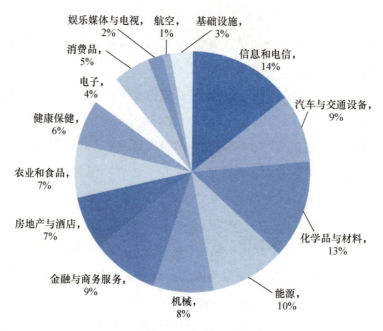

图 7.17　1990—2015 年美国企业在中国直接投资（FDI）的行业分布
资料来源：荣鼎集团。

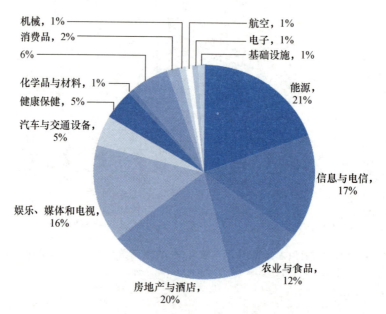

图 7.18　1990—2015 年中国企业在美国直接投资（FDI）的行业分布
资料来源：荣鼎集团。

其次，从中美贸易角度来看，中美产业互补性也非常强。美国 2015 年从中国进口

4 800亿美元货物,相比2000年增长4 000亿美元,年复合增长率达11%。总体而言,过去25年间,中国对美国进口无论从具体数额,还是从比例上看,都有了较大增长,这也是中国对美国贸易顺差迅速增长的重要原因。中国2015年从美国进口约1 150亿美元货物,这意味着美国对中国的贸易逆差为3 500亿美元。2015年美国占据了中国总出口额的18%,而中国对美国的出口占据了中国GDP的3%。2015年,中国在科技和电气设备行业对美国的出口额达1 360亿美元,过去15年间的复合增长率达13%。不过,美国对全球的出口在过去15年间的复合增长率仅为1%。美国的同期全球进口总额仅为3 000亿美元。2000年,美国的全球进口总额为4 000美元,年复合增长率为−2%。而从比例上看,在某些特定行业,如玩具行业和伞业,中国占据美国进口额的80%—90%。中国在鞋业、家具业和电子行业也占据了美国进口总额非常高的比例。美国对中国的主要贸易顺差来自交通行业和农业。美国对中国出口比例最大的产品是飞机及相关组件,美国占据中国飞机及相关组件进口的63%。美国在汽车行业对中国出口也比较多,但是比例相对较低,仅占中国汽车进口的20%左右。因此,可以看到,美国从中国进口也就是中国出口到美国的产品相对而言依然是劳动力密集型产品或者是技术密集型以及资本密集型产品通过劳动力密集型组装后再回到美国;与此相反,美国出口到中国也就是中国从美国进口的产品相对而言是资本密集型和技术密集型的产品。整体上,这种贸易模式符合古老的比较优势法则。

最后,从跨国公司的生产布局角度来看,中美产业互补性依然非常强。如图7.19所示,美国跨国公司过去十多年从海外进口的数额持续不断地攀升,美国跨国公司从其海外分支机构进口额占销售额的比重从20世纪90年代末的5%左右上升到2010年后的

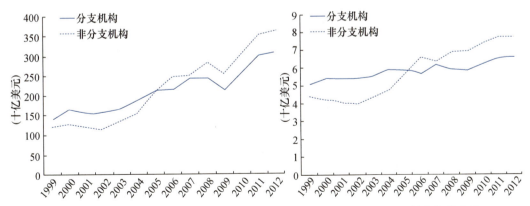

图7.19　美国跨国公司从其海外分支机构与非分支机构进口额及其占销售额的比重
资料来源:美国经济分析局。

6%左右,美国跨国公司从其海外非分支机构进口额占销售额的比重从90年代末的4.5%左右上升到2010年后的8%左右。如图7.20所示,在美国跨国公司从其海外分支机构进口额的来源地分布中,目前中国内地、中国香港和泰国排在前三位,而且中国内地遥遥领先。因此,从跨国公司微观企业的理性决策而言,将生产环节布局在中国具有比较优势。

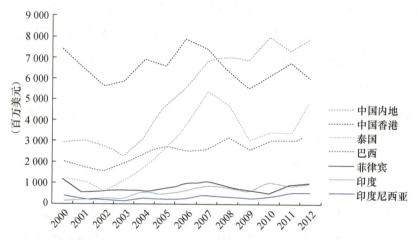

图 7.20 美国跨国公司从其海外分支机构进口额的来源地分布
资料来源:美国经济分析局。

总之,中美之间互补的经济特征事实符合新结构经济学的理论,中美如果能够持续认识到并持续推进这种互补性,加强投资和贸易合作,对于中国和美国都是巨大的发展动力。然而,美国新任总统特朗普高举保护主义大旗,在竞选和就任之后的一系列宣示和举措违背了这样的基本道理和事实。2017年3月31日,特朗普就在白宫签署了两份有关美国贸易政策的行政命令。特朗普当天表示,此举意在重振美国的制造业。然而,特朗普没有找对美国问题的症结,没有看清问题,所以开出的药方也是错误的。他所采取的措施不仅不能保护他想保护的那部分选民,而且可能让问题更糟糕。实际上并不是中国抢走了美国的就业机会,因为中国卖给美国的这部分劳动力密集型产品,美国几十年前就已经不生产了。20世纪60年代,它们主要是日本在生产,后来转移到亚洲"四小龙",然后才是在中国内地生产(本章最后的专栏7.2介绍了电子信息产业在70年代从美国转移到日本然后在90年代开始转移到中国内地的情况,可供参考)。所以不是中国今天才抢了美国蓝领工人的就业岗位,而是生产这些产品不符合美国的比较优势。如果特朗普真的对中国所有输美商品一律征收45%的关税,其结果将是:首先,一般消费者要付出额外的高昂代价。其次,这部分就业也未必就会回流美国。因为美国的劳动力成本太高,如果这部分产品放到美国去生产,根本没有竞争力。所以在这种状况之下,他之前提出的那些政策很可能是雷声大雨点小。当然,他为了兑现先前的竞选承诺,可能会找一两个无关紧要的产品,征收一些高关税。但不会像他竞选时所讲的那样"一刀切",那几乎是没有可操作性的。如果特朗普真的搞贸易战,对中国虽然有不利影响,但对美国自己也会有很大的损害。①

7.5.3 南南合作的产业基础:以中非为例②

然而,尽管有研究报告指出前述发达经济体制造业回流的伪命题,深刻认识到全球制造业差序格局中南北合作的产业基础,但是主流理论却严重忽视了南南合作的产业基础。例如,战后主流的旧结构主义思潮主张低收入的发展中经济体直接发展发达经济体的先进产业。按照新结构经济学的理论,以及前面估算的全球制造业差序格局,每一个面临制造业就业缺口的低收入发展中经济体适合发展的产业并不是发达经济体最先进的产业,反而是收入水平略高的中等收入经济体失去比较优势的产业,尤其是中国。这就是南南合作的产业基础。

按照新结构经济学的基本原理,一个经济体符合比较优势的学习对象的目标产业一定不能过度背离自身的禀赋结构。一个经验法则是目标经济体的人均收入水平大致是自身的一到三倍,或是 20—30 年前人均收入处于同一水平,在过去数十年快速发展的经济体。过去失败的经济体之所以失败,最为重要的根源在于不顾自身比较优势去学习与赶超收入水平远远超过自己的发达经济体。因此,对于当今的中低收入经济体整体而言,发达经济体并不是适宜的学习对象,反而是中国这样的新兴经济体才是合适的学习对象。如图 7.16 中所示的中国与美国以及中国与越南的制造业月工资水平差距,目前美国制造业工人一个月大概能挣 4 000 美元,而中国制造业工人一个月大概能挣 700—750 美元,但随着中国的劳动力成本上升,中美之间的劳动力成本差额正在下降,而且中国的劳动力成本大大高于越南等国家。美国与非洲 15 个经济体的人均工资水平之比大多高达上百倍,美国产业的复杂性和资本密集度过高,根本不适合大多数亚非拉中低收入经济体这样以劳动力相对富裕为禀赋结构特征的经济体,整体上只适合中等偏上的经济体。相对于美国与非洲而言,中国与非洲 15 个经济体的人均工资水

---

① 林毅夫,"超越'华盛顿共识'需要新发展模式",博鳌亚洲论坛官方杂志《博鳌观察》,2017 年年会特刊。
② 林毅夫在《从西潮到东风》和《超越发展援助》两本著作中详细阐述了新结构经济学理论框架下的南南合作的产业基础,供进一步参考。

平之比没有美国与其之比那样离谱,但是绝大多数非洲经济体的人均工资水平又比中国低很多。这意味着中国而非过于先进的发达经济体才是亚非拉中低收入经济体合适的学习对象,而且对于中国逐渐失去比较优势的劳动力密集型产业尤其是制造业具有成本优势。

中国经济在改革开放之后历经了数十年的高速增长,极大地促进了其禀赋结构的升级。禀赋结构的升级促进了产业升级和技术进步,中国20年、15年、10年前主要的出口产品将逐步失去比较优势。如图7.21到图7.23所示,中国在20年前(1994年)主要出口的鞋、玩具、皮箱、针织外套和女式外套这前五项劳动力密集型低技术产品占到了中国全部出口的23.11%。这些劳动力密集型产业非常符合非洲乃至全球的低收入经济体禀赋结构决定的比较优势。低收入经济体只有大规模承接中国等新兴经济体逐步失去比较优势的劳动力密集型产业才能创造经济剩余,改善禀赋结构,逐步实现产业升级和技术进步。如果广大低收入经济体现在以美国为学习目标,因为美国的经济复杂性较高,如图7.24所示,美国20年前主要的出口品是大型飞机、微电子、交通运输设备零部件、汽车、处理器等资本和技术密集型产品,这必然违背低收入经济体的比较优势,后果会适得其反,就像第二次世界大战以后中国赶超战略带来的恶果那样。

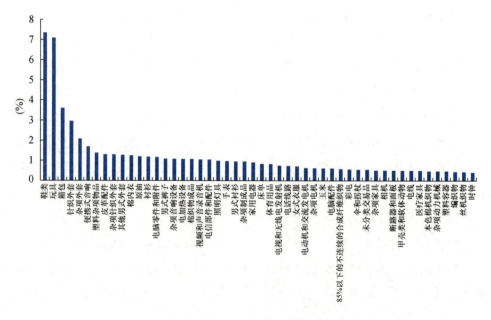

图7.21　1994年中国前50位出口产品及其占总出口的比例(20年前)

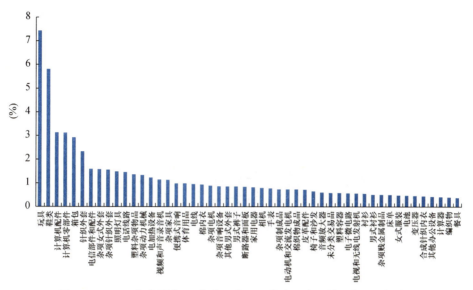

图 7.22　1999 年中国前 50 位出口产品及其占总出口的比例(15 年前)

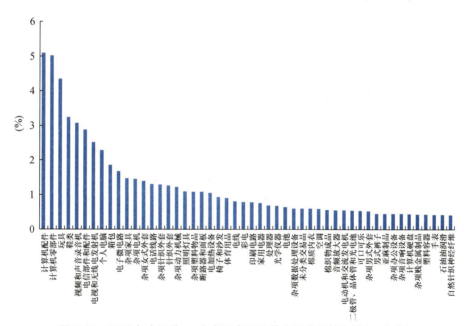

图 7.23　2004 年中国前 50 位出口产品及其占总出口的比例(10 年前)

7.5.4　中国在南南合作中的地位："领头龙模式"

正如林毅夫很早就指出的,全球经济结构转型升级将出现一个重大的差异:中国的经济体量远远大于引导之前的经济结构转型升级的亚洲经济体,中国是一条领头龙而非

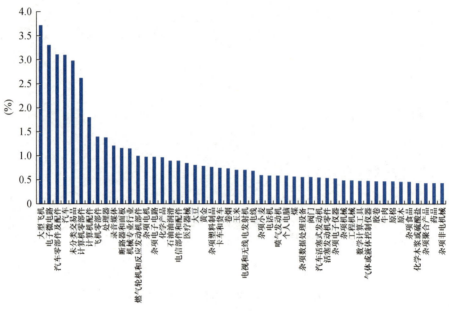

图7.24 美国20年前前50位出口产品(1994年)

仅仅是一只头雁。① 如表7.4所示,中国目前的制造业雇用了1.24亿人,其中将近8 500万工人在劳动力密集的加工制造业部门。林毅夫的这个判断与本报告的估算是非常吻合的。如表7.3和图7.6所示,亚洲过去两次雁行模式的头雁有待转移的失去比较优势但符合追随者潜在比较优势的制造业就业缺口是百万量级的,但是中国目前有待转移的失去比较优势的制造业就业剩余是千万量级的。按照上述8条基线估算,中国在2006—2010年5年间平均失去比较优势的制造业就业缺口就在1 100万—3 800万的量级之间,如图7.25所示。与此同时,如果参照韩国历史上制造业就业结构比重探底的时期,中国目前也即将处于制造业就业结构探底的阶段,因此中国将会为其他劳动力富裕型的低收入经济体释放出全球历史上空前的发展机遇。如果全世界的发展中经济体与中国的经济结构转型升级进行对接,那么将产生巨大的动力,这是全球发展不可错失的机遇。例如,目前低收入经济体的总人口不足10亿,制造业在国内生产总值中的比例只有10%多一点,制造业就业人数也就1 000万左右,可想而知中国这数千万有待转移的劳动力密集型产业将使全球低收入经济体的制造业就业人数翻几番。中国庞大的失去比较优势的劳动力密集型产业一旦转移到非洲,非洲的发展问题将迎刃而解。虽然在2010年之前

---

① Lin Justin Yifu, "From Flying Geese to Leading Dragons: New Opportunities and Strategies for Structural Transformation in Developing Countries", World Bank Policy Research Working Paper, 5702, 2011.

中非由 FDI 形式的转移产业还微不足道,但这个时代在此之后将迅速开启。世界各个经济体如何与中国的经济结构转型升级进行对接将是第 9 章的主题。

表 7.4 中国、日本和韩国在类似发展水平上的制造业

国别	年份	人均国内生产总值		制造业		
		2000 年 (不变价美元)	2005 年 (PPP)	在附加值中 的比重(%)	在劳动力中 的比重(%)	就业人数 (百万)
日本	1960	5 493	6 976	35	20.0	9.7
韩国	1982	3 709	6 123	25	14.6	2.3
中国	2009	2 206	6 200	43	17.7	85.0

资料来源:林毅夫,《从西潮到东风》,中信出版社,2012 年,第 147 页。

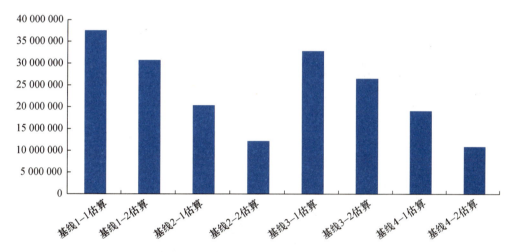

图 7.25 按照 8 条基线估算的中国 2006—2010 年 5 年平均失去
比较优势的制造业就业过剩数量

如前面的量化估算显示的结论一样,过去 20 年后进国家的工业化发展次序仍然在亚洲延续。例如,中国在 20 世纪 90 年代早期已经成为鞋类和玩具等轻工业产品的主要生产国(见表 7.5),日本当时仍然是重要的玩具生产国,但很明显已经在向更复杂的游戏品种的阶梯爬升,如任天堂公司和索尼公司的产品等。作为当时的低收入国家,中国有大量的鲜活动物产品出口。到 21 世纪后,中国得以爬升到更加复杂的制造业层次,取代了日本在塑料、电视机、电子产品及部件等领域的世界出口份额。韩国在 90 年代还是鲜活动物产品的重要出口国,但此后逐渐退出了这一初级产品部门。印度在鞋类制品市场的份额落后,但已在逐渐提高。

劳动和产品的国际分工提供了另一种观察雁行模式的视角。例如,鞋类制品的历史

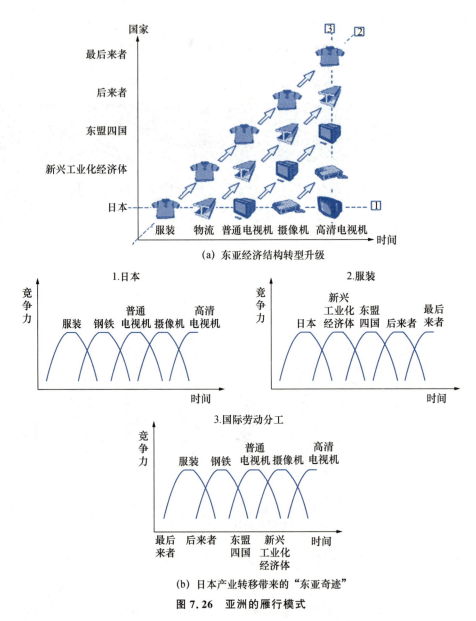

图 7.26 亚洲的雁行模式

统计数据揭示了先进国家与后进国家各自的比较优势指数,给雁行模式理论提供了有力证明(见表 7.6)。20 世纪 60 年代早期,处于轻工业发展阶段的日本在鞋类制品上拥有比较优势。后来,其他国家开始在国际市场上扩大份额。当然这些变化与雁行模式描述的动态过程并非一模一样。实际历史数据总是掺杂着噪声,因为复杂程度不同、资本和技术密集度不同的产品在统计时往往被不加区分地集中到一个类别中。政府干预也可以造成产业结构偏离比较优势所决定的最优模式。但总体而言,实际情况基本符合理论的描述。

表 7.5　亚洲的雁行模式——部分产业的国家排名,1992 年与 2008 年

国别	鲜活动物产品		药品		鞋类制品		钢铁	
	1992 年	2008 年	1992 年	2008 年	1992 年	2008 年	1992 年	2008 年
中国	1	1	2	3	1	1	3	1
印度	5	4	3	1	4	2	4	4
日本	3	3	1	2	5	5	1	2
韩国	2	5	4	4	2	4	2	3
泰国	4	2	5	5	3	3	5	5

国别	塑料制品		电子机械,部件		电视机		玩具	
	1992 年	2008 年	1992 年	2008 年	1992 年	2008 年	1992 年	2008 年
中国	3	1	3	1	3	1	1	1
印度	5	5	5	5	5	5	5	5
日本	1	2	1	2	1	2	2	2
韩国	2	3	2	3	2	3	3	4
泰国	4	4	4	4	4	4	4	3

注:排名根据出口产品的国际标准产业分类的两位数目录数据。
资料来源:United Nations Statistics Division 2011.

表 7.6　亚洲各经济体在鞋类制品上的比较优势(1962—2000)

1962 年	1965 年	1970 年	1975 年	1980 年	1985 年	1990 年	1995 年	2000 年
日本	日本							
中国内地	中国内地	中国内地	中国内地	中国内地	中国内地	中国内地	中国内地	中国内地
中国台湾	中国台湾	中国台湾	中国台湾	中国台湾	中国台湾			
韩国	韩国	韩国	韩国	韩国	韩国			
	巴基斯坦							
		菲律宾	菲律宾	菲律宾				
			泰国	泰国	泰国	泰国		
			印尼	印尼	印尼			
			印度	印度	印度			
				越南	越南			
				斯里兰卡	斯里兰卡			
				缅甸				
				孟加拉国				
				斐济				
				柬埔寨				

其他下中等收入经济体和低收入经济体加入

其他低收入经济体加入

注:反映的比较优势的计算方法是,鞋类制品在某个经济体的出口中的比重除以鞋类制品在全球出口额中的比重。如果该比例大于1,则这个经济体就表现出了在鞋类制品上的比较优势。除中国以外,其他经济体按收入水平顺序排列。
资料来源:United Nations Statistics Division 2011.

【专栏 7.1】

日本和中国重庆如何把握始于美国的半导体产业与信息产业全球产业转移机会

半导体产业是电子信息产业的基础,代表着当今世界最先进的主流技术发展。半导体产业于 20 世纪 50 年代起源于美国,之后共经历了三次大规模产业转移。第一次是在 70 年代末期,从美国转移到了日本,第一次转移后日本成为世界半导体的中心。第二次是 80 年代末至 90 年代初,产业从日本转移到了韩国、中国台湾和新加坡等地,形成了世界范围内美国、韩国、中国台湾等国家和地区多头并立的局面。第三次是 21 世纪以来,中国大陆由于具备劳动力成本等多方面的优势,正在承接第三次大规模的半导体产业转移(见图 7.27)。

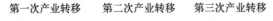

图 7.27 半导体产业的全球产业转移

日本如何把握机会发展半导体产业①

日本半导体企业的发展依次经历了崛起(20 世纪 70 年代)、鼎盛(20 世纪 80 年代)、衰落(20 世纪 90 年代)、转型(21 世纪初)四个阶段(见图 7.28)。

崛起:20 世纪 70 年代,VLSI 研发联合体带动技术创新

20 世纪 70 世纪初,日本半导体产业整体落后美国十年以上。70 世纪中期,日本本土半导体企业受到两起事件的严重冲击。一件事是日本 1975 年、1976 年在美国压力下被迫开放其国内计算机和半导体市场;另一件事是 IBM 公司开发的被称为未来系统(Future System,F/S)的新的高性能计算机中,采用了远超日本技术水平的一兆的动态随机存储器。1976—1979 年在政府引导下,日本开始实施具有里程碑意义的、超大规模集成电路的共同组合技术创新行动项目(VLSI)。该项目由日本通产省牵头,以日立、三

---

① 本专栏关于日本的案例根据广发证券发展研究中心行业研究报告"日本半导体产业发展历程解读"(2016)整理。

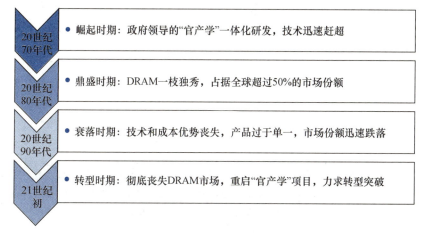

图 7.28 日本半导体产业发展历程

菱、富士通、东芝、日本电气五大公司为骨干,联合了日本通产省的电气技术实验室(EIL)、日本工业技术研究院电子技术综合研究所和计算机综合研究所,共投资了 720 亿日元,用于进行半导体产业核心共性技术的突破(见图 7.29)。

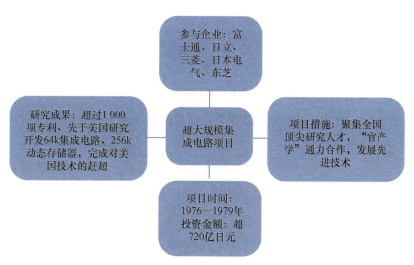

图 7.29 VLSI 项目实施情况

VLSI 项目是日本"官产学"一体化的重要实践,将五家平时互相竞争的计算机公司以及通产省所属的电子技术综合研究所的研究人才组织到一起进行研究工作,不仅集中了人才优势,而且促进了平时在技术上互不通气的计算机公司之间的相互交流、相互启发,推动了全国的半导体、集成电路技术水平的提高,为日本半导体企业的进一步发展提供了平台,令日本在微电子领域上的技术水平与美国并驾齐驱。项目实施的四年内共取得了一千多项专利,大幅度提升了成员企业的 VLSI 制作技术水平,日本公司借此抢占了

VLSI芯片市场的先机。同时政府在政策方面也给予了大力支持。日本政府于1957年颁布《电子工业振兴临时措施法》,支持日本企业积极学习美国先进技术,发展本国的半导体产业。1971年、1978年分别颁布了《特定电子工业及特定机械工业振兴临时措施法》《特定机械情报产业振兴临时措施法》,进一步巩固了以半导体为核心的日本信息产业的发展(见表7.7)。

表7.7 日本的相关产业政策

时间	政府出台政策	内容
1957年	《电子工业振兴临时措施法》	规定了政府在发展日本电子工业中的作用、有关推动措施,有效地促进了日本企业在学习美国先进技术的基础上,积极发展本国的半导体产业。
1971年	《特定电子工业及特定机械工业振兴临时措施法》	进一步秉承了《电子工业振兴临时措施法》的宗旨,强化了发展以半导体为代表的电子产业的力度。该法的实施成功地帮助日本企业通过加强自身研发、生产能力,有效地抵御了欧美半导体厂商的冲击,进而使日本半导体制品不断走向世界。
1978年	《特定机械情报产业振兴临时措施法》	进一步加强了以半导体为核心的信息产业的发展。

鼎盛:20世纪80年代,依靠低价战略迅速占领市场

该阶段,日本半导体产业的主要竞争力是产品的成本优势和可靠性。日本半导体产业的崛起以存储器为切入口,主要是DRAM(动态随机存取记忆体)。到20世纪80年代,受益于日本汽车产业和全球大型计算机市场的快速发展,DRAM需求剧增。而日本当时在DRAM方面已经取得了技术领先,日本企业此时凭借其大规模生产技术,取得了成本和可靠性的优势,并通过低价促销的竞争战略,快速渗透美国市场,并在世界范围内迅速取代美国成为DRAM主要供应国。随着日本半导体的发展,世界市场快速洗牌,到1989年日本芯片在全球的市场占有率达53%,美国仅37%,欧洲占12%,韩国1%,其他地区1%。80年代,日本半导体行业在国际市场上占据了绝对的优势地位(见图7.30)。截至1990年,日本半导体企业在全球前十中占据了六位(见表7.8),前二十中占据了十二位。日本半导体产业达到鼎盛时期。

衰落:20世纪90年代,技术和成本优势丧失,市场份额迅速跌落

从微电子行业的世界技术发展趋势来看,进入20世纪90年代,在美国掀起了以压缩技术为核心的技术革命,以PC(个人电脑)为代表的新型信息通信设备快速发展,但日本在该领域未有足够的准备。同时日本在DRAM方面的技术优势也逐渐丧失,成本优势也被韩国、中国台湾等地取代。PC取代大型主机成为计算机市场上的主导产品,也成为

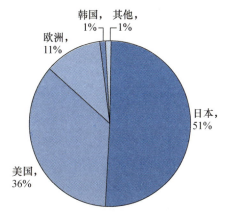

图 7.30　1989 年半导体芯片的市场份额

表 7.8　1990 年全球十大半导体企业

排名	公司	销售额（亿美元）
1	**NEC**	**48**
2	**东芝**	**48**
3	**日立**	**39**
4	英特尔	37
5	摩托罗拉	30
6	**富士通**	**28**
7	**三菱**	**26**
8	TI	25
9	飞利浦	19
10	**松下**	**18**

注：黑体为日本企业。

表 7.9　韩国 DRAM 技术完成对日、美的赶超

产品类型	64K	256K	1M	4M	16M	64M	256M
美、日开发时间	1979 年	1982 年	1985 年	1987 年年末	1990 年年初	1992 年年末	1994 年年中
韩国开发时间	1983 年	1984 年	1986 年	1988 年年初	1990 年年中	1992 年年末	1994 年年初
技术差距	4 年	2 年	1 年	6 个月	3 个月	同时	领先
韩国投产时间	1983—1984 年	1984—1985 年	1985—1988 年	1988—1990 年	1990—1992 年	1992—1996 年	1996—1997 年

资料来源："从模仿到创新",《韩国半导体考察报告》,广发证券整理。

DRAM 的主要应用下游。不同于大型主机对 DRAM 质量和可靠性（可靠性保证 25 年）的高要求,PC 对 DRAM 的主要诉求转变为低价。DRAM 的技术门槛不高,韩国、中国台湾等地通过技术引进掌握了核心技术,并通过劳动力成本优势,很快取代日本成为主要的供应商。1998 年韩国取代日本,成为 DRAM 第一生产大国,全球 DRAM 产业中心从日本转移到韩国。之后,韩国一面继续维持 DRAM 的生产大国地位,一面开发用于数字电视、移动电话等的 SOC(系统级芯片),双头并进(见表 7.9)。而中国台湾通过不断增加投资,建成了世界一流的硅代工公司——台积电和联电,开发了一种新的半导体制作模式,同时积极研发,在部分尖端技术上已经可以与日本齐头并进。该阶段,日本半导体产品品种较为单一(过于集中在 DRAM 上),产品附加值低;同时未跟上世界技术潮流,日本半导体产业在该阶段受到重创。截至 2000 年,日本 DRAM 份额已跌至不足 10%(见图 7.31)。

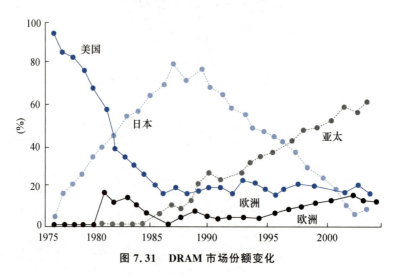

图 7.31 DRAM 市场份额变化

转型:21 世纪初,合并整合与转型 SOC

为挽回半导体产业的颓败之势,日本半导体企业首先进行了结构性改革。除 Elpida 外所有其他的日本半导体制造商均从通用 DRAM 领域退出,将资源集中到了具有高附加值的系统集成芯片等领域。2000 年 NEC、日立的 DRAM 部门合并,成立 Elpida,东芝于 2002 年卖掉了设在美国的工厂,2003 年 Elpida 合并了三菱电机的记忆体部门。但 Elpida 于 2012 年宣告破产,2013 年被美光购并,标志着日本在 DRAM 的竞争中彻底被淘汰。另一方面,日本重新开启了三个较大型的"产官学"项目——MIRAI、ASUKA 和 HALCA(见图 7.32)。三个项目都于 2001 年开启,以产业技术综合研究所的世界级超净室(SCR)作为研发室,ASUKA 项目由 NEC、日立、东芝等 13 家半导体厂家共同出资 700 亿日元,时间为 2001—2005 年,主要研制电路线宽为 65 纳米的半导体制造。

目前世界半导体产业进入到寡头时代,竞争格局相对稳定。尽管日本企业在半导体设备行业中的份额日益减少,但在半导体的一些其他细分行业以及半导体材料领域,仍保持着优势地位。DRAM 领域主要的生产商是三星、Hynix 和 Micron(包括收购的原日本 Elpida);NAND 领域是东芝(与 Sandisk 合资的四日市工厂)、三星和 Micron;半导体制造设备是TEL、Screen、日立高科等;半导体材料是JSR、TOK、信越等;晶圆有信越、SUMCO等。

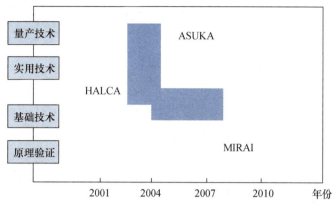

图7.32　日本三大半导体开发计划的关联

中国重庆如何把握电子信息产业在全球和国内的产业转移机会[①]

如图7.27所示,半导体产业大概在2000年前后转移到中国的沿海,尤其是长三角和珠三角地区。在2008年全球金融危机之后,由于沿海劳动力成本的极速上升,半导体产业中的劳动力密集型产业区段开始迁移到中国内地。中国重庆把握住了此次机会,改变了二十多年来沿海地区加工贸易大进大出的发展方式,在内陆地区创新发展了大规模的加工贸易。然而与重庆人口规模相当,并且产业基础更有优势的吉林省则错失了此次机会,如表7.10所示。下面是时任重庆市市长黄奇帆的总结,从中可以看到一个国家内部的地方政府是如何发挥因势利导作用,把握住全球产业结构变迁的机遇从而获得快速发展的。

表7.10　重庆与吉林在手机、电子计算机、集成电路产量上的发展对比

吉林				重庆			
年份	移动通信手持机产量（万台）	微型电子计算机产量（万台）	集成电路产量（万块）	年份	移动通信手持机产量（万台）	微型电子计算机产量（万台）	集成电路产量（万块）
1997				1997	0.02	3.64	
1998		1.07		1998	1.12		
1999		0.35		1999	0.08		
2000		0.43		2000			

[①] 本部分根据时任重庆市市长黄奇帆2015年6月13日在中国经济新常态与深化综合改革国际研讨会暨中国留美经济学会2015年度国际学术研讨会上的发言整理。

(续表)

吉林				重庆			
年份	移动通信手持机产量（万台）	微型电子计算机产量（万台）	集成电路产量（万块）	年份	移动通信手持机产量（万台）	微型电子计算机产量（万台）	集成电路产量（万块）
2001		0.32		2001		0.26	
2002		0.03		2002		1.12	
2003				2003	100.00	1.04	
2004		0.03	77	2004	167.51	0.03	
2005		0.03	134	2005			
2006				2006	46.00		
2007	11.04	13.65		2007	329.00		
2008	30.75	0.01		2008	418.25		100
2009	49.76			2009	374.93	0.21	
2010	126.11			2010	650.26	189.19	7.1
2011	146.10			2011	592.50	2 547.80	9.46
2012				2012	1 095.80	4 160.90	4 000
2013				2013	3 545.70	5 593.50	
2014				2014	9 418.20	6 446.80	

资料来源：中国国家统计局(2015)。

中国从20世纪80年代末开始在沿海地区搞加工贸易，最初是大进大出的"三来一补"，以后就形成了比较稳定的加工贸易发展方式。到2014年年底，中国的加工贸易占全部进出口的45%左右，也就是说，中国4万亿美元进出口当中，有1.8万亿美元是加工贸易形成的产值。沿海的加工贸易有两个特点：第一，它的产业链很短。比如一台电脑，如果产值是500美元的话，它的零部件、原材料一般占整个电脑产值的50%，就是250美元；它的零部件、原材料从全世界运到中国沿海，又从中国沿海把整机销售到全世界，整个物流运输、仓储、销售环节占100美元；然后品牌商的研发以及售后服务一般占75美元，所以500美元中最后在中国沿海的加工贸易只留下75美元的总装，也就是占15%左右增加值的这一块，这是沿海加工贸易的一个特点。第二，由于它两头在外，原材料、零部件在外，在沿海加工，加工完了销售在外，所以它大进大出的物流结构的特点，决定了它一般只能在沿海，所以过去二十几年，中国所有加工贸易几乎99%在沿海，内陆几乎是零，原因就是这个，物流成本以及物流的时间，使得加工贸易放在内陆不合算，无法进行。沿海加工贸易发展二十几年来，由于中国沿海劳动力成本、各种要素结构在发生变化，所以最近几年，不少加工贸易订单转到越南等东南亚国家，都是沿海方便大进大出的地区。

如何既能保持这一块的经济,又能克服既有的缺陷?重庆进行了研究,形成了两个路数,改变了沿海加工贸易的两个薄弱环节。

第一,延伸产业链,把加工贸易的"微笑曲线"大部分留在重庆。重庆现在生产的每台电脑,其产值的70%都在重庆,这和沿海地区总装6 000多万台电脑,产值可能只有15%、20%的情况不同,现在除了总装这75美元留在重庆,零部件、原材料80%在重庆生产,所以250美元中的200美元落地重庆。第三块就是产品的销售结算,跨国公司销售结算的这一块现在也留在重庆。重庆向国家提出了申请,国家外管局、人民银行等有关部门都同意了重庆的试点,推动了重庆这一块的业务,重庆离岸金融结算2011年结算了200多亿美元,2012年有400多亿美元,2013年是600多亿美元,2014年到800多亿美元,2015年预计会有1 000亿美元。总而言之,离岸金融结算,是一个加工贸易的主要结算方式,重庆把这件事也抓起来了。这样三块加起来有350多美元,占一台电脑500美元的70%。因此,重庆的加工贸易效益比较好。现在经济比较低迷,电子产业一般效益都是下降的,但2015年1—4月份,重庆电子产业利润却上涨了66%。为什么能有这样好的效益?就是和创新了加工贸易发展方式有关,零部件、原材料大量本地化,前几年860多个零部件厂陆续在建,现在正在大批投产,一下子把物流成本都降低了。

第二,凡是要搞的加工贸易品种,都要形成集群,叫作三个集群。(1) 零部件、原材料、整机上中下游产业链形成了集群——5+6+860,即五大品牌商、六大整机商、860多家零部件厂商都集聚在重庆。(2) 同类项产品、同类企业在重庆形成了集群。在中国沿海,富士康、仁宝、纬创、英业达、广达,基本上各个省,你占两个,他占两个,一山不容二虎,互相分隔开来。现在中国沿海所有加工贸易总装厂都到了重庆,各种电脑、网络终端产品的品牌商也到了重庆,形成了集群。六大整机商生产了全球网络终端产品的90%,这样一来就形成了一个好的格局,东方不亮西方亮,这个企业订单少了,那个企业就多了,对重庆来说总体平衡,年年上升。(3) 物流运输、销售结算等生产性服务业与制造业的集群。重庆的集群方式就是产业链整合的模式,克服了沿海加工贸易的两个薄弱环节,取得了成功。2014年重庆笔记本电脑的产量是6 300万台,全球是2亿台,重庆占三分之一,沿海地区所有的产量也是6 000多万台。可以这么说,中国制造的笔记本电脑占全球三分之二,重庆占三分之一,沿海占三分之一,一个世界级的笔记本电脑基地在重庆诞生。党的十八届三中全会决定的第七章,讲到了中国下一步的内陆开放中有一个条款,就是要转变沿海的加工贸易发展方式,推动整机加零部件垂直整合一体化的方式,在内陆开展加工贸易。这段话充分肯定了重庆的做法。

第 8 章　消除世界经济结构转型升级的瓶颈：全球基础设施投资计划[①]

8.1　经济结构转型升级的基础设施瓶颈

如前所述，新结构经济学认为经济发展的本质是一个经济结构持续不断转型升级的过程，在每一个发展水平上都涉及产业升级以及相应的软硬基础设施的改善来降低交易成本。例如，在农业发展阶段，大量产品是用于生产者自身的消费，因此对基础设施服务的需求较少。随着各国的工业化，生产更多转向制造业，规模经济更加突出，产品主要是为其他人生产。由于市场范围扩大，良好的基础设施对于安全及时地向市场提供产品和服务，并且让工人能够获得最合适的岗位工作都至关重要。因此，在经济发展过程中，随着从农业到制造业、从简单制造业到高级制造业的变迁，一国的生产规模和市场范围越来越大，对运输和电力等基础设施的需求也越来越大。如图 8.1 所示，全球各个经济体的基础设施（通过永续盘存法估算的公共资本）与制造业发展存在非常强烈的相关性。也正如我们在第 7 章所估算的全球各个经济体的制造业缺口所显示的那样，很多经济体无法填补其符合潜在比较优势的制造业缺口的重要原因就是缺乏发展相应产业的基础设施。然而，与私人投资不同，基础设施有巨大的外部性，如果政府不发挥强大的因势利导作用来建设或协调基础设施投资，这将成为经济结构转型升级的瓶颈。一些成功的经济体正是因为政府发挥了应有的作用解决了基础设施瓶颈，才推动了经济结构转型升级，而那些不成功的经济体则面临普遍的基础设施瓶颈。

[①] 本章主要参考了林毅夫的《从西潮到东风》第二部分"走向复苏的共赢之路"以及《超越发展援助》第 5 章"利用中国的比较优势来解决非洲的基础设施瓶颈"。

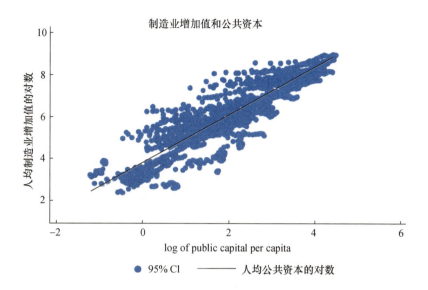

图 8.1　全球各个经济体的基础设施(通过永续盘存法估算的公共资本)与制造业发展的相关性

资料来源：Anders Isaksson,"Public Capital, Infrastructure and Industrial Development", Research and Statistics Branch Working Paper, 15/2009.

8.2　中国经济结构转型升级的历程以及政府在其中的基础设施建设经验

正如我们在第 4 章所回顾的战后发展典范的经济结构转型升级的历史轨迹所展示的鲜明案例那样,中国在战后与绝大多数发展中经济体一样采取了旧结构主义主张的赶超战略来推动经济结构变迁,但最终以失败告终。我们在第 1 章就开宗明义地指出旧结构主义主张的赶超战略违背了比较优势,违背比较优势的产业是没有自生能力的,市场也无法发挥作用,只有靠政府采取三位一体的计划经济体制才能推行这种战略。林毅夫早在二十多年前在《中国的奇迹：发展战略与经济改革》一书中就详细分析了中国战后采取违背比较优势的赶超战略所内生的计划经济体制及其随着发展战略向比较优势转变而进行的改革。在图 8.2 中,我们可以看到在 1978 年之前中国赶超战略时代的政府错误干预程度非常之深,例如政府直接增拨企业流动资金占 GDP 的比重在此期间比例较高。然而,在中国改革开放之后并没有按照新自由主义所主张的那样完全放弃政府干预,在发展战略从赶超战略转向比较优势战略之后,政府依然发挥了强大的作用。如果不深刻理解新结构经济学与旧结构主义和新自由主义在思想和理论上的根本不同之处，就很难理解中国改革开放前后经济结构转型升级以及政府作用的这种本质差别。

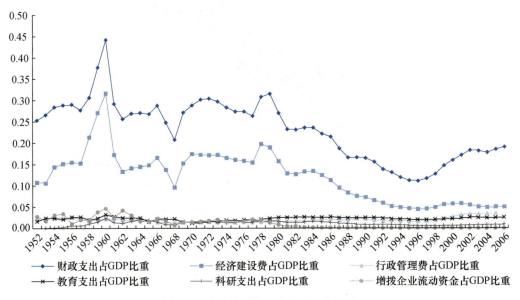

图 8.2　中国的政府财政支出结构变化
资料来源：《新中国六十年统计资料汇编》，《中国财政年鉴》（历年）。

如图 8.2 所示，在改革开放之后，政府转变了维持赶超战略的计划经济体制，例如政府直接增拨企业流动资金占 GDP 的比重几乎可以忽略不计，但是中国政府的财政支出占 GDP 的比重依然很高，关键是用于经济建设的经费占 GDP 的比重远远超过了其他财政支出。财政支持除通过采取产业政策的方式直接扶持某些符合潜在比较优势的产业之外，中国政府财政支出中的经济建设经费很大一部分是用于大规模的基础设施建设。金戈采用世界银行经济基础设施界定口径，利用 1953—2002 年"电力、煤气及水的生产和供应业"，"地质勘查业、水利管理业"，"交通运输、仓储及邮电通信业"三个科目的固定资产投资，以及 2003—2008 年"电力、燃气及水的生产和供应业"，"交通运输、仓储和邮政业"，"信息传输、计算机服务与软件业"，"水利、环境和公共设施管理业"四个科目的固定资产投资数据估算了中国基础设施资本存量。① 如图 8.3 所示，中国在 1995 年之前，基础设施资本存量指数与国内生产总值指数几乎是重合的，但 1995 年之后，基础设施资本存量的增长速度明显超过了 GDP 增长，两个指数之间逐渐拉开了差距。图 8.4 展示了中国基础设施基本建设投资占全部政府基本建设投资的比例，可以看到中国政府确实

---

① 金戈，"中国基础设施资本存量估算"，《经济研究》，2012 年第 4 期。

在改革开放之后持续不断地加大了基础设施建设。同时,也如林毅夫和王燕所判断的,中国的基础设施建设是"超前"的。因为在中国这样的快速增长的经济体中,劳动力和土地成本上升很快,当下进行修建高速公路等基础设施建设比十年后修建要便宜得多,而且基础设施是一个具有很大正外部性的公共品,传统世界银行的成本—收益分析不足以计算公共品的溢出效应,尤其是考虑到在一个大国以及次大陆中的交通网络等基础设施的规模经济。① 中国的大规模基础设施建设在持续推动经济结构转型升级上发挥了显著作用。

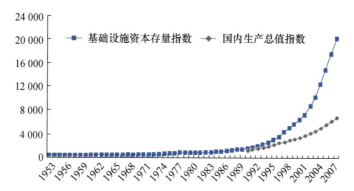

图 8.3　中国国内生产总值指数与基础设施资本存量指数(1953＝100)
资料来源:金戈,"中国基础设施资本存量估算",《经济研究》,2012 年第 4 期。

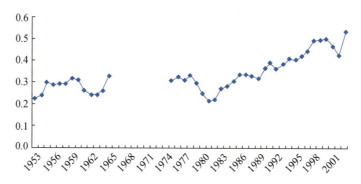

图 8.4　中国基础设施基本建设投资占全部政府基本建设投资的比例
资料来源:金戈,"中国基础设施资本存量估算",《经济研究》,2012 年第 4 期。

---

① 可进一步参见《超越发展援助》第 5 章。

与此同时,发展中国家的政府必须采取务实的方法利用其有限的资源和实施能力来推动具有比较优势行业的技术创新和发展,这样才能保持相对较低的生产要素成本。为了降低企业的交易成本,政府可以创建具有良好基础设施和营商环境的工业园区或经济特区。在全球产业周期变化背景下,每个不同发展水平的经济体都可以识别其面临的全球产业窗口机遇期,通过工业园区的局部渐进式改革消除瓶颈,承接符合禀赋结构决定的潜在比较优势的产业转移,充分利用后发优势迅速走上持续的经济发展之路。中国就是鲜活的案例。在1979年向市场经济转型时,营商环境差,基础设施落后,投资环境糟糕。按照"华盛顿共识"的建议,应该一步到位,而不必优先支持特定部门和地区。相反,中国政府动员其有限的资源和实施能力建立了经济特区和工业园区。工业园区通过俗称的"三通一平"(通电、通路、通水、土地平整)、"五通一平"(通电、通路、通水、通信、排水、土地平整)、"七通一平"(通电、通路、通水、通信、排水、热力、燃气、土地平整)等方式快速地消除了硬性的基础设施瓶颈。在特区和园区内部,基础设施瓶颈得以缓解,营商环境也变得富有竞争力。虽然在转型初期有低成本的劳动力,但是中国缺乏利用这个优势生产具有合格质量的劳动力密集型出口产品的知识。为了克服这些困难,中国各个地区的各级政府四处寻求国外投资者,鼓励他们在经济特区和工业园区内投资。通过采取这种办法,中国迅速建立起了劳动力密集型的轻工业,成为"世界工厂"。在局部地区取得的成功为政府改善其他地方的基础设施和消除扭曲提供了资源和条件。这不仅是中国,而且也是东亚其他经济体发展成功的奥秘。图8.5展示了中国经济特区对跨国公司、外资和外贸的巨大促进作用。专栏8.1则详细记录了中国经济开发区的来龙去脉,这个宝贵的经验值得全球所有发展中经济体借鉴。

【专栏8.1】

中国开发区的建设历程与新时期的转型升级[①]

一、开发区的概念

开发区,又称经济开发区(Economic Development Zones,EDZ),是指一个国家、地

[①] 该专栏主要参考林毅夫、余淼杰、卢德月,"国家级开发区对企业生产率的影响——来自中国企业层面的经验实证",北京大学国家发展研究院工作论文,2014年。

第 8 章
消除世界经济结构转型升级的瓶颈:全球基础设施投资计划

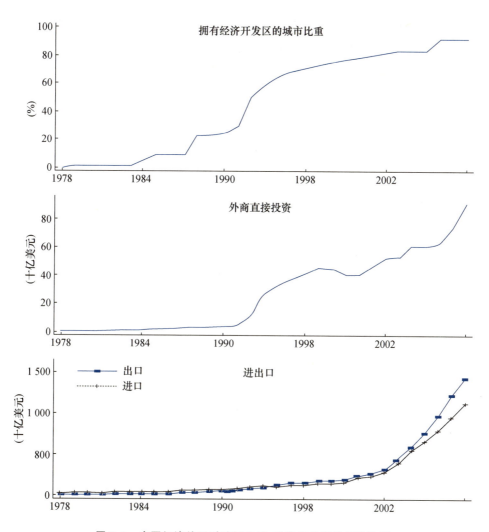

图 8.5 中国经济特区对跨国公司、外资和外贸的促进作用

资料来源:D. Z. Zeng, *Building Engines for Growth and Competitiveness in China: Experience with Special Economic Zones and Industrial Clusters*, Washington DC: World Bank, 2010.

区为了从外部吸引资金、技术等要素,促进本地的经济发展,而在其便利的地理位置(交通枢纽、港口、有大量土地的近郊)单独划出一定的范围并在其中施行特殊政策和管理手段的区域。开发区多设有相应的开发区管理委员会,由地方政府选举,管理开发区内的经济活动和行政事务,包括投资项目审批、建设和完善基础设施、土地使用权的管理等。开发区管委会有一套完整的组织架构和领导班子,它的大部分主要管理人员是当地政府高级官员。我国早期建立开发区之时,缺乏开发区招商、管理和运营的必要经验,因此设立开发区的目标既包括吸引国外投资,也包括引进制度创新,找到一条符合我国自身特点的开发区运营体系。中央政府鼓励地方政府在所辖开发区之内推行不同的优惠政策,除了税收减免由中央政府统一规定,地方政府在项目审批、土地使用等政策上有很大的自由空间。成功的制度创新被保留下来并在后来建立的开发区中沿用,因此开发区内的优惠政策逐渐趋于统一。虽然不同类别的园区之间会略有差异,但开发区内施行的主要优惠政策可以概括为以下三点:(1) 税收优惠。主要包括所得税和关税的减免。在开发区之内的外资企业将享受两年的税收豁免(tax holiday),两年之后,再享受三年的优惠税率,企业所得税税率为 7.5%,五年之后,适用 15% 的企业所得税税率。而在开发区之外,外资企业的所得税税率为 33%,国有企业为 55%。开发区之内的外资企业几乎享有零关税,且在开发区内工作的外国人免交个人所得税。(2) 土地使用上的优惠。在开发区之外,土地为国家所有,土地使用上的限制严格,审批流程复杂,而在开发区之内,外国投资者可以合法地获得土地的使用、开发和经营权,甚至可以将土地转租和抵押。当外商投资国家所重点支持的项目,且运营周期超过 15 年时,则可以获得更多的优惠待遇:前五年免交土地使用费,接下来的五年仅需要交纳一半。投资超过 1000 万美元的项目和被认定为高技术产业的投资项目将优先获得土地使用权,并享有额外的优惠。(3) 私有产权的保护。直到 2004 年的宪法修订案,我国宪法才明确了私有财产的法律地位。而早在经济特区成立伊始,中国政府就承诺会保证特区内投资者的资产、利润和其他私人产权,以吸引国外投资。此外,开发区内提供的优惠和便利还包括:自由签署劳动合同、银行贷款授信额度上的支持、外汇使用限制上的宽松、审批流程上的简化等。

二、开发区的分类

按行政级别来看,我国的开发区可以分为国家级和省级两个大类。其中,国家级开发区又可分为六类:经济技术开发区、高新技术产业开发区、保税区、出口加工区、边境经济合作区和其他类型的国家级开发区。省级开发区可以分为三类:省级经济开发区、省级高新技术产业园区和省级特色工业园区。到 2006 年之后,我国仅存在国家级和省级两个级别的开发区,二者共同存在了近 30 年,在某些方面存在着显著的差别:第一,部分省级开发区只是虚有其名,质量较差,开发区内外所适用的政策无明显区别,区内企业较少,产值较低,而国家级开发区普遍质量较好。第二,国家级开发区适用的优惠政策大体趋同,由中央政府统一制定,而各省级开发区适用的优惠政策很大程度上受到各地方政府的控制,因此不同的省级开发区可能相差甚远。第三,省级开发区多侧重于扶持特定的产业(当地优势产业或特色产业),而国家级开发区一般不侧重于某特定产业。下面简要介绍六类国家级开发区,并梳理它们之间的异同之处。

1. 经济技术开发区

经济技术开发区(Economic and Technological Development Zones，ETDZ)简称"经开区"，是我国对外开放地区的重要组成部分。经开区是在开放城市、地区划定的一块较小区域，集中资源建设完善的基础设施，创建符合国际标准的投资环境。通过吸收、利用国外投资，形成以高新技术产业为主导的现代工业结构，成为所在城市及周边地区发展对外经济的重点区域。我国国家级经开区的发展始于邓小平同志的第一次南方视察，1984年邓小平同志亲临深圳视察，对经济特区取得的成绩给予高度评价。随后，中央开始商讨进一步的开放战略，同年陆续设立了14个沿海开放城市，这14个全国首批沿海开放城市获得了建立国家级经开区的资格，并在经开区内适用四个经济特区的优惠政策。

2. 高新技术产业开发区

高新技术产业开发区(High-tech and Industrial Development Zones，HIDZ)简称"高新区"，是指在一些智力密集、技术密集、有众多科研机构和知名大学的大中城市所建立的专门发展高新技术产业、扶持本土高新技术产业的开发区。我国国家级高新区的发展始于1988年的"火炬计划"，致力于加快高新技术成果的产业化，扶持本土的高新技术企业，进而实现我国的产业链升级。高新区背靠高水平的科研机构和知名院校，将最新的科研成果转化为高技术产品，实现产品升级，获得高附加值，并培养一流的专业人才，北京的中关村科技园即属于这一类型。企业要想入驻高新区，需要满足国家科委规定的一系列条件，概括来说，需要满足以下三点：第一，企业从事的行业、使用的技术或投入品需符合科技部《高新技术产品目录》中的相关规定。第二，企业每年至少需要投入毛收入的3%从事技术研发。第三，企业雇员中，有本科及以上学历者的占比至少为10%。

3. 保税区

保税区(Bonded Zones，BZ)在改革开放的初期充当了自由贸易的试验田，选址上大多位于沿海开放城市和重要港口，是开展国际贸易和保税业务的特殊区域，经营范围包括国际贸易、转口贸易、保税仓储、国际物流、出口加工等业务。保税区由海关监督管理，区内实行"境内关外"的运作模式和封闭式的管理模式。货物从保税区内运往国内的非保税区，视同进口行为；货物从国内的非保税区运往保税区内，视同出口行为；在保税区内，不同企业之间的货品交易，免征消费税和增值税。此外，外经贸、外汇管理等部门对保税区也实行较区外相对优惠的政策。1992年我国在沿海城市成立了13个保税区，以作为开展自由贸易的试验区，截止到目前为止我国在13个沿海城市成立了共15个保税区,这15个保税区均成立在我国加入WTO之前。在2001年成功入世之后,保税区原有的功能和优势逐渐衰退,为了寻求保税区新的发展模式,我国在2004年将保税区和邻近的港口紧密联系起来,大力发展物流业和保税仓库,使得保税区重新焕发了活力,完成了重要的转型。

4. 出口加工区

出口加工区(Export Processing Zones,EPZ)是一块单独划拨出来的区域,对内隔离,对外开放,通过税收减免等优惠条件,来吸引外商投资,专门从事制造、组装和加工业务,其生产、加工的产品几乎全都出口到国外。出口加工区的性质和功能决定了其选址大多位于交通便利、经济基础较好的港口城市,或者是边境城市。2000年,我国的首批出口加工区正式获批,为便于运作和监督管理,出口加工区大多设立在已有的国家级高新区和经开区之内。

5. 边境经济合作区

边境经济合作区(Border Economic Cooperation Zones,BECZ)是我国沿边开放城市发展边境贸易以及加工出口的区域。沿边开放战略是我国中西部地区实现对外开放的重要一翼。1992年以来,经国务院批准成立的边境经济合作区共有15个,对发展我国和周边国家(地区)的经济贸易、睦邻友好关系、繁荣少数民族地区经济起到了积极作用。

6. 其他类型的国家级开发区

其他类型的国家级开发区即除上述五种类型之外的国家级开发区,主要是一些旅游度假区,这里不做详细介绍。

上述几类国家级开发区的主要区别可以概括为以下两点:第一点,管理部门不同。国家级经开区由国务院直接管理,国家级高新区由国务院和科技部共同领导,国家级保税区和出口加工区均由海关监督管理,国家级边境经济合作区在2007年之前由国务院管理,在2007年之后划归商务部直接管理。第二点,发展目标有所差异,各有侧重。经开区最主要的目标是吸引外资,以加速工业化和出口创汇;高新区旨在鼓励创新,扶持本土高新技术产业,加速科技成果产业化;保税区在我国入世之前主要作为自由贸易的试验区,入世之后物流和保值仓储的功能得到强化;出口加工区顾名思义,主要的功能是支持和发展加工贸易;边境经济合作区则利用边境城市的优势,发展沿边贸易,加强我国同周边国家之间的经济交流和经济合作。

对于最为重要同时也是讨论最多的两类国家级开发区——经开区和高新区,我们在这里对二者的区别做进一步的强调:首先,由于发展目标上的差异,二者在选址上侧重点不同,经开区大多选在沿海发达地区和港口城市,而高新区则倾向于有众多科研机构和大学的区域,例如北京的中关村,在我国的很多内陆城市和西部省市也建有国家级高新区,比如兰州、乌鲁木齐、宝鸡、昆明、贵阳等。其次,只有被认定属于高新技术产业的企业才能入驻高新区,而经开区内并无此类限制。再次,从园区内的结构来看,高新区内的外资企业数量和外资企业产值的份额都要低于经开区。最后,高新区内的企业要接受定期检查,审核其是否还符合高技术产业的要求,能否继续在高新区内享受优惠政策,而经开区内无类似的检查。

三、发展历程

中国开发区的发展,始于东南沿海的四个经济特区。在经济特区成功经验的基础上,根据经济发展的需要,在全国范围内逐步建立了经开区、高新区、出口加工、保税区和边境经济合作区等不同类型的经济开发区,形成了全方位、多层次的开放格局。设立开发区是中国招商引资的重要特点。1979年我国设立了第一个经济特区,这是对经济开放的一种承诺,此后每一次自由化浪潮都伴随着重要特区的建立,到今天,仍有很多投资是在各种各样的开发区之内。那么中国为什么要设立经济特区和开发区呢?根本原因是中国的改革开放是渐进式的,摸着石头过河,由局部开始,之后再推广成功经验。由于历史原因,允许外国企业在中国自由经营是很敏感的事情,而经济特区的设立显示了一种承诺,中国政府向外国投资者证明,政府可以在一个相对容易控制的区域内保持一个开放的环境,经济特区的设立增强了改革的可信性和外国投资者的信心,对中国经济的发展起到了举足轻重的作用。

中国开发区的发展历程可以分为如下四个阶段:

1. 1979—1983年:起步阶段,设立经济特区

1979年4月邓小平同志首次提出要兴办"出口特区",而后在1980年3月,"出口特区"更名为"经济特区",以减免关税、简化行政审批等优惠措施,鼓励外商来华投资,引进先进技术和科学的管理模式,进而带动我国的经济发展。1979年广东省的三座城市深圳、珠海和汕头,获得了设立经济特区的资格,随后在1980年福建省的厦门市也获批设立经济特区。四个经济特区的选址很有讲究,首先,都在东南沿海,远离政治中心北京,受中央计划经济的干涉较小,当地政府在设计和实施优惠政策上有更大的自由。其次,与港澳台和东南亚地区有特殊的地缘关系和血缘关系,社会联系紧密,贸易往来频繁。首批四个经济特区取得的成绩是巨大的,以深圳市为例,在1980—1984年间,深圳市的年均复合增速约为54%。在吸引外资方面,经济特区也不负众望,1984年,四个经济特

区吸引的国外投资占全国总量的 26%。此外,在特区之内还形成了运行良好的劳动力、土地、资本和科技市场,例如深圳市建立了我国第一个劳动力市场,而在当时,这样的市场在特区之外是不合法的。

2. 1984—1991 年:初步发展阶段,设立沿海开放城市

1983 年年底和 1984 年年初,邓小平同志两次亲自视察深圳、珠海和厦门的经济特区,充分肯定了设立经济特区的成功经验,回京后于 1984 年 2 月 24 日就对外开放和特区工作发表了重要讲话,提出"除现在的特区之外,可以考虑再开放几个点,增加几个港口城市,这些地方不叫特区,但可以实行特区的某些政策"。随后在 1984 年,14 个沿海开放城市先后获批,这 14 个全国首批沿海开放城市获得了建立国家级经开区的资格,并在开发区内施行四个经济特区适用的优惠政策。这 14 个城市在成为沿海开放城市之前就有很好的工业基础和高质量的劳动力市场,跻身中国最发达的地区之列。1985 年,这 14 个沿海开放城市的工业产出占全国总量的 21.8%,本轮开发区的设立属于典型的择优策略(winner-picking strategy)。

在这一阶段,除经济技术开发区之外的另外一类重要的国家级开发区——高新技术产业开发区也应运而生。1988 年 8 月,"火炬计划"开始实施,创立高新区是被明确列入"火炬计划"的重要内容。在"火炬计划"的推动下,各地区纷纷结合当地的特点和条件,积极创办高新区。1988 年设立的中关村科技园是我国的第一个高新区。这一阶段的另外一个突破性事件发生在 1984 年 11 月,上海批准 3M 公司成立了一个独资子公司——3M 中国有限公司,这是在我国经济特区以外成立的第一家外商独资企业,而在当时还没有相关的法律允许经济特区之外的城市这么做。

3. 1992—2002 年:快速发展阶段,全面深入到内陆

1992 年,邓小平第二次南方视察并发表重要谈话,为中国的招商引资和对外开放带来了新的发展契机。开放格局由仅仅集中在沿海发达地区,向内陆地区全面深入发展,各类开发区和开放区域在全国范围内普及开来。邓小平同志南方谈话之后不久,一个新的特区——浦东新区在上海成立,浦东新区比深圳大一点,约有 110 万人口,这是第一次在中国的发达地区设立经济特区。同年 5 月,中央四号文件指示:计划在长江流域的 5 个城市、9 个沿海城市和所有的省会城市建立国家级开发区。四号文件还允许在零售业和服务部门尝试引进外资,并降低了行政限制。根据四号文件的指示,18 个国家级经开区在 1992—1993 年间获批,17 个国家级经开区在 2000—2002 年间获批,这 35 个经开区大多建立在内陆省份。

4. 2003年至今：规范发展阶段

在经历了上一阶段的快速发展之后，2003年至今中国的开发区进入了规范、平稳的发展阶段，期间经历了一次大范围的清理整顿。开发区的设立取得了重大的成功，同时，建立开发区也成为地方政府吸引投资、发展当地经济的常规武器。通过官员在不同地区间的调动，设立和管理开发区的经验也在不同地区之间传播，给尚未设立开发区的地区提供了经验。一大批低级别的开发区在这一阶段的早期在全国各地建立起来。一方面，中央政府给予国家级开发区的优惠政策不适用于低级别的开发区，但另一方面，中央政府不直接监督管理低级别的开发区，由地方政府直接监督管理，而地方政府有动机给予当地的低级别开发区以更优惠的政策来吸引投资，因此低级别开发区的建设泛滥、参差不齐。

为此，国家发改委、国土资源部、建设部和商务部共同发布文件，全面调查开发区违规使用土地的情况。根据世经未来[①]的报告，在调查之前，各级别的开发区合计6 866家，到2006年调查截止之时，仅有1 568家开发区保留了资格，获得官方认可。在调查中，查处、废除了众多省级、市级甚至更低级别的开发区，在2006年之后就仅存两个级别的开发区：国家级和省级。2006年的全面调查之后，国家发改委、国土资源部、建设部联合发布《中国开发区审核公告目录（2006年版）》，根据该目录，截止到2006年，中国有国家级开发区共计222个，其中包括经济技术开发区49家、高新技术产业开发区53家、保税区15家、出口加工区58家、边境经济合作区14家以及33家其他类型的国家级开发区（见表8.1）。

表8.1　我国国家级开发区的数量（截止到2006年）

开发区类型	数量（个）	占比（%）
经济技术开发区	49	22.07
高新技术产业开发区	53	23.87
保税区	15	6.76
出口加工区	58	26.13
边境经济合作区	14	6.31
其他类型	33	14.86

资料来源：《中国开发区审核公告目录（2006年版）》。

四、新时期的转型升级

中国的各类开发区随着发展形势的变化都在不断地调整变化。2014年国家发布了

---

① WEFore，前身是国家发改委中国经济导报社的信息部。

《国务院办公厅关于促进国家级经济技术开发区转型升级创新发展的若干意见》(国办发〔2014〕54号),提出:要努力把国家级经开区建设成为带动地区经济发展和实施区域发展战略的重要载体,成为构建开放型经济新体制和培育吸引外资新优势的排头兵,成为科技创新驱动和绿色集约发展的示范区。国家级经开区要在发展理念、兴办模式、管理方式等方面加快转型,努力实现由追求速度向追求质量转变,由政府主导向市场主导转变,由同质化竞争向差异化发展转变,由硬环境见长向软环境取胜转变。东部地区国家级经开区要率先实现转型发展,继续提升开放水平,在更高层次参与国际经济合作和竞争,提高在全球价值链及国际分工中的地位。中西部地区国家级经开区要依托本地区比较优势,着力打造特色和优势主导产业,提高承接产业转移的能力,防止低水平重复建设,促进现代化产业集群健康发展。强化土地节约集约利用。国家级经开区必须严格土地管理,严控增量,盘活存量,坚持合理、节约、集约、高效开发利用土地。加强土地开发利用动态监管,加大对闲置、低效用地的处置力度,探索存量建设用地二次开发机制。省级人民政府要建立健全土地集约利用评价、考核与奖惩制度,可在本级建设用地指标中对国家级经开区予以单列。允许符合条件且确有必要的国家级经开区按程序申报扩区或调整区位。规范招商引资。国家级经开区要节俭务实开展招商引资活动,提倡以产业规划为指导的专业化招商、产业链招商。加强出国(境)招商引资团组管理,加大对违规招商的巡查和处罚力度。严格执行国家财税政策和土地政策,禁止侵占被拆迁居民和被征地农民的合法利益。不得违法下放农用地转用、土地征收和供地审批权,不得以任何形式违规减免或返还土地出让金。这一时期的转型升级还主要是清理我国过去几十年开发区建设过程中不合时宜的问题以适用新时期发展所需要的规范化。

为深入贯彻落实《中共中央国务院关于构建开放型经济新体制的若干意见》,2017年1月19日国务院办公厅发布了《国务院办公厅关于促进开发区改革和创新发展的若干意见》(国办发〔2017〕7号),指出开发区建设是我国改革开放的成功实践,对促进体制改革、改善投资环境、引导产业集聚、发展开放型经济发挥了不可替代的作用,开发区已成为推动我国工业化、城镇化快速发展和对外开放的重要平台。当前,全球经济和产业格局正在发生深刻变化,我国经济发展进入新常态,面对新形势,必须进一步发挥开发区作为改革开放排头兵的作用,形成新的集聚效应和增长动力,引领经济结构优化调整和发展方式转变。在以下几个方面对促进开发区改革和创新发展提出了具体意见。

1. 基本原则

坚持改革创新。强化开发区精简高效的管理特色,创新开发区运营模式,以改革创新激发新时期开发区发展的动力和活力。坚持规划引领。完善开发区空间布局和数量规模,形成布局合理、错位发展、功能协调的全国开发区发展格局,切实提高经济发展质量和效益。坚持集聚集约。完善公共设施和服务体系,引导工业项目向开发区集中,促进产业集聚、资源集约、绿色发展,切实发挥开发区规模经济效应。坚持发展导向。构建促进开发区发展的长效机制,以规范促发展,正确把握发展和规范的关系,不断探索开发区发展新路径、新经验。

2. 优化开发区形态和布局

(1) 科学把握开发区功能定位。开发区要坚持以产业发展为主,成为本地区制造业、高新技术产业和生产性服务业集聚发展平台,成为实施制造强国战略和创新驱动发展战略的重要载体。开发区要科学规划功能布局,突出生产功能,统筹生活区、商务区、办公区等城市功能建设,促进新型城镇化发展。开发区要继续把优化营商环境作为首要任务,着力为企业投资经营提供优质高效的服务、配套完备的设施、共享便捷的资源,着力推进经济体制改革和政府职能转变。

(2) 明确各类开发区发展方向。经济技术开发区、高新技术产业开发区、海关特殊监管区域等国家级开发区要发挥示范引领作用,突出先进制造业、战略性新兴产业、加工贸易等产业特色,主动对接国际通行规则,建设具有国际竞争力的高水平园区,打造具有国际影响力的园区品牌。经济开发区、工业园区、高新技术产业园区等省级开发区要依托区域资源优势,推动产业要素集聚,提升营商环境国际化水平,向主导产业明确、延伸产业链条、综合配套完备的方向发展,成为区域经济增长极,带动区域经济结构优化升级。

(3) 推动各区域开发区协调发展。推进东部地区现有开发区转型升级,增强开发区发展的内生动力,培育有全球影响力的制造研发基地,提高我国产业在全球价值链中的地位。支持中西部地区、东北地区进一步完善开发区软硬件环境,加强开发区承接产业转移的能力建设,增强产业发展动力。鼓励东部地区开发区输出品牌、人才、技术、资金和管理经验,按照优势互补、产业联动、市场导向、利益共享的原则,与中西部地区、东北地区合作共建开发区。围绕"一带一路"建设、京津冀协同发展、长江经济带发展,推动沿海沿江沿线开发区良性互动发展,建设一批具有辐射带动效应的转型升级示范开发区,引导产业优化布局和分工协作。

3. 加快开发区转型升级

(1) 推进开发区创新驱动发展。开发区要贯彻落实创新驱动发展战略,促进科技创新、制度创新,吸引和集聚创新资源,提高创新服务水平,推动由要素驱动向创新驱动转变。支持开发区内企业技术中心建设，在有条件的开发区优先布局工程（技术）研究中心、工程实验室、国家（部门）重点实验室、国家地方联合创新平台、制造业创新中心。鼓励开发区加快发展众创空间、大学科技园、科技企业孵化器等创业服务平台，构建公共技术服务平台，设立科技创新发展基金、创业投资基金、产业投资基金，完善融资、咨询、培训、场所等创新服务，培育创新创业生态，创新人才培养和引进机制，营造大众创业、万众创新良好氛围。支持有条件的国家高新技术产业开发区创建国家自主创新示范区，为在全国范围内完善科技创新政策提供可复制的经验。

（2）加快开发区产业结构优化。开发区要适应新一轮产业变革趋势，通过优化园区功能、强化产业链条、扶持重大项目、支持科技研发、腾笼换鸟等措施，支持传统制造业通过技术改造向中高端迈进，促进信息技术与制造业结合；主动培育高端装备、机器人、新一代信息技术、生物技术、新能源、新材料、数字创意等战略性新兴产业；促进生产型制造向服务型制造转变，大力发展研发设计、科技咨询、第三方物流、知识产权服务、检验检测认证、融资租赁、人力资源服务等生产性服务业。以开发区为载体，努力形成一批战略性新兴产业集聚区、国家高（新）技术产业（化）基地、国家新型工业化产业示范基地，打造世界级产业集群。

（3）促进开发区开放型经济发展。开发区要不断提高对外开放水平，继续发挥开放型经济主力军作用。支持开发区完善外贸综合服务体系和促进体系，鼓励开发区积极吸引外商投资和承接国际产业转移。支持开发区内符合条件的跨国企业集团开展跨境双向人民币资金池业务。允许符合条件的开发区内企业在全口径外债和资本流动审慎管理框架下，通过贷款、发行债券等形式从境外融入本外币资金。促进海关特殊监管区域整合优化，将符合条件的出口加工区、保税港区等类型的海关特殊监管区域逐步整合为综合保税区。

（4）推动开发区实现绿色发展。开发区要积极推行低碳化、循环化、集约化发展，推进产业耦合，推广合同能源管理模式，积极参加全国碳交易市场建设和运行。鼓励开发区推进绿色工厂建设，实现厂房集约化、原料无害化、生产洁净化、废物资源化、能源低碳化。推进园区循环化改造，按照循环经济"减量化、再利用、资源化"的理念，推动企业循环式生产、产业循环式组合，搭建资源共享、废物处理、服务高效的公共平台，促进废物交换利用、能量梯级利用、水的分类利用和循环使用，实现绿色循环低碳发展。

（5）提升开发区基础设施水平。开发区基础设施建设要整体规划，配套电力、燃气、供热、供水、通信、道路、消防、防汛、人防、治污等设施，并将为企业服务的公共信息、技术、物流等服务平台和必要的社会事业建设项目统一纳入整体规划。推进海绵型开发区建设,增强防涝能力。开发区新建道路要按规划同步建设地下综合管廊,加快实施既有路面城市电网、通信网络架空线入地工程。推进实施"互联网+"行动,建设智慧、智能园区。积极利用专项建设基金,鼓励政策性、开发性、商业性金融机构创新金融产品和服务,支持开发区基础设施建设。

4. 全面深化开发区体制改革

(1) 完善开发区管理体制。开发区管理机构作为所在地人民政府的派出机关,要按照精简高效的原则,进一步整合归并内设机构,集中精力抓好经济管理和投资服务,焕发体制机制活力。各地要加强对开发区与行政区的统筹协调,完善开发区财政预算管理和独立核算机制,充分依托所在地各级人民政府开展社会管理、公共服务和市场监管,减少向开发区派驻的部门,逐步理顺开发区与代管乡镇、街道的关系,依据行政区划管理有关规定确定开发区管理机构管辖范围。对于开发区管理机构与行政区人民政府合并的开发区,应完善政府职能设置,体现开发区精简高效的管理特点。对于区域合作共建的开发区,共建双方应理顺管理、投入、分配机制。各类开发区要积极推行政企分开、政资分开,实行管理机构与开发运营企业分离。各地要及时总结开发区发展经验,积极探索开发区法规规章建设。

(2) 促进开发区整合优化发展。各省(区、市)人民政府要积极探索建立开发区统一协调机制,避免开发区同质化和低水平恶性竞争,形成各具特色、差异化的开发区发展格局。鼓励以国家级开发区和发展水平高的省级开发区为主体,整合区位相邻、相近的开发区,对小而散的各类开发区进行清理、整合、撤销,建立统一的管理机构,实行统一管理。被整合的开发区的地区生产总值、财政收入等经济统计数据,可按属地原则进行分成。对于位于中心城区、工业比重低的开发区,积极推动向城市综合功能区转型。

(3) 提高开发区行政管理效能。各省(区、市)人民政府要加大简政放权力度,将能够下放的经济管理权限,依照法定程序下放给开发区。对于开发区内企业投资经营过程中需要由所在地人民政府有关部门逐级转报的审批事项,探索取消预审环节,简化申报程序,可由开发区管理机构直接向审批部门转报。对于具有公共属性的审批事项,探索由开发区内企业分别申报调整为以开发区为单位进行整体申报或转报。科学制定开发区权责清单,优化开发区行政管理流程,积极推进并联审批、网上办理等模式创新,提高审批效率。

(4) 做好开发区投资促进工作。开发区要把投资促进作为重要任务,推进相关体制机制创新,营造国际化营商环境。鼓励开发区设立综合服务平台,为投资者提供行政审批一站式服务。开发区要积极主动开展招商引资活动,创新招商引资方式,从政府主导向政府招商与市场化招商相结合转变,加强招商引资人员培训,提升招商引资工作专业化水平。开发区可结合产业发展方向,在政策允许和权限范围内制定相应的招商引资优惠政策。

(5) 推进开发区建设和运营模式创新。引导社会资本参与开发区建设,探索多元化的开发区运营模式。支持以各种所有制企业为主体,按照国家有关规定投资建设、运营开发区,或者托管现有的开发区,享受开发区相关政策。鼓励以政府和社会资本合作(PPP)模式进行开发区公共服务、基础设施类项目建设,鼓励社会资本在现有的开发区中投资建设、运营特色产业园,积极探索合作办园区的发展模式。支持符合条件的开发区开发运营企业在境内外上市、发行债券融资。充分发挥开发区相关协会组织作用,制定开发区服务规范,促进开发区自律发展。

5. 完善开发区土地利用机制

(1) 优化开发区土地利用政策。对发展较好、用地集约的开发区,在安排年度新增建设用地指标时给予适度倾斜。适应开发区转型升级需要,加强开发区公共配套服务、基础设施建设等用地保障,提高生产性服务业用地比例,适当增加生活性服务业用地供给。利用存量工业房产发展生产性服务业以及兴办创客空间、创新工场等众创空间的,可在5年内继续按原用途和土地权利类型使用土地,5年期满或涉及转让需办理相关用地手续的,可按新用途、新权利类型、市场价,以协议方式办理。允许工业用地使用权人按照有关规定经批准后对土地进行再开发,涉及原划拨土地使用权转让需补办出让手续的,可采取规定方式办理并按照市场价缴纳土地出让价款。

(2) 严格开发区土地利用管理。各类开发区用地均须纳入所在市、县用地统一供应管理,并依据开发区用地和建设规划,合理确定用地结构。严格执行土地出让制度和用地标准、国家工业项目建设用地控制指标。推动开发区集约利用土地、提高土地利用效率,从建设用地开发强度、土地投资强度、人均用地指标的管控和综合效益等方面加强开发区土地集约利用评价。积极推行在开发区建设多层标准厂房,并充分利用地下空间。

6. 完善开发区管理制度

(1) 加强开发区发展的规划指导。

(2) 规范开发区设立、扩区和升级管理。

(3) 完善开发区审批程序和公告制度。

(4) 强化开发区环境、资源、安全监管。
(5) 完善开发区评价考核制度。

8.3 世界基础设施建设状况与基础设施缺口评估

按照世界银行在《世界发展报告1994——为发展提供基础设施》中给出的定义，基础设施可以划分为经济基础设施（economic infrastructure）和社会基础设施（social infrastructure）两大类。经济基础设施是指长期使用的（long-lived）工程构筑、设备、设施及其为经济生产和家庭所提供的服务，具体包括公共设施（public utilities，如电力、通信、管道煤气、自来水、排污、固体垃圾收集与处理）、公共工程（public works，如大坝、水利工程、道路）以及其他交通部门（如铁路、城市交通、港口、河道和机场）等三种类型。社会基础设施则主要包含教育和卫生保健。在新结构经济学中，基础设施可分为软硬基础设施，硬件基础设施的例子包括高速公路、港口、机场、电信系统、电网和其他公共设施等，软件基础设施包括制度、条例、社会、资本、价值体系以及其他社会和经济安排等。由于软件基础设施相对而言是经济结构转型升级到比较高的阶段所需要的，而硬件基础设施对于任何发展阶段都是至关重要的而且也只能通过投资建设才能获得，因此，本报告接下来将对一组包括水、电、交通、电信、互联网、能源等最基本的硬件基础设施在内的基础设施建设情况以及缺口进行评估。

按照新结构经济学关于基础设施的基本论断，基础设施需要随着产业结构的升级而升级，不然就会成为经济结构转型升级的绊脚石，并且在经济结构转型升级过程中基础设施投资需要恰当超前。与前一章对制造业缺口的估算一样，对基础设施缺口的估算目前也没有一个非常精确的方法，我们采取如下的非常简洁的方法来简单评估基础设施缺口：

基础设施缺口指数＝人均拥有基础设施量／人均 GDP

该基础设施缺口指数越小，说明这个国家基础设施相对于发展水平而言缺口越大。对应于该基础设施缺口指数，我们分别设置如下的八个类别的基础设施缺口指数：

(1) 水利基础设施缺口指数＝获得改善水源的人口所占百分比／人均 GDP
(2) 电力基础设施缺口指数＝人均耗电量（千瓦时）／人均 GDP
(3) 海运基础设施缺口指数＝人均货柜码头吞吐量（TEU：20 英尺当量单位）／人均 GDP

(4) 铁路基础设施缺口指数＝人均铁路总里程/人均GDP

(5) 航空基础设施缺口指数＝人均航空运输量（注册承运人全球出港量）/人均GDP

(6) 电信基础设施缺口指数＝每100人所拥有的电话线路数量/人均GDP

(7) 互联网基础设施缺口指数＝固定宽带互联网用户（每百人）/人均GDP

(8) 能源基础设施缺口指数＝人均能源使用量（千克石油当量）/人均GDP

以上八个类别的基础设施数据均来自世界银行，人均GDP采取以现价美元形式，因为基础设施相关的进出口大都以现价汇率计算。下面依次介绍八个类别指数的测算情况。

8.3.1 水利基础设施建设情况与缺口评估

获取淡水的水利基础设施，不仅是所有生产的基础，也是人类起码的生活基础。水利对农业尤为重要。如图8.6所示，目前在世界大部分地区，超过70％的淡水用于农业。到2050年，要养活地球上的90亿人口，据估计农业产量需要增加50％，水提取量需要增加15％。全世界过去二十多年来在获得改善的水源方面取得了巨大的成就。① 如图8.7到图8.9所示，1990年世界不能获得改善水源的人口所占百分比依然高达24％，到2014年下降到了9％；中国和印度这两个人口最多的国家有30％左右的人口不能获得改善的水源，但到2014年下降到5％左右。当今世界获得改善的水源不再是普遍的问题，但是对于非洲而言依然是严峻的问题，将近一半的人口不能获得改善的水源。除此之外，农村地区获得改善的水源方面依然还有很大的改善空间。然而，全球的水利基础设施缺口指数目前都处于下降趋势，即说明相对于其经济发展水平而言，水利基础设施缺口在变大。例如在英国，伦敦的主要供水管道中至少有20％已有超过150年的历史。不过由于获得改善水源的人口所占百分比在发达国家已经非常高，水利基础设施相对饱和，因此发达经济体水利基础设施缺口指数没有什么变化。

---

① 获得改善的水源是指从改善的水源合理获得足够用水的人口比例。改善的水源包括诸如接入家庭的输水管线，公共水管，蓄水池，受到保护的井、泉以及雨水收集。未经改善的水源包括售水机、水罐车、未加保护的井和泉。合理地获得水源意味着每人每天从距离居所1公里范围内的水源可获取至少20升水。

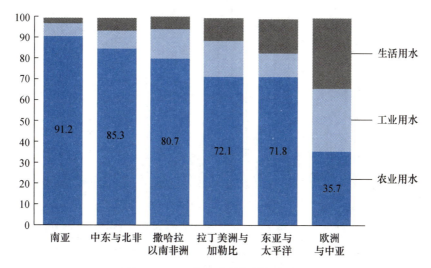

图 8.6　2014 年淡水提取量行业占比

资料来源：世界银行。

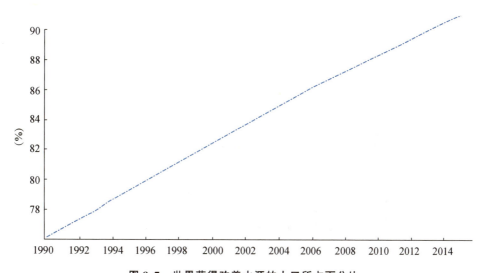

图 8.7　世界获得改善水源的人口所占百分比

资料来源：世界银行。

世界经济结构转型升级报告：新结构经济学之路

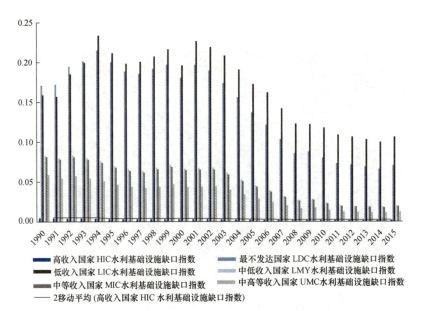

图 8.8　世界不同收入水平经济体的水利基础设施缺口指数

资料来源：根据世界银行数据测算。

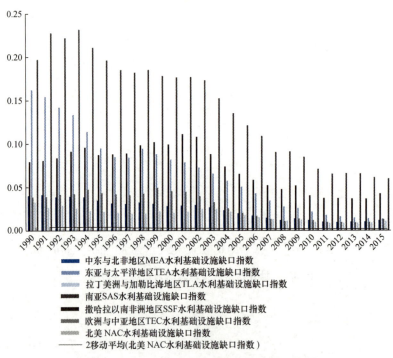

图 8.9　世界各地区的水利基础设施缺口指数

资料来源：根据世界银行数据测算。

8.3.2 电力基础设施建设情况与缺口评估

电力是以电能作为动力的能源,发明于19世纪70年代。电力的发明和应用掀起了第二次工业化高潮,成为18世纪以来人类历史上发生的三次科技革命之一,从此科技改变了人们的生活。事实上,我们在日常生活中已经将"水电"合为一体来称呼,如同水一样,电力也成为生产生活的必需品。20世纪出现的大规模电力系统是人类工程科学史上最重要的成就之一,是由发电、输电、变电、配电和用电等环节组成的电力生产与消费系统。它将自然界的一次能源通过发电动力装置转化成电力,再经输电、变电和配电将电力供应到各用户。产生电力的方式包括火力发电(煤)、太阳能发电、大容量风力发电技术、核能发电、氢能发电、水力发电、垃圾焚烧发电等。

近四十多年来,世界的电力基础设施也得到了巨大的改善。1971年世界人均耗电量为1 200千瓦时,到2013年达到3 014千瓦时,足足增长了两倍(见图8.10)。[①] 然而,当今发展中经济体的电力基础设施建设依然是发展的一大瓶颈。2013年最不发达国家(联合国分类)的人均耗电量仅为190.64千瓦时,中低收入国家为1 887.5千瓦时,中等收入国家为2 008.5千瓦时,均远低于世界平均水平。相对于中高等收入国家人均耗电量的3 403.57千瓦时、高收入国家的9 084千瓦时,还有巨大的增长空间,如图8.11所示。从地区来看,2013年人均耗电量北美最高,为13 241千瓦时,其次是欧洲与中亚地区,为5 429千瓦时,东亚与太平洋地区为3 568千瓦时,也高于世界平均水平,而中东与北非地区为2 880千瓦时,拉丁美洲与加勒比地区为2 118千瓦时,南亚为673千瓦时,撒哈拉以南非洲地区为488千瓦时,低于世界平均水平,如图8.12所示。根据世界银行企业调查(enterprisesurveys.org),2015年企业在一个典型月份里经历的电力中断(次数)在埃塞俄比亚为8.2次,印度尼西亚为0.5次,电力中断导致的价值损失占销售额的比例在埃塞俄比亚为6.9%,越南为2.2%,印度尼西亚为1.9%。2012年全球绝对多数经济体的所有人口基本上全部通电,但南亚和非洲依然有很多人口未能通电,印度有21%的人口尚未通电,非洲大部分经济体有超过一半的人口尚未通电。除了绝对情况,我们再来看看电力基础设施相对于其经济发展水平而言的缺口情况。如图8.13所做的测算,2013年,最不发达国家(联合国分类)和高收入国家的电力基础设施缺口最大,其电力基础设施缺口指数分别为0.196和0.216,中低收入国家、中等收入国家、中高等收入国家的情

---

① 耗电量用发电厂和热电厂的发电量减去输配电和变电损耗以及热电厂自用电量得出。

况居中,其电力基础设施缺口指数分别为 0.413、0.401、0.405。如图 8.14 所做的测算,2013 年,拉丁美洲与加勒比地区电力基础设施缺口最大,缺口指数为 0.209,欧洲与中亚地区缺口指数为 0.212,北美的缺口指数为 0.251,撒哈拉以南非洲地区缺口指数为 0.274,中东与北非地区缺口指数为 0.331,东亚与太平洋地区缺口指数为 0.378,南亚缺口指数为 0.483。从趋势上可看到,发达经济体其实在战后几十年电力基础设施建设力度较大,在 20 世纪八九十年代之后随着经济发展其缺口越来越大。例如,在美国中等寿命的煤炭发电厂的投产年龄已超过 40 年。

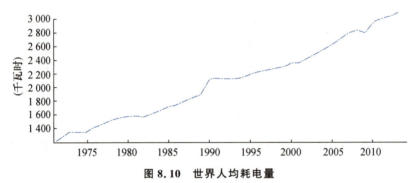

图 8.10　世界人均耗电量

资料来源:世界银行。

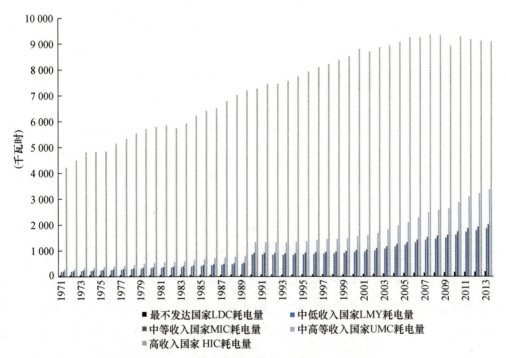

图 8.11　世界不同收入水平经济体的人均耗电量

资料来源:世界银行。

第8章

消除世界经济结构转型升级的瓶颈:全球基础设施投资计划

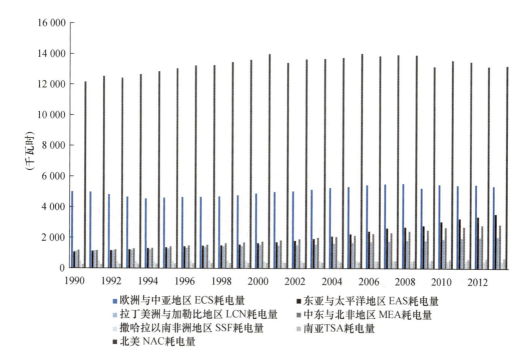

图8.12　世界不同地区经济体的人均耗电量

资料来源:世界银行。

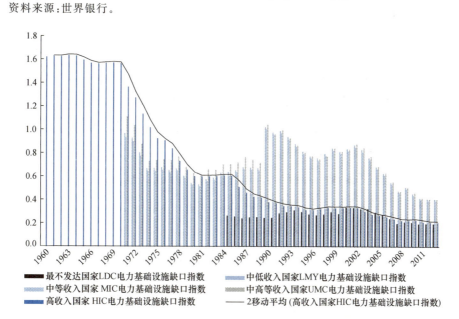

图8.13　世界不同收入水平经济体的电力基础设施缺口指数

资料来源:根据世界银行数据测算。

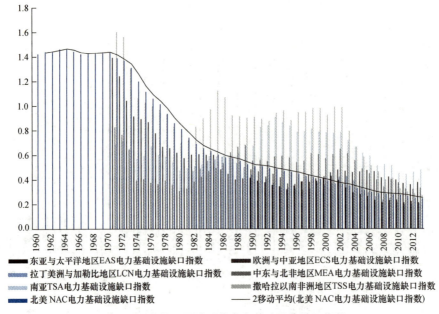

图 8.14　世界不同地区的电力基础设施缺口指数

资料来源：根据世界银行数据测算。

8.3.3　海运基础设施建设情况与缺口评估

海运，即海洋运输，是国际物流中最主要的运输方式，它是指使用船舶通过海上航道在不同国家和地区的港口之间运送货物的一种方式。集装箱运输的兴起和发展，不仅使货物运输向集合化、合理化方向发展，而且节省了货物包装用料和运杂费，减少了货损货差，保证了运输质量，缩短了运输时间，从而降低了运输成本。海洋运输的运量大，海运费用低，航道四通八达，是其优势所在。事实上，15世纪在西方发生的两件大事就是大洋航道的开拓和新大陆的发现。目前国际贸易总运量中的三分之二以上都是利用海上运输，这足以说明海运基础设施对于贸易的至关重要性。

2015年全球十大集装箱港"俱乐部"入门门槛为1 400万标箱，目前全球1 500万标箱以上港口共9个，2 000万标箱以上港口共5个，比上年多出1个，3 000万标箱以上港口为2个。2015年度港口集装箱吞吐量统计前十名排名依次为：上海港、新加坡港、深圳港、宁波—舟山港、香港港、釜山港、青岛港、广州港、迪拜港、天津港。前十大港口，中国包揽七席。当然，仅仅靠集装箱吞吐量大还不能成为国际航运中心。航运经纪服务、航运工程服务、船舶管理服务、海事法律服务、航运金融服务和船舶维修服务等航运服务是国际航运中心重要的软基础设施。根据《新华—波罗的海国际航运中心发展指数报告

(2015)》,2015年全球前十位国际航运中心分别为新加坡、伦敦、香港、鹿特丹、汉堡、上海、迪拜、纽约、釜山、雅典。亚洲占四席,分别是新加坡、香港、上海、釜山,其中上海位列全球十大国际航运中心的第六位。综合对比2014年的情况,总体较为稳定,略有微调。其中,雅典入围前十,东京被挤出前十梯队。新加坡、伦敦、香港依旧处于前三甲绝对领先地位。上海反超迪拜,跃居第六。此外,青岛、宁波—舟山、天津、广州、大连、深圳、厦门也跻身国际航运中心行列。航运服务排在全球前十位的港口城市依次为伦敦、新加坡、香港、上海、雅典、迪拜、汉堡、纽约、东京和孟买。其中,伦敦、新加坡和香港在航运服务能力上具有不可撼动的优势地位,稳居前三名,上海、雅典航运服务发展迅猛,而迪拜、纽约等城市排名有所下滑。

除了这些世界级港口和航运中心的更替变迁,世界整体的海运也随着国际贸易的飙升而迅速发展,如图8.15所示,货柜码头吞吐量在过去十多年间已经翻了一番多。然而,目前的世界海运依然是发达经济体所主导的,高收入国家的货柜码头吞吐量占了世界的48.54%,如图8.16和图8.17所示。从地域来看,东亚与太平洋地区以及欧洲与中亚地区占有绝对主导地位,其货柜码头吞吐量占了世界的80%,如图8.18至图8.19所示。诸多发展中经济体依然还有巨大的发展空间。发达经济体长期占据了海上贸易的主导权。相对于其经济发展水平而言虽然发达经济体海运基础设施也存在缺口,但长期处于饱和状态,如图8.20和图8.21所示。

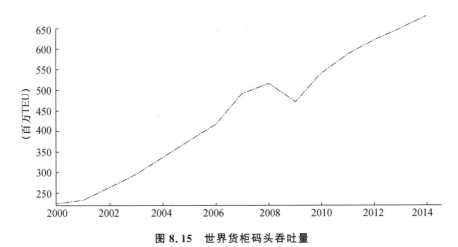

图8.15 世界货柜码头吞吐量

资料来源:世界银行。

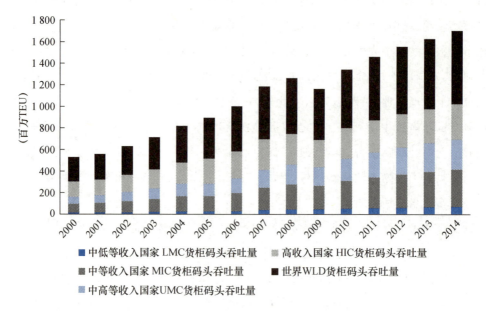

图 8.16　世界不同收入水平经济体的货柜码头吞吐量

资料来源：世界银行。

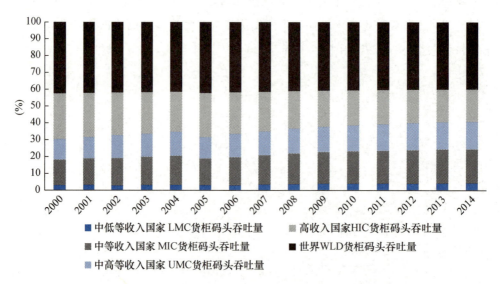

图 8.17　世界不同收入水平经济体的货柜码头吞吐量构成

资料来源：世界银行。

第8章
消除世界经济结构转型升级的瓶颈：全球基础设施投资计划

图 8.18　世界各个地区的货柜码头吞吐量

资料来源：世界银行。

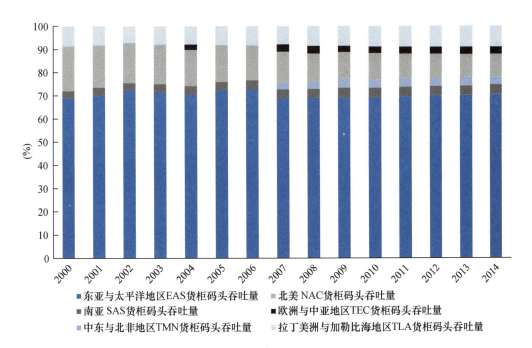

图 8.19　世界各个地区的货柜码头吞吐量构成

资料来源：世界银行。

303

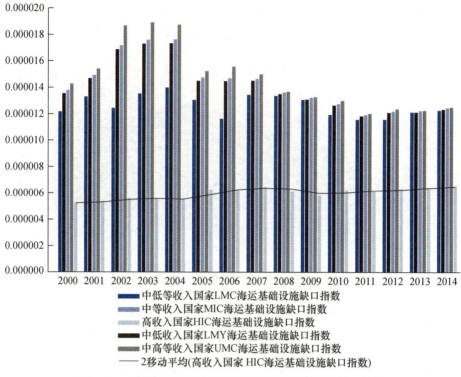

图 8.20　世界不同收入水平经济体的海运基础设施缺口指数
资料来源:根据世界银行数据测算。

8.3.4　铁路基础设施建设情况与缺口评估

铁路运输是两种最重要的陆上运输方式,以两条平行的铁轨引导火车。铁轨能提供极光滑及坚硬的媒介让火车的车轮在上面以最小的摩擦力滚动。在火车上面的人会感到更舒适。如果配置得当,铁路运输可以比路面运输在运载同一重量客货物时节省五至七成的能量。而且,铁轨能平均分散火车的重量,令火车的载重力大大提高。铁路运输由于受气候和自然条件的影响较小,且运输能力及单车装载量较大,在运输的经常性和低成本性上占据了优势,再加上有多种类型的车辆,使它几乎能承运任何商品,可以不受重量和容积的限制,而这些都是公路和航空运输方式所不能比拟的。归纳起来,铁路运输的主要特征包括运输能力大、运行速度快、运输成本低、运输经常性好、能耗低、通用性好、机动性差、投资大、建设周期长、占地面积少。因此,铁路是所有交通基础设施中最为重要的方式。

英国是第一个拥有路轨运输的国家。1804 年,理查·特里维西克在英国威尔士发明了第一台能在铁轨上前进的蒸汽机车。第一台取得成功的蒸汽机车是乔治·斯蒂芬森

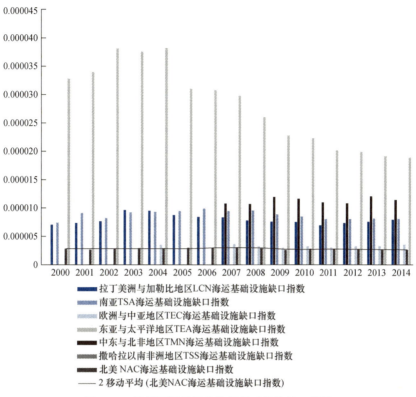

图 8.21　世界不同地区的海运基础设施缺口指数

资料来源：根据世界银行数据测算。

在 1829 年建造的"火箭号"。19 世纪 20 年代，英格兰的史托顿与达灵顿铁路成为第一条成功的蒸汽火车铁路。后来的利物浦与曼彻斯特铁路更显示了铁路的巨大发展潜力。铁路很快便在英国和世界各地通行起来，且成为世界交通的领导者近一个世纪，直至飞机和汽车的发明才降低了铁路的重要性。高架电缆在 1888 年发明后，首条使用接触网供电的电气化铁路在 1892 年启用。第二次世界大战后，以柴油和电力驱动的列车逐渐取代蒸汽推动的列车。20 世纪 60 年代起，多个国家均建置了高速铁路。而货运铁路亦连接至港口，并与船运合作，以货柜运送大量货物以大大降低成本。现在全球 236 个国家和地区之中，有 144 个设有铁路运输（包括全世界最小的国家梵蒂冈在内），其中约 90 个国家和地区提供客运铁路服务。铁路依然是世界上载客量最大的交通工具，拥有无法取代的地位。当然，随着高铁以及信息技术的使用，铁路运输基础设施本身也在不断升级。如图 8.22 所示，世界铁路总里程从 20 世纪 90 年代初的 94 万公里上升到目前的超过 100 万公里。

从地区分布来讲，2014 年的铁路总里程数分别为，欧洲和中亚地区 37.6 万公里，北

图 8.22　世界铁路建设情况

资料来源:世界银行。

美 28 万公里,东亚和太平洋地区 12.7 万公里,撒哈拉以南非洲地区 5.96 万公里,中东和北非地区 3.2 万公里,南亚 2.8 万公里,拉美和加勒比地区 1 万公里(见图 8.23 和图 8.24)。从不同收入水平的经济体的铁路里程构成来看,2014 年最不发达国家(联合国分类)有 3.1 万公里铁路,低收入国家有 2 万公里铁路,中等收入国家有 50.1 万公里铁路,中高等收入国家有 34.8 万公里铁路,高收入国家有 53.5 万公里铁路(见图 8.25 和图 8.26)。从铁路基础设施的绝对量上讲,发展中经济体是远远低于发达经济体的。然而,如果从相对于发展水平而言的铁路基础设施缺口指数来看,高收入经济体对铁路基础设施的需求缺口也在不断攀升(见图 8.27 和图 8.28)。

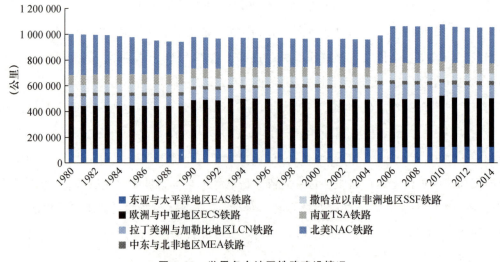

图 8.23　世界各个地区铁路建设情况

资料来源:世界银行。

第 8 章
消除世界经济结构转型升级的瓶颈:全球基础设施投资计划

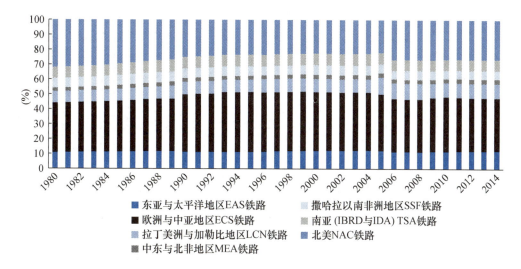

图 8.24　世界各个地区的铁路建设比重情况

资料来源:世界银行。

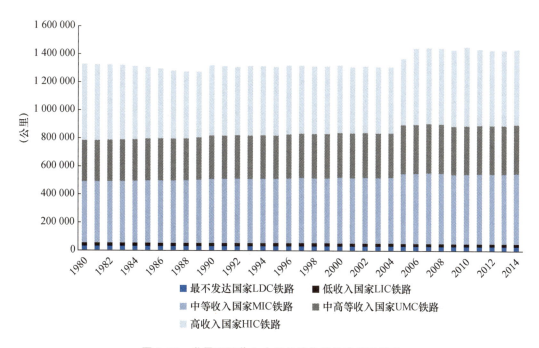

图 8.25　世界不同收入水平经济体的铁路建设情况

资料来源:世界银行。

307

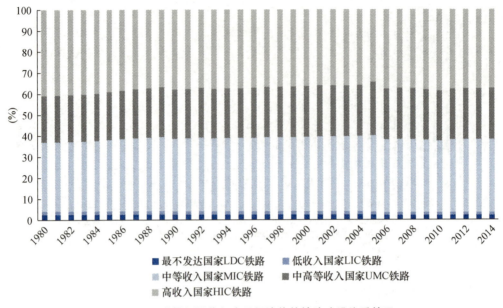

图 8.26 世界不同收入水平经济体的铁路建设比重情况

资料来源：世界银行。

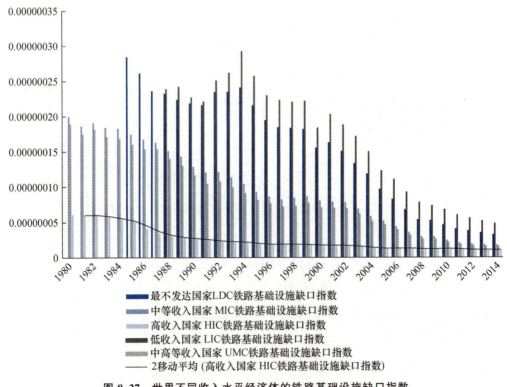

图 8.27 世界不同收入水平经济体的铁路基础设施缺口指数

资料来源：根据世界银行数据测算。

第8章
消除世界经济结构转型升级的瓶颈：全球基础设施投资计划

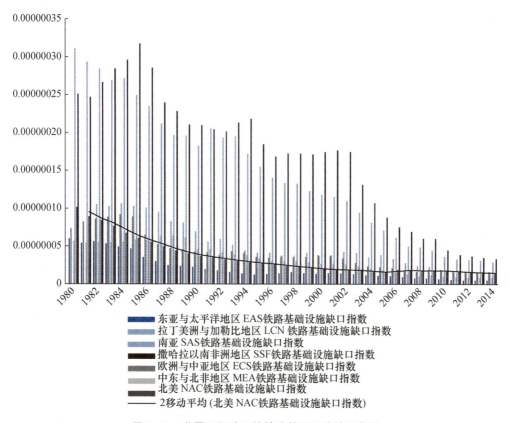

图 8.28　世界不同地区的铁路基础设施缺口指数

资料来源：根据世界银行数据测算。

8.3.5　航空基础设施建设情况与缺口评估

航空输运是使用飞机及其他航空器运送人员、货物、邮件的一种运输方式，具有快速、机动的特点，是现代旅客运输，尤其是远程旅客运输的重要方式；为国际贸易中的贵重物品以及精密仪器、市场销售周期特别短的商品（如鲜花、海鲜、时尚服装等）运输所不可缺。航空运输的主要优点是速度非常快，缺点是运输费用相当高。投资额度和运输成本都比较高，固定成本方面包括开拓航线、修建机场和机场维护需要大量资金；可变成本也比较高，主要是由于燃料、飞行员薪水、飞机的维护保养等方面的支出很大。航空运输的基础设施主要包括航路、航空港、飞机和通信导航设施等。航路是根据地面导航设施建立的走廊式保护空域，是飞机航线飞行的领域。其划定是以连接各个地面导航设施的直线为中心线，在航路范围内规定上限高度、下限高度和宽度。对在其范围内飞行的飞机，要实施空中交通管制。航空港是民用飞机场及有关服务设施构成的整体，是飞机安全起降的基地,也是旅客、货物、邮件的集散地。飞机是主要的载运工具。机型选用根据所飞航线的具体情况并考虑整体经济技术性能而定。通信导航设施是沟通信息、引导飞机安全飞行并到达目的地安全着陆的设施。James Davenport 利用全球机场、飞机跑道、直升机停机坪等作为点绘制了一幅世界地图,世界几大洲的轮廓几乎都被勾勒出来了,北美、南美、欧洲和澳大利亚更明显,美国的机场和跑道、直升机停机坪等基础设施最为密集,西欧次之。

航空运输的历史也非常悠久,始于 1871 年。当时普法战争中的法国人用气球把政府官员和物资、邮件等运出被普军围困的巴黎。1918 年 5 月 5 日,飞机运输首次出现,航线为纽约—华盛顿—芝加哥。同年 6 月 8 日,伦敦与巴黎之间开始定期邮政航班飞行。20 世纪 30 年代有了民用运输机,各种技术性能不断改进,航空工业的发展促进航空运输的发展。第二次世界大战结束后,在世界范围内逐渐建立了航线网,以各国主要城市为起讫点的世界航线网遍及各大洲。1990 年世界定期航班完成总周转量达 2 356.7 亿吨千米。如图 8.29 所示,近四十年来世界航空运输量增长了两倍。从航空运输的特征就可以知道这种高资本密集型的基础设施主要适合于发达经济体。2015 年高收入国家的航空运输量(注册承运人全球出港量)占世界的比重高达 62.3%,OECD 国家的航空运输量(注册承运人全球出港量)占世界的比重高达 61.2%。尽管发达经济体在量上占据全球主导地位,但是相对于其经济发展水平而言,依然面临很大的航空基础设施缺口,并且趋势是越来越大,如图 8.30 和图 8.31 所示。

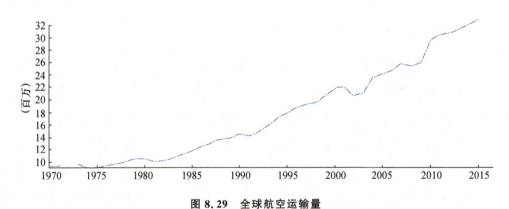

图 8.29 全球航空运输量

资料来源:世界银行。

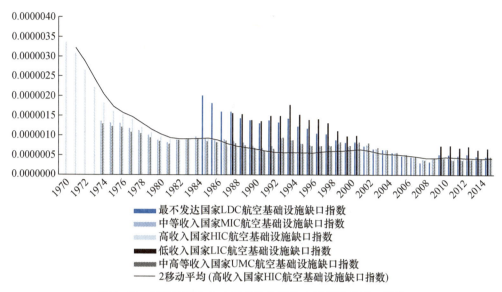

图 8.30　世界不同收入水平经济体的航空基础设施缺口指数
资料来源：根据世界银行数据测算。

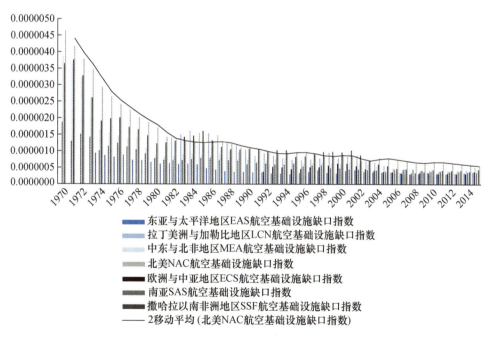

图 8.31　世界不同地区的航空基础设施缺口指数
资料来源：根据世界银行数据测算。

8.3.6 电信基础设施建设情况与缺口评估

与水电、海陆空运输基础设施一样,通信基础设施所实现的人与人或人与自然之间通过某种行为或媒介进行的信息交流与传递也是生产生活的基本需要。电报是一种最早用电的方式来传送信息的、可靠的即时远距离的现代化通信方式,它是19世纪30年代在英国和美国发展起来的。电报信息通过专用的交换线路以电信号的方式发送出去,该信号用编码代替文字和数字,通常使用的编码是莫尔斯编码。现在,随着电话、传真等的普及应用,电报已很少被人使用了。现在被广泛使用的通信方式是电话,这是一种可以传送与接收声音的远程通信设备。早在18世纪欧洲已有"电话"一词,用来指用线串成的话筒(以线串起杯子)。电话的出现要归功于亚历山大·格拉汉姆·贝尔,早期电话机的原理为:说话声音为空气里的复合振动,可传输到固体上,通过电脉冲于导电金属上传递。贝尔于1876年3月申请了电话的专利权。[①] 历史上对电话的改进和发明包括:碳粉话筒,人工交换板,拨号盘,自动电话交换机,程控电话交换机,双音多频拨号,语音数字采样等。近年来的新技术包括:ISDN,DSL,网络电话,模拟移动电话和数字移动电话等。然而,现代的电子通信系统即电信网(telecommunication network)已经非常复杂,其是构成多个用户相互通信的多个电信系统互联的通信体系,是人类实现远距离通信的重要基础设施,利用电缆、无线、光纤或者其他电磁系统,传送、发射和接收标识、文字、图像、声音或其他信号。电信网由终端设备、传输链路和交换设备三要素构成,运行时还应辅之以信令系统、通信协议以及相应的运行支撑系统。电信终端设备一般装在用户处,提供由用户实现接入协议所必需的功能的设备(电信端点)。它的作用是将话音、文字、数据和图像(静止的或活动的)信息转变为电信号或电磁信号发出去,并将接收到的电或电磁信号复原为原来的话音、文字、数据和图像信息。典型的终端设备有电话机、电报机、移动电话机、无线寻呼机、数据终端机、微计算机、传真机、电视机等。有的终端本身也可以是一个局部的或小型的电信系统,它们对公用电信网来说,就作为终端设备接入,如用户交换机、ISDN终端、局域网、办公室自动化系统、计算机系统等。电信传输设备是将电信号或电磁信号从一个地点传送到另一个地点的一种设备。它构成电信网中的传输链路,包括无线电和有线电传输设备。无线电传输设备有短波、超短波、微波收发信机

[①] 美国国会2002年6月15日269号决议确认安东尼奥·穆齐为电话的发明人。穆齐于1860年首次向公众展示了他的发明,并在纽约的意大利语报纸上发表了关于这项发明的介绍。

和传输系统,以及卫星通信系统(包括卫星和地球站设备)等。有线电传输设备有架空明线、电缆、光缆、地下电缆、同轴电缆、光缆、海底电缆、光缆等传输系统,以及装在上述系统中的各种调制解调设备、脉码调制设备。终端和中继附属设备、监控设备等,也属于传输设备。电信交换设备实现一个呼叫终端(用户)和它所要求的另一个或多个终端(用户)之间的接续,或非连接传输选路的设备和系统,是构成电信网中节点的主要设备。它包括各种电话交换机、电报交换机、数据交换机、移动电话交换机、分组交换机、宽带异步转移模式交换机等。网络技术是电信网宏观上的软件部分。它包括网的拓扑结构、网内信令、协议和接口,以及网的技术体制、标准等,是业务网实现电信服务和运行支撑的重要组成部分。

近几十年来全球电信基础设施建设也取得了巨大成就。如图 8.32 所示,尽管在电话已经被发明了将近一个世纪之后的 20 世纪 70 年代,全球绝大多数人依然被排除在电话的世界之外,不过到了 21 世纪初叶,全球各个经济体每 100 人所拥有的电话线路数量已经接近 20 条。然而,目前绝大多数发展中经济体的人口依然没有进入电话时代,2015 年低收入经济体每 100 人所拥有的电话线路数量只有 0.86,撒哈拉以南非洲地区也只有区区 1.1。同样,尽管发达经济体在量上占据全球主导地位,但是相对于其经济发展水平而言,电信基础设施的缺口依然不断增大(见图 8.33 和图 8.34)。

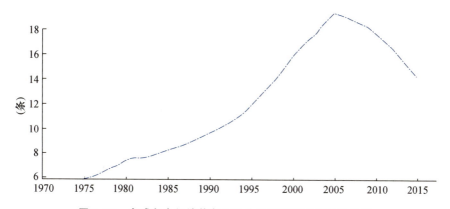

图 8.32　全球各个经济体每 100 人所拥有的电话线路数量
资料来源:世界银行。

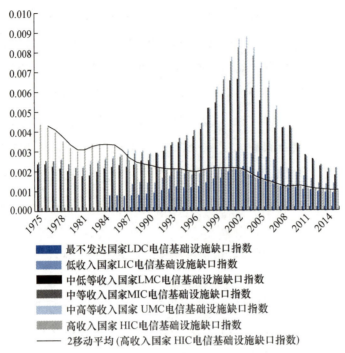

图 8.33　世界不同收入水平经济体的电信基础设施缺口指数

资料来源：根据世界银行数据测算。

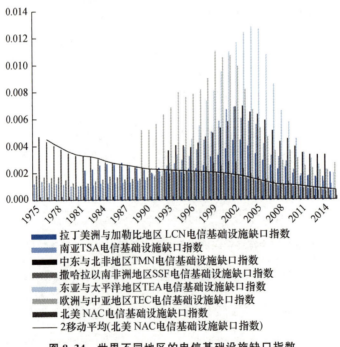

图 8.34　世界不同地区的电信基础设施缺口指数

资料来源：根据世界银行数据测算。

8.3.7 互联网基础设施建设情况与缺口评估

以互联网的全球化普及为重要标志的信息革命被视为第四次工业革命。互联网是网络与网络之间所串联成的庞大网络,这些网络以一组通用的协议相连,形成逻辑上单一且巨大的全球化网络,在这个网络中有交换机、路由器等网络设备、各种不同的连接链路、种类繁多的服务器和数不尽的计算机、终端,可以将信息瞬间发送到千里之外的人手中,是信息社会的基础。如图 8.35 所示,从 2000 年开始互联网在全球迅速兴起,全球固定宽带互联网用户(每 100 人)2015 年超过 10%。这主要得益于由美国政府发起的 20 世纪信息高速公路这一全球基础设施的兴建。1992 年 2 月,美国总统乔治·H.W. 布什发表的国情咨文中提出计划用 20 年的时间耗资 2 000 亿—4 000 亿美元以建设"美国国家信息基础设施"(NII),作为美国发展政策的重点和产业发展的基础。1993 年,美国政府正式宣布实施国家信息基础设施,旨在以因特网为雏形,兴建信息时代的高速公路,使所有的美国人方便地共享海量的信息资源。互联网基础设施不但为其他相关生产活动奠定了基础,本身也形成了庞大的互联网产业——以现代新兴的互联网技术为基础,专门从事网络资源搜集和互联网信息技术的研究、开发、利用、生产、贮存、传递和营销信息商品,可为经济发展提供有效服务的综合性生产活动的产业。

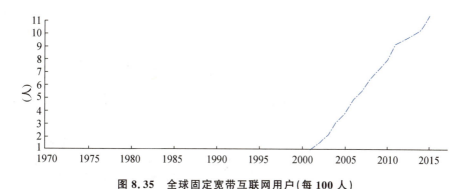

图 8.35 全球固定宽带互联网用户(每 100 人)

资料来源:世界银行。

然而,互联网在全球的普及程度差别也是巨大的,2015 年,美国每 100 人有 31.53 人是固定宽带互联网用户,而低收入经济体每 100 人只有 0.31 人是固定宽带互联网用户,撒哈拉以南非洲地区每 100 人也只有区区 0.54 人是固定宽带互联网用户。中国这个世界上人口最多的经济体是拥抱互联网非常积极的国家,2000 年每 100 人只有区区 0.002 人是固定宽带互联网用户,而 2015 年这一比例高达 18.56(图 8.36)。与前面几种类型的基础设施不同,几乎全球各地区以及不同收入水平的经济体都在积极开展互联网基础设施建设,至今方兴未艾。因此,互联网基础设施缺口指数一路上扬,这意味着互联网基础设施缺口正在不断得到填充(见图 8.37 和图 8.38)。

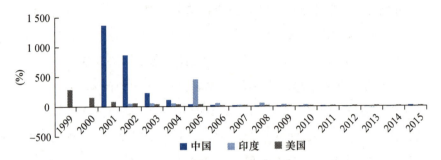

图 8.36 美国、中国和印度的固定宽带互联网用户增长率

资料来源:世界银行。

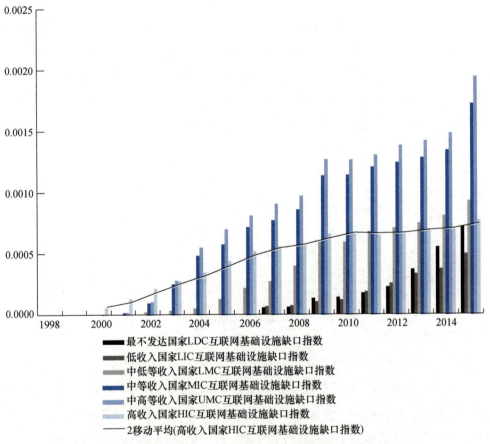

图 8.37 世界不同收入水平经济体的互联网基础设施缺口指数

资料来源:根据世界银行数据测算。

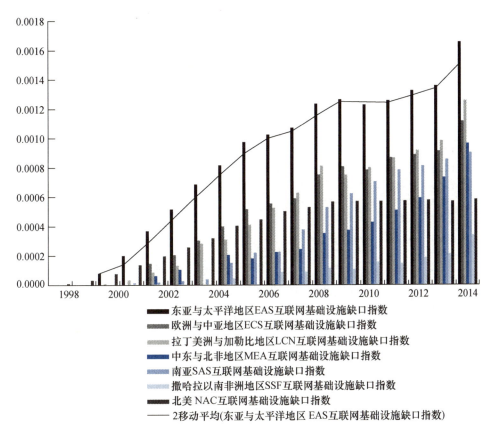

图 8.38　世界不同地区的互联网基础设施缺口指数
资料来源：根据世界银行数据测算。

8.3.8　能源基础设施建设情况与缺口评估

能源亦称能量资源或能源资源,是指可产生各种能量(如热能、电能、光能和机械能等)或可做功的物质的统称,包括煤炭、原油、天然气、煤层气、水能、核能、风能、太阳能、地热能、生物质能等一次能源和电力、热力、成品油等二次能源,以及其他新能源和可再生能源。不论处于哪一次工业革命,能源都是所有工业革命的基础。过去数十年中,全球能源基础设施得到了一定的改善,如图 8.39 所示。然而,如同工业化在全球的分布极不均匀一样,作为工业化最为重要的能源基础设施在全世界的差距也是巨大的,2013 年高收入国家人均能源使用量为 4 765 千克石油当量,而最不发达国家(联合国分类)只有 351 千克石油当量,前者是后者的 13.5 倍。2015 年北美的人均能源使用量为 6 944 千克石油当量,是撒哈拉以南非洲地区的十倍,也是中国这样快速工业化国家的三倍。然而,随着世界工业化的不断推进,能源基础设施缺口是一个普遍的问题。如图 8.40 和

图 8.41 所示,不论是哪个地区以及处于哪个发展阶段,能源基础设施缺口指数一直在不断下滑,即缺口越来越大。

图 8.39 世界能源人均使用量

资料来源:世界银行。

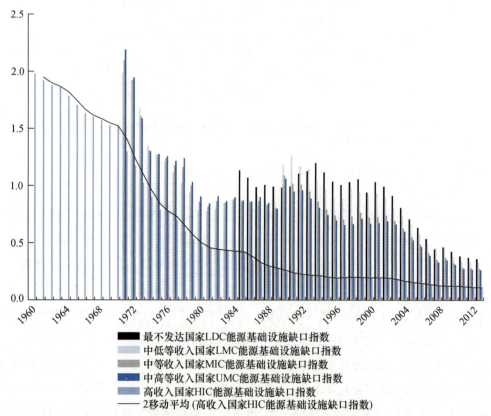

图 8.40 世界不同收入水平经济体的能源基础设施缺口指数

资料来源:根据世界银行数据测算。

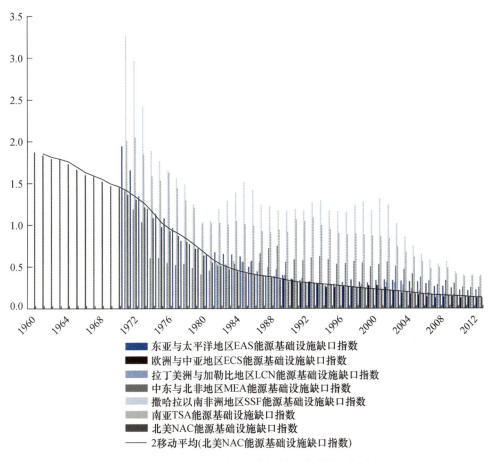

图 8.41 世界不同地区的能源基础设施缺口指数
资料来源:根据世界银行数据测算。

然而,随着环境问题的日趋严峻,与能源基础设施建设整体水平相对应的是能源结构和能源效率的不断调整。从可持续发展的角度讲,可再生能源以及清洁能源对世界能源基础设施建设尤为重要。根据能源是否可再生可分为可再生能源和不可再生能源。凡是可以不断得到补充或能在较短周期内再产生的能源称为再生能源,反之称为非再生能源。风能、水能、海洋能、潮汐能、太阳能和生物质能等是可再生能源;煤、石油和天然气等是非再生能源。地热能基本上是非再生能源,但从地球内部巨大的蕴藏量来看,又具有再生的性质。根据能源消耗后是否造成环境污染可分为污染型能源和清洁型能源,污染型能源包括煤炭、石油等,清洁型能源包括水力、电力、太阳能、风能以及核能等。如图 8.42 所示,传统的不可再生且具有环境污染的化石燃料能耗在持续不断地下降;而可替代能源和核能占能源使用总量的百分比在持续不断地上升,目前将近 10%,如图 8.43 所示;能源效率也在不断提升。

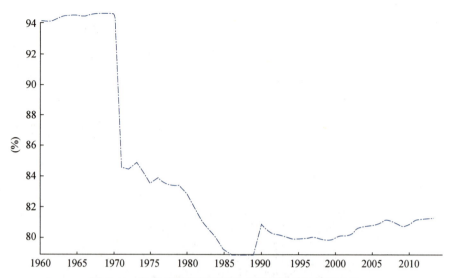

图 8.42　世界化石燃料能耗占能源使用总量的百分比

资料来源：世界银行。

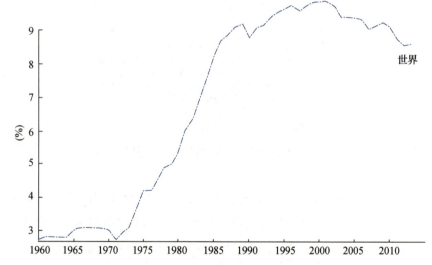

图 8.43　世界可替代能源和核能占能源使用总量的百分比

资料来源：世界银行。

8.4　发达经济体的基础设施投资：改造升级[①]

从前面的基础设施建设以及缺口评估结果来看，发达经济体的主要特征有如下几个

---

① 进一步可参考：林毅夫的《从西潮到东风》第二部分"走向复苏的共赢之路"第 6 章"超越凯恩斯主义"。

方面:其一,发达经济体基础设施建设水平存量较高,遥遥领先于世界,远超发展中经济体;其二,相对于其经济发展水平而言,基础设施缺口又大于世界平均情况,如图 8.44 所示;其三,如前面的基础设施缺口指数的变化趋势所显示的那样,发达经济体战后的基础设施建设难以满足当下的需要,基础设施缺口越来越大(除了 21 世纪初叶才大举兴起的互联网基础设施);其四,传统的基础设施,如水力、电力、交通基础设施等,相对饱和但是需要大力改造,而电信、互联网、能源等基础设施并未饱和,需要继续加大投资。正如林毅夫在全球金融危机后的判断一样,发达经济体的基础设施投资的情况是"坚实但有限的机会"。

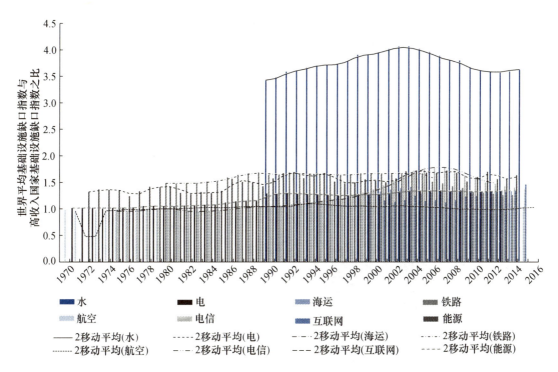

图 8.44 高收入国家的基础设施相对于其发展水平而言与世界的相对短缺程度

事实上,发达国家已经意识到基础设施投资对于重整其经济的重要性。欧洲委员会很强调持续进行基础设施投资的重要性,估计欧盟在 2011—2020 年需要 2.1 万亿—2.8 万亿美元的基础设施投资才能保持足够的竞争力。[1] 根据美国土木工程师协会的评估(见图 8.45),美国要耗费十年时间进行基础设施修补和重建工程,所需资金超过 3.3 万亿美元。而根据目前的政府资金规模,这项耗资巨大的工程将有至少 1.4 万亿美元的缺

---

[1] OECD, *Infrastructure to 2030*: *Telecom*, *Land Transport*, *Water and Electricity*. Pairs, 2006.

口;如果这项工程被拖到 2040 年完成,资金的缺口将高达 5 万亿美元以上。该协会预计,如果不进行基础设施建设,那美国将要付出的代价可能更大。到 2025 年,因为落后的基础设施建设拖累商业贸易、高昂的交通设施维修费用,以及对经济其他领域所产生的影响将为美国国内生产总值带来超过 4 万亿美元的损失,并将造成 250 万个工作机会的流失。这个数字可能是最高的估计值,不过美国的许多政府机构也确认了大规模基础设施维护和升级的需要。万亿基础设施改造计划是美国新任总统特朗普的竞选和施政纲要的核心。"我们将要修建我们的内陆城市,重建我们的高速公路、桥梁、隧道、机场、学校和医院,"特朗普在大选之夜的获胜讲话中,向台下的欢呼者说,"我们要重建我们的基础设施,让它们成为世界上独一无二的工程,这些工程会让数百万人获得就业机会。"特朗普还在竞选中警告说,中国修了 2 万公里高铁,美国 1 公里也没有,美国正在成为第三世界国家! 特朗普此言不虚。

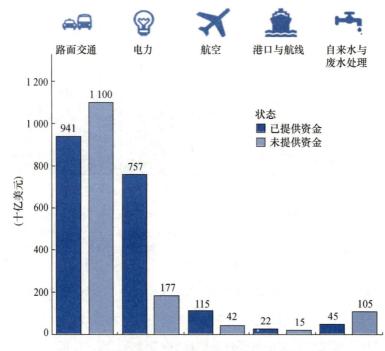

图 8.45 美国土木工程师协会对美国基建资金缺口的评估
资料来源:美国土木工程师协会。

1919 年,年轻的陆军中校德怀特·艾森豪威尔需要 56 天才能指挥汽车运输部队跨越华盛顿特区到加利福尼亚奥克兰的 3 250 英里旅程。他当时报告说,车队压坏了桥梁,卡车在雨天陷入泥泞,某些道路不能满足快速舒适的旅行需要。后来,当上总统的艾森

第 8 章
消除世界经济结构转型升级的瓶颈:全球基础设施投资计划

豪威尔推动了1956年的《联邦高速公路促进法案》(Federal Aid Highway Act),期望对美国经济发挥超出计算结果的影响——例如给制造业和建筑业创造就业岗位,打开农村地区的开发前景等。将近一百年过去了,道路桥梁、电网、能源管道早已遍布美国50个州,然而现在却年久失修,需要进行"大修大补"。美国道路与交通建设商协会(American Road & Transportation Builders Association)2016年的一项研究发现,美国60万座桥梁中有近10%存在结构性缺陷。每个州都独自对桥梁进行检查,以确定桥梁是否存在不足(包括那些跨越河流和小溪的桥梁以及跨越高速公路的桥梁)。这导致一个独特的问题——需要创造一套州与州之间一致的标准。爱荷华州拥有最大数量的"有结构缺陷"的桥梁,当地超过20%(超过5000座)的桥被划入这一类,据美国国家桥梁库存数据库的数据,这意味着桥梁"有一个或多个结构缺陷需要注意";内布拉斯加州的问题是老桥太多,当地每五座桥中就有一座是20世纪30年代初建造的;特拉华州的桥梁虽然现代化得多,但是该州75%"有结构缺陷"的桥梁是在过去50年内建造的。美国拥有超过160 000英里的铁路、76 000座铁路桥和800个隧道,由数百家运营商提供客运和货运服务。数以百万计的乘客(主要在东北地区),每年依靠美国铁路公司提供通勤服务。美国第一条铁路诞生于1830年。美国的铁路时代已被汽车和飞机取代。一百多岁的铁路更新不多,高铁技术几乎一片空白,可谓美人迟暮。美国的航空公司是世界上最繁忙的航空公司。在2016年11月初的三天时间里,追踪实况空中交通的Flightradar24显示,超过160 000个航班到达或离开美国机场。最繁忙的线路是在芝加哥和纽约、洛杉矶和旧金山、洛杉矶和芝加哥之间。根据2016年Skytrax世界机场奖的数据,美国最好的机场是丹佛国际机场,排名全球第28位,肯尼迪机场排在第59位,洛杉矶国际机场差点被踢出了100位,排在第91位。与此同时,亚洲、太平洋、欧洲和中东的机场排名持续上升。美国陆军工程兵团的数据显示,美国海外贸易中有95%以上通过港口完成,根据世界航运协会的数据,洛杉矶港和长滩港位列世界前25个最繁忙的港口,东海岸的几个港口位列前50名。然而,2015年全球前10位国际航运中心,美国只有纽约入选。在美国有超过3 300个电力公司和约7 700个电厂在为美国家庭、企业和其他用户提供电力。电力通过超过160 000英里的高压输电线路进入美国的每个角落。《华尔街邮报》报道称,有专家将美国的电网描述为一个由输电和配电设施(某些可以追溯到19世纪)拼凑、打满补丁的公用事业,这一系统将最终崩溃,除非投资数千亿美元改善。"当我们开始建造所谓的电网时,托马斯·爱迪生并没有坐下来制订一个全国性的计划,但我们还是建起了电网。"美国土木工程师协会基础设施委员会奥托·林奇这样表示。但是几十年来的这些线路一直承载着比它们设计更重的负载。"到目前为止,美国的电网比世界上任何其他国家都更加捉襟见肘。"他说。在美国有大约 150 000 英里的石油管道和超过 150 万英里的天然气管道。自 2010 年以来,水力压裂技术的繁荣使得宾夕法尼亚州、西弗吉尼亚州、俄克拉荷马州和西得克萨斯州的天然气产量增加,这也扩大了管道基础设施的需求。美国大部分石油和天然气的生产来自墨西哥湾,而近半数的炼油能力则位于墨西哥湾沿岸。石油天然气需要基础设施,以便于将它们从一个地方运输到另一个地方,但这一点却不容易,北达科他输送管道的争议表明了在几百英里内建设一条管道的困难。此外,近来一些石油和天然气管道事故也表明,美国需要更好的管道管理和维护。下一章的专栏 9.6 介绍了 2017 年中国中车集团在芝加哥建设首家地铁车辆制造厂改造升级美国基础设施的案例。

8.5 发展中国家的基础设施投资:大兴土木[①]

前述对发展中经济体基础设施建设情况的评估最重要的事实便是其基础设施存量低得惊人,绝大多数发展中经济体依然面临严重的水电短缺与道路不足,很多人口依然没有进入工业化和信息时代。全球有大约 14 亿人没有电力,8.8 亿人没有安全的饮用水,26 亿人无法获得基本的卫生服务,估计有 10 亿农村居民的住所与全天候道路的距离在 2 公里以上。基础设施的缺乏不但影响到数十亿人的生活质量,还增加了交易成本,限制了生产率和产品质量的改善,从而打击了创业活动,削弱了企业的竞争力。在撒哈拉以南的非洲国家,这一问题尤其突出,那里每年的人均电力消耗量仅为 124 千瓦时(南非除外),仅能在每天为每个人提供 6 个小时的照明。由于电力匮乏且不可靠,许多企业自己发电,平均成本超过发电厂的 3 倍。例如在贝宁、布基纳法索、冈比亚、马达加斯加、莫桑比克、尼日尔和塞内加尔,企业的能源成本超过总成本的 10%,而中国的企业仅为 3%。电力匮乏造成的损失相当于中位数的坦桑尼亚企业销售额的 10%,而中国的仅为 1%。许多撒哈拉以南的非洲居民还因此被隔绝在本国市场和全球市场之外。尽管有三分之二的人口住在农村地区,并且许多国家是内陆国,撒哈拉以南非洲国家的路网密度却是全球最低的。因此不足为奇的是,这里的交通成本极高,相当于企业间接成本的 16%。在未来,发展中国家对基础设施服务的需求还将快速增长,从中期来看,发展中

[①] 进一步可参考:林毅夫的《从西潮到东风》第二部分"走向复苏的共赢之路"第 6 章"超越凯恩斯主义"。

家的人均GDP将达到5%的增速。随着世界人口在2050年接近90亿,以及更多的人口迁往城市居住,全球的建筑存量预计到2050年还将翻番。发展中国家的基础设施建设非常必要而且需求旺盛。

　　基础设施不仅是增长的副产品,还将成为经济发展的驱动力。经济发展是个持续技术创新、产业升级和多样化以及结构变化的过程。在农业发展阶段,大量产品是用于生产者自身的消费,因此对基础设施服务的需求较少。随着各国的工业化,生产更多地转向制造业,规模经济更加突出,产品主要是为其他人生产。由于市场范围扩大,良好的基础设施对于安全及时地向市场提供产品和服务,并且让工人能够获得最合适的岗位工作都至关重要。良好的基础设施还能支持可持续的发展,最大幅度地减轻自然灾害的破坏,提高公共交通的可靠性,这些对于适应全球气候变化以及随之而来的自然灾害的增多都非常关键。基础设施的改善会通过多个渠道影响一个国家的产出。在建设期,基础设施投资会给地方经济带来就业机会和经济增长。在完工后,基础设施会改进生产率,促进私人资本的形成(通过提高投入的边际生产率或降低交易成本来提高私人投资的预期回报率),加快产业集群的出现等。基础设施还有利于改进健康和教育状况。例如在摩洛哥,随着全天候道路的建成,妇女和儿童在收集柴火等家务劳动方面的时间减少,使得女童的入学率从1985年的28%提高到1995年的68%。当地居民去医院和卫生中心的次数翻番,健康指标也大为改善。例如一项研究估计,2001—2005年和1991—1995年相比,基础设施投资使发展中国家的年均增长率提高了1.6个百分点,南亚更是达到2.7个百分点。如果撒哈拉以南的非洲国家能把它们与印度和巴基斯坦之间的基础设施差距缩小一半,中非的低收入国家的经济增长率平均能提高2.2个百分点,东非和西非国家能提高1.6个百分点。类似的是,如果拉美国家把基础设施提高到其他中等收入国家(如保加利亚和土耳其)的平均水平,其经济增长率每年可望提高2个百分点。[①] 中国便通过高速公路和高铁建设快速促进了经济发展,而且高铁建设势头随着"一带一路"的推进将有增无减。

　　总之,相对于发达经济体而言,由于发展中经济体的基础设施存量较小,而且往往是经济结构转型升级的瓶颈,因此整体上发展中经济体基础设施投资回报率较发达经济体高,尤其是那些通过基础设施建设成功推动经济结构转型升级的经济体,基础设施投资回报率是最高的,在快速地实现经济结构转型升级时期的亚洲"四小龙"便是成功的案例,如图8.46和图8.47所示。

---

① Calderon, Cesar, Serven, Luis, "Infrastructure and Economic Development in Sub-Saharan Africa", *Journal of African Economies*, 19, i13—87.

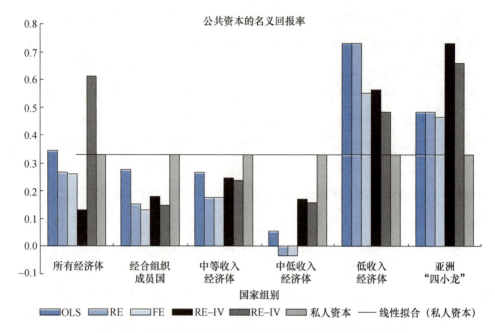

图 8.46 基础设施投资(公共资本)从制造业获得的回报率估算

资料来源：Anders Isaksson, "Public Capital, Infrastructure and Industrial Development", Research and Statistics Branch Working Paper, 15/2009.

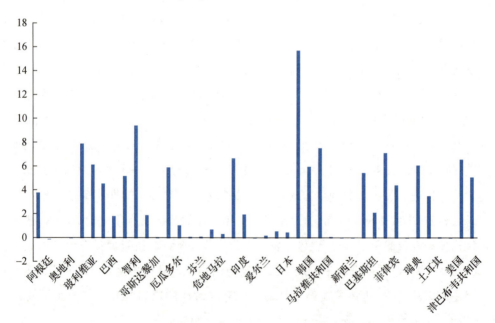

图 8.47 世界一些经济体(基础设施)修路的产出弹性(1960—1990)

资料来源：D. Canning, and E. Bennathan, "The Social Rate of Return to Infrastructure Investments", Policy Research Working Paper No. 2390, DECRG, World Bank, 2000.

8.6 大规模全球基础设施投资计划:"新马歇尔计划"①

不论是发达经济体还是发展中经济体,围绕消除经济结构转型升级的基础设施瓶颈进行全球大规模基础设施建设都是必需的,尤其是在全球经济复苏缓慢的情况下。事实上,早在全球金融危机爆发伊始,时任世界银行首席经济学家的林毅夫就提出全球基础设施投资倡议来解决全球金融危机和世界发展问题。"只要发达国家在刺激本国经济的同时能援助 2 万亿美元给低收入国家,世界经济 2010 年就能恢复。"为了扫除金融危机给全世界带来的阴影,给发达国家的内部结构性改革创造外部空间,林毅夫 2009 年 2 月 9 日提议,建立一个富有"马歇尔计划"精神的全球恢复基金。② 林毅夫当天在华盛顿的新闻会上警告,各国唯有共同刺激经济才能阻止全球经济的进一步衰退并为发达国家创造外部需求以推动收缩性与结构性改革提供空间,以帮助发达国家走出危机,恢复正常增长。他表示:"考虑到我们当前遭遇的全球危机,我认为我们需要更多魄力和想象力。第二次世界大战后,正是美国对欧洲的援助阻止了饥荒,修复了战争给城市留下的疮痍,并启动了经济重建。"林毅夫表示,美国、欧元区、日本等储备货币国和中国这样的"高储蓄国"以及石油出口国应该在未来 5 年中向低收入国家投资 2 万亿美元。他补充说,向穷国投资会得到高回报,因为这对经济增长具有更大的推动力。"这不是一石两鸟,而是一石数鸟。"当穷国的经济得到发展后,它们对商品的需求也会随之上升,最终向高收入国家购买更多的商品。③

林毅夫在金融危机伊始提出的全球基础设施投资倡议("新马歇尔计划")在当时的国际政策界反应冷淡,不过 2014 年国际货币基金组织发生了转变,重申了林毅夫该倡议的重要性。美国新任总统特朗普虽然发起了美国万亿基础设施投资计划,但事实上已经

---

① 进一步可参考:林毅夫的《从西潮到东风》第 7 章"大规模全球基础设施投资计划"。
② "马歇尔计划"(The Marshall Plan),官方名称为"欧洲复兴计划"(European Recovery Program),该计划是 1947 年 6 月 5 日,美国国务卿乔治·马歇尔在哈佛大学发表演说时首先提出的援助欧洲经济复兴的方案,故名"马歇尔计划"。该计划正式启动于 1947 年 7 月,并整整持续了 4 个财政年度。在计划实施期间,西欧各国通过参加经济合作发展组织总共接受了美国援助合计 130 亿美元,其中包括金融、技术、设备等各种形式的援助。该计划对欧洲国家的发展和世界政治格局产生了深远的影响。
③ Justin Yifu Lin, "Beyond Keynesianism: The Necessity of a Globally Coordinated Solution", *Harvard International Review*, 31(2), Summer 2009, pp.14—17. Justin Yifu Lin, "Beyond Keynesianism: Global Infrastructure Investments in Times of Crisis", *Journal of International Commerce, Economics and Policy*, 3(3), October 2012. Justin Yifu Lin and Yan Wang, "Beyond the Marshall Plan: A Global Structural Transformation Fund", Submitted to the High Level Panel on the Post-2015 Development Agenda, 2013.

放弃了扮演全球"新马歇尔计划"的引领者。在林毅夫2009年2月提出全球基础设施投资倡议4年之后,2013年9月7日,习近平主席在哈萨克斯坦纳扎尔巴耶夫大学发表重要演讲,首次提出了加强政策沟通、道路联通、贸易畅通、货币流通、民心相通,共同建设"丝绸之路经济带"的战略倡议;2013年10月3日,习近平主席在印度尼西亚国会发表重要演讲时明确提出,中国致力于加强同东盟国家的互联互通建设,愿同东盟国家发展好海洋合作伙伴关系,共同建设"21世纪海上丝绸之路"。中国开始发起了被海内外媒体称为"中国版马歇尔计划"的"一带一路"倡议。一些媒体声称①,直白地说,"中国版马歇尔计划"就是在欧美因金融危机而受创的背景下,主动实施基建产能合体,去投资那些急待完善基建又缺乏资金的新兴经济体。和当时的美国一样,现在的中国拥有着全球最多的外汇储备和相当数量的过剩产能,已不再适用"优质低价"出口战略的中国因为上述两大优势而让翻版"马歇尔计划"顺理成章。该计划不仅可以帮助中国消化过剩的产能,还能加快人民币国际化步伐,减少外汇储备,规避中长期美元贬值风险。下一章将介绍中国发起的"一带一路"倡议及其如何帮助沿线国家消除经济结构转型升级的基础设施瓶颈,这里我们需要再一次重申林毅夫提出的全球基础设施投资倡议的内涵及要点。②

基础设施的需求和供给之间的缺口在发展中国家如此巨大,原因主要在于进行长期融资的困难。要想对这个缺口的规模进行估计,需要对缺失的数据做大胆假设。2011年的一项研究预测,在不同的假设场景下,发展中国家在2013年的基础设施投资需求约为1.25万亿—1.5万亿美元(2008年美元价格)。该研究还估计,发展中国家基础设施项目可以利用的资金约为8500亿美元。如果中期也适用同样的数据,则基础设施的融资缺口预计为每年4000亿—6500亿美元。通过全球基础设施投资计划给那些有助于打通瓶颈的基础设施项目融资,可以为发达国家和发展中国家创造急需的工作岗位,刺激需求繁荣,从而给欧元区和其他高收入国家的结构性改革创造空间。各国协同推动全球基础设施建设计划,还有助于全球经济从目前的危机中实现持续复苏,这对当前和未来的发达国家和发展中国家而言,都是一项全球范围的共赢策略。

填补上述融资缺口,会给发达经济体的出口带来怎样的影响?基础设施投资每增加1美元,进口就会增加0.70美元。2009年,中低收入国家有50%的可贸易资本品是来自高收入国家,因此,发展中国家的基础设施投资每增加1美元,将给高收入国家带来0.35美元的出口增长。如果发展中国家的整个基础设施融资缺口(每年约5000亿美元)被全

---

① "什么是中国版马歇尔计划:向外投资'四万亿'",新浪财经,2014年11月4日。
② 下面的内容主要转引自:林毅夫的《从西潮到东风》第7章"大规模全球基础设施投资计划"。

部填补,仅基础设施投资形成的全球范围的资本品需求就会增加 2 500 亿美元,其中 1 750 亿美元会来自高收入国家。这相当于高收入国家在 2010 年全部资本品出口额的 7%。对于发达经济体而言,需要多少制造业出口才能创造一个新工作岗位,人们对此有不同测算。美国商务部估计,2008 年大约 16.5 万美元的制造业出口可以支撑一个工作岗位。OECD 则估计,平均 6.0975 万美元的制造业出口就能带来一个新的岗位。这些估计意味着,缩小发展中国家的基础设施缺口可望为发达经济体创造 110 万—290 万个就业职位。虽然与这些国家的总失业率相比,以上数字显得很小,但新的工作岗位还是会带来制造业岗位的显著增加。在美国,出口目前支持着 270 万个制造业岗位,前总统奥巴马的国家出口计划(National Export Initiative)的目标是,在未来 5 年通过扩大出口创造 200 万个新工作岗位。建议中的国际基础设施投资计划可以有助于实现这一目标。

这些计算是建立在简单相关性的基础上的。基础设施投资对出口和就业的实际影响在各个国家和产业部门会有所不同,取决于所采用的技术、其他任何替代效应以及世界贸易形势的变化等。例如,现在越来越多的资本品在发展中国家生产,尤其是中国。中国的工资水平逐渐提高,技术逐渐改进,其出口构成在价值链上的位置迅速提升。中国在建筑机械出口中所占的市场份额从 2005 年的 4.4% 提高到 2010 年的 10.2%,翻了一番以上。中国出口的大多数起重机、拖拉机和蒸汽涡轮机是流向了发展中国家。发展中国家从其他发展中国家(特别是中国)进口的资本品,很快将变得与从高收入国家进口的一样多。发电机就是一个很好的例子,这是高度资本密集型的基础设施投资类型。对印度的估计显示,在以"交钥匙"形式兴建的发电厂和变电站的成本中,大约 60%—90% 与几项关键的机械设备有关,如涡轮机和压缩机,这些都来自进口。大型发电厂的涡轮发电机通常是美国或者欧洲制造,但变电站的资本装备中却有 40%—50% 是来自新兴市场经济体,如中国和印度。低收入国家从中国进口的发电设备已超过从美国进口的部分。模拟测算证明,发展中国家的基础设施投资有助于全球经济复苏,改善发达经济体的贸易收支。发展中国家的公共基础设施投资如果永久性增加相当于全球 GDP 1% 的金额,与产品和服务的经常性支出实现同等增幅进行对比,会发现经常性支出的增加只会带来产出的较小增长,并且会随着时间的推移而逐步消失,因为政府债务存量的增大会拖累经济发展。相反,基础设施投资的相应增加则会导致发展中国家的 GDP 增长 7%,并且使全球 GDP 增长 2%。由于基础设施支出会提高新兴市场经济体的私人资本回报,会吸引更多的资本流入这些国家,给政府和私人部门带来融资,结果将导致,与产品和服务的经常性支出相比,基础设施投资也会给发达经济体的贸易收支带来更大的改进。[①]

因此,全球基础设施投资计划如果能恰当实施,有望一方面增加高收入国家的出口、改善失业状况,使其有能力进行减少福利、去杠杆、减少政府开支的结构性改革,另一方面促进发展中国家的减贫和经济增长。对资本品的需求将会增加,有利于资本品出口国(大多数是发达经济体)扩大出口和就业并提高 GDP 和财政收入。基础设施投资还将帮助某些出口资本品的新兴经济体(如中国)实现出口对象多样化,减轻对少数高收入国家市场需求的依赖。随着发展中国家收入的增长,它们对全球各类产品的需求都会增加。促进发达经济体的出口不但能帮助它们减少失业和加快增长,还可以减少对外借款的需要,其潜力把更多的全球超额储蓄释放出来支持发展中国家的投资与增长,从而带来更多的投资机会和新的市场。这最终会创造一个世界经济增长的良性循环,以充足的全球储蓄来支持发展中国家的投资和增长,形成更多的进口需求,支持全球危机后的经济复苏,并使世界经济更具包容性和稳定性。

为了从现有资源中获得最大产出,各国需要最有效率地建设合适的能打通瓶颈的项目,发展中国家还需要筹集资金来填补基础设施的资金缺口。由于许多发展中国家扩大政府支出的空间有限,而官方的发展援助资金在短期内也不太可能增加,所以发展中国家需要寻求创新性的融资机制。它们可以借鉴发达经济体近期的基础设施融资安排(例如美国的国家基础设施再投资银行,欧洲 2020 债券发行计划),通过吸引更多的私人部门融资来杠杆利用现有的公共资源。政府还需要降低私人投资者承担的风险。国际社会可以通过提供专项金融资源和技术协助帮助发展中国家克服以上困难。

基础设施项目在发展中国家可以发挥革命性的作用。但选择合适的能打通瓶颈的项目要求有专门的技术能力,尤其是项目的评估和筛选技能,这在发展中国家并不总是存在。跨国实证研究证明,项目选择和实施质量对投资回报及最终的增长效果有显著影响。正确识别打通瓶颈、经济回报较高的项目并不容易。第一,制度背景会影响不同类型基础设施项目的回报。第二,许多发展中国家的政府分权化把基础设施的收入和支出责任推给了较低层级的政府,这就要求财政负担和问责安排要与项目选择相协调。第三,区域一体化可以充分利用港口、机场、电厂和电网项目的规模经济,从而大幅降低了基础设施成本,并拓展了区域市场甚至全球市场。例如在非洲,区域性的电力交易每年可以使能源成本降低 20 亿美元、碳排放降低 7 000 万吨。第四,如果基础设施投资造成

---

① Warwick J. McKibbin, Andrew B. Stoeckel and YingYing Lu, "Global Fiscal Adjustment and Trade Rebalancing", Policy Research Working Paper 6044, World Bank, 2011.

了严重的环境危害,对增长的长期拉动作用会大幅下降。例如,用化石燃料进行发电可能导致酸雨和全球变暖,灌溉工程可能导致水资源的过分使用、土地退化和水污染。所以,能实现环境可持续的基础设施投资可以大大减少此类投资涉及的环保成本,在某些发展中国家,估计可达 GDP 的 4%—8%。很自然地,识别恰当的项目经常会花费很高的项目选择和筹备成本,包括一系列制度、法律、社会、环境、金融、监管和工程领域的研究。例如,老挝的南屯河 2 号水电站项目的总投资约为 14 亿美元,其中项目筹备成本就达 1.24 亿美元,接近全部投资的 9%。有人估计,如果把非洲的主要重大基础设施项目提升到可以吸引公共或私人投资者的水平,可能需要花费 5 亿美元。然而,公共部门和私人部门通常都不太愿意将大量的资源花费在项目筹备之中。解决这些问题的某些新尝试已经出现。2010 年 11 月,世界银行集团发起设立了"基础设施金融卓越中心"(Infrastructure Finance Center of Excellence),其目标是借助新加坡在城市开发与金融方面的专业经验以及世界银行在全球发展方面的知识和经验,来吸引更多的私人资本参与亚洲的公共基础设施项目。该中心给各国政府提供技术支持,帮助它们进行项目识别、筹备和市场推广,并通过第三方机构来帮助各国政府安全管理项目的筹备资金。除此以外,G20 组织的基础设施多边开发银行工作集团(Multilateral Development Bank Working Group on Infrastructure)也制订了一个行动计划,详细规定了改进基础设施项目筹备、开发区域项目以及提高支出效率的步骤。

G20 组织目前主要关注救助资金的安排,以便让国际货币基金组织可以帮助各国避免当前的债务危机,其实 G20 组织还应该积极支持全球基础设施投资计划。国际货币基金组织给债务危机国家提供的贷款可以帮助它们临时脱困,但无助于提升其竞争力和增长潜力,因此同样的问题可能再度出现。稳定欧元区的承诺是必需的,但并不是退出战略。只有设计良好的结构性改革才能把这些国家从不断重复的危机中拉出来。然而,结构性改革至少在初期具有紧缩效应,如果不能促进经济增长,可能难以实施。这里所建议的全球基础设施投资计划将会通过对打通瓶颈项目的投资,刺激需求和增长,给欧元区国家、日本和美国创造结构性改革的空间。如果增长的势头被重新启动,对防火墙的需要也会相应减少。

这里建议的全球基础设施投资计划包含几个关键的设计特征。首先,该计划将涵盖发达国家和发展中国家的基础设施需要。欧洲委员会估计,欧洲需要在未来 10 年向基础设施投入约 2.8 万亿美元。美国土木工程师协会测算,美国在未来 5 年需要 2.2 万亿美元的基础设施投资。世界银行估计,发展中国家的基础设施投资需求约为每年 15 万亿美元。其他某些测算数据则更高，仅印度在2012—2017年就需要1万亿美元，拉丁美洲到2030年对电力的需求会翻番，由此需要约4 300亿美元的投资。亚洲开发银行估计，亚洲的基础设施投资需求约为每年7 500亿美元。而麦肯锡公司预测，为应对持续的投资不足、人口增长带来的需求扩大、城市化的加速，以及气候变化的影响，亚洲在未来10年对基础设施项目的投资将达到8万亿美元。如果发达国家和发展中国家的所有这些基础设施投资需求都得到满足，全球的需求和增长将大幅提高，给欧元区和其他高收入国家的结构性改革创造有利的空间。

其次，全球基础设施计划将集中在那些打通制约增长的瓶颈以及可以实现自身盈利的项目上，以避免造成不可持续的公共债务负担。因此，这一计划的实施应该依靠那些有能力选择、设计、实施和管理打通瓶颈的基础设施项目的机构。资金的划拨渠道应该包括现有的多边开发银行、区域开发银行和新设立的多边开发银行。

最后，该计划的资金应该来自储备货币发行国和外汇储备丰富的国家，还应该利用公共资金来撬动私人投资。如果这些基础设施项目能得到妥善遴选和管理，它们就可以带来可观的长期回报。在目前的低利率和高风险经济环境下，基础设施项目对主权财富基金和退休基金投资者而言会特别有吸引力，尤其是如果能制定合适的协议，如给予私人投资者优先权。主权财富基金在2008年年底估计拥有3.2万亿美元的金融资产，仅亚洲的主权财富基金管理的金额就超过1.2万亿美元。政府退休金的资产也超过1.9万亿美元。虽然这些机构的资金极其庞大，投入基础设施项目的部分却很少。亚洲的大量储蓄目前主要投资于发达国家的低收益证券，特别是美国国债。

第 9 章　释放巨能：将中国与世界的经济结构转型升级进行匹配

9.1　中国在世界经济结构转型升级中的南北方位

我们在第 1 章第 1 节中已经概括了中国由于经济体量大但经济发展水平居中的特征从而在世界经济结构转型升级中具有中流砥柱的作用。按照汇率法计算，2015 年中国 GDP 总量占全球的比重为 14.84%，仅次于美国位居第二。如果按照购买力率价法计算，中国已经是全球最大的经济体，其经济总量不但远超日本，而且与美国和整个欧盟的体量不相上下，如图 9.1 所示。与 GDP 总量相称，中国目前不但是全球最大的制造业大国（如第 1 章中的图 1.13 所示）和工业专利大国（如第 1 章中的图 1.14 所示），也是全球最大的贸易大国，以及第二大对外投资国。根据《2016 年国民经济和社会发展统计公报》的数据，中国全年货物进出口总额 24.3386 万亿元，出口 13.8455 万亿元，进口 10.4932 万亿元，货物进出口差额（出口减进口）3.3523 万亿元。根据《2014 年中国对外直接投资统计公报》数据，中国对外投资流量达 1 231.2 亿美元，首超日本成为世界第二大对外投资国。2016 年中国全年对外直接投资额（不含银行、证券、保险）达 1 701 亿美元，比上年增长 44.1%。与此同时，中国也是吸引外资的大国，2016 年实际使用外商直接投资金额 1 260 亿美元。因此，尽管与美国的经济总量有一定差距，但中国与美国已经是两个对世界经济结构转型升级有举足轻重影响的大国。未来，中国将跟上美国全球化的步伐，如图 9.2 所示。

除了体量大，决定中国在世界经济结构转型升级中角色的另一个重要特征是中国的经济发展水平位居中等。按照世界银行的数据，2015 年中国的人均 GDP 在统计的 232 个国家中居于第 81 位，低于欧美发达经济体，但又高于印度和非洲等诸多发展中经济体。如图 9.3 所示，中国目前的人均 GDP 仅为美国的 10% 多一点。除了人均收入水平，与禀赋结构水平更加贴近的一个指标是国家的平均工资水平。与人均 GDP 一样，中国

世界经济结构转型升级报告：新结构经济学之路

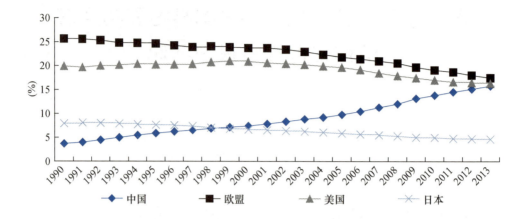

图 9.1　中国、欧盟、美国与日本占世界经济总量的份额比较
资料来源：根据世界银行数据计算，按购买力平价（PPP）衡量的 GDP（2005 年不变价国际元）。

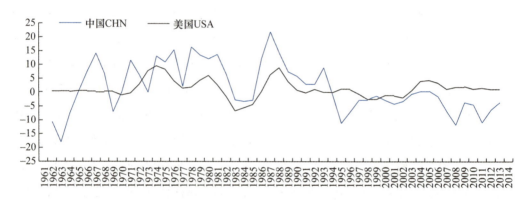

图 9.2　中美两国"走出去"程度相对于"引进来"程度的比较
注：GNP－GDP＝本国公民在国外生产的最终产品的价值总和－外国公民在本国生产的最终产品的价值总和。

的工资水平也处于中间位置。如图 9.4 所示，中国内地的平均工资水平远低于各大洲的主要发达国家，如澳大利亚、德国、日本和美国；如图 9.5 所示，中国内地也远低于同属东亚的亚洲"四小龙"和日本的工资水平；如图 9.6 所示，除了高于印度之外，也低于其他"金砖国家"。不过中国的收入水平以及对应的工资水平则远高于大多数发展中经济体。除了南非，中国的工资水平远高于其他非洲国家。中国经过改革开放三十多年的高速发展已经步入中等收入国家行列，禀赋条件发生了较大的变化。对应地，禀赋结构决定的中国产业结构与技术结构也发生了相应的变化。如图 9.8 和图 9.9 所示，中国在改革开放三十多年间，不论是产业结构还是技术结构都发生了对应的转型升级。正如第 7 章所测算的，由于禀赋结构的升级，中国存在大量失去比较优势的劳动力密集型产业，这个数据按照不同口径估算都有数千万之巨。但与此同时,相对于发达国家的禀赋结构水平,如图9.4和图9.5所示的工资水平差距那样,中国的禀赋结构水平依然远离世界前沿,故产业结构和技术结构都有很大的转型升级空间。因此,正是中国这种发展阶段位居中等但经济体量庞大的快速发展的大国特征,让中国成为推动世界经济结构转型升级的中流砥柱。对于老牌的发达国家来讲,中国将成为其高质量产品与服务以及高端产业投资与技术转移的全球最为重要的市场;对于发展中经济体来讲,中国将成为其初级产品以及劳动力密集型产业转移承接与产能合作最为重要的市场。不论是发达国家还是发展中

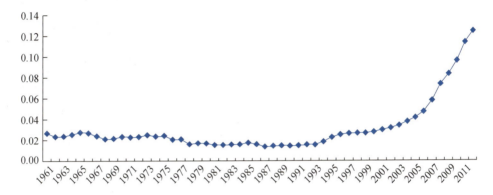

图9.3　中国人均GDP与美国人均GDP之比(现价美元)
资料来源:根据世界银行数据计算。

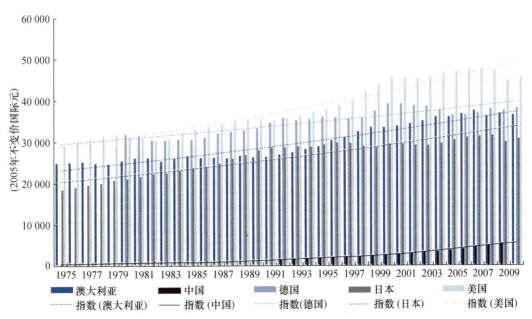

图9.4　中国与各大洲的主要发达国家的工资水平比较
资料来源:根据PWT 8.0收入份额数据推算。

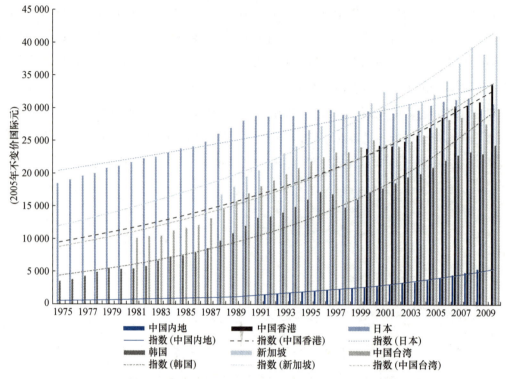

图 9.5　中国与亚洲"四小龙"和日本的工资水平比较
资料来源：根据 PWT 8.0 收入份额数据推算。

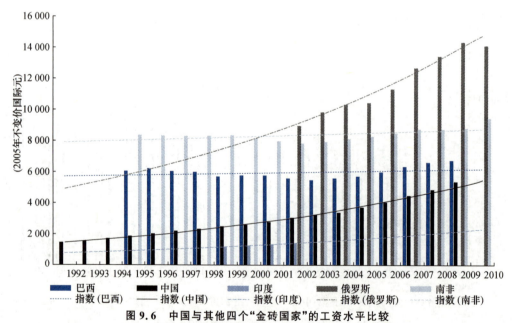

图 9.6　中国与其他四个"金砖国家"的工资水平比较
资料来源：根据 PWT 8.0 收入份额数据推算。

第9章
释放巨能:将中国与世界的经济结构转型升级进行匹配

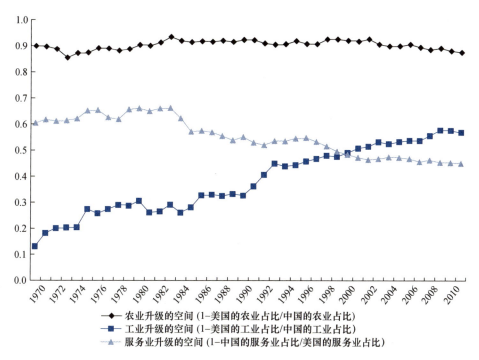

图 9.7 中国产业结构升级的空间

资料来源:根据世界银行的数据测算。

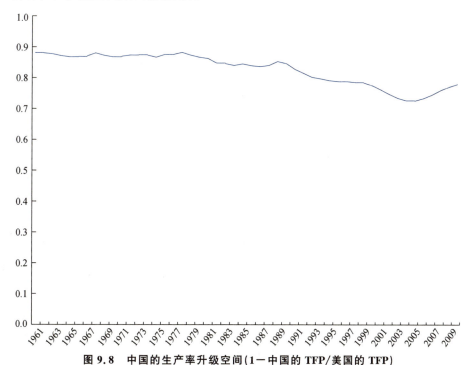

图 9.8 中国的生产率升级空间(1－中国的 TFP/美国的 TFP)

资料来源:根据 UNIDO,World Productivity Database 的数据测算。

国家,中国经济由于处于中等收入水平阶段,对二者形成的都是比较优势互补,合作共赢的机会大于竞争。同样,对于中国经济结构转型升级而言,一方面需要将失去比较优势的劳动力密集型产业转移到禀赋结构水平更低的发展中经济体,另一方面也需要加快"腾笼换鸟",促进原有产业就地升级以及从禀赋结构水平更高的发达国家引进新技术和新产业,以培育和促进新兴产业的逐步壮大。

当然,与世界其他经济体相比,中国还有一个显著的经济结构特征,那就是中国国内的地域差异很大。中国有30余个省市、300余个地市、近3 000个区县,这些地区之间的禀赋结构水平差距非常大,对应的生产结构也千差万别。如图9.9所示,中国东部地区的禀赋结构水平远高于全国平均水平,中部的禀赋结构水平次之,西部的禀赋结构水平最低。在最细分区域——近3 000个区县层面,这种禀赋结构的差异还会进一步被放大,如图9.10所示。所以,中国内部区域之间的差异使得中国嵌入世界经济结构转型升级的程度更加密切和复杂,几乎全世界任何经济体的经济结构转型升级都可以找到与中国的匹配之处。总之,如果将中国的经济结构转型升级与全球经济格局匹配起来,不论对世界还是对中国自己都将会产生巨大的能量。

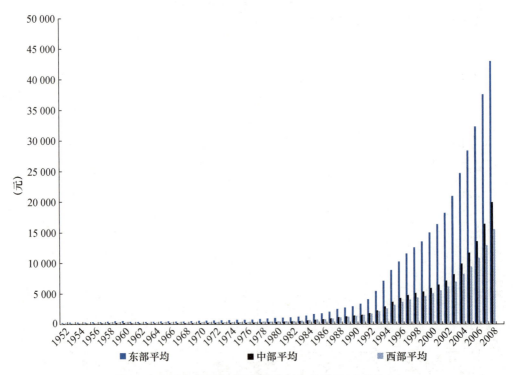

图9.9 中国东中西部地区间的禀赋条件差异(人均收入)

资料来源:《新中国六十年统计资料汇编》。

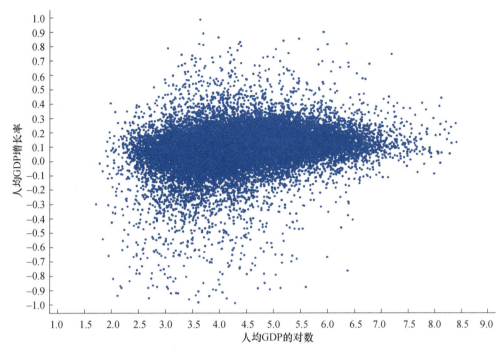

图 9.10　1998—2013 年中国各个区县的收入水平与经济增长的组合
资料来源：作者测算。

中国这种在世界经济结构转型升级格局中的南北方位特征可以从中国与世界的经贸关系中管窥。欧美等发达经济体与中国的比较优势互补性巨大使得其依然是中国最大的贸易伙伴和招商引资目标以及重要的对外投资目的地。如表 9.1 所示，2016 年欧盟和美国占中国内地出口比重高达 34.6%，占进口比重达 21.6%。如表 9.2 所示，2015 年除一些离岸金融中心之外对华投资前 15 位的地区几乎都是发达经济体。如图 9.11 和图 9.12 所示，2015 年年末，中国对外直接投资存量中发达经济体占比 14%，而北美洲和欧洲占比就达 12.4%。中国对外直接投资存量的八成分布在发展中经济体。2015 年年末，中国在发展中经济体的投资存量为 9 208.87 亿美元，占 83.9%，除中国香港之外占比也达 12.6%。此外，东盟 627.16 亿美元，占 6.8%。表 9.3 记录了 2015 年年末中国对外直接投资存量前二十位的国家或地区。随着中国"一带一路"倡议的推进，以及产业伴随外向型 FDI 的转移，发展中经济体与中国的经贸投资关系将会进一步强化。总之，如第 7 章所讨论的南北合作与南南合作的产业基础一样，以制造业对外投资为例，中国在发达经济体的制造业投资主要是为了贴近其市场和学习其先进的技术管理经验等，而中国在发展中经济体的制造业投资则主要是转移劳动力密集型产业，如表 9.4 所示。

表 9.1 2016 年中国内地对主要国家和地区货物进出口额及其增长速度

国家和地区	出口额(亿元)	比上年增长(%)	占中国内地全部出口比重(%)	进口额(亿元)	比上年增长(%)	占中国内地全部进口比重(%)
欧盟	22 369	1.3	16.2	13 747	5.9	13.1
美国	25 415	0.0	18.4	8 887	−3.2	8.5
东盟	16 894	−1.9	12.2	12 978	7.4	12.4
中国香港	19 009	−7.6	13.7	1 107	39.2	1.1
日本	8 529	1.3	6.2	9 626	8.4	9.2
韩国	6 185	−1.7	4.5	10 496	−3.2	10.0
中国台湾	2 665	−4.3	1.9	9 203	3.4	8.8
印度	3 850	6.6	2.8	777	−6.4	0.7
俄罗斯	2 466	14.2	1.8	2 128	3.1	2.0

资料来源:《2016 年国民经济和社会发展统计公报》。

表 9.2 2015 年对中国内地投资前 15 位国家和地区情况

国家和地区	企业数	比重(%)	实际使用外资金额(亿美元)	比重(%)
总计	26 575	100.00	1 262.67	100.00
中国香港	13 146	49.47	863.87	68.42
英属维尔京群岛	373	1.40	73.88	5.85
新加坡	762	2.87	69.04	5.47
韩国	1958	7.37	40.34	3.19
日本	643	2.42	31.95	2.53
美国	1 241	4.67	20.89	1.65
萨摩亚	340	1.28	19.91	1.58
德国	425	1.60	15.56	1.23
中国台湾	2 962	11.15	15.37	1.22
开曼群岛	112	0.42	14.44	1.14
法国	208	0.78	12.24	0.97
中国澳门	566	2.13	8.85	0.70
荷兰	121	0.46	7.52	0.60
百慕大	9	0.03	7.10	0.56
卢森堡	26	0.10	6.30	0.50

资料来源:《2016 中国外商投资报告》。

如前所述,中国各地的发展阶段差异很大,嵌入世界经济结构转型升级的程度和方式也有很大的不同。例如,2015年年末,地方企业对外非金融类直接投资存量达到3 444.8亿美元,占全国非金融类存量的36.7%,较上年增加5.1个百分点,其中:东部地区2 865.4亿美元,占83.2%;西部地区320.1亿美元,占9.3%;中部地区259.3亿美元,占7.5%。广东是中国对外直接投资存量最大的省份,其次为上海,之后依次为北京、山东、江苏、浙江、辽宁、天津、福建、湖南等,如表9.5所示。因此,至关重要的便是弄清楚中国经济的体量与特征以及如何与世界每个经济体的经济结构转型升级进行准确匹配以释放全球发展的巨能。

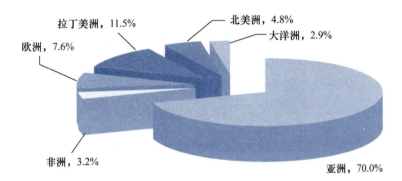

图9.11 2015年年末中国对外直接投资存量地区分布情况
资料来源:《2015年度中国对外直接投资统计公报》。

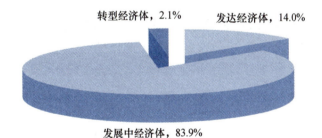

图9.12 2015年年末中国对经济体直接投资存量构成
资料来源:《2015年度中国对外直接投资统计公报》。

表9.3 2015年年末中国内地对外直接投资存量前二十位的国家(地区)

序号	国家(地区)	存量(亿美元)	比重(%)
1	中国香港	6 568.55	59.8
2	开曼群岛	624.04	5.7
3	英属维尔京群岛	516.72	4.7
4	美国	408.02	3.7

(续表)

序号	国家(地区)	存量(亿美元)	比重(%)
5	新加坡	319.85	2.9
6	澳大利亚	283.74	2.6
7	荷兰	200.67	1.8
8	英国	166.32	1.5
9	俄罗斯联邦	140.20	1.3
10	加拿大	85.16	0.8
11	印度尼西亚	81.25	0.7
12	卢森堡	77.40	0.7
13	德国	58.82	0.5
14	中国澳门	57.39	0.5
15	法国	57.24	0.5
16	哈萨克斯坦	50.95	0.5
17	老挝	48.42	0.4
18	南非	47.23	0.4
19	阿联酋	46.03	0.4
20	缅甸	42.59	0.4
	合计	9 880.59	89.8

资料来源:《2015年度中国对外直接投资统计公报》。

表9.4 2015年年末中国对各洲直接投资存量前五位的行业

地区	行业名称	存量(亿美元)	占比(%)
亚洲	租赁和商务服务业	3 313.1	43.1
	金融业	1 030.9	13.4
	批发和零售业	1 004.3	13.1
	采矿业	714.6	9.3
	制造业	407.1	5.3
	小计	**6 470.0**	**84.2**
非洲	采矿业	95.4	27.5
	建筑业	95.1	27.4
	制造业	46.3	13.3
	金融业	34.2	9.9
	科学研究和技术服务业	14.6	4.2
	小计	**285.6**	**82.3**

(续表)

地区	行业名称	存量(亿美元)	占比(%)
欧洲	采矿业	241.8	28.9
	制造业	160.8	19.2
	金融业	153.4	18.3
	租赁和商务服务业	80.0	9.6
	批发和零售业	58.6	7.0
	小计	**694.6**	**83.0**
拉丁美洲	租赁和商务服务业	602.5	47.7
	金融业	230.7	18.3
	采矿业	121.5	9.6
	批发和零售业	96.2	7.6
	交通运输/仓储和邮政业	45.5	3.6
	小计	**1 096.4**	**86.8**
北美洲	制造业	121.9	23.4
	金融业	121.7	23.3
	租赁和商务服务业	65.7	12.6
	采矿业	64.8	12.4
	房地产业	37.6	7.2
	小计	**411.7**	**78.9**
大洋洲	采矿业	185.7	57.9
	房地产业	29.9	9.3
	金融业	25.6	8.0
	租赁和商务服务业	23.4	7.3
	制造业	13.3	4.1
	小计	**277.9**	**86.6**

资料来源:《2015年度中国对外直接投资统计公报》。

表9.5　2015年年末对外直接投资存量前十位的省(市、自治区)

序号	省市区名称	存量(亿美元)
1	广东省	686.5
2	上海市	583.9
3	北京市	388.0
4	山东省	273.1
5	江苏省	226.1
6	浙江省	223.6
7	辽宁省	113.2
8	天津市	109.4
9	福建省	82.0
10	湖南省	81.0
	合计(占地方存量的80.3%)	2 766.5

资料来源:《2015年度中国对外直接投资统计公报》。

9.2 中国在世界经济结构转型升级中的力量

9.2.1 中国依然是世界经济增长的引擎

中国依然是全球最具增长活力的经济体,依然是世界经济增长的引擎。[①] 如图 9.13 所示,根据《2016 年国民经济和社会发展统计公报》,2016 年全年国内生产总值 744 127 亿元,比上年增长 6.7%,对全球经济增长的贡献率超过 30%。全年人均国内生产总值 53 980 元,比上年增长 6.1%。全年国民总收入 742 352 亿元,比上年增长 6.9%。达到了"十三五"规划提出的在 2016—2020 年间每年平均增长 6.5% 以上的目标。同时,经济结构也在加速调整。第一产业增加值 63 671 亿元,增长 3.3%;第二产业增加值 296 236 亿元,增长 6.1%;第三产业增加值 384 221 亿元,增长 7.8%。如图 4.15 所示,第一产业增加值占国内生产总值的比重为 8.6%,第二产业增加值的比重为 39.8%,第三产业增加值的比重为 51.6%,比上年提高 1.4 个百分点。中国的经济结构转型升级及其伴随的经济增长将给世界带来前所未有的机遇,世界和中国各自都需要积极将中国与世界经济结构转型升级进行匹配。[②]

9.2.2 中国的工业化依然保持强劲的态势

中国的工业化依然保持强劲的态势,内部结构转型升级迅速。如图 9.15 所示,2016 年全年全部工业增加值 247 860 亿元,比上年增长 6.0%。依赖于资源型的采矿业下降 1.0%,制造业增长 6.8%,基础设施行业的电力、热力、燃气及水生产和供应业增长 5.5%。规模以上工业增加值增长 6.0%。全年规模以上工业企业实现利润 68 803 亿元,比上年增长 8.5%。在全年规模以上工业中,黑色金属冶炼和压延加工业下降 1.7%,电

[①] "十三五"规划提出在 2016—2020 年间,每年平均增长 6.5% 以上。6.5% 以上的增长对中国来讲非常重要,这关系到十八大提出的国内生产总值到 2020 年的时候能不能在 2010 年的基础上翻一番,城乡居民收入到 2020 年的时候能不能在 2010 年的基础上翻一番。中国 2015 年 GDP 增速为 6.9%,2016 年 GDP 增速从 6.9% 降到 6.7%,是自 1990 年以来最低的增长速度,也是改革开放以来第一次连续 6 年下滑。各界非常关心中国能否实现持续的经济增长以实现两个百年目标。与各种较为悲观的观点相反,我们认为中国近期经济增长下滑在相当大的程度上是外部性、周期性的因素引起的,参见 Justin Yifu Lin, Guanghua Wan and Peter J. Morgan, "Prospects for a Re-acceleration of Economic Growth in the PRC", *Journal of Comparative Economics*, 2016, 44(4), pp.842—853。

[②] 国际知名学术出版商 Taylor & Francis 于 2017 年 3 月在其官方网站报道林毅夫发表在 *Area Development and Policy* 上的文章"The Pise of China and Its Implications for Economics and Other Developing Countries"时特别强调了这一点。

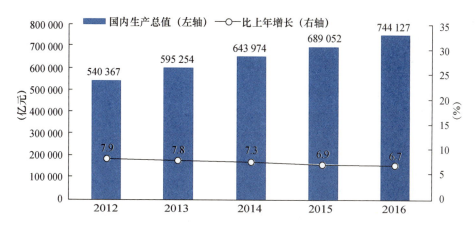

图 9.13　2012—2016 年国内生产总值及其增长速度
资料来源:《2016 年国民经济和社会发展统计公报》。

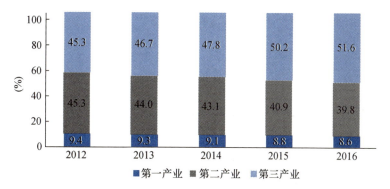

图 9.14　2012—2016 年国内生产总值的三次产业构成
资料来源:《2016 年国民经济和社会发展统计公报》。

力、热力生产和供应业增长 4.8%,农副食品加工业增加值增长 6.1%,纺织业增长 5.5%,化学原料和化学制品制造业增长 7.7%,非金属矿物制品业增长 6.5%,通用设备制造业增长 5.9%,专用设备制造业增长 6.7%,汽车制造业增长 15.5%,电气机械和器材制造业增长 8.5%,计算机、通信和其他电子设备制造业增长 10.0%,包括节能环保产业、新一代信息技术产业、生物产业、高端设备制造产业、新能源产业、新材料产业、新能源汽车产业等七大行业在内的工业战略性新兴产业增加值增长 10.5%,包括金属制品业、通用设备制造业,专用设备制造业,汽车制造业,铁路、船舶、航空航天和其他运输设备制造业,电气机械和器材制造业,计算机、通信和其他电子设备制造业,仪器仪表制造业等行业在内的装备制造业增加值增长 9.5%,占规模以上工业增加值的比重为 32.9%,包括医药制造业,航空、航天器及设备制造业,电子及通信设备制造业,计算机及办公设备制造业,医疗仪器设备及仪器仪表制造业,信息化学品制造业等行业在内的高技术制造业增加值增长10.8%,占规模以上工业增加值的比重为12.4%,包括石油加工、炼焦和核燃料加工业,化学原料和化学制品制造业,非金属矿物制品业,黑色金属冶炼和压延加工业,有色金属冶炼和压延加工业,电力、热力生产和供应业在内的六大高耗能行业增加值增长5.2%,占规模以上工业增加值的比重为28.1%。2016年年末全国发电装机容量164 575万千瓦,比上年年末增长8.2%。其中,火电装机容量105 388万千瓦,增长5.3%;水电装机容量33 211万千瓦,增长3.9%;核电装机容量3 364万千瓦,增长23.8%;并网风电装机容量14 864万千瓦,增长13.2%;并网太阳能发电装机容量7 742万千瓦,增长81.6%。2016年中国出口了1.1亿吨钢材。表9.6是2016年中国主要的工业品产量。并且,中国制造业投资依然是固定资产投资构成的主力,如图9.15所示。综上,中国的工业化依然会保持强劲的发展态势。中国的工业化是全世界广大尚未完成工业化的发展中经济体工业化的能量池。

图 9.15　2012—2016 年全部工业增加值及其增长速度
资料来源:《2016 年国民经济和社会发展统计公报》。

表 9.6　2016 年主要工业品产量及其增长速度

产品名称	单位	产量	比上年增长(%)
纱	万吨	3 732.6	5.5
布	亿米	906.8	1.6
化学纤维	万吨	4 943.7	2.3
成品糖	万吨	1 443.3	−2.1
卷烟	亿支	23 825.8	−8.0
彩色电视机	万台	15 769.6	8.9
其中:液晶电视机	万台	15 713.6	9.2
其中:智能电视	万台	9 310.1	11.1

(续表)

产品名称	单位	产量	比上年增长(%)
家用电冰箱	万台	8 481.6	6.1
房间空气调节器	万台	14 342.4	1.0
一次能源生产总量	亿吨标准煤	34.6	−4.2
原煤	亿吨	34.1	−9.0
原油	万吨	19 968.5	−6.9
天然气	亿立方米	1 368.7	1.7
发电量	亿千瓦小时	61 424.9	5.6
其中：火电	亿千瓦小时	44 370.7	3.6
水电	亿千瓦小时	11 933.7	5.6
核电	亿千瓦小时	2 132.9	24.9
粗钢	万吨	80 336.6	0.6
钢材	万吨	113 801.2	1.3
十种有色金属	万吨	5 310.3	3.0
其中：精炼铜(电解铜)	万吨	843.6	6.0
原铝(电解铝)	万吨	3 187.3	1.5
水泥	亿吨	24.1	2.3
硫酸(折100%)	万吨	8 839.1	−1.0
烧碱(折100%)	万吨	3 283.9	3.7
乙烯	万吨	1 781.1	3.9
化肥(折100%)	万吨	7 128.6	−4.1
发电机组(发电设备)	万千瓦	13 218.4	6.3
汽车	万辆	2 811.9	14.8
其中：基本型乘用车(轿车)	万辆	1 211.1	4.1
运动型多用途乘用车(SUV)	万辆	914.4	51.8
其中：新能源汽车	万辆	45.9	40.0
大中型拖拉机	万台	63.0	−8.5
集成电路	亿块	1 318.0	21.2
程控交换机	万线	1 457.7	−22.5
移动通信手持机	万台	205 319.3	13.6
其中：智能手机	万台	153 764.1	9.9
微型计算机设备	万台	29 003.5	−7.7
工业机器人	台(套)	72 426.0	30.4

资料来源：《2016年国民经济和社会发展统计公报》。

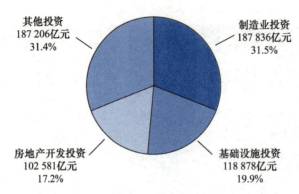

图 9.16　2016 年固定资产投资(不含农户)构成

资料来源:《2016 年国民经济和社会发展统计公报》。

9.2.3　中国拥有全球最具活力的庞大消费市场

中国依然拥有全球最具活力的庞大消费市场。如图 9.17 所示,2016 年全年社会消费品零售总额 332 316 亿元,比上年增长 10.4%,扣除价格因素,实际增长 9.6%。按经营地统计,城镇消费品零售额 285 814 亿元,增长 10.4%;乡村消费品零售额 46 503 亿元,增长 10.9%。按消费类型统计,商品零售额 296 518 亿元,增长 10.4%;餐饮收入额 35 799 亿元,增长 10.8%。在限额以上企业商品零售额中,粮油、食品、饮料、烟酒类零售额比上年增长 10.5%,服装、鞋帽、针纺织品类增长 7.0%,化妆品类增长 8.3%,金银珠宝类与上年持平,日用品类增长 11.4%,家用电器和音像器材类增长 8.7%,中西药品类增长 12.0%,文化办公用品类增长 11.2%,家具类增长 12.7%,通信器材类增长 11.9%,建筑及装潢材料类增长 14.0%,汽车类增长 10.1%,石油及制品类增长 1.2%。全年网上零售额 51 556 亿元,比上年增长 26.2%。其中网上商品零售额 41 944 亿元,增长 25.6%,占社会消费品零售总额的比重为 12.6%。在网上商品零售额中,吃类商品增长 28.5%,穿类商品增长 18.1%,用类商品增长 28.8%。根据经济学人智库预测,到 2030 年随着产业与就业的转移,低线城市经济与居民收入将出现增长,其针对 286 个地级市的统计分析显示,到 2030 年地级市的居民人口中,高收入的比例将大幅增加,地级市中的富裕城市将越来越多,中高收入人群的分布将保持扩大(见图 9.18)。事实上,中国日益庞大的中产阶层已经是诸如汽车、智能手机等一些新兴产品全球最大的消费市场(见图 9.19)。另外,中国的消费也变得越来越前卫和开放。例如,根据阿里"双十一"大数据显示,低线城市"双十一"购买人群占比逐渐提升,且这一趋势仍然在强化中。2017 年阿里年货节数据显示,低线城市和农村对洋年货的消费偏好在显著提升,尤其是在消费升

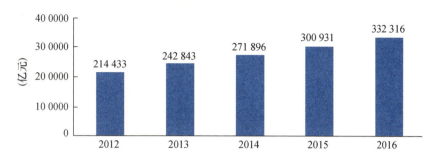

图 9.17　中国社会消费品零售总额

资料来源:《2016 年国民经济和社会发展统计公报》。

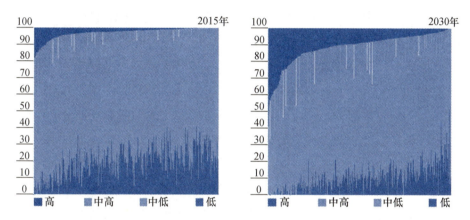

图 9.18　2015 年与 2030 年(估计)中国地级市人均可支配收入分布情况

注:分布为占总人口的百分比,经过灰色收入调整后,2015 年不变价。
资料来源:经济学人智库。

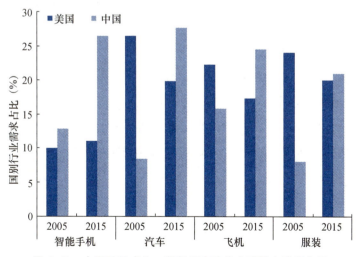

图 9.19　中国已经成为一些新兴产品的全球最大消费市场

级代表的母婴品类方面,农村消费者在海外母婴产品的消费金额占洋货总消费金额的比例达 50.23%(同期城市消费者该比重仅为 25.69%)。此外,城市数据亦显示出了三、四、五线城市的消费潜力。偏好洋货消费的前十位城市中,包括一线城市的北京、上海,二线城市的沈阳,三线城市的昆明、哈尔滨、乌鲁木齐,以及四、五线城市的抚顺、克拉玛依、巴音郭楞蒙古自治州、石河子。这一数据反映出低线城市对商品品质、品牌、产地的要求正在逐步提高。

9.2.4　中国依然是全球最大的贸易国

尽管近年来中国的贸易增长趋势下滑明显,但依然是全球最大的贸易大国。2015 年中国占据了全球贸易份额的 15%,将近位居第二、第三位的美国和德国之和。如图 9.20 所示,2016 年全年货物进出口总额 243 386 亿元,比上年下降 0.9%,降幅比上年收窄 6.1 个百分点。其中,出口 138 455 亿元,下降 1.9%;进口 104 932 亿元,增长 0.6%。货物进出口差额(出口减进口)33 523 亿元,比上年减少 3 308 亿元。全年服务进出口总额 53 484 亿元,比上年增长 14.2%,占对外贸易的比重攀升至 18%。其中,服务出口 18 193 亿元,增长 2.3%;服务进口 35 291 亿元,增长 21.5%。服务进出口逆差 17 097 亿元。中国的贸易结构也发生了很大变化(见表 9.7)。2016 年加工贸易只占货物出口额的 34%,高新技术产品占货物出口额的比重达 29%,机电产品占货物出口额的比重达 58%。2015 年高科技出口(现价美元),中国是 5 586.06 亿美元,美国是 1 556.41 亿美元,德国是 1 997.18 亿美元,高科技出口比例占制成品出口的百分比中国是 25.75%,美国是 19.01%,德国是 16.67%,法国是 26.847%。[①] 2015 年中国计算机出口比重最大,占比 7.9%。2016 年中国出口了 19.056 9 亿个液晶显示板、12.719 2 亿台手持或车载无线电话、15.925 7 亿台自动数据处理设备及其部件(可以回顾一下专栏 7.2)。目前中国正成为全球最大的能源进口国。纺织纱线、织物及制品、服装及衣着附件、鞋类、家具及其零件这些劳动力密集型产品的出口正在逐步减少(见表 9.8)。对比进口(见表 9.9),中国的贸易结构无不折射出其产业结构的快速转型升级。然而,目前中国内地的出口依然高度依赖于美国、中国香港和日本(占比将近四成),这同时也意味着世界其他经济体与中国内地的贸易关系有巨大的发展空间。

---

① 高科技出口产品是指具有高研发强度的产品,例如航空航天、计算机、医药、科学仪器、电气机械。

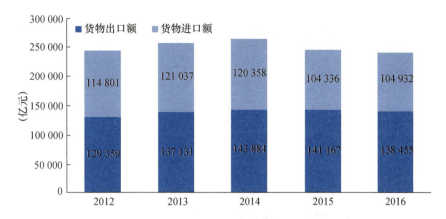

图 9.20　2012—2016 年货物进出口总额

资料来源:《2016 年国民经济和社会发展统计公报》。

表 9.7　2016 年中国货物进出口总额及其增长速度

指标	金额(亿元)	比上年增长(%)
货物进出口总额	243 386	−0.9
货物出口额	138 455	−1.9
其中:一般贸易	74 601	−1.1
加工贸易	47 237	−4.6
其中:机电产品	79 820	−1.9
高新技术产品	39 876	−2.1
货物进口额	104 932	0.6
其中:一般贸易	59 398	3.7
加工贸易	26 223	−5.5
其中:机电产品	50 985	1.9
高新技术产品	34 618	1.8
货物进出口差额(出口减进口)	3 352	—

资料来源:《2016 年国民经济和社会发展统计公报》。

表 9.8　2016 年中国主要商品出口数量、金额及其增长速度

商品名称	单位	数量	比上年增长(%)	金额(亿元)	比上年增长(%)
煤(包括褐煤)	万吨	879	64.6	46	48.0
钢材	万吨	10 849	−3.5	3 587	−7.8
纺织纱线、织物及制品	—	—	—	6 925	1.9
服装及衣着附件	—	—	—	10 413	−3.7
鞋类	万吨	422	−5.6	3 113	−6.2
家具及其零件	—	—	—	3 151	−3.8

(续表)

商品名称	单位	数量	比上年增长(%)	金额(亿元)	比上年增长(%)
自动数据处理设备及其部件	万台	159 257	−7.1	9 068	−4.1
手持或车载无线电话	万台	127 192	−5.3	7 643	−0.9
集装箱	万个	199	−26.7	279	−41.2
液晶显示板	万个	190 569	−16.9	1 700	−11.6
汽车	万辆	79	9.4	709	1.8

资料来源:《2016年国民经济和社会发展统计公报》。

表9.9 2016年主要商品进口数量、金额及其增长速度

商品名称	单位	数量	比上年增长(%)	金额(亿元)	比上年增长(%)
谷物及谷物粉	万吨	2 199	−32.8	375	−35.5
大豆	万吨	8 391	2.7	2 247	4.1
食用植物油	万吨	553	−18.3	276	−11.5
铁矿砂及其精矿	万吨	102 412	7.5	3 809	7.0
氧化铝	万吨	303	−35.0	58	−43.1
煤(包括褐煤)	万吨	25 551	25.2	938	25.1
原油	万吨	38 101	13.6	7 698	−7.5
成品油	万吨	2 784	−6.5	735	−16.6
初级形状的塑料	万吨	2 570	−1.5	2 731	−2.2
纸浆	万吨	2 106	6.2	808	2.1
钢材	万吨	1 321	3.4	869	−2.3
未锻轧铜及铜材	万吨	495	2.9	1 741	−3.3
汽车	万辆	107	−2.4	2 942	6.1

资料来源:《2016年国民经济和社会发展统计公报》。

9.2.5 中国依然是全球最具投资吸引力的地区

长期以来中国位居发展中经济体吸引外资之首。2016年中国全年吸收外商直接投资(不含银行、证券、保险)新设立企业27 900家,比上年增长5.0%。实际使用外商直接投资金额8 132亿元(折合为1 260亿美元),增长4.1%(见表9.10)。由于中国的劳动生产率不断攀升,中国制造业与整个经济体的工资水平不断上涨,2016年的工资水平已经超过大部分拉美等中等收入经济体。由于中国资本相对劳动变得越来越丰富,为顺应这种禀赋结构的变化,外商直接投资结构在中国也发生了相应的变化。如表9.10所示,2016年尽管在体量上制造业吸引外资的规模依然将近四分之一,位居首位,但是却下降了6.1%。一般性居民服务业也下降了25%。利用外资结构向产业链高端环节转移,全

年信息传输、计算机服务和软件业实际使用外资增长128.0%,租赁和商务服务业增长67.8%。尽管如此,抛开庞大的国内市场不谈,中国相对于发达国家而言工资水平依然相对较低,同时依然有完备的供应体系和生产设施,因此中国依然是中等技术密集和资本密集型产业最佳的全球生产基地。如图9.21所示,中国的外商投资企业依然延续了过去加工贸易"大进大出"的特征,只是产业结构发生了巨大变化。

表9.10 2016年外商直接投资(不含银行、证券、保险)及其增长速度

行业	企业数(家)	比上年增长(%)	实际使用金额(亿元)	比上年增长(%)
总计	27 900	5.0	8 132.2	4.1
其中:农、林、牧、渔业	558	−8.4	123.2	30.0
制造业	4 013	−11.0	2 303.0	−6.1
电力、燃气及水生产和供应业务	311	18.0	139.8	0.3
交通运输、仓储和邮政业	425	−5.4	329.2	26.7
信息传输、计算机服务和软件业	1 463	11.6	540.4	128.0
批发和零售业	9 399	2.7	1 011.1	36.0
房地产业	378	−2.3	1 264.4	−29.4
租赁和商务服务业	4 631	3.7	1 045.9	67.8
居民服务和其他服务业	245	13.0	33.0	−25.8

资料来源:《2016年国民经济和社会发展统计公报》。

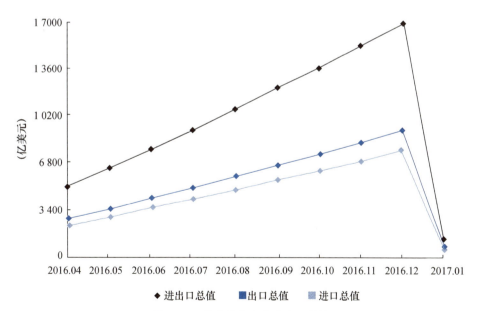

图9.21 外商投资企业进出口统计

资料来源:商务部。

9.2.6 中国拥有全球最庞大的产能

中国快速推进的工业化进程所带来的巨大产能进入海量的规模经济时代。如图 9.22 所示，不论是相对于进入后工业阶段的高收入经济体，还是相对于中低等收入经济体，中国制造业占 GDP 的比重都是最高的。中国确实是毫无争议的全球制造业大国。根据我们在第 1.2 节介绍的新结构经济学基本原理，当一个国家在经济发展过程中拾级而上时，由于资本设备的不可分性，该国生产的规模效应也在扩大，该国企业的规模更大，需要更大的市场。如果无法得到全球市场的释放，大都会产生产能过剩。因此，重要的不单单是去产能，还应该扩大全球市场，拉动需求。如图 9.23 所示，中国大部分制造业都面临严峻的产能过剩问题。

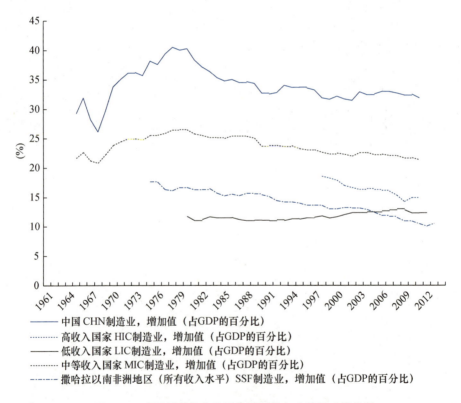

—— 中国 CHN 制造业，增加值（占 GDP 的百分比）
········ 高收入国家 HIC 制造业，增加值（占 GDP 的百分比）
—— 低收入国家 LIC 制造业，增加值（占 GDP 的百分比）
-------- 中等收入国家 MIC 制造业，增加值（占 GDP 的百分比）
—·—· 撒哈拉以南非洲地区（所有收入水平）SSF 制造业，增加值（占 GDP 的百分比）

图 9.22　中国的制造业比重与不同收入水平国家的比较
资料来源：世界银行。

第9章

释放巨能:将中国与世界的经济结构转型升级进行匹配

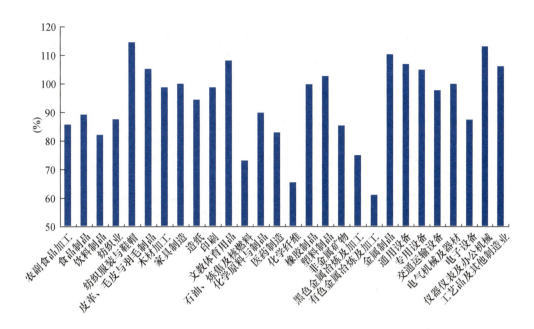

图 9.23　基于中国工业企业数据库(规模以上企业)测算的 2 位数制造业 1998—2008 年平均产能利用率

资料来源:国务院发展研究中心"进一步化解产能过剩的政策研究"课题组,"当前我国产能过剩的特征、风险及对策研究——基于实地调研及微观数据的分析",《管理世界》,2015 年第 4 期,第 1—10 页。

中国已经将推动"三去一降一补"作为当下推进供给侧结构性改革的主要政策抓手,将会鼓励淘汰工业行业不符合比较优势的"落后产能"(见表 9.11),同时一些产业的富余产能也将退出。① 这些中国的退出型产能恰好是其他发展中经济体工业化所迫切需要的。正如 2015 年 6 月 9 日国务院总理李克强在会见联合国工业发展组织总干事李勇时表示的,中国将积极开展国际产能合作,带动中国装备"走出去"。这既是中国经济发展到今天的客观需要,契合发展中国家工业化和发达国家再工业化的需求,也是扩大南南合作、深化南北合作的重要途径。

表 9.11　2014 年工业行业淘汰落后和过剩产能中央财政奖励门槛

行业	奖励门槛
炼铁	400 立方米及以上高炉
炼钢	30 吨及以上转炉、电炉

---

① 2015 年 12 月举行的中央经济工作会议上提出,2016 年经济社会发展主要是抓好"去产能、去库存、去杠杆、降成本、补短板"五大任务。

(续表)

行业	奖励门槛
焦炭	炭化室 4.3 米（捣固焦炉 3.8 米）及以上常规焦炉
	单炉产能 7.5 万吨/年及以上兰炭炭化炉
	产能 40 万吨及以上的热回收焦炉
铁合金	6 300 千伏安及以上铁合金矿热电炉
	1 500 千伏安及以上铁合金硅钙合金电炉和硅钙钡铝合金电炉
	电解金属锰 5 000 千伏安以上的整流变压器生产线
电石	单台变压器容量 12 500 千伏安及以上电石炉
造纸	单条年生产能力 3.4 万吨及以上的非木浆生产线
	单条年生产能力 1.7 万吨及以上的化学木浆生产线
	单条年生产能力 1 万吨及以上以废纸为原料的制浆生产线
水泥	窑径 3 米及以上的机械化立窑熟料生产线，窑径 2.5 米及以上的干法中空窑熟料生产线、干法旋窑熟料生产线
平板玻璃	60 万重量箱及以上平拉（含格法）生产线
电解铝	100 千安及以上预焙槽
铜冶炼	密闭鼓风炉、反射炉、电炉炼铜工艺及设备
铅冶炼	已配套建设制酸及尾气吸收系统的烧结机炼铅工艺及设备
印染	前处理生产线
	后整理生产线（包括拉幅、定形设备）
	印花生产线（包括圆网或平网印花机）
	连续染色生产线
	间歇式染色机
化纤	1 万吨/年及以上黏胶短纤生产线
	DMF 溶剂法腈纶生产线
	采用锭轴长 900 毫米以下半自动卷绕设备的涤纶长丝生产线
	3 万吨/年及以上间歇法聚酯聚合生产线
制革	年加工生皮能力 3 万标张牛皮及以上的生产线
	年加工蓝湿皮能力 3 万标张牛皮及以上的生产线
铅蓄电池	所有铅蓄电池生产线

资料来源：工业和信息化部办公厅、财政部办公厅，《关于报送 2014 年工业行业淘汰落后和过剩产能目标计划及申报中央财政奖励资金有关工作的通知》。

9.2.7 中国拥有全球最具实力的基础设施建设能力

前面第 8 章第 2 节我们已经回顾并介绍了中国基础设施建设的整体情况，在那里我们看到中国在 20 世纪 90 年代之后基础设施建设速度快于国内生产总值的增长速度，获得了超前发展。具体而言，如图 9.24 所示，中国在过去几十年间完成了水、电、海陆空交

第 9 章
释放巨能:将中国与世界的经济结构转型升级进行匹配

通、电信、互联网与能源基础设施的大规模建设,取得了旷世成就。截至 2011 年年底,中国发电装机达 10.63 亿千瓦,年发电量 4.73 万亿千瓦时,发电量跃居世界第一。2013 年中国进入全球 500 强的电力企业达到 9 家,位居世界第一。中国电力企业在海外电源开发、电网运营、资源并购、电工装备、工程总包等领域不断取得突破。2015 年度港口集装箱吞吐量统计排名依次为上海港、新加坡港、深圳港、宁波—舟山港、香港港、釜山港、青岛港、广州港、迪拜港、天津港。全球前十位港口,中国港口包揽七席。上海港以超过 3 500 标箱的吞吐量遥遥领先,增势明显,排名第二的新加坡港在 2015 年则录得近三百万标箱,有不小的降幅。2012 年上海港与新加坡港差距为 80 余万标箱,2013 年扩大到 100 余万标箱,2014 年差距再拉大到约 140 万标箱,而 2015 年更将差距锁定在 560 万标箱左右。2015 年深圳港完成集装箱吞吐量 2 420.4 万标箱,连续三年稳坐全球第三的位置。2013 年,深圳港首次超越香港港,跃居全球第三,其后逐渐扩大与第四名香港港的差距,世界第三的位置牢牢站稳。中国铁路的总公里数占全球的 6.35%,中国的高铁堪称世界一流,中国的动车已经开始走向世界。中国的基础设施建设能力不仅仅体现在其目前的体量上,更多地在于中国在如此短的时间内完成了如此浩大的系列基础设施工程。这种能力足以消除每个经济体经济结构转型升级面临的基础设施瓶颈。

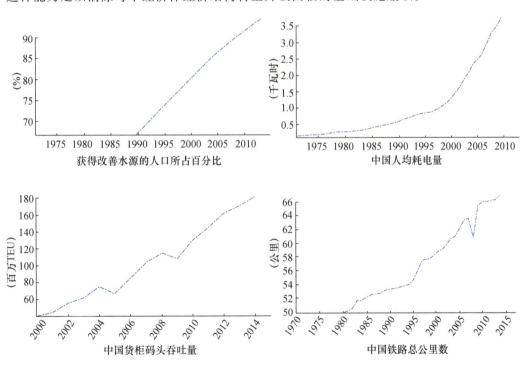

图 9.24 中国过去几十年的水、电、海陆空交通、电信、互联网与能源基础设施建设情况

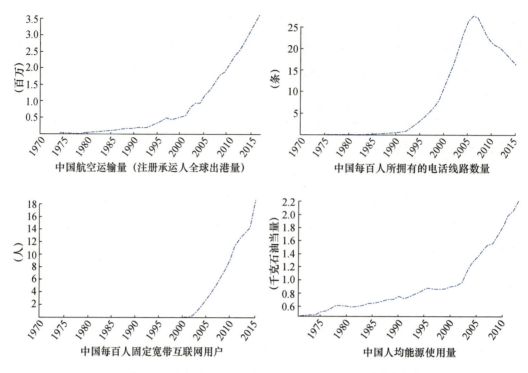

图 9.24 中国过去几十年的水、电、海陆空交通、电信、互联网与能源基础设施建设情况(续)
资料来源:世界银行。

9.2.8 中国已经成为净资本输出国并位居对外投资流量第二大经济体

相对于全球外国投资持续低迷的形势,中国对外直接投资流量强势上扬,堪称全球化的中流砥柱。如图 9.25 所示,2002—2015 年中国对外直接投资年均增幅高达35.9%,在 2015 年占到全球流量份额的 9.9%,仅次于美国(2 999.7 亿美元),首次位列世界第二(日本 1 286.5 亿美元,位居第三位)(见图 9.26)。

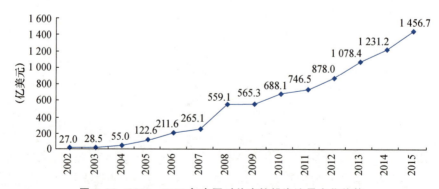

图 9.25 2002—2015 年中国对外直接投资流量变化趋势
资料来源:历年《中国对外直接投资统计公报》。

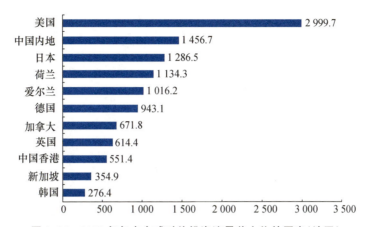

图 9.26　2015 年年末全球对外投资流量前十位的国家(地区)

资料来源：2015 年中国对外直接投资来源于《中国对外直接投资统计公报》，其他国家(地区)统计资料来源于联合国贸发会议《2016 世界投资报告》。

中国于 2016 年首次成为净资本输出国，如图 9.27 所示。2014 年全年中国非金融领域对外直接投资额 6 321 亿元，按美元计价为 1 028.9 亿美元，比上年增长 14.1%。2015 年中国非金融类对外直接投资 1 180.2 亿美元，同比增长 14.7%。2016 年中国全年对外直接投资额(不含银行、证券、保险)11 299 亿元，按美元计价为 1 701.1 亿美元，比上年增长 44.1%，如表 9.12 所示，从对外投资结构来看，近年来也发生了巨大变化。2014 年流向制造业的投资只有不到 70 亿美元，低于采矿业的 193 亿美元，但 2015 年就发生了历史性的变化，流向制造业的投资高达 143.3 亿美元，同比增长 105.9%，远超采矿业的 108.5 亿美元，其中流向装备制造业的投资 70.4 亿美元，同比增长 154.2%，占制造业对外投资的 49.1%，占同期总投资额的 6%。2016 年，流向制造业的投资 310.6 亿美元，同比增长 116.7%，其中流向装备制造业的投资 178.6 亿美元，是上年的 2.5 倍，占制造业对外投资的 57.5%，占同期总投资额的 10.5%。尽管中国在投资流量增长速度和投资结构转型升级上势头惊人，但是中国对外投资的全球化时代才刚刚开始，未来的潜力不可估量，成为全球最大的资本输出国指日可待。截至 2014 年年末，全球对外直接投资存量为 25.9 万亿美元，基本保持上年年末规模水平。同期，中国对外投资存量为 8 826.4 亿美元，占全球的 3.4%，居全球第 8 位，比上年提升 3 位，首次步入全球前十行列。然而，中国对外直接投资存量同发达国家相比仍有较大差距，仅相当于美国当期存量的 14%、德国和英国当期的 55.7%、法国当期的 69%、日本当期的 74%。

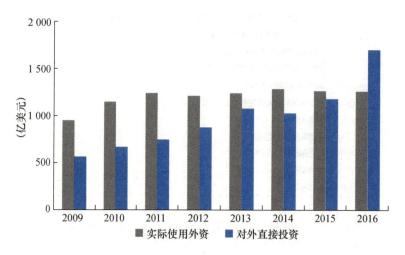

图 9.27　2009—2016 年中国双向直接投资对比
资料来源：历年《中国对外直接投资统计公报》与《国民经济和社会发展统计公报》。

表 9.12　2014—2016 年中国非金融领域对外直接投资额及其增长速度　　单位：亿美元

行业	2014 年		2015 年		2016 年	
	对外直接投资金额	比上年增长(%)	对外直接投资金额	比上年增长(%)	对外直接投资金额	比上年增长(%)
总计	1 028.9	14.1	1 180.2	14.7	1 701.1	44.1
其中：农、林、牧、渔业	17.4	19.2	20.5	17.5	29.7	45.0
采矿业	193.3	−4.1	108.5	−43.9	86.7	−20.1
制造业	69.6	−19.8	143.3	105.9	310.6	116.7
电力、热力、燃气及水生产和供应业	18.4	36.3	27.9	51.6	25.3	−9.2
建筑业	70.2	7.5	45.0	−35.9	53.1	18.0
批发和零售业	172.7	26.3	160.2	−7.2	275.6	72.0
交通运输、仓储和邮政业	29.3	17.2	30.9	5.5	36.2	17.1
信息传输、软件和信息技术服务业	17.0	100.0	57.8	240.0	203.6	252.2
房地产业	30.9	45.8	90.6	193.2	106.4	17.4
租赁和商务服务业	372.5	26.5	416.7	11.9	422.7	1.4

资料来源：《2014 年国民经济和社会发展统计公报》。

9.3 新时期中国融入世界构建开放型经济新体制促进经济结构转型升级的战略体系

按照新结构经济学的理论和全球与中国各地的经验(回顾第4章),如果一个经济体在发展战略中遵循自身的比较优势,那么它的经济就会是对外开放的,生产那些与现有禀赋结构相一致的产品和服务并出口至国际市场,进口那些不符合自身比较优势的产品和服务。这个经济体的贸易依存度内生于自身的比较优势,将会大于其他任何情况下的贸易依存度,并且由于投资回报率高会吸引大于其他任何情况下的外来投资,以及最大限度地进行对外投资。这个经济体将达到最有竞争力的状态,它的禀赋结构和产业结构将以可能的最快速度升级。在产业升级过程中,这个经济体能够通过向发达国家或地区借鉴技术和产业,充分挖掘自身的后发优势,并实现比发达国家或地区更快的经济增长率,因为它的创新成本将小于那些已经处于全球技术前沿的国家或地区。因而,这个经济体将能实现与高收入国家或地区的收敛。从这个角度而言,通过对外开放利用世界市场是按照由一个经济体的禀赋结构决定的比较优势来推动产业升级的增长战略的结果。对外开放的全球和中国各地的经验以及新结构经济学的理论给我们的启示是清楚的:依靠比较优势(即,出口世界其他地方之所需,并为保持经济竞争力,按照禀赋结构的改变一步步升级其产业结构);利用后发优势的潜力(在产业升级过程中从世界其他地区引进创意、技术和专业技能)。此外,这样的经济体由于经济结构转型升级速度最快,过去符合比较优势的产业由于禀赋结构升级而逐渐失去比较优势,需要向比自己禀赋结构水平更低的其他经济体转移这些产业,因此对外投资也将是最大的。

改革开放之后的中国作为战后为数不多的发展典范之一,便是这样的开放型经济体。如前一小节所归纳的,中国是世界上最大的贸易国,长期位居发展中经济体吸引外资之首。新时期中国融入世界构建开放型经济新体制促进经济结构转型升级最大的新形势,便是走出去参与全球化。刚进入21世纪的时候,中国对外投资流量只有区区20多亿美元,过去十多年来中国对外直接投资年均增幅超过30%,堪称神速。这事实上是中国快速的经济结构转型升级的内在要求。一方面,中国由于快速的经济结构转型升级,导致劳动力水平大幅上升以及工资水平增长迅猛,过去体量巨大的劳动力密集型产业将逐步失去比较优势,需要向比中国收入水平低以及尽管收入水平略高于中国但劳动力密集型产业发展不够充分又有大量劳动力的经济体转移;另一方面,中国同样由于快速的经济结构转型升级,迫切需要向产业链高端攀爬,除国内自主创新和招商引资之外,去海外并购以及设立研发机构与生产运营,进行本国的逆向技术反馈也是内在需求。如图 9.28 所示的 2004—2014 年十年间中国三次产业对外直接投资比重与三次产业增加值比重,对外投资结构与国内产业结构变迁较为吻合。反映上述趋势更加明显的是图 9.29 所示的 2004—2014 年十年间技术、资金和劳动力密集型行业对外直接投资流量规模和比重的走势。无论从投资规模还是从投资占比来看,劳动力密集型行业对外直接投资均高于技术和资金密集型行业,2004 年中国劳动力密集型行业对外直接投资规模和比重分别为 45.53 亿美元和 77.34%,同期技术和资金密集型行业对外直接投规模和比重达 0.48 亿美元和 0.87%、0.85 亿美元和 1.55%。2014 年中国劳动力、技术和资金密集型行业对外直接投资规模分别达 742.65 亿美元、48.3 亿美元和 225.2 亿美元,比重为 60.33%、3.92%、18.29%,劳动力密集型行业对外直接投资占据中国同期对外直接投资规模的半壁江山。这一点确凿无疑地反映了中国快速的经济结构转型升级迫使大量的劳动力密集型产业向海外更低成本的地方转移。另外,技术密集型行业对外直接投资规模和比重均呈上升态势,2004 年中国技术密集型行业对外直接投资流量达 0.85 亿美元,占比 1.55%,到 2014 年中国实现技术密集型行业对外直接投资流量 225.2 亿美元,比重升至 18.29%。技术密集型行业对外直接投资的动机多数基于获取外部先进的技术资源和接近研发密集地域,并且通过企业间的内部渠道能够实现先进技术的逆向回流,促进母公司技术研发、吸纳和创新能力的提升,进而带动母公司所属行业和整体产业技术水平的提高和优胜劣汰,对于国内产业结构的升级换代起到重要的推进作用。有实证研究支持这一点。[1]

中国作为战后为数不多的发展典范之一,由于自身和世界经济结构转型升级的内在要求,在新时期依然会继续采取更加开放的姿态融入世界,构建开放型经济体系,促进经济结构转型升级,只不过对应于快速的经济结构转型升级,贸易结构和投资结构也会发生快速的变化,尤其是相对于长期坚持的"引进来"而言,"走出去"在未来将更加突出,如图 9.30 所示的理论机制。2015 年 5 月 5 日,中共中央和国务院印发了《关于构建开放型经济新体制的若干意见》(以下简称《意见》),这一纲领性文件绘制了中国新时期构建开

---

[1] 霍忻,《中国对外直接投资逆向技术溢出的产业结构升级效应研究》,首都经济贸易大学博士论文,2016 年。

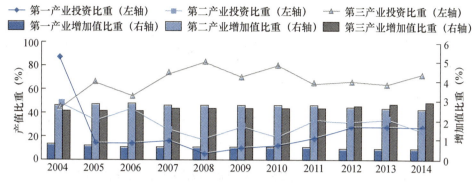

图 9.28 2004—2014 年我国三次产业对外直接投资与增加值比重

资料来源:《中国统计年鉴》,《中国对外直接投资公报》。

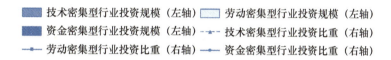

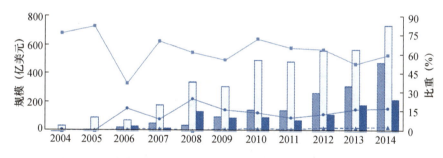

图 9.29 中国技术、劳动力和资金密集型行业对外直接投资走势

注:技术密集型行业包括技术服务业、计算机和软件业;劳动力密集型行业包括制造业、交通运输业、批发零售业、商务服务业等行业;资金密集型行业包含金融业和房地产行业。

资料来源:霍忻,《中国对外直接投资逆向技术溢出的产业结构升级效应研究》,首都经济贸易大学博士论文,2016 年。

放型经济体系的国家战略蓝图。《意见》重申了对外开放是中国的基本国策,在新的世界经济形势和国内新形势下要统筹开放型经济顶层设计,加快构建开放型经济新体制,进一步破除体制障碍,使对内对外开放相互促进,"引进来"与"走出去"更好结合,以对外开放的主动赢得经济发展和国际竞争的主动,以开放促改革、促发展、促创新,建设开放型经济强国,为实现"两个一百年"奋斗目标和中华民族伟大复兴的"中国梦"打下坚实基础。《意见》从十一个方面对新时期中国构建开放型经济体系做了五十条具体的顶层设计。

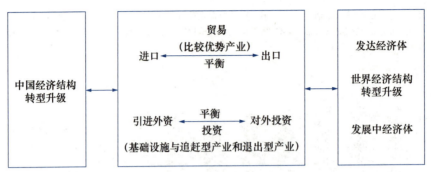

图 9.30　中国与世界的深度融合：中国与世界经济结构转型升级的内在需求

【专栏 9.1】

构建开放型经济新体制综合试点试验[①]

为落实中共中央、国务院《关于构建开放型经济新体制的若干意见》，南昌市、济南市、唐山市、漳州市、东莞市、防城港市，以及上海浦东新区、重庆两江新区、陕西西咸新区、大连金普新区、武汉城市圈、苏州工业园区等 12 个城市、区域开展为期两年左右的构建开放型经济新体制综合试点试验，主要目的是探索开放型经济运行管理新模式，通过上下联动、以点带面，形成经验、复制推广，为中国"十三五"时期基本形成开放型经济新体制，开创全方位开放新局面，打下坚实基础。各地试点实施方案围绕细化落实"六个探索"，推出了一系列改革创新举措。

在探索开放型经济运行管理新模式方面，试点地区积极推进改革行政审批制度、开放促进体制、涉外管理体制和公共服务体制，以法治化推进试点工作。漳州市提出组建商机对接中心，设立"企业服务 110"，向企业提供 24 小时全方位服务。防城港市提出推进大部门制改革和执法体制改革，完善市场监管执法体系。唐山市提出探索建立京津冀市场一体化机制，建立行政许可、技术标准、行业资质等互认机制。上海浦东新区提出落实 111 个重点行业领域事中事后监管工作清单，完善事中事后监管体系。武汉城市圈提出探索建立区域经济协同机制，产业集群发展。

在探索形成各类开发区协同开放新机制方面，试点地区普遍对各类园区先行先试政策进行整合，创新园区发展体制机制，释放改革试点的"集成效应"。大连金普新区提出

---

① 本专栏根据 2016 年 7 月 19 日在商务部召开的例行新闻发布会内容整理。

在国家级新区、经济技术开发区、保税区、出口加工区、保税港区等探索政策互惠共享方式,实现功能区之间资源共享。陕西西咸新区提出探索新区与西安、咸阳共建共享、错位发展新机制,在新区发展战略、规划土地、宣传招商、财政融资、风险防控等方面统一管理。济南市提出开展园区行政管理、用人制度、分配制度改革,搭建产业创新、开放创新平台,探索中德产业国际合作新模式。

在探索推进国际投资合作新方式方面,各试点地区积极推进外商投资项目"简放服"改革,改革招商引资工作机制,推进境外投资便利化,探索国际产能合作新路径。上海浦东新区提出完善负面清单管理模式,推动自贸试验区服务业和制造业扩大开放措施落地。南昌市提出创新承接产业转移模式,探索"重资本运营、轻资产招商",运用产业投资引导资金和基金等开展资本招商。唐山市提出将去产能与国际产能合作相结合,围绕钢铁、水泥、煤炭和装备制造等优势产业,创新国际产能合作方式。武汉城市圈提出督促国资企业建立适应国际化经营的企业组织架构,严格投资经营效益考评,健全和完善责任追究典型问题通报和处置制度。

在探索建立质量效益导向型外贸促进新体系方面,各试点地区重点加强国际贸易"单一窗口"建设,培育外贸自主品牌和海外营销体系,形成加工贸易、边境贸易、服务贸易创新发展的政策支持体系。东莞市提出改革加工贸易创新发展促进机制,创新加工贸易企业研发激励机制、推动"加工贸易+智能制造"、建立加工贸易产品新型营销体系。防城港市提出加快边民互市贸易转型升级改革试点,成立沿边进出口加工产业发展基金。大连金普新区提出设立外贸定向孵化基金,支持企业建设出口产品海外仓和海外运营中心。苏州工业园区提出构建开放型创新体系,建立健全国际创新合作机制,探索国际国内创新资源融合发展机制。重庆两江新区提出形成推动产业集群发展的体制机制,搭建加工贸易转型升级的技术研发、工业设计、知识产权等公共服务平台。

在探索金融服务开放型经济新举措方面,一些试点地区推动建立区域性金融风险预测预警平台。一些试点地区着力在风险可控的前提下,创新发展特色金融产品与服务,推广内保外贷模式、扩大人民币跨境使用、促进跨境融资便利,探索形成"请进来、走出去"金融支持新体系。上海浦东新区提出推进金融制度创新,完善面向国际的金融市场体系,探索建立跨部门金融风险监测预警平台。苏州工业园区提出建立"走出去"金融支持机制,建立境外投融资机制,支持设立首期规模10亿美元的跨境合作产业基金。大连金普新区提出发展港航金融,陕西西咸新区提出发展能源金融,济南市提出发展文化金融。

在探索形成全方位开放新格局方面,各试点地区突出各自在"四大板块"、"三大战略"中的特色、定位与作用,形成双向开放新格局。南昌市提出深化"一带一路"交流合作。东莞市提出完善与港澳台全方位合作机制。漳州市提出创新"两岸一家亲"融合新机制,深化两岸产业投资合作,探索两岸基层融合模式,便利两岸人员往来机制,完善台商台胞服务保障。防城港市提出创新跨境边境合作方式,推进跨境劳务合作改革。上海浦东新区提出建立长江经济带大通关协作机制,推进长江经济带农产品流通体系建设。重庆两江新区提出依托渝新欧国际贸易大通道,建立面向欧亚地区的货物集散中心。陕西西咸新区提出推进丝绸之路经济带产业投资合作、共建示范区园区。

【专栏 9.2】

新时期的新开放平台 I:自贸区

自由贸易区(Free Trade Area,FTA)通常指两个以上的国家或地区,通过签订自由贸易协定,相互取消绝大部分货物的关税和非关税壁垒,取消绝大多数服务部门的市场准入限制,开放投资,从而促进商品、服务和资本、技术、人员等生产要素的自由流动,实现优势互补,促进共同发展。也是通常所称的"境内关外"的特殊区域。①

2013 年 9 月 29 日成立的中国(上海)自由贸易试验区是中国第一个自贸区,面积 28.78 平方公里,涵盖上海市外高桥保税区、外高桥保税物流园区、洋山保税港区和上海浦东机场综合保税区等 4 个海关特殊监管区域。紧随上海自贸区之后,中国相继在广东、天津、福建建立了另外 3 个自贸试验区。这些自由贸易区秉承了中国改革开放的实践经验智慧,充当了试验田的作用。中国在 G20 杭州峰会前公布了新增的 7 个自贸区,其用意是向全球发出一个明确的信号,中国支持贸易自由化,反对贸易保护主义。中国新一批自贸区的开发,就是在国家层面支持贸易自由化。此次新设的 7 个自贸试验区,从沿海到内陆,代表了自贸区向纵深化发展,进一步对接高标准国际经贸规则,在更广领域、更大范围形成各具特色、各有侧重的试点格局,推动全面深化改革扩大开放。

---

① 20 世纪 50 年代初,美国就明确提出:可在自由贸易区发展以出口加工为主要目标的制造业。20 世纪 60 年代后期,一些发展中国家也利用这一形式,将它建成为特殊的工业区,并逐步发展成为出口加工区。20 世纪 80 年代以来,许多国家的自由贸易区积极向高技术、知识和资本密集型发展,形成"科技型自由贸易区"。自由贸易区的发展形势非常迅猛,在全球范围内数量已经达到数十个,范围遍及各大洲,是区域经济一体化的主要形式之一。据不完全统计,截至 2013 年,全球已有 1 200 多个自由贸易区,其中 15 个发达国家设立了 425 个,占 35.4%;67 个发展中国家共设立 775 个,占 65.6%。

第9章
释放巨能：将中国与世界的经济结构转型升级进行匹配

中国在建设自贸区上是如何在小范围内先行先试然后再总结经验进行更大范围推广的？2016年9月1日，新华社记者就此采访了商务部前部长高虎城，从中我们可以管窥中国自贸区快速建设的实践经验：

问：近3年来，自贸试验区建设取得了哪些成效？

高虎城：自贸试验区建设工作启动以来，上海、广东、天津、福建4个自贸试验区在投资、贸易、金融、创业创新、事中事后监管等多个方面进行了大胆探索，有效激发了市场主体活力，推动了"大众创业、万众创新"。以负面清单管理为核心，投资管理体制改革持续深化。4个自贸试验区深入试点外商投资准入前国民待遇加负面清单管理模式，持续拓展商事登记制度改革，推行企业设立"一口受理"及对外投资合作"一站式"服务。以贸易便利化为重点，贸易监管制度创新成效明显。口岸管理部门加快实施信息互换、监管互认、执法互助，不断优化"一线放开、二线安全高效管住"监管模式，支持自贸试验区试点"进境动植物检疫审批负面清单制度"、"货物状态分类监管"等举措。国际贸易"单一窗口"率先上线。各自贸试验区通关效率平均提高约40%。以提升服务实体经济质量和水平为目标，金融开放创新举措稳步推出。上海自贸试验区自由贸易账户试点由人民币业务拓展至外币；黄金国际板平稳运行，国际板黄金交易规模近2000吨。广东、天津、福建自贸试验区试点推出公募房地产信托投资基金产品、中小微企业贷款风险补偿、"银税互动"诚信小微企业贷款免除担保等。以防控风险为底线，严密高效的事中事后监管体系初步形成。事前诚信承诺、事中评估分类、事后联动奖惩构成了自贸试验区全链条信用监管体系。信用信息公示平台普遍建立。中央金融监管部门与4省市政府协作完善金融监管框架和协调机制，跨境资金流动监测等机制平稳运行，金融宏观审慎管理不断深化，未发生系统性、区域性金融风险。以鼓励创业创新为着眼点，公共服务支撑体系不断完善。上海市将自贸试验区建设与科技创新中心建设相结合，探索完善高层次人才引进、留学生就业等制度；广东自贸试验区出台人才建设意见，推进粤港澳人才合作示范区建设；天津自贸试验区专辟"双创特区"，为创业创新企业提供"一条龙"服务；福建自贸试验区引入两岸金桥(福建)就业培训机构、福建工程学院创新创业孵化中心等"双创"服务支持机构。以服务国家战略为根本，差别化功能举措不断推出。4个自贸试验区各辟蹊径推动"一带一路"建设，上海自贸试验区建立亚太示范电子口岸网络；广东自贸试验区"走出去"与伊朗、马来西亚、印度尼西亚等国家自贸园区开展合作；天津自贸试验区推出"一带一路"过境货物专项便利检验检疫制度；福建自贸试验区以中欧班列(厦门)常态化运营为契机，融入"一带一路"建设。总体看，自贸试验区营商环境受到境内外投资者的欢迎。国务院发展研究中心等第三方机构对上海自贸试验区的联合评估显示,82%的受访企业反映营商环境进步明显,95%以上的企业看好后续发展;有关问卷调查结果显示,企业对自贸试验区政府部门服务效率、企业设立便捷度、办事透明度等都打了高分。

问:自贸试验区作为改革开放试验田,一直以试点经验可复制可推广为根本要求,自贸试验区在这方面取得了哪些进展?

高虎城:"边试点、边总结、边推广"是自贸试验区工作的重要原则之一。自2013年以来,自贸试验区不断产生可复制可推广的经验,主要通过三种方式进行复制推广。第一种是集中推广,包括:2014年国务院印发《关于推广中国(上海)自由贸易试验区可复制改革试点经验的通知》,推广了34项试点经验;2015年国务院自由贸易试验区工作部际联席会议在投资、贸易、事中事后监管方面选取了8项制度创新性强、市场主体反映好的做法,如国际贸易"单一窗口"、跨境电商监管新模式、政府智能化监管服务等,作为"最佳实践案例"印发供各地借鉴。第二种是各部门自行推广,各个部门对看得准、效果好的试点经验,及时在全国或部分地区复制推广。第三种是地方推广,4省市高度重视试点经验复制推广工作,积极宣传、主动发布自贸试验区成功经验,不少地方也主动向4省市取经。近期,商务部又会同有关单位,总结了新一批可复制改革试点经验,正在履行报批程序准备向全国复制推广。需要特别提出的是,外商投资负面清单管理模式在自贸试验区的试点取得了显著成效,具备了复制推广的条件。国务院提请第十二届全国人大常委会第二十二次会议审议,修改外资三法及《台湾同胞投资保护法》有关行政审批的规定,将负面清单以外领域外商投资企业设立及变更审批调整为备案管理。本次法律修改如经审议通过,将改变自改革开放以来运行了三十多年的外商投资"逐案审批"管理模式,是我国外商投资管理体制的一次重大变革,贯彻了"法无禁止皆可为"的法治理念,将为外国投资者在华投资创造更加公平、稳定、透明的法律环境。

问:下一步是否会扩大自贸试验区试点范围?

高虎城:上海、广东、天津、福建自贸试验区建设取得的成效,彰显了自贸试验区的试验田作用。近日,党中央、国务院决定,在辽宁省、浙江省、河南省、湖北省、重庆市、四川省、陕西省新设立7个自贸试验区。这代表着自贸试验区建设进入了试点探索的新航程。新设的7个自贸试验区,将继续依托现有经国务院批准的新区、园区,继续紧扣制度创新这一核心,进一步对接高标准国际经贸规则,在更广领域、更大范围形成各具特色、各有侧重的试点格局,推动全面深化改革扩大开放。辽宁省主要是落实中央关于加快市场取向体制机制改革、推动结构调整的要求,着力打造提升东北老工业基地发展整体竞争力和对外开放水平的新引擎。浙江省主要是落实中央关于"探索建设舟山自由贸易港区"的要求,就推动大宗商品贸易自由化、提升大宗商品全球配置能力进行探索。河南省主要是落实中央关于加快建设贯通南北、连接东西的现代立体交通体系和现代物流体系的要求,着力建设服务于"一带一路"建设的现代综合交通枢纽。湖北省主要是落实中央关于中部地区有序承接产业转移、建设一批战略性新兴产业和高技术产业基地的要求,发挥其在实施中部崛起战略和推进长江经济带建设中的示范作用。重庆市主要是落实中央关于发挥重庆战略支点和连接点重要作用、加大西部地区门户城市开放力度的要求,带动西部大开发战略深入实施。四川省主要是落实中央关于加大西部地区门户城市开放力度以及建设内陆开放战略支撑带的要求,打造内陆开放型经济高地,实现内陆与沿海沿边沿江协同开放。陕西省主要是落实中央关于更好发挥"一带一路"建设对西部大开发带动作用、加大西部地区门户城市开放力度的要求,打造内陆型改革开放新高地,探索内陆与"一带一路"沿线国家经济合作和人文交流新模式。

国务院2015年12月印发了《关于加快实施自由贸易区战略的若干意见》(以下简称《意见》),指出加快实施自由贸易区战略是中国适应经济全球化新趋势的客观要求,是全面深化改革、构建开放型经济新体制的必然选择。《意见》也设定了目标任务:近期要加快正在进行的自由贸易区谈判进程,在条件具备的情况下逐步提升已有自由贸易区的自由化水平,积极推动与中国周边大部分国家和地区建立自由贸易区,使中国与自由贸易伙伴的贸易额占中国对外贸易总额的比重达到或超过多数发达国家和新兴经济体水平;中长期,形成包括邻近国家和地区、涵盖"一带一路"沿线国家以及辐射五大洲重要国家的全球自由贸易区网络,使我国大部分对外贸易、双向投资实现自由化和便利化。

《意见》提出将在三个方面进一步优化自由贸易区建设布局:(1)加快构建周边自由贸易区。力争与所有毗邻国家和地区建立自由贸易区,不断深化经贸关系,构建合作共赢的周边大市场。(2)积极推进"一带一路"沿线自由贸易区。结合周边自由贸易区建设和推进国际产能合作,积极同"一带一路"沿线国家商建自由贸易区,形成"一带一路"大市场,将"一带一路"打造成畅通之路、商贸之路、开放之路。(3)逐步形成全球自由贸易区网络。争取同大部分新兴经济体、发展中大国、主要区域经济集团和部分发达国家建立自由贸易区,构建"金砖国家"大市场、新兴经济体大市场和发展中国家大市场等。

《意见》提出将在八个方面加快建设高水平自由贸易区:(1)提高货物贸易开放水平。坚持进出口并重,通过自由贸易区改善与自由贸易伙伴双向市场准入,合理设计原产地规则,促进对自由贸易伙伴贸易的发展,推动构建更高效的全球和区域价值链。在确保经济安全、产业安全和考虑产业动态发展需要的前提下,稳步扩大货物贸易市场准入。同时,坚持与自由贸易伙伴共同削减关税和非关税壁垒,相互开放货物贸易市场,实现互利共赢。(2) 扩大服务业对外开放。通过自由贸易区等途径实施开放带动战略,充分发挥服务业和服务贸易对我国调整经济结构、转变经济发展方式和带动就业的促进作用。推进金融、教育、文化、医疗等服务业领域有序开放,放开育幼养老、建筑设计、会计审计、商贸物流、电子商务等服务业领域外资准入限制。加快发展对外文化贸易,创新对外文化贸易方式,推出更多体现中华优秀文化、展示当代中国形象、面向国际市场的文化产品和服务。讲好中国故事、传播好中国声音、阐释好中国特色,更好地推动中华文化"走出去"。吸引外商投资于法律法规许可的文化产业领域,积极吸收借鉴国外优秀文化成果,切实维护国家文化安全。在与自由贸易伙伴协商一致的基础上,逐步推进以负面清单模式开展谈判,先行先试、大胆探索、与时俱进,积极扩大服务业开放,推进服务贸易便利化和自由化。(3) 放宽投资准入。大力推进投资市场开放和外资管理体制改革,进一步优化外商投资环境。加快自由贸易区投资领域谈判,有序推进以准入前国民待遇加负面清单模式开展谈判。在维护好我国作为投资东道国利益和监管权的前提下,为我国投资者"走出去"营造更好的市场准入和投资保护条件,实质性改善我国与自由贸易伙伴双向投资准入。在自由贸易区内积极稳妥推进人民币资本项目可兑换的各项试点,便利境内外主体跨境投融资。加强与自由贸易伙伴货币合作,促进贸易投资便利化。(4) 推进规则谈判。结合全面深化改革和全面依法治国的要求,对符合我国社会主义市场经济体制建设和经济社会稳定发展需要的规则议题,在自由贸易区谈判中积极参与。参照国际通行规则及其发展趋势,结合我国发展水平和治理能力,加快推进知识产权保护、环境保护、电子商务、竞争政策、政府采购等新议题谈判。知识产权保护方面,通过自由贸易区建设,为我国企业"走出去"营造更加公平的知识产权保护环境,推动各方完善知识产权保护制度,加大知识产权保护和执法力度,增强企业和公众的知识产权保护意识,提升我国企业在知识产权保护领域的适应和应对能力。环境保护方面,通过自由贸易区建设进一步加强环境保护立法和执法工作,借鉴国际经验探讨建立有关环境影响评价机制的可行性,促进贸易、投资与环境和谐发展。电子商务方面,通过自由贸易区建设推动我国与自由贸易伙伴电子商务企业的合作,营造对彼此有利的电子商务规则环境。竞争政策方面,发挥市场在资源配置中的决定性作用,通过自由贸易区建设进一步促进完善我国竞争政策法律环境,构建法治化、国际化的营商环境。政府采购方面,条件成熟时与自由贸易伙伴在自由贸易区框架下开展政府采购市场开放谈判,推动政府采购市场互惠对等开放。(5) 提升贸易便利化水平。加强原产地管理,推进电子联网建设,加强与自由贸易伙伴原产地电子数据交换,积极探索在更大范围实施经核准出口商原产地自主声明制度。改革海关监管、检验检疫等管理体制,加强关检等领域合作,逐步实现国际贸易"单一窗口"受理。简化海关通关手续和环节,加速放行低风险货物,加强与自由贸易伙伴海关的协调与合作,推进实现"经认证经营者"互认,提升通关便利化水平。提高检验检疫效率,实行法检目录动态调整。加快推行检验检疫申报无纸化,完善检验检疫电子证书联网核查,加强与自由贸易伙伴电子证书数据交换。增强检验检疫标准和程序的透明度。(6) 推进规制合作。加强与自由贸易伙伴就各自监管体系的信息交换,加快推进在技术性贸易壁垒、卫生与植物卫生措施、具体行业部门监管标准和资格等方面的互认,促进在监管体系、程序、方法和标准方面适度融合,降低贸易成本,提高贸易效率。(7) 推动自然人移动便利化。配合我国"走出去"战略的实施,通过自由贸易区建设推动自然人移动便利化,为我国境外投资企业的人员出入境提供更多便利条件。(8) 加强经济技术合作。不断丰富自由贸易区建设内涵,适当纳入产业合作、发展合作、全球价值链等经济技术合作议题,推动我国与自由贸易伙伴的务实合作。

【专栏 9.3】

新时期的新开放平台 II:国家级新区

国家级新区,是由国务院批准设立,承担国家重大发展和改革开放战略任务的综合功能区。新区的成立乃至开发建设上升为国家战略,总体发展目标、发展定位等由国务院统一进行规划和审批,相关特殊优惠政策和权限由国务院直接批复,在辖区内实行更加开放和优惠的特殊政策,鼓励新区进行各项制度改革与创新的探索工作。国家级新区是中国于20世纪90年代初期设立的一种新开发开放与改革的大城市区。1992年10月上海浦东新区成立,1994年3月天津滨海新区成立,2010年6月重庆两江新区成立,2011年6月浙江舟山群岛新区成立,2012年8月兰州新区成立,2012年9月广州南沙新区成立,2014年1月陕西西咸新区成立、贵州贵安新区成立,2014年6月青岛西海岸新区成立、大连金普新区成立,2014年10月四川天府新区成立,2015年4月湖南湘江新区成立,2015年6月南京江北新区成立,2015年9月福州新区成立、云南滇中新区获批成立,2015年12月哈尔滨新区成立,2016年2月长春新区成立,2016年6月14日江西赣江新区成立。截至2016年6月,中国国家级新区共18个。可以看到,由于国家级新区涉及的面积较大,因此虽然从1992年上海浦东新区就开始探索,但直到2010年之后才向全国大规模铺开,在这之前一直以专栏8.1所介绍的地方小范围的开发区建设为主,这符合中国的渐进式发展改革的特征。因此,中国的国家级新区也不同于现任世界银行首席经济学家保罗·罗默提出的"宪章城市"设想,后者由于在范围太大的一个城市全盘复制"太先进的制度"而无法实施。①

在2015年已经成立的16个新区中,GDP过亿的就有11个(见图9.31)。大多数新区成立之后都经历了爆炸性的经济增长,例如上海浦东新区2014年的GDP为7 109亿元,是1993年163亿元的43倍,天津滨海新区2014年的GDP为8 760.2亿元,是1994年112.4亿元的78倍,新近成立的兰州新区GDP以年均增速33.98%的增长率从2011年的39.04亿元增长到2015年的125.8亿元。

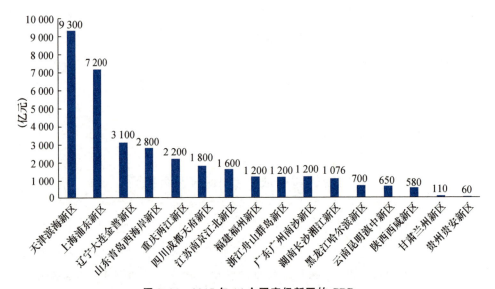

图9.31　2015年16个国家级新区的GDP
资料来源:根据各个新区公布的统计资料整理。

---

①　保罗·罗默是著名的内生增长理论的开创者,与主流经济学家一样,其认为制度对于经济增长至关重要。在2009年录制的TED讲座中,为了简单地说明体制的重要性,他展示了来自美国太空总署的图片。在相邻地区辉煌灯火的衬托下,朝鲜和海地犹如两个黑洞。罗默教授认为滋生这些黑洞的根本原因是体制。那么如何使这些黑洞出现光明呢?他从中国香港的巨大成功中得到了启示:能否在其他国家或地区复制中国香港的成功经验?理论上来讲,任何一个发展中国家都可以划出一块地,将政治经济法律法规让给某个民主政治及经济发展高度完善的国家去管理(比如挪威或加拿大)。他称这个设想为宪章城市(Charter Cities)。洪都拉斯于2012年9月宣布推出宪章城市计划,并与国外投资者签订了备忘录。在这一切看来十分顺利的时候,罗默教授作为洪都拉斯宪章城市"公开委员会"主席突然与其他成员共同发布公开信申明不再与洪都拉斯政府有任何官方联系。洪都拉斯总统虽然曾签署"公开委员会"五位成员的任命书,被赋予任命"特首"、维护政策制定中的公正透明等权力,但该任命却未经过政府正式发布(其中原委一直没有公开),因此从法律上来讲,该委员会尚未存在。当该委员会向洪都拉斯政府索取上述备忘录的细节时竟然无法获得。罗默教授等认为在此环境下,"公开委员会"已无法继续开展工作,故而退出。

一、上海浦东新区

1992年10月11日,国务院(国函〔1992〕145号)批复设立上海市浦东新区,撤销川沙县,浦东新区的行政区域包括原川沙县,上海县的三林乡,以及中心城区杨浦、黄浦、南市的浦东部分。2005年6月,国务院正式批准浦东新区进行综合配套改革试点。其定位及目标是围绕建设成为上海国际金融中心和国际航运中心核心功能区的战略定位,在强化国际金融中心、国际航运中心的环境优势、创新优势和枢纽功能、服务功能方面积极探索、大胆实践,努力建设成为科学发展的先行区、"四个中心"(国际经济中心、国际金融中心、国际贸易中心、国际航运中心)的核心区、综合改革的试验区、开放和谐的生态区。

二、天津滨海新区

1994年3月,天津市委、市政府决定在天津经济技术开发区、保税区的基础上,把塘沽区、汉沽区、大港区、天津港和高新技术产业园区这几个区域的资源整合起来发展,组建天津滨海新区。2006年5月26日《国务院推进天津滨海新区开发开放有关问题的意见》正式通过,滨海新区的性质终于尘埃落定,升格为国家级新区。2010年1月11日,滨海新区政府正式挂牌成立。其定位及目标是依托京津冀、服务环渤海、辐射"三北"、面向东北亚,努力建设成为我国北方对外开放的门户、高水平的现代制造业和研发转化基地、北方国际航运中心和国际物流中心,逐步成为经济繁荣、社会和谐、环境优美的宜居生态型新城区。

三、重庆两江新区

2010年5月5日,国务院正式印发了《关于同意设立重庆两江新区的批复》(国函〔2010〕36号),批准设立重庆两江新区,范围涵盖江北区、北碚区、渝北区三个行政区的部分区域。2010年6月18日,两江新区正式挂牌成立。其定位及目标是依托重庆及周边省份,服务西南,辐射中西部。作为国家综合配套改革试验区,根据国务院批复,中央赋予重庆两江新区五大功能定位:统筹城乡综合配套改革试验的先行区,内陆重要的先进制造业和现代服务业基地,长江上游地区的经济中心、金融中心和创新中心等,内陆地区对外开放的重要门户,科学发展的示范窗口。

四、浙江舟山群岛新区

2011年3月14日,舟山群岛新区正式写入全国"十二五"规划之中,规划瞄准的是新加坡、香港世界一流港口城市,要拉动整个长江流域经济。2011年6月30日,国务院印发了《关于同意设立浙江舟山群岛新区的批复》(国函〔2011〕77号),舟山成为中国继上海浦东、天津滨海、重庆两江新区后又一个国家级新区,也是第一个以海洋经济为主题的国家级新区。其定位及目标是浙江海洋经济发展的先导区、海洋综合开发试验区、长江三角洲地区经济发展的重要增长极。发展目标：舟山群岛新区将建成中国大宗商品储运中转加工交易中心、东部地区重要的海上开放门户、中国海洋海岛科学保护开发示范区、中国重要的现代海洋产业基地、中国陆海统筹发展先行区。

五、兰州新区

2012年8月20日，国务院正式印发了《关于同意设立兰州新区的批复》（国函〔2012〕104号），兰州新区位于兰州市北部，涉及永登县中川、秦川、上川、树屏和皋兰县西岔、水阜6个乡镇。其定位及目标：西北地区重要的经济增长极、国家重要的产业基地、向西开放的重要战略平台和承接产业转移示范区，带动甘肃及周边地区发展、深入推进西部大开发、促进我国向西开放。

六、广州南沙新区

2012年9月6日，国务院印发了《关于广州南沙新区发展规划的批复》（国函〔2012〕128号），原则上同意《广州南沙新区发展规划》。9月12日，根据国家发改委《关于印发〈广州南沙新区发展规划〉的通知》，批复设立广州南沙新区为国家级新区，南沙新区的开发建设上升到国家战略。定位及目标：立足广州、依托珠三角、连接港澳、服务内地、面向世界，建设成为粤港澳优质生活圈和新型城市化典范、以生产性服务业为主导的现代产业新高地、具有世界先进水平的综合服务枢纽、社会管理服务创新试验区，打造粤港澳全面合作示范区。

七、陕西西咸新区

2014年1月10日，国务院印发了《关于同意设立陕西西咸新区的批复》（国函〔2014〕2号），同意设立陕西西咸新区。西咸新区位于陕西省西安市和咸阳市建成区之间，区域范围涉及西安、咸阳两市所辖7县（区）23个乡镇和街道办事处，规划控制面积882平方公里。定位及目标：西咸新区是关中—天水经济区的核心区域，区位优势明显、经济基础良好、教育科技人才汇集、历史文化底蕴深厚、自然生态环境较好，具备加快发展的条件和实力。要把建设西咸新区作为深入实施西部大开发战略的重要举措，探索和实践以人为核心的中国特色新型城镇化道路，推进西安、咸阳一体化进程，为把西安建设成为富有历史文化特色的现代化城市、拓展我国向西开放的深度和广度发挥积极作用，建设成为我国向西开放的重要枢纽、西部大开发的新引擎和中国特色新型城镇化的范例。

八、贵州贵安新区

2014年1月10日，国务院印发了《关于同意设立贵州贵安新区的批复》（国函〔2014〕

3号),同意设立贵州贵安新区。贵安新区位于贵州省贵阳市和安顺市结合部,区域范围涉及贵阳、安顺两市所辖4县(市、区)20个乡镇,规划控制面积1795平方公里。定位及目标:贵安新区是黔中经济区核心地带,区位优势明显,地势相对平坦,人文生态环境良好,发展潜力巨大,具备加快发展的条件和实力。要把建设贵安新区作为深入实施西部大开发战略、探索欠发达地区后发赶超路子的重要举措,加快推进体制机制创新,发展内陆开放型经济,努力推动贵州经济社会又好又快发展,建设成为经济繁荣、社会文明、环境优美的西部地区重要的经济增长极、内陆开放型经济新高地和生态文明示范区。

九、青岛西海岸新区

2014年6月9日,国务院印发了《关于同意设立青岛西海岸新区的批复》(国函〔2014〕71号),同意设立青岛西海岸新区。青岛西海岸新区位于胶州湾西岸,包括青岛市黄岛区全部行政区域,其中陆域面积约2096平方公里、海域面积约5000平方公里。定位及目标:西海岸新区区位条件、科技人才、海洋资源、产业基础、政策环境等综合优势明显,具备推进陆海统筹、城乡一体、军民融合发展的独特条件。要以海洋经济发展为主题,服务于青岛建设区域性经济中心和国际化城市的发展定位,把建设青岛西海岸新区作为全面实施海洋战略、发展海洋经济的重要举措,为促进东部沿海地区经济率先转型发展、建设海洋强国发挥积极作用。发展成为海洋科技自主创新领航区、深远海开发战略保障基地、军民融合创新示范区、海洋经济国际合作先导区、陆海统筹发展试验区,为探索全国海洋经济科学发展新路径发挥示范作用。

十、大连金普新区

2014年7月2日,国务院正式印发了《关于同意设立大连金普新区的批复》(国函〔2014〕76号),同意设立大连金普新区。大连金普新区位于辽宁省大连市中南部,范围包括大连市金州区全部行政区域和普兰店区部分地区,总面积约2299平方公里。其定位及目标是金普新区地理区位优越,战略地位突出,经济基础雄厚。建设大连金普新区,有利于进一步深化改革开放,引领辽宁沿海经济带加速发展,带动东北地区振兴发展,进一步深化与东北亚各国各领域的合作。金普新区建设成为我国面向东北亚区域开放合作的战略高地、引领东北地区全面振兴的重要增长极、老工业基地转变发展方式的先导区、体制机制创新与自主创新的示范区、新型城镇化和城乡统筹的先行区,为将大连建设成为东北亚国际航运中心和国际物流中心,带动东北地区等老工业基地全面振兴,深入推进面向东北亚区域开放合作发挥积极作用。

十一、四川天府新区

2014年10月14日,国务院正式印发了《关于同意设立四川天府新区的批复》(国函〔2014〕133号),同意设立四川天府新区。天府新区位于四川省成都市主城区南偏东方向,区域范围涉及成都、眉山两市所辖7县(市、区),规划面积1578平方公里。定位及目标:天府新区区位优势突出,交通设施完备,产业基础良好,科教实力雄厚。要把建设四川天府新区作为深入实施西部大开发战略、积极稳妥扎实推进新型城镇化、深入实施创新驱动发展战略的重要举措,为发展内陆开放型经济、促进西部地区转型升级、完善国家区域发展格局等发挥示范和带动作用。天府新区建设成为以现代制造业为主的国际化现代新区,打造成为内陆开放经济高地、宜业宜商宜居城市、现代高端产业集聚区、统筹城乡一体化发展示范区。

十二、湖南湘江新区

2015年4月25日,国务院正式印发了《关于同意设立湖南湘江新区的批复》(国函〔2015〕66号),同意设立湖南湘江新区。湖南湘江新区位于湘江西岸,包括长沙市岳麓区、望城区和宁乡县部分区域,面积490平方公里。定位及目标:湘江新区区位条件优越、科教创新实力雄厚、产业发展优势明显、区域综合承载能力较强,资源节约型和环境友好型(以下简称"两型")社会建设成效显著。设立湖南湘江新区,是实施国家区域发展总体战略、贯彻落实国务院《关于依托黄金水道推动长江经济带发展的指导意见》(国发〔2014〕39号)的重要举措,有利于带动湖南省及至长江中游地区经济社会发展,为促进中部地区崛起和长江经济带建设发挥更大作用。湖南湘江新区建设成为高端制造研发转化基地和创新创意产业集聚区、产城融合城乡一体的新型城镇化示范区、全国"两型"社会建设引领区、长江经济带内陆开放高地。

十三、南京江北新区

2015年7月2日,国务院正式印发了《关于同意设立南京江北新区的批复》(国函〔2015〕103号),同意设立南京江北新区。江北新区位于江苏省南京市长江以北,包括南京市浦口区、六合区和栖霞区八卦洲街道,规划面积788平方公里。定位及目标:江北新区是长江经济带与东部沿海经济带的重要交汇节点,区位条件优越、产业基础雄厚、创新资源丰富、基础设施完善、承载能力较强,具备了加快发展的条件和实力。要把建设南京江北新区作为实施区域发展总体战略、贯彻落实国务院《关于依托黄金水道推动长江经济带发展的指导意见》(国发〔2014〕39号)的重要举措,充分发挥南京江北新区在创新驱动发展和新型城镇化建设等方面的示范带动作用,推动苏南现代化建设和长江经济带更好更快发展。逐步建设成为自主创新先导区、新型城镇化示范区、长三角地区现代产业集聚区、长江经济带对外开放合作重要平台。

十四、福州新区

2015年9月9日,国务院正式印发了《关于同意设立福州新区的批复》(国函〔2015〕137号),同意设立福州新区。福州新区位于福州市滨海地区,初期规划范围包括马尾区、仓山区、长乐市、福清市部分区域,规划面积800平方公里。定位及目标:福州新区区位条件优越,生态环境秀美,产业基础坚实,与台湾地区交流合作紧密,战略地位重要。要把建设好福州新区作为实施国家区域发展总体战略、贯彻落实国家支持福建省经济社会发展一系列重大政策的重要举措,实现在更高起点、更广范围、更宽领域推进海峡两岸交流合作,推动福建积极参与、全面融入"一带一路"战略实施,努力培育新的经济增长极、与平潭综合实验区实现一体化发展,建设成为两岸交流合作重要承载区、扩大对外开放重要门户、东南沿海重要现代产业基地、改革创新示范区和生态文明先行区。

十五、云南滇中新区

2015年9月15日,国务院正式印发了《关于同意设立云南滇中新区的批复》(国函〔2015〕141号),同意设立云南滇中新区。云南滇中新区位于昆明市主城区东西两侧,是滇中产业聚集区的核心区域,初期规划范围包括安宁市、嵩明县和官渡区部分区域,面积约482平方公里。滇中新区区位条件优越,科教创新实力较强,产业发展优势明显,区域综合承载能力较强,对外开放合作基础良好。要把建设云南滇中新区作为实施"一带一路"、长江经济带等国家重大战略和区域发展总体战略的重要举措,打造我国面向南亚东南亚辐射中心的重要支点、云南桥头堡建设重要经济增长极、西部地区新型城镇化综合试验区和改革创新先行区。

十六、哈尔滨新区

2015年12月22日,中国政府网发布了《关于同意设立哈尔滨新区的批复》,同意设立哈尔滨新区。哈尔滨新区包括哈尔滨市松北区、呼兰区、平房区的部分区域,规划面积493平方公里。定位及目标:哈尔滨新区区位条件优越、科技和产业基础比较雄厚、生态环境优良、对俄合作历史悠久、战略地位重要。要把建设好哈尔滨新区作为推进"一带一路"建设、加快新一轮东北地区等老工业基地振兴的重要举措,积极扩大面向东北亚开放合作,探索老工业基地转型发展的新路径,为促进黑龙江经济发展和东北地区全面振兴发挥重要支撑作用。要把哈尔滨新区建设成为中俄全面合作重要承载区、东北地区新的经济增长极、老工业基地转型发展示范区和特色国际文化旅游聚集区。

十七、长春新区

2016年2月3日,国务院印发了《关于同意设立长春新区的批复》(国函〔2016〕31号),同意设立长春新区。长春新区范围包括长春市朝阳区、宽城区、二道区、九台区的部分区域,规划面积约499平方公里。定位及目标:长春新区区位优势明显、产业基础坚实、创新氛围浓厚、开放条件优越、承载能力较强。要把建设好长春新区作为推进"一带一路"建设、加快新一轮东北地区等老工业基地振兴的重要举措,为促进吉林省经济发展和东北地区全面振兴发挥重要支撑作用。要把长春新区建设成为创新经济发展示范区、新一轮东北振兴的重要引擎、图们江区域合作开发的重要平台、体制机制改革先行区。

十八、江西赣江新区

2016年6月14日,中国政府网发布了《关于同意设立江西赣江新区的批复》(国函〔2016〕96号),同意设立江西赣江新区。江西赣江新区范围包括南昌市青山湖区、新建区和共青城市、永修县的部分区域,规划面积465平方公里。定位及目标:江西赣江新区区位优势明显、交通条件优越、产业特色鲜明、创新能力较强、生态环境良好。要把建设好江西赣江新区作为实施国家区域发展总体战略、推动长江经济带发展的重要举措,为促进江西经济社会发展和中部地区崛起发挥更大的作用,建设成为中部地区崛起和推动长江经济带发展的重要支点。

2015年4月15日,国家发改委、国土资源部、环境保护部、住房和城乡建设部以发改地区〔2015〕778号印发了《关于促进国家级新区健康发展的指导意见》(以下简称《意见》)。《意见》提出的发展目标是:保持经济增长速度在比较长的时期内快于所在省(区、市)的总体水平,着力提升经济发展质量和规模,将新区打造成为全方位扩大对外开放的重要窗口、创新体制机制的重要平台、辐射带动区域发展的重要增长极、产城融合发展的重要示范区,进一步提升新区在全国改革开放和现代化建设大局中的战略地位。

《意见》提出了4条发展原则:(1)规划引领、科学开发。严格按照土地利用总体规划、城乡规划和新区总体方案要求,制定新区发展总体规划和相关专项规划,明确新区发展的战略目标、空间布局和重点任务,提出科学合理的开发方向、推进时序和管控措施,辐射带动周边区域加快发展、协同发展。(2)产城融合、宜居宜业。统筹考虑产业发展、人口集聚与城市建设布局,促进产业与城市融合发展、人口与产业协同集聚。适度控制开发强度,加强公共服务设施建设,不断改善区域环境质量,保持生态功能稳定,推动新区成为企业创新发展、百姓安居乐业的良好区域。(3)节约集约、集聚发展。节约集约利用土地、水、海域等资源,切实提高资源利用效能。充分考虑区域资源环境承载能力,科学确定主导产业,促进优势产业集聚发展,增强规模效益。加快转变新区发展方式,重点发展知识技术密集、资源消耗少、成长潜力大、综合效益好的新兴产业。(4)改革创新、先行先试。建立高效运转的行政管理机制,构建现代社会治理体系,营造良好的营商环境。建立鼓励改革创新的机制,在符合中央全面深化改革部署要求的前提下,鼓励先行先试,创造可复制、可推广的经验,赋予新区更大的自主发展权、自主改革权、自主创新权。

《意见》提出了3条推动产业优化升级的建议。(1)促进产业集群发展。加强对产业布局的统筹规划和科学管控,支持国家级和省级重大产业项目优先向新区集中。鼓励新区依托现有的国家级和省级经济技术开发区、高新技术产业园区、海关特殊监管区域等,建设产业集聚区,打造一批特色鲜明的专业园区,不断壮大产业集群,发挥产业集聚优势,提高新区产业综合竞争力和企业经济效益。(2)强化科技创新驱动。集聚创新资源,壮大创新创业人才队伍。支持人才引进培育政策向新区倾斜,探索实行国际通用的人才引进、培养、使用、评价、激励机制,集聚一批领军人才。搭建人才创新发展平台,加快创新创业服务体系建设,鼓励优秀人才在新区创业。支持新区申报国家重点(工程)实验室、工程(技术)研究中心等各类科技创新平台,鼓励新区设立产业化示范基地和科技成果转化服务示范基地。(3)构建现代产业体系。结合功能定位和区域优势,支持新区编制产业发展规划和行动方案,以新产业、新业态为导向,大力发展新一代信息技术、生物、高端装备制造、高端服务、现代物流等战略性新兴产业和高新技术产业,完善产业链条和协作配套体系,优化产业结构,培育新的经济增长点。

《意见》提出了4条辐射带动区域发展的建议:(1)推动产城融合发展。坚持产城一体,实现产业发展与城市建设互相促进、融合发展。支持新区加快城市基础设施和公共服务设施建设,推动城市部分功能转移搬迁到新区。支持新区加快保障性安居工程建设,构建稳定的职工生活社区,吸引、留住产业技术工人,不断提高高素质人口集聚能力。(2)加强区域互利合作。进一步优化新区内各类功能区布局,增强新区的整体实力及对周边区域的辐射带动能力,促进区域一体化发展。积极创新合作模式,建立新区和周边区域招商引资合作及利益分享机制,支持新区与省内外有条件的地区建立"飞地经济"、"战略联盟"等合作机制。(3)推进新型城镇化。按照生产空间集约高效、生活空间宜居适度、生态空间山清水秀的原则,合理做好新区空间布局和用地安排。按照新区发展总体规划,充分考虑区域资源环境条件,构建科学合理的城镇化布局。优先划定永久基本农田红线,确保生态安全。划定城市开发边界,防治城市建设无序扩张。重视新区城市设计工作,指导新区开发建设传承历史文化,突出特色风貌。(4)统筹城乡发展。坚持城乡统筹,支持新区建立城乡统一的户籍管理制度,加快推动农业转移人口市民化。鼓励新区探索农村土地管理制度改革,有序推动农村土地流转,建立城乡统一建设用地市场。建立健全城乡一体的社会保障体系,逐步提高城乡基本公共服务均等化水平。

9.4 中国与发达国家经济结构转型升级的匹配

9.4.1 理顺合作关系:充分利用中国与高收入经济体互补的比较优势

在当今的世界经济格局下,中国与发达经济体之间依然存在着巨大的、互补的比较优势。中国现在的人均收入水平按照购买力平价计算也只不过是高收入经济体的五分之一左右。发达国家产业链中相对劳动力密集的环节依然会放在中国生产,中国依然会是这方面对发达国家主要的出口国。中国业已成为全球最大的市场,必然是发达国家最为重要的出口市场和投资场所。正是因为全球金融危机之后,受到发达经济体疲软的增长状况影响,中国经济才出现持续下滑的态势。如图9.32至图9.35所示,中国与传统老牌工业强国以及高收入经济体增长率之间有着非常强的正相关性。中国可以充分利用这种大国之间的合作互补基础创造有利的全球稳定环境,但前提是必须理顺各种合作关系,而不是盲目地违背比较优势进行赶超,引致不必要的恶性竞争。

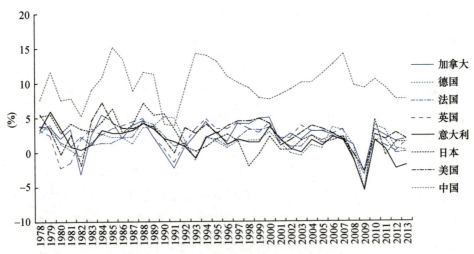

图9.32 中国与7个老牌强国的经济增长率

资料来源:世界银行。

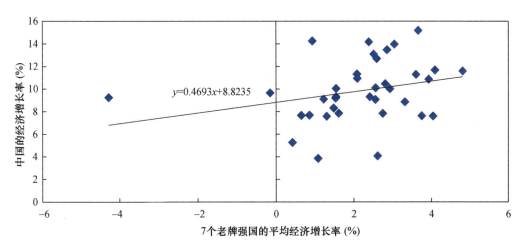

图 9.33　1978—2013 年中国的经济增长率与 7 个老牌强国平均经济增长率的相关性

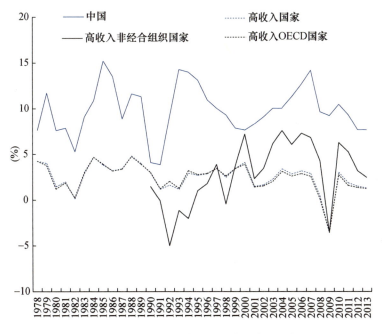

图 9.34　中国与高收入国家的经济增长率

资料来源：世界银行。

9.4.2　不要急于全面赶超：发达国家依然是中国通过学习利用后发优势的对象

我们在第 1 章开篇就已经指出了中国转型升级在全球范围内的定位，发现相对于发达国家而言，发达国家依然是中国学习的对象。2015 年中国的研发支出占 GDP 的比例

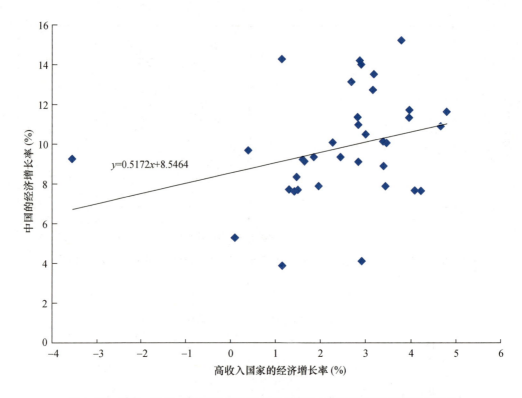

图 9.35　1978—2013 年中国的经济增长率与高收入国家经济增长率的相关性

虽然已经达到 2.015%，但依然低于美国的 2.725%、德国的 2.826%、瑞典的 3.306%，每百万人中 R&D 研究人员数量中国是 902.96 人、美国是 3 866.96 人、德国是 40 773.77 人、瑞典是 5 255.86 人、澳大利亚是 4 530.73 人。因此，中国在产业升级与技术进步上依然有巨大的转型升级空间，亦即有充足的后发优势可以利用。这也符合中国的比较优势。如图 9.36 所示，相对于主要的工业强国工资水平，中国在发达国家产业链的劳动力密集型环节依然具备巨大的比较优势。并且，如前所述，随着收入水平的提高，一国过去符合比较优势的产业也将逐渐失去比较优势，发达国家也不例外。如图 9.37 所示，美国的工业与制造业也都面临很大的产能过剩压力。相对而言，美国这些过剩的产业正好是中国需要升级的产业，而中国过剩的产业又是收入比中国低的发展中国家所需要升级的产业。

第9章
释放巨能:将中国与世界的经济结构转型升级进行匹配

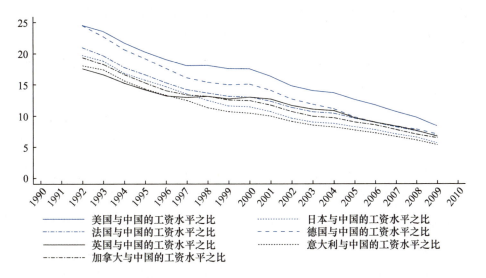

图 9.36　主要发达国家与中国的工资水平之比

资料来源:作者根据估算数据测算。

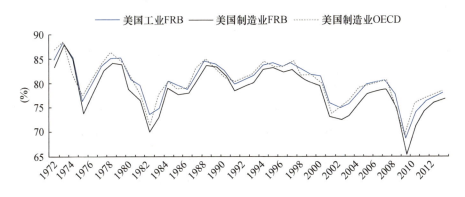

图 9.37　美国工业和制造业的产能利用率

9.4.3　去发达国家投资促进中国与发达经济体的经济结构转型升级

如前所述,发达经济体处于全球产业链的前沿,在转型升级的各个维度上都为后发国家提供了可资借鉴的学习机会,即发展中经济体具有充足的后发优势。目前中国产业正处在转型升级的关键时期,尤其是对于追赶型产业的转型升级,欧美发达经济体由于经济复苏缓慢,为中国企业提供了并购的机会和需求,并购欧美优质企业提升技术和品牌、拓宽渠道是中国追赶型产业结构转型升级的一条途径。在当今的全球大经济环境下,中国企业似乎拿到了海外并购的有利时机,也是帮助发达经济体快速复苏的重要力量。这种将中国的市场和效率与发达国家的优势资产结合的方式也是推动全球经济快速复苏的途径之一。与此同时,根据第8章对全球基础设施缺口情况的评估,发达国家有大量老旧的基础设施需要改造升级,而中国的基础设施建设能力也可以帮助发达经济体升级其基础设施。

事实上在全球并购市场上,中国已经成为一支重要的力量,2016年中国企业跨境并购的金额超过所有其他国家,跃居世界第一。原来由国有企业主导的海外并购逐渐转换成以民营企业为主导,民营企业海外并购数量及交易额实现同比增长至少五成,热衷于对技术创新、品牌和市场的并购,进军欧美发达国家。按照《世界投资报告》的统计口径,2014年中国企业海外并购项目数为331个,并购金额达395.80亿美元,项目平均投资规模达到1.2亿美元。从商务部发布的数据来看,2014年中国企业海外并购项目达到595个,海外并购金额达到569亿美元,其中直接投资并购金额达到324.8亿美元,占当年海外投资流量的26.4%,境外融资244.2亿美元,占并购总额的42.92%。当年直接投资并购的项目平均规模达到5458.2亿美元,超过了当年全球跨境并购项目平均投资规模4114.06亿美元。如表9.13所示,2015年中国企业共实施对外投资并购项目579起,涉及62个国家(地区),实际交易总额544.4亿美元,其中直接投资372.8亿美元,占并购交易总额的68.5%、当年中国对外直接投资总额的25.6%;境外融资171.6亿美元,占并购金额的31.5%。2015年中国企业对外投资并购涉及制造业、信息传输/软件和信息技术服务业、采矿业、文化/体育和娱乐业、租赁和商务服务业等18个行业大类,相比2014年新增了水利/环境和公共设施管理类并购项目。从并购金额上看,制造业137.2亿美元,同比增长13.4%,位居首位,涉及137个项目;信息传输/软件和信息技术服务业84.1亿美元,同比增长135.6%,位列次席。如图9.38所示,2015年中国企业对外投资并购项目分布在全球62个国家(地区),从实际并购金额上看,美国、开曼群岛、意大利、中国香港、澳大利亚、荷兰、以色列、百慕大群岛、哈萨克斯坦、英国位列前十。

表9.13 2015年中国对外投资并购行业构成

行业类别	数量(起)	金额(亿美元)	金额占比(%)
制造业	131	137.2	25.2
信息传输/软件和信息技术服务业	58	84.1	15.5
金融业	18	66.1	12.1
采矿业	24	53.2	9.8

（续表）

行业类别	数量(起)	金额(亿美元)	金额占比(%)
文化/体育和娱乐业	21	32.3	5.9
租赁和商务服务业	77	31.3	5.7
住宿和餐饮业	11	27.1	5.0
批发和零售业	81	26.6	4.9
房地产业	21	20.7	3.8
科学研究和技术服务业	43	17.6	3.2
交易运输/仓储和邮政业	11	16.1	3.0
建筑业	9	11.2	2.1
水利/环境和公共设施管理业	4	8.8	1.6
卫生和社会工作	10	4.3	0.8
电力/热力/燃气及水生产和供应业	5	3.8	0.7
农/林/牧/渔业	37	2.6	0.5
居民服务/修理和其他服务业	12	1.2	0.2
教育	6	0.2	—
合计	579	544.4	100.0

资料来源:《2015年度中国对外直接投资统计公报》。

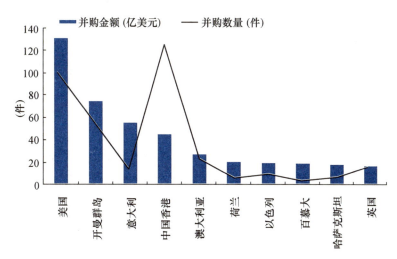

图 9.38　2015 年中国内地企业对外投资并购十大目的地

资料来源:《2015年度中国对外直接投资统计公报》。

1. 中国在北美的投资及其与北美的产业和基础设施建设匹配情况

美国和加拿大具有比较优势的产业结构与中国大不相同。图9.39展示了北美的基础设施缺口情况，缺口与日俱增。如图9.40所示，2014年，中国对北美洲直接投资流量为92.1亿美元，同比增长88%，在中国对外直接投资流量总额中所占比重达7.5%。截至2014年年末，中国在北美洲地区的投资存量为479.5亿美元，占中国对外直接投资存量的5.4%。2014年中国对北美洲投资主要分布在美国、加拿大。其中，对美国的投资占对北美洲投资流量的82.5%，达76亿美元。截至2014年年末，中国在北美洲投资存量主要分布在美国、加拿大。其中，美国占北美洲存量总额的79.3%，年末投资存量380.1亿美元。截至2014年年底，中国内地企业在北美洲设立的境外企业近3 800家，占境外企业总数的12.7%。投资覆盖率达75%，主要分布在美国、加拿大等。其中，在美国设立的境外企业数量仅次于中国香港，雇用美国当地员工4.65万人。表9.14概括了截至2014年年末中国在北美的投资存量在一般产业与基础设施两个类别上的结构分布。对美国投资存量主要行业包括：金融业（38.8%）、制造业（17.2%）、采矿业（11.7%）、房地产业（7.8%），以及批发和零售业（6.8%）。北美洲是中国企业境外并购最主要的目的地之一。从并购项目金额看，对北美洲地区企业的并购金额占同期中国海外并购总金额的近20%。2014年中国企业对外投资并购项目分布在全球69个国家（地区），从实际并购金额看，美国和加拿大分别位列第2位和第5位，且大多通过中国企业设立在离岸金融中心的境外企业再投资完成。北美洲，特别是以美国为代表的建筑市场是世界上竞争最激烈的建筑市场。2014年，中国对北美洲承包工程业务保持增长，新签合同额32.9亿美元，同比增长2倍；完成营业额20.2亿美元，增长60.3%；分别占当年在各国（地区）新签合同总额和完成营业额总额的1.7%和1.4%。按照新签合同额排序，主要国别市场包括：美国（29.2亿美元）、加拿大（3.7亿美元）。新签合同额合计为32.9亿美元，占当年北美洲总额的99.9%。按完成营业额排序，主要国别市场包括：美国（18.9亿美元）、加拿大（1.2亿美元）。完成营业额合计为20.1亿美元，占当年北美洲总额的99.8%。

第9章
释放巨能:将中国与世界的经济结构转型升级进行匹配

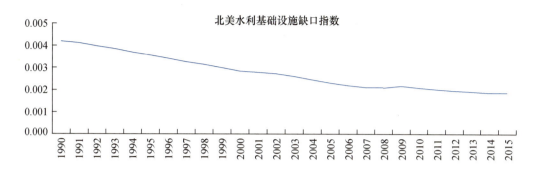

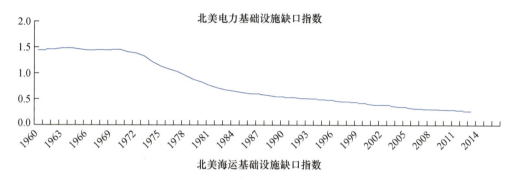

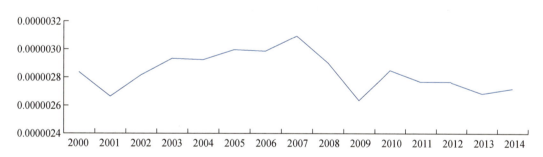

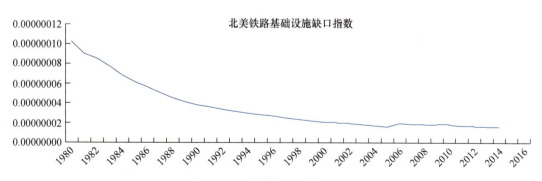

图 9.39 北美的基础设施缺口指数

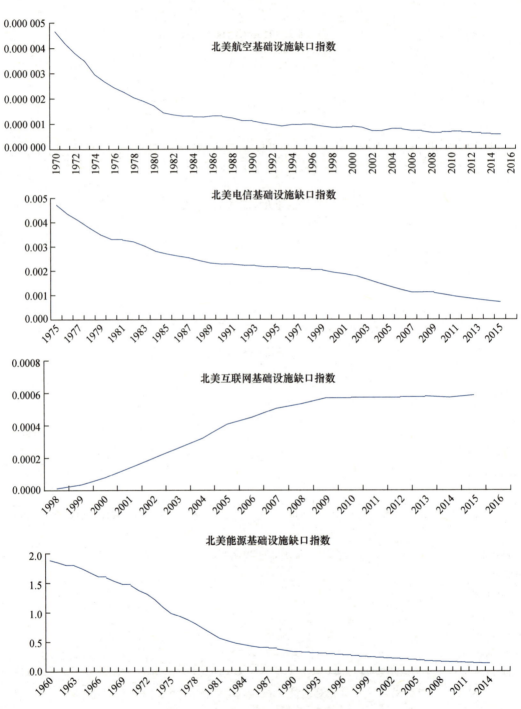

图 9.39 北美的基础设施缺口指数（续）

第9章
释放巨能：将中国与世界的经济结构转型升级进行匹配

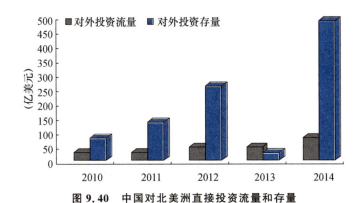

图 9.40　中国对北美洲直接投资流量和存量

表 9.14　截至 2014 年年末中国在北美投资存量"一般产业—基础设施"的结构分布

类别	体量
一般产业类	金融业（33.9%）、采矿业（17.5%）、制造业（15%）、租赁和商务服务业（6.6%），以及房地产业（6.5%）。上述 5 个行业投资存量合计为 380.9 亿美元，所占比重高达 79.5%。
基础设施类	中国企业对北美洲对外承包工程新签合同额行业分布中，房屋建筑项目占 61.1%，交通运输建设项目占 7.6%，通信工程建设占 6%，制造加工设施建设项目占 5.5%，石油化工项目占 5%。

资料来源：http://atlas.media.mit.edu/en/profile/country/usa/。

2. 中国在欧洲的投资及其与欧洲的产业和基础设施建设匹配情况

德国和英国具有比较优势的产业结构与中国大不相同。图 9.41 展示了欧洲和中亚地区的基础设施缺口情况，缺口与日俱增（除了互联网基础设施）。如图 9.42 所示，2014 年，中国对欧洲直接投资流量为 108.4 亿美元，同比增长 82.2%，在中国对外直接投资流量总额中所占比重为 8.8%。截至 2014 年年末，中国在欧洲地区的投资存量为 694 亿美元，占中国对外直接投资存量的 7.9%。如图 9.43 所示，2014 年中国对欧洲投资主要分布在卢森堡、英国、俄罗斯联邦等。其中，对欧盟的投资占对欧洲投资流量的 90.3%，达 97.9 亿美元；对卢森堡的投资流量为 45.8 亿美元，占对欧盟投资流量的 46.8%。截至 2014 年年末，中国在欧洲投资存量主要分布在卢森堡、英国、俄罗斯、法国和德国等国。欧盟占欧洲存量总额的 78.1%，年末投资存量 542.1 亿美元。截至 2014 年年底，中国企业在欧洲设立的境外企业超过 3 300 家，占境外企业总数的 11.2%。投资覆盖率达 85.7%，主要分布在俄罗斯、德国、英国、荷兰、法国、意大利等国。其中，在欧盟设立境外企业超过 2 000 家，已覆盖欧盟的全部 28 个成员国，雇用外方员工 7.39 万人。表 9.15 概括了截至 2014 年年末中国在欧洲的投资存量在一般产业与基础设施两个类别上的结

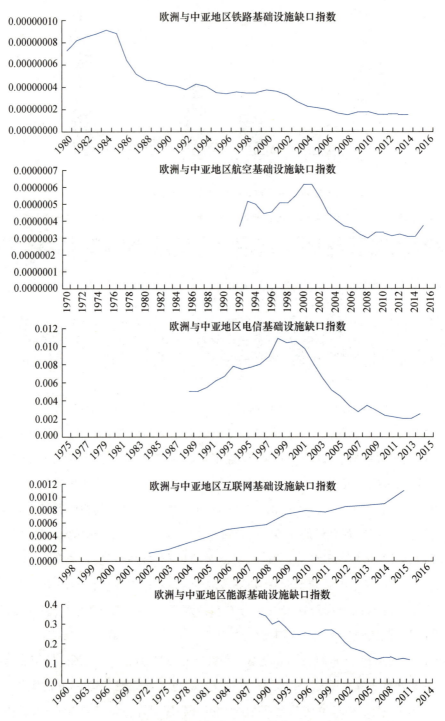

图 9.41 欧洲和中亚地区的基础设施缺口指数

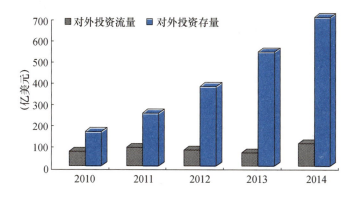

图 9.42　中国对欧洲直接投资流量和存量

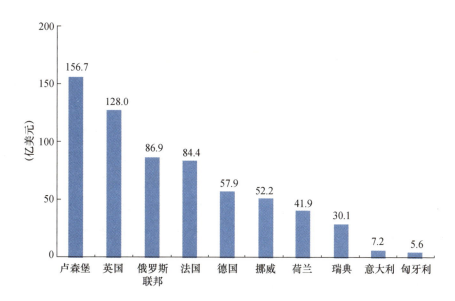

图 9.43　中国对欧洲直接投资流量最多的经济体

表 9.15　截至 2014 年年末中国在欧洲投资存量"一般产业—基础设施"的结构分布

类别	体量
一般产业类	租赁和商务服务业(23.3%)、金融业(19.8%)、制造业(16.9%)、采矿业(15.5%)、批发和零售业(7.9%)。上述 5 个行业投资存量合计为 579.1 亿美元,所占比重达 83.4%。
基础设施类	中国企业对欧洲承包工程新签合同额行业分布中,通信工程建设项目占 36.4%,交通运输建设项目占 22.5%,电力工程建设项目占 16.9%,房屋建筑项目占 11.1%。

构分布。中国对欧洲的投资重心逐渐由以制造业、采矿业为主转移到全产业链的投资。对欧盟投资存量主要行业包括:租赁和商务服务业(27.5%)、金融业(23.5%)、制造业

(16.2%)、采矿业(9.4%),以及批发和零售业(9.2%)。截至 2015 年 11 月底,在建的境外经贸合作区中有 25 个位于欧洲地区。中资企业通过并购来获得欧洲的专有技术、品牌、技能等,增强企业在相关领域的国际竞争力。商务部统计数据显示,2014 年中资企业在欧洲投资并购项目主要集中在意大利、德国、法国、荷兰、英国等国。东风汽车公司 8 亿欧元收购法国标致雪铁龙集团 14.1% 的股份就是一个耀眼的制造业并购项目。2014 年,受地区经济复苏缓慢、消费市场低迷,以及基础设施需求不足等因素的影响,中国对欧洲承包工程新签合同额 103 亿美元,同比下降 9.8%;完成营业额 71.5 亿美元,下滑 13.1%;分别占当年在各国(地区)新签合同总额和完成营业额总额的 5.4% 和 5%。按照新签合同额排序,主要国别市场为:波斯尼亚—黑塞哥维那(20.6 亿美元)、俄罗斯(19.6 亿美元)、法国(19.5 亿美元)、黑山(11.1 亿美元)、英国(5.5 亿美元)。前十大国别市场新签合同额合计为 90.7 亿美元,占当年欧洲总额的 88.1%。按完成营业额排序,主要国别市场为:法国(14.8 亿美元)、白俄罗斯(11.8 亿美元)、俄罗斯(11.6 亿美元)、英国(4.8 亿美元)、德国(3.8 亿美元)。前十大国别市场完成营业额合计为 58.4 亿美元,占当年欧洲总额的 81.7%。

3. 中国在大洋洲的投资及其与大洋洲的产业和基础设施建设匹配情况

澳大利亚和新西兰具有比较优势的产业结构也与中国大不相同。图 9.44 展示了澳大利亚的基础设施缺口情况,缺口与日俱增。2014 年中国企业赴大洋洲投资区域涵盖澳大利亚、新西兰、巴布亚新几内亚、萨摩亚、瓦努阿图等国家和地区;其中,对澳大利亚的投资额占 90% 以上。如图 9.45 所示,2014 年中国对大洋洲直接投资流量为 43.4 亿美元,同比增长 18.6%,在中国对外直接投资流量总额中所占比重为 3.5%。截至 2014 年年末,中国在大洋洲地区的投资存量为 258.6 亿美元,占中国对外直接投资存量的 2.9%。表 9.16 概括了截至 2014 年年末中国在大洋洲的投资存量在一般产业与基础设施两个类别上的结构分布。如图 9.46 所示,2014 年对大洋洲投资主要分布在澳大利亚、新西兰和巴布亚新几内亚等国,其中对澳大利亚的投资占对大洋洲投资流量的 93.4%,达 708.7 亿美元。截至 2014 年年末,中国在大洋洲投资存量主要分布在澳大利亚、新西兰和巴布亚新几内亚三个国家。其中,澳大利亚占大洋洲存量总额的 92.3%,年末投资存量 238.8 亿美元。截至 2014 年年底,中国企业在大洋洲设立的境外企业达 900 多家,占境外企业总数的 3.1%。投资覆盖率为 50%,主要分布在澳大利亚、新西兰、巴布亚新几内亚、斐济、萨摩亚等国。其中,在澳大利亚设立境外企业近 600 家,雇用外方员工 8 400 多人。2014 年,中国对大洋洲承包工程新签合同额 19.9 亿美元,同比下降 3.4%;

完成营业额 22.5 亿美元,增长 9.8%;分别占当年在各国(地区)新签合同总额和完成营业额总额的 1% 和 1.6%。澳大利亚和巴布亚新几内亚是中国企业在大洋洲地区最大国别市场,新签合同额合计 14.4 亿美元,占大洋洲市场的 72.2%;完成营业额合计 18.5 亿美元,占大洋洲市场的 82.4%。

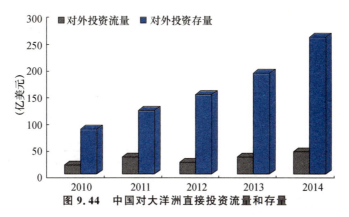

图 9.44 中国对大洋洲直接投资流量和存量

表 9.16 截至 2014 年年末中国在大洋洲投资存量的结构分布

类别	体量
一般产业类	中国企业对大洋洲投资存量主要分布在 5 个行业领域,依次为:采矿业(65.5%)、金融业(7.5%)、房地产业(7.2%)、农林牧渔业(4.1%),以及制造业(3.7%)。上述 5 个行业投资存量合计为 227.4 亿美元,所占比重高达 88%。对澳大利亚投资存量主要行业包括:采矿业(69.6%)、地产业(7.6%)、金融业(7.3%)、制造业(3.4%),以及租赁和商务服务业(3.3%)。
基础设施类	中国企业对大洋洲对外承包工程新签合同额行业分布中,房屋建筑项目占 43.2%,交通运输建设项目占 14.5%,通信工程建设项目占 12.3%。

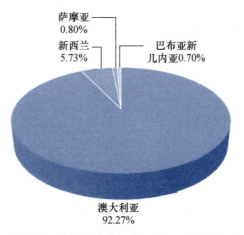

图 9.45 中国对大洋洲直接投资流量和存量

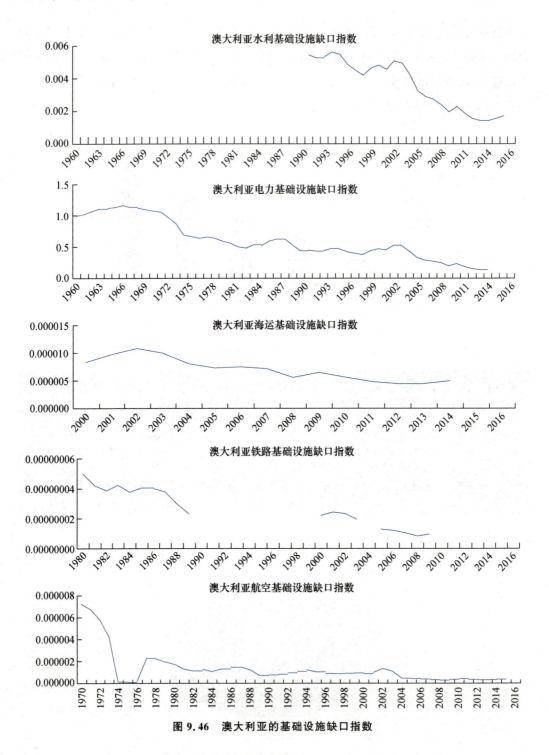

图 9.46 澳大利亚的基础设施缺口指数

第9章
释放巨能:将中国与世界的经济结构转型升级进行匹配

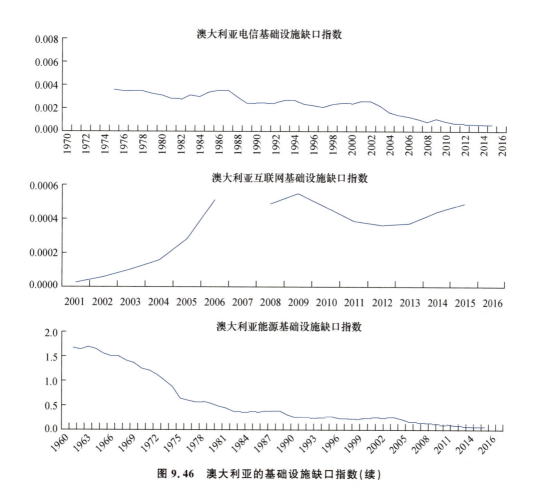

图 9.46 澳大利亚的基础设施缺口指数(续)

【专栏 9.4】

中国中车集团在芝加哥建设首家地铁车辆制造厂[①]

1863年横贯北美大陆的美国太平洋铁路开工时,吸引了大批华人前来寻求工作。他们作为社会底层的工人用血和泪完成了全程3000多公里、历史上第一条跨洲铁路。155年后的今天,远在大洋彼岸的中国中车四方股份公司以投资客的身份在芝加哥建厂,并雇用当地工人生产、组装芝加哥地铁!

中车在2016年3月以低于竞争对手2.26亿美元的竞标价,中标芝加哥846辆、金额

---

① 本专栏根据美国中文网2017年3月18日报道整理。

总价13亿美元的地铁车辆项目,勇夺芝加哥最贵地铁订单。2017年3月16日,中车在芝加哥南部举办建厂动工仪式。总投资1亿美元、占地275亩的厂区,预计在2019年年初完工,并投入使用。该厂房的破土动工,也标志着中国地铁出口发达国家最高纪录订单的生产正式启动。中车在芝加哥南部开设新厂,是50年来捷运系统列车的生产首次回归芝加哥。同时,也成为芝加哥三十多年来的首家地铁车辆制造厂。制造业的落户,给芝加哥注入了新鲜血液,每年产能不低于168辆地铁车辆的生产,也为当地带来至少170个就业机会,以及可观的税收。据中标协议,该笔订单需要满足"购买美国"要求,也就是说本地化率达到60%,并在当地进行组装,芝加哥建厂的契机也在于此。"新厂建成后生产的地铁车辆,将在美国完成转向架组装和车辆总装及调试,根据成本核算,车辆的本土化比例达到了60%以上。"中车四方美国公司总经理刘成永介绍,除在美国采购的部分部件外,车体总组焊是在位于青岛的中车四方股份公司完成的。在芝加哥生产的新车,不仅有美国户口,还带有浓浓的中国血统、中国技术。芝加哥(北纬41.8度)位于密歇根湖畔,与中国乌鲁木齐、沈阳等城市同处高纬度地区,气候严寒,多大风天气。中车将把已经成熟的耐高寒技术应用在芝加哥地铁车辆上,以保证地铁的安全运行和乘客的舒适度。

芝加哥拥有全美第二大公共交通系统,1892年开始运行地铁,目前共有8条地铁线,总长达170公里,贯穿芝加哥地区,年载客量约240万人次。目前行驶在芝加哥的地铁还有30年前的2600系老旧车型,车厢内部陈旧,噪音大。预计2020年首批新型7000系列地铁车辆投入使用后,芝加哥将拥有全美最新的地铁。在芝加哥体验中国高铁的舒适感,不再是遥远的畅想。这一时下的案例验证了中国参与美国基础设施改装升级的互补性(可回顾第8章对美国基础设施缺口的评估)。

9.4.4 从发达国家"引进来"促进中国与发达经济体的经济结构转型升级[①]

1. 中国"引进来"及其与中国的产业和基础设施建设匹配情况

从发达国家招商引资是中国在改革开放之后经济快速发展最为重要的推动力之一,也是中国推动发达国家经济结构转型升级最为重要的推动力之一。中国对发达国家在实体经济领域的开放,不但使得发达国家充分利用了中国劳动力丰富的比较优势和庞大的市场,也使得中国引进了新技术,培育了新产业,迅速地促进中国经济结构转

---

① 本小节的数据资料主要来自中国商务部的《中国外商投资报告》。

型升级。十多年前,《商务部关于全面提高外商投资促进工作水平的指导意见》(商资发〔2005〕340号)中就指出了引进外资对中国经济发展的重要性:"党的十一届三中全会以来,中国将吸收外资作为对外开放基本国策的重要内容。20多年的实践证明,吸收外资加速了国内、国外两种资源和两个市场的融合,带入了现代管理经验和市场营销理念,引进了大量资金、适用技术,增强了自主研发能力,培养了大批人才,创造了更多的就业机会,增加了国家税收和外汇收入。吸收外资大大推进了我国开放型经济的形成与发展,加速了经济结构的调整和产业升级,增强了国家经济实力和国际竞争力,促进了思想解放和观念更新,对社会主义市场经济的建立和法律体系的建设起到了重要作用。"

如图9.47和图9.48所示,改革开放尤其是20世纪80年代以来,中国外商投资企业数和实际使用外资金额,以及吸收外资年均增长率和平均投资规模均保持了良好的增长态势。截至2015年年底,中国非金融类领域累计吸收外商投资1.64万亿美元,连续20多年位居发展中国家首位。中国改革开放之后堪称按照比较优势迅速转型升级吸引外资的典范。中国的经验与新结构经济学理论事实上已经破解了卢卡斯之谜。所谓的卢卡斯之谜是指,主流理论认为发展中国家资本短缺,资本的回报率高,资本应该从发达国家流向发展中国家,但诺奖得主卢卡斯发现,在现实中资本却从大多数的发展中国家流向发达国家。对此现象新结构经济学的解释是,如果一个发展中国家采取了违反比较优势的战略,不仅有权有势的富人从各种价格扭曲和行政干预中寻租获得的财富缺乏合法性,而且国内投资的资本回报率会低,资本就会外逃到发达国家。反之,如果按照比较优势发展,资本的回报率高,富人以企业家才能从市场竞争中获得的财富具有合法性,资本不仅不会外逃,而且还会有资本流入。从中国利用外资的方式以及外商投资模式及产业布局就可以看到中国与外商皆大欢喜的双赢格局。外商投资主要通过在制造业投资以及在零售业并购的方式充分利用了中国劳动力丰富的禀赋结构资源以及庞大的国内市场。中国利用外资主要包括中外合资企业、中外合作企业、外资企业以及外商投资股份制企业等方式。例如,2015年,中国吸收外资仍以外资企业和中外合资企业为主。如表9.17所示,2015年,中国新设立外资企业20 398家,同比增长8.45%,占全国新设立外商投资企业总数的76.76%;新设立中外合资企业5 989家,同比增长24.15%,占22.54%;其他方式合计占0.7%,其中新设立外商投资股份制企业数同比增长90.24%。2015年,外资企业实际投资金额952.85亿美元,同比增长0.58%,占全国实际吸收外资金额的75.46%;中外合资企业实际投资金额258.85亿美元,同比增长23.25%,占20.50%;外商投资股份制企业实际投资金额 32.51 亿美元,同比增长 48.51%,占 2.57%;其他方式合计占比为 1.46%。截至 2015 年,外资企业和中外合资企业分别累计设立 45.81 万家和 31.68 万家,占比 54.77% 和 37.88%;累计实际投资金额分别为 10 669.3 亿美元和 4 383.28 亿美元,占比 64.96% 和 26.69%;上述两类企业合计占比为 91.65%。

表 9.17 2015 年中国吸收外资情况(按投资方式计)

	新设立企业数			实际使用外资金额		
	数量(家)	比重(%)	同比增长率(%)	金额(亿美元)	比重(%)	同比增长率(%)
总计	26 575	100.00	11.76	1 262.67	100.00	5.61
中外合资企业	5 989	22.54	24.15	258.85	20.50	23.25
中外合作企业	110	0.41	5.77	18.45	1.46	12.96
外资企业	20 398	76.76	8.45	952.85	75.46	0.58
外商投资股份制	78	0.29	90.24	32.51	2.57	48.51

资料来源:商务部《中国外商投资报告 2016》。

图 9.47 中国外商投资企业数和实际使用外资金额变化趋势
资料来源:商务部《中国外商投资报告 2016》。

截至 2015 年,中国第二产业吸收外资最多,实际使用外资金额 6 947.67 亿美元,占全国实际使用外资金额的 53.69%;第三产业吸收外资 5 794.64 亿美元,占比 44.78%,已成为重要的增长点;第一产业吸收外资 197.42 亿美元,占比 1.53%,引资规模和比重都有所上升。中国吸收外商投资行业以制造业为主,制造业实际利用外资金额 6 466.04

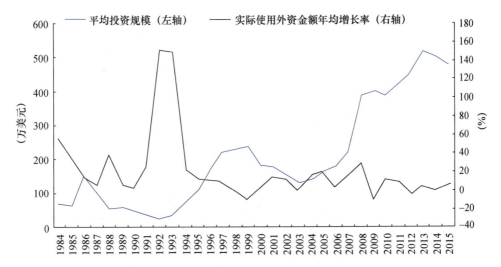

图 9.48　1984 年以来中国吸收外资年均增长率和平均投资规模变化趋势
资料来源:商务部《中国外商投资报告 2016》。

亿美元,约占中国实际利用外资金额的一半。2015 年,中国第三产业吸收外资高速增长,新设立企业 20 985 家,占全国新设外商投资企业总数的比重为 78.97%,同比增长 20.55%,实际使用外资金额 811.38 亿美元,占比 64.26%,同比增长 9.5%;第二产业新设立企业 4 981 家,占比 18.74%,同比下降 11.86%,实际使用外资金额为 435.95 亿美元,占比 34.53%,同比下降 0.79%;第一产业新设立企业 609 家,占比 2.29%,同比下降 15.3%,实际使用外资金额为 15.34 亿美元,占比 1.21%,同比增长 0.76%。在规模上,如图 9.49 所示,2015 年中国吸收外商投资以制造业、房地产业和金融服务业为主,占 66.14%。其中,制造业实际吸收外资金额 395.43 亿美元,占全国实际使用外资金额的 31.32%,同比下降 0.99%;房地产业实际吸收外资金额 289.95 亿美元,占 22.96%,同比下降 16.26%;金融服务业实际使用外资金额 149.69 亿美元,占 11.85%,同比增长 257.92%。在增幅上,2015 年吸收外资增长幅度较大的行业有:金融服务业(增长 257.92%)、卫生、社会保障和社会福利业(增长 84.84%)、信息传输、计算机服务和软件业(增长 39.22%)、科学研究、技术服务和地质勘查业(增长 39.17%)、教育(增长 38.01%)、批发和零售业(增长 27.05%)、建筑业(增长 25.76%),等等。从下降幅度看,2015 年吸收外资下降幅度较大的行业有:采矿业(下降 56.79%)、住宿和餐饮业(下降 33.26%)、水利、环境和公共设施管理业(下降 24.44%)、租赁和商务服务业(下降 19.51%)以及房地产业(下降 16.26%)。

截至 2015 年,外国投资者在中国投资主要以绿地投资为主,跨国并购在中国吸收外

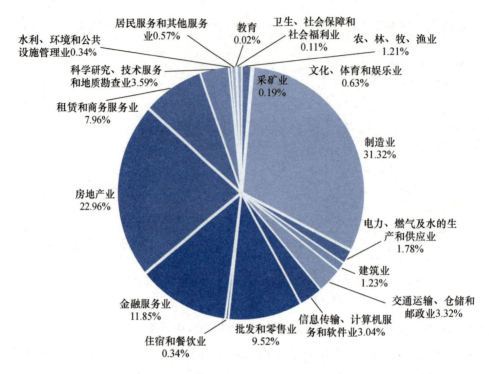

图 9.49　2015 年中国吸收外资情况（按行业划分）
资料来源：商务部《中国外商投资报告 2016》。

资的比重较低，但近年来呈现快速增长的态势。如图 9.50 所示，2004 年，在华跨国并购交易 482 件，占外资总项目数的 1.1%，并购金额 3.3 亿美元，占中国吸引外资总额的 0.5%。2015 年，跨国并购交易 1 466 件，占外资项目总数的 5.5%，较 2014 年增长 14.4%；交易金额 177.7 亿美元，占中国实际吸收外资总额的 14.1%，同比增长 137.1%。并购交易的主要形式是中外合资企业和外资企业。2015 年，以中外合资企业形式开展的并购交易 856 件，占并购交易总数的 58.4%；交易金额 59.7 亿美元，占跨国并购实际使用外资总额的比重为 33.6%；以外资企业形式开展的并购交易 572 件，占并购交易总数的 39%；交易金额 107.9 亿美元，占跨国并购实际使用外资总额的比重为 60.7%。

跨国并购交易主要发生在第三产业，且呈现快速增长的势头。2004 年对第三产业的并购交易 105 件，2015 年增加到 1 035 件，大大超过对第二产业并购交易的 412 件。从金额来看，2004—2015 年，发生在第二产业和第三产业的并购交易额分别从 2.9 亿美元和 0.4 亿美元增至 30.4 亿美元和 146.8 亿美元；而第一产业 2015 年的并购额较小，仅为 4 955 万美元。从具体行业看，2004—2015 年，制造业占全部外资并购的比重逐年下降。2004 年制造业并购交易数比重为 70.7%，2015 年降至 24.5%；并购交易额比重从

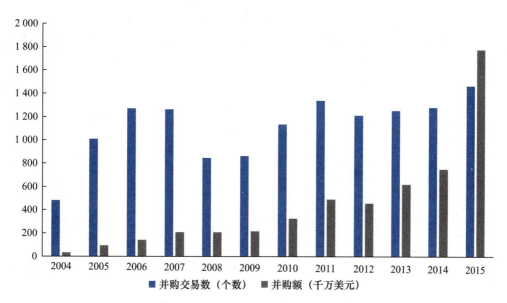

图 9.50 外商在华并购交易数和并购额

资料来源：商务部《中国外商投资报告 2016》。

2004 年的 83% 降至 2015 年的 15.3%。批发零售业是外资并购的重点行业，也是并购交易快速增长的行业。2004 年并购交易仅为 9 件，2015 年达到 458 件，占全行业并购项目数的 31.2%，交易金额为 30.8 亿美元，占并购总额的 17.3%。房地产业也是外资并购的重要行业，2015 年并购交易 85 件，交易金额 31.1 亿美元，占全行业并购金额的 17.5%。租赁和商务服务业 2015 年跨国并购项目数占到全行业项目数的 11.9%。电力、燃气及水的生产和供应业跨国并购交易件数较少，但 2015 年并购交易额达到 2.1 亿美元。2015 年，批发和零售业、制造业、租赁和商务服务业的外资并购交易件数居于前三位，占并购总项目数的 67.7%。外资并购金额排名前三位的行业是金融业、房地产业、批发和零售业，占全行业并购总额的比重合计为 74%。表 9.18 和表 9.19 记录了 2010—2015 年分行业的并购交易数量和金额情况。

按并购交易额计算，2004 年来自中国香港企业的并购交易额占全年并购交易总额的 34.3%；2015 年这一比重为 71.9%，金额为 127.7 亿美元，较 2014 年增长 126.4%。新加坡是中国第二大跨国并购来源地，2004 年跨国并购交易额占中国并购总额的 2.7%，2015 年达到 6.7%，实际使用外资额达 1.2 亿美元。德国、法国、英国也日益成为中国重要的跨国并购来源地。

表 9.18 2010—2015 年具体行业的并购交易项目数　　　　　　　　　　　单位：个

具体行业	2010 年	2011 年	2012 年	2013 年	2014 年	2015 年
农、林、牧、渔业	30	35	21	32	21	19
采矿业	26	20	9	8	7	8
制造业	391	477	389	352	382	359
电力、燃气及水的生产和供应业	33	39	39	39	27	32
建筑业	15	13	10	10	14	13
交通运输、仓储和邮政业	24	47	39	33	28	52
信息传输、计算机服务和软件业	43	42	48	51	44	59
批发和零售业	331	383	365	414	391	458
住宿和餐饮业	21	19	23	20	28	29
金融业	8	10	7	14	11	11
房地产业	77	50	55	62	72	85
租赁和商务服务业	71	107	115	119	127	175
科学研究、技术服务和地质勘查业	51	77	64	77	96	131
水利、环境和公共设施管理业	1	5	6	4	7	6
居民服务和其他服务业	3	10	14	8	14	12
文化、体育和娱乐业	8	5	9	9	8	10
教育	0	0	0	1	3	1
卫生、社会保障和社会福利业	0	0	0	1	1	5
公共管理和社会组织	0	0	0	0	0	1

资料来源：商务部《中国外商投资报告 2016》。

表 9.19 2010—2015 年具体行业的并购交易金额　　　　　　　　　　　单位：万美元

具体行业	2010 年	2011 年	2012 年	2013 年	2014 年	2015 年
农、林、牧、渔业	4 217	1 984	7 379	6 169	5 299	4 955
采矿业	3 269	3 879	4 399	3 313	12 833	2 658
制造业	98 090	114 531	179 581	222 813	212 743	271 768
电力、燃气及水的生产和供应业	61 870	46 024	21 559	23 909	15 879	20 604
建筑业	3 326	771	1 547	4 170	262	9 337
交通运输、仓储和邮政业	9 706	64 734	19 757	37 003	45 993	55 106
信息传输、计算机服务和软件业	3 958	3 142	1 857	7 649	945	16 686
批发和零售业	32 555	47 812	66 041	76 086	59 894	308 149
住宿和餐饮业	7 941	1 699	2 580	137	5 132	1 320
金融业	4 779	7 548	4 269	2 119	644	696 166
房地产业	88 844	154 403	115 313	194 061	214 844	310 751
租赁和商务服务业	4 437	36 191	12 202	32 756	143 721	65 660
科学研究、技术服务和地质勘查业	1 741	5 148	7 959	6 400	18 680	10 645
水利、环境和公共设施管理业	469	1 441	5 307	1 576	11 500	3 145

(续表)

具体行业	2010 年	2011 年	2012 年	2013 年	2014 年	2015 年
居民服务和其他服务业	0	483	6 229	947	1 133	113
文化、体育和娱乐业	268	133	13	380	25	0
卫生、社会保障和社会福利业	0	0	0	124	0	201

资料来源：商务部《中国外商投资报告 2016》。

2015 年主要国家/地区对中国内地投资总体保持稳定，对中国内地投资前五位的国家和地区分别是中国香港（863.87 亿美元，占比 68.42%），英属维尔京群岛（73.88 亿美元，占比 5.85%），新加坡（69.04 亿美元，占比 5.47%），韩国（40.34 亿美元，占比 3.19%），日本（31.95 亿美元，占比 2.53%）。前五位国家/地区对中国内地投资总额达到 1 079.08 亿美元，占 2015 年全年实际吸收外资金额的 85.46%。如表 9.20 所示，截至 2015 年，中国香港累计对中国内地投资 8 333.25 亿美元，占中国内地累计吸引外资总额的 50.74%；英属维尔京群岛以 1 491.74 亿美元位列第二，占 9.08%；日本、新加坡、美国分列第三到第五位，分别累计对中国内地投资 1 018.25 亿美元、792.21 亿美元、774.70 亿美元，分别占 6.20%、4.82%、4.72%。上述前五位国家/地区合计占比达 75.56%。图 9.51 记录了中国台湾、日本、美国和欧盟近年来在中国大陆直接投资变化情况，总体不断攀升。

表 9.20　2015 年对中国内地投资前 15 位国家/地区的投资项目情况

国别/地区	项目个数	比重(%)	实际使用外资金额(亿美元)	比重(%)
总计	836 404	100.00	16 423.20	100.00
中国香港	386 213	46.18	8 333.25	50.74
英属维尔京群岛	23 583	2.82	1 491.74	9.08
日本	49 840	5.96	1 018.25	6.20
新加坡	22 481	2.69	792.21	4.82
美国	65 847	7.87	774.70	4.72
韩国	59 740	7.14	639.46	3.89
中国台湾	95 298	11.39	626.89	3.82
开曼群岛	3 168	0.38	301.73	1.84
德国	9 002	1.08	254.67	1.55
萨摩亚	8 120	0.97	253.41	1.54
英国	8 106	0.97	196.99	1.20
荷兰	3 078	0.37	154.87	0.94
法国	4 997	0.60	148.59	0.90
毛里求斯	2 421	0.29	133.15	0.81
中国澳门	14 398	1.72	127.85	0.78

资料来源：商务部《中国外商投资报告 2016》。

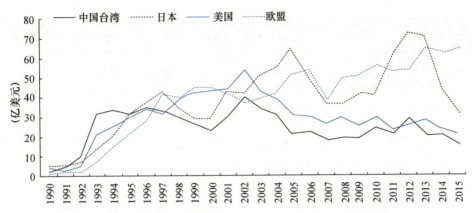

图 9.51　1990—2015 年外商投资主要来源地实际使用外资金额变化情况
资料来源：商务部《中国外商投资报告 2016》。

2. 中国各个行业"引进来"推进转型升级的情况

截至 2015 年年底，农业领域累计设立外商投资企业 24 094 家，占全国累计企业数的 2.88%；实际使用外资金额 197.42 亿美元，占全国累计吸收外资金额的 1.53%。2015 年，外商投资农业领域企业 609 家，同比下降 15.3%；实际投资金额 15.34 亿美元，同比增长 0.76%，占全国外商投资总量的比重分别为 2.29% 和 1.21%。外资企业均是外商投资农业领域的主要企业类型。2015 年，外资企业实际利用外资金额 11.43 亿美元，占总量的 74.49%；中外合资企业 2.83 亿美元，占 18.46%。外商投资农业领域的来源地构成基本稳定，主要来自中国香港、中国台湾和新加坡。2015 年，香港投资内地农业领域项目 333 家，同比下降 25.84%；实际投资额 10.08 亿美元，同比下降 3.58%，两者分别占该行业吸引外资总量的 54.68% 和 65.72%。台湾投资大陆农业领域项目 167 家，同比增长 28.46%；实际投资金额 1.17 亿美元，同比增长 29.86%。新加坡排在第三位，其实际投资金额占比为 6.24%。外商投资农业的地区主要集中在东部。2015 年东部地区实际使用外资金额 11.6 亿美元，同比增长 9.38%，占该行业实际使用外资总量的 75.62%；中部地区 2.36 亿美元，同比下降 31.23%，占 15.37%；西部地区 1.38 亿美元，同比增长 16.04%，占 9.01%。

截至 2015 年年底，制造业领域累计设立外商投资企业 510 904 家，占全国累计企业数的 61.08%；实际使用外资金额 6 466.04 亿美元，占全国累计吸收外资金额的 49.97%。如表 9.21 所示，2015 年，外商投资制造业领域企业 4 507 家，同比下降 12.96%；实际投资金额 395.43 亿美元，同比下降 0.99%，占全国外商投资总量的比重分别为 16.96% 和 31.32%。2015 年，制造业的外资企业 3 308 家，占比为 73.4%，中外合资企业1 149家,占25.49%。外资企业实际投资金额占比为72.67%,中外合资企业实际投资金额占21.56%。如表9.22所示,2015年,中国香港投资制造业的企业数和实际投资金额均位列第一,占该行业外资总量的比重超过45%。其次是韩国、英属维尔京群岛、日本和新加坡。外商投资制造业的地区主要集中在东部。2015年东部地区实际使用外资金额315.37亿美元,同比下降0.09%,占该行业实际使用外资总量的79.75%;中部地区48.82亿美元,同比下降7.88%,占12%;西部地区31.24亿美元,同比上升1.62%,占7.9%。外商投资高技术产业所带来的技术外溢效应,对国民经济发展起到了巨大的推动作用。在制造业吸收外资整体规模略有下降的背景下,高技术制造业成为稳定制造业吸收外资规模、提升制造业外资质量、优化制造业外资结构的主要力量。如表9.23所示,2015年,高技术制造业整体发展良好,除医疗仪器设备及仪器仪表制造业下降、电子及通信设备制造业小幅增长外,计算机及办公设备制造业增长接近一倍,信息化学品制造业增幅超过65%,医药制造业以及航空、航天器及设备制造业增幅都在三成以上。

表9.21 2015年外商投资制造业领域区域分布情况

地区	企业数(家)	同比增长(%)	实际使用外资金额(万美元)	同比增长(%)
合计	4 507	−12.96	3 954 290	−0.99
东部地区	3 365	−11.21	3 153 742	−0.09
中部地区	915	−21.32	488 167	−7.88
西部地区	227	0.89	312 381	1.62

资料来源:商务部《中国外商投资报告2016》。

表9.22 2015年制造业外商投资来源地分布

国别/地区	企业数(家)	企业数比重(%)	外资金额(万美元)	外资金额比重(%)
中国香港	2 216	49.17	1 969 733	49.81
韩国	452	10.03	349 246	8.83
英属维尔京群岛	63	1.4	231 289	5.85
日本	136	3.02	216 222	5.47
新加坡	104	2.31	142 782	3.61
上述合计	2 971	65.93	2 909 272	73.57

资料来源:商务部《中国外商投资报告2016》。

表 9.23 2015 年高技术制造业实际吸收外资情况

高技术制造业	实际使用外资金额(万美元)	同比增长(%)
总计	940 973	8.45
医药制造业	138 746	45.21
航空、航天器及设备制造业	14 388	38.59
电子及通信设备制造业	702 397	1.58
计算机及办公设备制造业	45 430	95.00
医疗仪器设备及仪器仪表制造业	37 873	−17.09
信息化学品制造业	2 139	66.33

资料来源:商务部《中国外商投资报告 2016》。

2015 年外商投资服务业企业 21 563 家,同比增加 19.97%,实际投资 853.7 亿美元,同比增加 9.79%,占全国外商投资总量的比重分别为 81.14% 和 67.61%。如表 9.24 所示,外商投资服务业主要来自中国香港、新加坡。2015 年,来自上述两个主要来源地的投资合计超过 80%。其次是英属维尔京群岛、美国和日本。如表 9.25 所示,外商投资服务业的地区主要集中在东部。2015 年东部地区实际使用外资金额 734.14 亿美元,同比上升 12.57%,占该行业实际使用外资总量的 86%;中部地区 53.61 亿美元,同比上升 2.41%,占 6.28%;西部地区 65.95 亿美元,同比下降 9.79%,占 7.73%。2015 年,高技术服务业增长迅猛,同比增长超过 50%。如表 9.26 所示,除技术检测和专业技术服务业的高技术服务领域小幅下降外,环境监测及治理服务增长接近一倍,科技成果转化服务、信息服务涨幅超过 70%,研发与设计服务增长超过四分之一,知识产权及相关法律服务同比增长 7.81%。

表 9.24 外商投资服务业来源地分布

国别/地区	企业数(家)	比重(%)	外资金额	比重(%)
中国香港	10 636	49.33	6 586 701	77.15
新加坡	647	3	542 995	6.36
英属维尔京群岛	307	1.42	499 943	5.86
美国	1 038	4.81	125 397	1.47
日本	502	2.33	103 074	1.21
上述合计	13 130	60.89	7 858 110	92.05

资料来源:商务部《中国外商投资报告 2016》。

第9章 释放巨能：将中国与世界的经济结构转型升级进行匹配

表 9.25 2015 年外商投资服务业区域分布情况

地区	企业数(家)	同比增长(%)	实际使用外资金额	同比增长(%)
合计	21 563	19.97	8 536 982	9.79
东部地区	19 826	22.13	7 341 357	12.57
中部地区	831	−9.38	536 119	2.41
西部地区	906	9.95	659 506	−9.79

资料来源：商务部《中国外商投资报告2016》。

表 9.26 2015 年高技术服务业实际吸收外资情况

高技术服务业	实际使用外资金额(万美元)	同比增长(%)
总计	830 295	51.71
信息服务	359 984	71.64
技术检测	1 066	−18.13
专业技术服务业的高技术服务	12 207	−19.62
研发与设计服务	280 028	27.58
科技成果转化服务	153 766	73.37
知识产权及相关法律服务	6 033	7.81
环境监测及治理服务	17 211	135.44

资料来源：商务部《中国外商投资报告2016》。

【专栏9.5】

中国装备制造业对美国的追赶历程

装备制造业又称装备工业，主要是指资本品制造业，是为满足国民经济各部门发展和国家安全需要而制造各种技术装备的产业总称。按照国民经济行业分类，其产品范围包括机械、电子和兵器工业中的投资类制成品，分属于金属制品业、通用装备制造业、专用设备制造业、交通运输设备制造业、电气装备及器材制造业、电子及通信设备制造业、仪器仪表及文化办公用装备制造业7个大类185个小类。

装备制造业由于是为国民经济和国防建设提供生产技术装备的制造业，因此被视为制造业的核心组成部分甚至是国民经济发展特别是工业发展的基础。因此，装备制造业的发展水平被直接用来衡量工业化水平的高低。装备制造业是典型的资本密集型和技术密集型以及人力资本密集型行业。装备制造业从生产通用类装备，如农用机械、工程机械，到生产基础类装备，如机床、工装，再到生产成套类装备，如石油、化工、煤化工、盐化工成套设备等，乃至更高级的生产安全保障类装备和高技术关键装备，如军事、航空航天装备等，其厂房成本、设备成本、材料成本、研发成本、人力成本等开支都十分巨大，投资规模动辄上亿元，以十亿、百亿元观，也不鲜见。所以装备制造业是十足的资本密集型产业。装备制造业的生产过程对技术和智力要素的依赖大大超过其他行业。比如生产数控机床、大规模集成电路；微电子和电力电子器件、仪器仪表、自动化控制系统；矿产资源的井采及露天开采设备；大型火电、水电、核电成套设备；民用飞机、高速铁路、地铁及城市轨道车，汽车、船舶等先进交通运输设备；大型科学仪器和医疗设备；先进大型的军事装备，通信、航管及航空航天装备；等等。这些产品技术含量高、生产工艺精密，组织过程复杂，对研发水平、技术实力、知识产权投入方面的要求都很高，所以装备制造业又可谓技术密集型产业。与能够标准化生产降低对劳动力技能和知识水平要求的批量化轻工业生产模式不同，装备制造业所生产的产品，如矿产资源的井采及露天开采设备，石油化工成套设备，电力成套设备，船舶、地铁、航空航天、军事装备等，其生产组织过程都非常复杂，主要是通过按单制造、非标制造、项目制造等模式进行的，而这些生产组织模式与最终消费品制造业的生产组织模式极为不同。最终消费品制造业的产品多可进行批量化、流水线生产，而装备制造业几乎不存在由少数几个工人看管数条生产线便可以使生产过程运转顺利的情况。按单制造、非标制造、项目制造模式中存在着大量的定制化采购、定制化设计、定制化生产组织、定制化装配工作，以及过程中的技术工艺变更、生产计划调整等事项，这些都需要靠人力介入进行解决，没有一成不变的、按钮式控制的"傻瓜式"生产过程。

由于装备制造业是典型的资本、技术与人力资本密集型重工业，时至今日依然是资本相对劳动丰裕的发达经济体的比较优势产业，发展中经济体难以望其项背。当前世界主要装备制造业大国的基本格局未发生明显改变，仍以美、日、德、法、意、英等发达国家为主，占全部总产值的70%。高端产品、关键核心技术被发达国家掌控，短期内其他国家难以超越。例如，根据2016年度《世界机械500强》的数据，世界机械500强企业仍主要集中在发达国家，格局基本稳定。美国、日本分别有138家、101家企业入选榜单，中国内地占95个席位，蝉联第三。前十强中，德国占3席，美国占2席，日本占2席，中国内地、韩国、中国台湾各占1席；前三强由日、德、中国内地占据。可以看到，老牌机械强国的竞争力仍然突出，德国、法国进入500强的企业总数虽不多，但进入百强的企业占三成左右，并均在行业领域优势突出。德国企业平均规模最大，平均销售收入310.9亿美元。

第9章

释放巨能:将中国与世界的经济结构转型升级进行匹配

亚洲国家除日本外,韩国机械企业很有竞争力,12家企业上榜,虽然数量不多,但平均销售收入达352.4亿美元,超过了德国,且一半的企业进入百强。从入选企业总数来看,美国以138家企业入选,仍占据榜首位置,中国有107家,位列第二;日本以101家位居第三,德国、法国、瑞士分别位居第四至第六。中国内地共有95家企业入选,排在前三位的分别是上汽、一汽和东风汽车,分别排在第三、第二十和第二十三位。大部分入选企业都排在200名以后。从行业分布来看,世界装备制造企业遍布17个行业,以电工电器行业为首,机动车及零部件制造行业紧随其后,这两大行业优势明显,占据总榜单前十位中的九席。其中,排名前三的企业分别是德国大众、丰田汽车和上汽集团,分别占据机动车及零部件制造行业的前三位。

全球金融危机之后短短的五年间,2013年中国装备制造业产值规模突破20万亿元,是2008年的2.2倍,年均增长17.5%,占全球装备制造业的比重超过三分之一,稳居世界首位。2014年,中国装备制造业出口额达6.8万亿元,占全部工业产品出口的56.8%。中国2014年装备制造业产值规模突破22万亿元,占全球装备制造业的比重超过三分之一,连续5年居世界首位。中国的这一成绩并非一夜间取得的,而是历经了数十年的发展。然而,这一过程也非常曲折。事实上,在2000年之前,中国的装备制造由于禀赋结构水平太低以及轻纺工业尚未充分发展而不具备比较优势和国内市场,对世界前沿的追赶大都违背了比较优势。如图9.52所示,从1980年到2000年之前的20年间,中国的装备制造业增加值始终超不过美国的10%。而且,利用新结构转型升级的"前沿距离—产业份额"矩阵和联合国工业发展组织(UNIDO)制造业的数据测算[①],整个装备制造行业以及各个细分行业即便短暂地在某些年份的劳动生产率上有异常的赶超,但是其相对份额却无法提高,即便能够在技术上赶超,也是没有竞争力的,无法持续地促进产业结构转型升级。但是在2000年之后,由于中国禀赋结构的大幅度改善以及充分实现了轻纺工业的发展,对装备制造业产生了巨大的需求,中国的装备制造业持续转型升级,如图9.53所示。在图9.54中,中国装备制造业下属的7个细分行业中,除了办公室、会计和计算机械的制造的劳动生产率没有持续向前沿收敛,其他所有行业在劳动生产率和体量上都持续收敛。这是对第5章5.4节所总结的结构转型升级收敛性的一个生动说明。

---

① 新结构转型升级的"前沿距离—产业份额"矩阵是由付才辉开发的用来识别一个经济体的某种产业是领先型、追赶型、退出型等产业类型的诊断工具,参见付才辉,"新结构经济学理论及其在转型升级中的应用",《学习与探索》,2017年第4期。

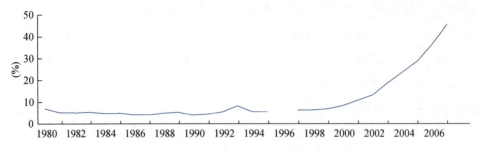

图 9.52 美国装备制造业增加值与中国之比

资料来源：UNIDO。

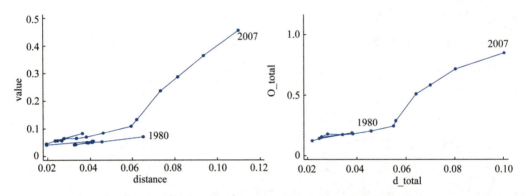

图 9.53 中国装备制造业的"前沿距离—产业份额"追赶矩阵

注：左图纵轴为增加值在制造业中的占比，右图纵轴为产值在制造业中的占比；横轴均为中美劳动生产率比值。

3. 中国各个地区引进来及其与当地产业和基础设施匹配情况

中国地区之间的经济体量和发展水平差异很大，相应地，其外商投资水平差别也非常显著，如图 9.55 和图 9.56 所示。就经济发展水平而言，中西部地区的外商投资水平相对滞后，未来中国的中西部对外开放有很大的潜力。2015 年，东部地区新设立外商投资企业数、实际使用外资金额分别为 23 502 家、1 058.7 亿美元，占全国总量的比重分别为 88.44%、83.84%。截至 2015 年年底，东部地区设立外商投资企业 700 587 家、实际使用外资 13 991.2 亿美元，分别占全国总量的 83.78% 和 85.19%。2015 年，中部地区新设立外商投资企业 1 872 家、实际使用外资 104.4 亿美元，分别占全国总量的 7.04%、8.27%。截至 2015 年年底，中部地区累计设立外商投资企业 87 443 家、实际使用外资金额 1 338.85 亿美元，分别占全国总量的 10.45%、8.15%。2015 年，西部地区新批准设立外商投资项目 1 201 家、实际使用外资 99.55 亿美元，占全国的比重分别为 4.52%、7.88%。截至 2015 年年底，西部地区设立外商投资项目数 48 374 个、实际使用外资 1 093.15 亿美

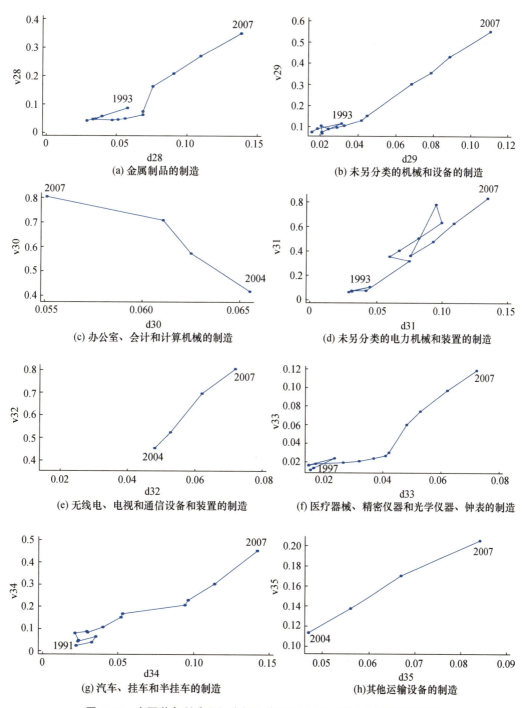

图 9.54 中国装备制造业细分行业的"前沿距离—产业份额"追赶矩阵

元,占全国的比重分别为5.78%、6.66%。2017年2月17日,国家发改委和商务部发布了新修订的《中西部地区外商投资优势产业目录(2017年修订)》,将进一步扩大中西部地区的对外开放力度。

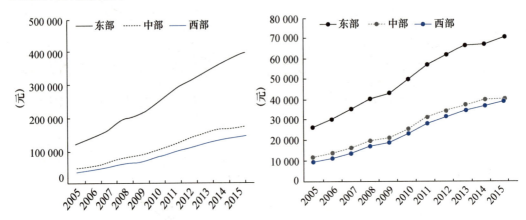

图9.55 2005—2015年中国东中西部的经济总量(左)与地区人均生产总值(右)
资料来源:国家统计局。

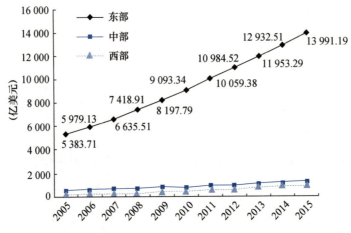

图9.56 2005—2015年东、中、西部地区外商投资总额
资料来源:商务部《中国外商投资报告2016》。

如表9.27所示,2015年,前五位来源地占东部地区外商投资企业总数的63.59%、实际使用外资金额的85.78%。2015年,中国香港在东部地区投资最多,其投资企业数和实际投资额占东部地区总量的比重分别为49.26%、69.28%。如表9.28所示,2015年,制造业、房地产业、金融业以及批发和零售业是外商投资东部地区规模最大的行业,上述四个行业实际使用外资金额之和占东部地区外资总额的75.43%。如表9.29所示,2015年,排名前五位的来源地对中部地区投资的项目数和实际投资金额合计分别占中部地区外商投资企业数和实际使用外资金额的 72.17% 和 80.61%。中国香港仍投资最多,其投资企业数和实际投资额分别占中部地区总量的 55.93%、66.12%。其次是英属维尔京群岛、中国台湾、爱尔兰和新加坡。如表 9.30 所示,2015 年,中部地区吸收外资主要集中在制造业和房地产业。外商投资上述两个行业的实际投资金额合计占中部地区实际使用外资金额的比重高达 72.34%。其中,制造业所占比重最大,其实际使用外资金额占中部地区的比重为 46.76%。如表 9.31 所示,2015 年,排名前五位的来源地在西部地区投资的项目数和实际投资金额合计占西部地区外资总量的 58.87% 和 91.03%。中国香港在中国内地西部地区投资最多,其次是新加坡、韩国、英属维尔京群岛和瑞典。如表 9.32 所示,2015 年,制造业吸收外商直接投资所占比重最大,实际使用外资占西部地区的比重为 31.38%,其次为房地产业 29.57%,金融业 10.47%。

表 9.27　2015 年东部地区外商投资前五位国家/地区情况

序号	国别/地区	企业		实际使用外资	
		数量(家)	比重(%)	金额(万美元)	比重(%)
	东部地区总计	23 502	100.00	10 586 799	100.00
1	中国香港	11 578	49.26	7 334 149	69.28
2	英属维尔京群岛	338	1.44	660 086	6.23
3	新加坡	670	2.85	499 783	4.72
4	韩国	1 755	7.47	300 272	2.84
5	日本	604	2.57	287 000	2.71
	五个国家/地区合计	14 945	63.59	9 081 290	85.78

资料来源:商务部《中国外商投资报告 2016》。

表 9.28　2015 年东部地区外商投资行业分布

行业	企业		实际使用外资	
	数量(家)	比重(%)	金额(万美元)	比重(%)
东部地区总计	23 502	100.00	10 586 799	100.00
农、林、牧、渔业	377	1.60	115 993	1.10
采矿业	13	0.06	14 064	0.13
制造业	3 365	14.32	3 153 742	29.79
电力、燃气及水的生产和供应业	140	0.60	123 786	1.17
建筑业	147	0.63	114 752	1.08

(续表)

行业	企业		实际使用外资	
	数量(家)	比重(%)	金额(万美元)	比重(%)
交通运输、仓储和邮政业	364	1.55	315 126	2.98
信息传输、计算机服务和软件业	1 196	5.09	370 823	3.50
批发和零售业	8 666	36.87	1 135 304	10.72
住宿和餐饮业	488	2.08	34 858	0.33
金融业	1 942	8.26	1 358 797	12.33
房地产业	318	1.35	2 337 764	22.08
租赁和商务服务业	4 129	17.57	893 043	8.44
科学研究、技术服务和地质勘查业	1 847	7.86	430 714	4.07
水利、环境和公共设施管理业	50	0.21	36 786	0.35
居民服务和其他服务业	188	0.80	62 769	0.59
教育	32	0.14	2 878	0.03
卫生、社会保障和社会福利业	36	0.15	13 273	0.13
文化、体育和娱乐业	203	0.86	72 327	0.68
公共管理和社会组织	1	0.00	0	0.00

资料来源:商务部《中国外商投资报告 2016》。

表 9.29 2015 年中部地区外商投资主要来源地

序号	国别/地区	企业		实际使用外资	
		数量(家)	比重(%)	金额(万美元)	比重(%)
	中部地区总计	1 872	100.00	1 044 350	100.00
1	中国香港	1 047	55.93	690 557	66.12
2	英属维尔京群岛	20	1.06	54 421	5.21
3	中国台湾	249	13.30	33 545	3.21
4	爱尔兰	0	0.00	31 944	3.06
5	新加坡	35	1.87	31 360	3.00
	五个国家/地区总计	1 351	72.17	841 827	80.61

资料来源:商务部《中国外商投资报告 2016》。

表 9.30　2015 年中部地区外商投资行业分布

行业	企业		实际使用外资	
	数量(家)	比重(%)	金额(万美元)	比重(%)
中部地区总计	1 872	100.00	1 044 350	100.00
农、林、牧、渔业	157	8.39	23 570	2.26
采矿业	7	0.37	30	0.00
制造业	915	48.88	483 167	46.74
电力、燃气及水的生产和供应业	64	3.42	63 064	6.04
建筑业	19	1.01	40 403	3.87
交通运输、仓储和邮政业	42	2.24	27 526	2.64
信息传输、计算机服务和软件业	59	3.15	303	0.03
批发和零售业	217	11.59	31 008	2.97
住宿和餐饮业	63	3.37	6143	0.59
金融业	10	0.53	33 896	3.25
房地产业	35	1.87	267 316	25.60
租赁和商务服务业	158	8.44	41 661	3.99
科学研究、技术服务和地质勘查业	66	3.53	17 407	1.67
水利、环境和公共设施管理业	14	0.75	437	0.04
居民服务和其他服务业	17	0.91	587	0.06
教育	3	0.16	16	0
卫生、社会保障和社会福利业	11	0.59	0	0.00
文化、体育和娱乐业	13	0.69	2816	0.27
公共管理	2	0.11	0	0

资料来源:商务部《中国外商投资报告 2016》。

表 9.31　2015 年西部地区外商投资主要来源地

序号	国别/地区	企业		实际使用外资	
		数量(家)	比重(%)	金额(万美元)	比重(%)
	西部地区总计	1 201	100.00	995 511	100.00
1	中国香港	521	43.33	613 966	61.67
2	新加坡	57	4.75	159 264	16
3	韩国	113	9.41	89 858	9.03
4	英属维尔京群岛	15	1.25	24 271	2.44
5	瑞典	1	0.08	18 814	1.89
	五个国家/地区总计	707	58.87	906 173	91.03

资料来源:商务部《中国外商投资报告 2016》。

表 9.32　2015 西部地区外商投资行业分布

行业	企业		实际使用外资	
	数量(家)	比重(%)	金额(万美元)	比重(%)
西部地区总计	1 201	100.00	995 511	100.00
农、林、牧、渔业	75	6.24	13 823	1.39
采矿业	14	1.17	10 198	1.02
制造业	227	18.9	312 381	31.38
电力、燃气及水的生产和供应业	60	5.00	38 172	3.83
建筑业	10	0.83	721	0.07
交通运输、仓储和邮政业	43	3.58	75 955	7.63
信息传输、计算机服务和软件业	56	4.66	12 430	1.25
批发和零售业	273	22.73	36 001	3.62
住宿和餐饮业	60	5.00	2 397	0.24
金融业	51	4.25	104 196	10.47
房地产业	34	2.83	294 404	29.57
租赁和商务服务业	178	14.82	70 269	7.06
科学研究、技术服务和地质勘查业	57	4.75	4 315	0.48
水利、环境和公共设施管理业	20	1.67	6 111	0.61
居民服务和其他服务业	12	1	8 775	0.88
教育	3	0.25	0	0.00
卫生、社会保障和社会福利业	4	0.33	1 065	0.11
文化、体育和娱乐业	22	1.83	3 798	0.38
公共管理	2	0.17	0	0.00

资料来源：商务部《中国外商投资报告 2016》。

【专栏 9.6】

山东通过利用外资促进经济和产业转型升级[①]

"十二五"期间，山东吸收外商投资呈现规模稳定增长、结构不断优化、方式日趋多元的良好发展态势。通过利用外资引进新的技术、观念和模式，促进经济和产业结构转型升级。

五年实际利用外资超过 690 亿美元。"十二五"时期，全省批准设立外商投资企业 7 032 家，实际到账外资 691 亿美元，年均增幅 12.1%，比"十一五"增长 48.9%。项目平均规模达到 1 714 万美元，比"十一五"增长 74.2%。其中新增总投资超过 1 亿美元项目 265 个，比"十一五"增长 1.9 倍。"十二五"以来，每年实际到账外资实现百亿美元量级上

[①] 本专栏主要根据《山东商务》(2016 年 1 月 26 日)的报道整理。

的稳定增长。实际到账外资年均增幅高于同期GDP增速。外资企业虽然数量仅占全省的1.7%，但年均吸纳就业人数占全省的6.5%，年均生产总值占全省的14.2%，年均纳税占全省的26.5%，年均进出口总额分别占全省的35.5%和46.1%。从外资来源地看，香港投资占据"半壁江山"。"十二五"期间，香港是山东利用外资第一来源地。共到账外资362.5亿美元，比"十一五"增长1.2倍，占全省比重由"十一五"时期的36%提升到52.5%，近几年更签约了一批金融服务、新能源、健康养老、基础设施等领域的大项目。韩国对山东的投资位居第二。借力中韩自贸区政策，鲁韩合作从制造业等传统领域，逐步向电商、科研、医疗、金融等服务业领域延伸。此外，新加坡、日本、欧盟、中国台湾等地来鲁投资都保持了不同程度的增长。

"十二五"期间引进44家世界500强企业。 目前共203家世界500强企业来鲁投资。据统计，"十二五"时期，共有44家世界500强企业在山东投资设立了146个项目，项目平均规模超过7000万美元，是全省平均水平的4倍。投资来源地涉及日本、韩国、美国、德国、法国等14个国家和地区，主要集中在制造业、新能源、物流仓储、批发零售等领域。截至目前，来山东投资的世界500强企业跃升至203家，累计投资项目642个，合同外资163亿美元。五年间，世界500强等跨国公司加快布局先进制造业，由传统制造向高端制造拓展。以一汽—大众汽车（青岛）华东生产基地落户青岛为例，带动近百家配套企业同步跟进，扩大山东乘用车整车市场份额。

金融领域：利用外资实现突破。 "十二五"期间，山东新批服务业企业3710家，比"十一五"时期增长23.4%，实际到账外资266亿美元，比"十一五"时期增长1.5倍，占全省的比重由"十一五"时期的23%提升到39%。服务外资企业纷纷落户山东，在诸多方面实现突破。具体而言，第一家世界500强企业区域总部入驻山东，7家外商投资研发中心落户山东，外资小额贷款破题落地，以融资租赁为代表的金融服务业和外资银行步入扩张期，商务服务利用外资活跃。同时，山东利用外资方式更加多元化。如通过跨境人民币出资、股权出资等新方式利用外资。"十二五"期间，山东累计使用跨境人民币出资119亿元，其中鲁中汇源以股权出资利用外资4亿美元。

高新技术产业：利用外资形成聚集。 "十二五"期间，新批高新技术产业企业898家，实际到账外资60.2亿美元，比"十一五"时期增长30.9%，占全省的比重达8.7%。以济宁引进惠普的国际软件人才与产业基地为例。惠普公司的国际软件人才与产业基地落户济宁，吸引了甲骨文、IBM、中兴通讯、软通动力、大唐电信、上海钢联等150多家国内外知名企业相继签约或落地建设，形成山东首个信息科技（IT）巨头聚集区。

"十二五"期间山东省利用外资成效显著，在利用外资规模和质量方面实现同步提升。据山东省商务厅相关负责人介绍,下一步,山东省将积极适应对外开放新常态,坚持引资、引技、引智有机结合,进一步完善投资促进体系,优化利用外资方式,深化与世界500强等跨国公司的战略合作,推进中韩地方经济合作示范区建设,推动服务业与其他产业融合发展。进一步提升外资引领产业转型升级作用,发挥利用外资在构建新型产业体系、促进科技创新和投资环境改善等方面的积极作用。

4. 中国继续扩大对外开放积极利用外资的政策方向

为贯彻落实中共中央、国务院《关于构建开放型经济新体制的若干意见》,2017年1月12日,国务院印发了《关于扩大对外开放积极利用外资若干措施的通知》(以下简称《通知》),指出利用外资依然是中国对外开放的基本国策和开放型经济体制的重要组成部分,当前全球跨国投资和产业转移呈现新趋势,中国经济深度融入世界经济,经济发展进入新常态,利用外资面临新形势新任务。《通知》从进一步扩大对外开放、进一步创造公平竞争环境、进一步吸引外资工作三个方面出台了20条措施,并对应地指定了落实措施的责任部门。这些措施旨在通过吸引外资促进中国包括生产性服务业在内的实体经济的转型升级与软硬基础设施不断完善。

为落实上述《通知》,2017年2月17日国家发改委和商务部发布了新修订的《中西部地区外商投资优势产业目录(2017年修订)》,这是自2000年目录首次发布以来的第四次修订。新修订的目录共639条,比2013年版增加了139条,其中,新增173条,删除34条,修改84条,涵盖中西部地区、东北地区以及海南省共22个省(区、市)。可以看到此次目录修订主要有五大变化:一是推动传统产业转型升级,二是支持高新适用技术产业发展,三是鼓励加快发展服务业,四是促进劳动力密集型产业发展,五是强化基础设施和产业配套。目录修订遵循了适应外资产业转移新趋势、充分发挥地方比较优势、优化利用外资结构、与招商引资实际相结合四大原则,主要是发挥目录作用,扩大中西部地区鼓励外商投资产业范围,加大对中西部地区吸引外资的政策支持力度。这有利于在新形势下改善中西部地区相对于其发展水平而言外商投资相对滞后的现状。

9.5 中国与发展中国家经济结构转型升级的匹配

9.5.1 中国能带给发展中经济体经济结构转型升级的产业机会与基础设施建设能力

按照在第1章已经介绍过的新结构经济学的基本原理,经济发展的本质是收入水平的不断提高,而收入水平的提高本质上则是劳动生产率的提高。劳动生产率的提高取决于技术创新和产业升级,技术创新和产业升级依赖于软硬件基础设施的不断完善。经济发展就是劳动生产率水平不断提高,技术创新跟产业升级不断进行,同时软硬基础设施不断完善的过程。硬件基础设施,包括港口道路与电力电信等;软件基础设施,则是指金融制度、法律体系的不断完善。怎样让这个过程持续良性地发展下去?如同我们在第2章到第6章所揭示的全球历史经验事实一样,很重要的就是产业升级的过程要符合一个国家的比较优势,同时实现符合比较优势的技术创新和技术引进。而在这个过程中,有许多事情是企业没有能力做的,尤其是基础设施与产业政策,政府却是可以有所作为的。简单来讲,对于今天广大低收入与中等收入的发展中经济体来讲,最要紧的事莫过于寻找符合其潜在比较优势的产业,并且消除基础设施瓶颈,将其变成现实的比较优势。

历史发展到今天,中国近三十多年激动人心的快速结构转型升级在符合比较优势行业和基础设施建设两个方面都给亚非拉等发展中经济体创造了前所未有的福音。林毅夫和王燕在2016年出版的《超越发展援助》一书中认为南南发展合作的时代已经来临。[①] 中国能够为发展中经济体的经济结构转型升级提供理念、隐性知识和经验以及发展融资和投资。随着真实工资在中国的不断上升,中国会将其部分制造业岗位与外向FDI一起迁移到其他发展中经济体。任何低收入国家如果能够把握住轻型制造业转移的机会,就能够获得几十年的强劲增长,从而创造就业、消除贫困,成为一个中等收入甚至高收入经济体,就像我们在前面的章节中所梳理的历史经验事实一样。我们在第7章已经估算了这种由全球经济结构转型升级带来的制造业就业机会,按照不同的口径,中国都能够为低收入经济体提供可待转移的数千万制造业就业机会。例如,以第一次工业革命的旗舰产业——轻纺行业为例,中国目前的体量将近全世界的一半,如表9.33所示。事实上,由中国带领的全球发展的"领头龙"模式已经在悄然快速发生。如表9.34所示,2013年全球服装出口分布格局就发生了巨大变化,东南亚、南亚、非洲等发展中经济体就迅速崛起,已远远超过中国。

表 9.33 2012 年世界各国纺织、服装、皮革产品体量

排名	国家	产出(百万美元)	全球占比(%)
1	中国	1 058 471	42.39
2	印度	143 801	5.76
3	土耳其	125 713	5.03
4	意大利	104 529	4.19
5	美国	83 875	3.36

---

① 林毅夫、王燕,《超越发展援助》,北京大学出版社,2016年。

(续表)

排名	国家	产出(百万美元)	全球占比(%)
6	韩国	77 025	3.08
7	巴西	71 489	2.86
8	日本	51 433	2.06
9	印度尼西亚	36 091	1.45
10	德国	28 591	1.15
	合计	2 496 932	100.00

资料来源：根据WIOD数据库《世界投入产出表(2012)》相关数据整理所得。

表9.34 2013年各国服装出口额及显性比较优势指数(RCA)

国家	地域	服装出口额(千美元)	总出口额(千美元)	服装出口占比(%)	RCA
柬埔寨	东南亚	5 020 947.5	9 248 135.0	54.29	21.65138
斯里兰卡	南亚	4 511 150.5	9 976 671.0	45.22	18.03249
毛里求斯	非洲	758 814.9	1 896 268.5	40.02	15.95843
萨尔瓦多	中美洲	2 072 018.9	5 457 738.5	37.96	15.14032
尼加拉瓜	中美洲	1 274 524.3	4 156 155.3	30.67	12.22955
马达加斯加	非洲	403 050.8	1 752 584.4	23.00	9.171384
巴基斯坦	南亚	5 352 814.0	25 023 264.0	21.39%	8.530849
约旦	西亚	1 141 544.6	6 763 000.5	16.88%	6.731432
突尼斯	非洲	2 842 152.5	17 059 302.0	16.66%	6.644161
马其顿	欧洲	635 938.3	4 265 719.5	14.91	5.945340
阿尔巴尼亚	欧洲	333 573.4	2 330 758.5	14.31	5.707530
越南	东南亚	17 361 490.0	131 954 944.0	13.16	5.247052
危地马拉	中美洲	1 317 679.4	10 052 354.0	13.11	5.227523
吉尔吉斯斯坦	中亚	104 626.2	808 683.6	12.94	5.159597
斐济	大洋洲	57 902.9	483 873.2	11.97	4.772184
土耳其	西亚	15 582 283.0	148 408 368.0	10.50	4.187229
尼泊尔	南亚	76 218.5	863 177.6	8.83	3.521393
中国	东亚	176 628 880.0	2 208 926 976.0	8.00	3.188852
佛得角	非洲	4 279.0	69 177.3	6.19	2.466813
摩尔多瓦	东欧	98 677.9	1 619 261.5	6.09	2.430282

资料来源：联合国商品贸易统计数据库(UN Comtrade Database)。

正如我们在第4章梳理中国经济结构转型升级的历史轨迹时所展示的那样，诸如服装纺织这类轻纺工业在20世纪70—90年代是中国内地承接日本和韩国以及中国香港此类产业转移的追赶型产业,中国成功地把握住了此次发展机会,取得了巨大成功,如图9.57所示。而今随着中国劳动力工资水平的不断上扬,此类曾经的追赶型产业又变成退出型产业,中国又需要继续"腾笼换鸟"进行转型升级。如图9.58和图9.59所示的用联合国工业发展组织制造业数据所识别的产业类型的"前沿距离—产业份额"矩阵,进入21世纪之后中国的服装纺织行业占制造业的比重在持续下滑,但生产率水平在不断提高。中国此类劳动力密集型退出型产业正是其他发展中经济体典型的追赶型产业。

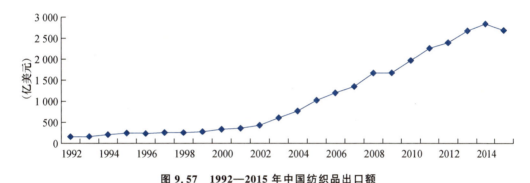

图9.57 1992—2015年中国纺织品出口额
资料来源:联合国商品贸易统计数据库(UN Comtrade Database)。

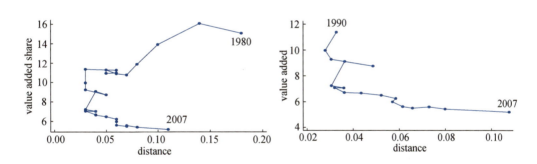

图9.58 1980—2007年中国纺织业的前沿距离(与美国纺织业劳动生产率的比值)
与制造业份额矩阵(左为增加值份额,右为产值份额)

第8章介绍了2009年林毅夫在担任世界银行首席经济学家兼高级副行长期间提出的新全球大规模基础设施投资计划的倡议。当时发达国家陷入金融危机,需要进行结构性改革才能真正复苏。但是结构性改革会压低消费、扩大失业,在政治上面临很大阻力。对于此次危机,贬值、援助等传统方法都无济于事。因此林毅夫提出一个全球复兴计划,主要内容是对发达国家特别是发展中国家的基础设施进行大量投资。这些基础设施投

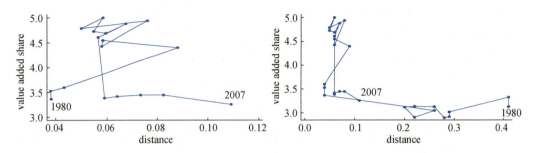

图 9.59　1980—2007 年中国服装制造业的前沿距离(与美国服装制造业劳动生产率的比值)与制造业份额矩阵(左为增加值份额,右为产值份额)

资不仅会促进所在国的经济增长,还会拉动其他国家包括发达国家的出口。之所以提出这个计划,是因为发达国家的基础设施还有改进空间,中国以外的发展中国家的基础设施非常差。发达国家的退休基金、中国及石油输出国的外汇储备大量购买政府债券,收益率很低,不如用于基础设施投资。上述建议在提出以后,被越来越多的人接受。2010 年 20 国集团首尔峰会将帮助发展中国家建设基础设施列为共识的第一项,后来的峰会也多次强调。如今中国通过"一带一路"倡议率先推进,为全球做出了榜样。中国之所以能够发起"一带一路"倡议,源于中国在过去数十年中开展了规模浩大的基础设施建设,积累了丰富的建设经验,包括基础设施融资与运营管理的经验。中国不但为发展中经济体如何快速消除基础设施瓶颈提供了经验,而且还为发展中经济体的基础设施建设提供了新的机会。

9.5.2　中国对亚洲的投资及其与亚洲的产业和基础设施建设匹配情况

亚洲是中国"一带一路"战略的主战场,而"一带一路"的重点是基础设施互联互通。图 9.60 展示了东亚和太平洋地区的基础设施缺口情况,缺口与日俱增。本章最后一部分关于"一带一路"倡议的梳理将进一步介绍,并将给出一些中国帮助亚洲经济体进行基础设施建设的案例。2014 年,亚洲地区继续保持中国企业对外投资合作的最大市场地位。亚洲是中国对外直接投资最大的目的地,也是最大的对外承包工程和劳务合作市场。2014 年,中国对亚洲直接投资流量达 849.9 亿美元,同比增长 12.4%(上年增速为 16.7%),略低于对全球的投资增速(14.2%),在中国对外直接投资流量总额中所占比重高达 69%。如图 9.61 所示,截至 2014 年年末,中国在亚洲地区的投资存量为 6 009.7 亿美元,占中国对外直接投资存量的 68.1%。如图 9.62 所示,2014 年中国内地对亚洲投资主要分布在中国香港、新加坡、印度尼西亚、老挝、巴基斯坦、泰国、阿拉伯联合酋长国、中国澳门、伊朗、韩国、马来西亚和蒙古等国家和地区。其中,对中国香港的投资占对亚洲投资流量的83.4%,达708.7亿美元;对东盟十国的投资流量为78.1亿美元,占对亚洲投资流量的9.2%。截至2014年年末,中国内地在亚洲投资存量主要分布在中国香港、新加坡、哈萨克斯坦、印度尼西亚、老挝、中国澳门、缅甸、蒙古、巴基斯坦、伊朗等国家和地区。其中,中国香港占亚洲存量总额的84.8%,年末投资存量5 099.2亿美元;东盟十国占亚洲存量总额的7.9%,存量为476.3亿美元。

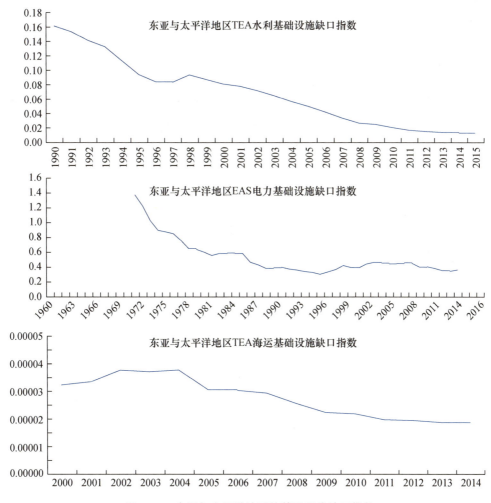

图9.60 东亚与太平洋地区的基础设施缺口指数

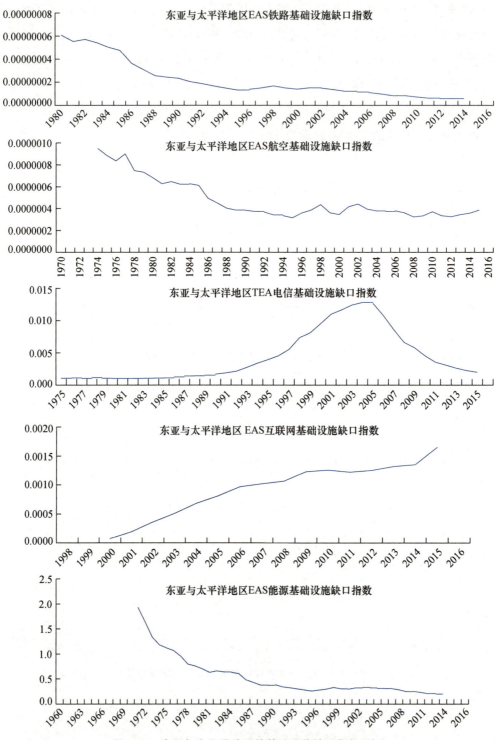

图 9.60 东亚与太平洋地区的基础设施缺口指数(续)

第 9 章
释放巨能：将中国与世界的经济结构转型升级进行匹配

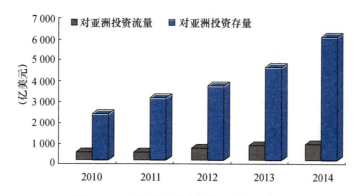

图 9.61　中国对亚洲直接投资流量和存量
资料来源：《2014 年度中国对外直接投资统计公报》。

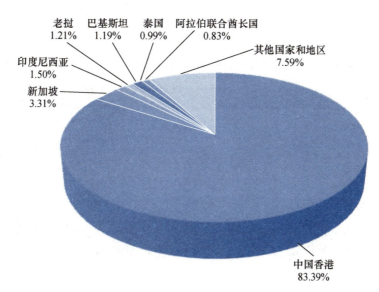

图 9.62　中国内地对亚洲直接投资流量国别和地区分布
资料来源：《2014 年度中国对外直接投资统计公报》。

表 9.35 概括了截至 2014 年年末中国在亚洲的投资存量的"一般产业—基础设施"结构分布。对中国香港投资存量主要行业主要包括：租赁和商务服务业（45.7%）、批发和零售业（14.3%）、金融业（13.2%）、采矿业（10.7%），以及交通运输、仓储和邮政业（5%）。对东盟十国投资存量行业分布为：电力、热力、煤气及水的生产供应业（15.2%）、租赁和商务服务业（14.4%）、制造业（12.9%）、采矿业（12.7%）、批发和零售业（12.4%）、金融业（12.3%）。其中制造业是中国对东盟涉及国家最广泛的行业，投资额上亿美元的国家包括越南、泰国、印度尼西亚、新加坡、柬埔寨、马来西亚、老挝、菲律宾、

缅甸。这在一定程度上反映出我们在第 7 章测算的还在继续的亚洲"雁行模式"。截至 2015 年 11 月底,在建的境外经贸合作区中有 28 个位于亚洲地区。亚洲是中国对外承包工程的传统市场。2014 年,中国对亚洲承包工程业务保持增长,新签合同额 842.2 亿美元,同比增长 18.7%;完成营业额 648.4 亿美元,增长 0.7%;分别占当年新签合同总额和完成营业额总额的 43.9%和 47%。按照新签合同额排序,主要国别市场包括:沙特阿拉伯(94.7 亿美元)、伊朗(65.1 亿美元)、伊拉克(63.8 亿美元)、印度尼西亚(51.9 亿美元)、马来西亚(43.3 亿美元)。前十大国别市场新签合同额合计为 512.1 亿美元,占当年亚洲总额的 60.8%。按完成营业额排序,主要国别市场包括:沙特阿拉伯(59.5 亿美元)、伊拉克(49 亿美元)、印度尼西亚(45.8 亿美元)、巴基斯坦(42.5 亿美元)、越南(39.8 亿美元)。前十大国别市场完成营业额合计为 387.6 亿美元,占当年亚洲总额的 59.8%。

表 9.35 截至 2014 年年末中国在亚洲的投资存量的"一般产业—基础设施"结构分布

类别	体量
一般产业类	中国企业对亚洲投资存量主要分布在 5 个行业领域,依次为:租赁和商务服务业(40.1%)、批发和零售业(13.5%)、金融业(13.5%)、采矿业(12.4%),以及交通运输、仓储和邮政业(4.7%)。上述 5 个行业投资存量合计为 5056.9 亿美元,所占比重高达 84.2%。对东盟十国投资存量行业分布为:电力、热力、煤气及水的生产供应业(15.2%),租赁和商务服务业(14.4%),制造业(12.9%),采矿业(12.7%),批发和零售业(12.4%),金融业(12.3%)。
基础设施类	中国企业对亚洲对外承包工程新签合同额行业分布中,石油化工项目占 20.5%,交通运输建设项目占 20.1%,电力工程建设项目占 17.4%,房屋建筑项目占 14.2%。

9.5.3 中国对非洲的投资及其与非洲的产业和基础设施匹配情况

拥有十亿劳动力的非洲将是中国劳动力密集型产业的转移目的地。在中非合作论坛—约翰内斯堡峰会上,习近平主席宣布中方愿在未来三年同非方重点实施包括中非工业化合作计划、中非农业现代化合作计划在内的"十大合作计划"。为确保"十大合作计划"顺利实施,中方还决定提供总额 600 亿美元的资金支持,包括提供 50 亿美元的无偿援助和无息贷款、设立首批资金 100 亿美元的"中非产能合作基金"等。客观而言,中非经济可以实现优势互补,合作前景广阔。2017 年 1 月,在访问非洲五国期间,中国外交部长王毅表示,无论国际风云如何变幻,世界经济局势如何发展,中非合作都将继续。他说,在 2015 年 12 月至 2016 年 1 月期间,中非签订了总值 500 多亿美元的合作协议,与此同时,中非合作的一大批基础设施项目、经济合作区和工业园等也开始或即将投入建造。图9.63展示了非洲的基础设施缺口情况,缺口长期巨大而且与日俱增。如第7章所测算的,非洲的制造业缺口也相当大。因此,中非合作在制造业发展和基础设施建设上将改变非洲的命运。

2014年,中国对非洲直接投资流量为32亿美元,较上年下降5%,占当年中国对外直接投资流量的2.6%。如图9.63所示,截至2014年年末,中国在非洲地区的投资存量为323.5亿美元,占中国对外直接投资存量的3.7%。如图9.64所示,2014年对非洲投资主要分布在阿尔及利亚、赞比亚、肯尼亚、刚果共和国、尼日利亚、中非、苏丹、坦桑尼亚、埃及、刚果民主共和国等国家和地区。中国在非洲投资流量最大的10个国家(地区)累计投资达26.5亿美元,占中国对非洲投资流量的82.8%。截至2014年年末,中国在

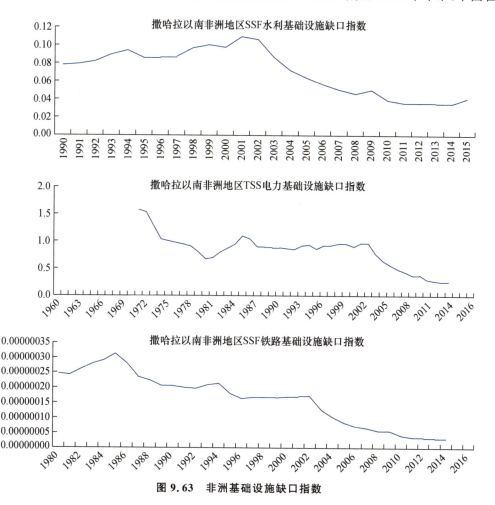

图9.63 非洲基础设施缺口指数

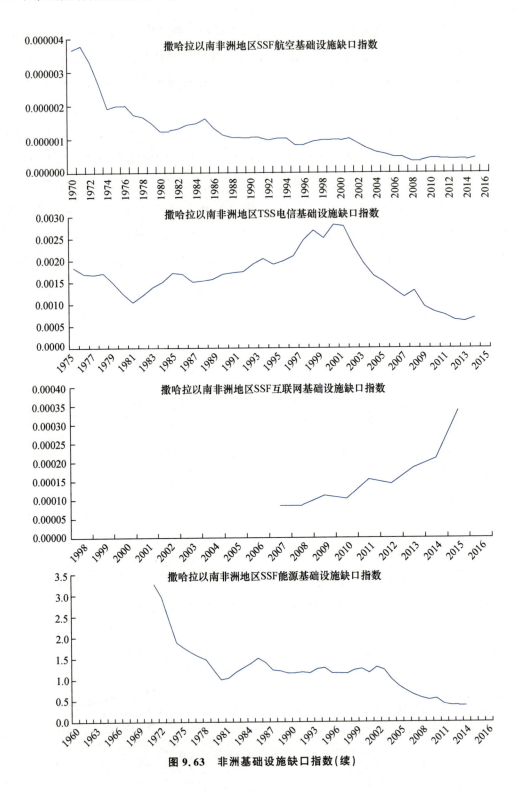

图 9.63 非洲基础设施缺口指数(续)

非洲投资存量主要分布在南非、阿尔及利亚、尼日利亚、赞比亚、刚果民主共和国、苏丹、津巴布韦、安哥拉、加纳、刚果共和国等国家和地区。中国在非洲投资存量最大的10个国家（地区）累计投资达218.7亿美元，占中国对非洲投资存量的67.6%。截至2014年年底，中国企业在非洲设立的境外企业超过3 000家，占境外企业总数的10.6%，投资覆盖率达86.7%，主要分布在尼日利亚、赞比亚、南非、埃塞俄比亚、坦桑尼亚、加纳、肯尼亚、安哥拉、苏丹、阿尔及利亚等。表9.36概括了截至2014年年末中国在非洲的投资存量的"一般产业—基础设施"结构分布。近年来，中国企业在非洲投资的行业领域不断拓宽，几乎涵盖所有行业部门，但中国企业在非洲投资行业分布仍然较为集中。截至2014年年末，中国企业对非洲投资存量主要分布在以下行业，依次为：建筑业（24.7%）、采矿业（24.5%）、金融业（16.4%）、制造业（13.6%）、科学研究和技术服务业（4.2%）。上述5个行业投资存量合计为269.8亿美元，所占比重高达83.4%。中国企业在非洲建设境外经贸合作区开创了中非合作的新模式。截至2015年11月底，在建的境外经贸合作区中有20个位于非洲地区。其中，赞比亚中国经贸合作区是中国在非洲地区设立的第一个境外经贸合作区，也是赞比亚政府宣布设立的第一个多功能经济区，该区累计投资近15亿美元，已有35家企业入驻。此后，中国企业在埃塞俄比亚建设了东方工业园，在埃及建设了苏伊士经贸合作区，在尼日利亚建设了莱基自由贸易区等一批经贸合作区。境外经贸合作区已成为中国对非集群式投资的重要平台。非洲是中国对外承包工程的主要市场。2014年，中国对非洲承包工程业务保持增长，新签合同额754.9亿美元，同比增长11.3%，与中国当年对全球新签合同总额11.7%的增速基本持平；完成营业额529.7亿美元，增长10.6%，大大高于中国当年对全球完成营业总额3.8%的平均增速；分别占当年在各国（地区）新签合同总额和完成营业额总额的39.4%和37.2%。按照新签合同额排序，主要国别市场包括：尼日利亚（177.1亿美元）、阿尔及利亚（97.5亿美元）、肯尼亚（53.5亿美元）、埃塞俄比亚（50.8亿美元）、安哥拉（34.7亿美元）。前十大国别市场新签合同额合计为532.2亿美元，占当年非洲总额的70.5%。按完成营业额排序，主要国别市场包括：埃塞俄比亚（68.3亿美元）、安哥拉（64亿美元）、阿尔及利亚（63.3亿美元）、尼日利亚（45.3亿美元）、刚果共和国（25.3亿美元）。前十大国别市场完成营业额合计为363.2亿美元，占当年非洲总额的68.6%。

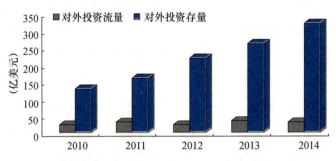

图 9.64　中国对非洲直接投资流量和存量

资料来源:《2014 年度中国对外直接投资统计公报》。

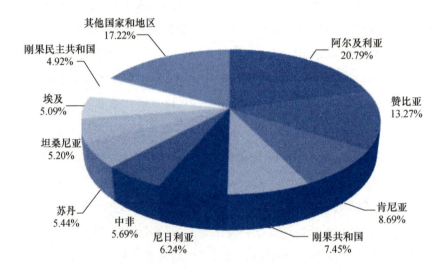

图 9.65　中国对非洲直接投资流量国别和地区分布

资料来源:《2014 年度中国对外直接投资统计公报》。

表 9.36　截至 2014 年年末中国在非洲的投资存量的"一般产业—基础设施"结构分布

类别	体量
一般产业类	中国企业对非洲投资存量主要分布在以下行业,依次为:建筑业(24.7%)、采矿业(24.5%)、金融业(16.4%)、制造业(13.6%)、科学研究和技术服务业(4.2%)。上述 5 个行业投资存量合计为 269.8 亿美元,所占比重高达 83.4%。
基础设施类	中国企业对非洲对外承包工程新签合同额行业分布中,交通运输建设项目占 46.5%,房屋建筑项目占 23.1%,电力工程建设项目占 11.6%。

根据林毅夫和王燕的估算,在 2001—2010 年间中国融资的 168 个基础设施工程项

第9章

释放巨能：将中国与世界的经济结构转型升级进行匹配

目(见图 9.66)中,有将近 63% 的项目都与非洲的瓶颈匹配。① 中国参与的这些基础设施项目很大程度上缓解了非洲经济结构转型升级的瓶颈,使得符合潜在比较优势的产业发展成为可能。根据《非洲华侨周报》海外网 2017 年 3 月 22 日的报道,在过去两年中,中国已为非洲创造了近 3 万个工作岗位,因而成为为非洲人民提供最多就业机会的国家。标准银行集团的经济学家杰里米·史蒂文斯说:"就在非的项目投资数量而言,中国排名第七位,但它向非洲人民提供的就业岗位数量却是其他国家遥不可及的。"大多数就业机会来自中国私营部门。一方面,中国对非投资主要集中于劳动力密集型产业,另一方面,非洲国家把劳动雇佣作为优先发展项,而中国公司愿意雇用当地劳动力。以肯尼亚为例,2016 年 3 月,世界银行发布了政策研究工作报告,报告称在 2003 年至 2015 年间,中国通过对肯直接投资所创造的工作岗位数量在该国排名第五,93% 的驻肯中资企业都会雇用当地员工。由于工程数量较少,中企开展每个项目会聘用更多当地员工。报告称,在 2003 年至 2015 年间,肯尼亚的每个海外直接投资项目平均创造 100 个工作岗位,而中国对肯直接投资的每个项目平均创造 166.92 个工作岗位。此外,60% 的驻肯中资企业会为当地员工提供工作技巧、安全防范和医疗卫生知识的常规培训。非洲如果像当年中国改革开放之初那样积极主动地去把握中国大量失去比较优势的劳动力密集型产业转移机会,以及积极有为地建设消除产业发展的基础设施瓶颈,那么非洲取得像中国近四十年来那样的快速发展也指日可待。

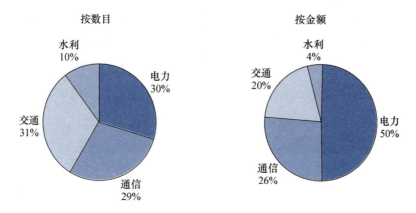

图 9.66　2001—2010 年间中国对非洲的基础设施融资情况
资料来源:World Bank-PPIAF Chinese Projects Database.

---

① 更详细内容参见林毅夫、王燕的《超越发展援助》第 5 章附录 5.1。

【专栏 9.7】

非洲的基础设施建设投资机会①

银行投资专家卡特·戴维斯于 2017 年 2 月 28 日在坦桑尼亚主流媒体《卫报》上发表题为"7 个国家欢迎基础设施建设投资"的文章,认为非洲国家领导人认为发展现代化基础设施对经济增长至关重要,但是非洲的能源、网络和运输成本仍是全球最高的。虽然许多官员都怀有改造和建设基础设施的雄心壮志,然而现实中因 2015 年和 2016 年经济不景气,公共财政支出有限,壮志难酬。在非洲,私营部门投资参与基础设施建设成为大势所趋。每年的基础设施建设资金缺口超过 900 亿美元,一些私人投资在积极地寻找机会。包括黑石(Blackstone)、阿布拉吉(Abraaj)在内的私募投资者,认为非洲的基础设施建设充满商机。双方都组建了专业的团队,关注潜在的项目,特别是电力项目。可以预见,2017 年将有更多的私募基金参与其中。

塞内加尔。塞内加尔具有国际航运和区域陆运优势。目前塞内加尔已经开始着手建设达喀尔港,以替代日渐老化和拥挤的旧港,新港将带动这个国家高速发展。塞内加尔是西非最稳定的民主国家,但经济上比较落后。2016 年,塞内加尔经济增速为 6.5%,是该国 10 年内的最高增速,并有望在 2017 年和 2018 年达到 7% 的增速。而新港是高速发展的动力之一,电力的发展将是带动经济发展的引擎。目前塞内加尔发电成本高,因为 50% 以上依靠生物能源。近期发现的油气资源,特别是大储量海上油气的发现,是建设天然气发电厂的契机。投资者投资电力领域对塞内加尔至关重要。

科特迪瓦。科特迪瓦现任总统瓦塔拉曾任国际货币基金组织经济学家,现任预算部部长西斯拥有经商经验,二人都认为加强基础设施建设对科特迪瓦的经济发展至关重要。西斯部长宣布到 2020 年,政府计划累计投入 600 亿美元发展基础设施,其中 68% 将来源于私营部门,80% 以上的公私合营(PPP)模式将用于运输、电信和能源等关键基础设施领域。科特迪瓦政府的承诺正在逐步落实。2015 年的经济增速为 10%。截至 2016 年年初,电力装机容量已超过 2 000 兆瓦,国家发电公司功不可没,对私营公司的投资补贴也不容忽视。目前科特迪瓦已开始向贝宁、布基纳法索、加纳、马里和多哥出口电力。独立供电商增加等因素,有助于电力部门继续发展。科特迪瓦 2017 年和 2018 年的经济

---

① 本专栏根据坦桑尼亚《卫报》2017 年 2 月 28 日发表的"7 个国家欢迎基础设施建设投资"一文整理而成。

增长预期分别为8%和9%，将有助于增加运输和房地产投资回报。

喀麦隆。喀麦隆电力短缺，包括首都雅温得在内的大城市也缺电。喀麦隆总统比亚承诺通过建设发电厂缓解电力缺口，包括即将投入运营的Memve'ele和Mekin发电厂，此外还有多个建设中的发电站。同时比亚总统还要求其国家电网公司加强电网管理。电力短缺是制约喀麦隆经济发展的主要瓶颈，2017年和2018年的经济增速预期为4.5%—5.5%。比亚总统表示，目前喀麦隆正在充分发掘自身潜力，推进工业化进程，需要更多的电力供应和输变电线的改造升级。

乌干达和坦桑尼亚。乌干达和坦桑尼亚是东非的"潜力股"。两国在电力领域均有投资机会，特别是天然气发电项目。乌干达决定放弃肯尼亚而选择与坦桑尼亚在原油管线项目上合作，索马里青年党的恐怖威胁是原因之一。选择坦桑尼亚意味着项目成本的上升，这对于面临财政困难的乌干达是不小的挑战。同时，坦桑尼亚在马古富力总统的领导下，实行紧缩的财政政策，将直接（和间接）地影响对基础设施的投资。为什么说这两个国家是潜力股呢？因为两国都需要引入私人资本发展电力，同时两国也拥有包括天然气在内的发电燃料资源。乌干达的卡鲁马和伊希姆巴水利发电站和坦桑尼亚姆特瓦拉的天然气项目都是标志性项目。然而这些项目仍不足以支撑两国5%的经济增速，同时，2017年和2018年两国的经济增长预期都超过7%。此外，两国的管道、公路、机场等领域也需要投资，以配合经济发展。

刚果民主共和国。由于矿业公司不断发展壮大，刚果民主共和国的电力短缺问题更加突出，输变电线的升级改造也成为必需。刚果民主共和国超过45%的公司自备发电机，以应对频繁停电造成的电力短缺问题。估计刚果民主共和国的水力发电潜力为5万兆瓦。现实是存在大量的投资机会，但是对于处于初级阶段的刚果民主共和国基础设施建设领域，仍有许多地方需要加强学习。

尼日利亚。作为非洲最大的天然气供应国，现在仍无法实现天然气发电。尼日利亚政府正在努力改善电力状况。例如在2015年尼日利亚电力管理委员会提高了商业、工业和居民用电的价格。在对私人投资电力领域进行多次讨论后，目前的情形对独立发电商更有利。但尼日利亚人在经济下行压力下，仍要求政府提供合理电价。因此投资者仍然比较犹豫，本国货币贬值也加剧了这一趋势。

9.5.4 中国对拉美的投资及其与拉美的产业和基础设施建设匹配情况

2014年年底和2015年年初墨西哥通信和交通部宣布中国中标其高铁项目并旋即宣布取消中标,这一被称为中国高铁"走出去"真正意义上的"第一单"充满戏剧性,但也反映了拉美进行大规模基础设施建设的挑战性,但这无法阻挡经济发展要求所内生的趋势。正如我们在第3章到第6章对全球每个经济体的经济结构转型升级轨迹的追踪评估所显示的那样,诸多拉美经济体之所以陷入中等收入陷阱,主要是由于没有持续的经济结构转型升级,而这又源于产业升级次序颠倒以及政府没有发挥因势利导作用积极主动地去消除产业发展面临的软硬基础设施瓶颈。中国的发展日益后来居上。如图6.67所示,中国近年来制造业工资水平和总体工资水平已超过拉美。这意味着中国诸多产业区段相对拉美而言已逐渐失去比较优势,这对拉美而言也意味着机会,需要积极主动地向中国招商引资。同时,如图9.68所示,拉美的基础设施存在很大缺口,需要努力消除。

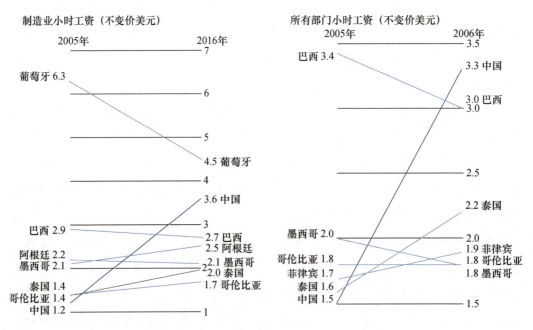

图 9.67 中国近年来制造业工资水平和总体工资水平已超过拉美
资料来源:Euromonitor International.

第9章

释放巨能:将中国与世界的经济结构转型升级进行匹配

如图 9.69 所示,2014 年中国对拉丁美洲直接投资流量为 105.4 亿美元,同比下降 26.6%,在中国对外直接投资流量总额中所占比重为 8.6%。截至 2014 年年末,中国在拉丁美洲地区的投资存量为 1 061.1 亿美元,占中国对外直接投资存量的 12%。从资金流向看,对离岸金融中心投资大幅下降是造成对拉丁美洲投资下降的主要原因。2014 年,对开曼群岛和英属维尔京群岛这两个离岸金融中心的直接投资同比下降 29.8%,剔除离岸金融中心的影响,2014 年对拉丁美洲其他国家投资流量为 17.78 亿美元,同比下降 5.4%。对拉丁美洲的直接投资在离岸金融中心、南美洲地区、中美洲和加勒比地区间的分布不均衡(如图 9.70 所示)。2014 年,对英属维尔京群岛和开曼群岛这两个离岸金融中心的投资流量合计 87.6 亿美元,占对拉美地区投资流量的 83.1%;对南美洲地区的

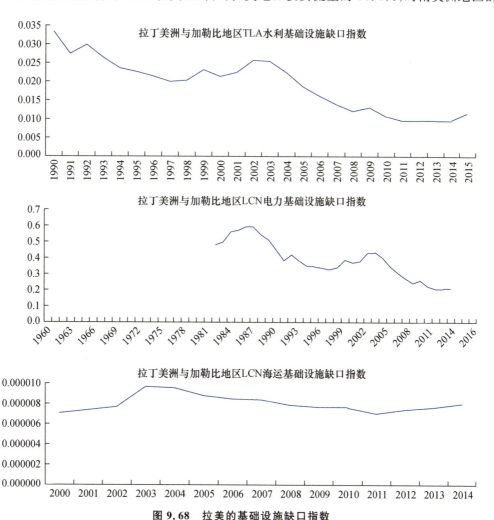

图 9.68 拉美的基础设施缺口指数

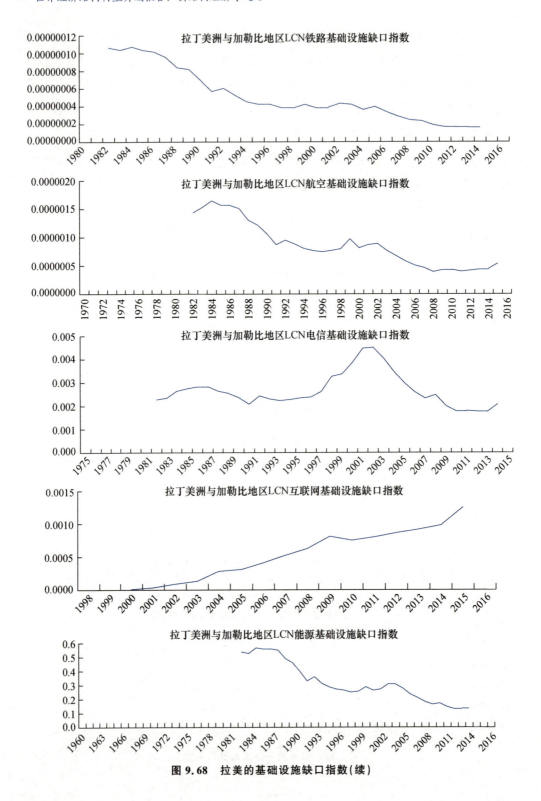

图 9.68 拉美的基础设施缺口指数(续)

投资流量合计15.1亿美元,占14.3%;对中美洲和加勒比地区的投资流量合计2.7亿美元,占2.6%。从具体国别(地区)来看,对拉丁美洲投资主要分布在英属维尔京群岛(45.7亿美元)、开曼群岛(41.9亿美元)、巴西(7.3亿美元)、阿根廷(2.7亿美元)。截至2014年年末,中国在拉丁美洲投资存量主要分布在英属维尔京群岛(493.2亿美元)、开曼群岛(442.4亿美元)、巴西(28.3亿美元)、委内瑞拉(24.9亿美元)、阿根廷(17.9亿美元)等国家和地区。其中,英属维尔京群岛和开曼群岛累计存量935.6亿美元,占对拉丁美洲存量总额的88.2%。截至2014年年底,中国企业在拉丁美洲设立的境外企业为1500多家,占境外企业总数的5.3%。投资覆盖率为64.6%,低于对全球近80%的水平,仅高于大洋洲(50%),主要分布在英属维尔京群岛、开曼群岛、巴西、墨西哥、委内瑞拉、智利、秘鲁、阿根廷等。截至2014年年末,拉丁美洲是中国对外承包工程的重要市场。2014年,中国对拉丁美洲承包工程业务出现波动,新签合同额164.7亿美元,同比下降10.1%;完成营业额131.8亿美元,下降1%;分别占当年在各国(地区)新签合同总额和完成营业额总额的8.6%和9.3%。按照新签合同额排序,主要国别市场为:阿根廷(65.1亿美元)、委内瑞拉(43.2亿美元)、巴西(12.2亿美元)。前十大国别市场新签合同额合计为158.6亿美元,占当年拉丁美洲总额的96.3%。按完成营业额排序,主要国别市场为:委内瑞拉(50.1亿美元)、厄瓜多尔(24亿美元)、巴西(15亿美元)。前十大国别市场完成营业额合计为121.6亿美元,占当年拉丁美洲总额的92.2%。

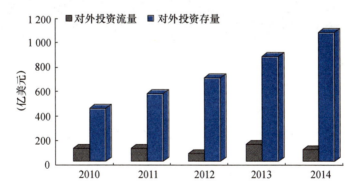

图9.69 中国对拉丁美洲直接投资流量和存量
资料来源:《2014年度中国对外直接投资统计公报》。

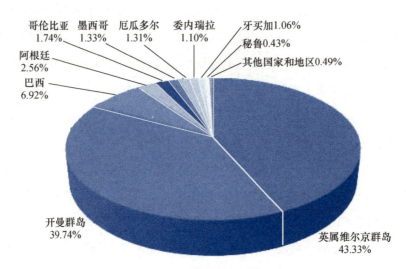

图 9.70　中国对拉丁美洲直接投资流量国别和地区分布

资料来源：《2014年度中国对外直接投资统计公报》。

表 9.37　截至 2014 年年末中国在非洲的投资存量的"一般产业—基础设施"结构分布

类别	体量
一般产业类	中国企业对拉丁美洲投资存量主要分布在 5 个行业领域，依次为：租赁和商务服务业（57%）、金融业（18.3%）、批发和零售业（8%）、采矿业（5.1%），以及交通运输、仓储和邮政业（3.2%）。上述 5 个行业投资存量合计为 972.3 亿美元，所占比重高达 91.6%。
基础设施类	中国企业对拉丁美洲对外承包工程新签合同额行业分布中，电力工程建设项目占 27.2%、交通运输建设项目占 22%、通信工程建设占 15%、石油化工项目占 8.6%、房屋建筑项目占 5.4%。

【专栏9.8】

"东莞制造"的全球路径　企业走出去海外建厂[①]

在涉足了东南亚、非洲等地之后，这一次东莞企业踏上了美洲。2015 年 8 月 7 日，由东莞一批企业家组成的考察团正式与美国阿肯色州签约，一个 6 万平方米的东莞制造产业园将在北美大陆拔地而起。近年来，为降低企业成本、直接对接终端客户等，珠三角企业出现"走出去"的现象，从东南亚、非洲再到美洲。"东莞制造"的这一路径，正是东莞乃

---

① 该专栏根据《羊城晚报》2015 年 8 月 24 日的报道整理。

至中国制造业转型升级的体现。

走出国门

早在十年前,珠三角不少企业就将目光锁定了东南亚。2004年,美国对中国施行"反倾销",包括家具、服装、鞋业等在内的传统制造业遭遇困境,一些企业要么全部外迁,要么选择到东南亚设分厂。曾润康就是在这一年踏进了越南,"当时想法很简单,就是为了规避美国的'反倾销',越南不属于美国的目标"。曾润康是四川人,在东莞打拼30多年后,他在东莞大朗的红木家具厂办得有色有声。如今,在越南平阳省,他的精艺家具有限公司已经有了两家分厂,"老厂有7000多平方米,新厂有25000平方米,总共有四五百员工,规模在华人企业中算一般"。跟国内的红木家具厂定位不同,越南工厂主要做欧美家具,全部出口到美国、欧洲等国家。如今,越南工厂每个月都有300万—500万美元的出口量,相当于国内工厂一年的销量。"在美国对中国的反倾销中,征收关税高达198%,但对越南却不设限,这就是我们在越南设厂的巨大优势。"曾润康在越南的第一家工厂于2005年正式开工。"当时语言不通,我们就请当地人来管理工厂。"曾润康回忆,初到越南时,招回来的工人都比较"懒散",大多存在"好吃懒做"的习惯,所以他们不得不花重金聘请当地有经验的职业经理人。如今,无论是产值还是利润,越南工厂已经全面超过国内的工厂。"就营利能力来说,越南工厂是国内工厂的三倍以上。"曾润康给记者做了一番分析:首先在人工成本上,越南工人平均工资300美元左右,相当于人民币1800元,其中包括吃住在内。而国内工人的工资,加上社保等经费,平均每月4000多元,是越南的两倍。其次,就管理和运营费用而言,包括场地租金、税费、管理人员工资等,均大大低于国内。以场租为例,在越南的省城,最好地段的租金是1.8美元/平方米,而在东莞,就算是东城牛山这样相对偏远的位置,租金都不会低于25元/平方米。最为要紧的是,在原材料的采购成本上,越南要比国内低得多。"就我们家具行业而言,曾经一度,东南亚国家限制一些红木原料的出口,只允许半成品的出口,如果我们按照半成品运回中国再加工,成本将高很多。"除了这方面,就原材料采购而言,越南工厂在当地已经形成固定的原材料供应商,价格相对低廉,"以橡胶木为例,国内价格大概是3000元左右一吨,而越南本地只需要这个价格的三分之一"。

"走出去的企业究竟有多少,类型有哪些,我们并未做相关统计。"东莞市商务局一负责人坦言,这确实是缺失的一环。不过,记者在东莞市贸促会上却得知,东莞"走出去"的企业,以传统加工型的中小企业为主,即便有大企业在外设厂,"微笑曲线"的两端也还留在东莞。以鞋企为例,据不完全统计,从东莞外迁到东南亚的代工鞋企以台资为主,外迁目的地多是越南、柬埔寨等国。2008年以前，珠三角拥有台资鞋企大概3 000多家，由于关停和外移，目前珠三角一带台资鞋企还有1 000多家，减少了三分之一，其中大多迁往了东南亚一带。

企业回流

自2008年金融风暴起，珠三角企业"走出去"，除了企业自身的商业行为，更有来自政府的推动。东莞一方面可将很多剩余资本投到东盟国家寻求投资机会；另一方面可利用东盟市场搞好自己的产业结构调整，利用地缘优势，将一部分劳动力密集型产业转移。

但是，由于近年来越南等地的劳动力成本也在持续上涨，东南亚国家"低工资"的优势正在丧失。台湾地区制鞋公会理事长王兴华说，今天东南亚的劳工成本，已经达到（中国内地）二分之一，甚至有的国家接近内地的成本。由于文化差异，如何有效地与当地工人进行沟通也成了许多企业必须要面对的问题，加之东南亚国家政局不稳，这也带来管理上的困扰。

曾任东莞纺织服装行业协会会长的陈耀华直言，柬埔寨等东南亚国家，除了用地、用工成本优势，有几个问题值得"东莞制造"关注。首先要考虑的就是该国的政治环境。因为稳定的大气候最重要，随时发生的罢工、武装冲突等事件，会严重影响工厂的生产。其次是用工问题，当地工会势力很大，对企业赶工期、赶货造成的冲击很大。再次是用水、用电成本比较高，当地供电远没有国内发达。最后是东南亚产业链配套远不如东莞完备，工人素质比较低。

曾润康也表示，越南的营商环境很差，主要来自政府部门的腐败。"包括消防、公安等部门，经常会上门，明目张胆地索要红包，但既然在当地投资，也必须得按照他们的游戏规则来。"

此外，基建、交通以及产业配套等，都让一些东莞老板望而生畏。东莞一家鞋材厂也曾想把工厂搬到越南给外迁的鞋企做配套服务，但一番考察下来，这家公司的负责人发现，由于缺乏产业配套，当地市场又十分有限，一些外迁的代工鞋企有部分企业又重新迁回了东莞。"相比中国制鞋产业链的高度发达，东南亚国家的上下游产业链还很不完善，有些鞋企工厂是搬过去了，但很多原材料和配件却还要从东莞采购，这无疑会增加企业的运输成本。"

东莞厚街镇委书记万卓培之前接受媒体采访时就表示，不论是自身创新，还是拓展市场，都可以在厚街找到很好的配置，所以这几个优势，使原来转移出去的制造环节（鞋业）企业，最后还是选择回流到厚街。

第9章
释放巨能：将中国与世界的经济结构转型升级进行匹配

转战非洲

回迁并非主流，更多的莞企将视野再次放大。非洲成为东莞老板转战的第二站。

2015年4月，东莞市委书记徐建华率党政代表团、企业代表团赴非洲开展经贸交流，非洲市场开始成为东莞企业家关注的焦点。在此之前，东莞鞋业巨头华坚公司就关闭了在东南亚的工厂，转向埃塞俄比亚。

2015年5月18日，在东莞湖南郴州商会秘书长谢玉珍的带领下，东莞七八个中小企业主组成的考察团抵达坦桑尼亚。谢玉珍是东莞一家纸品厂的老板，他直言，国内用工成本攀升，制造企业都在考虑转移。"东南亚成本太高，能不能把一些中小企业都聚集起来，一起到非洲开厂？如果能把上下游厂家都带过去，大部分原料就不需要从中国进口。"众筹办厂，这是本次非洲考察之行的初衷。在他们抵达非洲之前，东莞本土鞋业巨头华坚早已先行。"华坚在非洲投入了几十亿元，我们中小企业肯定无法做到这样的大手笔，所以只有抱团出海。"

除了轰轰烈烈的造城运动，坦桑尼亚街头兜售的各种"中国制造"也让考察团成员兴奋。在当地最大的商城超市和最繁忙的贸易区印巴街，考察团成员发现，这里的生活消费品依赖进口，而且价格都是中国国内的几倍。比如，国内一条卷纸卖十元二十元，这里要60元。"在本地建厂生产，大幅削减了关税上的成本。"谢玉珍说，这也就是为什么他要在非洲开设纸巾厂的原因。

彭苏华是东莞另一家注塑机厂家的老板，他生产的机器可以生产饮料瓶、PVC管等各种塑料用品。这次非洲之旅，起初差点让他失去信心："坦桑尼亚的制塑行业还未起步，下游厂商还没发展起来，我卖机器给谁？"但经过三天的仔细观察，他却发现了商机。"坦桑尼亚这个国家有大量的矿泉水瓶，用完后都是直接废弃烧掉，而在国内，大家都知道这可以卖钱。"彭苏华说，把这些塑料瓶加工成塑料颗粒，可以卖到几千甚至上万元一吨。厂房租金便宜，加之非洲的用工成本低廉，月薪才100美元，但却创造出国内几倍的利润。

"其实，卖机器都不如生产这些塑料制品更有市场。"在谢玉珍看来，因为非洲工业不发达，在非洲做终端的生活消费品，市场成长得快。所以，自2014年年底起，他将加工设备陆续发往非洲。生产还未完全启动，销售团队已先建立起来。他和另一名早已"潜入"非洲的福建商人郭栋健合作创建了新的纸巾品牌Shwari，先在东莞的工厂生产，再发货过去。半年过去，Shwari的销量在当地已经是第一位。

致命硬伤

成本下降，收益上升，但人身安全却成为最大的风险。坦桑尼亚中华总商会副秘书长郭栋健坦言，自己曾经两遭抢劫。"2005 年刚开餐馆，请了家有问题的安保公司，结果保安联合外面的人，8 个人带着 7 把枪冲进来。楼下厨师在看电视，被按倒在地。有两把枪顶在我肚子上，直接把保险柜扛走了。"郭栋健攒的第一桶金就这样被劫走了。另一次是在摩托车店的办公室，也是一拨人拿着枪上来。幸好大额现金已经存到银行。因此，在非洲大一点的华人工厂都必须请当地的保安，在坦桑尼亚还可以合法申请配枪。

语言障碍，是东莞企业在非洲遇到的另外一大瓶颈。"所有的指示都只能打手语，在国内做一遍，工人就懂了，在这里得教五六遍。"在谢玉珍的非洲工厂，现在有 3 个中国人常驻，包括厂长、销售总经理及工厂主管。目前，谢玉珍大部分时间留在东莞，公司大部分的事情都通过微信沟通。因语言不通，难以融入当地生活，初到时各方面的不适应都会影响团队士气。负责市场销售的小霍已经在坦桑尼亚生活了两三年，会讲本地的斯瓦希里语，能跟当地人打成一片。但其他两个中国主管，本地语言和英语都不会说。即便如此，谢玉珍还是决定再次组织考察团，于 2015 年 11 月赶赴非洲。"报名的有四五十家（企业），但我们只能带 30 多家过去，并且这些企业的产品不能重合，大家必须配套，而不是恶性竞争。"

登陆美国

拿下非洲的东莞老板似乎并不满足。"人工成本肯定会持续上升，非洲将成为下一个东南亚，加之营商环境和社会治安的硬伤，我们并不看好这里。"中国两岸经济发展协会会长、东莞家宝玩具负责人蓝俊雄和他的团队一直在寻找一个"鱼和熊掌可以兼得"的地方，为此他踏遍全球，最终却选择了美国。

"这次去阿肯色州的企业主要是沃尔玛的供应商，阿肯色州也是沃尔玛的总部所在地。"蓝俊雄表示，抱团赴美开厂实则抓住了当地政策契机。在东莞，有不少企业是沃尔玛的代工厂，当下美国政府提倡振兴美国制造，推行该国国内优先采购计划并提供相应的税务减免，沃尔玛作为美国知名大型企业将重点执行振兴"美国制造"的相关政策。"因此我们就考虑，在美国开设工厂，产品直接在美国生产，这不就是'美国制造'了？"蓝俊雄的意思是，这可以合理规避贸易壁垒。

中经会副会长吴永学还告诉记者，本次赴美项目参与抱团的企业共有十余家，并已经与"大客户"沃尔玛洽谈多次，预计前期投入资金 2 000 万美金。位于厚街汀山社区的宝赞鞋业也是此次赴美"土豪团"的成员之一,该厂负责人郑先生表示,近年来,企业已去柬埔寨等国家考察数次,但并不认为东南亚国家是良好的落脚点。郑先生认为,这两年来,东南亚国家的配套、产业链虽然慢慢好起来,但人工成本却不断攀升,增长速率比国内更快。郑先生说,几经思考之后,他们还是选择了目前有政策支持、客户更为熟悉,而且经济环境更为稳定的美国。

东莞老板们这次去阿肯色州考察发现,当地的地价并不高,甚至比东莞厚街的旺地还要便宜一些。"我们选择了一家建筑面积为 60 000 平方米左右的厂房作为加工基地。"据统计,目前已经有三家企业确定入驻该加工基地,分别为儿童用品、玩具、电器行业,还有七八家企业有入驻意向。"去年美国政府政策中的美国国内采购计划高达 250 亿美元,并且该政策将持续数年。"蓝俊雄称,这个契机让"土豪团"吃了定心丸。"风险不能说没有,这只是第一批尝试,如果运作良好,相信会有不少后继者。"

降低成本

对于阿肯色州来说,其经济情况并不好,中国企业的落子,不仅有助于增加其财税收入,还提高了当地就业率。"按照协议,我们要招聘美国工人。"蓝俊雄介绍,这个基地将至少使用 200 余员工。这在当地,已经属于中大型企业。"该州的普工月薪在 2 000 美元以上,换算成人民币是 12 000 多元。"在吴永学看来,美国高额的生产成本可以"技术性"降低。"比如我们生产企业的主体还是在国内,但只生产半成品,然后将半成品输出到位于美国的加工中心完成最后阶段的生产,通过生产、加工分步走,化整为零抵消高额成本。"吴永学用"平底锅"来比喻投资美国制造的优势:以一个普通带手柄的平底锅来说,带上包装,一条货柜能装约一万个。但把手柄拆下来,同样一条货柜可以装十几万个。"对于生产企业来说,当地生产节省了我们大量的运输成本,而作为我们的合作采购商,则节省了仓储成本。"

9.6 中国如何填充世界经济结构转型升级的基础设施缺口与产业缺口:"一带一路"倡议[①]

9.6.1 "一带一路"倡议的基本概况[②]

"一带一路"倡议始于 2013 年,2014 年正式成为中国国家三大战略之一,2015 年完

[①] 本小节主要根据国家"一带一路"相关政策文件和报告整理而成。
[②] 更详细的实时信息参见中国一带一路网(https://www.yidaiyilu.gov.cn/index.htm)。

成顶层规划设计,2016年以来"一带一路"已经进入全面落实阶段。"一带一路"倡议建设从无到有、由点及面,进度和成果超出预期。"一带一路"贯穿亚欧大陆,2015年"一带一路"沿线有64个国家,人口约44亿,GDP为23万亿美元,分别占世界总量的63%和29%,贸易总量占全球的将近四分之一。目前,"一带一路"涉及的国家已经延伸至西欧的英国、法国、德国等,非洲的南非,大洋洲的澳大利亚以及南美洲的国家和地区。事实上,"一带一路"倡议是中国的全球化战略载体,目前已经有一百多个国家和国际组织参与到"一带一路"建设中。由中国发起的"一带一路"倡议将对整个世界以及中国自身的经济结构转型升级产生深远的影响。

2013年9—10月,习近平总书记正式提出包含"丝绸之路经济带"和"21世纪海上丝绸之路"的"一带一路"战略理念;2013年11月,十八届三中全会将"一带一路"上升为国家战略;2014年12月,中央经济工作会议将"一带一路"与京津冀协同发展、长江经济带建设共同列为国家三大战略;2015年3月,国家发改委、外交部、商务部联合发布了《推动共建丝绸之路经济带和21世纪海上丝绸之路的愿景与行动》,《愿景与行动》是"一带一路"首次公布的总体的顶层设计和战略规划;2016年3月,"一带一路"被列入"十三五"时期主要目标任务和重大举措。政策逐层演进,由理念到框架,由框架到战略规划,由战略规划到深入实施。"一带一路"战略提出以来,中国在国内外层面取得了一系列重要的政策进展。

国内方面,中央和部委层面各项具体推进措施不断出台,大部分"一带一路"省市已经出台"一带一路"专项政策,发改委、商务部等13个部门、香港特区政府均已设立"一带一路"专门机构。亚洲基础设施建设投资银行是首个由中国倡议设立的多边金融机构。2015年2月召开的中央财经领导小组第九次会议就已明确亚洲基础设施投资银行的主要任务,是为亚洲基础设施和"一带一路"建设提供资金支持。亚投行和丝路基金均依照国际标准设立,两者对于跨境经济活动更具优势。亚投行法定资本1000亿美元,意向创始成员国为57个,旨在促进亚洲地区基础设施和其他生产设施的发展建设,包括能源、交通、通信、农业基础设施、水利和水环境、环境保护、城市发展以及物流设施等方面。截至2016年9月底,亚投行公布了该行参与投资建设的六个项目,项目贷款额总计8.29亿美元,涉及孟加拉国、印度尼西亚、巴基斯坦、塔吉克斯坦和缅甸五个国家,涵盖能源、交通和城市发展等领域。六个项目中,除了孟加拉国的电力输送升级和扩容项目为亚投行独立提供贷款的项目,其余项目计划与世界银行、亚洲开发银行、欧洲复兴开发银行等其他多边开发银行以及商业银行进行联合融资。丝路基金成立于 2014 年 12 月 29 日,资金规模为 400 亿美元,首期资本金 100 亿美元。外汇储备(占比 65%,通过梧桐树投资平台有限责任公司)、中国投资有限责任公司(占比 15%,通过赛里斯投资有限公司)、中国进出口银行(占比 15%)、国家开发银行(占比 5%,通过国开金融有限责任公司)共同出资。丝路基金类似于私募股权,以股权投资为主,主要为"一带一路"框架内的经贸合作和多边互联互通提供融资支持,投资期限较长。丝路基金按照市场化、国际化、专业化的原则开展投资业务,可以运用股权、债权、基金、贷款等多种方式提供投融资服务,也可与国际开发机构、境内外金融机构等发起设立共同投资基金,进行资产受托管理、对外委托投资等。丝路基金在股权投资、资源开发、产能合作和金融合作等领域具备灵活性等优势。目前,丝路基金参与投资的项目涵盖巴基斯坦、哈萨克斯坦、俄罗斯、阿联酋、埃及、意大利等国,包括合作设立产能合作专项基金、投资企业及项目股权等。2017 年 1 月,国家发改委同外交部、环境保护部、交通运输部、水利部、农业部、人民银行、国资委、林业局、银监会、能源局、外汇局以及全国工商联、中国铁路总公司等 13 个部门和单位共同设立"一带一路"PPP 工作机制,旨在与沿线国家在基础设施等领域加强合作,积极推广 PPP 模式,鼓励和帮助中国企业走出去,推动相关基础设施项目尽快落地。

  国外方面,习近平总书记亲抓"一带一路"倡议,在 2013 年 9 月至 2016 年 8 月期间访问了 37 个国家(亚洲 18 国、欧洲 9 国、非洲 3 国、拉美 4 国、大洋洲 3 国)。截至 2016 年 9 月,中国已与 70 多个国家、地区和国际组织完成战略对接,达成联合声明、双边协议/合作协议、合作备忘录/谅解备忘录、中长期发展规划和合作规划纲要等成果。① 战略衔接是"一带一路"成功走出去的重要一环。中国提出的"一带一路"倡议已经与沿线多国的国家发展战略实现对接,包括:哈萨克斯坦"光明之路"、俄罗斯"欧亚经济联盟"、蒙古"草原之路"、欧盟"容克计划"、英国"英格兰北方经济中心"、韩国"欧亚倡议"、越南"两廊一圈"、澳大利亚北部大开发、东盟互联互通总体规划、波兰"琥珀之路"等。马来西亚、新加坡等国均设立"一带一路"专门机构,以管理协调"一带一路"相关事宜。马来西亚华人公会对华事务委员会设立"一带一路"中心。新加坡《联合早报》与新加坡工商联合总会设立"一带一路"专网。上海进出口商会、新疆生产建设兵团贸促会、土耳其—中国工商业协会、吉尔吉斯斯坦工商会等近百家中外商会、企业发起设立"一带一路"贸易商联盟。

---

① 关于习近平总书记亲自推动"一带一路"倡议的报道可参见:"习近平与'一带一路'",中国一带一路网(https://www.yidaiyilu.gov.cn/xwzx/gnxw/6339.htm)。

联合国设立联合国海陆丝绸之路城市联盟(UNMCSR),是联合国内部唯一协调"一带一路"国际事务的专门机构。2017年3月17日,联合国安理会一致通过第2344号决议,呼吁国际社会通过"一带一路"建设等加强区域经济合作,敦促各方为"一带一路"建设提供安全保障环境、加强发展政策战略对接、推进互联互通务实合作等。联合国安理会首次载入"构建人类命运共同体"的重要理念,体现了国际社会的共识,彰显了中国理念和中国方案对全球治理的重要贡献。

9.6.2 "一带一路"倡议主要内容为何有助于世界经济结构转型升级[①]

"一带一路"沿线各国资源禀赋各异,经济互补性较强,彼此可以合作的领域非常广泛。按照《推动共建丝绸之路经济带和21世纪海上丝绸之路的愿景与行动》的顶层设计,目前主要以政策沟通、设施联通、贸易畅通、资金融通、民心相通为主要内容,详见表9.38。如我们在前文中所提到的,中国的"一带一路"倡议被广泛称为"中国版新马歇尔计划","一带一路"倡议的主要内容"五通"完全吻合新结构经济学的理论和世界经济结构转型升级的趋势:政策沟通——"一带一路"建设的重要保障;设施联通——"一带一路"建设的优先领域;贸易畅通——"一带一路"建设的重点内容;资金融通——"一带一路"建设的重要支撑;民心相通——"一带一路"建设的社会根基。按照新结构经济学的理论,一个经济体要想实现经济发展和提高人民收入有两个前提:第一个前提是必须不断升级产业技术,以此来提高劳动生产率水平;第二个前提是在这个升级过程当中,必须不断完善基础设施,这样才能降低交易费用。而"一带一路"建设正好可以满足这些需求。[②] 消除发展瓶颈的基础设施和符合比较优势的产业是双轮,国际贸易和国际金融是基础设施建设和产业发展所需要的市场和金融,国家之间的政策合作以及社会互动是这些安排的基本保障。"一带一路"倡议的主要内容就犹如奥运会的五环会徽,如图9.71所示。可以预期,由于前面概括的中国经济的体量及结构特征与世界经济结构转型升级所需恰到好处,中国发起的"一带一路"倡议将利用中国的产业迭代和基础设施建设能力填补"一带一路"沿线经济体甚至世界经济结构转型升级的产业缺口和基础设施缺口。

[①] 本小节主要根据《推动共建丝绸之路经济带和21世纪海上丝绸之路的愿景与行动》相关内容整理而成。
[②] "林毅夫:'一带一路'将提升沿线国家内动力",《每一财经日报》,2017年3月27日。

表 9.38 "一带一路"倡议的主要内容

设施联通——基础设施互联互通是"一带一路"建设的优先领域	在尊重相关国家主权和安全关切的基础上,沿线国家宜加强基础设施建设规划、技术标准体系的对接,共同推进国际骨干通道建设,逐步形成连接亚洲各次区域以及亚欧非之间的基础设施网络。强化基础设施绿色低碳化建设和运营管理,在建设中充分考虑气候变化的影响。抓住交通基础设施的关键通道、关键节点和重点工程,优先打通缺失路段,畅通瓶颈路段,配套完善道路安全防护设施和交通管理设施设备,提升道路通达水平。推进建立统一的全程运输协调机制,促进国际通关、换装、多式联运有机衔接,逐步形成兼容规范的运输规则,实现国际运输便利化。推动口岸基础设施建设,畅通陆水联运通道,推进港口合作建设,增加海上航线和班次,加强海上物流信息化合作。拓展建立民航全面合作的平台和机制,加快提升航空基础设施水平。加强能源基础设施互联互通合作,共同维护输油、输气管道等运输通道安全,推进跨境电力与输电通道建设,积极开展区域电网升级改造合作。共同推进跨境光缆等通信干线网络建设,提高国际通信互联互通水平,畅通信息丝绸之路。加快推进双边跨境光缆等建设,规划建设洲际海底光缆项目,完善空中(卫星)信息通道,扩大信息交流与合作。
贸易畅通——投资贸易合作是"一带一路"建设的重点内容	宜着力研究解决投资贸易便利化问题,消除投资和贸易壁垒,构建区域内和各国良好的营商环境,积极同沿线国家和地区共同商建自由贸易区,激发释放合作潜力,做大做好合作"蛋糕"。沿线国家宜加强信息互换、监管互认、执法互助的海关合作,以及检验检疫、认证认可、标准计量、统计信息等方面的双多边合作,推动世界贸易组织《贸易便利化协定》的生效和实施。改善边境口岸通关设施条件,加快边境口岸"单一窗口"建设,降低通关成本,提升通关能力。加强供应链安全与便利化合作,推进跨境监管程序协调,推动检验检疫证书国际互联网核查,开展"经认证的经营者"(AEO)互认。降低非关税壁垒,共同提高技术性贸易措施透明度,提高贸易自由化、便利化水平。拓宽贸易领域,优化贸易结构,挖掘贸易新增长点,促进贸易平衡。创新贸易方式,发展跨境电子商务等新的商业业态。建立健全服务贸易促进体系,巩固和扩大传统贸易,大力发展现代服务贸易。把投资和贸易有机结合起来,以投资带动贸易发展。加快投资便利化进程,消除投资壁垒。加强双边投资保护协定、避免双重征税协定磋商,保护投资者的合法权益。拓展相互投资领域,开展农林牧渔业、农机及农产品生产加工等领域深度合作,积极推进海水养殖、远洋渔业、水产品加工、海水淡化、海洋生物制药、海洋工程技术、环保产业和海上旅游等领域合作。加大煤炭、油气、金属矿产等传统能源资源勘探开发合作,积极推动水电、核电、风电、太阳能等清洁、可再生能源合作,推进能源资源就地就近加工转化合作,形成能源资源合作上下游一体化产业链。加强能源资源深加工技术、装备与工程服务合作。推动新兴产业合作,按照优势互补、互利共赢的原则,促进沿线国家加强在新一代信息技术、生物、新能源、新材料等新兴产业领域的深入合作,推动建立创业投资合作机制。优化产业链分工布局,推动上下游产业链和关联产业协同发展,鼓励建立研发、生产和营销体系,提升区域产业配套能力和综合竞争力。扩大服务业相互开放,推动区域服务业加快发展。探索投资合作新模式,鼓励合作建设境外经贸合作区、跨境经济合作区等各类产业园区,促进产业集群发展。在投资贸易中突出生态文明理念,加强生态环境、生物多样性和应对气候变化合作,共建绿色丝绸之路。中国欢迎各国企业来华投资。鼓励本国企业参与沿线国家基础设施建设和产业投资。促进企业按属地化原则经营管理,积极帮助当地发展经济、增加就业、改善民生,主动承担社会责任,严格保护生物多样性和生态环境。

（续表）

资金融通——资金融通是"一带一路"建设的重要支撑	深化金融合作，推进亚洲货币稳定体系、投融资体系和信用体系建设。扩大沿线国家双边本币互换、结算的范围和规模。推动亚洲债券市场的开放和发展。共同推进亚洲基础设施投资银行、"金砖国家"开发银行筹建，有关各方就建立上海合作组织融资机构开展磋商。加快丝路基金组建运营。深化中国—东盟银行联合体、上合组织银行联合体务实合作，以银团贷款、银行授信等方式开展多边金融合作。支持沿线国家政府和信用等级较高的企业以及金融机构在中国境内发行人民币债券。符合条件的中国境内金融机构和企业可以在境外发行人民币债券和外币债券，鼓励在沿线国家使用所筹资金。加强金融监管合作，推动签署双边监管合作谅解备忘录，逐步在区域内建立高效监管协调机制。完善风险应对和危机处置制度安排，构建区域性金融风险预警系统，形成应对跨境风险和危机处置的交流合作机制。加强征信管理部门、征信机构和评级机构之间的跨境交流与合作。充分发挥丝路基金以及各国主权基金作用，引导商业性股权投资基金和社会资金共同参与"一带一路"重点项目建设。
政策沟通——加强政策沟通是"一带一路"建设的重要保障	加强政府间合作，积极构建多层次政府间宏观政策沟通交流机制，深化利益融合，促进政治互信，达成合作新共识。沿线各国可以就经济发展战略和对策进行充分的交流对接，共同制定推进区域合作的规划和措施，协商解决合作中的问题，共同为务实合作及大型项目实施提供政策支持。
民心相通——民心相通是"一带一路"建设的社会根基	传承和弘扬丝绸之路友好合作精神，广泛开展文化交流、学术往来、人才交流合作、媒体合作、青年和妇女交往、志愿者服务等，为深化双多边合作奠定坚实的民意基础。扩大相互间的留学生规模，开展合作办学，中国每年向沿线国家提供1万个政府奖学金名额。沿线国家间互办文化年、艺术节、电影节、电视周和图书展等活动，合作开展广播影视剧精品创作及翻译，联合申请世界文化遗产，共同开展世界遗产的联合保护工作。深化沿线国家间的人才交流合作。加强旅游合作，扩大旅游规模，互办旅游推广周、宣传月等活动，联合打造具有丝绸之路特色的国际精品旅游线路和旅游产品，提高沿线各国游客签证便利化水平。推动21世纪海上丝绸之路邮轮旅游合作。积极开展体育交流活动，支持沿线国家申办重大国际体育赛事。强化与周边国家在传染病疫情信息沟通、防治技术交流、专业人才培养等方面的合作，提高合作处理突发公共卫生事件的能力。为有关国家提供医疗援助和应急医疗救助，在妇幼健康、残疾人康复以及艾滋病、结核、疟疾等主要传染病领域开展务实合作，扩大在传统医药领域的合作。加强科技合作，共建联合实验室（研究中心）、国际技术转移中心、海上合作中心，促进科技人员交流，合作开展重大科技攻关，共同提升科技创新能力。整合现有资源，积极开拓和推进与沿线国家在青年就业、创业培训、职业技能开发、社会保障管理服务、公共行政管理等共同关心领域的务实合作。充分发挥政党、议会交往的桥梁作用，加强沿线国家之间立法机构、主要党派和政治组织的友好往来。开展城市交流合作，欢迎沿线国家重要城市之间互结友好城市，以人文交流为重点，突出务实合作，形成更多鲜活的合作范例。欢迎沿线国家智库之间开展联合研究、合作举办论坛等。加强沿线国家民间组织的交流合作，重点面向基层民众，广泛开展教育医疗、减贫开发、生物多样性和生态环保等各类公益慈善活动，促进沿线贫困地区生产生活条件改善。加强文化传媒的国际交流合作，积极利用网络平台，运用新媒体工具，塑造和谐友好的文化生态和舆论环境。

资料来源：根据《推动共建丝绸之路经济带和21世纪海上丝绸之路的愿景与行动》相关内容整理。

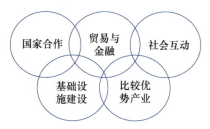

图 9.71 "一带一路"倡议主要内容犹如"奥运会五环"

9.6.3 "一带一路"的产能合作与园区建设

包括产业转移与基础设施建设在内的产能合作以及合作的落地园区平台则是其合作的经济基础。产能合作是指产业和能力的输出,不是简单地把产品卖到国外,而是把产业整体输出到不同的国家去,帮助这些国家建立更加完整的工业体系、提升制造能力。2014年12月14日,中国总理李克强在哈萨克斯坦首都阿斯塔纳同哈总统纳扎尔巴耶夫、总理马西莫夫就中哈在钢铁、水泥、平板玻璃、装备技术等领域加强产能合作达成重要共识,商定把产能合作作为深化中哈合作的重点和亮点,这被视为推进国际产能合作的开端。2015年5月16日,经李克强总理签批,国务院日前印发《关于推进国际产能和装备制造合作的指导意见》(以下简称《意见》)。《意见》提出了推进国际产能和装备制造合作的指导思想和基本原则、目标任务、政策措施,是当前及今后一个时期推进国际产能和装备制造合作的重要指导性文件。《意见》提出,力争到2020年,与重点国家产能合作机制基本建立,一批重点产能合作项目取得明显进展,形成若干境外产能合作示范基地。推进国际产能和装备制造合作的体制机制进一步完善,支持政策更加有效,服务保障能力全面提升。形成一批有国际竞争力和市场开拓能力的骨干企业。《意见》提出总体任务为,将与中国装备和产能契合度高、合作愿望强烈、合作条件和基础好的发展中国家作为重点国别,并积极开拓发达国家市场,以点带面,逐步扩展。将钢铁、有色、建材、铁路、电力、化工、轻纺、汽车、通信、工程机械、航空航天、船舶和海洋工程等作为重点行业,分类实施,有序推进。中国已与哈萨克斯坦、巴西、马来西亚、埃塞俄比亚等几大洲的15个国家签订了开展产能合作的框架协议或谅解备忘录,并正在与33个国家进行磋商。中国企业联合体与印度尼西亚国企联合体正式签署协议,合作建设印度尼西亚雅加达至万隆高速铁路,这标志着中国高铁"走出去"取得历史性突破;中老铁路成功举行开工奠基仪式;中泰双方签订政府间铁路合作框架文件,项目启动仪式即将举行;中国—中东欧合作的"旗舰项目"匈塞铁路也取得重要进展,中匈签署了政府间合作协议,中塞两国企业签署了项目总合同。"一带一路"产能合作主要涉及两类产业：涉及基础设施建设的基建行业与劳动力密集型和富余产能的产业。这两类产业事实上是相辅相成的，基础设施建设能够有效消除其他行业发展面临的瓶颈，而劳动力密集型产业和富余产能行业则主要是"一带一路"沿线发展中国家或地区解决就业和产业转型升级的主导产业。境外经贸合作区已成为推进"一带一路"国际产能合作的重要载体，以及中国企业"走出去"的平台和名片。如专栏8.1所介绍的中国过去的成功经验一样，园区能够在小范围内快速提供对应产业集群所需要的软硬基础设施。这些"一带一路"沿线的合作区不仅使中国汽车、摩托车、机械、电子、化工、纺织、服装等优势产业在海外形成集聚效应，也降低了中国企业"走出去"的风险与成本。对于东道国而言，这些合作区能有效地在短期内解决基础设施瓶颈，吸引更多的中国企业前来投资建厂，不仅在增加就业、提高税收、扩大出口创汇等方面发挥了重要作用，还有力地推动了其工业化进程并促进了相关产业的升级。

截至2015年年末，中国已与"一带一路"沿线11个国家签署了自贸协定，与"一带一路"沿线56个国家签署了双边投资协定，与"一带一路"沿线18个国家建设有53个经贸合作区（境外经贸合作区包括加工区、工业园区、科技产业园区等），为双边投资、贸易等合作提供了法律保障。此外，中国将在"一带一路"沿线的23个国家建设77个境外经贸合作区，其中35个境外经贸合作区处在"一带"的沿线国家，42个境外经贸合作区处在"一路"的沿线国家。其中涉及的"一带"国家包括哈萨克斯坦、吉尔吉斯斯坦、乌兹别克斯坦、俄罗斯、白俄罗斯、匈牙利、罗马尼亚和塞尔维亚等；涉及的"一路"国家分布在东南亚、南亚和非洲地区。到目前为止，在沿线20个国家已建成56个经贸合作区，累计投资超过180亿美元（约合人民币1240亿元），为东道国创造超过10亿美元的税收、超过16万个就业岗位。与当年中国国内的园区主要由地方政府主动建设来招商引资不同，这些"一带一路"沿线的园区主要由私人企业尤其是投资国的私人企业建设，这是多么难得的春风！如果"一带一路"沿线的发展中经济体要想取得像中国过去三十多年超过两位数的经济增长奇迹，那么在园区建设与产业转移以及基础设施建设上就应该更加积极。

由于基础设施行业投资具有很强的正外部性以及投资规模大、投资周期长的特征，因此目前中国央企是"一带一路"基础设施投资的主力军。这为中国民企"走出去"创造了完备的路线、交通、资源、产业园区等基础条件，形成"国企搭台，民企唱戏"的格局，国企和民企根据产业特征形成了"走出去"的合理分工。根据中国国务院国资委新闻中心

第 9 章
释放巨能:将中国与世界的经济结构转型升级进行匹配

2015年7月14日发布的《"一带一路"中国企业路线图》,截至2014年年底国资委监管的110余家央企中已有107家在境外共设立8515家分支机构,分布在全球150多个国家和地区,其中80多家已在"一带一路"沿线国家设立分支机构。"十二五"以来,央企境外资产总额从2.7万亿元增加到4.6万亿元,年均增长12.2%,截至2014年年末央企境外资产总额、营业收入和利润总额分别占央企总体的12.7%、18.3%和8.6%。在电力领域,央企在境外建设的电站涵盖火电、水电、核电、风电和太阳能、生物质能发电等多种类型,在周边国家建成和在建的水电项目达17个,总装机容量近1000万千瓦;在建材领域,央企在马来西亚、老挝、蒙古等国建设大量钢材、水泥、玻璃等建材生产线,其中水泥技术工程及装备全球市场占有率达到45%以上;轨道交通领域,央企从设备出口装备运营维护起步,目前铁路装备已实现六大洲全覆盖,轨道车辆整车产品已进入北美发达国家市场。目前已有80多家央企在"一带一路"沿线国家设立分支机构,在促进基础设施互联互通方面,央企承担大量"一带一路"战略通道和战略支点项目的建设和推进工作,具体包括中俄、中哈、中缅原油管道,中俄、中亚、中缅天然气管道,俄罗斯等周边国家的10条互联互通输电线路以及中缅、中泰、中老铁路,中巴喀喇昆仑公路,斯里兰卡汉班托塔港等项目。

随着2013年"一带一路"倡议明确提出之后,非国有企业海外投资步伐明显加快。2006年国有企业占比81%,2006—2015年国有企业占比逐渐降低,非国有企业逐步成为"走出去"的重要力量。2015年中国非金融类对外直接投资存量9382亿美元,国有企业和非国有企业平分秋色,其中国有企业占50.4%,非国有企业占49.6%(见图9.72)。非国有企业除了直接投资一般产业,也大量参与投资建设和运营海外工业园区。例如,作为中国企业最早"走出去"建立的境外经济贸易合作区之一,罗勇工业园开发有限公司中国国内投资主体中国华立集团,自2005年设立以来,已经聚集了80多家来自中国的企业在泰投资。我们在第1章专栏1.4中提到的埃塞俄比亚东方工业园的中国国内投资主体是江苏张家港市的江苏永元投资有限公司,该工业园已经成为中国企业在非洲集聚投资的一个亮点,成为埃塞俄比亚工业经济发展的重大示范项目,为中国中小企业抱团"走出去"提供了新的发展平台。目前已入园的多家企业从事水泥生产、制鞋、汽车组装、钢材轧制、纺织服装等行业。

图 9.72　2006—2015 年中国国有企业和非国有企业对外投资存量占比情况
资料来源:《2015 年度中国对外直接投资统计公报》。

【专栏 9.9】

"一带一路"的非洲支点:北京大学新结构经济学研究院等参与的吉布提先导区建设[①]

吉布提位于非洲东北部亚丁湾西岸,与埃塞俄比亚、索马里等国接壤,东临红海进入印度洋的要冲曼德海峡。吉布提国内自然资源贫乏,农业以畜牧业为主,饮水和粮食几乎完全依赖进口,工业基础薄弱,是世界上最不发达的国家之一。吉布提是海上丝绸之路的重要节点国家,2015 年 12 月,习近平主席在中非合作论坛峰会上提出中非合作十大计划,第一项即为中非工业化合作。2016 年 1 月 18 日,中吉两国签署了 3 项经贸协议,

---

[①] 中国商务部网站,2015 年 12 月 23 日。新结构经济学在非洲另一个经济体埃塞俄比亚的应用参见第 1 章专栏 1.4。

内容包括在吉布提建设自贸区、将吉布提打造成中国与世界贸易的中转站、合作推进先进银行卡支付系统等。在此背景下，2015年12月20—22日，应吉布提政府邀请，林毅夫到访吉布提。21日，吉布提总统伊斯梅尔·奥马尔·盖莱在总统府接见了林毅夫。双方就中吉两国经济关系问题进行了亲切而又诚恳的会谈，并达成共识。吉布提外交部部长马哈茂德·阿里·优素福、财政部部长利亚斯·穆萨·达瓦莱、港口与自贸区管理局局长阿布巴·奥马尔·哈迪等近30位吉政府高级官员出席本次会谈。吉布提总统亲自听取了林毅夫教授作的有关自贸区建设的报告。林毅夫提出建议：在自贸区内先期建设一个面积为1平方千米的先导区，承接中国劳动力密集型加工出口企业转移，并在一年内实现就业和出口的可观成绩，吉总统对这一建议十分认可。为落实这一共识，新结构经济学研究院与合作方四方通力合作，共同组建了一支提供"产业定位—园区规划—园区建设—招商引资"一条龙服务的项目团队，项目的目标是，经由先导区的建设，把吉布提迅速打造成"一带一路"倡议和中非工业化合作的成功样板。为了建设"一带一路"倡议下的样板项目，北京大学新结构经济学研究院、"非洲制造倡议"、招商局集团和南南合作金融中心合作开展的非洲吉布提自贸先导区建设项目于2016年2月启动，旨在帮助该国建设一个承接中国劳动力密集型加工出口企业转移的自贸区内的先导区。该项目将以新结构经济学为理论指导，为吉布提自贸先导区的产业定位、政府因势利导作用等提供政策建议，既从理论上又从实践上帮助该国实现项目落地。吉布提国际自贸区2017年1月16日正式开工，吉总统盖莱亲自参加了自贸区的开工典礼。BBC 17日报道称，该自贸区建成后，将成为"非洲最大的自贸区"。预计2017年年底初步建成，将进一步帮助吉布提打造区域物流中心角色，还将成为中国"一带一路"战略辐射非洲大陆的重要支点。最先建成的起步区包括商贸物流园区和出口加工区，将提升吉转口贸易能力和制造业水平。路透社16日称，吉布提港口和自贸区管理局主席哈迪对媒体表示，该自贸区将创造1.5万个直接或间接的就业机会，成为该国首屈一指的就业库。报道称，该自贸区在未来两年将处理约70亿美元的物流贸易，吉方将在中方帮助下，建立一个过境贸易中心。

9.6.4 "一带一路"经贸投资成效[①]

中国与沿线国家经贸合作的步伐不断加快,双向投资保持较高水平。贸易方面,2016年对"一带一路"沿线国家进出口总额62 517亿元,比上年增长0.5%。其中,出口38 319亿元,增长0.5%;进口24 198亿元,增长0.4%。目前,中国与"一带一路"沿线国家贸易额占中国与全球贸易额比重将近三分之一(见图9.73)。在地域构成上来看,2013—2016年间,中国对东南亚、中亚、南亚和欧盟进出口占比均有所提升,对南亚、中亚、西亚和北非地区进口额占比有所下降。出口方面,2013年以来,中国对东南亚、欧盟、南亚和中亚地区的出口占比有所上升,对日本出口占比有所下降,对西亚和北非占比相对平稳。东南亚、中亚和南亚三个区域出口额占中国总出口额的比重从14.4%上升到17.6%。其中,东南亚出口占比由10.7%上涨到12.2%,中亚和南亚两者占比由4.1%上涨到5.4%,西亚和北非出口占比保持在4%左右。进口方面,2013—2016年,中国对东南亚、欧盟、日本的进口额占比有所上升,对中亚和南亚地区、西亚和北非地区出口额占比下降。东南亚、南亚和中亚三地占比由13.3%上升到14.1%,主要为东南亚由10.6%上涨到12.4%,中亚和南亚占比则由2.8%下降到1.7%,西亚和北非占比由9%

[①] 由国家信息中心编撰的《"一带一路"大数据报告2016》汇聚了各类数据约3 000亿条,构建了一套国别合作度指数和省区市参与度指数对"一带一路"倡议的合作重点"政策沟通、设施联通、贸易畅通、资金融通、民心相通"进行了综合评估,对中国与"一带一路"沿线60多个国家之间国别合作情况进行数量化评价并形成综合测评指数。测评结果显示,在参评的64个"一带一路"沿线国家中,32个国家属于"有待加强型",17个国家属于"逐步拓展型",13个国家属于"快速推进型",2个国家属于"深度合作型"。其中,俄罗斯、哈萨克斯坦、泰国、巴基斯坦、印度尼西亚位列前五名。测评结果显示,中国与"一带一路"沿线国家的政策沟通效果整体较好,政治互信明显增强,通信设施基本达到"互联互通",而设施联通水平则呈现出明显的地域特征。泰国、新加坡、马来西亚与中国航空联通最好;俄罗斯、哈萨克斯坦、蒙古、缅甸与中国能源设施联通最好;巴基斯坦、老挝、俄罗斯、哈萨克斯坦、蒙古等与中国跨境通信设施联通最好。在贸易和投资方面,中国的对外投资合作较为顺利,国别合作项目和工程拓展势头良好,中国与俄罗斯、蒙古、东南亚国家的投资合作成效显著。目前,中国对外贸易增速有所放缓,资金融通水平在国别间具有明显差异,仅与东南亚国家之间的金融支撑环境建设相对较好,其他地区均有待加强。民心相通建设虽有明显成效,但需要强化深入持续的信息沟通以及更有针对性的舆论宣传。更详细的内容参见本章专栏9.10。省区市参与度指数围绕"基础—行动—效果"三个层面来构建系统评价模型及其方法体系,对全国31个省(区市)参与"一带一路"建设情况及实施效果进行综合测评。结果显示,5个省(区市)处于"低"水平,9个省(市区)处于"中等"水平,12个省(区市)处于"较高"水平,5个省(区市)处于"高"水平,其中广东、浙江、上海、天津、福建、江苏、山东、河南、云南、北京在综合得分中位列前十。各省(区市)的"一带一路"建设参与度水平存在较大差距,东部沿海地区的省市在综合评测中得分最高,而西北地区和西南地区则有待加强。与此同时,自"一带一路"倡议提出以来,各地"一带一路"政策环境优化,管理体制基本健全,政策文件陆续出台,资金保障力度逐步加强,相关设施配套建设加快,近三年来境外推进园区建设逐渐增多,铁路、航空、公路、港口的联通水平不断增强。在对外投资方面,各地参与对外经贸合作积极性较高,对外直接投资势头良好,81.7%的省市对外直接投资额高于10亿美元,77.42%的省市对外直接投资增速高于20%。各地积极参与海外项目建设,山东、云南、广东、四川、北京五省排位在前。各地参与"一带一路"建设的综合影响力开始显现,新疆、福建、广东、上海、北京五省(区市)位列国内影响力前五,国外影响力方面则是上海、河南、北京、广东、浙江五省位列前五。更详细的内容参见本章专栏9.11。这一节的数据资料主要根据《"一带一路"大数据报告》、《"一带一路"贸易合作大数据报告2017》相关资料整理而成。

下降至 5.87%。整体上,"一带一路"有助于缓和中国对美国的贸易依赖问题。在贸易结构上,中国与沿线经济体也有很大的互补优势,如图 9.74 和图 9.75 所示,例如中国对其最大的出口产品是电机、电气设备及其零件等,最大的进口产品是矿物燃料、矿物油及其蒸馏产品等。

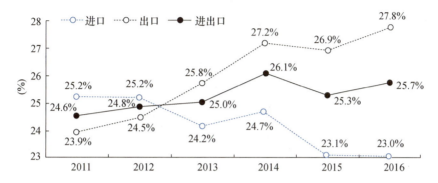

图 9.73　2011—2016 年中国与"一带一路"沿线国家贸易额占中国与全球贸易额比重
资料来源:国家信息中心《"一带一路"贸易合作大数据报告 2017》。

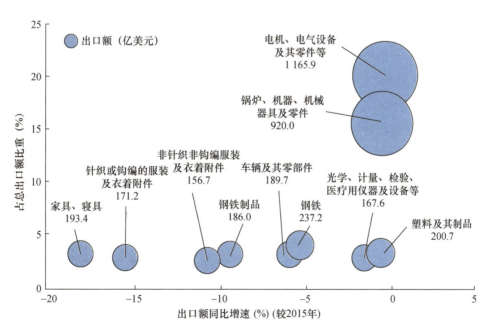

图 9.74　2016 年中国对"一带一路"沿线国家出口额前十位产品
资料来源:国家信息中心《"一带一路"贸易合作大数据报告 2017》。

投资方面,2016 年中国企业共对"一带一路"沿线的 53 个国家进行了非金融类直接投资 145.3 亿美元,同比下降 2%,占同期总额的 8.5%,主要流向新加坡、印度尼西亚、印度、泰国、马来西亚等国家和地区。对外承包工程方面,2016 年中国企业在"一带一路"沿

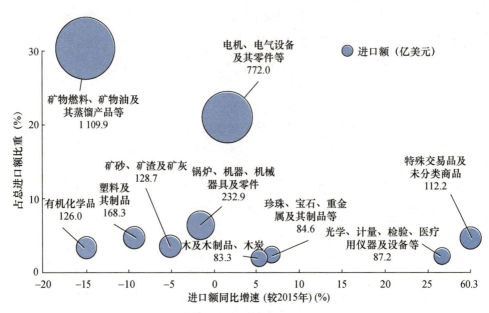

图 9.75 2016 年中国对"一带一路"沿线国家进口额前十位产品
资料来源：国家信息中心《"一带一路"贸易合作大数据报告 2017》。

线 61 个国家新签对外承包工程项目合同 8 158 份，新签合同额 1 260.3 亿美元，占同期中国对外承包工程新签合同额的 51.6%，同比增长 36%；完成营业额 759.7 亿美元，占同期总额的 47.7%，同比增长 9.7%。2013 年以来，中国对东南亚、中亚和南亚等主要"一带一路"国家和地区直接投资总额大幅上涨，中国对三个区域的直接投资占世界总投资的比重亦有所上升。相对而言，中国对欧盟的直接投资则稳中趋缓。2014 年和 2015 年三地总投资同比增速分别为 12% 和 37%，主要为中国对东南亚的直接投资分别增长 8% 和 87%（中国对东南亚国家的直接投资占比达 80% 以上）。"一带一路"除了大规模促进中国对外投资，还会吸引大量外资进入中国。2016 年 1—12 月，"一带一路"沿线国家对华投资新设立企业 2 905 家，同比增长 34.1%，实际投入外资金额 70.6 亿美元，同比下降 16.5%。2016 年以来"一带一路"沿线国家对华投资新设立企业同比大幅上升，实际投入外资金额同比大幅回落，部分原因为高基数，其次为新设企业家数与投资额并不一定成正比。2005—2016 年，中国世界范围内直接投资和建设合同规模 14 859.1 亿美元，"一带一路"倡议提出后中国对外投资增速加快，其中 2015 年对东亚[①]和西亚的投资分别增长 150.31% 和 12.9%。行业层面，按照投资规模排名，主要分布在能源、交通运输、有色、房

---

① 美国 American Enterprise Institute 数据库的东亚标准为东亚、东南亚、中亚等地区。

地产、科技、金融、农业、旅游和娱乐领域,其中能源投资规模5 946.1亿美元,占总投资的40%;其次是交通运输规模2 689.1亿美元,占总投资的18%。近两年对欧美的投资加速,对欧美的投资主要集中于科技、金融和旅游业。具体来看,如表9.39所示,能源投资方面主要集中在亚洲地区,西亚占比22.25%,东亚占比15.11%,欧洲占比9.79%,中东和北非占比9.18%。交通运输方面,欧洲占比19.11%,其次为西亚15.83%、中东和北非12.20%。房地产方面,东亚、中东和北非、欧美几个地区旗鼓相当。科技主要在欧美地区,两地占比60%以上。金融亦主要集中于欧美,两地占比70%以上。农业投资主要在欧洲和美国,中东和北非和东亚也有部分。旅游和娱乐主要投资于欧美,两地均占70%以上。"一带一路"相关投资主要是能源、交通运输、房地产和农业等领域。

表9.39 2005—2016年中国对"一带一路"地区及欧美直接投资和建设合同行业结构

单位:%

行业	中东和北非	东亚	西亚	欧洲	美国	其他
农业	12.25	10.66	9.69	21.94	14.74	30.73
能源	9.18	15.11	22.25	9.79	2.89	40.78
娱乐	16.33	4.34	0.00	36.63	35.76	6.94
金融	0.00	6.90	2.82	31.23	41.53	17.53
有色	4.68	13.18	11.32	2.12	1.06	67.64
房地产	17.54	17.71	5.65	16.26	15.98	26.88
科技	2.09	7.69	9.26	33.43	32.38	15.16
旅游	5.82	5.80	3.20	25.02	50.71	9.45
运输	12.20	10.50	15.83	19.11	2.89	39.47

资料来源:朱振鑫、杨晓,《"一带一路"研究手册》,民生证券研究院研究报告,2017年。

9.6.5 促进沿线国家潜在比较优势产业发展提升基础设施投资的回报率

如第8章所测算的,目前"一带一路"沿线国家的基础设施发展普遍滞后于其经济发展,且无论在质还是量上均低于国际标准,仅在亚洲区域内就存在巨大的资金缺口。根据亚洲开发银行预测,未来10年,亚洲基础设施投资需要8.22万亿美元,即每年需要新增投入8 200亿美元基础设施资金。而2013年,亚洲除中、日、韩三大经济体外的GDP总额约为8万亿美元。根据世界银行统计,中低收入国家资本形成率占GDP的比重仅为四分之一左右,其中用于基础设施投资方面的资金仅为20%左右,约4 000亿美元,融资存在巨大缺口。目前为亚洲基础设施建设提供融资的主要机构——亚洲开发银行2013年仅提供210亿美元贷款,而即使把世界银行集团、发达国家ODA等都考虑在内,资金缺口依然难以得到弥补。为此,中国正在积极推动建设为"一带一路"解决融资缺口的新平台和新模式。目前的融资资金池包括:亚洲基础设施投资银行,其资本规模为1 000亿美元,其中中国出资400亿美元;丝路基金,首期规模为400亿美元,资金来源为外汇储备、中国投资公司、中国进出口银行、国开行,资本比例为65%、15%、15%、5%;金砖国家银行,资本金规模为1 000亿美元;上合组织开发银行。此外,中国将向南亚、上合组织、非洲分别提供200亿、50亿、300亿美元的信贷配套支持。区域性和国际性组织也为"一带一路"的基础设施建设提供部分资金。上述各种融资渠道目前能向"一带一路"跨境基础设施提供的融资规模为3 500亿美元左右,远远不能满足融资需求。为了撬动更多的民间资金,2017年年初国家发改委会同外交部、环境保护部、交通运输部、水利部、农业部、人民银行、国资委、林业局、银监会、能源局、外汇局以及全国工商联、中国铁路总公司等13个部门和单位,共同建立"一带一路"PPP工作机制,与沿线国家在基础设施等领域加强合作,积极推广PPP模式,鼓励和帮助中国企业"走出去",推动相关基础设施项目尽快落地。

然而,目前以基础设施建设为优先领域的"一带一路"受到的争议就主要集中在投资的回报率较低上。一种流行的辩护观点是,中国有庞大的外汇储备(见图9.76),与其购买美国超低回报的国债,还不如投资"一带一路"沿线国家和国内具有长期外部性的基础设施。从机会成本的角度讲,这种观点有一定的合理性。然而,从新结构经济学的角度讲,提高包括基础设施在内的投资回报率的方法便是促进有潜在比较优势产业的转型升级。如果符合潜在比较优势的产业由于基础设施建设消除了其瓶颈而得到快速发展,那么其在全球市场上不论是生产成本还是交易成本都是最低的,从而最具竞争力,产生的经济剩余也最多,因此不论是私人投资还是基础设施投资的回报率都是最大的。正如我们在第8章所测算的,整体而言发展中经济体的基础设施产出弹性要远大于发达经济体,而那些经济结构转型升级较为成功的发展中经济体其基础设施产出弹性更大,例如,亚洲"四小龙"。从图9.76所示的中国对"一带一路"沿线经济体的出口结构中可以看到,2016年中国出口的服装纺织以及家具等轻纺行业位居前十位,体量较大,但是处于快速的下降趋势。这意味着许多劳动力丰富的"一带一路"沿线的发展中经济体可以采取符合比较优势的"进口替代"战略发展这些劳动力密集型的轻纺产业(这里的"进口替代"是针对劳动力密集型产业的,因此是符合比较优势的)。因此,为了保证基础设施投资的回报率,符合潜在比较优势产业的发展必须跟上。

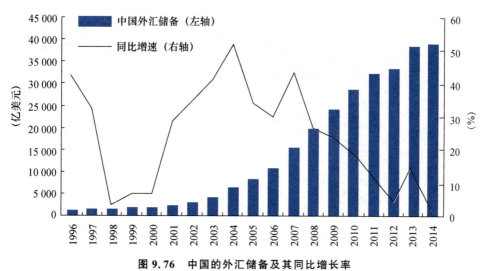

图 9.76 中国的外汇储备及其同比增长率

资料来源:Wind 数据库。

【专栏 9.10】

一带一路沿线国家参与情况[①]

按照最初的规划,"一带一路"涉及 60 多个国家和地区,如表 9.40 所示,现在已超出预期,有 100 多个国家和国际组织参与到"一带一路"建设中。图 9.77 是 2016 年中国与"一带一路"沿线各国贸易顺差和逆差的情况,图 9.78 则是主要的贸易方式。表 9.41 是 2015 年中国企业对"一带一路"相关国家(地区)投资情况。

根据《"一带一路"大数据报告 2016》测算的中国与"一带一路"沿线国家合作程度高低指数,俄罗斯和哈萨克斯坦两个国家处于深度合作阶段,排名前两位;快速推进程度国家主要为东南亚国家、巴基斯坦和内蒙古;逐步拓展程度国家主要为阿拉伯国家及部分东南亚国家;有待加强型国家主要为东欧国家。未来有较大潜力的国家分布在东南亚、中亚、西亚和北非。截至 2016 年 9 月,中国已与 70 多个国家、地区和国际组织完成战略对接,达成联合声明、双边协议/合作协议、合作备忘录/谅解备忘录、中长期发展规划和合作规划纲要等成果。其中,俄罗斯、哈萨克斯坦、巴基斯坦等国政策沟通效果突出。基本情况如下:

---

① 本专栏根据《"一带一路"大数据报告》、《"一带一路"研究手册》、《中国对外投资公报》等相关资料整理而成。

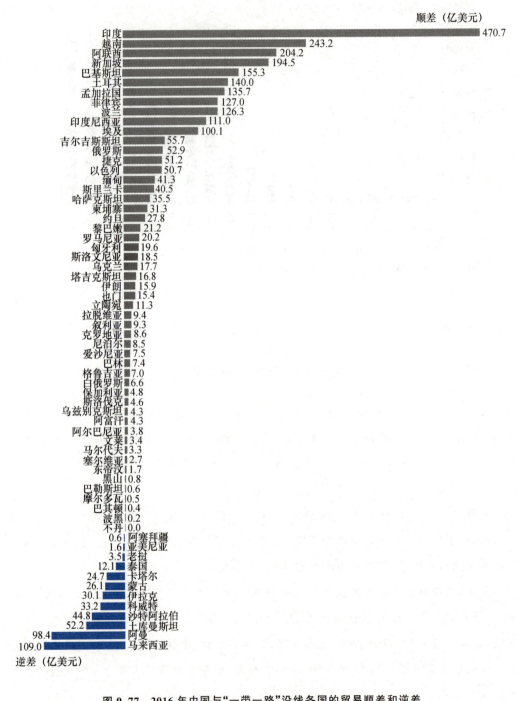

图 9.77 2016 年中国与"一带一路"沿线各国的贸易顺差和逆差
资料来源:国家信息中心《"一带一路"贸易合作大数据报告 2017》。

第9章 释放巨能：将中国与世界的经济结构转型升级进行匹配

表 9.40　2015 年"一带一路"囊括国家

地区	国家	数量
东北亚	俄罗斯、蒙古	2
中亚	哈萨克斯坦、乌兹别克斯坦、土库曼斯坦、塔吉克斯坦、吉尔吉斯斯坦	5
东南亚	新加坡、马来西亚、印度尼西亚、缅甸、泰国、老挝、柬埔寨、越南、文莱、菲律宾、东帝汶	11
南亚	印度、巴基斯坦、孟加拉国、斯里兰卡、马尔代夫、尼泊尔、不丹	7
西亚北非	伊朗、伊拉克、土耳其、叙利亚、约旦、黎巴嫩、以色列、巴勒斯坦、沙特阿拉伯、也门、阿曼、阿联酋、卡塔尔、科威特、阿塞拜疆、格鲁吉亚、亚美尼亚、阿富汗、埃及、巴林	20
中东欧	波兰、立陶宛、爱沙尼亚、拉脱维亚、捷克、斯洛伐克、匈牙利、斯洛文尼亚、克罗地亚、波黑、黑山、塞尔维亚、阿尔巴尼亚、罗马尼亚、保加利亚、马其顿、乌克兰、白俄罗斯、摩尔多瓦	19
合计		64

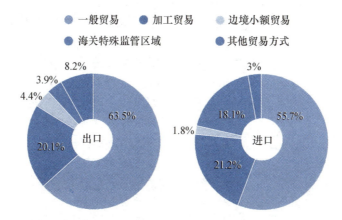

图 9.78　2016 年中国与"一带一路"沿线经济体的贸易方式

资料来源：中国"一带一路"网(https://www.yidaiyilu.gov.cn/jcsj/dsjkydyl/11135.htm)。

表 9.41　2015 年中国企业对"一带一路"相关国家和地区投资情况　　单位：万美元

合计	2015 年流量		2015 年年底存量	
	1 892 890		11 567 891	
国家和地区	2015 年流量	2015 年年底存量	国家和地区	2015 年流量	2015 年年底存量
阿尔巴尼亚	—	695	摩尔多瓦	—	211
阿富汗	−326	41 993	尼泊尔	7 888	29 193
阿联酋	126 868	460 284	塞尔维亚	763	4 979
阿曼	1 095	20 077	斯洛伐克	—	12 779
阿塞拜疆	136	6 370	斯洛文尼亚	—	500

(续表)

合计	2015年流量 1 892 890		2015年年底存量 11 567 891	
国家和地区	2015年流量	2015年年底存量	国家和地区	2015年流量	2015年年底存量
埃及	8 081	66 315	塔吉克斯坦	21 931	90 909
爱沙尼亚	—	350	泰国	40 724	344 012
巴基斯坦	32 074	403 593	土耳其	62 831	132 884
巴勒斯坦	—	4	土库曼斯坦	−31 457	13 304
巴林	—	387	文莱	392	7 352
白俄罗斯	5 421	47 589	乌克兰	−76	6 890
保加利亚	5 916	23 597	乌兹别克斯坦	12 789	88 204
波黑	162	775	新加坡	1 045 248	3 198 491
波兰	2 510	35 211	匈牙利	2 320	57 111
东帝汶	3 381	10 028	叙利亚	−356	1 100
俄罗斯联邦	296 086	1 401 963	亚美尼亚	—	751
菲律宾	−2 759	71 105	也门	−10 216	45 330
格鲁吉亚	4 398	53 375	伊拉克	1 231	38 812
哈萨克斯坦	−251 027	509 546	伊朗	−54 966	294 919
黑山	—	32	以色列	22 974	31 718
吉尔吉斯斯坦	15 155	107 059	印度	70 525	377 047
柬埔寨	41 968	367 586	印度尼西亚	145 057	812 514
捷克	−1 741	22 431	约旦	158	3 255
卡塔尔	14 085	44 993	越南	56 017	337 356
科威特	14 444	54 362			
克罗地亚	—	1 182			
拉脱维亚	45	94			
老挝	51 721	484 171			
黎巴嫩	—	378			
立陶宛	—	1 248			
罗马尼亚	6 332	36 480			
马尔代夫	—	237			
马来西亚	48 891	223 137			
马其顿	−1	211			
蒙古	−2 319	376 006			
孟加拉	3 119	18 843			
缅甸	33 172	425 873			

资料来源:《2015年度中国对外直接投资统计公报》。

第 9 章
释放巨能：将中国与世界的经济结构转型升级进行匹配

1. 东北亚

蒙古。2014年8月，签署《中华人民共和国和蒙古国关于建立和发展全面战略伙伴关系的联合宣言》，双方认为应大力发展政治领域、经贸领域、教育、卫生、文化、人文领域以及国际、地区合作等。

俄罗斯。2015年5月，中俄双方共同签署并发表了《关于丝绸之路经济带建设与欧亚经济联盟建设对接合作的联合声明》，"一带一路"战略与"欧亚经济联盟"战略实现对接，双方达成共识，优势互补。

蒙古、俄罗斯。2015年7月，签署《关于编制建设中蒙俄经济走廊规划纲要的谅解备忘录》，明确了三方联合编制《建设中蒙俄经济走廊规划纲要》的总体框架和主要内容。下一步将抓紧把三方发展战略对接落实到具体合作领域和项目上来，推进中蒙俄经济走廊建设走向深入。

2. 中亚

哈萨克斯坦。哈萨克斯坦是丝绸之路经济带的关键节点，共建丝绸之路经济带的构想也正是2013年9月在哈萨克斯坦首次提出的。此后，2014年双方签署了28项价值230多亿美元的基础设施合同。2014年12月，签署《中华人民共和国国家发展和改革委员会与哈萨克斯坦共和国国民经济部关于共同推进丝绸之路经济带建设的谅解备忘录》，提出发展和加强区域间互联互通，促进和深化丝绸之路经济带沿线有关交通、经贸、旅游、投资及其他合作领域的经济活动。2016年10月，双方签订《中国和哈萨克斯坦关于"丝绸之路经济带"建设与"光明之路"新经济政策对接合作规划》，实现"丝绸之路经济带"建设与"光明之路"新经济政策的战略对接，中哈两国将在四个领域总共30项内容上进行全面务实合作。

土库曼斯坦。2014年5月，签署《中华人民共和国和土库曼斯坦关于发展和深化战略伙伴关系的联合宣言》，提出双方将共同推动"丝绸之路经济带"建设，在金融、铁路、农业、能源、安全等多领域加强合作，研究开展合作的方式并启动具体合作项目。

乌兹别克斯坦。2015年6月，签订《关于在落实建设"丝绸之路经济带"倡议框架下扩大互利经贸合作的议定书》。提出进一步全面深化和拓展两国在贸易、投资、金融和交通通信等领域的互利合作，重点推动大宗商品贸易、基础设施建设、工业项目改造和工业园等领域的项目实施，实现双边经贸合作和共建"丝绸之路经济带"的融合发展。

塔吉克斯坦。2015年9月，签订《关于编制中塔合作规划纲要的谅解备忘录》，明确了共同编制《中塔合作规划纲要》的总体框架和主要内容，以共建丝绸之路经济带为契机,继续扩大和深化投资、贸易、产业、人才等各领域务实合作,共同推进中国—中亚—西亚经济走廊建设。

3. 东南亚

缅甸。2014年11月,发表《中华人民共和国与缅甸联邦共和国关于深化两国全面战略合作的联合声明》,提出加强海洋经济、互联互通、科技环保、社会人文等各领域务实合作,支持缅甸农村和农业发展,建立两国政府电力合作机制,继续加强金融、海洋经济、互联互通、科技环保等领域的合作。

马来西亚。2015年11月,签订《中华人民共和国和马来西亚联合声明》,提出两国加强产能和装备制造合作潜力巨大,继续推动"两国双园"协调发展,共同探讨推进钢铁、船舶、通信、电力、轨道交通等重点领域合作。

老挝。2016年5月,发表《中老联合声明》,指出加强发展战略对接和产能合作,推动中国"一带一路"倡议和老挝"变陆锁国为陆联国"战略、中国"十三五"规划和老挝"八五"规划有机结合,密切配合尽早共同编制完成"一带一路"建设合作规划纲要,采取切实措施促进两国产能与投资合作。

柬埔寨。2016年10月,中柬两国发表《中华人民共和国和柬埔寨王国联合声明》,签署了31项合作协议,确立了2017年双边贸易规模达50亿美元的切实目标,习近平特别提出要着力打造西哈努克港经济特区,并签订了《关于确认并共同推动产能与投资合作重点项目的协议》《关于实施中柬友谊医院大楼项目的立项换文》《关于编制共同推进"一带一路"建设合作规划纲要的谅解备忘录》《关于联合开展水利项目合作谅解备忘录》等文件。

孟加拉国。2016年10月,在中国商务部和孟加拉国出口促进局、孟加拉国工商联合会举办的"中国—孟加拉国企业贸易对接会暨签约仪式"上,双方企业签署了13项贸易协议,合同金额达1.86亿美元,涉及海产品、皮革、黄麻纱线等孟方优势产品。2016年10月,发表《中华人民共和国和孟加拉人民共和国关于建立战略合作伙伴关系的联合声明》,双方同意扩大和深化贸易和投资合作,将基础设施、产能合作、能源电力、交通运输、信息通信、农业作为中孟务实合作的重点领域加以推进,鼓励两国有关企业加强合作。2016年10月,习近平对孟加拉国进行国事访问期间,中孟双方签署了共建"一带一路"以及产能、能源、信息通信、投资、海洋、防灾减灾、人文等领域的合作文件。

4. 南亚

马尔代夫。2014年12月,签署《中华人民共和国商务部和马尔代夫共和国经济发展部关于在中马经贸联委会框架下共同推进"21世纪海上丝绸之路"建设的谅解备忘录》，推动中马自贸区建设，并将通过经贸联委会进一步加强对华互利合作，增加鱼类等产品对华贸易。

尼泊尔。 2014年12月，签署《中华人民共和国商务部和尼泊尔政府财政部关于在中尼经贸联委会框架下共同推进"丝绸之路经济带"建设的谅解备忘录》，宣布正式启动双边自贸协定联合可行性研究，双方同意成立工作组，尽快就共同关注的领域开展全面研究。

巴基斯坦。 巴基斯坦是"一带一路"的标杆国家之一，早在2014年，中巴两国就决定共建中巴经济走廊，是"一带一路"的旗舰项目。2015年4月，发表《中华人民共和国和巴基斯坦伊斯兰共和国关于建立全天候战略合作伙伴关系的联合声明》，双方同意以中巴经济走廊为引领，以瓜达尔港、能源、交通产业合作为重点，形成"1＋4"经济合作布局。2015年4月，习近平总书记前往巴基斯坦国事访问期间，双方签下了51项合作协议和备忘录，其中超过30项协议、备忘录与中巴经济走廊相关，涉及机场、高速、电力、铁路等项目。其中，比较关键的4项谅解备忘录包括瓜达尔港国际机场、瓜达尔港东湾高速公路、卡拉奇—拉合尔高速公路和喀喇昆仑公路第二阶段升级的项目；电力项目包括50兆瓦的达乌德风电项目、50兆瓦的萨察尔风电项目、Zonergy 900兆瓦的电力工业园区和100兆瓦的吉姆普尔风电场项目等；铁路方面包括中国国家铁路局和巴基斯坦铁道部之间关于卡拉奇—白沙瓦线（ML1）升级和巴基斯坦铁路赫韦利杨干散货中心的联合可行性研究的框架协议。

5. 中东欧

白俄罗斯。 2015年5月，习近平对白俄罗斯进行国事访问期间，双方签署总价值约157亿美元的近20份经济合作协议（"丝绸之路经济带"合作议定书），并共同签署了《中华人民共和国和白俄罗斯共和国友好合作条约》和《中华人民共和国和白俄罗斯共和国关于进一步发展和深化全面战略伙伴关系的联合声明》，强调两国将采取措施扩大贸易规模，为对方商品、服务、技术、资本准入创造良好条件。2016年9月，签署《中华人民共和国政府与白俄罗斯政府共同推进"一带一路"建设的措施清单》，该措施清单涵盖交通物流、贸易投资、金融、能源、信息通信、人文等领域相关措施或项目，是推动中白在"一带一路"框架下开展务实合作的第一份路线图，也是指导两国务实合作的重要框架性文件。

匈牙利。 2015年6月，签订《中华人民共和国政府和匈牙利政府关于共同推进丝绸之路经济带和21世纪海上丝绸之路建设的谅解备忘录》,是中国同欧洲国家签署的第一份此类合作文件。双方希望以签署政府间谅解备忘录为契机,使匈牙利成为"一带一路"建设在欧洲的重要支点;以共同建设匈塞铁路为契机,使匈牙利成为欧亚物流的重要枢纽;以增强两国高度互信为契机,使匈牙利成为中欧友谊的重要桥梁。

罗马尼亚。 2015年10月,签署了"第比利斯'一带一路'论坛"联合声明,旨在加强"一带一路"沿线国家政府之间经济层面的对话,发展各国之间的双边经济合作以及与国际和地区的金融机构的合作。

多国。 2015年11月,结合"一带一路"合作倡议和《中欧合作2020战略规划》,中国和中东欧16国制定"16+1合作"中国规划图,共同发表《中国—中东欧国家中期合作规划》,推动"16+1合作"提质增效,其中一半国家与中国签署了共建"一带一路"合作备忘录。

波兰。 2015年11月,签署《中华人民共和国政府与波兰共和国政府关于共同推进"一带一路"建设的谅解备忘录》,提出加强"一带一路"与"可持续发展计划"对接,共同组织编制中波合作规划纲要,开展和深化互利合作。2016年6月,发表《中华人民共和国和波兰共和国关于建立全面战略伙伴关系的联合声明》。中波视彼此为长期稳定的战略伙伴,将在中国提出的"丝绸之路经济带"和"21世纪海上丝绸之路"以及波兰提出的"可持续发展计划"框架下共同推动经贸、金融、交通物流、基础设施建设、民航、能源、农业、电子商务、科技、环保等领域双边合作。

捷克。 2016年3月,发表《中华人民共和国和捷克共和国关于建立战略伙伴关系的联合声明》。双方将以两国政府签署的共建"一带一路"谅解备忘录为基础,加强"一带一路"与各自发展战略和政策的协同,开展和深化互利合作。2016年4月,签署《中华人民共和国政府和捷克共和国政府关于共同编制中捷合作规划纲要的谅解备忘录》,双方商定在基础设施建设、产业投资、贸易、能源资源、科技与研发、金融、运输与物流、医疗保健、航空、标准与认证、文化、体育、教育等领域加强合作。

塞尔维亚。 2016年6月,发表《中华人民共和国和塞尔维亚共和国关于建立全面战略伙伴关系的联合声明》,将以两国政府签署的共建"一带一路"谅解备忘录为基础,充分把握"一带一路"建设带来的重要机遇,推动双方各自发展战略的对接,进一步加强两国能源和交通基础设施建设、产能合作、农业等领域的务实合作。

斯洛伐克。 2016年10月,丝绸之路国际总商会与斯洛伐克工商联合会签署了在"一带一路"倡议框架下深化合作的战略合作协议,中东欧是"一带一路"在欧洲的落脚点,斯洛伐克位于欧洲中部,是连接东西欧市场的桥梁和通往巴尔干地区的门户,斯洛伐克将成为"一带一路"合作的重要合作伙伴。此外,2015年中国分别与塞尔维亚、捷克、斯洛伐克、保加利亚等多国签署政府间共同推进"一带一路"建设的谅解备忘录。

6. 西亚与北非

卡塔尔。2014年11月,发表《中华人民共和国和卡塔尔国关于建立战略伙伴关系的联合声明》,双方认为应充分利用两国经贸互补优势,促进双边经贸关系和相互投资,扩大在基础设施建设、各项工业和高科技领域,特别是交通、路桥、铁路、电信、国有企业、先进技术转移便利化等多种形式的互利合作,建立能源与替代能源领域长期全面的战略合作关系,扩大两国在银行、金融市场等金融领域的合作等。

南非。2015年12月,中国和南非签署了价值419亿元人民币的26项双边合作协议,其中包括:中国工商银行与非洲最大银行标准银行集团签署了总金额为100亿兰特的兰特发债合作协议;中国出口信用保险公司为南非国家交通运输集团提供25亿美元的授信额度用于设备购买;中国国家开发银行为南非电力公用事业提供5亿美元贷款支持电站建设。

科威特。2014年6月,科威特首相对中国进行友好访问,期间与中方签订了《科中关于丝绸之路经济带和科威特丝绸城建设合作谅解备忘录》以及《科中能源合作协议》、《科中基础设施项目投资合作协议》、《科中航空合作协议》等10份合作协议。

格鲁尼亚。2015年3月,签署"丝绸之路经济带"合作的备忘录,提出将在中格经贸合作委员会框架内,共同推进"丝绸之路经济带"建设的经贸合作,全面提升贸易、投资、经济技术合作和基础设施互联互通水平。

土耳其。2015年11月,签署"一带一路"建设谅解备忘录。指出双方应该积极利用丝路基金和亚洲基础设施投资银行等平台,创新合作渠道和模式,实现共同发展和共同繁荣。

阿塞拜疆。2015年12月,签订《中阿关于共同推进丝绸之路经济带建设的谅解备忘录》,标志着两国务实合作迈入新阶段。此外,双方签署《中阿关于共同推进丝绸之路经济带建设的谅解备忘录》及经贸、司法、民航、教育、交通、能源等领域双边合作文件。

沙特阿拉伯。2016年1月,发表《中华人民共和国和沙特阿拉伯王国关于建立全面战略伙伴关系的联合声明》,提出双方愿继续本着互利共赢原则,开展务实合作,扩大相互投资,进一步深化基础设施领域合作,重点做好铁路、道路桥梁、通信、港口等方面的互利项目,加强产能政策协调与对接,推动技术转让、产业升级和经济多元化。

埃及。 2016 年 1 月,签署《中华人民共和国政府和阿拉伯埃及共和国政府关于共同推进丝绸之路经济带和 21 世纪海上丝绸之路建设的谅解备忘录》以及电力、基础设施建设、经贸、能源、金融、航空航天、文化、新闻、科技、气候变化等领域多项双边合作文件,并为中埃苏伊士经贸合作区二期揭牌。这一项目将引进纺织服装、石油装备、摩托、太阳能等 100 家企业,可以为埃及创造 1 万多个就业机会。2016 年 1 月,签署《中华人民共和国和阿拉伯埃及共和国关于加强两国全面战略伙伴关系的五年实施纲要》,从政治经贸、军事和安全、能源油气产业合作等 10 个大项目 80 个分项,对中埃关系未来五年发展与合作做了详细的规划安排。

伊朗。 2016 年 1 月,签署《中华人民共和国政府和伊朗伊斯兰共和国政府关于共同推进丝绸之路经济带和 21 世纪海上丝绸之路建设的谅解备忘录》以及能源、产能、金融、投资、通信、文化、司法、科技、新闻、海关、气候变化、人力资源等领域多项双边合作文件。

7. 其他

南美洲多国。 2015 年 5 月,李克强出访拉美四国巴西、哥伦比亚、秘鲁、智利,签署了矿产、能源、农业金融等领域的多项合作文件,并与巴西、秘鲁签署了横跨大西洋和太平洋的"两洋铁路"的可行性研究合作文件。

联合国亚太经社会。 2016 年 4 月,中国外交部与联合国亚太经社会签署《中国外交部与联合国亚太经社会关于推进地区互联互通和"一带一路"倡议的意向书》,双方将共同规划推进互联互通和"一带一路"的具体行动,推动沿线各国政策对接和务实合作。这是中国与国际组织签署的首份"一带一路"合作文件,旨在扩大双方开展"一带一路"合作的共识,加强交流对接,深化务实合作。

日本。 2016 年 11 月,中国国际经济交流中心与日本经济团体联合会达成联合声明,指出双方愿意进一步推进包括亚洲地区的基础设施及"一带一路"建设等重大项目在内的第三方市场合作。

【专栏 9.11】

中国各地参与一带一路情况[①]

"一带一路"直接涉及的国内区域整体分为西北 6 省、内陆 1 市、西南 3 省、东北 3

[①] 本专栏根据《"一带一路"大数据报告》《"一带一路"研究手册》《"一带一路"贸易合作大数据报告 2017》等相关资料整理而成。

省、东南 5 省等五大区域,如表 9.42 所示。各省在"一带一路"建设中的重要性和所发挥的作用不同,新疆和福建是"一带一路"的关键省区,其中,新疆是"丝绸之路经济带核心区",福建是"21 世纪海上丝绸之路核心区"。目前,"一带一路"各省区大都制定了本省区对接"一带一路"战略的相关举措,其中西北 6 省区以及福建、广东和黑龙江等关键省份均出台了专项规划和实施方案。其中,新疆、青海、甘肃、陕西、宁夏、内蒙古、黑龙江、福建、广东、湖南和江西等省区出台了总体规划/实施方案/建设方案/行动计划等;甘肃、重庆、广西、上海、广东、浙江和海南等省市将其列入"十三五"规划。具体情况如下:

表 9.42 "一带一路"相关各省区定位和节点城市

区域	省(区、市)	节点城市	定位
西北 6 省区	新疆	乌鲁木齐、喀什	"丝绸之路经济带核心区"
	青海	西宁、海东、格尔木	发挥陕西、甘肃综合经济文化和宁夏、青海民族人文优势,打造西安内陆型改革开放新高地,加快兰州、西宁开发开放,推进宁夏内陆开放型经济试验区建设,形成面向中亚、南亚、西亚国家的通道,商贸物流枢纽,重要产业和人文交流基地;发挥内蒙古联通俄蒙的区位优势,建设向北开放的重要窗口。
	甘肃	兰州、白银、酒泉、嘉峪关、敦煌	
	陕西	西安	
	宁夏	银川	
	内蒙古		
内陆 1 市	重庆		打造重庆西部开发开放重要支撑、丝绸之路经济带的重要战略支点、长江经济带的西部中心枢纽、海上丝绸之路的经济腹地。
西南 3 省	西藏		推进西藏与尼泊尔等国家边境贸易和旅游文化合作,发挥云南区位优势,推进与周边国家的国际运输通道建设,打造大湄公河次区域经济合作新高地,建设成为面向南亚、东南亚的辐射中心。
	云南		发挥广西与东盟国家陆海相邻的独特优势,加快北部湾经济区和珠江—西江经济带开放发展,构建面向东盟区域的国际通道,打造西南、中南地区开放发展新的战略支点,形成 21 世纪海上丝绸之路与丝绸之路经济带有机衔接的重要门户。
	广西		
东北 3 省	黑龙江		完善黑龙江对俄铁路通道和区域铁路网,以及黑龙江、吉林、辽宁与俄远东地区陆海联运合作,推进北京—莫斯科欧亚高速运输走廊,建设向北开放的重要窗口。
	吉林		
	辽宁		

(续表)

区域	省(区、市)	节点城市	定位
东南5省	福建	厦门、漳州、泉州、福州	"21世纪海上丝绸之路核心区" 加强上海、天津、宁波—舟山、广州、深圳、湛江、汕头、青岛、烟台、大连、福州、厦门、泉州、海口、三亚等沿海城市港口建设,强化上海、广州等国际枢纽机场功能。以扩大开放倒逼深层次改革,创新开放型经济体制机制,加大科技创新力度,形成参与和引领国际合作竞争新优势,成为"一带一路"特别是21世纪海上丝绸之路建设的排头兵和主力军。
	上海		
	广东	广州	
	浙江	宁波、舟山	
	海南	海口、三亚	"一带一路"战略中的桥头堡。

资料来源:《"一带一路"大数据报告》,《"一带一路"研究手册》。

一、各省(区、市)政策进展

1. 西北6省区

新疆。 新疆作为丝路经济带核心地区,打造"五大中心",即区域性交通枢纽中心、商贸物流中心、金融中心、文化科教中心和医疗服务中心是重中之重,目前"五大中心"专项规划也已提上日程。2016年4月,出台《新疆国税局关于落实"一带一路"发展战略要求做好税收服务与管理工作的意见》,提出了新疆国税局服务"一带一路"建设十项具体措施,推动企业"走出去"。2016年3月,《新疆生产建设兵团参与建设丝绸之路经济带的实施方案》完成,提出促进基础设施互联互通、打造八大进出口产业基地、打造经贸合作平台、实施"走出去"战略、完善城镇嵌入式布局、密切人文交流、提升医疗服务水平、增强金融支撑能力、当好生态卫士及构建开放型经济体制机制等十项任务。2016年10月,出台《丝绸之路经济带创新驱动发展试验区总体规划纲要》,提出试验区建设以丝绸之路经济带核心区建设为中心,先行先试探索具有新疆特色的创新道路、创新模式和创新机制,引领示范构建创新型经济体系,打造丝绸之路经济带核心区发展新动能,带动全面建成创新型新疆。

青海。 2015年12月,通过《青海省参与建设丝绸之路经济带与21世纪海上丝绸之路实施方案》,指出要构建对外开放通道,打造西宁、海东和格尔木三个对外开放节点城市,打造"澜沧江—湄公河源头风情文化旅游"线路,建设10个国际商城和进口生活馆,在重点国家和地区建设中国(青海)特色商品国际营销中心,以及机场将有口岸免税商店等6项举措。

甘肃。 2014年5月,出台《丝绸之路经济带甘肃段建设总体方案》,提出着力构建兰州新区、敦煌国际文化旅游名城和"中国丝绸之路博览会"三大战略平台,重点推进道路互联互通、经贸技术交流、产业对接合作、经济新增长、人文交流合作、战略平台建设等六大工程,进一步提升兰(州)白(银)、酒(泉)嘉(峪关)、金(昌)武(威)、平(凉)庆(阳)、天水、定西、张掖、敦煌等重要节点城市的支撑能力,努力把甘肃省建设成为丝绸之路的黄金通道、向西开放的战略平台、经贸物流的区域中心、产业合作的示范基地、人文交流的桥梁纽带。2015年3月,出台《丝绸之路经济带甘肃段"6873"交通突破行动实施方案》,指出集中力量开展"6873"交通突破行动,即:从2015年起用6年时间,完成投资8000亿元以上(公路建设5000亿元、铁路建设3000亿元、民航建设400亿元),建成公路、铁路7000公里以上(公路67000公里、铁路3400公里),实现全省对内对外公路畅通、铁路联通、航路广通三大突破,从根本上解决交通发展不足的问题。2015年12月,出台《甘肃省参与丝绸之路经济带和21世纪海上丝绸之路的实施方案》,明确提出围绕一大构想,着力构建三大平台、六大窗口、八大节点城市,推进五大重点工程建设的发展战略。该实施方案共有5个附件,分别是《甘肃省参与建设丝绸之路经济带和21世纪海上丝绸之路2015—2016年度工作要点》、《甘肃省参与建设丝绸之路经济带和21世纪海上丝绸之路项目清单》、六大经济走廊、多国同甘肃省建设友好关系及设立合作窗口产业园区表、甘肃省推进"一带一路"建设战略走向示意图和"丝绸之路经济带"甘肃段建设规划示意图。2016年1月,《甘肃省国民经济和社会发展第十个五年规划纲要(草案)》提出将丝绸之路经济带甘肃黄金段建设成为甘肃未来五年主攻的10项重大任务之一,提出甘肃"十三五"将建设兰州国际港务区,兰州中欧货运班列编组枢纽和物流集散中心,兰州、敦煌、嘉峪关三大空港,兰州、武威、天水三大陆港,打造面向"一带一路"的综合经济走廊和物流集散大枢纽。

陕西。2013年9月,与丝绸之路经济带沿线的意大利、伊朗、乌兹别克斯坦、亚美尼亚、印度、葡萄牙、西班牙等9个国家共同发布了《共建丝绸之路经济带西安宣言》,将通过建立城市间共享的信息平台,以及信息的有效传播,在商贸、旅游、农业、教育、科技、文化等方面探求新的合作方式,共同建设"丝绸之路经济带"。2015年7月,出台《陕西省"一带一路"建设2015年行动计划》,提出促进互联互通建设、密切交流合作、加强科技教育合作、深化经贸领域合作、搭建对外开放平台、加强生态环保合作、创新金融合作方式等工作目标,并提出《丝绸之路经济带中国(陕西)自由贸易试验区总体方案》。

宁夏。2015年7月,通过《关于融入"一带一路"加快开放宁夏建设的意见》,提出以打造丝绸之路经济带战略支点为主攻方向,先行先试"一带一路"重大项目合作方式,着力提升开放型经济产业支撑能力,着力提升基础设施互联互通能力、开放平台辐射带动能力、市场主体国际竞争能力、人文经贸互融互动能力。2015年11月,《宁夏参与丝绸之路经济带和21世纪海上丝绸之路建设规划》提出要拓展对外开放通道,集中精力打造陆上、网上、空中"三条丝绸之路",加快建设国际化综合交通枢纽;并且要加强外向型园区培育,依托综合保税区、清真产业园区、慈善产业园区等平台,主动对接阿拉伯国家贸易或产业园区。要促进贸易便利化,探索内陆地区自由贸易新模式。打通宁夏对外快速通道,加强与出海通道合作,将向西开放优势转化为开放发展动力,先行先试,推进开放宁夏建设。

内蒙古。2014年12月,《创新同俄罗斯、蒙古国合作机制实施方案》提出,内蒙古自治区要利用三到五年的时间,初步建成以满洲里、二连浩特等口岸及城镇为主体,内连经济腹地、外接俄蒙的充满活力的沿边经济带的目标。2015年,《参与建设"丝绸之路经济带"实施方案》编制完成,提出建设海路联运的新型业态,打通珠恩嘎达布其—毕其格图口岸铁路,连通锦州港、营口港。2016年4月,《中国"一带一路"中的内蒙古丝绸之路经济带》和《内蒙古建设国家向北开放桥头堡和沿边经济带规划领导工作用图》编制完成,围绕以"双核、多点"为依托的沿边开发开放经济带、自治区腹地主要城市(园区)辐射支撑区以及以沿边经济带、连通俄蒙和我国腹地的六大经济走廊,解读了自治区建设国家向北开放桥头堡和沿边经济带的规划内容,展示了自治区16个正式对外开放口岸和19个边境旗(市)的电力、水利、信息等基础设施建设情况,反映了口岸进出口、口岸周边物流园区、工业园区、互市贸易区建设及其主要加工产业以及境外主要矿产资源分布情况,呈现了建设国家向北开放桥头堡和沿边经济带规划区域内的公路、铁路、航空水运等交通网络。

2. 内陆1市

重庆。2014年11月,通过《关于贯彻落实国家"一带一路"战略和建设长江经济带的实施意见》,提出要深入实施五大功能区域发展战略,以建设长江上游综合交通枢纽为支撑,从着力构建大通道立体交通体系、打造内陆开放高地、增强战略支点集聚辐射功能、培育特色优势产业集群、推进城市群建设、构筑长江上游生态安全屏障等方面着手,促进经济转型升级、提质增效,将重庆建设成为长江经济带西部中心枢纽、西部开发开放重要战略支撑和内陆开放高地。2016年9月,发布《重庆市现代商贸服务业发展"十三五"规划》,指出"十三五"期间,重庆将基本建成"一带一路"重要的流通节点城市和长江上游地区现代商贸中心。实施五大功能区域发展战略与"一带一路"战略深度融合,包括都市功能核心区、都市功能拓展区、城市发展新区、渝东北生态涵养发展区、渝东南生态保护发展区。

3. 西南3省区

西藏。2015年11月,《西藏自治区南亚大通道建设规划》签署,提出西藏"十三五"建设南亚重大通道:建设国家面向南亚开放重要通道、提升与毗邻国家互联互通水平、提升与周边省区互联互通水平、加强对外经贸文化合作交流。

云南。2016年9月,《云南省会展产业"十三五"发展规划纲要》提出,会展产业发展是云南主动融入和服务于国家"一带一路"战略的必然选择,力争到2020年,把云南建设成为在国内有更大影响力、在国际上有更高认知度的重要会展举办地,将昆明建设成为面向"两亚"的会展之城,将滇中地区建设成为西部会展产业集聚区,将云南建设成为会展产业强省。

广西。2016年1月,《广西壮族自治区国民经济和社会发展第十三个五年规划纲要》通过,提出建设衔接"一带一路"重要枢纽、建设"一带一路"产业合作基地、建设"一带一路"重要服务平台、建设"一带一路"人才交流纽带、建设"一带一路"区域金融中心。

4. 东北3省

黑龙江。2014年12月,《"中蒙经济走廊"黑龙江陆海丝绸之路经济带建设规划》制定,提出建设哈大齐(满)产业聚集带、哈牡绥东产业聚集带、哈佳双同产业聚集带、哈绥北黑产业聚集带等"四带";"一环"沿边环形产业集聚带,以漠河、塔河、呼玛、孙吴、逊克、嘉荫、萝北、绥滨、同江、抚远、饶河、虎林、密山等边境县镇为节点;以及"一外":境外产业园区。

吉林。2016年3月,《关于支持通化市建设向南开放窗口的若干意见》出台,明确提出建设通化国际内陆港务区,全面对接丹东港,使其成为向南开放窗口的核心平台。2016年8月,《吉林省国家税务局吉林省地方税务局助力企业"走出去"服务行动计划》、《"走出去"企业税收服务指南》(中、韩双语)出台,持续完善助力企业"走出去"、服务企业"走下去"的工作体制、运行机制和工作措施,全力打造境外税收服务与管理工作新格局。

辽宁。2015年3月,发布《辽宁企业走进"一带一路"投资指南》,介绍"一带一路"沿线39个国家的具体投资情况,以及辽宁省境外投资机构在当地的联系方式,为企业走进"一带一路"沿线重点国家铺路搭桥。2015年6月,出台《关于贯彻落实"一带一路"战略推动企业"走出去"的指导意见》,明确提出了6项保障措施:推进口岸通关便利化、创新走出去方式、加大政策扶持力度、完善服务体系、加强风险防范和建立协调机制。辽宁省确定以俄蒙和中东欧为重点工作方向,以推进境外工业园区建设为突破,引导企业创新"走出去"的方式。"走出去"的重点任务包括:三大通道建设、拓展对外产业投资、推进境外经贸合作区建设、带动对外贸易发展、推进境外资源开发、提高对外承包工程的规模和水平、加大境外科技型企业的并购力度、培育境外合作主体。

5. 东南5省市

福建。2015年11月,发布《福建省21世纪海上丝绸之路核心区建设方案》,提出打造从福建沿海港口南下,过南海,经马六甲海峡向西至印度洋,延伸至欧洲的西线合作走廊;从福建沿海港口南下,过南海,经印度尼西亚抵达南太平洋的南线合作走廊;结合福建与东北亚传统合作伙伴的合作基础,积极打造从福建沿海港口北上,经韩国、日本,延伸至俄罗斯远东和北美地区的北线合作走廊。

上海。上海正在制定对接"一带一路"建设规划。2016年2月,《上海市国民经济和社会发展第十三个五年规划纲要》指出,"十三五"时期,上海要着力加强"四个中心"与自贸试验区建设、"一带一路"和长江经济带等国家战略的深度结合。一是进一步推进国际金融中心建设,二是进一步推进国际航运中心建设,三是进一步推进国际贸易中心建设。

广东。2015年6月,发布《广东省参与建设"一带一路"的实施方案》,提出九大领域的合作设想,即九项重点任务,分别是促进重要基础设施互联互通、提升对外贸易合作水平、加快产业投资步伐、推进海洋领域合作、推动能源合作发展、拓展金融业务合作、提高旅游合作水平、密切人文交流合作、健全外事交流机制。为切实推进方案实施,制定了《广东省参与"一带一路"建设重点工作方案(2015—2017年)》,一共40项工作,以及《广东省参与"一带一路"建设实施方案优先推进项目清单》,一共有68个项目,总投资达550多亿美元,涵盖了基础设施建设、能源资源、农业、渔业、制造业、服务业六个领域。

浙江。2016年10月,《浙江省开放型经济发展"十三五"规划》通过,提出推进舟山航空口岸开放和波音项目建设,成为国家"一带一路"建设的重要战略支点;打造以金华—义乌为重点,连接"一带一路"的战略支点;创建以温台为龙头的民企民资参与"一带一路"建设先行区;建设一批"一带一路"沿线国家的农林渔合作开发地。以"一带一路"沿线国家主要节点城市和港口为重点,推动浙江企业依托大型投资项目在境外布局建设一批经贸合作区。

海南。2015年3月,海南代表团向政府工作会议提交《关于支持海南在国家21世纪海上丝绸之路战略中更好发挥桥头堡作用的建议》,提出将海南打造成"21世纪海上丝绸之路"的重要战略支点,承担起海上丝路桥头堡的作用。2016年3月,《海南省国民经济和社会发展第十三个五年规划纲要》中提出全面融入国家"一带一路"战略,推动海南与沿线国家和地区港口、航空交通基础设施互联互通,推进临港经济区、临空经济区建设,致力于将海南打造成"一带一路"国际交流合作大平台、海洋发展合作示范区、中国(海南)—东盟优势产业合作示范区。

6. 其他

湖南。2015年8月,《湖南省对接"一带一路"战略行动方案(2015—2017年)》出台,提出以长沙为节点城市,以重点区域、重大项目、重点平台、重要机制建设为依托,以提升全面开放水平、扩展经贸合作领域、扩大人文交流为重点,着力实施"六大行动"(装备产能出海行动、对外贸易提升行动、引资引技升级行动、基础设施联通行动、合作平台构筑行动、人文交流拓展行动),完善"五大机制"(项目推进机制、金融财税扶持机制、人才保障机制、风险防控机制,工作协调机制),建设80个左右的重大项目,总投资3 000多亿元,将湖南打造成"一带一路"的重要腹地和内陆开放的新高地。

江西。2015年5月,《江西省参与丝绸之路经济带和21世纪海上丝绸之路建设实施方案》出台,提出要依托国内国际大通道,重点谋划三大战略走向,突出重点区域,体现江西特色,发挥地方优势,畅通陆上通道,连接海上通道,构建空中走廊,拓宽数字通道,融入"一带一路"建设。

二、各省经贸投资情况

如表9.43所示,从国内各省市对"一带一路"沿线国家的贸易额看(见表9.40),广东、江苏、浙江、北京、上海与"一带一路"沿线国家贸易额位居前五。北京、上海、海南、黑龙江、内蒙古、吉林存在贸易逆差。从区域看:(1)华东、华南、华北是与沿线国家开展贸易合作的主要地区。从中国各主要区域与"一带一路"沿线国家整体贸易额来看,2016年,华东地区最高,达3 616.2亿美元,占比为37.9%;华南地区为2 842.8亿美元,占比为29.8%;华北地区为1 408.4亿美元,占比为14.8%;中部地区、西南地区、东北地区、西北地区贸易额较小,均在600亿美元以下。华东地区、华南地区和华北地区合计占比达82.5%,是我国与"一带一路"沿线国家开展贸易合作最重要的地区。(2)华东、华南是向沿线国家出口的主要地区。从出口看,华东地区和华南地区占据我国向"一带一路"沿线国家出口额的前两位,合计占比达72.1%,其中华东地区为2 430.9亿美元,占比为41.4%;华南地区为1 803.7亿美元,占比为30.7%。7个区域出口较2015年均出现了下降,其中西南地区向沿线国家出口下降了31.4%,东北地区下降了23.5%;其他地区降幅在6%以内。(3)华东、华南、华北是自沿线国家进口的主要地区。从进口看,华东地区、华南地区和华北地区占据了我国自"一带一路"沿线国家进口额的前三位,合计占比达85.2%。其中,华东地区为1185.3亿美元,占比为32.4%;华南地区为1039.1亿美元,占比为28.4%;华北地区为893.8亿美元,占比为24.4%。西南地区自沿线国家进口大幅增加20.0%;西北地区维持不变;华北、中部、东北下降明显,降幅超过10%;其他地区降幅较小。在各地对"一带一路"沿线经济体的对外投资情况方面,我们尚未有精确的统计数据,但从表9.44和表9.45可以看出国内各地对外投资的整体情况,东部沿海整体上领先。这很大程度上与东部经济结构转型升级目前处于"腾笼换鸟"阶段有关,"走出去"的需求强烈。就目前国内各个地区的发展阶段而言,借助"一带一路",东部地区将更多侧重于对外转移产业和海外并购,中西部地区将更多侧重于对外贸易。总之,处于不同经济结构转型升级阶段的地区需要找准自身的比较优势,才能最大限度地参与全球化并从中受益。

表9.43 2016年中国各省、市、自治区与"一带一路"沿线国家贸易情况　　单位:亿美元

省、市、自治区	进出口		出口		进口	
	贸易额	排名	贸易额	排名	贸易额	排名
广东省	1995.6	1	1294.9	1	700.7	2
江苏省	1098.9	2	774.1	3	324.5	4
浙江省	1052.0	3	876.5	2	175.5	6
北京市	958.5	4	197.4	7	761.0	1
上海市	842.0	5	402.5	4	439.5	3
山东省	623.6	6	377.8	5	245.8	5
福建省	490.1	7	336.3	6	153.8	7
广西壮族自治区	304.2	8	159.0	9	145.2	8
辽宁省	240.1	9	132.2	11	107.9	9
天津市	232.9	10	164.1	8	68.8	12
重庆市	181.0	11	109.2	13	71.7	11
新疆维吾尔自治区	146.9	12	134.9	10	12.1	23
河北省	144.5	13	128.7	12	15.8	21
云南省	134.3	14	73.2	19	61.1	13
安徽省	123.0	15	97.4	15	25.6	19
河南省	121.7	16	91.7	17	29.9	18
江西省	119.8	17	104.6	14	15.1	22
黑龙江省	116.9	18	31.9	21	85.0	10

(续表)

省、市、自治区	进出口		出口		进口	
	贸易额	排名	贸易额	排名	贸易额	排名
湖北省	115.8	19	97.3	16	18.5	20
四川省	113.9	20	77.7	18	36.2	16
内蒙古自治区	72.5	21	24.4	24	48.1	14
湖南省	63.2	22	52.0	20	11.1	26
海南省	53.0	23	13.6	28	39.4	15
吉林省	46.3	24	14.0	27	32.4	17
山西省	36.7	25	25.4	23	11.3	25
陕西省	34.7	26	28.0	22	6.7	27
甘肃省	27.9	27	16.5	26	11.4	24
贵州省	23.6	28	20.3	25	3.3	28
宁夏回族自治区	11.0	29	8.3	29	2.7	29
青海省	7.0	30	6.4	30	0.6	30
西藏自治区	4.8	31	4.6	31	0.2	31

资料来源：国家信息中心《"一带一路"贸易合作大数据报告2017》。

表9.44　2007—2015年中国各个省、市、自治区对外投资流量　　　单位：万美元

省、市、自治区	2007年	2008年	2009年	2010年	2011年	2012年	2013年	2014年	2015年
一、中央合计	1 958 488	3 598 284	3 819 275	4 243 698	4 502 314	4 352 693	5 632 449	5 247 617	2 781 752
二、地方合计	525 341	587 633	960 250	1 774 542	2 356 036	3 420 576	3 641 489	5 472 587	9 360 410
北京市	15 295	47 299	45 185	76 614	117 503	168 855	413 010	727 353	1 228 033
天津市	7 993	8 200	20 992	34 132	40 706	67 495	112 020	414 637	252 654
河北省	5 394	5 363	21 993	53 237	46 363	57 809	92 757	121 865	94 030
山西省	8 347	2 702	33 295	7 926	18 319	30 966	56 483	30 491	18 611
内蒙古自治区	4 235	6 190	15 547	8 042	12 825	51 845	40 880	110 969	40 447
辽宁省	12 833	10 600	75 786	193 566	114 384	276 260	129 499	147 902	212 204
其中：大连市	6 542	4 427	46 384	163 229	74 591	203 087	104 450	57 481	134 920
吉林省	8 322	10 673	29 814	21 340	20 493	29 641	75 240	33 310	65 823
黑龙江省	17 851	22 797	12 131	23 780	23 834	72 405	77 338	65 531	42 388
上海市	52 266	33 714	120 869	158 468	183 802	331 517	267 524	499 225	2 318 288
江苏省	51 899	49 384	85 061	137 119	225 383	313 050	302 001	406 983	725 000
浙江省	40 346	38 768	70 226	267 915	185 287	236 023	255 276	386 170	710 816
其中：宁波市	5 253	22 515	21 097	39 460	75 573	63 839	84 468	103 663	251 456
安徽省	5 079	6 051	5 782	81 365	53 089	71 043	91 055	38 029	206 747

(续表)

省、市、自治区	2007年	2008年	2009年	2010年	2011年	2012年	2013年	2014年	2015年
福建省	36 847	16 169	36 582	53 495	53 028	85 705	95 249	105 064	275 743
其中:厦门市	19 099	4 159	12 389	22 881	15 276	23 400	26 463	26 523	99 523
江西省	1 536	2 587	2 265	9 470	18 833	37 316	38 091	73 853	100 457
山东省	18 928	47 478	70 441	189 001	247 339	345 621	426 472	391 590	710 983
其中:青岛市	4 898	1 547	10 472	46 197	23 466	91 985	102 267	121 749	127 774
河南省	7 036	13 127	12 075	11 864	28 251	34 117	58 971	54 692	131 284
湖北省	903	350	4 116	8 061	70 903	49 687	52 011	67 161	63 596
湖南省	14 088	25 446	100 568	27 477	117 628	99 499	56 970	78 449	112 370
广东省	114 101	124 251	92 298	159 977	363 350	528 821	594 288	1 089 671	1 226 250
其中:深圳市	92 433	76 375	41 447	60 878	113 306	336 833	300 814	598 933	645 920
广西壮族自治区	2 620	3 844	8 169	18 682	16 714	27 240	8 134	22 864	45 091
海南省	122	82	6 072	22 179	121 999	32 012	81 731	88 708	120 119
重庆市	8 713	10 448	4 747	36 109	40 125	52 960	34 655	76 676	149 638
四川省	29 120	8 107	10 740	69 097	56 341	59 509	58 447	138 223	118 730
贵州省	51	25	522	289	2 033	2 025	20 815	8 764	6 539
云南省	13 641	28 467	27 008	51 339	24 845	104 046	83 036	126 195	94 648
西藏自治区	—	—	—	29	216	2	22	385	29 681
陕西省	2 058	14 063	22 462	26 055	44 816	60 784	30 789	41 411	62 408
甘肃省	15 364	35 808	1 852	10 176	64 917	138 209	43 182	27 321	12 293
青海省	110	202	209	138	173	1 280	3 596	1 601	7 826
宁夏回族自治区	569	502	1 509	711	1 295	6 421	8 626	33 883	108 959
新疆维吾尔自治区	8 535	6 934	18 057	4 776	31 474	43 123	31 579	54 832	61 077
新疆生产建设兵团	21 139	7 999	3 877	12 111	9 768	5 189	1 742	8 780	7 679
合计	2 483 829	4 185 917	4 779 525	6 018 240	6 858 350	7 773 269	9 273 938	10 720 204	12 142 162

资料来源:《2015年度中国对外直接投资统计公报》。

表9.45 2007—2015年中国各个省、市、自治区对外投资存量　　　　单位:万美元

省、市、自治区	2007年	2008年	2009年	2010年	2011年	2012年	2013年	2014年	2015年
一、中央合计	7 944 376	11 974 085	16 014 326	20 178 790	27 246 046	31 142 414	37 850 016	50 958 051	59 372 681
二、地方合计	2 174 684	2 753 598	3 961 809	6 016 948	8 492 697	12 406 307	16 490 005	23 543 706	34 447 768
北京市	159 195	251 019	375 865	480 882	603 380	757 792	1 276 456	2 848 870	3 879 895
天津市	25 200	32 161	58 116	96 729	138 678	211 513	359 331	923 379	1 094 193
河北省	38 248	52 415	88 692	137 724	195 470	238 710	349 045	453 094	572 481
山西省	27 200	18 159	53 339	63 654	83 021	106 047	153 865	170 579	211 051
内蒙古自治区	13 984	20 405	40 100	47 055	56 517	122 260	167 880	239 148	313 155
辽宁省	44 395	60 554	149 230	340 696	435 698	695 281	773 117	925 619	1 131 945
其中:大连市	25 539	34 888	83 094	247 520	296 903	480 316	529 818	589 730	709 425
吉林省	21 554	37 929	70 767	89 958	111 548	145 396	213 924	243 138	313 412
黑龙江省	71 144	99 353	106 235	128 044	172 792	252 993	335 010	402 167	421 397
上海市	302 538	218 611	358 937	609 433	637 473	1 395 106	1 784 361	2 548 479	5 836 165

(续表)

省、市、自治区	2007 年	2008 年	2009 年	2010 年	2011 年	2012 年	2013 年	2014 年	2015 年
江苏省	116 499	172 677	249 872	388 814	570 194	783 185	1 116 311	1 560 997	2 261 424
浙江省	116 259	154 716	295 923	584 528	718 913	854 864	1 098 848	1 537 359	2 236 478
其中:宁波市	23 510	46 039	65 048	106 430	187 524	212 067	323 064	451 785	674 225
安徽省	15 351	20 379	27 594	110 842	165 408	237 120	379 559	426 945	626 696
福建省	91 608	113 231	158 800	196 773	244 754	323 701	396 778	487 290	820 253
其中:厦门市	21 242	31 666	38 813	60 443	80 557	99 578	109 623	133 149	243 270
江西省	5 478	9 126	12 905	22 136	39 751	78 934	119 180	201 352	259 524
山东省	161 360	208 025	262 255	495 823	862 620	1 197 009	1 604 738	1 970 097	2 730 544
其中:青岛市	69 325	59 636	46 487	123 774	149 036	245 339	322 806	447 530	585 277
河南省	21 703	33 001	57 655	70 689	97 463	144 188	195 352	249 444	399 496
湖北省	4 972	5 600	9 992	17 794	88 351	137 579	173 318	228 305	286 068
湖南省	29 344	67 427	204 782	271 626	329 577	413 331	454 724	551 500	810 442
广东省	724 311	868 514	954 523	1 162 951	1 798 111	2 517 617	3 423 375	4 947 939	6 865 495
其中:深圳市	400 271	480 619	473 986	615 287	832 918	1 320 198	1 856 799	2 966 948	3 868 694
广西壮族自治区	9 629	13 780	30 111	52 505	68 701	86 688	106 168	147 792	184 597
海南省	4 342	4 423	11 260	33 548	165 262	332 820	343 423	375 642	489 395
重庆市	16 071	27 674	30 323	65 565	110 572	170 951	193 959	265 660	390 825
四川省	44 322	39 758	53 524	125 352	192 478	224 573	265 593	352 409	465 901
贵州省	445	1 866	2 229	2 035	4 952	8 746	32 708	34 178	42 894
云南省	26 113	56 996	94 784	155 504	182 914	295 805	386 567	514 204	602 619
西藏自治区	100	152	152	180	377	1 033	1 227	1 610	31 441
陕西省	5 667	19 299	41 518	69 786	113 806	179 387	200 287	246 511	285 525
甘肃省	24 550	59 291	61 085	71 158	133 950	268 562	315 985	320 403	321 156
青海省	340	492	751	890	1 304	3 149	9 062	10 132	22 292
宁夏回族自治区	2 645	3 729	3 979	4 672	5 956	11 934	19 624	49 733	160 026
新疆维吾尔自治区	14 212	38 419	51 601	68 983	103 390	145 444	174 951	234 030	296 592
新疆生产建设兵团	35 905	44 416	44 910	50 598	59 319	64 589	65 279	75 701	84 391
合计	10 119 060	14 727 683	19 976 135	26 195 738	35 738 743	43 548 721	54 340 021	74 501 757	93 820 449

资料来源:《2015 年度中国对外直接投资统计公报》。

第 10 章　GIFF：快速抓住世界经济结构转型升级中的发展机遇的方法[①]

20 世纪 80 年代早期标志着经济发展新时代的到来，因为中国开始成为世界经济的发动机，30 多年后的当今世界经济格局因此而剧变（回顾第 1 章第 1 节）。但人们很容易忘记，就在 30 年多前，中国要比撒哈拉以南的大多数国家穷得多，人均 GDP 仅有 195 美元，不足撒哈拉以南非洲国家平均值的三分之一，比埃塞俄比亚和莫桑比克还要低。到 1990 年，中国仍然是低收入国家，以购买力平价计算的人均收入比撒哈拉以南非洲国家平均值低 30%。但时至今日，中国已经是上中等收入国家，人均收入是撒哈拉以南非洲国家平均值的 3 倍，到 2015 年已超过 8 000 美元。中国在全球 GDP 中的比重接近 15%，成为仅次于美国的第二大经济体（回顾第 9 章第 2 节）。这个 13 亿人口的大国并没有石油、可可、咖啡、棉花、木材、钻石或铀矿可供出口，却取得了惊人的发展成就。推动中国在过去 30 多年快速增长的根本因素就是迅速而持续的经济结构转型升级。在 1978 年启动经济改革时，中国还主要是个农业经济体。即便到 1990 年，中国仍然有 74% 的人口居住在农村，初级产品在 GDP 中的比重占到 27%。到 2009 年，这些数据分别下降到 53% 和 11%。中国的出口产品也出现了类似的变化，1990 年，初级产品在商品出口中占很大比重，到 2009 年，几乎全部出口都是制造品。中国在过去 30 多年取得的巨大成就来自严格执行务实的经济发展战略，该战略符合中国自身的资源禀赋结构以及在劳动力密集型产业上的比较优势。中国采取的是两方面的策略：第一，采取双轨制改革办法，在维持稳定的同时实现有活力的转型，给不符合比较优势的资本密集型老产业部门提供转轨保护，同时放开符合比较优势的劳动力密集型产业的进入；第二，作为后进国家，中国选取的经济发展战略充分利用了沿着雁行模式道路前进的后发优势（回顾第 4 章第 4

[①] 更详细的政策建议请参见《新结构经济学》、《从西潮到东风》、《繁荣的求索》、《超越发展援助》、《战胜命运》等著作相关部分的论述。

节)。① 与此相反,包括中国在内的绝大多数发展中经济体在战后采取违背比较优势的赶超战略,结果适得其反,欲速而不达,反而造成了经济结构根深蒂固的扭曲,为可持续的结构转型升级埋下隐患(回顾第 3 章和第 6 章)。

在全球产业周期变化背景下,每个不同发展水平的经济体都可以识别其面临的全球产业窗口机遇期,通过工业园区的局部渐进式改革消除软硬基础设施瓶颈,承接符合禀赋结构决定的潜在比较优势的产业转移,充分利用后发优势,迅速走上持续的经济发展之路。以中国为例,在 1979 年向市场经济转型时,营商环境差,基础设施落后,投资环境糟糕。按照"华盛顿共识"的建议,应该一步到位,而不必优先支持特定部门和地区。相反,中国政府动员其有限的资源和实施能力建立了经济特区和工业园区。在特区和园区内部,基础设施瓶颈得以缓解,营商环境也变得富有竞争力。虽然在转型初期有低成本的劳动力,但是中国缺乏利用这个优势生产具有合格质量的劳动力密集型出口产品的知识。为了克服这些困难,中国各个地区的各级政府四处寻求国外投资者,鼓励他们在经济特区和工业园区内投资。采取这种办法,中国迅速建立起了劳动力密集型的轻工业,成为"世界工厂"(回顾第 8 章第 2 节)。在局部地区取得的成功为政府改善其他地方的基础设施和消除扭曲提供了资源和条件,进而在更大范围内进行经济结构转型升级。这不仅是中国,而且也是东亚其他经济体发展成功的奥秘(回顾第 4 章)。中国的快速成功不但对经济学理论本身的重构,而且对世界经济的发展思路和发展机会都将产生深远影响(回顾第 1 章和第 9 章)。②

10.1 基本政策主张:以"有效市场"和"有为政府"为前提的比较优势发展战略③

2017 年 3 月,中国颇具声望的媒体《财经》杂志在一篇题为"专访林毅夫:新结构经济学更有力量"④的访谈中开门见山地问道:"第二次世界大战结束以后,发展经济,实现现

---

① 关于中国经济更详细的内容请进一步参见:林毅夫,《解读中国经济》,北京大学出版社,2012 年。
② 可参见国际知名学术出版商 Taylor & Francis 于 2017 年 3 月在其官方网站上报道的林毅夫发表在 *Area Development and Policy* 上的文章"The Rise of China and Its Implications for Economics and Other Developing Countries"。
③ 可进一步参考:Justin Yifu Lin, Celestin Monga, "Growth Identification and Facilitation: The Role of the State in the Dynamics of Structural Change", *Development Policy Review*, 2011,29(3), pp.259—310;林毅夫,《新结构经济学:反思经济发展与政策的理论框架》,北京大学出版社,2012 年,第 3 章。
④ 马国川,"专访林毅夫:新结构经济学更有力量",《财经》,2017 年 3 月 20 日。

代化,成为发展中国家自身的主要任务,发达国家也给予各种援助,但是在整体和平的70余年里,为什么真正成功地从低收入国家、中等收入国家迈入高收入国家行列的为数极少?发展经济学应该如何反思?"林毅夫也一针见血地回答道:"确实,到目前为止,只有韩国和中国台湾两个经济体从低收入迈入到高收入,中国大陆则有可能在2025年前后成为第三个;1960年时的110个中等收入经济体,到2008年时也只有13个跨过门槛成为高收入经济体,其中8个是原本收入差距就不大的西欧周边国家或石油生产国,另外五个是日本和亚洲'四小龙'。绝大多数发展中国家没有缩小和发达国家的差距。但是,从我在世行工作期间访问许多发展中国家时的观察,不是这些国家的国民不努力,也不是这些国家的领导人不希望国家繁荣。问题是,迄今为止这些国家在西方主流理论的指引下和国际发展机构的帮助下所做的政策都未能使得它们走向繁荣。相反,少数几个比较成功的国家或地区,当初主流理论认为它们推行的政策是错误的。原因在于这些主流理论来自于发达国家,以发达国家做参照系。第二次世界大战结束以后,大部分发展中国家摆脱了殖民统治,在第一代领导人的领导下追求现代化,冀图民富国强。怎么才能民富?当时的主流经济理论认为,要和发达国家的人民一样富,劳动生产力水平就需跟发达国家一样高,产业技术必须处于同一水平。怎么才能国强?国防产业必须跟发达国家一样先进。于是,发展中国家努力去建设和发达国家相同的先进产业,实行'进口替代'政策。问题是,先进产业都是资本密集型的,发展中国家的最大短板就是资本短缺。用'田忌赛马'的故事作比喻,就相当于用自己的'下马'跟人家的'上马'赛跑,肯定会输。在开放竞争的市场上这种产业不能靠市场的力量自发产生,只能靠政府的各种以扭曲市场价格信号和直接干预资源配置为代价的保护、补贴才能建立起来。从理论上看,实行进口替代似乎天经地义,实践却失败了。遗憾的是,即使到今天许多发展中国家的知识精英还受到这种思路的影响,老跟着发达国家发展自己没有比较优势的先进产业。20世纪80年代以后,主流理论变成了新自由主义。发展中国家为什么搞不好?新自由主义认为是因为没有发达国家的完善市场制度、先进治理体系,国家干预太多,造成了许多扭曲。于是实行私有化、市场化、自由化,想通过'休克疗法'来消除在推行进口替代战略时形成的各种干预、扭曲。从内部逻辑来看,有扭曲就会有资源错配和寻租,经济绩效就会低;从事实来看转型中国家经济发展不好,普遍存在扭曲、资源错配和寻租的问题,所以,这个理论也很有说服力,很容易为每个人的直觉所接受。但是这些落后和扭曲有内生性,发展中国家的许多制度和发达国家比看起来是落后的,但是,经济基础决定上层建筑,在发展中国家那些看似落后的制度,在发展中国家的条件下却是有效的。例如,发早期农村偏远地区的集市贸易,隔三差五才有一次市场交易,和发达国家城里每天都有交易的超市、百货公司相比看似落后,但是,在经济交易量很低的农村,这种集市贸易却是有效的制度安排。同样,转型中国家存在的许多扭曲是为了保护补贴进口替代战略下建立起来的违反比较优势产业中缺乏自生能力企业的需要而存在的,仅仅去除表面的落后和扭曲是不够的。比如,以前违反比较优势建立起来的产业,一旦取消保护补贴,企业就会垮台,造成大量失业,国防安全也受到威胁。世界银行和欧洲开发银行的大量实证研究证明,在苏联东欧转型国家私有化以后,为了让那些违反比较优势的大型企业继续生存以维持社会稳定和保障国防安全,政府给予的保护补贴反而比原来更多,效率更低。还有,转型以后,一切都由市场来解决。但是经济发展必须不断有新产业出现,新产业必须要有先行者,先行者是否成功除了企业家的努力,还决定于软硬基础设施是否合适。事实上市场不能解决这些问题。比如拉丁美洲的智利在20世纪70年代推行'华盛顿共识'以后,各种扭曲消除得很彻底,被称为是'华盛顿共识'的模范生。但是,旧的产业垮台了,新的产业如果没有合适的软硬基础设施,交易费用会太高,在开放的市场中没有竞争力,也不会自发涌现。软硬基础设施的完善需要政府协调不同企业来投资,或是政府自己来做,市场解决不了这些问题。所以,智利在过去30多年,新的产业一直没有成长起来,失业问题严重,收入差距扩大,一直没有缩小和美国的差距。特别是从计划经济向市场经济转型的国家,主流理论认为,必须全面进行私有化、市场化、自由化,一次性把所有扭曲取消掉。但是这样做的国家经济基本都崩溃了,增长停滞,危机不断,少数几个比较成功的,比如中国、越南、柬埔寨,推行的都是渐进式改革。在东欧国家中表现最好的两个国家——波兰和斯洛文尼亚,在前苏联国家中表现最好的两个国家——乌兹别克斯坦和白俄罗斯,大型国有企业也一直没有私有化。当时,主流学界认为这种渐进的'双轨制'改革,继续以扭曲来保护旧的产业,同时放开对新产业的市场准入,结果会比原来的计划经济还糟。但是,这些推行最糟转型方式的国家经济的表现反而最好。"

  来自西方主流的这些理论听起来头头是道,可惜,都没有帮助发展中国家实现民富国强,而且,发展中国家和发达国家的差距反而越来越大。任何理论的成立都有明的和暗的前提条件,如果前提条件不同,即使理论本身的逻辑很严谨,按理论来做也必然会有"淮南为橘,淮北为枳"的问题。所以,在运用一个理论时,必须把理论的明的和暗的前提条件弄清楚,这些条件在现实中是否存在,不能因为运用某个理论没有达到预期的效果就说是"歪嘴和尚念错经",更何况按发达国家的经来念的发展中国家基本没有成功的,总不能说发展中国家的和尚都嘴歪吧?而少数成功的国家念的却被认为是"错"的经。

那到底是和尚嘴歪,还是经错了?

自然科学的理论一向是按照理论的要求去做,必然能够获得理论所预期的结果,否则这样的理论是不会被接受的。社会科学的理论也应该是这样,最近,林毅夫提出"唯成乃真知",倡导"知成一体"。经济学作为一门社会科学,其目的是帮助人们"认识世界、改造世界",如果按照理论的认识去做,不能得到理论所预期的结果,那一定是理论有问题。一个理论在发展中国家实践,不能带来理论所预期的效果,那么很有可能是理论本身就没有把发展中国家的问题和条件认识清楚。现在的经济学主流理论总结于发达国家的经验现象,其明的前提条件是按发达国家的情况来设定的,并且,还暗含了发达国家的法律社会等条件,发展中国家的条件和发达国家不一样。由于前提条件不一样,把经济学的主流理论应用于发展中国家,怎么会得到理论所预期的效果?更何况,发达国家的条件也老在变,理论也跟着在变,如果发达国家的理论在发达国家都不一定适用,在发展中国家怎么能够保证适用呢?鞋子不合脚,不能削足适履,该换的是鞋子。理论的作用在于帮助人们"认识世界、改造世界",如果原来的理论不适用,那就应该进行理论创新,深入了解所要解决的问题的性质和背后的原因,提出新的理论。总结于发达国家的主流理论不适用于发展中国家,要理论适用于发展中国家必须从发展中国家的经验和教训出发,总结发展中国家各种问题和现象背后的因果逻辑,提出新的理论体系,将其作为发展中国家解决问题的参照系,这样成功的概率才会比较高。新结构经济学就是这样的一种努力。

与西方主流发展思潮不同,新结构经济学主张应该从发展中国家或每个经济体现在有什么(即其要素禀赋)出发,规划在此基础上能做好什么(即其比较优势),把现在能做好的做大做强,以此实现逐步赶上甚至超越发达国家的目标。不论基础设施和营商环境天生多么糟糕,任何发展中国家都可以即刻赶上,动态持续的经济结构转型升级推动增长之路。发展中国家的政府必须采取务实的方法,利用其有限的资源和实施能力来推动具有比较优势行业的技术创新和发展,这样才能保持相对较低的生产要素成本。为了降低企业的交易成本,政府可以创建具有良好基础设施和营商环境的工业园区或经济特区。这就是在新结构经济学的思想和思路下如何填补第7章所测算的每个经济体符合潜在比较优势的产业缺口以及如何消除第8章所测算的制约潜在比较优势产业发展的基础设施瓶颈的方法。

按照新结构经济学的基本原理,一个国家或者地区经济发展的本质是人均收入和生活水平的不断提高,其前提则是越来越高的劳动生产率水平。劳动生产率水平的提高有两个途径：一是通过技术创新，提高现有产业中产品的质量和生产效率（产业内升级）；二是通过产业升级，将现有劳动力、土地、资本等生产要素配置到附加价值更高的产业（产业间升级）。根据新结构经济学的分析，这两者的实现需要有"有效的市场"和"有为的政府"的共同作用。在理论上讲，"有效市场以有为政府为前提，有为政府以市场有效为依归"。

"有效的市场"的重要性在于，引导企业家按照要素禀赋的比较优势来选择技术和产业，生产出来的产品在国内国际市场的同类产品中，要素生产成本才会最低，才可能会最有竞争力，企业才可能获得最大的利润，整个经济才有机会创造最大的剩余和资本积累，使得比较优势从劳动或自然资源密集逐渐向资本密集提升，为现有产业、技术升级到资本更为密集、附加价值更高的新产业、新技术提供物质基础。企业家会按照要素禀赋所决定的比较优势来选择产业和技术的前提，则是必须有一个能够很好地反映各种要素相对稀缺性的价格体系，如果有这样的价格体系，企业为了自己的利润和竞争力，就会按照要素禀赋所决定的比较优势来选择合适的技术和产业，这种价格体系只有在充分竞争的市场中才会存在。所以，新结构经济学主张，一个经济体要发展好必须要有一个"有效的市场"。

然而，由于经济发展不是静态的资源最优配置，而是一个技术不断创新、产业不断升级以及硬的基础设施和软的制度环境不断完善的结构变迁过程，在这个过程中必须对技术创新和产业升级的先行者给予外部性的补偿，以及协调相应的软硬基础设施的完善，这些工作仅能由政府来做，因此，也必须有一个"有为的政府"，经济结构才能顺利按照要素禀赋结构和比较优势的变化变动。所以，"有效的市场"和"有为的政府"是经济快速可持续发展的两个最重要的制度前提。

所以，尽管市场机制如此重要，在发展过程中，政府仍应积极主动发挥作用，为产业升级和多样化提供便利。首先，做出升级和多样化的决定从来不是一个显而易见的选择。一个先驱企业可能因为新产业缺乏互补的生产要素或足够的基础设施而失败，又或者仅仅是因为目标产业与本国经济的比较优势不相符而不能成功。因此，产业升级和经济多样化可能更像是一个高代价的"试错"练习，即使这个试错练习具有后发优势。为了在竞争性市场上取得成功，发展中国家的企业需要如下信息：处于全球产业前沿内的哪些产业与本国的潜在比较优势相符。信息具有与公共品一样的性质。信息的收集和处理成本是巨大的。然而，信息一旦形成，允许一个企业分享既得信息的边际成本为零。因此，政府可通过投资于信息的收集和处理，将有关新兴产业的信息免费提供给企业等方式来给企业提供便利。另外,新产业的选择还可能以路径依赖的方式,通过特定的人力资本和社会资本的积累,来塑造未来的经济增长潜力。当然在分析这些信息并将信息告知公众方面,政府肯定比各个私营企业做得更好。

其次,技术创新、产业多样化和产业升级通常伴随着对企业资本和技能的要求的变化,也伴随着市场范围和它们对基础设施需求的变化,而后者是由在此过程中生产活动所体现的演进性质所决定的。换句话说,产业升级和多样化通常伴随着对软硬基础设施的要求的变化。例如,在经济发展过程中,随着从农业到制造业、从简单制造业到高级制造业的变迁,一国的生产规模和市场范围越来越大,对运输和电力的需求也越来越大。单个企业无力内部化这些设施的提供,也难以统筹不同部门间企业的协作来满足这些持续增长的需求。即使一些大企业愿意为该国的公路或电网建设提供资金,为确保一致性、效率,并防止随着经济增长可能出现的自然垄断,政府协调也是必要的。在低收入国家的小规模、劳动力密集型的农业和制造业中,除了硬件基础设施,企业不需要劳动力有多么熟练、融资和市场体系有多么成熟,但是,当经济发展到现代制造业的阶段,就需要高技能的劳动力、一次性设备投资所需的巨额资金、流动资本和出口融资,以及新的市场规划。然而,很多单个企业通常无力内部化所需的软件基础设施的变化。这就又需要政府来提供或者协调这些经济部门的变化,从而为单个企业的升级和多样化提供便利。

最后,创新是产业升级和多样化进程的基础,但它本质上是一个非常冒险的行为。即便政府愿意并能够提供必要的信息和协调来帮助企业,仍不能保证企业一定成功。企业可能因为目标产业太过先进,或市场太小,又或是协调不足而失败。但即使这些失败的案例也给其他企业提供了有用的信息,表明了该目标产业是不合适的,应重新审视。因此,先驱企业付出了失败的代价,为其他企业提供了有价值的信息。而如果它们成功了,那么它们的经历更是向其他企业提供了信息外部性,证明新产业与经济新的比较优势相一致,进而激励更多新企业进入该产业。随着大量新企业的进入,先驱企业可能享有的租金就会被消除。从单个企业的角度来看,成为先驱企业的动力是被抑制的,因为失败的成本太高,而成功的优势有限,二者是不对称的。除非能对先驱企业所创造的信息外部性进行补偿,否则鲜有企业有动力去成为先驱企业。最终,产业的升级和多样化以及经济增长的步伐就会受到阻碍。在处于全球产业前沿的发达国家中,成功的先行者通常被授予专利,使之在一段时间内享有创新所带来的垄断租金。对于发展中国家来说,新产业很可能是处于全球产业前沿之内的一个成熟产业。从而先驱企业难以因为先进入新产业而获得专利。因此,政府对甘愿冒险进入新产业的先驱企业做出一些直接资助就是正当合理的。

发达国家的产业处于全球前沿上,其产业升级和多样化依赖于自身通过试错过程所创造的新知识。相比之下,处于赶超过程的发展中国家处于全球产业前沿内部,具有后发优势。换句话说,发展中国家可以借鉴发达国家的现有技术和产业理念来进行产业的升级和多样化。这种获得创新的方法比发达国家企业所用的方法成本更低、风险更小。因此,在一个致力于建设市场体制的发展中国家中,如果企业知道如何利用后发优势的潜力,而且政府积极主动地在产业升级和多样化过程中提供信息、协调和外部性补偿,那么该国的增长速度就可以比发达国家快得多,达到与高收入国家趋近的目标。实际上,18世纪前的英国,19世纪的德国、法国和美国,20世纪的北欧国家、日本、韩国、中国台湾、新加坡、马来西亚和东亚其他经济体都是这样发展起来的。

10.2 新结构经济学实操指南:促进经济结构转型升级的因势利导方法[①]

按照新结构经济学的上述理论,在有效的市场中,政府必须发挥有为的作用,来克服在经济转型升级中的外部性和协调的问题。政府的资源和执行能力是有限的。按照"华盛顿共识",以及新自由主义的看法,政府应该把全国的基础设施都建设好,把全国的各种法制、营商环境都完善好,不应该对任何地区或产业有偏向,认为把这些工作做好了,新产业和新技术就会自发地涌现。这种想法的意愿是好的,但是有一个问题,发展中国家基础设施普遍不好,要把全国的基础设施都完善,有那么多资源吗?如果没有那么多资源,就必须按毛主席所讲的,集中优势兵力打歼灭战,按产业发展的需要把一个局部区域搞好,降低其交易费用,那个区域经济就能够快速发展,然后,星星之火可以燎原,从一点发展,带动全面发展,这是个很实事求是的哲学思想。

这种策略性地使用资源的方式,必须了解要发展什么产业,这些产业所需要的软硬基础设施有哪些,在哪儿建立工业园合适。这种针对特定产业在特定地区提供因势利导措施的举措就是所谓的产业政策。从历史经验来看,我们没有发现没有产业政策而取得成功的国家,当然更多的是,实行产业政策失败的国家。为什么?我们发现绝大多数产

---

① 中文文章见《人民日报》2015年5月7日"新常态下政府如何推动转型升级:从新结构经济学视角看";英文文章见"New Structural Economics and Industrial Policies for Catching-up Economies"in Slavo Radosevic ed., *Smart Specialization Theory and Practice*: *Regional Planning and Development*, Elsevier Science Publishers。

业政策失败是因为违反了比较优势。违反比较优势有两种可能性：发展中国家违反比较优势，通常是过度赶超，想在资本极端短缺的情况下去和发达国家直接竞争，发展资本技术密集的产业。发达国家的产业政策失败的原因正好是相反的，有些产业已经失掉比较优势了，比如农业或是一些加工业，但是为了维持就业，还给它很多支持，像在欧盟，每头奶牛每天可以得到2欧元的补贴。这两者都是违反比较优势的表现。违反比较优势的结果会怎么样？企业在开放竞争的市场中没有自生能力，就必须给予保护补贴。一给予保护补贴，就导致两个结果：一个是资源错误配置，一个是寻租腐败。在这种状况下，产业政策当然会失败。从新结构经济学的角度来看产业政策，若想取得成功，就要帮助企业进入到一个要素生产成本比较低的产业，也就是从要素禀赋结构来看具有比较优势的产业。但国际上的竞争是总成本的竞争，总成本还包括交易成本。交易成本取决于交通基础设施、法治环境、金融服务等是否合适。如果不合适，交易成本会特别高。因此，即使这个产业是符合比较优势的，要素生产成本低，但交易成本太高，总成本也就太高，还是没有竞争力。这样的产业在新结构经济学中被称为具有潜在比较优势的产业。产业政策的目的是什么？就是把那些具有潜在比较优势，但因为交易成本太高，在国内外市场中还不具有竞争优势的产业，经由政府帮助改善基础设施和金融法治环境，把交易成本降低。如果能把交易成本降低，这个产业就能马上从具有潜在比较优势变成具有竞争优势，这是产业政策的目的。

在经济结构转型升级的过程中，如何在"有效的市场"环境中发挥"有为的政府"的作用，推动产业从中低端向中高端以及将来从中高端向高端升级，实现可持续的中高速增长？不论是像第4章中所介绍的阿曼这样的微型经济体还是像中国这样的中等收入发展中大国[①]以及第1章专栏1.4中所介绍的波兰这样的高收入转型经济体，在具体产业发展战略上，按照每个经济体或地区每个产业在全球和全国的前沿距离以及比较优势类型可将各个经济体的产业分成五种不同类型，政府因势利导的作用各有差异。[②]

10.2.1 追赶型产业的因势利导方法

中国和其他中等收入增长极国家即将从低技能制造业向更高层次转型，这对贫穷国

[①] 中国是世界上人口最多的经济体，地区之间发展差异巨大，而且不同特征的产业门类众多，按照联合国统计署的产业分类，中国是唯一一个产业门类齐全的国家。

[②] 在经济新常态下中国仍然处于大有作为的战略机遇期，根据各种产业的特征，发挥好"有效的市场"和"有为的政府"两只手的作用，推动产业转型升级，即使在相对不利的国际外部环境下，中国的经济也仍然能够保持7%左右的中高速增长，到2020年前后跨过人均国内生产总值12 615美元的门槛，进入到高收入国家的行列，为实现中华民族伟大复兴的"中国梦"立下一个重要的里程碑。

家来说是个宝贵机遇,包括撒哈拉以南的非洲国家(全球 51 个低收入国家中有 37 个位于该地区)。"一带一路"沿线与非洲等发展中国家需要通过紧紧抓住中国这个"领头龙"国家产业转移和产能合作的良机促进经济结构转型升级。如果各国的政策制定者能充分利用后发优势,促进本国发展适合自身比较优势的产业,这将是完全可能实现的。增长甄别与因势利导工具(the Growth Identification and Facilitation Framework,GIFF)是新结构经济学的追赶型产业发展的应用工具,可以帮助发展中国家的政策制定者识别哪些产业拥有潜在的比较优势,并促进有竞争力的私人部门的发展。

以中国为例,在整个国家层面上而言,2014 年人均 GDP 为 7500 美元,同年美国的人均 GDP 是 57 101 美元、德国是 44 999 美元、日本是 38 491 美元、韩国是 24 329 美元。这种人均 GDP 的差距反映的是劳动生产率水平的差距,代表中国现有产业的技术和附加值水平,比发达国家同类产业的水平低,处于追赶阶段。中国的汽车、高端装备业、高端材料即属于这种类型(回顾第 9 章专栏 9.5)。对于追赶型产业,中国各地政府和金融机构可以在资金融通和外汇获取上支持所在地的合适企业像吉利汽车、三一重工、汉能那样,到海外并购同类产业中拥有先进技术的企业,作为技术创新、产业升级的来源。发达国家自 2008 年的国际金融危机以来,经济发展乏力,很多拥有先进技术的企业经营不好,低价求售,出现了许多好的并购机会。在没有合适的并购机会时,各地政府也可以提供方便,支持所在地的企业像华为、中兴那样,到海外设立研发中心,直接利用国外的高端人才来推动技术创新。另外,各地政府也可以筛选中国每年从发达国家大量进口的高端制造业产品,根据其地区比较优势,创造这些产业所需的基础设施,改善营商环境,到海外招商引资,把那些高端制造业产品的生产企业吸引到国内来设厂生产。中国现在的 GDP 规模约占世界的 13%,在新常态下,每年 7% 左右的增长意味着中国每年对世界贡献将近一个百分点的增长,现在世界每年的经济增长在三到四个百分点之间,也就是说,中国每年对世界市场容量扩张的贡献率达到 25% 到 30%。如果地方政府能够根据这些高端制造业的需要提供合适的基础设施、人才培训、营商和法治环境,国外许多高端生产企业,会有很高的积极性到国内设厂生产,以满足中国不断扩大的需求(回顾第 9 章第 2 节),并以中国为基地生产供应世界各地的市场。江苏省太仓市的中德企业合作园区 2012 年被工信部授予"中德中小企业合作示范区",到 2014 年年底吸引了 220 家德国企业入园,投资总额达 20 亿美元,就是一个很好的案例。在中高端产业的招商引资上中国仍处于大有作为的机遇期。因此,追赶型产业发展战略依然是中国各个地方目前最主要的战略选择。

新结构经济学为追赶型产业制定了操作性很强的增长甄别与因势利导"两轨六步法",如图10.1所示。

第一步:选择正确的目标经济体。政策制定者应该选择那些增长强劲、与本国或本地区具有相似禀赋结构的经济体或地区作为目标。例如,发展中国家或地方的政府可以确定一份贸易商品和服务的清单。这些商品和服务应满足如下条件:人均收入高于本地区约100%的高速增长国家中,这些商品和服务的生产已超过10—20年。这些产品和服务部类或许能成为符合本地潜在比较优势的新产业。对于发展中地区实现产业升级和多样化并利用后发优势来说,这是最重要的原则。这是因为,在动态增长的经济中,工资率增长迅速,这就有可能导致该经济生产多年的产业开始失去比较优势。因此,该产业就会在具有类似要素禀赋结构且工资较低的国家具有潜在比较优势。该原则还意味着,当一国的收入水平达到最发达国家收入水平的50%时,它将越来越难以甄别可能符合其潜在比较优势的产业。因此,发展战略转变为后面要介绍的领先型产业发展战略。

第二步:协助当地私人企业解决障碍。分析本地的私人企业在哪些产业已经比较活跃,并检查可能阻碍它们提升产品质量与提高效率或阻碍其他企业进入行业的障碍。可运用新结构转型升级诊断方法来识别这些障碍。各国政府或各地政府可以实施相应的政策以去除此类障碍,开展随机控制试验来检测这些政策在消除障碍上的效果,然后推广到全国或本地范围。

第三步:招商引资吸引外来投资者。对于本地企业尚未参与的新产业,鼓励国外或者其他更高收入水平地区生产此类产品的企业来投资,这些企业可能希望把生产向更低收入水平的国家或地区转移,降低劳动力成本。当地政府还可以实施孵化计划,来鼓励此类产业的创业活动。

第四步:壮大本地优势产业。除了第一步通过参照目标经济体甄别潜在比较优势,政府还需要关注本地私人企业的自我发现。利用好本地区的特殊资源禀赋或全球以及全国范围的技术突破带来的出乎意料的特殊机遇。本地政府应该特别关注本地的私人企业对新的商业机会的成功发现和参与,并帮助这些产业扩大规模。

第五步:迅速搭建发展平台。在一个基础设施落后、商业环境不佳的地区,设立经济特区或产业园区以及其他平台来克服企业进入和外国投资的障碍。这些特区可以创造有利的商业环境,而大多数低收入地区的政府由于预算和能力的限制不能在本地所有范围内提供。建立产业园区或特区还能促进产业集群的形成(回顾第8章的专栏8.1和第9章的专栏9.1、专栏9.2、专栏9.3所介绍的中国过去的特区与园区建设经验以及新时

第10章
GIFF：快速抓住世界经济结构转型升级中的发展机遇的方法

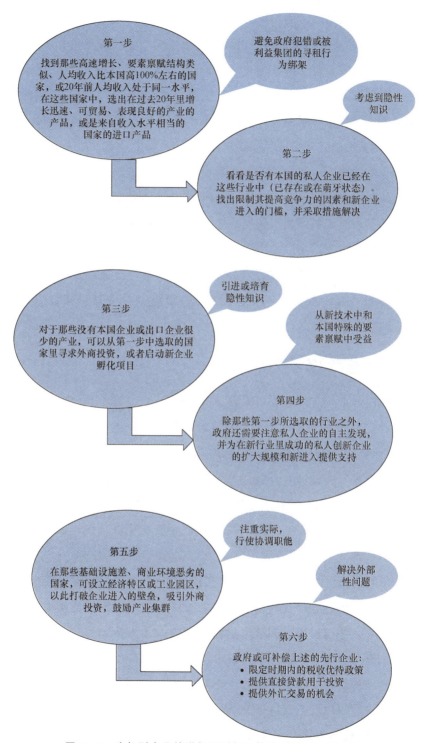

图 10.1　追赶型产业的增长甄别与因势利导"两轨六步法"

期园区转型升级和开放型经济的新平台）。

第六步：为正确的产业提供准确的激励。给予目标产业的领先企业一定时限的税收优惠，提供合作投资，或者授予外汇额度，以补偿市场领先者创造的外部性收益，并鼓励企业形成产业集群。由于通过鉴定的目标产业符合本地的比较优势，这样的激励措施在时间和财务成本上可以是有限的。为防止出现寻租和政治俘获，政府还须避免采取可能导致垄断租金、高关税或其他扭曲的激励措施。

需要特别说明的是，上述"增长甄别与因势利导"工具不是完全由政府主导的政策工具，其融合了经济结构转型升级的基本原则，即"有效的市场"和"有为的政府"。GIFF的第一步"产业甄别"最重要的作用不仅仅是挑选符合本地区潜在比较优势的产业，更重要的是防止本地政府采取不切实际的"跨越式"赶超战略，避免政府太冒进，这是过去绝大多数发展中国家产业政策失败的原因，同时，也是为了避免企业以发展某种先进的产业为理由向政府寻租。第二到第四步，是企业自己的选择，而不是政府指定的，政府只是有针对性地"顺水推舟"。

10.2.2 领先型产业的因势利导方法

对于像中国这样的中等偏上收入国家，有些产业，像中国的白色家电、高铁、造船等，其产品和技术已经处于国际领先或已接近国际最高水平。领先型产业必须依靠自主研发新产品、新技术，才能继续保持国际领先地位。自主研发包括两种不同性质的活动：新产品、新技术的"开发"和新产品、新技术开发所需"基础科研的突破"。企业开发的新产品、新技术可以申请专利，这类活动理当由企业自己来进行。但是，基础科研不仅投入大、风险高，其产品是论文，属于社会公共知识，企业没有从事基础科研的积极性。美国这样的发达国家的产业，绝大多数属于领先型产业，技术创新和产业升级所需的基础研究，绝大多数是由美国国家科学基金会资助高校，或是由美国国家健康研究院等政府支持的科研机构来进行的，欧洲、日本等发达国家也以政府的资金支持类似的机构来进行这方面的基础研究。中国自然也必须采取同样的方式来支持领先型产业的新技术和新产品开发所需的基础科研。各国的中央和地方政府可以用财政拨款设立科研基金，支持所在地领先型产业的企业与科研院校协作进行基础科研，支持企业开发新产品、新技术。中央和地方政府也可以以资金支持相关行业的企业组成共用技术研发平台，攻关突破共用技术瓶颈，在此突破的基础上再各自开发新产品、新技术。在企业新技术和产品开发取得突破后，中央和地方政府也可以通过采购，帮助企业较快地形成规模化生产，以降低单位生产成本,提高产品的国际竞争力。领先型产业需要到世界各地建立销售、加工生产、售后服务等网络,以开发市场,中央和各地政府也需要在人才培训、资金、法律、领事保护上给予相关企业的海外拓展必要的支持。

10.2.3 转进型产业的因势利导方法

这类产业有两种类型,一类是丧失比较优势的产业,另一类是还有比较优势但是产能有富余的产业。对于中国而言,劳动力密集型的出口加工业是最典型的第一类产业(回顾第9章第9.5.1节)。这类产业最主要的成本是工资成本。目前,中国一线工人的月工资是3 000—4 000元人民币,相当于500—600美元。到2020年"十三五"结束,实现十八大提出的两个"翻一番"目标,加上人民币升值,普通工人的月工资至少会上升到1 000美元。这类产业在中国失掉比较优势是不可逆转的趋势。面对这种挑战,中国劳动力密集型出口加工产业中的一部分企业可以升级到品牌、研发、品管、市场渠道管理等高附加值的"微笑曲线"的两端。从事生产加工的多数企业则只能像20世纪60年代以后日本和80年代以后亚洲"四小龙"的同类产业中的企业那样,利用其技术、管理、市场渠道的优势,转移到海外工资水平较低的地方去创造第二春,把中国的GDP变为GNP,否则必然会因竞争力丧失、海外订单流失而被淘汰掉。这些加工企业在海外的成功也将给中国相关产业中附加价值比较高的中间部件和机器设备的生产企业提供海外市场,成为中国产业转型升级的拉动力。中国各种劳动力密集型出口加工产业,绝大多数在一些市县形成产业集群,这些产业集群所在地的地方政府可以采取以下两种因势利导的政策:一是提供设计、营销方面的人才培训、展销平台等,鼓励一部分有能力的企业转向"微笑曲线"的两端,经营品牌的企业则可以对其新产品开发的费用给予和高新产业研发费用一样在税前扣除的待遇;二是协助所在地加工企业抱团出海,提供信息、海外经营人才培训、资金支持,以及和承接地政府合作设立加工出口园区等,帮助企业利用当地廉价劳动力资源优势来提高竞争力,创造企业的第二春。随着中国国内工资水平的上涨,许多20世纪八九十年代转移到中国内地的台资、港资、韩资劳动力密集型加工出口企业已经转移出去,中国内地自己的劳动力密集型加工出口企业则因为不熟悉国外投资环境,缺乏海外经营管理人才而仍滞留国内。劳动力密集型加工出口产业集群所在地的政府,可以给企业提供适合发展加工出口产业的国家信息,和承接地政府做好对接,帮助它们学习中国的招商引资经验,设立工业园区,营造良好的投资和经营环境,会同行业协会因势利导,协助中国的企业抱团到那里投资。中国的商务、外交等中央部门和进出口行、开发行、中非基金等金融机构也要在投资保护、签证便利和金融上给走出去的企业以必要的支持。根据这一思路,中国劳动力密集型加工出口业应向何处转移?由于中国是一个13亿人口的大国,第三次工业普查显示,整个制造业的从业人员高达1.25亿人。以人口规模相对较小的越南、柬埔寨、老挝、孟加拉国等国而言,中国的劳动力密集型加工产业稍微往那些国家转移,马上就会带动其工资和中国一样迅速上涨,实际上这正是近些年来那些国家出现的情形。从人口和劳动力供给而言,非洲现在有10亿人口,大量是富余的农村年轻劳动力,和中国20世纪80年代初的状况一样,目前的工资水平仅为中国的十分之一到四分之一,是承接中国劳动力密集型出口加工产业最合适的地方。但一个地方要成为现代制造业加工出口基地,除了工资水平低,当地的生产企业还必须具备比较现代化的管理和技术能力,以及国际买家对当地企业的产品质量和按时交货的信心。非洲国家现在遇到的发展瓶颈是,基础设施薄弱,国际买家对非洲企业的管理、技术、产品质量和按时交货的能力缺乏信心。如果中国中央政府和劳动力密集加工产业所在的地方政府在"一带一路"和"中非命运共同体"的合作框架下,能够帮助非洲国家学习和吸取中国在招商引资方面的经验,设立工业园区改善基础设施,提供"一站式"服务,以发展产业集群的方式将中国的劳动力密集加工企业吸引过去,非洲也能快速发展起来(回顾第1章专栏1.3)。

对于中国而言,退出型的第二类产业则包含钢筋、水泥、平板玻璃、电解铝等建材行业。这些产业近些年在中国发展得很快,机器设备很新,技术相当先进,生产能力是按满足过去高速增长所需的投资的需要形成的。中国进入到新常态以后,增长速度从过去三十多年年均9.7%的高速回落到现在7.0%左右的中高速,这些产业在国内也就出现了不少过剩产能。但是,这些产业的产品在非洲、南亚、中亚、拉丁美洲等发展中国家还严重短缺,中国政府可以像支持劳动力密集型加工出口产业向非洲转移那样,以同样的方式支持这些富余产能产业中的企业以直接投资的方式将产能转移到"一带一路"沿线和基建投资需求大的国家,这样的投资既能使这些企业摆脱困境,也可以帮助发展中国家甚至发达国家发展,是一个双赢的选择(回顾第9章中国在全球各个地区涉及基础设施投资的情况)。

10.2.4 "弯道超车型"产业的因势利导方法

此类产业的特征是人力资本需求高、研发周期短。相对于一种新药的研发周期可能历时十年以上,成本投入高达1亿美元,信息、通信产业的软件、手机等,研发周期仅为几个月到一年,属于人力资本需求高、研发周期短的"弯道超车型"新兴产业。例如,对于中国而言,在这类产业的发展上,中国拥有国内市场巨大、科技人才多和完备的生产加工能力能够把概念迅速变成产品等优势,并已经出现了华为、阿里巴巴、腾讯等成功的企业。各地政府可以针对这类企业发展的需要,提供孵化基地、加强知识产权保护、鼓励风险投资、制定优惠的人才和税收政策,支持国内和国外的创新性人才创业,利用中国的优势,推动"弯道超车型"产业在当地的发展。

10.2.5 战略型产业的因势利导方法

这类产业通常资本非常密集,研发周期长,投入巨大,往往不符合发展中国家的比较优势,但是其发展关系到一个国家的国防安全,大飞机、航天、超级计算机产业等即属于这种类型。战略型产业有一个特性,即它不能完全依靠市场,需要有政府的保护补贴才能发展起来。过去,政府的保护补贴主要是通过对各种要素价格的扭曲和直接配置来实现的。发展中国家普遍采取计划经济体制来发展该类产业,造成了诸多根深蒂固的扭曲,今后应由财政直接拨款来补贴这类企业。在美欧等发达国家,不论国防安全型战略产业是民营还是国有,也都由政府财政直接拨款来支持。对战略型产业的扶持是国家行为,应该由中央而不是由地方财政来承担。但是,这类产业落户在哪个地方,会间接地促进那个地方配套产业的技术进步和产业升级,所以,各地政府可以支持鼓励配套产业的发展,并改善基础设施、子女教育、生活环境等软硬条件,来争取战略型产业落户当地,以实现战略型产业和当地产业转型升级的双赢。